中共中央党校（国家行政学院）研究生院创新工程资助教材

XIANFA YU XINGZHENGFA QIANYAN WENTI YANJIU

宪法与行政法
前沿问题研究

王　勇◎主编　金成波◎副主编

中共中央党校出版社

图书在版编目（CIP）数据

宪法与行政法前沿问题研究 / 王勇主编 . --北京：中共中央党校出版社，2020.9

ISBN 978-7-5035-6631-8

Ⅰ.①宪… Ⅱ.①王… Ⅲ.①宪法-研究-中国 ②行政法-研究-中国 Ⅳ.①D921.04 ②D922.104

中国版本图书馆 CIP 数据核字（2020）第 167907 号

宪法与行政法前沿问题研究

责任编辑	王新焕　王　朔
责任印制	陈梦楠
责任校对	李素英
出版发行	中共中央党校出版社
地　　址	北京市海淀区长春桥路 6 号
电　　话	（010）68922815（总编室）　　（010）68922233（发行部）
传　　真	（010）68922814
经　　销	全国新华书店
印　　刷	北京盛通印刷股份有限公司
开　　本	700 毫米×1000 毫米　1/16
字　　数	515 千字
印　　张	30
版　　次	2020 年 9 月第 1 版　　2020 年 9 月第 1 次印刷
定　　价	68.00 元
网　　址：www.dxcbs.net	邮　　箱：zydxcbs2018@163.com
微　信　ID：中共中央党校出版社	新浪微博：@党校出版社

版权所有·侵权必究

如有印装质量问题，请与本社发行部联系调换

目 录

绪 论 …………………………………………………………………… (001)

宪法篇

第一章 宪法作为国家的根本法 ………………………………………… (011)
  第一节 宪法与宪法的本质特性 …………………………………… (012)
  第二节 制宪权理论 ………………………………………………… (017)
  第三节 宪法的作用 ………………………………………………… (020)

第二章 宪法效力与宪法权威 …………………………………………… (031)
  第一节 宪法效力：民法典制定中的"依据宪法" ……………… (031)
  第二节 宪法实施的理想与现实 …………………………………… (037)
  第三节 维护宪法权威：健全我国宪法监督制度 ………………… (042)

第三章 宪法的发展历程 ………………………………………………… (049)
  第一节 美国立宪：伟大的妥协 …………………………………… (049)
  第二节 欧洲立宪史 ………………………………………………… (055)
  第三节 近代中国的宪法之路 ……………………………………… (064)

第四章 基本权利保护原理 ……………………………………………… (073)
  第一节 基本权利体系化 …………………………………………… (074)
  第二节 基本权利的制度化保障——以未成年人权利保护为例 … (082)
  第三节 通过政治制度保护基本权利——以选举制度为例 ……… (085)

第五章 公民的消极权利 ………………………………………………… (091)
  第一节 消极权利及其防御功能 …………………………………… (091)

   第二节　财产权与私权保护 …………………………………………… (098)
   第三节　人身自由的构成与限制 ……………………………………… (104)

第六章　公民的积极权利 ………………………………………………… (110)
   第一节　积极权利与国家的给付义务 ………………………………… (110)
   第二节　劳动的权利属性与义务属性 ………………………………… (116)
   第三节　"健康中国"背景下的健康权保护 ………………………… (123)

第七章　国家权力配置原理 ……………………………………………… (130)
   第一节　国家权力配置的原理 ………………………………………… (130)
   第二节　横向权力配置 ………………………………………………… (134)
   第三节　纵向权力配置 ………………………………………………… (140)
   第四节　选举与政党 …………………………………………………… (144)

第八章　立法权 …………………………………………………………… (153)
   第一节　立法权与代议制原理 ………………………………………… (153)
   第二节　现代议会议事程序及其困境 ………………………………… (160)
   第三节　人民代表大会制度与人大代表专职化 ……………………… (168)

第九章　行政权 …………………………………………………………… (176)
   第一节　总统制、内阁制与半总统制的优劣之辨 …………………… (176)
   第二节　行政权与政府规模 …………………………………………… (185)
   第三节　行政权运行中的党政关系 …………………………………… (192)
   第四节　行政过程中的公众参与 ……………………………………… (199)

第十章　国家司法权 ……………………………………………………… (208)
   第一节　司法权的含义及功能 ………………………………………… (208)
   第二节　司法的属性 …………………………………………………… (211)
   第三节　公正是司法的永恒主题 ……………………………………… (215)
   第四节　行使司法权的国家机关——人民法院 ……………………… (218)
   第五节　行使司法权的国家机关——人民检察院 …………………… (220)

行政法篇

第一章 公共行政和行政法的分离与复归 …………………………（233）
- 第一节 行政与法的界分 ……………………………………………（233）
- 第二节 行政法的基本范畴 …………………………………………（240）
- 第三节 行政法的范式转化 …………………………………………（246）
- 第四节 规制理论的勃兴 ……………………………………………（251）

第二章 行政法的基本原则及其适用 ……………………………（259）
- 第一节 行政法基本原则的演变与现状 ……………………………（259）
- 第二节 行政法基本原则的发展与确立 ……………………………（267）
- 第三节 比例原则与利益衡量 ………………………………………（273）

第三章 行政主体与行政组织法 …………………………………（281）
- 第一节 行政法范式转化视角下的行政主体 ………………………（281）
- 第二节 公务员的范围确定 …………………………………………（287）
- 第三节 社会组织与社会治理 ………………………………………（293）
- 第四节 编制定立与行政组织法 ……………………………………（300）

第四章 行政程序法 ………………………………………………（306）
- 第一节 作为过程控制的行政程序 …………………………………（306）
- 第二节 行政程序法的滥觞与嬗变 …………………………………（319）
- 第三节 行政程序法制定的中国路径 ………………………………（327）

第五章 依申请行政行为 …………………………………………（336）
- 第一节 行政许可法与行政审批制度改革 …………………………（336）
- 第二节 服务型政府下的行政给付 …………………………………（342）
- 第三节 行政裁决的法律救济 ………………………………………（346）

第六章 依职权行政行为 …………………………………………（353）
- 第一节 部门本位主义与行政立法 …………………………………（353）

第二节　行政征收与公民财产权保护 …………………………… (358)
第三节　权力清单中的行政处罚 ………………………………… (362)
第四节　行政强制执行与政府权威 ……………………………… (369)

第七章　行政复议制度 ……………………………………………… (375)
第一节　内部行政行为纳入行政复议的妥当性考量 …………… (375)
第二节　关于《行政复议法》修改的十大建议 ………………… (385)

第八章　行政诉讼制度(一) ………………………………………… (395)
第一节　《行政诉讼法》的主要内容与修订评析 ……………… (395)
第二节　行政诉讼基本原则的再思考 …………………………… (413)
第三节　行政法院设立之辨 ……………………………………… (418)

第九章　行政诉讼制度(二) ………………………………………… (426)
第一节　行政案件跨行政区域管辖改革及其法治意义 ………… (426)
第二节　行政诉讼构造："主观诉讼"抑或"客观诉讼" ……… (433)

第十章　国家赔偿 …………………………………………………… (440)
第一节　行政赔偿中的"违法"概念辨析 ……………………… (440)
第二节　精神损害赔偿范围的确立 ……………………………… (447)
第三节　公私协力所生之国家赔偿责任 ………………………… (462)

后　　记 ……………………………………………………………… (470)

绪 论

法治是治国理政的基本方式。党的十八大以来，我国的法治建设迎来了又一个快速发展的春天，有很多新的举措，令人振奋。党的十八届四中全会就是以法治为主体召开的全会，这在我们党的历史上是首次。这次会议后，我国确定了法治国家建设的更加辉煌的蓝图，提出了一系列具体的措施。之后，宪法的地位得到了空前的提高，人们对宪法越来越重视了。国家还确定了每年十二月四日为国家宪法日，现行宪法第五修正案确立了宪法宣誓制度，等等。国家越来越重视宪法的实施了。宪法的生命力在于实施。

与此同时，国家更加重视法治政府的建设，行政法治的发展得到了各级政府的重视，并在积极予以实践中。2015年12月，中共中央、国务院印发了《法治政府建设实施纲要（2015—2020年)》，各种措施紧锣密鼓地出台，各种新的观点、新的理论层出不穷。

党的十九大，提出要深化依法治国实践，持续推进法治国家建设，并提出了很多方略和措施。比如，成立中央全面依法治国领导小组，加强对法治中国建设的统一领导；提出加强宪法的实施和监督，推进合宪性审查工作；制定国家监察法，依法赋予监察委员会职责权限和调查手段，用留置取代"两规"措施等。第十三届全国人民代表大会第一次会议顺利通过了现行宪法第五修正案，通过了国家监察法，这进一步推进了宪法发展，推进了国家监察体制的改革。党的十九届四中全会以国家治理体系和治理能力现代化建设为专题，进一步强调了制度建设。所以，在法治国家建设飞速发展的大背景下，在国家发展进入新时代的背景下，加强对以宪法与行政法为核心的公法前沿问题的深化研究更显得至关重要，有助于推进国家治理体系与治理能力现代化建设。

一、必须维护宪法权威

宪法作为人民在长期的社会生活中形成的共识，调整着国家生活的重要且根本的方面，体现了社会共同体的基本价值，具有正当性和至高无上的权威。宪法作为国家、社会与公民生活的根本规范，是社会共同体基本价值的体现。所以，我们要切实维护宪法权威，依法治国首推的就是要尊重与维护宪法权威。坚持依法治国首先需要坚持依宪治国，推进依法治国必须维护宪法权威。

宪法的根本目的是保障公民的基本权利，这是宪法的最高价值追求，这既是一个老命题，也是一个新命题，因为，对宪法价值的挖掘是持续的，是永恒的主题。一般认为，宪法以保障公民的基本权利为终极目的，宪法就是国家公权力的组织大法，它根据其确定的基本原则，确定国家基本公权力框架，确定国家公权力分配体系，它的使命就是更好地约束公权力，把公权力放入制度的笼子里，切实保障公民的基本权利。

坚持依法治国首先要坚持依宪治国，坚持依法执政首先要坚持依宪执政。党的十八大以来，中国共产党全面研究推进依法治国的重大问题，明确法治中国的路线图，其中一个重大举措是提议并由全国人大常委会设立了国家宪法日，这意味着执政党高度尊重与维护宪法权威。事实上，中国共产党的宗旨是全心全意为人民服务，这与宪法的价值追求是一致的。一个国家的国体，一个国家的基本经济制度、基本政治制度、公民的基本权利，决定着国家的大政方针，是执政党执政的基础，因为，宪法实质上决定着国家的政治属性。所以，维护宪法权威，就是维护党和人民共同意志的权威。对执政党来说，维护宪法权威也就是维护党自身的权威。要意识到，宪法在整个社会规范体系中具有至高无上的地位，其他任何法律规范，其他任何形式的社会规范都不能与宪法相冲突，都要符合宪法的基本精神和价值，任何国家机关和个人都必须尊重和遵守宪法，治国安邦必须宪法至上。

习近平指出，法治权威能不能树立起来，首先要看宪法有没有权威。维护宪法权威，就是维护党和人民共同意志的权威。因为，宪法是国家的根本法，是治国安邦的总章程。

在实践中，树立宪法权威，需要不断推进宪法发展。宪法诞生是人类社会政治文明的重大发明，宪法诞生后，其内容在不断发展丰富。1895年，德国学者拉班德提出狭义宪法变迁概念，它是指宪法条文未改变，而宪法实质内容发生改变的现象。这是因为，社会在变化，宪法需要发展，原有宪法条文已经涵盖不了现实情况，出现张力。随后，德国学者耶林内克提出广义宪法变迁概念，丰富了宪法变迁的内涵。宪法变迁实质是宪法发展，可以通过宪法修改、宪法解释等实现。宪法发展是一个永恒主题，必须与时俱进。宪法只有不断适应新形势、吸纳新经验、确认新成果、作出新规范，才具有持久生命力。这是宪法发展的一条基本规律。

"时移世易，变法宜矣。"宪法发展是实践发展的必然要求。新时代，根据坚持和发展中国特色社会主义新形势新实践的要求，在总体保持我国宪法连续性、稳定性、权威性的基础上，我国对现行宪法继续作出了适当修改，持续推进宪法发展，保持宪法活力，维护宪法权威，发挥宪法作用。对此，我们要充分认识到，中国特色社会主义已经进入了新时代，党和国家事业有了很多重大发展，取得了诸多重大成就，形成了一系列治国理政新理念、新思想、新战略，确立了习近平新时代中国特色社会主义思想在全党的指导地位。宪法是国家的根本大法，是治国安邦的总章程，体现了全体人民的共同意志和根本利益。所以，党中央适时提出宪法修改建议，把党的意志上升为国家意志，为新时代坚持和发展中国特色社会主义提供有力宪法保障，这是符合历史发展规律的。

在实践中，树立宪法权威，需要着力保障宪法的实施。因为宪法的权威在于实施。习近平在首都各界纪念现行宪法公布施行30周年大会上的讲话中指出，宪法的生命在于实施，宪法的权威也在于实施。宪法的实施是宪法规范在现实生活中的贯彻落实，是将宪法的内容及其内在的宪法精神在现实中予以落实。在具体的实践中，我们要通过完备的法律推动宪法实施，保证宪法确立的制度和原则得到落实。没有宪法统率下的统一完备的法律制度，就不可能谈及执法、司法、守法、法律监督乃至更多的方面。坚持依法治国，首先就要坚持依宪治国，坚持依法执政，关键是坚持依宪执政。[1]

2013年3月1日，习近平出席中共中央党校建校80周年庆祝大会，指出，全党要大兴学习之风，要加强学习的紧迫感。对中共中央党校的研究生来说，学习宪法，研究宪法前沿问题，树立宪法思维，掌握好一定的本领，正是一种时代责任感。

研究宪法前沿问题，需要用宪法思维。宪法思维就是将宪法的精神、价

---

[1] 王勇：《论宪法实施的基础》，《理论与改革》2016年第3期。

值及诸种要求运用于认识、分析、处理问题的思维方式。宪法思维蕴含着宪法价值意义上的思考判断,它是以宪法权威得到切实维护为基本出发点的。

党的十九大提出,加强宪法实施和监督,推进合宪性审查工作,维护宪法权威。维护宪法权威,要求民主立法,以保障国家所制定的法律符合宪法的精神,体现人民的公意;维护宪法权威,需要切实保障宪法所确定的公民基本权利得以实现;维护宪法权威,需要深入研究宪法,推进违宪审查制度的完善。我们要充分认识到,宪法主要解决人民与国家的关系问题、人民如何行使主权问题、公民与国家权力之间的关系问题、国家机关之间的关系问题、中央与地方的关系问题这五个主要方面的问题,这些都是研究的重点。

二、必须建设法治政府,推进依法行政

中国政府是依据人民主权原理,接受人民委托,具体处理人民共同体的公共性事务的机构。所以,政府公权力要体现服务人民、维护人民利益,而这也正是中国共产党作为执政党所具有的领导理念。为做到这一点,就要建设法治政府,推进依法行政。

什么是法治政府?广义上说,法治是指通过法律治理社会,而治理社会的主要主体应是政府。政府通过法律治理社会,应达到一种理想化的状态,而理想化的社会治理状态所匹配的政府状态,我们可以称之为法治政府。所以,法治政府应是一种状态。

作为一种状态的法治政府,要求政府的组织形式必须法定,政府所拥有的职权来源于法律,而法律的规定又是最佳合理的,只有这种应然状态,才是法治政府应具有的状态,这样,法治政府所要求的状态应是政府的权力能够严格按照法律的要求行使,一丝不苟,其所达到的结果应该是法律固有的目的。当然,这里的法律是指在宪法统率下的良法,法治政府的法是良法,良法下的政府善治状态就是法治政府应有的状态。因为,法治就是良法善治,法治就是人人守法,而遵守的法律必须是良法,这就要求不断树立宪法权威,完善违宪审查制度,不断提升立法质量。

法治政府还要作为一种行为方式而存在。法治政府在一定的行为方式上要表现出来,这体现在:政府必须依法行政,政府的行为是在法律规定的职权范围内的活动,非经法律授权,政府不可具有并行使某项职权。政府的行为方式符合法律的要求,这是法治政府在行为方式上的要求。徒法不能自行,法治政府状态的实现需要理想化的治理路径,这种治理路径就体现在政

府的行为模式上。如果政府的行为模式符合法律的要求，这种政府，我们称之为法治政府。这实质就是要求政府在实践中必须依法行政。

无论在状态上，还是在具体的行为方式上，都能符合宪法统率下的良法要求的政府就是法治政府。因而，法治政府既是一种状态，又是一种行为模式，状态是法律框架下的理想状态，行为模式是法律指导下的依法运行模式。从状态上讲，法治政府是人类社会的追求，是人类社会的奋斗目标；从行为模式上讲，法治政府是指在追求人类社会最高境界的状态过程中，能够达到的最为合理的政府权力运行过程。这样，建设法治政府与推进依法行政实质是一致的。

在现代社会，由于现代治理的理念、特点发生了重大变化，新情况、新问题层出不穷，因此，"建设法治政府，推进依法行政"的理论也需要不断推进与创新。在法治政府建设实践中，正是层出不穷的新理念、新思路，促进人们从政府管理到政府治理再到社会共治，进而到国家治理体系与治理能力现代化的不断研究。比如，20世纪70年代末80年代初以来，全世界范围掀起了汹涌澎湃的公共管理改革浪潮，至今方兴未艾，由此催生的各种问题为各国的政府管理都提出了新的挑战。面对国际国内发生的深刻变化带来的新情况、新课题，我们需要把握前沿，与时俱进。当然，这些是社会发展到一定阶段时的必然要求，具有历史必然性，而这种转变，正是先有了行政法治的新理论，在新理论的引导下逐渐被政府、被社会接受，进而引发政府改革的世界浪潮。这也说明了时刻掌握行政法学前沿问题，予以理论创新的重要价值。

在实践中，搞好法治政府建设，需要推进政府机构改革，需要全能政府向有限政府转变，需要人治政府向法治政府转变，需要封闭政府向透明政府转变，需要权力政府向责任政府转变，需要管制政府向服务政府转变。当前的国家机构改革，实质就是法治政府建设的要求，而完善具体的法治实践工作，还需要系统研究行政法的基本原则，系统研究行政主体，以及系统研究行政组织法理论、行政程序法理论、行政行为法理论、行政救济理论等。

在具体的理论探讨中，我们要注意到中国政府是直接体现中国共产党执政的国家政权的重要职能机构；中国政府又是依据人民主权原理，接受人民委托，具体处理人民共同体的公共性事务的机构。中国政府履职履责既要体现服务人民、维护人民利益，又要体现党的领导。这两者的统一，只能体现在政府行为的法治化上。为此，我国要建立符合中国国情的公共服务制度，实现公共服务的制度化、公共化、公正化和社会化。法治政府的建设就需要在法治化的渠道内进行各项改革。

1997年，党的十五大正式提出"进一步扩大社会主义民主，健全社会主义法制，依法治国，建设社会主义法治国家"的口号，标志着我们党的领导方式、执政方式的重大改革和日益成熟，是我们党改革开放以来法治实践的重要理论升华，有力地推动了法治政府的建设。1999年3月，"依法治国"被写入了宪法，宪法增加如下规定："中华人民共和国实行依法治国，建设社会主义法治国家。"建设法治国家的目标首次以宪法的形式予以确认，在宪法上肯定和确立了"法治"，否定了"人治"，这在我国的法治进程中具有重大历史意义。在这一宪法原则的指导下，社会主义法制体系逐步走向了完善。1999年国务院发布了《国务院关于全面推进依法行政的决定》，这为我国构建法治政府掀开了序幕。2004年3月22日，为了适应全面建设小康社会的要求和推动依法治国的进程，国务院发布了《全面推进依法行政实施纲要》，进一步明确提出建设法治政府的目标。2010年，国务院发布《关于加强法治政府建设的意见》，对"推进依法行政，建设法治政府"的目标与具体任务，提出了以下九项意见：加强法治政府建设的重要性、紧迫性和总体要求，提高行政机关工作人员特别是领导干部依法行政的意识和能力，加强和改进制度建设，坚持依法科学民主决策，严格规范公正文明执法，全面推进政务公开，强化行政监督和问责，依法化解社会矛盾纠纷，加强组织领导和督促检查。党的十八大后，国务院出台的《法治政府建设实施纲要（2015—2020）》，更是提出了具体的目标和措施。

2015年，党的十八届四中全会以法治为主题在北京召开，推进了我国法治政府的建设进程。正是在党的十八大后，我国政府郑重提出在2020年要基本建成法治政府的宏伟目标。国务院出台的《法治政府建设实施纲要（2015—2020）》，实质就是对党的十八届四中全会精神的贯彻落实。具体来说，当前我们要建设的法治政府应该是：职能科学、权责法定、执法严明、公开公正、廉洁高效、守法诚信的法治政府。

真正实现法治政府，必须在制度层面上予以推进。党的十九大确立了习近平新时代中国特色社会主义思想，这为我们研究法治政府建设问题，提供了最新的指导思想，而国家机构的改革推进，又使得我们研究行政法问题具有了新的历史机遇。结合现阶段我国的基本状况，研究行政法前沿问题，加快我国法治政府建设必须重点解决如下问题：首先，通过立法完善行政体制。具体而言，一是推进政府机构改革，继续推进政府职能转变，实现行政组织程序的法制化；二是理顺关系，优化结构，提高效率；三是规范行政行为，减少行政审批，减少政府对微观经济运行的干预；四是加大机构整合力度，健全部门间的协调配合机制。这一切，都必须在党的领导下进行，并更好地促进党的领导。其次，健全行政执法。健全行政执法首先要完善行政执法体制，我国分别在1996年颁布了行政处罚法、2004年颁布了行政许可法、2011年颁布了行政强制法等，促进行政执法体系不断完善，但是从全国范围来看，还需要进一步通过立法对行政执法体制进行完善。同时，研究传统的行政处罚、行政许可、行政强制等的方法已经不能够完全满足社会发展的需要，所以我们必须不断创新行政执法方式，逐步引入行政给付、行政合同、公私合营等新型方式。再次，推进责任追究。落实政府责任就要构建起包括政治责任、行政责任、法律责任和道义责任都在内的完整的责任体系。对此，我们需要紧密结合国家监察法加深对相关问题的研究。最后，要提高法律意识。法律意识是指在一定社会中人们对法，尤其是现行法律和法律现象的思想、观念、心理和态度的总称，是法律文化的重要组成部分。作为社会意识的一种特殊形式，法律意识需要培养，法治政府建设的过程，也离不开对全民法律意识的培养。法律意识提高了，就会有一个人人尊重法律、法律至上的氛围。在经济学上，如果正式制度与非正式制度并不吻合，非正式制度就会阻碍正式制度的功能发挥。法治政府的效能同样如此，如果没有良好的环境，没有全社会普遍较高的法律意识水准，再好的法律制度的作用都会大打折扣，法治政府的效能也会大打折扣，建设法治政府也就只会流于形式。

　　研究行政法前沿问题，离不开研究当前的政府机构改革问题，离不开研究政府职能转变的基本制度设计问题，为此，我们需要研究合理划定政府职能问题，研究合理划分政府层级职责问题，研究完善政府绩效考核问题。同时，随着社会的不断发展，我国的市民社会不断成长，社会管理也从以前的自上而下向自下而上发展，所以，我们需要研究"基层群众自治制度"建设问题，研究社会组织的管理问题。通过民间组织进行社会管理，是一种低成本高效益的方式，也是未来社会管理的发展趋势。要意识到，社会组织是多元治理结构中的一员，随着现代社会管理的发展，社会组织逐渐承担了很多社会功能。尤其是当人们对社会权利观念的认识深化后，伴随着福利国家的建设，社会组织承担越来越多的社会责任。当前，我国既处于经济发展的

"黄金时期",也处于社会矛盾多发的"矛盾凸显期"。社会组织可以充当调整利益冲突、化解社会矛盾的润滑剂、稀释剂,最大限度减少不和谐因素,维护社会稳定。要意识到,社会组织是政府职能转变中的重要合作者。著名学者乔治·理查森认为:"资源互补的必要性是组织之间合作的关键动力。公共部门与非营利部门建立合作伙伴关系可被视为集聚公共部门和非营利部门两者的资源和力量解决复杂问题的有效方式,同时也提供了解决问题的效率和创新性。"① 社会组织也掌握重要的资源,政府与之合作是必然的,是一种互益的行为。

总之,我们需要深入研究宪法学与行政法学前沿问题,把前沿问题引入课堂,扩大研究视野,加大研究深度。这是当代法律学子应该做的基础性科研工作。

---

① 〔美〕南姆·卡扑库著,周洁译:《无等级的合作:公共部门与非营利部门合作伙伴关系》,《公共行政》2004年第4期。

憲法篇

第一章
宪法作为国家的根本法

宪法究竟是什么？这是贯穿于整个宪法学始终的话题，深入研究宪法及其本质特性，研究基本的制宪权理论，研究宪法的功能与作用，对从宏观上把握宪法学的基础理论具有重要的意义。

事实上，宪法的概念与本质看似简单实则蕴含着深刻的基础理论，不断深入研究会有更深刻的认识。宪法是在一定理论指导下制定的，这就是制宪权理论。制宪权理论的核心是制宪权，它是制宪主体按照一定原则创造宪法的一种权力。制宪权是以国民主权理论为逻辑起点的，国民主权是制宪权理论的核心，只有全体国民才享有制宪权。什么是制宪权理论？制宪权理论对新中国宪法的制定有怎样的影响？对此，我们应有清晰的认识。宪法是治国理政之基石，而制宪权理论则是现代宪法的重要理论，是宪法产生的逻辑理论基础，并且随着时代的发展变化，其内涵是在丰富和完善的，所以，它是宪法研究永远的前沿问题。

宪法是国家根本大法，具有重要的功能，研究宪法功能需要结合宪法所能解决五大方面问题，即人民与国家的关系，确定国家主权归属问题；人民如何行使主权问题；宪法宣示公民基本权利，解决公民与国家权力之间的关系问题；解决国家机关之间的关系问题；调整国家整体与部分之间的关系问题，构建中央与地方关系的制度。通过深入研究宪法的基础性功能，并注意其与党的章程之间的密切联系，在此基础上，结合宪法理论的最新发展成果，才能不断加深认识，并促进其重大功能得到实现。这也是我国建设法治国家，保持国家健康稳定发展的基础。

第一节　宪法与宪法的本质特性

一、宪法及其基本内涵

"宪法"这个词，在古代，中国与西方都曾使用过，但其内涵并不一致。汉语中"宪法"一词的出现比西方早很多，中国古代的典籍中，"宪""宪法""宪章"等词语都在适用，但其与现代意义"宪法"的含义迥异。① 有学者认为"我国古代一直使用'宪'字，但是我国古代的'宪'和'宪法'从来没有'民主'的意思而同法却有极其密切的联系"②。一般认为，在中国，将"宪法"一词赋予现代意义的人是郑观应，其在《盛世危言》中明确指出了"立宪法""开议院"，实行君主立宪。③

在西方，"宪法"的英语为constitution，拉丁语为constitutio，其为"组织、形态、规定"的意思。古希腊时期"宪法"已经萌芽，但是还没有真正地代表"治国安邦总章程"的宪法确立。古罗马时期赋予了"宪法"根本法的地位，即帝王法或君主谕令，君主谕令就被赋予了最高的法律效力，其地位相当于君主治理国家的根本大法，因此，普遍认同的宪法根本法的性质渊源于罗马帝国的君主谕令。古代宪法虽然有根本法的形式意义，但这种根本法是维护皇权统治所需，并非是对其自身权力进行限制的法令，也没有起到对人民权利维护之目的，这就从本质上与对民主和个人自由保护的现代宪法区别开来。④

宪法是人类政治文明的发明，它具有约束公权力、保障人权的特性。具有这种价值的宪法思想，古希腊时期就已有萌芽，如五百人的议事会，近代的出现主要是从17世纪开始的，如英国1679年国会通过的《权利法案》等。真正现代意义上宪法的产生，则是随着法治理念的形成，才逐渐具备了思想理论基础的，继而，美国1787年费城会议制定了人类史上第一部成文宪法。之前，15世纪至18世纪，出现了很多思想大家及其学说，如社会契约说、人民主权论、分权学说、代议制学说等，这些是法治理念的基础，也

---

① 王勇主编：《宪法学原理与适用》，法律出版社2017年版，第1页。
② 钱大群：《"宪"义略考》，《南京大学学报》1984年第2期。
③ 周叶中主编：《宪法》（第2版），高等教育出版社、北京大学出版社2005年版，第35页。张千帆：《宪法学导论　原理与应用》，法律出版社2004年版，第59页。
④ 王勇主编：《宪法学原理与适用》，法律出版社2017年版，第22页。

是宪法理念产生的基础。

宪法产生之后，才会有更多的学者研究宪法，所以，学者们对宪法的定义在具体表述上往往是各不相同的。当下对宪法学主要有这样几种理解：一是从形式与实质的界分上定义宪法。对宪法从形式与实质两个层面进行分别界定，形式意义上是根据宪法作为法律所具有的形式特征来界定宪法；实质意义上是从法律规范的内容来界定宪法。实质意义上的宪法比较合乎实际。二是以宪法的阶级属性来定义宪法。根据马克思主义的观点，各种类型的宪法，不管它们的形式如何，都是阶级斗争中阶级力量对比关系的反映，并将随着阶级力量对比关系的变化而变化。归根结底，国家自身是阶级的一种组织，而宪法是统治阶级的意志表现，是实行阶级专政的政权的重要工具。列宁曾说过，"宪法的实质在于：国家的一切基本法律和关于选举代议机关的选举权以及代议机关的权限等等的法律，都表现了阶级斗争中各种力量的实际对比关系"[1]。三是从宪法的调整对象或特性、宪法的功能与作用、宪法的社会学意义，以及综合各方面的角度去定义宪法的概念。[2]

以上各种角度的定义都具有一定的合理性，但要达成一个共识性的概念仍然较难。本书认为较为准确的一个定义是从形式与实质上的界分来定义宪法的概念，这能抓住宪法的核心要素。所以，我们认为：宪法是国家的根本大法，它规定了国家的基本经济制度、政治制度、公民的基本权利等重大内容，确定了人民主权原则、法治原则等基本原则，是以约束公权力、保障人权为最高价值追求的。

同时，宪法也是在不断发展的，所以，其概念内涵也必将是开放发展的。1895年，德国学者拉班德提出狭义宪法变迁概念，它是指宪法条文未改变，而宪法实质内容发生改变的现象。这是因为，社会在变化，宪法需要发展，原有宪法条文已经涵盖不了现实情况，出现张力。随后，德国学者耶林内克提出广义宪法变迁概念，丰富了宪法变迁内涵。宪法变迁实质是宪法发展，可以通过宪法修改、宪法解释等实现。宪法发展是一个永恒主题，必须与时俱进。宪法只有不断适应新形势、吸纳新经验、确认新成果、作出新规范，才具有持久生命力，这也是宪法发展的一条基本规律。所以，未来社会，宪法的概念也必将会有更为丰富的内涵。

---

[1] 《列宁全集》第15卷，人民出版社1959年版，第309页。
[2] 周伟主编：《宪法学》，四川大学出版社2002年版，第3—5页。熊文钊：《宪法是什么？》，《江苏社会科学》2002年第1期。

二、宪法的本质与特性

（一）宪法的本质

关于宪法的本质，理论界观点纷呈，大体梳理可以分为两个方面：传统的宪法本质观点与现代宪法本质观点。

传统的宪法本质观点是早期宪法学者对宪法本质进行理论思考所归纳总结的分类，主要有：神的意志论、全民意志论、阶级调和论与阶级意志论等观点。神的意志论把宪法的本质归结为神或者上帝的意志，认为宪法是神或者上帝意志的反映或体现，此观点起源于古代，流传于中世纪。全民意志论则将宪法的本质归结为宪法体现与反映的是全体人民的意志。阶级调和论，顾名思义，是说宪法是各种意志调和的产物，是各个阶级、阶层和个人意志调和的结果。法的意志调和论被引入宪法领域，是在资产阶级革命时期。当时流行的社会契约论不仅体现了宪法的全民意志论，而且体现了宪法的意志调和论。宪法阶级意志论是说宪法反映阶级的意志，体现阶级的利益。法的阶级意志论是马克思、恩格斯按照他们所创立的辩证唯物主义与历史唯物主义的世界观和方法论观察和分析人类社会发展的结果。①

现代宪法学对本质的探究已经大大脱离了对传统宪法本质的认知，而渐趋走向更加理想的讨论。从现有的观点来看，这大体可以归纳为如下两种观点：一种从马克思主义法学的基本原理出发，提出阶级对比论，即宪法的本质在于它是一国统治阶级在建立民主制国家过程中各种阶级力量对比关系的集中体现。在政治力量对比中，阶级力量的对比居于首要地位，宪法只能由掌握国家权力的统治阶级制定，表现为宪法随着阶级力量对比关系的变化而变化。② 另一种是从规范宪法学的角度去思考，从规范现象的角度去定义宪法本质，进而认为宪法的本质包含三个方面：其一，宪法是赋予国家存在基础的基本法；其二，宪法是维护人的尊严和基本权利的基础法；其三，宪法既是一种授权性规范，又是一种限制性规范，是两者的统一体。③

宪法具有约束公权力、保障人权的本质属性，这是随着宪法的发展而逐步得到认识的。一般认为，宪法具有两大属性，一是政治属性，二是法律属

---

① 张庆福、王文彤：《关于宪法本质的理论》，《外国法译评》1995年第1期。
② 周叶中主编：《宪法》（第2版），高等教育出版社、北京大学出版社2005年版，第48页。
③ 林来梵：《宪法学讲义》，法律出版社2015年版，第58—62页。

性，所以，随着宪法的发展，出现了以斯密特为代表的政治宪法学派，以凯尔森为代表的规范宪法学派。因而，关注宪法发展，一定要保持一个清醒认识，即宪法具有政治性，同时它是法，具有法的属性。在宪法发展中，两种属性都不可缺少，不能太过于强调某一种属性。两种属性统一于宪法约束公权力、保障人权的本质。在实践中，宪法的修改完善是要服务于宪法本质属性的。

当前，我国现行宪法最新修正案（2018修正案），把科学发展观、习近平新时代中国特色社会主义思想写入宪法，将明确推动物质文明、政治文明、精神文明、社会文明、生态文明协调发展，把我国建设成为富强民主文明和谐美丽的社会主义现代化强国，实现中华民族伟大复兴写入宪法。同时，它还在修正案中写入健全社会主义法治，实行宪法宣誓制度；增加设区的市制定地方性法规的规定；充实完善我国革命和建设发展历程的内容；充实完善爱国统一战线和民族关系的内容；充实和平外交政策方面的内容，推动构建人类命运共同体；充实完善坚持和加强中国共产党领导的内容，明确中国共产党领导是中国特色社会主义最本质的特征；增加倡导社会主义核心价值观的内容；加强和完善国家领导体制；增加有关监察委员会的规定；等等。可以说，现行宪法修正案能够很好地把握宪法发展脉络，围绕宪法本质，展现宪法的政治属性和法的属性，既有政治高度，也有法治高度，覆盖面宽、覆盖率高，充分体现了党的领导、人民当家作主、依法治国有机统一，体现了党的主张与人民意志有机统一，必将有助于宪法的本质属性在国家实践中发挥更加实际的作用。

（二）宪法的实质特性

宪法的本质是约束公权力、保障人权的，具体说来，宪法的本质主要表现在如下两个方面：一是宪法是国家权力的"制衡器"，即约束公权力；二是宪法是人权保障的"宣言书"，即保障人权。

宪法是国家权力的"制衡器"。国家权力具有一定的支配性和扩张性，国家权力行使的过度化有可能给公民基本权利造成损害。因此，科学地平衡国家权力与公民权利之间的关系，并建构一个稳定有序的社会，成为必须思考的难题。先贤们为解决这一难题提供了各种解决方案。例如，自然法思想家为这一历史难题的解决提供了思想支持。他们主张的天赋人权、人民主权、权利让渡和社会契约理论，认为生活于自然状态中的人通过缔结契约，让渡部分自然权利，在形成一种凌驾于社会之上的国家权力的同时，也设定了国家权力存在的价值根基和限度。① 最后能够达成共识性的说法在于通过宪法来平衡两者之间的关系，通过科学有效地限制国家权力来保障公民权利。所以，宪法一个重要的实质特点在于实现权力的制衡，它一方面要为社会引入一个超乎其上的公共权力，另一方面要为国家权力的行使设定界限和限制，以防止国家权力的滥用。在宪法功能发挥较好的国家，"权利不只是不受限制的自由，而且需要国家权力的保障。但是因为国家权力可能成为侵犯权利的主体，因而权力需要制约，从而产生了复杂的制约机制"②。从人类政治实践的历史来看，以人权保障为价值内涵的现代宪法，必须首先解决国家权力的配置和限制问题，这正是国家权力成为宪法首要内容的机理。

宪法是人权保障的"宣言书"。宪法的终极价值是保障人权，法国的《人权宣言》就开宗明义地指出凡权利无保障的国家就没有宪法，也印证了宪法具有权利保障宣言书的特性。列宁也曾指出，宪法就是一张写着人民权利的纸。事实上，宪法与人权保障的紧密关系是贯穿于宪法历史进程中的。从历史渊源来看，英国在17世纪就出台了一系列关于人权保障的文件，包括1697年通过的《人身保护法》及1688年的《权利法案》，来确认和保障公民的权利和自由，它们也被认为是较为成熟的宪法性文件。欧洲大陆的第一部宪法，即法国1791年宪法③，以及法国现行宪法，均以《人权宣言》作为序言，直接将《人权宣言》写入宪法。第一部社会主义宪法，苏俄1918年宪法将《被剥削劳动人民权利宣言》列为首篇，也十分重视宪法权利宣言书的作用。我国现行宪法将"公民基本权利"的内容置于"国家机构"之前，以彰显宪法的人权保障价值；随后的几次宪法修改特别是1999年的宪法修改将"中华人民共和国实行依法治国，建设社会主义法治国家"写入宪法、2004年的宪法修改将"国家尊重和保障人权"写入宪法，最终在我国确立了宪法乃权利保障宣言书的根本地位。所以，人权保障的价值追求构成了各国宪法的核心内容。④

---

① 秦前红主编：《新宪法学》（第3版），武汉大学出版社2015年版，第8页。
② 张千帆：《宪法学讲义》，北京大学出版社2012年版，第15页。
③ 法国大革命后，虽然1791年有了欧洲大陆第一部宪法，但在第二次世界大战前，民主与独裁交替；第二次世界大战后开始步入稳定民主。1958年戴高乐主持制定第五共和宪法，并交于公民表决，80%通过，然后在经历100多年曲折历史后，法国终于进入宪制民主的稳定轨道。这说明，宪法制度在一国生根发芽，往往需要经历一个艰难过程。
④ 王勇主编：《宪法学原理与适用》，法律出版社2017年版，第30页。

第二节 制宪权理论

宪法是在一定理论指导下制定的,该理论可简单称作制宪权理论。制宪权理论的内容是丰富的,并且,随着人类社会的发展,制宪权理论的基本内涵是在不断丰富与发展的。所以,制宪权理论永远是宪法研究的一个基本问题和前沿问题。

一、制宪权理论的内涵

宪法的制定需要一定的理论指导,一般认为,制宪权理论最早是在法国大革命时期,由法国学者西耶斯(1748—1836年)在其著作《论特权 第三等级是什么?》中提出的。当然,西耶斯的制宪权理论并不是现代制宪权理论的全部,但是,它是一个源头,一个开端。

西耶斯的制宪权理论认为:制宪权是制宪主体按照一定原则创造国家根本法即创造宪法的一种权力。它是"关于国家政治存在样式和形态的具体的总决断的政治意志"①。西耶斯认为,从制宪主体来说,制宪权主体只能是一国中的全体国民。他在《论特权 第三等级是什么?》一书中提出:"国民存在于一切之前,它是一切之本源。"② 所以,"唯有国民才能表达自己的意愿,从而为自己创立法律。"它进而指出:"所有进入立法机构者,只有受到人民委托,才有资格代表人民表决。"③"唯有国民拥有制宪权"④,国民意志永远是最高法律。

西耶斯认为国家不是从来就有的,制宪权是一种原始的权力,国家权力是依据制宪权而"形成的权力"。制宪权为创设宪法之权,该项权力只能由主权者所享有。⑤ 国民通过自然法形成,享有制宪权,政府"只能隶属于人为法"⑥。

西耶斯还指出,国民拥有制宪权,但是,具体到制定宪法的实践,需要其背后存在一个成熟的政治力量去领导制定。也就是说,把潜在的制宪权向

---

① C. Schmitt,Verfassungslehre,1954,s.75—76.
② 〔法〕西耶斯著,冯棠译:《论特权 第三等级是什么?》,商务印书馆2010年版,第59页。
③ 〔法〕西耶斯著,冯棠译:《论特权 第三等级是什么?》,商务印书馆2010年版,第53页。
④ 〔法〕西耶斯著,冯棠译:《论特权 第三等级是什么?》,商务印书馆2010年版,第56页。
⑤ 陈端洪:《人民既不出场也不缺席 西耶斯的民族制宪权理论解读》,《中外法学》2010年第2期。
⑥ 〔法〕西耶斯著,冯棠译:《论特权 第三等级是什么?》,商务印书馆2010年版,第60页。

现实的制宪权转化，既需要一个民族成为现实中主权的主体，也需要一个成熟的政治力量，率领人民，主导形成人民的共同意志。这是因为，人民的统一意志可委托给一定的政治团体。在政治社会形成中，起作用的不是真正的共同意志，而是一种代表性的共同意志。① 所以，西耶斯指出实际的制宪权产生于政治力量。制宪权作为具体地决定国家的政治存在样式的权力，它立于政治与法的交汇之处。② 依靠政治力量，着手制定宪法，需要先设立宪法制定机构，提出宪法草案，然后，再通过人民的代表机关或全体公民表决通过，进而公布实施。制定宪法后，人民就可合法委托给国家权力了，国家就可组成政府实体了。

西耶斯提出的制宪权理论对国民主权理论有很深的认可度，可以说，制宪权理论正是以国民主权理论为逻辑起点的，国民主权是制宪权的核心。现代社会，国民主权理论逐渐演化成人民主权理论。制宪权理论由西耶斯首创，随后在德国由施米特发扬光大，在当代则由德国的博肯福德和日本的芦部信喜加以进一步发展。③

根据制宪权理论，我们可以得出如下结论：一国要制定宪法，首要的是民族独立、国家独立，然后要有代表人民意志的政治力量予以主导。

二、制宪权理论对新中国宪法制定的影响

新中国成立后，我国的第一部宪法是1954年9月20日颁布的《中华人民共和国宪法》，它奠定了新中国的法治基础，揭开了新中国的法治建设之路。新中国制宪权源于中国人民掌握国家政权的事实，而国家独立、人民当家作主正是中国共产党作为一个成熟的政治力量领导中国人民长期浴血奋斗的结果。制宪权理论对我国宪法的最初制定存在哪些影响呢？

制宪权受到根本法思想和国民主权思想的决定性影响，可以说是根本法和国民主权思想的产物。作为我国制宪权主体的人民获得国家政权和国家独立的客观事实，让宪法的制定具有了一定基础，而中国共产党的先进性、代表性和其作为一个成熟的政治力量成为执政党的事实，让其不但认可人民的主体地位，并且具有了主导形成人民意志的可能性，让真正意义上的国民立

---

① 〔法〕西耶斯著，冯棠译：《论特权 第三等级是什么？》，商务印书馆2010年版，第58页。
② 〔日〕芦部信喜著，王贵松译：《制宪权》，中国政法大学出版社2012年版，第35页。
③ 〔德〕卡尔·施米特著，刘锋译：《宪法学说》，上海人民出版社2005年版，第84—97页。〔日〕芦部信喜著，王贵松译：《制宪权》，中国政法大学出版社2012年版。

宪在中国历史上第一次成为事实。德国施米特的制宪权观点也强调宪法的正当性必须是制宪的权力和权威得到承认。① 对中国来说，事实上，1954年9月20日通过并颁布的宪法即"五四宪法"是中国历史上第一部由人民自主地运用制宪权而制定的民主宪法，其整个制定的程序、过程，无不体现着制宪权理论的核心价值，是一部真正的人民主权下的根本大法。虽然"五四宪法"没有明确宣告宪法的根本法地位，但是，当时的宣传把它看作是具有根本法属性的，其规定的修改程序和要求也是不同于普通法律的。后来，我国1982年宪法序言明确宣告了宪法"是国家的根本法，具有最高的法律效力"。

同时，自新中国第一部宪法颁布以来，我国就形成了如下宪法惯例：由中国共产党中央委员会根据社会实际情况的发展变化，向全国人民代表大会常务委员会提出宪法修改建议，然后由全国人大常委会形成宪法修正案，再向全国人民代表大会提出宪法修正案。② 自现行1982年宪法公布施行后，根据改革开放和社会主义现代化建设的实践和发展，党中央至今先后向全国人民代表大会常务委员会提出5次宪法修正建议。全国人民代表大会于1988年、1993年、1999年、2004年、2018年根据党提出的修正建议，已经先后5次对1982年宪法的个别条款和部分内容作出必要的修正，共通过了52条宪法修正案，切实推动了宪法发展，保持了宪法鲜活持久的生命力。

我国形成党中央提出宪法修改建议的宪法惯例，是由制宪权理论作为基础，由党的性质和地位、宪法的发展规律决定的。中国共产党是执政党，是成熟的政治力量，肩负着领导各族人民推动物质文明、政治文明、精神文明、社会文明、生态文明协调发展，把我国建设成为富强民主文明和谐美丽的社会主义现代化强国，实现中华民族伟大复兴的历史使命。这就需要依宪执政，依宪治国。宪法是全体人民的共识，人民是制宪权的主体。中国共产党的利益是与全体人民根本利益一致的，党的意志与人民的意志在本质上也是一致的。党自成立之日起，就把全心全意为人民服务作为宗旨。总之，制宪权理论告诉我们，宪法诞生离不开一国之成熟政治力量，同样，宪法发展也离不开一国之成熟政治力量。中国共产党作为领导党，是成熟的马克思主

---

① 〔德〕卡尔·施米特著，刘锋译：《宪法学说》，上海人民出版社2005年版，第98—102页。
② 宪法惯例是一种不成文的政治行为规范，它是指在国家长期政治生活实践中形成的，涉及有关国家根本问题，调整相应基本社会关系，并为公民及全体社会普遍承认有约束力的习惯和传统的结合。宪法惯例作为一种特殊的法律现象，是一种不成文的宪法形式；它作为具有一定拘束力的传统和习惯，在宪法发展的实践中发挥着极为重要的作用，也是重要的宪法渊源。

义政党,是一个与时俱进的党,是一个不断自我革新的党,所以,我国宪法发展离不开中国共产党,自然,也就形成了党中央提出宪法修改建议的宪法惯例。

探讨制宪权理论对我国宪法制定的影响是有积极价值的。卢梭理想中的民主制是以雅典民主为原型的,国家的特点是领土小、人口少,所以便于实行直接民主制。虽然在《论特权 第三等级是什么?》一书中,"西耶斯以简约的言辞道出了代表制民主的基本原理"①,但是在其制宪权理论中并没有区分国家的情形,主要是针对当时的法国而言的。在现实中,有的国家全面实行直接民主却是有困难的,因为"直接民主不仅需要人口少、面积小、公民时间充足等条件,而且易于导致制度丧失对危机的防范力、总和为零的政治及制度功能性失衡"②。况且,如果导致暴民政治后果更为可怕,大众"不善推理,却急于行动"③。马克思在批判卢梭人民主权概念的基础上实现了实质性超越,马克思对人民民主的现实基础、实现途径作了崭新论断,这种超越让其理论具有普适性。认识到这一点,有助于我们丰富制宪权理论,完善代议制民主理论,也有助于我们坚定"制度自信"。

探讨制宪权理论,结合宪法产生发展的历史,会给人们更多的启示。宪法的产生与发展仅仅依赖制宪权理论是不够的,还必须具备经济、思想、政治等领域的一定客观条件。要意识到,比较发达的市场经济是近代意义上的宪法产生与发展的经济条件,民主的、大众的和科学的文化是宪法产生与发展的思想条件,比较发达的民主政治是宪法产生与发展的政治条件,保障各种单行法律的统一性与和谐性是宪法产生与发展的法律条件,等等。要推动宪法的发展,树立宪法权威,就必须加强宪法产生与发展的客观条件建设。

第三节 宪法的作用

宪法是国家根本大法,研究宪法的作用问题应是一个永恒主题。宪法的具体作用体现在什么方面呢?宪法的作用主要体现在它能解决五大方面的问题:解决人民与国家的关系问题,确定国家主权归属;解决人民如何行使主

---

① 陈端洪:《人民既不出场也不缺席 西耶斯的民族制宪权理论解读》,《中外法学》2010年第1期。
② 〔美〕萨托利·乔著,冯克利、阎克文译:《民主新论》,东方出版社1993年版,第282—287页。
③ 〔法〕古斯塔夫·勒庞著,冯克利译:《乌合之众——大众心理研究》,中央编译出版社2005年版,第4页。

权问题；宪法宣示公民基本权利，解决公民与国家权力之间的关系问题；解决国家机关之间的关系问题；调整国家整体与部分之间的关系，构建明确中央与地方关系的制度。

一、宪法解决人民与国家的关系问题，确定国家主权归属

现代意义上的人民是公权力的来源和宪法合法性的"整体"。宪法确定了人民主权原则，解决人民与国家的关系问题，确定国家主权归属于人民。

人民享有国家主权，是国家主权的归属者，这源于人民主权理论。该理论由卢梭等近现代学者创立，并随着时代的发展得到完善。马克思主义者合理吸收其内核，认为人民群众是历史的创造者。人民主权观念在现代社会已深入人心。宪法是人民制定的，而一国的人民得到了独立自由，这正是作为制宪权的主体"人民"着手制定宪法的基础。那么，"人民"作为一个整体，如何通过法律层面体现出来呢？国家主权又是怎样归属于人民的呢？对于这个重大问题，宪法理论需要回答，并需要在现实中通过具体的宪法制度设计予以解决。

国家主权问题是近现代社会的一个宪法基础理论问题，回答上述问题，首先需要清楚国家主权理论。国家主权理论的奠基者是法国著名思想家博丹，他在1593年撰写的《共和国六书》中第一次系统地论述了主权的概念及其归属，认为主权是国家的固有权利，它指的是一个国家独立自主地处理自己的内外事务，管理自己国家的最高权力。国家主权是近现代社会的一个宪法基础理论问题。博丹认为，国家主权是共同体所有的绝对且永久的权力。随着社会的发展，主权的重心渐渐移向作为独立范畴的民族国家，并通过宪法予以确认，这样实质上促进了宪法制度在各国如雨后春笋般地迅速建立。特别是第二次世界大战后，独立的主权国家既包含政治上的独立，又包含经济上的独立，这种独立需要通过一国宪法予以肯定，也就是说，宪法赋予了国家独立存在的合法性。

那么，国家独立存在了，其主权的归属主体是谁呢？

现代宪法理论认为，一个国家的主权只能归属于该国的全体人民，只有人民才是国家主权的归属者，如果说宪法制定权是"关于国家政治存在样式和形态的具体的总决断的政治意志"①，那么，只有人民才是一国宪法制定的

---

① 〔日〕芦部信喜著，王贵松译：《制宪权》，中国政法大学出版社2012年版，第3页。C. Schmitt, Verfassungslehre, 1954, s. 75—76.

唯一制宪权主体。这正是宪法确定的人民主权原则。人民主权意味着，永远准备着为人民而牺牲政府，而不是为政府牺牲人民。① 人民主权理论可以推导出宪法监督的主体，从最广泛意义上来说，就是人民。

人民主权理论虽然从历史起源上可以追溯到雅典民主时期，但是，真正具有现代意义烙印的人民主权理论则是民族国家形成以后的产物。它兴起于启蒙时代，针对当时封建的君权、神权、特权，法国思想家卢梭曾系统阐述了反君权、反特权的人民主权理论，确立了政治的道德原则——人民、主权、公意三位一体的人民主权原则。② 人民主权理论在法国大革命期间曾得到实践，如当时颁布的《人权和公民权宣言》（简称《人权宣言》）这一纲领性文件，就非常典型且完整地体现了人民主权思想。这一实践至今仍有价值，因为这一宪法性文件永存青史并影响深远，它仍然光彩熠熠，成为人民主权思想的重要实践标志。

人民主权理论解决的是国家权力的最终归属问题，即合法性问题，也确定了人民具有对宪法实施的监督权利。该理论的产生与发展从法理层面为现代意义上的宪法诞生奠定了基础。反之，宪法诞生后首先要解决的问题就是国家权力的归属问题。

我国宪法作为社会主义宪法，明确宣告"中华人民共和国的一切权力属于人民"，充分肯定了人民的主体地位。世界上很多其他国家的宪法也明确了人民主权原则。这样，宪法解决了人民与国家的关系问题，确定了国家主权归属。国家主权归属于人民，人民享有宪法监督权利。

二、宪法解决人民如何行使主权问题

人民主权的思想和保障宪法监督实施的问题主要通过宪法制度的精巧设计体现出来。

人民行使国家权力，不仅仅需要理论上的支撑，更重要的是需要用理论指导实践，在现实的制度设计中完整地展现出来，这会是一个复杂的、较为漫长的过程。在古希腊时期，由于城邦制度的存在，在规模有限的城邦政治中，每一位公民原则上都能直接参与公共事务的讨论及决策，因此，直接民主是实现人民主权的主要形式。但是，现实中，有的国家全面实行直接民主

---

① 〔法〕卢梭著，何兆武译：《社会契约论》，商务印书馆1980年版，第76页。
② 陈端洪：《政治法的平衡结构——卢梭〈社会契约论〉中人民主权的建构原理》，《政法论坛》2006年第5期。

却是有困难的，因为"直接民主不仅需要人口少、面积小、公民时间充足等条件，而且易于导致制度丧失对危机的防范力、总和为零的政治及制度功能性失衡"①。所以，潘恩首先提出，平等的代议制政府是管理一个庞大的共和国的最好方式。代议制原理的核心，就是论证人民只有通过选举代表才能更好地行使自己的主权。虽然只有人民才能通过组成立法机关和指定由谁来行使立法权，选定国家的形式②，但是，人民也需要通过选举代表来实现自己的主权，也就是说，人民实现主权需要一个选举制度的安排，这是组建政府的合法性基础。事实上，这种理论在诸多国家已经得到认可，并已经付诸实践了。

这样，构建代议制政府③，就需要完善的选举制度，通过选举形成国家的立法权主体，这其实就是卢梭所说的政治体的立法权问题，在解决了政治体的立法权问题的同时，一并建构了国家行政权。所以，在卢梭看来，立法权与行政权是分离的，主权者假如具有行政权的话，那么，权利与事实就会混淆不清，以至于人们再也弄不清楚什么是法律，什么不是法律。④该理论对各国宪法制度的建设影响深远，也包括中国。我国也有完善的选举制度，全国人民代表大会和地方各级人民代表大会都是由民主选举产生的，要对人民负责，接受人民的监督；相应地，国家的其他公权力机关，包括国家行政机关、监察机关、审判机关、检察机关，都由人民代表大会产生，并对它负责。人民通过定期选举自己的代表，定期召开各级人民代表大会，对公权力机关实施监督，这实质是人民通过运用人民代表大会制度实现了人民权力。

我国宪法不仅很好地解决了人民如何行使主权的问题，而且对宪法监督予以了制度设计。具体来说，宪法第六十二条规定，全国人民代表大会监督宪法的实施，改变或者撤销全国人民代表大会常务委员会不适当的决定；宪法第六十七条规定，全国人民代表大会常务委员会解释宪法，监督宪法的实

---

① 〔美〕萨托利·乔著，冯克利、阎克文译：《民主新论》，东方出版社1993年版，第282—287页。
② 〔英〕洛克著，叶启芳、瞿菊农译：《政府论》，商务印书馆2004年版，第88页。
③ 关于代议制，"一方面，卢梭的主权者在现代代议制政治中一般情况下是退隐的，而卢梭又坚决地反对主权的代表制；另一方面，卢梭坚持个人平等的参与权，反对中间的社会组织……"，但是，"现代代议制的政治结构已经演变为'（主权者）——主权代表——政府——中间社会组织——臣民'"。参见陈端洪：《政治法的平衡结构——卢梭〈社会契约论〉中人民主权的建构原理》，《政法论坛》2006年第5期。
④ 〔法〕卢梭著，何兆武译：《社会契约论》，商务印书馆1980年版，第124页。

施。根据宪法上述规定，我国对法律、行政法规、规章等规范性文件的审查权，主要由全国人民代表大会及其常务委员会来行使，全国人民代表大会常务委员会是我国常设宪法监督机关。当然，宪法只是一种原则性的设计，它为宪法监督制度的确立与完善提供了依据，虽然全国人民代表大会常务委员会是我国常设宪法监督机关，但并非专门宪法监督机关①，建立专门的宪法监督机关是我国宪治建设的重要任务之一。当前，现行宪法修正案把全国人大之下的法律委员会修改为宪法和法律委员会，这为违宪审查制度的设计研究提供了很大的空间。

尽管广义上的宪法监督主体是多元的，甚至包括了公民，但是违宪问题由专门的机关予以判定更有说服力。著名学者王世杰、钱端升在其所著的《比较宪法》一书中关于违宪问题曾专门指出："要决定一种法律或命令是否违反宪法，所应注意者不外两点。一为法律或命令的成立，曾否具备宪法上所规定的条件。……一为法律或命令的条文，有无违反宪法条文的规定。这是法律或命令的实质问题。"② 对此，两位学者分别引用了美国和奥地利两国不同的制度分析了如何对待违宪的法律或命令，而所引用的制度都是法院作为专门机关所具有的违宪确认制度。可见，依靠专门司法性质的机关予以宪法监督，裁判违宪问题更为普遍。专门机关的违宪审查是最权威、最有效的宪法监督方式。要意识到，违宪审查是监督宪法实施的一种手段③，它实质上是对国家机器运转的审查，保证国家机器在宪法的轨道上正常地运行，纠正国家机器越出宪法轨道的行为。它不仅关系到宪法的权威和公民的人权保障，而且对国家生活会产生非常重大的影响，有时甚至直接影响国家的前途和命运。所以，违宪审查制度的建立需要慎重，需要条件成熟后通过宪法确认，不能一蹴而就。

三、宪法宣示公民基本权利，解决公民与国家权力之间的关系问题

公民是个现代概念，是指拥有一国国籍并依据该国宪法和法律享有权利和义务的自然人。公民具有独立的人格，是现代社会中对个体身份所施加的无差别的称呼，代表了现代政治的参与精神和现代法治的平等理念。

公民基本权利也称宪法权利，是宪法规定的公民享有的最高法律位阶的

---

① 刘茂林、陈明辉：《宪法监督的逻辑与制度构想》，《当代法学》2015年第1期。
② 王世杰、钱端升：《比较宪法》，中国政法大学出版社1997年版，第301—303页。
③ 李步云主编：《宪法比较研究》，法律出版社1998年版，第385页。

权利,是公民政治地位、法律地位的体现。公民的基本权利是人权的范畴,它是人之所以为人的权利,是公民实施某一行为的可能性。国家权力属于人民,国家机关只是权力的行使者。如果说人民指的是"整体",那么公民就是一个个的"个体"了。宪法的最高价值是保障人权的,其实质特征就是保障以公民基本权利为核心的人权,所以说,保障公民的宪法权利是至关重要的。可以说,公民基本权利是国家权力的基础,而国家权力则是用于保障公民基本权利的。宪法的实现依赖公民基本权利与国家权力之间的良性协调。保障公民基本权利,就需要协调好公民基本权利与国家权力之间的关系。如何解决这一问题?

首先,宪法明确自己的最高目标追求是保障公民的基本权利,即保障人权。对公民基本权利的保障是世界上大多数国家的宪法的最终目标追求,精巧地设立宪法制度,适当地分权监督,就是为了防止公民基本权利受到公权力的侵犯。宪法最高的价值与追求是充分保障公民的基本权利。在宪法监督制度实践中,如果法官忽视宪法所保障的基本权利,这就被视为对公权力的侵害,公民可以据此提起宪法诉讼。①

其次,宪法明确宣示了公民基本权利的具体内容。公民的基本权利内容丰富,宪法一般明确如下基本权利:政治权利和自由,即选举权和被选举权,以及言论、出版、集会、结社、游行、示威的自由;社会经济权利,即财产权、劳动权、劳动者休息权、退休人员生活保障权、获得物质帮助权、受教育权等;获得救济的权利,即申诉权、控告权、取得国家赔偿权、补偿权等;社会生活权利,即宗教信仰自由权利、教育科学文化权利和自由等。当然,各国宪法所明确的公民基本权利内容不尽相同。我国宪法明确的享有基本权利的主体十分广泛,确认并保障的公民权利和自由的范围也十分广泛。从一定意义上来讲,公民基本权利实现的过程,也是公民监督宪法实施的过程。

最后,宪法通过具体的制度设计约束与控制国家公权力的行使。宪治意味着对公权力的控制。"一切有权力的人都容易滥用权力,这是万古不移的一条经验。"② 宪法一般通过三种方式来限制国家权力:一是限制国家权力行使的方式和范围,并明晰公权力的界限;二是将国家权力按照一定标准划分,并合理配置给不同的国家机关;三是明确公民对公权力的监督权利。前

---

① 陈新民:《德国公法学基础理论》上册,山东人民出版社2001年版,第313—314页。
② 〔法〕孟德斯鸠著,张雁深译:《论法的精神》上册,商务印书馆1961年版,第154页。

两种方式，目的是更好地实现对公民基本权利的保障；第三种方式，是为了让公民直接监督与约束公权力的行使，也是广义上宪法监督的直接形式。例如，我国宪法第二条规定："人民依照法律规定，通过各种途径和形式，管理国家事务，管理经济和文化事业，管理社会事务。"第二十七条规定："一切国家机关和工作人员必须依靠人民的支持，经常保持同人民的密切联系，倾听人民的意见和建议，接受人民的监督，努力为人民服务。"监督原则实质上赋予了公民直接监督公权力的权利，是广义上的宪法监督，它是具体解决公民与国家权力之间关系问题的重要原则。

这样，宪法明确其最高价值追求是保障公民基本权利，通过法治原则、分权原则等去合理地配置国家权力，防止公权力的滥用，并通过公民对公权力的监督、约束，予以宪法监督，保障公民基本权利的实现。

四、宪法解决国家机关之间的关系问题

宪法是法律，自然要调整一定的社会关系，与其他法律所不同的是，宪法不调整一般的社会关系，它调整的是国家的重大社会关系，包括国家机关之间的关系。

宪法通过构建一国的政权组织形式，实质上调整了国家机关之间的关系。政权组织形式是指国家权力的组织形式及国家权力的实现或运作机制，它反映着政权组织内部的结构状况及各个组成部分之间的关系。一个国家建立什么样的政治体制，采用何种权力运行方式，是由一个国家的国情决定的。各国对主权理论的理解不同，对人民内涵的理解也不尽相同。同时，各国的历史文化传统也有较大差别，所以，不同国家的宪法对于如何设计政权组织形式，基于文化传统等存在诸多差异。

世界上主要有如下几种类型的政权组织形式：一是君主立宪制。这种形式是指国家的最高权力实际上或名义上由君主一人掌握。在当代社会，实行君主立宪制的国家，如英国、日本、瑞典等，君主一般只拥有一种象征地位。在这些国家中，议会居于主导地位，是最高权力机关，内阁掌握实际的权力，内阁对议会负责。二是共和制，包括：议会内阁制，如德国、意大利等，即由在议会中占多数席位的政党组成政府，对议会负责；总统共和制，如美国，即由选举产生的总统直接组成政府，对选民负责；委员会制，如瑞士，即由议会选举若干委员组成联邦委员会，集体行使国家管理权；半总统制，如法国，即政府对议会负责，总统与总理分享权力，总统不是政府首脑，但是可以主持内阁会议，与总理相比，总统享有更多的权力等。可见，各国的政权组织形式不一样，这与各国的文化、历史传统是息息相关的。只要符合各国国情，只要宪法确立了人民主权原则，不同的政权组织形式，都值得研究。

我国的政权组织形式是人民代表大会制度。我国宪法第二条第二款明确规定，人民行使国家权力的机关是全国人民代表大会和地方各级人民代表大会。我国的人民代表大会制度让人民主权落在实处，使宪法监督有了可靠的制度保障。具体来说，人民代表大会制度是按照民主集中制原则设计的，表现为：国家权力是统一的，其由人民直接或间接选举的代表机关统一行使，国家的行政机关、监察机关、审判机关、检察机关由人民代表大会产生，并对它负责，接受它的监督；国家权力机关与国家行政机关、司法机关分工不同、职责不同，人民代表大会统一行使国家权力，但不代行行政权、监察权、审判权、检察权，不同的国家机关分别行使不同的权力，国家行政机关是国家权力机关的执行机关，国家监察委是监察机关，人民法院是审判机关，人民检察院是法律监督机关。在监督宪法实施方面，监督机关包括全国人大及其常委会和其授权机构与组织等。另外，根据宪法第九十九条的规定，地方各级人民代表大会在本行政区域内，保证宪法、法律、行政法规的遵守和执行。因此地方各级人民代表大会及其常务委员会也是重要的宪法监督机关。

我国的政权组织形式是符合我国国情的，它既有利于保障各个国家机关分工合作、相互监督，并协调有效地开展工作；又有利于集中力量办大事，发挥社会主义制度的优越性，把人民赋予的权力真正用来为人民谋利益。所以，宪法赋予了全国人民代表大会及其常务委员会的宪法监督权力。如果从狭义上定位宪法监督是法定专职机关所进行的监督，那么，全国人民代表大会常务委员会就是我国宪法监督的专门机关了。当然，它并不是一个常设机关，而是一个会议机构，所以，相应的监督措施未必能达到应有目的。因而，有的学者建议，在全国人大常委会之下设立一个相对独立的宪法监督委员会是最为稳妥的办法[①]；也有的建议，在全国人民代表大会之外设立宪法法院，或者由最高人民法院行使违宪审查权和宪法解释权，等等。

---

① 刘茂林、陈明辉：《宪法监督的逻辑与制度构想》，《当代法学》2015年第1期。

五、宪法调整国家整体与部分之间的关系，构建中央与地方关系的制度

宪法解决的另一个重要问题是调整国家整体与部分、中央与地方之间的相互关系，这种相互关系可称作国家结构形式。一个国家采用何种国家结构形式需要在宪法中予以明确，在实践中予以落实。如果说宪法监督是对宪法实施活动的全面监督①，那么，国家结构也必然是重要内容。

国家结构直接关系到社会调控的形式、机制和程度，也深刻影响着多民族国家中各民族之间的关系，非常重要。美国19世纪的南北战争，双方斗争的焦点虽然是奴隶制的实行范围或其存废问题，但实际上却往往是围绕着采取何种国家结构形式的问题展开的。② 事实上，如果说国家政权的组织形式是关于国家权力的横向结构配置问题，那么，国家结构就是关于国家权力的纵向结构配置问题，它所涉及的是国家领土划分，一个国家内部整体与其组成部分之间的关系，以及中央与地方的关系，其实质是规定中央与地方之间的权限划分。国家政权组织形式、国家结构形式都是一种"建构社会秩序"③的努力。中央与地方的关系问题直接关系到国家纵向权力的划分问题，对此，必须要有合理的制度安排。

世界各国的国家结构形式均有各自的特点，这是因为国家结构形式与一个国家的历史、文化甚至民族等因素息息相关，是这些因素综合起作用的结果。可以把当代世界各国的国家结构形式分为单一制和复合制两种，而复合制又包括联邦制和邦联制。单一制和联邦制是社会发展到一定阶段的产物，单一制和联邦制实际为资本主义和社会主义两种性质的国家所专有。④ 单一制是指国家由若干普通行政单位或者自治单位组成的国家结构形式。单一制的国家，宪法只能有一部，所以，相应地，只有一个最高立法机关、一个中央政府，司法系统也只能有一套。单一制国家的地方政府，其权力由中央授予，要听命于中央。所以，单一制的国家结构形式实质是由若干不享有独立主权的普通行政单位或自治单位组成的统一的中央集权国家。现今世界上大

---

① 笔者认为宪法监督的对象是可能违反宪法的各类行为，而违反宪法的行为主要是指违反了宪法内容和宪法原则的行为，所以，宪法内容根本决定了违反宪法的行为可能是什么。更多学者从违宪主体、违宪行为（或者称为宪法监督对象、宪法监督内容，参见李忠：《宪法监督论》，社会科学文献出版社1999年版）的角度阐述宪法监督问题。

② 童之伟：《国家结构形式与国家权力实质之关系探讨》，《江苏社会科学》1995年第3期。

③ 张恒山：《法理要论》（第3版），北京大学出版社2009年版，第255页。

④ 童之伟：《国家结构形式与国家权力实质之关系探讨》，《江苏社会科学》1995年第3期。

多数国家都采取单一制的国家结构形式,我国也采取单一制的国家结构形式。

纵观我国历史,自秦统一以来就是一个统一的中央集权国家,在这块960多万平方公里的土地上,具有统一历史渊源的中华各民族共同生息繁衍,形成不可分割的联系,国家的统一始终是历史的主旋律。正是因为"国家为一种有机体,非一时所骤能意造也,其政治现象之变化,必根据于历史"①,所以,国家结构形式根源于国家的历史传统。"联邦国与单一国,其组织之根柢,盖有万不能相师者"②,中国最终选择了单一制。宪法在我国诞生后,我国单一制的国家结构形式才逐渐得到确认。根据我国现行宪法规定,在我国的中央与地方关系上,体现为下级服从上级,地方服从中央,同时,中央又照顾地方的不同特点,注重发挥地方的积极性。例如,现行宪法第五修正案中,在宪法第一百条增加一款,作为第二款:"设区的市的人民代表大会和它们的常务委员会,在不同宪法、法律、行政法规和本省、自治区的地方性法规相抵触的前提下,可以依照法律规定制定地方性法规,报本省、自治区人民代表大会常务委员会批准后施行。"这就为赋予地方灵活性予以法律基础。另外,我国的单一制模式有着自己的其他特色,这主要体现为在具体的制度设置上具有灵活性,如实行民族区域自治制度及特别行政区制度。中国这一国家结构形式的特点使中国的地方分权也有自己的特点。③

另外,在我国关注宪法前沿,研究宪法作用问题,需要弄清宪法与党章的关系,宪法作用的发挥是与执政党党章功能的发挥相辅相成的。宪法是国家的根本大法,中国共产党章程是党的根本大法,宪法确定了党的领导地位,显然,宪法与党章之间关系密切,二者的功能在价值取向上是趋同的。宪法与党章的密切联系主要表现在:首先,二者可以相互衔接协调,是共融的。宪法是国家意志,是党的意志和人民意志的有机统一。党章体现党的意志,而党的宗旨是全心全意为人民服务,党员也是公民,所以,二者可衔接协调,是可共融的。实践中,党是社会主义法治建设的领导者、组织者、实践者,所以,要善于使党的主张通过法定程序成为国家法律,善于使党章的合适内容及时上升为国家宪法内容。其次,党章是宪法的重要渊源之一。从形式上看,党章属于"党规党法",不但不是国家的法律文件,更不是宪法

---

① 《梁启超全集》,北京出版社1999年版,第2433页。
② 《梁启超全集》,北京出版社1999年版,第2495页。
③ 《张友渔文选》下卷,法律出版社1997年版,第465页。

性文件，但是，从实质内容，特别是从其发挥的规范性作用来看，却有时比宪法还显著。实践中，党中央提出宪法修改建议，一般也是把党章中已经确定的且经过长期实践证明正确的规范上升到宪法高度，所以，党章可以看作是宪法的重要渊源之一。有的学者甚至指出，党章实质是不成文的宪法。最后，宪法与党章都具有政治性和规范性。宪法具有两大属性，一是政治属性，二是法律属性，后者主要体现在规范性上。宪法具有政治性，同时它也是法，具有规范性。党章是政党章程，显然具有政治属性，展现政党的基本纲领和政治主张。党章也具有规范性，它对党员、党的各级组织具有最根本的约束力，是党内法规的金字塔顶。实际上，正是因为宪法与党章都具有政治性和规范性，二者才可衔接协调，才可共融，才可共同发挥作用。邓小平曾经明确指出："国要有国法，党要有党规党法。党章是最根本的党规党法。没有党规党法，国法就很难保障。"[1] 这不仅说明二者关系密切，而且说明，在我国实际政治生活中，党章对保障宪法的实施发挥着重要作用。

　　总之，宪法具有重要作用，正是其展现出来的重大功能，让其成为现代国家、现代社会的稳定器。宪法作用得到发挥，就会展现出宪法的本质与特性，就会使宪法得到实施，而宪法实施则会促进宪法价值的实现，国家就会有核心，就会稳定。历史已经证明，宪法的核心价值稳定和得到实现，国家就会稳定。所以，不断加强对宪法作用的研究，执政党与时俱进，让宪法的价值得以彻底实现，会永远是时代的课题。

---

[1] 《邓小平文选》第2卷，人民出版社1994年版，第147页。

第二章
宪法效力与宪法权威

宪法效力是宪法作为规范而具有的约束力，它既可以通过宪法监督制度实现，也可以通过民主政治实现。宪法效力拘束立法机关制定的法律，有关立法的宪法依据能够体现宪法的效力。宪法实施是一个全面的宽泛的无确指的概念，我国宪法实施的程度和效果存在一定争议，宪法实施的方式不明。维护宪法权威，需要加强宪法实施，在制度层面的逻辑是建立和健全宪法监督制度。

第一节　宪法效力：民法典制定中的"依据宪法"

宪法规范的效力实现形式有两种，一是宪法遵守，二是宪法适用。国家应当充分发挥地方各级人民代表大会及其常务委员会在宪法遵守中的作用，加大对宪法适用的研究力度，形成具有中国特色的宪法适用理论体系及宪法适用制度。我国民法典制定过程中也存在着宪法依据的问题。本来应该由宪法规定的事项，却授权于行政机关，具有一定的危害性，而对空白授权具有一定的合理性，但是应当进一步规范和完善。

一、规范效力实现形式

宪法效力的实现是指宪法作为一种规范得到社会公众、个人及组织的普遍遵守，以及有权机关的公正而有效的实际执行，从而实现宪法规范所预设的目的宗旨与宪法秩序，既是一种动态的过程，也是一种最终的效果。与此相关的是宪法效力，与宪法效力的实现不同，宪法效力表示宪法作为一种规范而客观存在，其由宪法制定机关经法定程序通过，但是仅仅是一种被服从、被遵守及被适用的可能性。宪法规范的实现，不仅意味着规范的客观存在，而且意味着其实实在在地被公民、法人及其他组织尊重、遵守和执行。这进一步揭示了宪法规范对个案及公民、国家和其他公权力组织行为的合宪性规制，为其违宪行为提供了有效的校正。这是宪法由规范到现实，以及立宪行为的根本和关键之所在。[①] 宪法效力的实现方式有两种，一是宪法遵守，二是宪法适用。

（一）宪法遵守

宪法遵守是宪法效力实现的最基本的形式，遵守宪法规范的普遍性程度越高，宪法效力的实现程度也就越充分，这是宪法规范能够实际产生效力的核心指标。在宪治运转良好的国家，宪法规范效力的实现主要是依靠宪法遵守。宪法遵守依赖于人民对宪法的认知，提高民众对宪法的认知水平，就需要切实加强宪法宣传，通过各种方式使得人民对宪法有一个最基本的认知。我国宪法第九十九条规定，地方各级人民代表大会在本级行政区域内，保证宪法、法律、行政法规的遵守和执行。那么地方各级人民代表大会应当怎样发挥作用，保证宪法得到遵守和执行呢？我国的宪法实施制度还不完备，主要表现在宪法不进入诉讼领域，缺乏有效的宪法保障制度，这些都制约着宪法的遵守，应当想办法解决。首先做好宪法宣传工作，使群众认识到宪法是依法治国的基础，现行宪法是中国历史上最好的一部宪法，是社会主义物质文明、政治文明、精神文明、生态文明建设的法律保障。其次，在行使各项职权的时候能够落实宪法基本精神，制定地方性法规；在作出重大决定时，能够审查是否与宪法相一致，保障公民基本权利；在行使任命权时能够把关于候选人是否符合宪法相关依靠人民、接受监督及努力为人民服务等规定作为考察标准。监督宪法职权、违宪审查权及宪法解释权专属最高国家权力机关，但是宪法授权地方各级人民代表大会及其常务委员会保证宪法在本行政区域内得到遵守和执行，就应该可以认定相关行为是否违宪或者报全国人民代表大会常务委员会处理。[②]

[①] 宪法效力的实现离不开国家权力，不光是宪法效力的获得、失去与实现，还有人们对宪法的遵守与服从；宪法效力的实现很大程度上依赖于人们对宪法的自觉遵守及适用，而后者要求宪法在最大程度上能够体现人民的意志；宪法又具有效力，首先应当为人们所认知，对宪法的遵守和适用也受到经验的制约；最后，宪法具有科学性，这是宪法效力实现的前提，违背客观规律的宪法虽然可能会在一定时间内得到实行，但是最终将会失去其效力。参见杨思留：《论我国宪法的效力及其实现》，《甘肃社会科学》2009年第6期。

[②] 许崇德：《浅谈地方人大及其常委会保证宪法遵守执行》，《公法研究》2004年第1期。

(二) 宪法适用

宪法适用的方式是多样化的，立法机关、行政机关及司法机关都有权适用宪法，这实际上是国家机关利用宪法规范处理具体宪法案件、宪法问题，实现宪法效力。违宪审查和对违宪责任的追究是核心内容，同时又有力地促进了主体对宪法的尊重、服从和执行；宪法适用既是宪法效力的实现方式，同时也是宪法效力事项的有力保障，而这其中，宪法的司法化又最为关键，这是宪法法律性质的体现。① 但是由于种种因素，我国学界对宪法适用问题研究起步相对比较晚，在宪法适用主体、宪法适用方式等宪法适用的基本理论和实践问题上还存在比较大的分歧，至今尚未达成一致。进一步加强对宪法适用问题的研究，尽快形成具有特色的中国宪法适用理论体系，建立健全中国宪法适用制度，是我国近期宪法学研究的重大理论和实践课题。② 宪法适用主体一般包括宪法解释机关、宪法诉讼之司法机关、违宪审查及合宪性解释机关，公民个人及社会组织不能够成为宪法适用的主体。③ 对于宪法适用，有人主张放弃"直接适用论"而采用"间接适用论"。然而，宪法适用的过程是对具体法律事件进行评价的过程，合宪性解释也是以宪法为标准的，这些都是宪法的直接适用；宪法间接适用论的理论支撑不足。④

二、通过制定民法典体现的宪法效力

对于民法与宪法的相互关系，争议一直存在，其延续到民法典的编纂过程中。民法具有政治性，表现为具有一定的宪法功能，存在宪法化的倾向。

(一) 何为依据宪法制定民法典

学界就民法典是否应当写进"依据宪法，制定本法"存在着一定争议。在民法总则中有必要写入"依据宪法，制定本法"的重要原因，在于其现实意义，有利于保证法律体系的完整，保证民法典的制定符合宪法精神；有利于在效力层级上强调民法应当根据宪法，不与宪法相抵触；有利于强调民法典的相关制度设计应当体现宪法对基本经济制度的规定，依据宪法构建民事基本权利体系，贯彻落实宪法关系民事基本权利的规定。此外，这种规定还

---

① 杨思留：《论我国宪法的效力及其实现》，《甘肃社会科学》2009 年第 6 期。
② 谢维雁、孔德王：《论战宪法适用——近年来我国学界关于宪法适用的主要论争点及评析》，《四川师范大学学报（社会科学版）》2014 年第 3 期。
③ 谢维雁：《"宪法间接适用论"质疑》，《法商研究》2011 年第 2 期。
④ 王利明：《何谓根据宪法制定民法？》，《法治现代化研究》2017 年第 1 期。

可以为合宪性解释方法的运用提供立法依据。① 在民法典的编纂过程中，就是否写入"依据宪法，制定本法"，以及如何理解这一表述都存在着争议。这一问题不仅涉及宪法与民法的关系，也涉及如何设计民法典及民法典的解释问题，应当从理论上予以澄清。

从我国民事立法的历史角度来看，从1986年的民法通则开始，我国民事立法中就开始使用"根据宪法"这一表述，之后民法学的同行就开始形成了共识，在宪法的框架之下讨论民事立法基本问题。在制定民法总则的过程中，有学者认为写入"依据宪法，制定本法"，有利于回避物权法制定过程中的争议，是一种政治宣示。民法总则中的这一表述，并不是为了避免不必要的争议，也并不仅仅是政治宣示，更重要的是维护整个法律体系的稳定和谐，以及保障宪法精神能够在民法典制定的过程中得到体现。② 在我国的整个法律体系中，宪法是我国的根本大法，是整个社会主义法律体系的基础，也是民法体系的基础。2012年我国宣布社会主义法律体系已经形成，这一体系就是以宪法为统率，由宪法相关法、民法、刑法等组成的有机整体。因此从效力层级上来看，民法典的制定应当以宪法为依据，但是宪法并不是母法，这一观念已经为我国的理论界和实务界所普遍认可。

（二）民法的政治性及其宪法功能

民法典及民法学一向具有"隐政治化"的特质，此次民法典的编纂，本身就起始于执政党的政治决定，从学术判断的意义上来说，这里的政治性是民法典的"立法依据"的体现和反映。③ 民法典的政治性不仅折射在有关民法典的立法依据条款及相关的立法动向之中，而且体现在民法典的立法精神之内。民法典作为一项神圣的事业，在宪法还没有完全发挥功能的前提下，其应当发挥更大的威力，那就是发挥一定程度的宪法功能。我国宪法作为一部社会主义类型的宪法，既确立了个体性的人权保障原理，又蕴含着国家主义的价值取向。从国家角度来说，授予国家权力，使其具有行为意义上的正当性与合法性，民法典所能够发挥的作用微乎其微；从个体的角度来说，控制公共权力的空间，防止其肆意滥用，维护个体的基本权利，民法典所能够发挥的作用则有很大的空间，能够建构市民社会内部的秩序，但是却不能够在国家与市民社会之间划定一条十分清楚的界线。此外，民法典还可以发挥

---

① 王利明：《何谓根据宪法制定民法？》，《法治现代化研究》2017年第1期。
② 王利明：《何谓根据宪法制定民法？》，《法治现代化研究》2017年第1期。
③ 林来梵：《民法典编纂的宪法学透析》，《法学研究》2016年第8期。

社会建构的作用,提供社会组织原理,编织个体之间的关系,维护个体的非政治性自由,发挥近代宪法所期待的"个人对峙国家"的基本秩序方面建构性作用。①

(三)民法宪法化

在一些学者看来,为了实现民法典的宪法功能,可以在民法典中写入宪法性条款,这就涉及民法的宪法化问题了。民法宪法化,通观世界,早已有之。一般有两种表现形式,即民法进入宪法层面的强民法现象,以及将宪法规范引入民法之中的强宪法现象,这实际上是民法与宪法在规范上对向互化彼此交融的现象。虽然我国法治发展的阶段与其他相对比较成熟的法治国家相比有着不同之处,但是我们同样应当重视民法与宪法之间的互动关系,正确对待"民法的宪法化"现象;部分看似强宪法的规范,实则具有强民法的意义,目的在于通过设置公法性条款部分地替代宪法的功能;按理说应当属于现代性的"民法宪法化"现象,则具有很强的近代性特征,主要是因为近代的立宪主义命题尚未充分完成;似乎代表传统民法功能衰落的民法宪法化现象,则是在一定程度上对宪法功能不足的弥补。民法宪法化现象不足为怪,在一定程度上还是应当接受,前提是能够经过理性的考量,从宪法和民法的规范性关系原理角度,为"民法宪法化"构想提供方案。

三、宪法规范的空白授权

空白授权在某种程度上具有一定的合理性和紧迫性,但是也有一定的局限性和危害性,税收领域的空白授权也是如此。这需要我们从宪法学的角度进行分析,弥补空白授权制度的不足。

(一)空白授权的危害性

本来应该由宪法进行规定的法律构成要件甚至是法律效果,却授权由行政机关来进行规定,这就是空白授权。空白授权是授权行政机关进行立法的一种方式,授权法中没有足够的限制行政机关立法行为的内容,当然也就无从知晓行政机关相关立法行为的权力边界,人民权利处于一种不确定的状

---

① 严格说来,这并非宪法的基本功能,但是宽泛来讲,宪法也具有国家统合的功能,民法典的社会建构作用,也可理解为一种宪法功能,意义不可小觑。参见林来梵:《民法典编纂的宪法学透析》,《法学研究》2016年第8期。

态,行政权也有被滥用的可能和危险。① 空白授权在西方国家主要于两次世界大战期间盛行。英国在两次世界大战期间,授予政府大量权力,这是在紧急状态下的一种授权,一旦社会的紧急状态解除,授权立法的效力也就随之消失,所可能带来的危害性被降低到了最低程度。授权立法对任何政府而言都是一个不可避免的做法,但是也可能产生难以控制的不良后果,不论是对授权者还是对被授权者来说都是如此。空白授权容易导致立法机关立法权力的旁落,宪法的规范仅仅是一种宣示,具体的构成要件及法律效果的规定,则难以掌握和控制,表面上看是对行政机关的信任,有些则是对立法责任的推卸,最后导致政府对立法机关的控制;空白授权对行政机关限制相对比较少,使得行政机关滥用行政权力的可能性增加;行政机关取得了某种程度不受限制的立法权力,对公民基本权利来说,有可能就是一种潜在或者实在的削减或者剥夺。②

(二)我国税收立法中的空白授权问题

我国立法法施行以后,国务院仍然在根据空白授权行使有关的税收基本制度的立法权。西方国家大多采取了一事一授权的严格限制措施。在我国,全国人民代表大会及其常务委员会授权的对象是国务院,按照禁止转授的原则,立法权禁止转授给其他部门,如果特殊情况需要进行这样的授权,也需要经过原授权立法机关的同意,然而在我国的立法实践中,国务院却将立法权时常授予国务院内设部门,违背了授权的本意,导致相应的权威受损及成本增加;国务院依据两次授权立法,不仅垄断了税收立法,而且越权对税收立法权进行了划分。③ 因此我国需要按照税收法定的原则,加强税收立宪,规定税收立法权由代议机关保留,明确税收立法权在中央和地方之间的划分原则等。对于应当制定法律却尚未制定的,全国人民代表大会及其常务委员会有权作出决定,授权国务院根据实际需要制定行政法规,授权的目的、事项、范围、期限及被授权机关实施授权决定应当遵循的原则等,期限不得超过五年,但是授权决定另有规定的除外,期限届满六个月前,可以提出是否需要制定法律、是否需要继续授权,也可提出意见,经过检验,在条件成熟时,及时制定法律;被授权机关应当严格遵照授权决定行使权力,不能将被

---

① 温明月:《空白授权立法的危害性》,《理论界》2008年第7期。
② 温明月:《空白授权立法的危害性》,《理论界》2008年第7期。
③ 丛建阁:《我国税收立法的宪法学分析》,《山东社会科学》2004年第6期。

授予的权力转授其他机关。①

第二节 宪法实施的理想与现实

习近平在 2012 年 12 月 4 日首都各界纪念现行宪法公布施行 30 周年大会上的讲话中指出，宪法的生命在于实施，宪法的权威也在于实施。但是对于宪法实施什么，怎样实施，也就是宪法实施的内容和机制，在理想和现实两种维度之间是存在着一定差异的，宪法实施的状况也存在着一定争议，这就需要从理论上深化研究和探讨。

一、宪法实施的内容

宪法实施并不限于宪法文本的实施，其作为一个规范体系，还包括宪法直接相关法、宪法惯例及宪法习惯等。所谓宪法直接相关法，我国宪法学者一般称之为宪法性法律，当然也有一些学者认为宪法性法律的表述不够准确，应当用基本法律进行替代。王维澄认为，我国的宪法相关法主要包括：国家机构的组织和行为方面的法律、民族区域自治方面的法律、特别行政区方面的基本法律、保障公民基本政治权利的法律，以及有关国家主权、国籍等方面的法律。不论是宪法性法律还是宪法相关法，都存在着逻辑上的矛盾，从实质宪法的角度来说，在规范体系中具有最高的法律位阶而且与宪法文本中的条款直接相关的法律都是宪法直接相关法，范围并不限于法律，有时候也会包括一些行政法规、地方性法规或者特别行政区的法律等。②

（一）关于宪法实施内容要素认知的误区

从 1982 年宪法颁布实施以来，全面实施宪法一直是我国依法治国基本方略的基本内容，然而宪法实施的到底是什么内容，对此却争议不断，需要从学理上进一步思考。思考之前有必要梳理一下对宪法实施内容的认知误区。长期以来一直有两个误区，第一个误区是认为法律实施就是宪法实施，认为法律就是宪法的具体化，法律所保障的权利就是宪法所保障的权利，法

---

① 《中华人民共和国立法法》，2000 年 3 月 15 日第九届全国人民代表大会第三次会议通过，根据 2015 年 3 月 15 日第十二届全国人民代表大会第三次会议《关于修改〈中华人民共和国立法法〉的决定》修正。
② 周刚志：《中国宪法实施的内容、机制及其评估》，《人民法治》第 Z1 期。周刚志、罗佳乐：《也论宪法实施：概念、指标及其状况》，《云南大学学报（法学版）》2014 年第 4 期。

律得到了实施，那么也就是宪法得到了有效的实施。对于这个问题，我们应当承认宪法某些原则和条款的实施需要法律的具体化，但是法律实施与宪法实施的对象、内容及救济渠道毕竟还是存在着差别，法律实施不完全等于宪法实施，另外在宪法实施状况不甚良好的情况下，法律实施的效果也会在一定程度上打折扣。第二个误区是认为国家机构规范的实施就是宪法实施，虽然宪法实施包括国家机构规范的实施，但是国家机构规范的实施，结合我国宪法规范中关于国家机构职权的概括加列举式规定，使得以基本权利对抗国家权力的不当干预较为困难，说到底除了国家机构规范的实施，宪法实施同样包括基本权利规范的实施，否则就难说是宪法规范的真正实施。①

（二）宪法实施内容的核心

基本权利规范是我国宪法实施的本质和目的所在。② 一部宪法所有的规范无非两种，一种是权力规范，一种是基本权利规范。那么宪法实施的本质或者核心是什么？毫无疑问，宪法实施归根结底是人权规范的实施，基本权利规范的实施是宪法实施的根本。从美国宪法制定及修正的过程、法国宪法制定和修改的过程等来看，宪法制定的基本目的就是保障人民的基本权利，只是在保障基本权利的方式或者机制方面存在不同之处。国家各级权力机关存在和行使权力的目的在于保障人民的基本权利，比较来看，人民赋予政府权力的目的正在于保障人民所共同享有的基本权利，我国的各级国家权力机关、行政机关、司法机关等权力享有和行使的目的也都是保障人民的自由和权利，它们是保障人民自由的义务主体，在行使权力时受到政治、法律等方面的限制。基本权利规范的实施，核心是个人自由权利的实现，这也是每个人自由权利实现的前提。评价一个国家的人权状况，不仅要看多数人的人权保障状况，而且要评估少数人的权利保障水平。多数人权利得到保障，同时少数人权利同样能够得到保障的国家，才是真正保障人权的国家。③

（三）宪法实施内容的"完美主义"

研究宪法实施必然要面临的一个问题就是，是否一定要有完美的宪法，然后再去实施它。学界有意无意地认为，中国宪法的内容还不够好，不够完美，至于宪法实施与否没有多大关系，所以研究的重心就放在了宪法内容

---

① 范进学：《宪法实施：到底实施什么？》，《学习与探索》2013年第1期。
② 范进学：《宪法实施：到底实施什么？》，《学习与探索》2013年第1期。
③ 范进学：《宪法实施：到底实施什么？》，《学习与探索》2013年第1期。

上，而忽视了宪法实施程序、机制等问题。① 这就是一种完美主义的倾向。宪法实施机制需要被认真对待，从各国宪治实践来看，没有一个国家的宪法在一开始就是完美的，几乎所有国家都是先确立严格的宪法实施机制，使宪法内容能够在宪治实践中得到实施，然后在实施的实践中进一步完善宪法内容。宪法实施机制与宪法实体内容都很重要，有学者认为需要另起炉灶，通过修改宪法，重新制定一部完美宪法，这种想法具有很浓厚的完美主义倾向，程序相对于实体而言，如果不是更加重要，至少也是同等重要。我国的宪法文本虽然还不完美，但是体现了基本的政治理念和法治精神，注重保障民主自由等公民基本权利。况且我国的宪法实施状况还不甚理想，这就需要将一定精力倾注在宪法实施机制上。②

二、宪法实施的形态

我国宪法呈现出一种倾斜性的实施形态，从比较宪法学的角度来看，我国宪法的实施方式在历史类型学上较接近于欧陆国家的近代宪法，所不同的是我国承担宪法实施第一责任的国家立法机关采取的是自我谦抑主义的立场。这种立场是多种原因造成的，在我国转型时期的宪法完成转型之前，不太可能转变。③

（一）规范分析意义上的现行宪法实施的结构形态

分析宪法实施状况的著作数量不少，但是基本上都限于抽象的分析和评价，真正从宪法规范意义上总结出宪法实施样态的成果寥寥无几，因为这样的工程比较浩大，林来梵教授曾经作出过一定的努力，但是也没有说自己能够胜任这一盛举。④ 总结出宪法实施的形态，首先需要明确标准，不同的宪法规范，标准是不一样的，对于原则性宣示性条款，标准相对比较宽松一些，只要本身与现实社会形成了一定的对应关系即可；对于规范性程度较高的宪法条款，标准需要在法律上得到具体化，并且没有受到过多的限制，才能够获得实效性；其他规范是否具有实效的标准，可以以是否通过普通立法得到具体化作为判断标准。从我国宪法规范结构来看，其中大多数条款已经

---

① 王振民：《认真对待宪法的实施》，《环球法律评论》2012年第6期。
② 王振民：《认真对待宪法的实施》，《环球法律评论》2012年第6期。
③ 林来梵：《转型期宪法的实施形态》，《比较法研究》2014年第4期。
④ 范进学：《中国宪法实施与宪法方法》，上海三联书店2014年版。翟小波：《论我国宪法的实施制度》，中国法制出版社2009年版。林来梵：《转型期宪法的实施形态》，《比较法研究》2014年第4期。

得到比较好的实施，只有一小部分条款没有得到很好的实施，呈现出一定的倾斜性，有关国家总体秩序纲领、国家组织规范及公民基本义务方面的条款实施较好，而基本权利保障条款、国家权力机关职权条款及司法机关职权独立性条款实施效果有限，至少从结构意义上来说，已经体现了国家主义的立场。①

（二）历史类型学意义上的宪法实施形态

我国这种倾斜性的宪法实施形态是一种静态结果意义上的状态，除此之外还有一种动态意义上的宪法实施机制，或者宪法实施方式。有学者认为，从我国具体实施宪法的规定来看，全国人民代表大会及其常务委员会是实施宪法的主要机关，法律实施是宪法实施的主要方式和核心内容。与此相对或者不同的是另外一种坚持将宪法实施理解为宪法条款适用于具体个案的实践活动，至于如何实现将宪法条款适用于个案，一般涉及违宪审查制度，通过该制度的运作使宪法得以实施，然后是美国式的普通法院司法审查制度，最后是中国的人民法院建立的审判过程中的合宪性解释机制，从而避开"司法机关不得解释宪法"的限制。主张将宪法实施主要依托于法律进行的具体化，则接近于欧洲国家的具体做法，主张将宪法实施通过将宪法的具体条文适用于具体个案的方式，则是当今世界各国采用的一种主流做法。在19世纪的近代立宪时期，大部分国家的宪法实施主要通过立法机关制定法律使得宪法具体化的方式来实现，与此同时，司法机关和立法机关则合力限制分化于君主权力的行政权。近代立宪主义逐渐产生了危机，议会中心主义严重受挫，主要通过立法进行宪法实施的模式受到严重挑战，"只有通过法律才能够限制基本权利"在现实中逐渐变成"只要通过法律就能够限制基本权利"，因此违宪审查制度应运而生。我国宪法实施模式类似于西方国家的近代宪法实施模式，也出现了基于备案审查的主动审查制度，以及依赖于申请的被动审查模式，这两种模式不论在审查方式、范围、程序、效果方面都存在着固有缺陷。②

三、宪法实施的争议

关于宪法实施的争议主要集中在违宪审查制度问题、宪法委员会问题、是程序性实施还是实体性事实问题以及是政治性实施还是法律性实施问题四

---

① 林来梵：《转型期宪法的实施形态》，《比较法研究》2014年第4期。
② 林来梵：《转型期宪法的实施形态》，《比较法研究》2014年第4期。

个方面。

(一) 转型时期的违宪审查制度

要真正全面有效地实施宪法，尤其是推动宪法规范中那些与立宪主义密切相关的条款得到切实有效的实施，则有待于完成宪法的转型，在宪法完成转型之前，要全面有效实施宪法难度很大。目前我国宪法正在转型，从报应正义的宪法转向互惠正义的宪法，从政权正当性确认书转向规范性宪法，从国家总章程转向权利保障书。转型过程中，我国的动态意义上的宪法实施应当采取何种方式？在我国，目前违宪审查制度已经具备了存在基础，虽然还存在着实效性不足的问题，但是完全可以通过完善相关制度，逐步提升为具有相当实效性的制度，在宪法完成转型之后，真正发挥监督宪法实施的作用。①

(二) 宪法委员会问题

我国现行宪法是1982年制定的，体现了当时全国人民的政治意愿，要不要实施宪法的本质就是，后人要不要遵守当时人们制定的宪法。一种逻辑认为，我们后来的全国人民代表大会及其常务委员会是不会同1982年制定的宪法相抵触的。但是这种逻辑是不能够成立的。后来的全国人民代表大会及其常务委员会应当同当时的全国人民代表大会及其常务委员会分开，把宪法同后来的全国人民代表大会分开；后来的法律有可能违反宪法，或者会遇到违宪的质疑。建议设立宪法委员会，在全国人民代表大会之下，主要负责对全国人民代表大会常务委员会的立法进行监督，对国务院行政法规、国务院部委规章进行监督，接受公民的违宪审查请求，同时对全国人民代表大会及其常务委员会的机构职权进行相应的调整。②

(三) 程序性实施与实体性实施

从程序和实体的关系角度来说，我国的宪法实施分为程序性实施，以及实体性实施。有人认为程序性实施具有一定的局限性，应当重视实体性实施。笔者认为，程序性实施在一定程度上能够保障宪法在现实生活中得到落实，能够从程序上保障社会大众对宪法的认同和信心；实体性实施有一定的局限性，但也有其不可替代的作用，有助于确立宪法的权威并树立宪法在人民心中的形象，增强人民对整个法律体系的认同和信心。③ 有学者认为现行

---

① 林来梵：《转型期宪法的实施形态》，《比较法研究》2014年第4期。
② 王振民：《认真对待宪法的实施》，《环球法律评论》2012年第6期。
③ 张千帆：《宪法实施的概念与路径》，《清华法学》2012年第6期。

宪法实施不力,根本的原因就在于程序性实施难以保证宪法实体的规定得到全面有效的落实,程序正义固然重要,如果不能够保证实体正义,那么这样的宪法实施就是走过场;即便是各级政府高度尊重宪法与公民基本权利,严格按照宪法规定的程序和实体原则办事,但是如果没有有效的行宪机制,那么很容易造成宪法的搁置现象。① 但是实际上程序性实施存在不足,而实体性实施也存在着界限,同样会对宪法的权威性正当性及人民对宪法的信心产生不利影响。程序性不足,需要程序性实施的弥补,实体性不足则需要实体性实施的弥补,程序性实施和实体性实施都很重要,只是所处阶段不同,相互之间的对比关系会发生变化。

(四) 政治性实施与法律性实施

传统宪法学在研究宪法实施重要性的同时,对宪法实施的过程则缺乏足够的关注。一种观点认为,我国基本上没有宪法实施,持这种观点的人只关注了宪法司法化的问题,认为我国司法实践中没有适用宪法,所以根本没有宪法实施,并进一步认为我国的宪法只是名义宪法。另外一种观点认为,理解我国宪法的关键不在于宪法文本,而在于宪法文本之外的宪法实践,这种直接绕开宪法规范而直接分析实体制度的研究,容易得到西方学者的共鸣。但是这两种维度的研究都存在着一定的缺陷。我国的宪法实施实质上是一种双轨制,跟许多西方国家的宪法实施模式不同,宪法审查并非我国实施的主要模式,我国的司法机关不能够根据宪法直接审查立法的合宪性,而作为有权机关的全国人民代表大会常务委员会也没有进行过宪法判断,这是真实状况,但是并不是全部;从比较法角度来看,我国宪法更多依靠政治化方式实施,伴随着法治化进程的推进,我国的宪法实施逐渐由单一依靠政治化实施,过渡到政治化实施和法律化实施同步推进、互相影响的双轨制模式,此可以作为描述我国宪法实施的一个理论框架。②

第三节　维护宪法权威:健全我国宪法监督制度

在现代法治国家的背景下,宪法权威是宪法能够为人民普遍认同、自觉遵守及进行有效维护的重要原因,特别是体现在宪法能够作为限制公权力滥用的重要依据。当然,宪法权威不同于个人权威、法律权威、政治权威、政

---

① 张千帆:《宪法实施的概念与路径》,《清华法学》2012年第6期。
② 翟国强:《中国宪法实施的双轨制》,《法学研究》2014年第3期。

党权威,我们应当树立和维护宪法的至上性,任何其他权威都不能够超越或者代替宪法的权威。① 为了维护宪法的权威,健全我国的宪法监督制度是至关重要的方向。

一、内部监督与备案审查制度

我国的宪法监督,实行的是全国人民代表大会及其常务委员会的专门监督制度。关于宪法监督的主体与权限,1982年宪法有明文规定,但是其没有规定相应的监督程序。宪法监督程序是有法律规定的,这些法律主要包括《中华人民共和国全国人民代表大会组织法》《中华人民共和国各级人民代表大会常务委员会监督法》《中华人民共和国立法法》《行政法规、地方性法规、自治条例和单行条例、经济特区法规备案审查工作程序》及《司法解释备案审查工作程序》等规范,形成我国的国家最高权力机关宪法监督模式。②

我国宪法第六十二条第二款规定,全国人民代表大会行使监督宪法实施的职权。我国宪法第六十七条第一款、第七款、第八款规定全国人民代表大会常务委员会解释宪法,监督宪法的实施;撤销国务院制定的同宪法、法律相抵触的行政法规、决定和命令;撤销省、自治区、直辖市国家权力机关制定的同宪法、法律和行政法规相抵触的地方性法规和决议。

《中华人民共和国全国人民代表大会组织法》设定了宪法所规定的全国人民代表大会改变或者撤销全国人民代表大会常务委员会不适当的决定适用的程序及全国人民代表大会常务委员会宪法监督的程序。该法第九条规定,全国人民代表大会主席团,全国人民代表大会常务委员会,全国人民代表大会各专门委员会,国务院,中央军事委员会,最高人民法院,最高人民检察院,可以向全国人民代表大会提出属于全国人民代表大会职权范围内的议案,由主席团决定交各代表团审议,或者并交有关的专门委员审议、提出报告,再由主席团审议决定提交大会表决。该法第十条规定,一个代表团或者三十名以上的代表,可以向全国人民代表大会提出属于全国人民代表大会职权范围内的议案,由主席团决定是否列入大会议程,或者先交有关的专门委员会审议、提出是否列入大会议程的意见,再决定是否列入大会议程。该法第三十二条规定,全国人民代表大会各专门委员会,国务院,中央军事委员

---

① 韩大元:《论宪法权威》,《法学》2013年第5期。
② 焦洪昌、王放:《分步骤完善我国宪法监督制度》,《国家行政学院学报》2015年第2期。范进学:《我国宪法监督程序之审思与变造》,《法学》2012年第10期。

会，最高人民法院，最高人民检察院，可以向常务委员会提出属于常务委员会职权范围内的议案，由委员长会议决定提请常务委员会审议，或者先交有关的专门委员会审议、提出报告，再提请常务委员会审议；常务委员会组成人员十人以上可以向常务委员会提出属于常务委员会职权范围内的议案，由委员长会议决定是否提请常务委员会会议审议，或者先交有关的专门委员会审议、提出报告，再决定是否提请常务委员会会议审议。

《中华人民共和国各级人民代表大会常务委员会监督法》规定了规范性文件备案审查制度。最高人民法院、最高人民检察院作出的属于审判、检察工作中具体应用法律的解释，应当自公布之日起30日内报全国人民代表大会常务委员会备案；国务院、中央军事委员会和省级行政区的人民代表大会常务委员会认为最高人民法院、最高人民检察院作出的具体应用法律的解释同法律规定相抵触的，最高人民法院、最高人民检察院认为对方作出的具体应用法律的解释同法律规定相抵触的，可以向全国人民代表大会常务委员会书面提出审查的要求，由常务委员会工作机构送有关专门委员会进行审查并提出意见；其他的国家机关和社会团体、企业事业组织及公民可以提出书面审查的建议；全国人民代表大会宪法和法律委员会及有关专门委员会可以提出要求最高人民法院或者最高人民检察院予以修改、废止的议案，或者提出由全国人民代表大会常务委员会作出法律解释的议案，由委员长会议提请常务委员会会议审议。《中华人民共和国立法法》第十四条、十五条、二十六条、二十七条规定了全国人民代表大会常务委员会宪法监督的类似程序。

《司法解释备案审查工作程序》明确提出了对司法解释进行监督的程序，主要包括，最高人民法院、最高人民检察院制定的司法解释，应当自公布之日起三十日内报送全国人民代表大会常务委员会备案；国务院等国家机关和社会团体、企事业组织及公民认为司法解释同宪法相抵触，均可以向全国人民代表大会常务委员会提出书面审查的要求或者审查的建议，同时对司法解释的报送、接收和审查工作的分工负责、审查形式、纠正程序等都进行了明确规定。

行政法规、地方性法规、自治条例和单行条例、规章的备案审查和撤销，依照立法法的有关规定进行处理。立法法第五章专门规定"适用和备案审查"制度，该章规定，宪法具有最高的法律效力，一切法律、行政法规、地方性法规、自治条例和单行条例、规章都不得同宪法相抵触。如果存在超越权限、违反宪法、不适当及违背法定程序的,由有权机关按照立法法有关权限进行改变或者撤销;行政法规、地方性法规、自治条例和单行条例、规章应当在公布之后的三十日内依照规定报有关机关备案;国务院、中央军事委员会等认为行政法规、地方性法规、自治条例和单行条例同宪法相抵触的,可以向全国人民代表大会常务委员会书面提出进行审查的要求,由常务委员会工作机构分送有关专门委员会进行审查并提出意见;其他国家机关和社会团体、企业事业单位组织及公民可以提出进行审查的建议;有关的专门委员会和常务委员会工作机构可以对报送备案的规范性文件进行主动审查,认为同宪法相抵触的,可以向制定机关提出书面审查意见、研究意见,也可由宪法和法律委员会与有关专门委员会、常委会工作机构召开联合审查会议,要求制定机关到会说明情况,再向制定机关提出书面审查意见。制定机关研究提出是否修改的意见并反馈,相关审查终止,或者提出予以撤销议案、建议,由委员长会议决定提请审议决定,向有关机构和公民反馈,并可以向社会公开。

二、关于我国宪法监督制度的争议

世界上没有绝对放之四海而皆准的宪法监督制度,任何一个国家的宪法监督制度,总是与这个国家的具体国情相互联系在一起,取决于这个国家的历史和现实背景。健全我国的宪法监督制度,解决关于我国宪法监督制度的争议问题,也同样不能离开这样一个规律,那就是,"应当站在党和国家工作全局的高度,站在依法治国整体事业的高度,从总体上考虑人民代表大会制度的政治体制、党政关系及其他因素与宪法监督的关系"①。

(一) 党的领导与宪法监督

几十年来,有关健全我国宪法监督制度的文献很多,见仁见智,有的主张在全国人民代表大会之下设立平行于全国人民代表大会常务委员会的宪法委员会或者宪法法院,专门从事宪法监督工作;有的主张由普通法院监督宪法实施;有的主张将宪法监督权牢牢掌握在全国人民代表大会及其常务委员会手中;等等。不同的角度,不同的观点,在某些方面具有一定的制度设计的逻辑。这些是站在某个机关角度设计的,没有充分考虑到中国共产党的领导与制度设计之间的关系,离开了这个大背景,进行制度设计,其最终结果

---

① 刘松山:《健全宪法监督制度之若干设想》,《法学》2015年第4期。

可想而知。① 从制度实践来看，人民代表大会制度的运行离不开党中央和地方各级党委的领导。依法治国与党的领导、人民当家作主是有机统一的，依法治国首先是依宪治国，宪法监督工作也应当在党的领导下进行。因此进行制度设计时，必须考虑宪法监督应当在党的领导下进行，应当体现党的领导，否则就会孤立，难以取得实效；在坚持宪法监督在党的领导下进行的同时，党也应当接受宪法监督，在宪法范围内活动，这是宪法和党章的规定和要求，也是宪法监督制度设计的难点所在。②

（二）人民代表大会政治体制与宪法监督

我国的政治体制有两条主线，一条是党同国家政权机关之间的关系，一条是国家政权机关之间的关系。健全我国的宪法监督制度，除了要考虑党政关系这一主线之外，还应当考虑国家政权机关之间的关系这条主线，这条主线就是人民代表大会制度。长期以来我国的宪法监督制度没有取得预期的效果，相应的制度设计方案没能获得接受，重要原因之一就是没有充分考虑我国的人民代表大会制度这条主线。人民代表大会制度政治体制的核心就是有一个最高国家权力机关即全国人民代表大会以及它的常设机关全国人民代表大会常务委员会，在整个国家机关体系中，全国人民代表大会及其常务委员会居于核心地位；其他设立独立的宪法委员会、宪法法院、普通法院的方案，有将最高国家权力一分为二的倾向，当然不可能获得认同；未来的宪法监督制度应当保障全国人民代表大会及其常务委员会的核心地位，当然全国人民代表大会拥有最终的决定权。

（三）违宪审查与违法审查

违宪审查是指就审查对象的行为是否违反宪法进行的审查，又可以叫作合宪性审查；违法审查是就审查对象的行为是否违反法律或者上位法进行的审查，又可以叫作合法性审查。违宪审查通过对宪法的解释和理解，撤销或者纠正违宪的规范性文件；违法审查通过对法律的解释和理解，撤销或者纠正违法的规范性文件。两者在审查性质、功能、目的及程序上都是不同的。但是长期以来，我国的宪法法律文件却时常把两者混同起来，在审查主体与审查程序上高度统一，从而导致了两者的高度趋同，很多问题都与此有着一定程度的关系。因此，违宪审查与违法审查的程序应相互独立，不能混同或

---

① 刘松山：《健全宪法监督制度之若干设想》，《法学》2015年第4期。
② 刘松山：《健全宪法监督制度之若干设想》，《法学》2015年第4期。

相互替代。①

（四）备案审查与违宪审查

关于备案审查，我国已经有不少的研究成果。备案审查确实存在若干问题，这些问题亟待解决。另外，把备案审查当作违宪审查而将两者等同起来的趋势或者倾向也确实存在。实际上备案审查既有违宪审查的性质，也有违法审查的性质，两者不是完全相同的，我们不能够将备案审查等同于违宪审查。备案审查制度是我国具有特色的制度，是对除了法律之外的行政法规、地方性法规、自治条例、单行条例和规章通过主动方式或者被动方式进行实质性审查的制度，包括全国人民代表大会常务委员会的备案审查、国务院的备案审查及地方人民代表大会常务委员会的备案审查，后两者都是合法性审查，只有全国人民代表大会常务委员会的备案审查兼具违法审查和违宪审查的内容。所以在进行宪法监督制度设计的时候同样要防止将备案审查等同于违宪审查的倾向，应当将备案审查的违宪审查因素同违法审查内容区分开来，备案审查制度的功能和价值不能够过度放大，其审查对象有限，无法承担违宪审查的重任，程序繁杂，有权提请审查要求的主体缺乏动力，有权提请审查建议的主体难以启动相关程序。②

三、宪法司法化

宪法司法化的问题随着齐玉苓案及最高人民法院对齐玉苓案批复的变化而引起相应的争论，我们需要继续回答宪法能否司法化的问题，如果是肯定的结论，那么继而就需要明确宪法司法化的路径。

（一）齐玉苓案批复的废止与宪法能否司法化

宪法能否司法化关系到宪法实施的途径。过去宪法司法化的问题被忽略，不少人认为宪法司法化与我国的政治体制不相符合，齐玉苓案中最高人民法院对法院可以适用宪法的解释引发了对宪法司法化的激烈讨论，但是这也没有很好地解决宪法司法化走向实践的相关理论问题。③ 后来齐玉苓案批复被废止，所以有必要对宪法司法化的理论进行深入的研究，进而回答宪法司法化能否适合于我国政治实践的问题。什么是宪法司法化，一种观点认为，宪法司法化就是宪法能够像其他法律一样进入司法程序，直接作为裁判

---

① 范进学：《完善我国宪法监督制度之问题辨析》，《学习与探索》2015年第8期。
② 范进学：《完善我国宪法监督制度之问题辨析》，《学习与探索》2015年第8期。
③ 蔡定剑：《中国宪法司法化路径探索》，《法学研究》2005年第5期。

案件的法律依据，并且在裁判文书中可以加以援引。另外一种观点认为，宪法司法化就是把宪法作为依据审查法律等规范性规范是否合乎宪法的制度安排，等同于违宪审查，或者包括违宪审查。由于对宪法司法化缺乏深入的研究，一些学者把宪法司法化等同于或者认为包括违宪审查，或者认为其就是法院直接适用宪法判案，使得反对或者赞成宪法司法化的人都对这种理论在我国能够起到多大作用感到怀疑，并且这些人认为宪法司法化会导致法院进行违宪审查，从而同我国的宪法体制和人民代表大会制度相悖。不同的纠纷类型需要不同的纠纷解决机制，如果涉及公权力之间的纠纷，就需要违宪审查，或者传统的宪法审查；如果涉及公民权利的侵害来自公权力，那么救济机制即是宪法司法化或者司法审查。前者不是宪法司法化的问题，不走司法途径，宪法司法化是对公民宪法权利的司法救济。德国就是按照这样一个逻辑，区分宪法审查和司法审查，设置宪法法院，分设一庭、二庭分别解决。美国则是两种纠纷混合在一起运用司法审查的方式进行解决，而这就迷惑了很多人，他们认为我国的宪法司法化包括违宪审查，这就是问题的症结所在。实际上宪法实施的机制有两种，一是宪法审查或者违宪审查机制；二是宪法诉讼，也就是宪法上的私权救济司法化。分清这两者，根据对宪法精神及对代议制的理解，就可以作出宪法司法化的回答，并将两种职责交由特定的机关行使。①

（二）宪法司法化的路径

从我国的政治现实来看，我国正在从强国家权力、弱公民权利阶段，走向法治化的强国家权力及强公民权利阶段，这个过程要求政府的权力逐步从对社会和公民的生活的不当干预中退出。以弱势的法律限制强大的国家权力是不现实的，也是不可能的，中国完全可以先走以宪法保障公民私权的司法化的道路，然后逐步建立有效的违宪审查制度。我们可以把宪法审查或者违宪审查，以及司法审查职权分别交由不同的机构来行使。违宪审查权仍然由最高国家权力机关全国人民代表大会及其常务委员会来行使，主要解决公权力之间的纠纷，对于私权受到公权或者其他私主体侵害的情形由最高人民法院直接管辖；制度设计要考虑我国的人民代表大会制度，宪法私权诉讼涉及对法律法规违宪审查问题，由最高人民法院提交全国人民代表大会常务委员会审查。②

---

① 蔡定剑：《中国宪法司法化路径探索》，《法学研究》2005年第5期。
② 蔡定剑：《中国宪法司法化路径探索》，《法学研究》2005年第5期。

第三章
宪法的发展历程

近代宪法的产生与发展经历了一些重大的历史时刻,它们也塑造了现代宪法的基本样式与核心内容。美国立宪、欧洲一些国家的立宪,它们的历史背景、主要过程及存在的争议,是宪法发展史上的重要内容。宪法传入中国的时间并不久远,中国立宪之路充满曲折,清末和民国立宪能够为当代中国的政治和社会发展提供经验和教训。

第一节 美国立宪:伟大的妥协

美国是世界上最早制定成文宪法的国家。它在 1787 年制定了第一部成文宪法,并提出了若干近代宪法的基本原则,开创了制定成文宪法的先河。美国宪法制定的历史轨迹,大致经历了由各州制定宪法的探索阶段到发表《独立宣言》宣告美国独立,而后制定《邦联条例》,再到制定美国联邦宪法的历史过程。

一、各州宪法的制定

独立战争之前的 100 多年间,北美 13 个殖民地就开始进行制宪的探索。从"特许状""契约"或"基本法",到各州的宪法,无不是北美殖民地时期制宪传统的体现。

1607 年,英国王室按照其法律规定通过颁发"特许状"的方式建立了北美的第一个殖民地——弗吉尼亚殖民地。根据"特许状"的规定,殖民地的管理机构是一个由 13 人组成的董事会,由公司的原始成员选举产生,定期换届;董事会设在伦敦,掌管公司一切事务,殖民地的日常管理由委派的总督负责。"特许状"还规定,弗吉尼亚公司享有任命官员、制币、分配和处置土地、进行自卫等自主权。"特许状"还宣布,所有殖民者及其出生在殖民地的后裔与本土的英国人享有同等的自由权、公民权和豁免权。继弗吉尼亚之后,英王又通过颁发"特许状"建立了另一个重要的殖民地——马萨诸塞殖民地。这份"特许状"中同样对马萨诸塞的管理和运作进行了具体的规定。这些英国王室的"特许状",实际上就是殖民地的"政府组织法",其超越于殖民地制定的成文法律,是后来成文宪法的雏形。

与"特许状"不同的是,普利茅斯、罗德岛、康涅狄格等殖民地,在建立之初没有获得英王授权,这些殖民地就采用民众契约来确立统治的合法性,缔约者同意遵守根据多数人意志制定的法律,服从共同推选的官员,从而形成政治秩序和社会秩序。《五月花号公约》和《康涅狄格基本法》就是典型的殖民地共同契约。1620年移居普利茅斯的清教徒集体订立的《五月花号公约》,声明建立政治共同体的目的,并赋予政府颁布法律和任命官员的权力,同时认可法律和政府的权威,这些都为宪法的制定打下了基础。《五月花号公约》被看作美国历史上的第三个政治契约性文件,在美国政治思想史上占有重要地位。公约虽短,但宣示了殖民地的目的、政治实体的基础和殖民地政府的权力,是普利茅斯殖民地建立的基础。依据这份"契约",他们召开代表大会,通过法律,选举总督和总督助理,并于1636年通过了《统一基本法》(General Fundamentals),对殖民地的政治结构和居民权利进行了规定。

综观北美早期殖民地建立和争取自治权的斗争,不难发现这样的特征:"殖民者十分看重成文法,赋予其几近神圣的地位。这些成文法——或称基本法,或称特许状,或称契约——实际上成为一种政府组织的基本法,或成文宪法(written constitutions),对政府的功能和权限、政府权力的来源、殖民地居民参与政治的资格与方式及殖民地政治的运作都作了规定。有的规定尽管粗糙,却也是白纸黑字,使殖民者有据可查,有法可依。这种政治模式与英国政治遵循的不成文宪治传统有重要区别。殖民者不仅用成文法或契约来争取权力,而且也注重以文字的方式将获得的权力和建立起来的政治实践规定下来。"[1] 总之,殖民地时期的制宪活动,对成文法典的重视和契约精神在政治共同体中的确立,对于后期人民主权和有限政府原则的形成都是不

---

[1] 王希:《原则与妥协:美国宪法的精神与实践》,北京大学出版社2000年版,第22页。

可或缺的思想资源和历史依据。

为了摆脱英国的统治，1775年4月，北美独立战争打响后，各殖民地相继独立并开始制定本州宪法。在1776年至1780年，除了康涅狄格州和罗得岛州两地外，共有11个州制定了本州的新宪法，并据此成立新政府。美国早期州宪法是近代世界史上最早的一批成文宪法。无论是第一部临时性的州宪法——新罕布什尔州宪法，还是第一部永久性的州宪法——弗吉尼亚州宪法，生效时间都比1787年美国宪法早了12年。即使是革命时期最迟颁布的马萨诸塞州宪法，生效时间也比1787年宪法早8年。美国早期州宪法是人类历史上第一次依据天赋人权、人民主权、权利分立等学说制定的宪法，其对人民权利的重视和保护，受到后世的高度赞誉。1787年美国宪法的内容，则直接证明了早期州宪法对它产生的典范作用。联邦政府的分权原则、国会两院制度、参议员的替换制度、法官终身任职制度等，无不取法于早期州宪法。此外，1787年美国宪法的头十条修正案即《权利法案》，也是以弗吉尼亚和马萨诸塞《权利宣言》为蓝本的。

二、美国独立和《邦联条例》

1775年至1783年，美国人民为摆脱英国殖民统治，进行了独立战争。1776年，北美13个殖民地的代表在费城召开的会议上通过了由托马斯·杰斐逊执笔起草的《独立宣言》。《独立宣言》首先提出，人人生而平等，每个人都有天赋的不可转让的生命权、自由权和追求幸福的权利，人们为了保障和实现自己的这些天赋权利才成立政府，政府的权力来自"被统治者的同意"。据此，对于侵害上述权利的政府，人们有权改变和废除它。宣言在揭露了英国殖民当局压迫和剥削北美殖民地人民的27条罪行之后，庄严宣告：北美13个殖民地不再是英国的殖民地，从此中断与英国的一切附属关系，成立完全独立、自由的美利坚合众国。这部政治文件第一次宣布了建立资产阶级民主共和国的主张，它极大地鼓舞了为独立和自由而战的殖民地人民，是资产阶级革命时期一份具有历史意义的文献，不仅宣告了美利坚合众国的建立，而且是反对封建制度的著名政治纲领。《独立宣言》为美国宪法的制定和宪法修正案增补人权条款奠定了基础。马克思称其为世界上"第一个人权宣言"。

为加强各州之间的联系，第二届大陆会议在通过《独立宣言》的同时，提出了成立邦联——各州之间的松散联盟的计划。1777年11月15日，第二届大陆会议通过了由约翰·迪肯森起草的《邦联与永久联合条例》，这份后来被称为《邦联条例》的宪法性文件，还称不上是一部真正意义上的"宪法"。因为大陆会议的代表们只是希望在各州之间建立一个高于各州的政治机构，以便于协调和统一指挥反英斗争。由于对强大的中央政府的恐惧，《邦联条例》所创建的是一个弱小的以邦联国会为形式的松散的中央政府。邦联缺少有效的执行权力。这个联合体没有国家元首，没有政府首脑，也没有一个真正的政府。许多权力是由一院制的邦联国会来行使的。各州在国会中至少有两名代表，但仅有一票表决权，且国会必须有七州代表参加才能召开。实际上"这个国会一点也称不上是立法机关，它只是一个邦联行政机关，而且只能执行这个邦联 13 个州中 9 个州同意的事情"①。在这个联合体内，各州仍然保持着独立、自由和主权，拥有自己的政府和军队。组成邦联的 13 个州，实际上是 13 个在政治上互相独立的国家。因此，《邦联条例》下的美国，是一个中央无权、邦联松散的国家。

三、1787 年《联邦宪法》的起草与批准

（一）1787 年《联邦宪法》的起草

由于中央的权力太小，在 1787 年，各州对于英国、法国和西班牙威胁美国领土的恐惧心理，捍卫美国独立的强烈渴望，均普遍增强。为了摆脱困境，美国就必须建立强有力的中央政府，制定新的宪法，取代《邦联条例》。因此，改革邦联体制，维护已经建立起来的 13 个州的联盟，成为美国独立战争胜利之后的当务之急，这也是费城制宪会议召开的时代背景。

1787 年安纳波利斯会议和谢斯起义，最终促成了费城制宪会议的召开。同年 2 月，邦联国会批准了召开全国性会议的建议，授权在费城举行会议，"以修改《邦联条例》为唯一的和明确的目的"，"使全国体制足以应付政府的紧急事务和保全联合"。② 主张弱化中央政府的共和主义者认为这次会议的唯一且特定的任务是修订《邦联条例》，但是主张强化中央政府的人并不这么想。会议原定于 5 月 14 日召开，但是在 5 月 25 日到达会场的代表才达到法定人数。来自除罗得岛之外所有州的 55 名代表参与了费城会议，乔治·

---

① 张友伦主编：《美国通史：美国的独立和初步繁荣 1775—1860》第 2 卷，人民出版社 2002 年版，第 47 页。
② Leonard Levy, *Original Intent and the Framers Constitution*, MacMillan Publishing Company, 1988, p. 18.

华盛顿被选举为会议主席。除了时年 81 岁的本杰明·富兰克林之外，其余代表的平均年龄是 41 岁。代表中有 9 人是种植园主，有 15 人是奴隶主，有 14 人曾任法官，有一半以上的人是律师，有 29 名代表受过高等教育。代表大多是国家主义者，他们支持一个具有实权的强大中央政府，而不是《邦联条例》下弱小的中央政府。

在制宪会议 100 多天的会期中，代表们围绕联邦与各州、南方州与北方州、大州与小州的权力分配进行了激烈的争论，对中央政府立法、行政和司法机构的职权争论不休。1787 年 5 月 29 日艾德蒙·伦道夫（实际起草人是麦迪逊）提出弗吉尼亚方案，该方案提出设计一个全新的全国政府。要求建立"有力的、加强的联邦"，政府由立法、行政、司法三部门组成，议会设两院，第一院由人民直接选举，第二院由第一院从各州议会选出，由行政长官和某些法官组成的修正委员会有权否决议会的法律，议会可推翻否决。从本质上讲，"弗吉尼亚方案"是以人民主权和拥有广泛权力的全国政府的概念为基础的。6 月 15 日，新泽西州代表威廉·帕特森对弗吉尼亚议案提出了反对建议，这就是"新泽西方案"。该方案意在修改而不是取代《邦联条例》。按照该方案，邦联国会筹措经费的权力将予以扩大，国会有权选出行政长官，然而国会依旧由各州建立，其成员由各州遴选。"新泽西方案"的支持者们担心大州会损害小州的利益。他们建议联邦议会仍实行一院制，且各州代表数相等，每州各有一票表决权。不同意赋予联邦议会否决各州议会立法的权力。从本质上讲，"新泽西方案"是以州权派的立权和只拥有有限权力的全国政府的概念为基础的。两派的斗争十分激烈，一些小州以退出会议相威胁，制宪会议大有破裂之势。为打破这一僵局，制宪会议任命一个由各州各一名代表组成的委员会在 7 月 4 日假期中协商出一个妥协方案，由于康涅狄格州的代表在其中发挥了关键作用，故这个妥协方案被称为"康涅狄格方案"，即在"第二院（参议院）每州享有平等的表决权"。7 月 7 日全体会议以 6 票对 3 票通过委员会报告。7 月 16 日，会议通过了妥协方案，5 个州赞成，4 个州反对，2 个州代表团弃权。最后会议以一票的多数通过了该方案，即宪法草案。《联邦宪法（草案）》由序言和 7 条正文组成——规定立法权属于美国国会，并规定了国会的组成；行政权属于美国总统，以及规定总统产生的办法；司法权属于美国联邦最高法院，并规定最高法院的组成；各州的相互关系和义务；宪法修正案提出和通过的程序；联邦宪法和按照宪法制定的法律为全国最高法律；宪法经 9 个州制宪会议批准后生效。根据这部《联邦宪法（草案）》，美国将成为一个由各个拥有主权的州组成的联邦国家，同时也有一个联邦政府来为联邦的运作而服务。由此，新的联邦体制将取代基于《邦联条例》而存在的较为松散的邦联体制，建立一个强而有力的中央政府。

需要指出的是，费城制宪会议的成员大都是洛克和孟德斯鸠学说的信徒，这两人的著作对美国影响极大；美国宪法中设计的分权与制衡的制度正是对洛克和孟德斯鸠分权学说在美国的具体运用。也正因为如此，美国宪法是世界上第一部成文的资本主义宪法，它所确立的一些资产阶级宪法原则，对此后各国资产阶级制定本国宪法产生了较大的历史影响。

（二）1787年《联邦宪法》的批准

费城会议的落幕，并没有使有关联邦宪法的争论得以平息。宪法草案于1787年9月17日制宪会议通过后，由邦联国会于9月28日提交各州批准。围绕宪法草案的批准，宪法支持者（以麦迪逊和汉密尔顿为代表的联邦派）与反联邦派（包括州权派和以杰斐逊为代表的民主派）在全国展开了激烈的论战。联邦派以汉密尔顿、麦迪逊和约翰·杰伊为首以"普布利乌斯"为笔名在报刊上发表了85篇捍卫宪法的文章，形成了著名的《联邦党人文集》。这些文章对推动美国宪法的批准起了十分重大的作用。

联邦党人和反联邦党人之间的激烈争论，使得联邦宪法的批准成为一场旷日持久的消耗战。从1787年9月开始一直到1788年7月结束，历时十个多月。① 宪法批准的艰难程度可想而知，套用汉密尔顿的话来说，这部宪法"经历了一场严格的考验，被保住了犹如通过火的考验一样"②。在几乎所有的13个邦中，两大派别都进行了议会辩论，议题范围因邦而异，十分广泛，其焦点问题主要集中于三个方面，即联邦政府的性质、联邦政府与州政府的关系和《权利法案》。但是，"是否应当在宪法中增加一个保障人民基本权利的《权利法案》，成为联邦党人和反联邦党人争论最激烈的一个问题"③。在各州，最吸引公众的注意力也最使公众失望的同样也是《权利法案》的问题。宪法建立的联邦政府将是一个拥有广泛权力的中央政府。人民则强调要有一个联邦权利法案，以约束联邦政府，保障人民的权利。在这方面，人民同州权派和激进的资产阶级民主分子（如杰斐逊等人）是一致的。弗吉尼亚

---

① 王希：《原则与妥协：美国宪法的精神与实践》，北京大学出版社2000年版，第125页。
② 司美丽：《汉密尔顿传》，中国对外翻译出版公司1999年版，第169页。
③ 褚乐平：《联邦党人与反联邦党人关于宪法批准问题的争论》，《史学月刊》2003年第7期。

和纽约州都是在同意将权利法案补充进宪法的前提下才批准宪法的。

在弗里尼亚和纽约州批准宪法之前,新罕布什尔于 1788 年 6 月 21 日批准了宪法,成为批准宪法的第九个州,按照制宪会议的规定,宪法随即生效。同年 7 月 2 日,邦联大会宣布美利坚合众国宪法生效,并要求已经成为合众国成员的各州选举合众国国会两院的议员以及选举总统的选举人。1789 年 4 月,第一届联邦国会和联邦政府正式成立。华盛顿以全票当选为美利坚合众国第一任总统并于 4 月 30 日在当时的首都纽约宣誓就职,联邦政府宣告成立。

在此之后,美国又采取独特的方式,即在保留 1787 年宪法原文的基础上,通过不断增加修正案的方式,补充、修正、发展其宪法(目前已生效的修正案有 27 条)。除修正案以外,宪法判例也是宪法的重要渊源,这使美国宪法成为一部活的宪法,至今 200 多年仍被沿用,从而使美国宪法成为当今世界上施行时间最长的成文宪法,也是对世界各国影响最广的宪法。

第二节 欧洲立宪史

在欧洲,宪法的观念最早可以追溯到亚里士多德的著作。1215 年英王约翰颁布了《自由大宪章》。中世纪宪法的特点是"国王就是法律",现代意义的宪法则是资产阶级革命的成果,由资产阶级根据"天赋人权"和"主权在民"的主张而制定。英国的资产阶级宪法在内容上确立了君主立宪的政治体制,但是在形式上没有完整的宪法典,是典型的非成文宪法。1787 年,美国在获得独立后,制定了美国宪法——世界上第一部成文宪法,确立了立法、行政、司法"三权分立与制衡"的政治体制。后来法国等许多资产阶级国家纷纷效仿,制定了大同小异的资本主义宪法。1918 年 7 月,苏俄制定了第一部社会主义宪法——《俄罗斯苏维埃社会主义宪法》,提出了"主权在民"的新兴观念。

一、英国宪法的产生

英国是世界上最早发生资产阶级革命的国家,也是最早制定资本主义类型的宪法性法律的国家。英国宪法虽然已有 300 余年的历史,但英国至今未制定一部成文法典式的宪法。我们今天所说的英国宪法,是指英国资产阶级革命以来的 300 多年间,英国制定出来的一系列成文的宪法性法律文件,以及在实践中形成的不成文的若干宪法惯例,它们对其他国家的宪法理论和宪治实践产生了持久而深远的影响。

(一) 英国宪法的形成

单就英国宪法的产生时间而言,学界历来有两种观点。英国及其他西方国家的部分法学家认为英国宪法应追溯到13世纪。理由是1215年颁布的《大宪章》(又称《自由大宪章》)被公认为英国宪法最早的渊源,它的颁布标志着英国宪法的产生。① 另一种观点是,英国宪法产生于资产阶级革命取得胜利后的17世纪,因为《大宪章》是在封建时代制定的,反映封建主阶级的意志,保护封建主阶级利益,而资本主义性质的宪法只能在资产阶级夺取政权后,由掌握国家政权的资产阶级制定,是资产阶级意志的反映和保护资产阶级利益的产物。② 一般而言,"我国出版的有关论著及教科书大多数持后一种观点,认为1688年'光荣革命'和1689年《权利法案》标志着英国宪法的产生,其主要理论依据是宪法的产生须以近代市民社会的形成和资产阶级的政治崛起为历史前提"③。

1.1215年《大宪章》。《大宪章》的制定有其复杂的内部外部环境。英王约翰继承王位后肆意践踏封建契约关系,进一步激化了与贵族的矛盾,而且随着英法之间战争的爆发,为筹措军费,英王约翰又滥用封建领主的权利继续对贵族进行横征暴敛,但对法战争最终以失败告终。在贵族们看来,约翰不仅是一个任意践踏封臣权利的"虐暴领主",而且是一个没有尽到领主责任的"失职领主"。贵族们忍无可忍,终于联合发动了武装起义。④ 1215年6月15日,贵族代表向英王呈递了一份文件,迫于贵族、骑士和市民压力,国王签署了这份文件,即著名的《大宪章》。⑤《大宪章》的签订是英国法律发展和政治发展的一个转折,它被看作英国宪法中最早的组成部分。英国一些学者认为,《大宪章》是英国民主制度的基石,英国全部的制宪历史都不过是对自由大宪章的注释而已。

2.1628年《权利请愿书》。1625年,英王查理一世上台以后,滥用监禁和征税的权力,强制推行借债政策,因而导致国内关系紧张。⑥ 为解决财政问题,查理一世在1628年3月召开他在位期间的第三届议会,在会上,国

---

① 何勤华主编:《英国法律发达史》,法律出版社1999年版,第73页。
② 赵宝云主编:《西方五国宪法通论》,中国人民公安大学出版社1994年版,第135—137页。
③ 程汉大:《〈大宪章〉与英国宪法的起源》,《南京大学法律评论》2002年秋季号。
④ 程汉大:《〈大宪章〉与英国宪法的起源》,《南京大学法律评论》2002年秋季号。
⑤ 何勤华、张海斌主编:《西方宪法史》,北京大学出版社2006年版,第312页。
⑥ 宗传军:《英国宪法形成过程》,《人大研究》2004年第4期。

王与议会相互妥协,一方面,议会批准了总数为 30 万英镑的补助金款项;另一方面,国王查理一世也接受了议会议员提出的《权利请愿书》。这是一部从都铎王朝以来第一个对王权加以限制的文件,在英国宪治史上居于重要地位,是国会同查理一世斗争胜利的成果之一。①

3.1679 年《人身保护法》。17 世纪,斯图亚特王朝复辟,大肆迫害新教徒和反王权派,代表工商业资产阶级和新贵族的辉格党(新资产阶级和新贵族的政党)援引旧例,通过议会制定《人身保护法》,并迫使英王查理二世(1660—1685 年在位)于 1679 年签署。《人身保护法》从内容上看,并没有规定任何实体权利,其目的是限制王权和司法机关的专横,逐步建立资本主义的司法审判制度,用以维护资产阶级在司法活动中的人身基本权利。它为英国后来逐步建立资本主义的司法审判制度提供了法律基础和根据。

4.1689 年《权利法案》。1688 年英国"光荣革命"之后,英国资产阶级与封建地主为将英国的权力控制在自己的权限之内,就需要确立议会至上原则,用议会权力来遏制王权。于是,资产阶级便制定出以限制王权、确立议会至上、实行君主立宪制度为基本内容的《权利法案》。1689 年 12 月 16 日,《权利法案》经英王和女王共同签署生效。《权利法案》共有 13 个条款,约 800 字,它规定了国会的权力高于国王的权力,即确立了"议会权力至上"的资产阶级宪法原则,为在英国建立君主立宪制度提供了宪法依据。

5.1701 年《王位继承法》。为了巩固新建的君主立宪制度,英国资产阶级不仅仅需要通过《权利法案》控制在位的英王行使权力的活动,更加需要通过制定关于王位继承的法律,保证后继的国王仍为资产阶级所控制。1696 年年底玛丽女王病故,威廉三世没有子嗣,关于王位继承问题引起广泛关注,经过反复讨论,议会于 1701 年 1 月通过了《王位继承法》。②《王位继承法》实质上把王权置于议会和法律之下,肯定了议会至上的宪法原则,使英国的君主立宪制进一步发展和完善。它的出台,延伸了国会的立法权,使国会有权决定国王的继承人问题,基本确立了人权和司法独立的原则。

英国宪法的形成经过了漫长的历史过程,从《大宪章》的提出到《王位继承法》的通过,历时近 5 个世纪。正是在这一过程中先后制定和通过的具有里程碑意义的宪法性文件,逐步地限制了王权,建立了英国的君主立宪制政体。

---

① 何勤华、张海斌主编:《西方宪法史》,北京大学出版社 2006 年版,第 313 页。
② 何勤华、张海斌主编:《西方宪法史》,北京大学出版社 2006 年版,第 317 页。

（二）英国宪法的发展

自英国完成第一次工业革命后，国内政治力量的变化，生产方式的变革，国际民族独立运动的推进，以及国际政治经济新秩序的形成，也推动了英国宪法的变迁。

进入 20 世纪以后，英国资产阶级陆续制定了一些重要的、成文的宪法性法律。其中，主要的宪法性法律有 1911 年《议会法》、1918 年《人民代表法》、1931 年《威斯敏斯特条例》等。

二、法国宪法的产生

法国是欧洲大陆最早制定宪法的国家。1789 年的《人权宣言》，标志着法国制定宪法活动的开始。法国自 1791 年制定第一部完整的宪法以来，共制定过 15 部宪法，其间经历过 3 次君主立宪制、2 次帝制和 5 次共和制。这里我们重点介绍法国大革命时期的宪法和 1958 年的现行宪法。

（一）法国大革命时期的宪法——《人权宣言》

法国第一部宪法诞生于法国大革命时期。1789 年 5 月 5 日，国王路易十六为解决国内财政危机，被迫决定在凡尔赛梅尼宫大厅召开有贵族、僧侣、代表参加的三级会议，会议的预定内容是研究征税。第三等级的代表首先提出三级会议应改名为国民会议，随后又提出国民会议首先要制定一部能保障国民权利的宪法，而不是研究征税问题，国民会议应改名为制宪会议。制宪会议开始后，代表提出，在宪法正文之前，应有一个确认公民基本人身权利的宣言。于是在 1789 年 8 月 26 日举行的制宪会议上，通过了《人权和公民权宣言》，简称《人权宣言》。

《人权宣言》全文不足 2000 字，开头有一段序言，其后共列 17 条宣言正文。就基本内容而言，《人权宣言》主要包括三个方面的内容，即关于资产阶级的人权理论、关于资产阶级的法治理论、关于资产阶级的国家理论。

1. 关于资产阶级的人权理论。人权是《人权宣言》的核心内容，宣言强调人权是自然的、天赋的、人人平等具有的、不可剥夺的东西。关于人权的理论集中反映在《人权宣言》的序言部分及第一条、第二条、第七条、第十一条和第十七条，涉及平等权、人身自由、言论自由、财产权及宗教信仰自由等各个方面。

2. 关于资产阶级的法治理论。法国资产阶级认为，人权需要法律来维护，所以《人权宣言》关于法治的理论规定也是相当丰富的，主要体现在第五条至第十条。这些条文在把法律说成是公共意志的基础上，提出了公民有权参与法律制定、法律面前人人平等的法治思想；禁止非法审判；无罪推定。另外，在法律许可的范围内，言论自由和宗教信仰自由等法治原则的提出，具有反对封建司法制度的进步意义。

3. 关于资产阶级的国家理论。《人权宣言》第三条和第十六条中，明确指出了"主权在民""三权分立"等国家学说。第三条规定："整个主权的本原根本上存在于国民之中，任何团体、任何个人都不得行使不是明确地来自国民的权力。"第十六条规定："任何社会，如果权利无保障或分权未确立，就没有宪法可言。"这两条为资产阶级掌握国家权力、建立资产阶级掌权的三权分立的资本主义国家制度提供了理论依据。

（二）1958年的现行宪法

法兰西第五共和国宪法，是在1958年由戴高乐主持制定，并于同年10月5日经国民投票表决批准后生效实施的，因此，第五共和国宪法又称为"法国1958年宪法""戴高乐宪法"。第五共和国宪法一直沿用至今，它也是法国的现行宪法。

1958年宪法仍由序言和正文组成。序言重申了1789年《人权宣言》所规定的，并由1946年宪法序言确认和补充的人权和国家主权的原则。正文部分分为15章，92条（包括序言中的第一条）。该宪法条文中最具特色之处是规定了较强有力的总统权，在政府与议会的关系上，加强了政府的地位。最后，该宪法规定了以宪法委员会和行政法院为执行机构的违宪审查机关。

三、德国宪法的产生

德国是大陆法系的典型国家，也是当今宪法理论和公法最为发达的国家之一。德国宪法的经验和教训值得各国借鉴和汲取。第二次世界大战后德国宪治重建之成功举世公认，《德国基本法》已经成为世界宪法的经典之作，其影响被广为传播。

德国的制宪历史晚于美、英、法等国家，始于1815年德意志邦联成立，终于1990年10月3日德国重新统一之后，前后共有180余年的历史。德国宪法的产生、发展分为三个阶段。

（一）《德国基本法》之前的制宪历史

1871年，德意志才完成了民族统一，成立了德意志第二帝国并公布了第一部全德的钦定帝国宪法，即《德意志帝国宪法》。该宪法共14章，78条。

第一次世界大战结束后，1918年11月德国爆发资产阶级民主革命，德意志帝国宪法结束，《德意志帝国宪法》被废止，德国变成了共和国。在1919年2月，新成立的临时政府在德国图林根的魏玛小城举行国民议会，决定实行共和体制，建立德意志共和国，并选举总统和总理。1919年7月，国民议会完成制宪程序，8月11日艾伯特总统宣布新宪法生效实施。因该宪法在魏玛制定，史称《魏玛宪法》。《魏玛宪法》共2编，5章，181条。《魏玛宪法》是最值得研究的资产阶级类型的宪法之一。它在许多方面体现了资产阶级民主的色彩，特别是在宪法中确立了人民主权原则，规定了魏玛共和国在保障公民权利方面的责任，具有一定的历史进步性。

（二）德国《基本法》的制定

第二次世界大战结束后，德国被置于英、美、法、苏四国的共同占领之下，根据1948年6月西欧六国的伦敦协定，德国被一分为二，联邦德国于1949年5月制定了《德意志联邦共和国基本法》，即《德国基本法》（以下简称《基本法》）包括序言和正文11章，共141条。《基本法》是以《魏玛宪法》为蓝本制定的，即它的结构、主要条款、一些基本原则保留了魏玛宪法的规定，而针对后者的缺陷作出了若干补救：第一，总统由议会两院选举产生，不再享有任何实际权力，成为虚位国家元首，议会则成为最高国家权力机关，联邦议院即下院为实际的主权机关。第二，由联邦议院产生的联邦政府在其任期内只能由一种"建设性不信任投票"推翻，保持政府稳定。第三，限制全民公决的行使范围，主要用于处理各州关系的问题。第四，宪法和法律规定政党的地位和作用，由联邦宪法法院判断政党的合宪性。第五，采用比例代表制和多数代表制混合的选举制度，抑制议会小党林立情况的出现。《基本法》的制定与1947年日本宪法制定的情况有类似之处，即都是在占领国参与的条件下完成的。占领国以"建议"的形式设定制宪的基本导向和原则，宪法草案送交占领当局过目。所不同的是德国人对战争及其原因进行了深刻的反省，自觉接受了西方自由民主的观念，并将之融于基本法草案中。所以，联邦德国《基本法》的制定过程是西部德国人民的主权者行为，《基本法》在形式和内容上都具有无可争辩的合法性。

（三）德国《基本法》的发展

按照《基本法》第七十九条的规定，对它的修改在得到议会两院各三分之二多数票的通过后便能成立。相较于其他国家和《魏玛宪法》的有关宪法修改之规定，德国《基本法》刚性不强，很容易产生修正案，所以，《基本法》实施60多年，共修改50多次。这一系列的修改使《基本法》能根据时局的变化而不断自我更新，从而满足了统一后德国政治统治和社会发展的需要。

四、俄罗斯联邦宪法的产生

如果说英国宪法开创了不成文宪法的传统，美国宪法奠定了成文宪法的历史根基，我们很难用一句话概括出俄罗斯宪法的特征。从脱胎于"苏维埃社会主义法系"到回归"欧洲法律传统"，俄罗斯联邦宪法历经变迁，在俄罗斯社会转型的进程中发挥着独特的作用。

（一）苏俄时期的宪法

1917年，俄国十月社会主义革命取得胜利，建立了人类历史上第一个社会主义国家。与此相适应，社会主义类型的宪法也随之出现了。在苏俄宪法颁布之前，苏维埃政权颁布了一系列宪法性政令，确立了苏维埃制度和新的社会机构的基础，这些法令为"十月法令"，为苏俄宪法的制定奠定了基础。其中，列宁起草的《被剥削劳动人民权利宣言》载入宪法。1918年7月10日，全俄苏维埃第五次代表大会通过了《俄罗斯苏维埃联邦社会主义共和国宪法（根本法）》（简称1918年苏俄宪法），这部宪法分6编17章，共90条。其主要内容包括：一是确认国家性质和政权组织形式；二是指明宪法基本任务；三是明确劳动者权利和义务；四是规定国家机关体系。

1918年苏俄宪法是世界上第一部社会主义类型的宪法，在人类宪法史上具有重要的地位。它第一次在宪法文本中规定了社会主义的国家性质和政权组织形式，宣布国家政权属于劳动人民，实行无产阶级与贫农的专政，对苏俄社会主义过渡时期的革命和建设发挥了重要作用。苏俄宪法的颁布对社会主义宪法的发展产生了重要影响，为后来各个社会主义国家制定宪法提供了有益借鉴。

（二）苏联时期的宪法

1925年宪法、1937年宪法和1978年宪法，是俄罗斯联邦作为苏联加盟共和国时颁布的宪法。它们分别依据1924年苏联宪法、1936年苏联宪法和1977年苏联宪法制定。它们符合或完全符合苏联宪法的原则和结构，仅在部分规定上反映了俄罗斯联邦的特点。① 1991年八一九事件后，苏联政局发生

---

① 刘向文、宋雅芳：《俄罗斯联邦宪政制度》，法律出版社1999年版，第4页。

了急剧变化，苏联解体，其宪法也不复存在了。

（三）俄罗斯联邦现行宪法的制定

1993年12月12日，俄罗斯联邦以全民公决形式通过了确认法国式总统制的《俄罗斯联邦宪法》，即俄罗斯联邦现行宪法。该宪法自1993年12月25日公布之日起生效。俄罗斯联邦现行宪法的主要特征：一是确认俄罗斯联邦作为独立主权国家的事实；二是建立西方式宪政民主制度；三是政权组织形式为法国式的总统制。

近年来，俄罗斯在国际舞台上频频展示国家实力，昭示着这个昔日的超级大国正坚定不移地朝着民族复兴的道路迈进，与此同时，俄罗斯宪法存在怎样的逻辑，自然成为学者普遍关注的课题。我国和俄罗斯联邦之间既存在某种历史上的渊源性，又存在现实阶段的相似性，学习和研究俄罗斯宪法有助于我国与这个邻邦在宪法领域进行理论方面的探索和实践层面的交流，对完善我国的宪法制度建设具有重要的借鉴意义。

五、近代意义宪法产生的条件

英、美、法等国家近代意义宪法的产生这样的伟大事件已成为历史，从现象上看，它们都直接产生于各具特色的资产阶级革命之后，因而不难发现它们是资产阶级革命的产物和结果。然而，资产阶级革命导致一种新的法现象产生的原因，引人深思。撇开英、美、法等国家宪法产生的具体情形，可以发现宪法产生的一般条件，主要有以下三个方面。

（一）比较发达的商品经济是近代意义宪法产生的经济条件

商品经济是与自然经济、产品经济（计划经济）相对而言的一种经济形态。商品是为交换或出卖而生产的劳动产品，商品经济是为交换而生产的经济形式。一方面，在商品经济条件下，生产者之间、生产者与消费者之间，只有通过商品交换才能取得联系，才能进行生产和消费。价值规律是商品经济最基本的经济规律，等价交换能否实现不仅取决于商品价值是否等价，而且取决于商品所有者的社会地位是否平等，一切等级、特权及维护这种等级特权的社会制度都与商品经济不相容。因此，在商品经济条件下，商品生产和商品交换过程中必然自发产生平等观念。另一方面，自由竞争要求不断提高生产效率，降低生产成本，而这一点只有当劳动力和生产原料在市场中能够自由买卖时才能做到。因此，商品的自由竞争必然导致自由观念的产生。且只有在较为发达的商品经济条件下，平等自由的观念才会普及并为全社会所接受。较为发达的商品经济一般表现为：一是商品化的程度较高，所有的劳动产品，甚至劳动力都成为商品进入市场，进行自由平等的交换；二是形成了国内统一的大市场，商品能在全国范围内自由流通；三是建立了统一的市场规则体系。一句话，只有当商品经济已处于社会经济的主导地位时，伴随着商品经济的平等自由观念才会成为时代精神。近代宪法正是以平等自由为思想基础和价值追求的，所以，较为发达的商品经济是近代宪法产生的经济条件。由于这种较为发达的商品经济首先表现为资本主义商品经济，因此，近代宪法首先产生于资本主义国家。

（二）较为完备的民主政治是近代意义宪法产生的政治条件

民主政治是与君主政治相对的一种政治形态，近代以来的民主政治是较为完备和成熟的民主政治。一方面，它以平等自由为目标和追求；另一方面，它有较为完备的制度形式，最为重要的是，它以发达的商品经济为经济基础。随着商品经济的发展，作为先进生产关系代表的资产阶级逐渐在经济生活中处于支配地位，日益不满其在政治和其他社会生活中的无权地位。他们在同以国王为代表的封建贵族的斗争中，不断地将获得的政治权利以法律的形式制度化。随着资产阶级革命的爆发和最终取得胜利，资产阶级需要将有利于自己的政治体制和政治权利，以具有最高法律效力的宪法固定下来，正是在这种意义上，才有宪法是资产阶级革命的产物之说。

（三）民主的、大众的和科学的文化是近代意义宪法产生的思想文化条件

伴随着近代商品经济和民主政治的发展而发展起来的近代思想文化，虽然是西方文化长期演化的结果，但与传统西方文化相比具有一定的先进性和进步性。因为它是民主的文化，与专制思想文化相对立而服务于商品经济和民主政治；它是大众的文化，具有世俗性和平民性的特点，是对贵族思想文化的否定，并且肯定了文化权利和精神生活的平等性；它是科学的文化，是对各种神秘文化的否定，形成了较为合理和科学的自然科学体系、社会科学体系，促进了政治、经济的发展。近代民主的、大众的和科学的文化，对宪法的产生起了重要的作用。首先，近代资产阶级的文化革命对近代宪法的产生起到直接的促进作用。宗教改革是资产阶级文化革命的重要内容，它按照资产阶级的要求，以宗教改革的形式对封建制度的精神支柱进行批判，确立了反映资本主义精神的资本主义新教伦理和个人的宗教信仰自由，清除了宪法产生的宗教障碍。思想启蒙运动也是资产阶级文化革命的重要组成部分。

启蒙思想家高举理性的大旗，以自然法为理论武器，用科学批判神学，用人权反对专制，使自由、平等、博爱等思想观念得以传播和普及，为宪法的产生提供了思想条件。其次，近代资本主义文化为宪法的产生提供了理论和技术条件。随着社会生产力的发展，一方面，社会分工越来越细，客观上要求法律以部门法的形式对社会关系进行分门别类的调整，这必然导致旧的诸法合体的法律形式解体；另一方面，社会又在分工的基础上走向新的综合，它要求用法律对社会关系进行更深入、更系统的整体调整，因而需要有一种法律凌驾于其他法律之上，对社会关系进行统一调整，这种法律就是作为国家根本法的宪法。近代社会科学，特别是政治学、社会学和法学为这一过程的完成提供了理论支持和技术支持。可以说，没有资产阶级的文化革命、没有近代的社会科学，特别是法学和职业法学家的创造性劳动，就不会有近代意义的宪法。正是从这种意义上说，近代文化是宪法产生的思想条件。

第三节　近代中国的宪法之路

中国宪法的历史是在 1840 年鸦片战争以后，中国人民反对外国帝国主义侵略以争取民族独立、反对清朝专制制度以争取民主自由的斗争中揭开序幕的，是特定时代的产物。鸦片战争以后，中国的资本主义有了一定的发展，社会经济结构和阶级结构也发生了相应的变化，为宪政运动的产生提供了重要的物质基础。由于中国当时处于半殖民地半封建社会，民主政治和宪法的产生和发展具有自己的特点。中国人民为争取民主政治，进行了一个多世纪的英勇奋斗，在激烈的斗争中，出现了代表不同阶级和社会势力的三种类型的宪法。

一、半殖民地半封建性质的宪法

自 1900 年义和团运动以后，清政府迫于革命形势的迅速发展，为了维护自身的统治，扯起制宪的旗帜，在近半个世纪里，制定了一部又一部宪法。但它们根本上反对人民的民主自由，甚至敌视资产阶级类型的宪法。这些宪法的制定，并没有给中国人民带来民主政治，相反，它们是作为革命的对立物出现的。这些宪法的发展变化过程，反映了革命运动的强大压力和反动统治的深刻危机。这些宪法在内容上一脉相承，在形式上辗转因袭，属于半殖民地半封建性质的宪法。

（一）《钦定宪法大纲》

清末的立宪活动始于1898年戊戌变法中的资产阶级维新派发起的一次立宪尝试，也是我国历史上的第一次立宪尝试。1898年初，康有为应诏上书，提出变法具体办法。6月11日，光绪皇帝发布《明定国是诏》，实行变法。从6月11日至9月21日的103天，史称"百日维新"。在此期间，光绪皇帝陆续发布了几十条有关变法的诏令，内容几乎涵盖一切国务要政。但这遭到以慈禧为代表的封建顽固势力的残酷镇压而宣告失败。

戊戌变法失败之后，清政府迫于日益高涨的资产阶级革命浪潮的冲击和立宪派屡次请命的压力，不得不进行社会改良，先后采取了几项立宪措施，企图通过一些妥协和让步，达到不改变其根本统治地位的目的。1906年9月，清朝统治者正式宣布"预备立宪"，意图挽救摇摇欲坠的政权。于1908年8月27日颁布《钦定宪法大纲》，制定了一个仿效日本实行君主立宪的方案，并确立预备立宪期为9年。该大纲分为"君上大权"和附录"臣民权利义务"两部分。"君上大权"共14条，规定大清皇帝至高无上的地位和权力。从内容上看，虽然大纲名义上规定了"臣民"的权利和自由，但只是列为附录，其根本目的在于维护"君上大权"和清朝统治、以法律文件的形式确认封建专制的国家制度，具有浓厚的封建色彩。从效力来看，大纲仅仅是清王朝拟定宪法条文的准则，没有法律力，并不具备宪法的特征。当然，大纲规定设立议院和审判衙门，实行一定程度的分权，承认一定范围内臣民的自由权利，这具有一定的历史进步意义。

（二）《大清帝国宪法重大信条十九条》

清王朝的"立宪"骗局，很快被全国人民识破，反对清王朝的革命日益高涨。1911年10月10日，辛亥革命爆发，为了挽救摇摇欲坠的统治地位，清政府被迫于同年11月3日抛出了《大清帝国宪法重大信条十九条》（简称《十九信条》），以为缓兵之计。《十九信条》虽然在限制君权方面有进步但对人民权利只字未提。1912年2月12日，清朝皇帝宣布退位，清王朝覆灭，《十九信条》随之废弃。

总之，清王朝制定的《钦定宪法大纲》和《十九信条》这两个宪法性文件只是沿用了近代西方国家宪法的形式，并没有真正地反映近代宪法限制王权、保障公民权利的要求，因此，并没有对旧中国宪法制度的建设产生实质性的影响。

二、资产阶级性质的宪法

中国转变为半殖民地半封建社会后,开始了以民族资产阶级为领导者和主力军的旧民主主义宪治运动。旧民主主义宪治运动的目标是实现资产阶级的民主政治和发展资本主义。它在不同的时期又存在着两条不同的道路:改良主义的道路和旧民主主义革命的道路。前者以1898年君主立宪派领导的戊戌变法为代表,后者则以1911年民主革命派领导的辛亥革命为代表。以资产阶级革命先行者孙中山为首的资产阶级革命派反对君主立宪,主张实行欧美国家的民主议会政治,建立资产阶级共和国。

(一)孙中山主持制定《中华民国临时约法》

1911年孙中山领导的辛亥革命推翻了清王朝统治,结束了中国2000多年的封建帝制,建立了中华民国。1912年元旦,中华民国临时政府在南京成立,孙中山出任临时大总统。2月8日,在孙中山的主持下,南京临时参议院召开制定约法会议。经过起草、讨论,3月8日通过了《中华民国临时约法》(简称《临时约法》),3月11日由孙中山正式颁布实施。这是中国宪法史上仅有的一部资产阶级性质的宪法文件。《临时约法》分为总纲、人民、参议院、临时大总统副总统、国务员、法院、附则,共7章56条,主要内容包括主权在民、三权分立、责任内阁和领土问题四个方面。根据规定,在国会制定的正式宪法未实施之前,其效力与正式宪法相等。《临时约法》是中国宪法史上第一部资产阶级宪法性质的文件。它以根本法的形式废除了在中国延续了2000多年的封建专制,确立了主权在民、三权分立等资产阶级民主原则,具有反封建的重大进步作用和积极的历史意义。但是,这部约法没有也不可能提出彻底的反帝反封建纲领,不可能使广大人民享有真正的民主自由权利,也不可能实现其资产阶级共和国的理想。

(二)北洋军阀时期的宪法

在北洋军阀统治时期,先后有几部宪法性文件问世:1913年的《中华民国宪法草案》(天坛宪草)、1914年的《中华民国约法》、1923年的《中华民国宪法》和1925年的《中华民国宪法草案》。总体来看,这一时期,在前述其他几部宪法无疾而终的情形下,只有《中华民国宪法》(又称《贿选宪法》)是中华民国公布的第一部宪法,它是在总结制宪经验和教训的基础上制定的,是近代中国制宪运动不断发展所取得的成果,起到了承上启下的作用,为以后制宪活动提供了一个可以参照的文本。因此,《中华民国宪法》

在中国制宪史上具有一定的意义。

（三）国民党执政时期的宪法

以蒋介石为首的新军阀集团叛变革命后，于1927年4月18日建立了南京国民政府。至1928年东北易帜，其在形式上"统一"了中国。1927年至1949年蒋介石国民党政府统治中国大陆期间，所产生的宪法文件主要有1931年的《中华民国训政时期约法》、1936年的《中华民国宪法草案》和1947年的《中华民国宪法》。

《中华民国训政时期约法》完全是适应国民党一党专政、蒋介石独裁统治的需要而制定出来的，它以根本法的形式确立了国民党在中国的统治地位，同时又为蒋介石的独裁统治提供了法律保证。

1936年的《中华民国宪法草案》（又称《五五宪草》）和《训政时期约法》一样，在形式上抄袭了欧美资产阶级宪法中的一些有关民主、自由、平等的条款，在内容上较《训政时期约法》作了一些修改，如取消国民党中央代行国民大会职权的条款，但实际上是满足了蒋介石确立总统制政体的目的。

1947年的《中华民国宪法》虽然在条文中体现了一定的民主原则，但该宪法从根本上代表和维护大地主、大资产阶级利益，所以只能成为国民党一党专政和蒋介石个人独裁的装饰品。由于这部宪法是在国民党政府撕毁1946年政治协商会议决议、准备发动内战、没有共产党和其他民主党派参加的背景下制定通过的，因此其只能有名无实。

三、新民主主义性质的宪法和社会主义性质的宪法

20世纪20年代起，中国共产党领导了新民主主义革命。在革命过程中，在革命根据地创建了人民民主政权，制定了反映广大人民意志的宪法性文件。这些宪法性文件既区别于反动派的宪法，又不同于资本主义性质的宪法，而是人民民主主义的宪法。它们的颁行巩固了革命根据地，加强了革命政权的建设，推动了全国范围的革命民主运动的发展。

（一）革命根据地的宪法性文件

1921年中国共产党成立后，在革命根据地政权建设的实践中，曾经制定过一些宪法性文件。

1.《中华苏维埃共和国宪法大纲》。九一八事变后，民族危机日益严重。为了迎接新的战争任务，团结全国人民抗击日本帝国主义的侵略，各个革命根据地的工作需要统一起来。在这种情况下，中国共产党中央积极筹备中华苏维埃共和国的成立和宪法的制定工作。为此，1931年11月7日在江西瑞金召开了第一次全国工农兵代表大会。会议通过了《第一次全国工农兵代表大会宣言》和《中华苏维埃共和国宪法大纲》（简称《宪法大纲》），宣告中华苏维埃共和国的成立。《宪法大纲》在1934年1月第二次全国工农兵代表大会上又作了补充和修改。这是中国人民在中国共产党领导下制定和颁布的第一个宪法性文献，也是中国历史上由人民政权制定并公布施行的第一个宪法性文件。《宪法大纲》是在共产党领导下制定的、中国历史上第一部体现人民民主的宪法性文件，它以其鲜明的革命性和进步性对中国立宪史产生了较为深远的影响。

2.《陕甘宁边区施政纲领》。全面抗日战争爆发后，中国共产党领导的抗日民主根据地进行了民主与法制方面的建设。1941年5月由中国共产党边区中央局提出，经中共中央政治局批准，同年11月由陕甘宁边区第二届参议会第一次会议通过的《陕甘宁边区施政纲领》（简称《施政纲领》），是陕甘宁边区的宪法性文件。

3.《陕甘宁边区宪法原则》。抗日战争胜利后，为了适应这种形势的需要，1946年4月23日陕甘宁边区第三届参议会第一次会议在延安召开，通过了《陕甘宁边区宪法原则》（简称《宪法原则》），明确规定在陕甘宁边区的三级政权实行人民代表会议制度。它标志着边区的参议会制度向人民代表会议制度的转变。《宪法原则》共25条，分为政权组织、人民权利、司法、经济、文化5个部分。《宪法原则》是在新形势下争取和平改革社会政治阶段的产物。它既是陕甘宁边区政府民主制宪经验的总结，又反映了政策上的调整与变动，具有重要的历史价值。

总之，革命根据地的宪法性文件是人民民主主义性质的法律文件，是革命根据地和解放区政权建设经验的总结，体现了劳动人民的意志和利益，代表了中国人民在中国共产党领导下为争取国家独立、民族解放而斗争的先进方向。

（二）中华人民共和国宪法

1949年，在中国共产党的领导下，中国人民历经长期而曲折的革命斗争，终于取得了新民主主义革命的胜利，推翻了帝国主义、封建主义和官僚资本主义的压迫，成立了中华人民共和国。从新中国成立初的两部主要宪法性文件，包括《中国人民政治协商会议共同纲领》（简称《共同纲领》）和

1954年宪法,到"文化大革命"期间的1975年宪法、1978年宪法,再到1982年宪法及其后来的五次修改,中华人民共和国成立以来的宪法经历了多次修改。但1975年宪法、1978年宪法和1982年宪法基本上是在1954年宪法的基础上进行修改和颁布的。此外,1979年7月1日和1980年9月10日对1978年宪法进行了两次部分条文的修改。1988年4月12日、1993年3月29日、1999年3月15日、2004年3月14日和2018年3月11日分别对1982年宪法进行了五次修改。

《共同纲领》是中国人民民主革命经验的总结,也是中国人民争取民主宪治经验的总结,在当时起临时宪法的作用。1954年9月,第一届全国人民代表大会第一次全体会议通过了《中华人民共和国宪法》。它是社会主义类型的宪法,但还不是完全社会主义的宪法,而是一部过渡时期的宪法。这部宪法的颁布,保障了社会主义改造和社会主义建设的进行。1978年3月,召开了第五届全国人民代表大会,通过了经修改的《中华人民共和国宪法》。1982年宪法是新中国宪法史上一个重要的里程碑,它在继承1954年宪法精神和原则的基础上,排除了极左路线和思潮的影响,结合中国改革开放初期的社会实际,适应新时期政治、经济和文化等各方面发展的需要,进行了重大的改革,是一部公认的比较好的、具有中国特色的社会主义宪法。它根据党的十一届三中全会确定的路线、方针、政策,总结新中国成立以来建设社会主义的长期实践经验,特别是吸取"文化大革命"的教训,经过全民讨论,由第五届全国人民代表大会第五次会议通过的。从结构上说,虽然与前三部宪法一样,除序言外,也分为同样的4章,总计138条。但在章节安排上有所不同。这就是把公民的基本权利和义务由原来的第三章改为第二章,将原来的第二章国家机构变成第三章。这一变化充分反映了国家对保障公民基本权利和要求公民履行基本义务的进一步重视。从内容上讲,1982年宪法在继承前几部宪法(主要是1954年宪法)基本原则的同时,又大大发展了这些原则,并作了许多新的规定。这部宪法全面体现党在社会主义初级阶段的基本路线,集中反映全国各族人民的共同意志和根本利益,认真贯彻社会主义民主原则和法治精神,切实保障公民的权利和自由,依法规范国家权力,充分适应我国经济、政治、文化发展及各项社会主义事业发展的要求,明确提出逐步实现工业、农业、国防和科学技术的现代化,把我国建设成为富强、民主、文明的社会主义国家的宏伟目标。

总之，中国近代出现的三种宪法，反映了三种不同的社会势力围绕建立什么样的国家而展开的激烈斗争。中国宪法产生和发展的历史表明：在半殖民地半封建的中国，改良主义的道路是走不通的，要建立资产阶级共和国，实现资本主义的民主宪政，也是不可能的；只有工人阶级领导新民主主义革命，才能制定反映人民意志的宪法，才能实现真正的民主政治。

四、宪法学研究方法演进与争议

1982年宪法的颁布标志着我国宪法学的研究真正步入正轨，因此我们对宪法学研究方法的历史追溯拟以改革开放初期为起点。从宪法产生和发展的历史轨迹来看，我国宪法学研究方法大体经历了宪法学研究方法的单一化、宪法学研究方法的多元化、宪法学研究方法的本土化三个阶段。

（一）宪法学研究方法的单一化

以阶级分析方法为主导。改革开放以后，由于长期受马克思主义阶级分析方法的影响，宪法学研究方法仍然以阶级分析方法为主导。我们知道法是阶级社会特有的现象，宪法作为法的一种极其重要的形式，也是与阶级社会的特定时期相联系的，因此不对宪法进行阶级分析，就不能认清宪法的阶级本质及其在国家生活和社会生活中的作用。在我国宪法学发展的初始阶段，阶级分析方法在宪法学形成体现自身特色的分析方法以前作为宪法学领域世界观层次的方法论发挥了重要的作用。可是，在历经法律虚无主义、缺乏法治的"运动式"年代，法治的声音很虚弱，过分地重视阶级分析方法的运用即把宪法现象简单地解释为阶级现象，强调宪法所蕴含的意识形态性，而忽视了宪法现象中存在的公共价值问题，导致宪法学研究在这一阶段仍然以阶级分析方法为主导。

（二）宪法学研究方法的多元化

随着宪法学研究的不断发展，宪法学学者逐渐认识到了传统阶级分析方法的局限性，提出了与时代相契合、与实践相对应的新的研究方法。这正处于宪法学研究方法自身觉醒并进行初步探索的阶段。其中包括法权分析法、宪法哲学方法、规范宪法学方法、经济分析法、宪法解释学方法、宪法社会学方法、文本分析方法、宪法学实证研究方法、宪法学研究的逻辑分析方法、价值分析方法、语义分析方法等。[①] 在这一阶段，宪法学研究方法呈现

---

① 伏创宇：《我国宪法学方法论的回顾与反思》，《辽宁大学学报（哲学社会科学版）》2012年第2期。

出了多元化的现象，其特点可以归结为如下三点：一是阶级分析方法作为传统的基本分析方法，其在宪法学研究领域内的影响逐渐在弱化。二是众多学者从自身研究的维度出发，提出了自身独有的研究方法，为我国宪法学的研究提供了更多的视角，有利于宪法学自身的发展。三是我国宪法学研究方法虽然多元化，但尚不完全体系化，并且整体性、系统性不强。

（三）宪法学研究方法的本土化

近几年来，"规范宪法学"与"政治宪法学"的论战以及"宪法解释学"与"规范宪法学"的对话等更是将宪法学的研究方法推向了理论研究的前沿，这些既有多元化的特点，也有争鸣的时代色彩。并且最为显著的特点便是强调对中国宪法学所处的时代背景、现实状况的关切。概括之，即是进入了从"马克思主义宪法学"到"中国宪法学"的转化阶段。

在当代中国，特殊的国情使得我国宪法的实效性与宪法文本的至高无上性存在着明显的脱位，宪法不能作为化解社会冲突、解决社会矛盾的法律予以实施。这也就引发了众多学者对中国宪法学研究方法及其运用的反思。其中最为典型性的当为"政治宪法学"与"规范宪法学"的争论。政治宪法学认为，宪法文本固然重要，但宪法学的研究不能仅仅停留在文本上，要具有"实践性"的理论，不应只扮演守望者的角色，应当通过一种民主化的路径来解决当下中国存在的众多问题，要重视宪法在我国所处的特殊语境，即"呼唤人民，让人民出场"。规范宪法学则认为：适合规范宪法这种花朵生长的土壤还没有完全形成，简单说，需要等待人民的成长，需要等待社会共识的进步，等等；通过改革开放的深入发展，将来规范宪法一定会修成正果，一定能实现，而且这种迹象目前就已经显现了。从中可以看出，与"政治宪法学"相比，"规范宪法学"更多是顺从我国政治经济的发展而期待民主的实现。这个时期的宪法学研究方法逐渐摆脱以阶级分析方法为主的路径依赖，不再单纯地以马克思主义的理论作为分析的方法，而转向更具针对性的研究对象即中国特殊的问题。同时，宪法学研究方法已不仅仅停留在理论的层面上，而更加注重其理论方法的运用，对社会现实问题的关注和探讨是其方法论层面的重要转变。

由于我国经历了漫长的半殖民地半封建社会，在受到西方殖民者长期压迫的同时，外来文化对我国也产生了巨大的冲击。基于此，我国法学理论包括宪法学理论在内具有明显的晚生和外发的特性，即众多的理论及研究方法都是借鉴西方甚至是"拿来"的。这也是我国宪法学理论的发展与社会政治实践相背离的重要原因。当下我国处于社会转型的关键时期，各种问题矛盾错综复杂，这就要求理论对现实作出及时和理性的回应。正如忘记历史就意味着背叛，追忆我国宪法学研究方法的历史演变是为了更好地发现其中的问题所在，以便构建科学、合理、系统的方法论体系。

第四章
基本权利保护原理

　　基本权利是宪法的重要内容。现代宪法被称为人权保护法，这体现了宪法的基本属性和目标。宪法历来被称为人权保障书，人权的实现和保障离不开宪法预设的权力制度与权利原则。一般所理解的人权即为基本权，由于此种权力于宪法学上有其特殊的运作模式，故另外以宪法学上基本权之诠释为内容介绍。宪法列举了部分基本权利，也存在未列举的基本权利，现代宪法理论还可以从核心基本权利（如人格尊严）推导出其他基本权利。基本权利规范主要约束国家（表现为国家机构及其工作人员），但随着社会的发展，基本权利规范也发展出了基本权利的第三人效力理论或称宪法私法化理论。该理论来源于德国。德国宪法法院否定了基本权利在私法上的直接效力，而采用了"基本权利对第三人之间接效力"的理念，这一理论认为：基本权利在私法领域的效力，应该通过法院对民法上的概括条款或者不确定性概念进行"合宪性解释"而产生，将宪法上的基本权利规范转化为私法规范，从而使得基本权利对私法关系发生间接效力。基本权利有其保护领域，侵犯或限制基本权利需要有合宪性事由或违宪阻却事由。宪法是否应该规定公民基本义务存在很多争议，基本义务究竟是谁的义务需要进一步明确，义务主体具体有哪些基本义务需要进一步确定。本章主要说明基本权利总论，涉及的知识点包括：基本权利的内涵、基本权利的功能、基本权利的推导方式与体系化构建、基本权利的效力、基本权利所对应的国家义务、基本权利的制度化保障方式及宪法是否应当规定公民的基本义务等。

　　我国是社会主义国家，特别重视保障公民的社会基本权利。有学者认为，社会基本权利是体现我国国家属性的重要方面，这无疑揭示了我国社会主义国家宪法的重要特征。社会权又称生存权或受益权，它是指公民从社会获得基本生活条件的权利，主要包括经济权、受教育权和环境权三类。近年来，社会权逐渐成为现代宪法中不可缺少的部分，它是现代社会发展的必然结果，是与福利国家、积极国家的国家观直接对应的相对于国家的权利。从人的角度看，它是国家为了保证每个人能够过上有尊严的生活、保障个人基本的自由，而承担的建立某种社会福利体系的义务。我们在学习我国宪法中社会权条款的同时，也从比较宪法的角度看到了《世界人权宣言》《经济、社会、文化权利国际公约》等关于社会权的规定。在前面的学习中，我们也看到了1982年宪法总纲中的一些政策性条款，正是社会权所要求的国家义务的体现。某些权利对个人或社会太重要，不能允许法律随意剥夺。宪法权利保障主要是针对法律的侵犯，普通行政侵权可通过法治纠正和消除。那么，宪法本身是否可能侵犯基本权利？宪法可能保障不充分或解释过分严格，但以权利保障为核心理念的宪法不可能主动侵犯公民的基本权利。

第一节 基本权利体系化

一、基本权利的演进史

公民的基本权利是指宪法规定的公民享有的必不可少的那些权利，是公民在国家政治和社会生活中处于基础性地位的那些权利。[①] 基本权利有很多别称，包括人权、基本人权、宪法权利等，它们或是有范围上的差异，或是有实证化程度的差异，但通称为基本权利多是共识。较有争议的概念是人权，它是指在一定的社会历史条件下每个人按其之所以为人的本质和尊严享有或应该享有的基本权利。西方传统人权概念主要体现为早期资产阶级启蒙学者提出的"天赋人权"学说。在自然法之中，人权是自然而然的，这种观念深刻影响着后世的基本权利理论。所谓基本权利，正是公民所享有的人之为人的那些权利，对于人来说是基本的、不可或缺的。宪法确认公民的基本权利，反映了宪法的本质目标，即"以人为本，尊重和保障人权"。

学理上同时使用"宪法上的人权""基本人权""宪法权利"的概念，其中宪法上的人权的范围要更宽泛。权利的内涵与范围十分广泛，一般来说，权利是由法规范确认的体现主体之间关系的（作为或不作为的）法律资格，它逐渐形成了一个庞大的权利体系。在人类文明演进过程中，逐渐发展出来

---

① 周叶中主编：《宪法》，高等教育出版社、北京大学出版社2000年版，第251页。

通过立法来确定权利的规范技术，而宪法上的人权就是由宪法规范确认的那些具有重要地位、使之为人所必不可少的那些权利。这些权利就是宪法上的人权、基本人权、宪法权利。近代宪法将人身自由、精神自由和经济自由确立为三大自由权，也确立了平等权。此外，其还确立了本国公民的政治权利。这些权利形成了"市民的和政治的权利"，其核心仍然是自由权。

现代基本权利体系，从内容上看，大致可以区分为自由权、社会权、平等权和政治权利四类。在德文中，"Recht"一词同时有"权利"和"法律"两种意义，前者是指针对个人而言主观上得以主张者，而后者则是指法规范的客观存在，因此也衍生出了基本权利的主观与客观面向。

传统上对于基本权利的论述着重在其作为向国家请求作为或不作为的面向，也就是前面所说的主观面向，而认为基本权利的功能仅有请求权的性质，称为主观公权利。在第二次世界大战后，德国学说与实务界对于基本权利功能的观察，出于基本权利价值内涵的保护，发展出基本权利的客观面向，也就是说基本权利除了前述的主观公权利外，还蕴含着客观价值秩序的功能。也就是说，除了主观面向对抗国家侵害的功能以外，基本权利更有其客观的价值决定。

基本权利体系又大致区分为消极权利和积极权利，自由权是典型的消极权利，而社会权则是典型的积极权利。前者是防御功能，后者则是受益功能。基本权利的类型化是认识基本权利的主要方式。一般来说，基本权利可以区分为积极权利与消极权利、自由权与社会权、绝对权利与相对权利等不同类型。实际上，不同思想家都论述过基本权利的类型，如洛克区分生命、自由和财产，而耶利内克提出四种类型：对国家的给付（义务），免于国家支配的自由（自由权），对国家的请求（社会权），为了国家的给付（政治权利）。柏林提出消极自由和积极自由，成为现代权利哲学的基本概念。为了认识便利，一般来说，我们将基本权利区分为自由权、社会权、平等权三大类型。

基本权利作为宪法规范的核心部分，当然会发挥效力，它直接表现为基本权利保障。在宪法上规定某种权利，不如在实践中如何保障这种基本权利来得更重要。因为无论宪法上对基本权利的规定如何详尽、体系如何完美，如果不能得到切实保障，则可能就是"望梅止渴""画饼充饥"。一般来说，消极权利排斥国家的干预，积极权利则需要国家主动实现。

在法国，1791年制宪会议通过《人权宣言》作为整个宪法的序言，并成为宪法的有机组成部分。《人权宣言》对世界的影响极其深远，现代各国宪法几乎无一例外地载有人权保障的专门章节。因此保障人权构成了宪法的基本内容与核心理念。美国《独立宣言》和宪法的《权利法案》是基本权利发展的重大进步。《世界人权宣言》为基本权利的国际化提供了指标，对随后通过的"权利两公约"产生了深远影响。这也意味着基本权利的国际化、国家化在逐步加强，是宪法国际化的重要表征。

二、基本权利的发展与意义——以社会权为例

社会权成为宪法权利的历史并不久远。它是20世纪人类文明发展的结果。社会权，又称社会权利，是指那些区别于传统的自由权，侧重保护弱者、维护社会公平、要求国家积极作为的经济、社会及文化权利的总称。二战后，特别是1948年和1966年联合国大会先后通过《世界人权宣言》和《经济、社会及文化权利国际公约》之后，社会权成为世界上公认的人权及各国宪法纷纷规定的基本权利。国家通过对经济、社会、文化生活的积极干预，消除资本主义发展过程中出现的一系列弊端，以使社会成员能够享有满意的生活条件。它与经济和社会中出现的实质不平等有很大关系。日益升级的事业、不断加剧的贫困及日渐扩大的收入差距，证明了仅仅依靠形式平等基础上的经济自由，社会呈现不稳定，人与人之间的不平等会加剧，许多人并不能过上有尊严的生活。在这个基础上，社会福利体系逐渐建立起来，社会基本权利也逐步走入宪法。近年来，特别是2004年我国宪法修正案将"国家尊重和保障人权"正式载入宪法以来，我国法学界开始重视社会权的研究。

自魏玛宪法以来，受社会福利思想的影响，很多国家都直接或间接地将社会保障权作为一项法律权利写入了宪法，从而使其成为一项宪法权利。由于各国对社会保障权的理解不同，也就出现了不同的规定方式：或直接规定为宪法权利，或规定提供社会保障是国家的基本义务，或将社会保障规定为国家的基本制度或国家政策。下面以一些具体例证进行说明。

近年来，随着大量城市流动人口和进城务工农民工在异地工作时间的推移，其子女在流入地参加高考的问题日益迫切。异地高考在过去几年里迅速成为社会热点问题，而且以社会运动展开的推动方式也引人注目。2010年7月起，北京、上海等地的部分随迁子女家长每个月都会向教育部提交一次建议书，呼吁取消高考户籍限制，允许随迁人员子女随父母在经常居住地上

学、参加高考。2012年，国务院办公厅转发教育部等四部门联合制定的《关于做好进城务工人员随迁子女接受义务教育后在当地参加升学考试工作的意见》，这一度让异地高考的政策争议达至顶峰。截止到2012年底，全国共有29个省市出台了异地高考的政策，明确了异地高考的具体执行方案。但北京、上海等地的政策仍然引起了争议。异地高考政策的出台将在一定程度上促进教育公平。

异地高考主要是指流动人口的随迁子女在就读地参加高考，因此也可以称为"随迁子女就读地高考"。但后一个概念只包括了随迁子女的问题，异地高考却还可能涉及留守儿童（青少年）等的权利保护问题，因而更为宽泛和合理。然而，"异地高考"这一用词很容易产生误解，因为广义的异地高考的对立面可能是当下的高考户籍制度结构，从而涵盖了高考移民现象甚至"全国一张卷并统一录取"等主张（规避制度的特权现象）。异地高考是突破当下高考户籍制度结构的一种形式，它虽是在认可特权前提下的渐进性改革，但同样有助于促进社会发展和改革。

异地高考是一种基本权利。一方面，异地高考直接涉及公民的多项基本权利，包括人格尊严、自由权、平等权、受教育权，还影响着青少年保护的特殊法益；另一方面，异地高考体现了人的最基本最重要的诉求，包括人之为人的自主决定和自由选择的权利与价值，人应当获得教育和发展的欲求，人人平等，等等，这些都可以作为赞成异地高考的理由。作为基本权利的异地高考的宪法实定性具体体现在宪法的第三十三条、第四十六条等的规定中。

异地高考直接影响着公民的受教育权，并能促进国家和社会的发展。首先，它是国家保障和实现公民的受教育权的表征，也是宪法和教育法律体系规定的内容。我国宪法第四十六条规定："中华人民共和国公民有受教育的权利和义务。"从性质上看，公民的受教育权是积极权利。让每个公民都有平等的机会能够参加高考、接受高等教育是宪法的应然之义，它不因公民的出生、性别、身份和地域而有所区别。从权利内容本质上看，高考户籍结构并没有剥夺公民的受教育权的核心内容，但是在形式上进行了非常严格的限制，似有侵犯受教育权的可能。从国家义务条款或者说是社会政策条款上看，让所有公民能够顺利地接受教育也是国家的任务和发展目标。我国宪法第十九条规定："国家发展社会主义的教育事业，提高全国人民的科学文化水平。国家举办各种学校，普及初等义务教育，发展中等教育、职业教育和高等教育,并且发展学前教育。"这需要国家建立教育制度、完善教育法规、提供教育设施来保障和实现,表现在教育法、义务教育法、高等教育法等的具体规定中,以及已经建立起的义务教育制度、高考及招生制度中等。同时,《国家中长期教育改革和发展规划纲要(2010—2020年)》也体现了保护公民的受教育权、实现教育公平的目标和思路。

我国宪法第四十六条规定:"中华人民共和国公民有受教育的权利和义务。国家培养青年、少年、儿童在品德、智力、体质等方面全面发展。"受教育权是公民的基本权利。然而,受教育权的内涵具体包括什么呢?我国宪法的规定十分抽象,我们必须加以明晰。教育既能够培养技能,也能够教化德行。在现代社会中,教育已经成为人们日常生活的必备要素,卢梭就说:"我们生来是软弱的,所以我们需要力量;我们生来是一无所有的,所以我们需要帮助;我们生来是愚昧的,所以我们需要判断的能力。我们在出生的时候所没有的东西,我们在长大的时候所需要的东西,全都要由教育赐予我们。"①

《世界人权宣言》第二十六条规定:"(一)人人都有受教育的权利,教育应当免费,至少在初级和基本阶段应如此。初级教育应属义务性质。技术和职业教育应普遍设立。高等教育应根据成绩而对一切人平等开放。(二)教育的目的在于充分发展人的个性并加强对人权和基本自由的尊重。教育应促进各国、各种族或各宗教集团的了解、容忍和友谊,并应促进联合国维护和平的各项活动。(三)父母对其子女所应受的教育的种类,有优先选择的权利。"

在中国,保障公民的受教育权主要包括哪些内容?这些受教育权有什么特点?我们通常想到的内容就包括公民享有的接受义务教育的权利,其实也包括接受其他教育的权利,甚至还包括选择教育机构的自由、平等接受教育的权利,也有人发展出了在不同地域接受教育、参加考试的权利(异地高考)。受教育权的内容有什么特点呢?它具有明显的受益性质,即公民有请求国家实行免费义务教育,以及请求国家积极采取包括为教育提供必要的经费、设立和管理有关教育设施、制定有关制度等在内的措施,同时还有改善各种教育外部条件的权利。显然,受教育权是针对国家而言的,国家负有尊重、保障和实现的义务,尤其是国家负有发展、维护学校和其他教育机构制

---

① 〔法〕卢梭著,李平沤译:《爱弥儿》,商务印书馆1981年版,第7页。

度的义务,以便为所有人提供最基本的教育,以及可能条件下的免费教育。然而,这并不意味着所有教育设施都必须要由国家来提供,私人教育形态也是可以的。这就是立法的具体化任务。

国家通过制定一系列的法律对公民的受教育权加以保护,如教育法、义务教育法、高等教育法、职业教育法、教师法等。这些立法规定了公民受教育权的主要内容。保障公民的受教育权重点包括如下内容:保障青少年的全面发展、免费义务教育、平等受教育权。

作为社会权体系中最为典型的一种基本权利,受教育权体现了社会权的主要特点,即社会权是一种受益权、积极权利,它是指公民要求国家根据社会发展情况,积极采取措施干预经济、社会生活,以促进个人的自由和幸福,保障个人在政治、经济、社会和文化领域的健康的尊严的生活。[①] 社会权的国家义务,首先是尊重的义务,即国家不干涉的义务;其次是保障的义务,即保护免受第三方干涉的义务;最后是实现义务,即国家积极采取措施提供服务、给予便利的义务。正是在第三点上,社会权与消极权利有明显区别。

在概念的内涵和外延上,社会权的内容还不够明晰。一般可以从四种意义上理解社会权。最狭义的社会权,仅指社会保障(社会安全)方面的权利,如社会保险、物质保障权等,狭义的社会权,是指狭义的社会权利和经济权利;广义的社会权,是指广泛意义上的经济、社会和文化权利,《经济、社会、文化权利国家公约》表明社会权实质上是以生存权为核心的一揽子权利,包括生存权及其相关的社会保障权、受教育权、劳动权、物质帮助权、文化活动权利等;最广义的社会权,是在学术研究上进行使用的,体现为自由权和社会权的二元区分,将政治权利、权利救济请求权(请愿、接受审判、国家赔偿请求权等)等纳入其中。我们一般在广义上使用社会权。它并没有完全体系化,目前主要是指《经济、社会、文化权利国际公约》中所规定的那些权利。从内容上看,社会权大体可以分为五类:工作权、经济上参与决定的权利、生活保障权、社会保健权(健康层面)、社会文化发展权(文化精神层面)等。[②]

我国宪法规定了哪些社会权呢?对此,从宪法文本来看,我国宪法主要作了如下规定:公民的劳动权(第四十二条),劳动者的休息权(第四十三条),退休人员的社会保障权(第四十四条),公民获得物质帮助权(第四十

---

① 张千帆主编:《宪法学》,法律出版社2004年版,第212页。
② 陈新民:《德国公法学基础理论》,山东人民出版社2001年版,第691页。

五条第一款规定了社会保险权、社会救济权,第二款规定了社会优抚权,第三款规定了特殊主体公民的获得物质帮助权),受教育权(第四十六条),文化活动权(第四十七条),妇女的平等权(第四十八条),家庭权利(第四十九条)。这些可以统归为公民的经济、社会、文化权利。

此外,由于全国人民代表大会已于2001年批准了《经济、社会、文化权利国际公约》,我国当受此国际公约的约束。唯该公约在国内法层面上是否取得"法律渊源"的地位并由司法机关据以裁判推理还有待进一步探讨。

那么,一个国家是如何确定其宪法规定的社会权力的范围的呢?一般来说,至少考虑如下因素:首先,符合国家经济发展水平和财政收入情况,因为社会基本权利仰赖国家的投入;其次,保证经济效率、人民创造财富的热情,这就是所谓的避免"养懒汉"的问题;最后,避免削弱竞争机制,这主要是针对劳动权、工作保障权、工会权等经济实体权利而言的。

三、几种重要的社会权

劳动权被确认为基本权利,已经是通例,它能够保障劳动者免于强迫劳动、奴役和其他形式的严重劳动力经济剥削的自由。狭义的劳动权仅指工作权,即每个人都有权工作、自由选择职业,有权享受公正和合适的工作条件并免于失业的保障。其核心内容是个人有权不受政府干预而自由选择职业、工作地点并拒绝强迫工作,并在失去工作时,能够在国家帮助下重新获得工作。易言之,狭义的劳动权是指有劳动能力的公民有获得报酬的工作并得到相应措施保障的权利;广义的劳动权范围更宽泛,它包括与就业相关的那些权利,不仅包括自由择业权、就业权、就业保障权、同工同酬、获得公正的劳动报酬权、罢工权、自由参加工会及劳动安全保障权等一系列权利。广义的劳动权显然是一揽子权利,兼具自由权和社会权的属性。

我国宪法规定:

第四十二条　中华人民共和国公民有劳动的权利和义务。

国家通过各种途径,创造劳动就业条件,加强劳动保护,改善劳动条件,并在发展生产的基础上,提高劳动报酬和福利待遇。

劳动是一切有劳动能力的公民的光荣职责。国有企业和城乡集体经济组织的劳动者都应当以国家主人翁的态度对待自己的劳动。国家提倡社会主义劳动竞赛,奖励劳动模范和先进工作者。国家提倡公民从事义务劳动。

国家对就业前的公民进行必要的劳动就业训练。

第四十三条 中华人民共和国劳动者有休息的权利。

国家发展劳动者休息和休养的设施，规定职工的工作时间和休假制度。

第四十四条 国家依照法律规定实行企业事业组织的职工和国家机关工作人员的退休制度。退休人员的生活受到国家和社会的保障。

社会保障是现代社会的一个重要特点，其目的是力求使每个社会成员具有最起码的生活水平。《世界人权宣言》第二十五条规定："人人有权享受为维持他本人和家属的健康和福利所需的生活水准，包括食物、衣着、住房、医疗和必要的社会服务；在遭到失业、疾病、残废、守寡、衰老或在其他不能控制的情况下丧失谋生能力时，有权享受保障。"

由此可见，社会保障权主要包括：第一，维护相当生活水准的权利。这是社会保障的基本内涵。它对应的国家义务是，任何公民在通过自己的能力不能维持相当生活水准，或者通过自己的能力无法改变现有的不利生存环境和条件时，国家有给予其特殊照顾或帮助的义务。就更具体的内容来说，它包括免于饥饿的权利、住房权、基本医疗保障权等。

我国宪法第十四条第四款规定："国家建立健全同经济发展水平相适应的社会保障制度。"这是宪法总纲部分的"政策条款"，其实也可以推导出公民的社会保障权利。更直接的规定是宪法第四十五条的规定："中华人民共和国公民在年老、疾病或者丧失劳动能力的情况下，有从国家和社会获得物质帮助的权利。国家发展为公民享受这些权利所需要的社会保险、社会救济和医疗卫生事业。"

第二，特殊主体的权利。宪法上有很多特殊的权利主体，宪法和法律对他们施予了特殊的保护。例如，宪法规范就明确提到了"妇女""青年""少年""未成年人""儿童""残疾人""农民""工人""华侨"等特殊主体。宪法规范在基本权利条款部分规定了这些主体的权利和义务，在总纲的国策部分也涉及了有关这些主体的政策、目标和任务。具体来说，我国宪法规定：老人、病人和残疾人的物质帮助权（第四十五条），退休人员的权利（第四十四条），妇女的权利（第四十八条），婚姻、家庭、母亲、儿童的权利（第四十九条），华侨、归侨和侨眷的正当权利（第五十条）。

前面已经讨论过受教育权，这里重点介绍文化权利。《世界人权宣言》第二十七条规定："（一）人人有权自由参加社会的文化生活，享受艺术，并分享科学进步及其产生的福利。（二）人人以由于他所创作的任何科学、文学或艺术作品而产生的精神的和物质的利益，有享受保护的权利。"文化权利相对比较特别，它有集体权利和个人权利之分。前者如少数民族所保有的发展其文化特性的权利，后者如任何科学、文化或艺术作品所产生的精神上和物质上的利益受到保护的权利。

我国宪法第四十七条规定："中华人民共和国公民有进行科学研究、文学艺术创作和其他文化活动的自由。国家对于从事教育、科学、技术、文学、艺术和其他文化事业的公民的有益于人民的创造性工作，给以鼓励和帮助。"该条第一句是说公民有进行文化活动的自由，这是自由权意义上的文化权利。第二句则是宪法对受益权意义上的文化权利的确认。但是，显然，我国宪法对文化权利所做的确认是很窄的，有待立法进一步强化。实际上，我们的文化权利多数正是由具体立法加以确认并保障的。

我国宪法总纲部分的规定也能够推导出公民的文化权利。如宪法规定：

第二十条　国家发展自然科学和社会科学事业，普及科学和技术知识，奖励科学研究成果和技术发明创造。

第二十二条　国家发展为人民服务、为社会主义服务的文学艺术事业、新闻广播电视事业、出版发行事业、图书馆博物馆文化馆和其他文化事业，开展群众性的文化活动。

政策条款体现了国家的义务，它正是公民权利的功能。国家义务和公民权利之间的对应关系，往往成为推导出公民权利的来源。例如，宪法第二十条或许可以推导出公民拥有从事自然科学和社会科学事业的权利，尽管这样的权利推导并没有实际意义；又如宪法第二十二条可以推导出公民享有从事文化活动的权利。

第二节　基本权利的制度化保障——以未成年人权利保护为例

权利保护有不同的路径，研究权利保护也有不同的哲学。权利保护注重文本上的权利如何在实践中发挥实效。以未成年人权利保护为例，未成年权利是一个全面的问题。目前已经在世界范围内建立起来的少年司法制度，以排斥报应主义、主张对未成年人的司法个别化、积极提供福利为特征。[①] 这

---

① 姚建龙：《国家亲权理论与少年司法——以美国少年司法为中心的研究》，《法学杂志》2008年第3期。

是未成年人保护的巨大进步。我国目前未成年人保护的重点主要集中于建立严密有效的少年司法制度。但这种研究范式对组织结构及其功能的发挥、权利保护的过程关注不足,对大量的社会性主体的责任承担漠不关心,对既有软法的效力如何实现着墨甚少,保护未成年人合法权益的社会氛围、文化氛围亦不浓厚,这些也反过来制约了少年司法制度目标的实现。

除了这种司法保护,未成年人权利保护也重视过程性保护。未成年人保护法和预防未成年人犯罪法涵盖了家庭保护、学校保护、社会保护和司法保护等,设定了广泛的责任主体,规定了大量的社会性义务,体现了保护措施的多样性。这些规范都强调了未成年人权益保护的过程性,是我们在执法过程中、行政过程中需要特别关注的问题。

法治集中了人们对治理以及社会形态的美好愿景。法律如何获得服从——或者说是法律如何获得实施,在不同时期有不同的答案。以国家强制力保证实施、以法律逻辑结构中的制裁为后盾,法治能够在依赖法律规范取得成功。但同样还需要关注的是法律实施的过程——国家和社会在法律实施过程中发挥了什么作用,这些功能如何体现以及如何制约——这在现代法治中占据着越来越重要的地位。

"社会是一种有规律的结构,它与生物有机体有极大的相似性,是一个由各种要素组成的整体。"① 社会学上的结构功能主义把社会看作一个具有结构化和组织化手段的系统,并且各个部分彼此影响,分别发挥不同的功能。在帕森斯提出的社会互动模式中,"地位—角色"是基本分析单位(最简单的组织结构)。"'地位—角色'是社会体系中最重要的互动过程所包含的个体之间的关系的结构……也是行动模式化的互动关系中的参与,是最重要的社会体系单位。"② 其中"地位"是行动者所处的结构位置,"角色"表达社会对行动者的行为期望。③ 在政治学领域,政治体系总是与合法强制相联系,前者可以被看作"一套制度和机构,它关系到一个社会或社会内部诸群体共同目标的制定和实现"④。角色及其行为以及政治文化都是政治体系

---

① Auguste Comte,*System of Positive Polity*,Longmans Green,1975,pp. 241—242.
② T. Parsons,*Social System*,Free Press,1951,p. 25.
③ T. Parsons,*Social System*,Free Press,1951,p. 6.
④ 〔美〕加布里埃尔·A. 阿尔蒙德、〔美〕拉塞尔·J. 多尔顿、〔美〕小G. 宾厄姆·鲍威尔等著,杨红伟、吴新叶、方卿等译:《当代比较政治学:世界视野》(第8版更新版),上海人民出版社2010年版,第18页。

的内容。① 未成年人权益保护的组织结构会对目标的实现产生影响。这一领域中，不同主体承担着不同的任务与责任。根据未成年人保护法，未成年人权益保护需要全社会共同协作，国家机关、社会团体、企事业单位和一般民众都要充分发挥自身力量和优势。易言之，未成年人权益保护需要立足于一个高效完善的工作体制。国家介入未成年人权益保护领域一方面要依赖司法机关——所谓的"司法保护"；另一方面要在权利保护的过程中发出"声音"，包括组织、协调和引导。

关注过程的思维切入点将人们对权利保护的视角提前——不同于对权利救济的强调，这也将扩张公法学的研究领域。重视政治过程改变了传统以"规范——制度"为主要内容的政治学研究模式，转向了行为和过程，关注利益集团（压力集团）在政府内外相互作用的结果。② 有学者进一步将政治过程界定为一种经常性的集团行为，即集团之间的合作竞争、联合分裂和改革调整，最终构成了反映公众需求的政策。③ 对政治过程的研究也引发了行为主义政治学的大行其道。从功能主义的角度看，过程代表着功能，其核心是将个体或者集团的政治诉求转换为权威性政策，从内容上看，就是个人和集团参与到政治决策和执行的实际情况，模式化之后就包括了利益表达、利益综合、政策制定、政策执行和政策裁决等。④ 未成年人权利保护领域也要强调对权利保护的过程尤其是政治过程的研究，一方面是因为传统"规范—制度"研究的片面和不足，静态性研究并不能完全满足未成年人权益保护的现实需求，司法中心主义不能涵盖未成年人权益保护的全部内容；另一方面是因为在法治社会公共领域扩张和社会治理模式复杂化，需要高度重视未成年人权益的代表及他们的意志表达。

参与是当下促进政治和社会民主的重要方式。"参与不仅是一套民主制度安排中的保护性附随物，也对参与者产生一种心理效应，能够确保在政治制度运行和在这种制度下互动的个人的心理品质和态度之间具有持续的关联

---

① 〔美〕加布里埃尔·A. 阿尔蒙德、〔美〕小 G. 宾厄姆·鲍威尔著，曹沛霖、郑世平、公婷等译：《比较政治学：体系、过程和政策》，上海译文出版社 1987 年版。
② See Arthur Fisher Bentley, *The Process of Government: A Study of Social Pressures*, General Books, 2009.
③ 〔美〕D. B. 杜鲁门著，陈尧译：《政治过程：政治利益与公共舆论》，天津人民出版社 2005 年版。
④ 〔美〕加布里埃尔·A. 阿尔蒙德、〔美〕小 G. 宾厄姆·鲍威尔著，曹沛霖、郑世平、公婷等译：《比较政治学：体系、过程和政策》，上海译文出版社 1987 年版。

性。"① 我国的宪法和法律也有对参与民主、参与权及公众参与制度的规定。例如，宪法第二条第三款就规定："人民依照法律规定，通过各种途径和形式，管理国家事务，管理经济和文化事业，管理社会事务。"未成年人权益保护需要未成年人的参与，这并不是说要未成年人来为他们自己立法——实际上，未成年人也没有能力来为自己立法，对未成年人的立法亦不能套用"自己最了解自己的需要"的简单原理。② 强调未成年人的参与实际上是强调立法需要从未成年人的角度出发——在这种情形下专司或涉及未成年人权益保护的专家应当发挥更重要的作用，以及未成年人需要有适当的利益代表。充分讨论当然也必不可少。

第三节 通过政治制度保护基本权利——以选举制度为例

非歧视是现代宪法的基本精神。所谓非歧视原则，简单说就是不带偏见地公平对待所有人。它同平等的观念和原则直接相关③，平等也被各国宪法及国际公约确定为一项基本权利，绝大多数国家或地区的宪法及国际文件都会宣称平等的价值并承诺禁止对个人权利的不分种族、肤色、性别、语言、宗教、政治乃至国籍、出生地及身份的歧视或不平等对待。④ 不过，平等的具体内涵也存在很大争议，突出表现就是形式平等和实质平等、机会平等和结果平等的冲突与差别。⑤ 亚里士多德早就说过，平等是相同事物相同对待，不同事物不同对待。这些关于平等的争议，不仅影响了这里将要论述的非歧视原则，而且会作用于下面将要讨论的平权措施与少数群体权利的特殊保护。

在现实社会中，种族、肤色、性别、语言的差异影响着政治生活。在一个高度多元的社会中，如果资源在不同群体之间分配不当，或者高层政治的代表性不足，这些差异可能会造成社会的分裂和对立。因此，现实政治应当既能够维护社会整体利益、公共利益，也要能够确保不同群体的特殊利益。前者被视为政治运行的一般逻辑和目标，后者则成为平等与非歧视运动的主

---

① 〔美〕卡罗尔·佩特曼著，陈尧译：《参与和民主理论》，上海人民出版社2006年版，第22页。
② 因此，有人认为"未成年人参与立法"这种情形并没有太多意义。参见丁爱萍：《未成年人参与未成年保护立法好》，《公民与法治》2009年第11期。
③ 张千帆：《宪法学导论 原理与应用》（第2版），法律出版社2008年版，第494页。
④ 张千帆主编：《宪法学》（第3版），法律出版社2014年版，第237—251页。
⑤ 张千帆：《宪法学导论 原理与应用》（第2版），法律出版社2008年版，第489—496页。

要目标。简言之，在多元社会中，社会资源应当按照法治程序平等加以分配，以使不同群体都能够得到公平对待，取得相应的自身利益。

在政治领域贯彻非歧视原则，不仅要求公平对待所有的社会群体，让其取得平等代表性；而且要求不同情况不同对待，尤其是特殊对待特殊群体，突出表现就是对少数族群或者弱势族群的特殊保障。于是在选举制度设计中，就出现了代议机关对少数族群的保留席次及政党提名过程中的配额制度。在这种情况下，政党提名（挑选候选人）的过程就是实现平等、完成"配额"的主要政治过程，初选制度因此也就负担了更为复杂的宪法民主制度的意义。

政治参与的非歧视原则也是平等的要求。美国民主党 2008 年党代表选择规则中就明确提出了非歧视的要求。为了确保民主党在所有层次上都是一个开放的包含所有人参与的政党，民主党在其党代表选择规则中拟定了平权措施（制度）计划。该规则所界定的"歧视"是相当广义的，它禁止在政党事务中的基于身份的行为。该规则提出，为了继续维持民主党持续作出的在党内确保不同群体的代表性和利益，无论基于种族、族群、年龄、性别、残疾等哪一方面的差异，每个州党部都应该制定并且提交政党的宣传计划，包括人才培养、教育和培训，以确保在代表选择过程中及政党的所有事务中不同群体的全面参与和多样性。这也体现了民主党中央关于非歧视原则的统一制度安排。

在选举过程中的平权制度（平权措施）是我们这里要讨论的重点。实际上，政党提名要遵循非歧视原则、采用平权行动规则，已经成为政治共识——正如前面提到的，在政党提名候选人的过程中确保平等是当下的主要制度选择。然而，平权措施是一个内涵相当宽泛的概念，它用来描述那些用于支持社会中的弱势群体的一些政策，而这又主要是基于历史的、现实的"损失"（不公正对待）、歧视与偏见，但用于人权保护时其实是模糊不清的。平权制度在美国宪法体系中占据着非常重要的位置，美国有两项基本的实施平权措施的执法模式：一是行政规则和执行性规定强制联邦的合同方和公共的雇主采取平权措施；二是法院有权在 1964 年民权法案的Ⅶ条款下强制执行平权措施。[1] 而且，平权措施被理解为排除了配额制度。

---

[1] Ann Peters, *Women, Quotas, and Constitutions: A Comparative Study of Affirmative Action for Women under American, German and European Community and International Law*, Boston: Kluwer Law International, 1999, p.31.

然而，美国的成文法尤其是行政法律实际上并没有规定平权措施的明确内涵。换句话说，法律所要求的补偿性正义以及在这个意义上的反歧视的程度并不是明确的。美国宪法和成文法对平权措施的规定是一致的，但都需要从实质上加以理解，那就是关于平权措施在不同领域和层次的具体表现。州法自然是更严格地执行相关的规定。在实践中，美国的平权措施涉及了不同领域和层次，如选举、教育、就业等，它成为宪法体系内非常重要的制度安排，是补偿正义的重要制度基础。美国两党的全国委员会在其每年发布的党代表选择规则中都明确提出了选择党代表时要采用平权措施。

民主党2008年关于挑选全国代表大会的党代表的规则规定了详细的平权规则，并将其作为党代表挑选的核心原则。在其规则中，民主党承认过去的平等投票和选举政府将及于所有美国人民的承诺并未完全实现。从历史上看，一些特定的族群并没有得到这样的权利，或者在权利行使过程中受到了歧视。平权措施正是基于这些来自历史上的歧视或者不公正对待的补偿性举措，尤其是基于种族的、性别的歧视。它将鼓励不同族群和团体的人参与到民主党党代表的选择过程及政党事务之中。

民主党在其规则中特别指出：第一，平权措施的目标应当在代表选择的全部过程及所有层面的政党组织之中加以体现，具体表现在这些特别提到的团体应当在民主党的选举团中出现。第二，在代表选择过程中或任何政党事务中，这个目标不能直接或间接通过强制性配额来实现。第三，在选择各个州的全州性代表的过程中，如果需要创设优先选择权来满足平权措施所要求的代表选择计划，优先选择权应该给予那些非裔美国人、西班牙裔美国人、印第安人（原住民）、亚裔或太平洋裔美国人和女性。这些补偿性的措施正是为了克服过去歧视的影响。将全州性代表用于满足平权措施的目标，正是为了避免打乱州党部选拔、教育和培育政治人物的一些安排。

在平权制度计划下的举措和党代会代表的组成应该被认为是在挑战任何州代表规则时的有利于政党的相关证据。州党部在它们的代表选择计划中应该有与该州选举制度相一致的合理的详细的平权措施方案。在州的党代会的全体代表（包括承诺和非承诺代表）之中，代表选择计划应该在女性代表和男性代表、候补男性代表和候补女性代表之间提供平等的部分。这一规定不仅适用于州层面，而且适用于地区或选区层面。每个州的平权措施都应该包括一些举措来鼓励实现中低收入群体的参与和代表性，以及包括了一个详细的计划来帮助支付这些代表的费用，以避免他们无法参加全国性党代会。

配额是利益配置过程中实现性别平等的重要制度方案,性别配额/女性配额也因此成为一些国家和地区初选过程中的重要制度设计。女性配额不仅是保护女性权利的重要途径,而且会对政党产生影响,突出表现在它影响了政党培育和选拔人才、选举、政策,以及政党巩固群众基础的策略和方向。然而,女性配额制度也引起了很多争议,如它不是一个完整的民主过程、女性的观点似乎被过于看重、资源的不合理利用等。① 尽管这些举措有利于提升女性的政治地位,但其效果并不显著。然而,它仍然是目前世界上最广泛采用的确保女性政治地位的制度安排,而政党就是推动和实现女性配额制度的主要载体。

诺里斯(Norris)和洛文达斯琪(Lovenduski)提出了一个著名的分析女性为什么难以在候选人挑选中胜出的理论框架。他们认为候选人挑选的"供需模式"在两个方面不利于女性:一是在需求端,政党不愿意挑选女性是因为歧视,而这种歧视可能是直接产生的,也可以是传来的结果,前者如政党领袖本身的态度(政党领袖决定候选人时尤甚),后者如选民或者支持者的态度;二是在供给端,政党往往难以选拔出符合胜选条件和资质的女性。② 这也就导致了女性在政治竞争中会处于下风。为了确保女性的代表性及性别平等,一些国家和地区的立法明确规定了政党提名的平等/非歧视原则,设置女性配额就是常用的制度安排。

例如,在德国,实行政党内的配额制度是基本法第 21 条关于政党国条款的自然延伸。1986 年,新成立的绿党在其党内职务选举和议会候选人选举中都采用了 50%的配额制度,这一制度很快就被原东德共产党——后来的民主社会党采用,后者在东部地区有很高的支持度。在 1988 年,社会民主党在所有党内公职中引入了 40%的女性配额制度,在政党名单中引入了 33%(从 1998 年开始改为 40%)的女性配额制度。1996 年,基督教民主同盟修改党内法规,建立了一个可变动的"法定人数"标准——党内公职和政党名单的三分之一的配额制度。③ 这些实践表明党内的配额制度在不同层次上发

---

① Rainbow Murray, *Parties, Gender Quotas and Candidate Selection in France*, Palgrave Macmillan, 2010, pp. 2—3.
② P. Norris and J. Lovenduski, *Political Recruitment: Gender, Race and Class in the British Parliament*, Cambridge: Cambridge University Press, 1995.
③ Ann Peters, *Women, Quotas, and Constitutions: A Comparative Study of Affirmative Action for Women under American, German and European Community and International Law*, Boston: Kluwer Law International, 1999, p. 222.

挥作用，它能够作用于在大选中供选民选择的候选人的任命，当然也能够影响到党内选举的过程。① 这些配额既可以是由立法规定的，也可以是政党自行确定的。不过，立法规定配额制度容易侵犯政党的自主性——尽管宪法授权立法可以规定政党内部事务，但它仍是以确保组党自由和政党自主为界限的。

那么问题是，针对党内公职的配额制度首先可能侵害男性候选人在平等基础上起步的权利，其次也可能干预党员平等选择党内公职的权利。同样，在政治选举中提名候选人的配额制度，可能侵犯男性争取成为候选人的权利，限制人们政治意愿的形成。② 不过，配额制度的合宪性早就被证明了。③ 实质平等的理论要求给特殊群体一些特殊待遇（特权），但这些"优惠"在何种层次上是合理的，可能需要落实到具体领域之中。照顾女性在政治生活中的特殊地位，确保政治的平衡发展，已经被日渐接受。对实现宪法民主制度的目标来说，女性配额制度广泛运用的意义是十分显著的。

那么，女性配额制度在选举中能否被规避呢？法国国民议会选举采用单一选区多数决制度，政党挑选议员候选人的方法受到政治选举制度和法国多党体制的影响，各政党挑选候选人的方法并不统一。有些政党通过一个高度中央化的机构来完成，有的政党则主要通过地方党员投票来决定，但多数政党采用混合模式。④ 法国法律同样规定了政党提名候选人的性别平等原则和女性配额要求（50%），但这些规定的效果并不显著。有学者指出，诺里斯和洛文达斯琪提出的框架在法国政党挑选候选人的模式中得到验证和强化，那就是党内的事业发展结构并不有利于女性，因为女性经常在政治事业的早期难以取得优越位置。尽管政党并不明显歧视女性，但其设定的条件或者模

---

① Ann Peters, *Women, Quotas, and Constitutions: A Comparative Study of Affirmative Action for Women under American, German and European Community and International Law*, Boston: Kluwer Law International, 1999, p. 222.

② Ann Peters, *Women, Quotas, and Constitutions: A Comparative Study of Affirmative Action for Women under American, German and European Community and International Law*, Boston: Kluwer Law International, 1999, p. 223.

③ Ann Peters, *Women, Quotas, and Constitutions: A Comparative Study of Affirmative Action for Women under American, German and European Community and International Law*, Boston: Kluwer Law International, 1999, pp. 222-223.

④ Rainbow Murray, *Parties, Gender Quotas and Candidate Selection in France*, Palgrave Macmillan, 2010, pp. 46-57.

式更偏向于男性。①

在单一选区制度下，政党推出候选人的目的是胜选，获得选票对政党来说至关重要。政党推荐候选人会最大限度地考虑赢得选票，而非实现宪法上的平等目标。在这个目标的指引下，所有政党都认可在任者的优先地位，以及政治经验丰富者的优先地位，这就在事实上为女性取得平等地位增加了难度，那就是在任者和以往的在任者多是男性。② 在选举中，女性的性别优势并不显著，男性候选人的表现一般会更为突出，因此左翼和右翼政党都倾向于将女性安排到难以胜选的选区。③ 这样一来，尽管在候选人提名过程中满足了性别平等的要求，但各政党实际进入议会的女性议员比例是很低的。

---

① Rainbow Murray, *Parties, Gender Quotas and Candidate Selection in France*, Palgrave Macmillan, 2010, pp. 57—74.
② Rainbow Murray, *Parties, Gender Quotas and Candidate Selection in France*, Palgrave Macmillan, 2010, pp. 85—89.
③ Rainbow Murray, *Parties, Gender Quotas and Candidate Selection in France*, Palgrave Macmillan, 2010, pp. 99—103.

第五章
公民的消极权利

消极权利作为基本权利重要的一类，内容多样，包括言论自由、人身自由、财产权与经济自由等，它们主要防御国家的侵入和干预。消极权利内在地具有防御权功能。防御权功能是消极权利最根本的功能，在基本权利的实现上，国家最基本的是不作为的消极义务。不同的国家机关消极义务不尽相同。财产权是消极权利的重心，财产权不受干预及保护要求的提高是现代宪法的重要源起。财产权在宪法上的规范体系包括财产权的保障、限制及征收补偿三个层面的内容。财产权的限制和征收是以财产权不受侵犯为核心处理财产权与公共利益的关系问题。宪法上的财产权应从"人—国家"的关系模式入手来体现私权保护的要义。人身自由是其他自由的前提和基础。人身自由作为身体自由和人的自由的统一体，不仅是自然意义上的身体自主、行动自由，而且包括住所自由、迁徙自由等社会生活自由，以及不受奴役、不被强迫劳动的社会工作自由，这些方面构成了人身自由的不同维度，体现了人身自由的丰富内涵。相对于其他自由而言，各国宪法对人身自由及其限制有着更多的细致规定。对人身自由的必要限制在于最大限度地实现宪法保护自由的目的。

第一节 消极权利及其防御功能

一、消极权利的界定及其范围

基本权利的内容同公民与国家的基本关系问题密切地联系在一起。把对这种基本关系的把握作为切入点，可以对基本权利进行分类。

一般而言，在基本权利的享有和行使中，如果国家负有不干预的不作为义务，那么此种基本权利就是所谓的消极权利。在消极权利包含的诸项基本权利中，国家都负有不干涉不作为的消极义务。与消极权利相对应，积极权利是指基本权利的实现，国家需要履行积极作为的义务。

作为和不作为具有直观性，使得消极权利以及积极权利的概念具有明晰性。不过，这样的形式定义，难以将基本权利分类的内在根据充分地揭示出来。

一方面，所有的基本权利都需要国家制度性的系列措施及积极的保障行为。"权利是公共物品，所有的权利都是积极权利。"① 另一方面，所有的权利都有要求排除国家的非法侵害、负有不非法干预的不作为义务。受教育权是一种典型的社会权利，受教育权包含了受教育自由的权利，"首先必须保障作为消极权利的受教育自由权。受教育自由权就是要求国家不得侵害并尊重公民受教育权的享有，与要求国家不作为的'不作为请求权'相对应。这种自由权性质的受教育权是一种防止国家干预的防御权，国家的义务是消极的不侵害，因而是一种消极权利"②。由此，"将基本权利划分为积极权利和消极权利在理论和实践上都存在缺陷，任何基本权利都具有积极和消极双重属性，都是积极权利和消极权利的统一，都具有积极权能和消极权能"③。这就是说，消极权利及积极权利是冗余的概念，而且该划分方式还被认为将导致令人担忧的后果："这种划分方法是对公民和国家之间关系的片面认识，容易导致无政府主义和国家干预主义。"④

基本权利可以被进行各种分类，毫无疑问，消极权利和积极权利的分类是最具影响的分类之一，并被认为是宪法学说的传统分类。如果这样，意味着这种分类不仅能够分出类别，而且也和人们所普遍关注的焦点性问题相联系。因而，我们需要去发现探寻该分类的实质性意义。在此过程中，虽然着眼点是消极权利的真正内涵，但是无法将积极权利抛在一边，消极权利需要通过积极权利衬托出来。更重要的是，消极权利和积极权利存在着此消彼长的面向，而这样的消长是极为"性质攸关"的。

就概念的严格形式来看，消极权利和积极权利的划分乃是 20 世纪之后

---

① 〔美〕史蒂芬·霍尔姆斯、〔美〕凯斯·R.桑斯坦著，毕竞悦译：《权利的成本——为什么自由依赖于税》，北京大学出版社 2004 年版，第 30 页。
② 龚向和：《社会权与自由权区别主流理论之批判》，《法律科学（西北政法学院学报）》2005 年第 5 期。
③ 商继政：《论基本权利的双重属性》，《四川师范大学学报（社会科学版）》2007 年第 6 期。
④ 商继政：《论基本权利的双重属性》，《四川师范大学学报（社会科学版）》2007 年第 6 期。

的事情。从实质的意义来看，这种分类通常关联着各种宪法的思想学说及其发展路向，在用词上则常常用"自由"来指称"权利"。沿着这样的理路，需要追溯到霍布斯的主张，他认为，"公民社会"作为"政治社会"的对立物，是公民行使消极自由、不受政府控制的领域。洛克则把消极自由看成人的天赋自然权利。19世纪中后期，英国的格林首次系统地提出了"积极自由"的论调，宣扬彻底抛弃自由放任主义，国家对经济活动和社会生活必须进行全面干预。国家对个人幸福的贡献应是积极的、直接的，并负有直接责任。贡斯当首次将自由分为现代的自由和古代的自由，现代的自由是免于干扰的，古代的自由是积极参与的。1958年，现代哲学家柏林在其《两种自由概念》一文中，区分了消极自由和积极自由，消极自由是指"免于他人干涉和强制的自由"，而积极自由是指"去做……的自由"。

受柏林思想的影响及在宪法学说发展的内在理路中，基本权利分为消极权利和积极权利。虽然消极自由与积极自由的划分不能等同于消极权利和积极权利的划分。然而它们在问题的关切和回答方面具有实质上的同一性，特别是消极自由和消极权利在实质意义上难分彼此。两种自由概念的提出要引发的思考是：放弃自主获得的自由是真正的自由（幸福）吗？柏林的解答是，只有消极自由才是真正的自由。类似的思考是：没有自主的权利还是权利吗？人们担忧的是，如果通过积极权利（公共利益）人们就能获得想要的好处，那么，积极权利就会持续膨胀，直到把消极权利完全吞噬。由此，消极权利才是真正的权利。

消极权利在形式上关注的是国家权力是否作为，而其真正的基础在于公民的自主性。自主性不仅是意志的表达，而且关系到人的自我负责的信念，对幸福的追求及对幸福的自我定义。总之，关系到人作为目的的价值，这是宪法的初心，也是宪法存在的价值。积极权利是派生性权利，是对公共利益考量后的衍生性权利，也被认为是"依靠国家的权利"。消极权利是自主的本源性权利，也是"依靠自己"的最严格的权利。

对消极权利和积极权利的分类，不能仅仅从国家是否作为这种单一的形式标准来判断，还要考虑国家在基本权利介入的程度和性质，即要考虑到实质性因素，如公民的自主程度、意志的表达、利益及事务的公私属性等。

为了确定消极权利和积极权利的范围，有必要从内容上将基本权利划分为自由权、参政权和社会权三类。在我国，自由权主要有人身自由、人格尊严不受侵犯、合法的私人财产权不受侵犯、婚姻自由、宗教信仰自由、言论自由、出版自由、文化活动自由等；参政权主要有选举权和被选举权、批评监督权、集会、结社、游行、示威自由等；社会权主要有劳动权、休息权、获得物质帮助权、教育权、文化权等。

如果按照三分法对基本权利进行分类，就有利于认定消极权利和积极权利的范围。我国宪法学家王世杰、钱端升同样将基本权利划分为三类：第一类为消极的基本权利，即人身自由、信教自由等各种个人自由，国家对这类权利负有消极义务；第二类权利为积极的基本权利，即个人受国家供给最小限度教育的权利、弱者受国家救恤的权利等受益权；第三类就是参政权。① 20 世纪 70 年代，第三世界国家和联合国教科文组织中的人权学者所主张的三代人权学说和前述三分法也不乏类似之处。②

总之，将基本权利进行三分，就能在性质上适当地确定消极权利和积极权利所包含的内容：自由权属于消极权利，社会权属于积极权利，而参政权则是兼具消极权利属性和积极权利属性的基本权利。此外，如果就形式上或者某种非本质属性的面向来看，所有的基本权利既有消极权利的属性也有积极权利的属性，这些特点反映了基本权利内涵的丰富性。

二、消极权利的防御功能

从宪法的精神意蕴来看，基本权利尤其是消极基本权利的首要作用在于能对抗公权力，防止公民的生命、自由、财产受到公权力的侵入和损害，维护免于公权力恣意干涉的宪法上的客观地位。这样一种具有防御意义的基本权利被称为防御权，所具有的功能就是防御功能。防御权的概念首先见于德国法院 20 世纪 50 年代的判决。由于防御权的概念能鲜明地体现宪法的基本态度及基本权利的客观宪法地位，因而，成为当代宪法学说普遍使用的概念。

消极权利和防御功能有着逻辑上的内在关系，消极权利要求对于公民享有的自由和权利，公权力主体负有不干预、不作为的消极义务。防御功能要求纯粹的不作为，因而，不像其他基本权利的功能概念那样歧义丛生。防御功能有两层意思：其一，对于公民所享有的权利和自由，公民得要求公权力机关不侵犯基本权利所保护的利益；其二，当侵害发生的时候，公民得直接依据基本权利的规定请求公权力机关停止侵害。所以，防御功能包括"不作

---

① 王世杰、钱端升：《比较宪法》，中国政法大学出版社 1997 年版，第 8 页。
② 沈宗灵：《比较宪法——对八国宪法的比较研究》，北京大学出版社 2002 年版，第 66 页。

第五章 公民的消极权利

为请求功能"和"停止侵害请求功能"。

防御功能是消极权利最重要的也是最根本的功能。消极权利就其最为主要的面向而言，就是公权力机关的不作为。当然，防御功能虽然是唯一的"纯消极功能"，但不是消极权利的唯一功能。制度和程序保障功能、给付功能在特定的情形下，也是不可或缺的。防御功能要求对公权力的侵入或干扰具有敏锐性。作为前提，公民不仅要知道自身的权利和自由，而且必须明确在公民消极权利的范围内，公权力机关负有不作为义务。此外，防御功能还是所有基本权利的功能。因为即使是积极权利，也会在特定的方面具有消极权利的属性。在这类基本权利中，防御功能得要求公权力机关不得为和其应积极作为相冲突的行为。"以劳动权为例，虽然该权利的意旨在于要求国家通过各种积极措施，创造就业机会，加强劳动保护，提高劳动报酬与福利等，但是这并不意味着国家可以为积极的行为去禁止公民就业，禁止公民劳动！"① 防御功能的效果在于：要么意味着消极权利的实现，要么在符合积极权利实现的方向上。

防御功能作为消极权利的最根本的功能，也要求在基本权利体系中体现防御功能的根本性。防御功能的根本性意味着在基本权利的实现上，国家主要的义务是消极的。

在我国，受传统宪法理论及其他因素的影响，防御功能概念大体上是处于被漠视的状态，认识上的主要原因是：我们是社会主义国家，个人权利的实现，要依靠国家与社会的努力，个体和社会利益的根本一致性不需要引入防御权概念。否则，就会引发社会的对抗、混乱，不利于公共利益的维护，也不利于体现和实现我们文化传统一贯崇尚的社会和谐。

就我国的宪法规定而言，体现了防御功能要求的基本权利尤其是消极权利的宪法规定并不鲜见。我国宪法第三十七条、第三十八条、第三十九条关于人身自由、人格尊严、住宅权利的规定中所使用的是"不受侵犯"的表述方式，直截了当地表明了防御功能的存在。从宪法本身来看，没有理由不重视基本权利防御功能的研究和使用。

防御功能作为一个工具性概念，同西方文化没有特殊的联系。防御功能是发挥制度作用的有效工具，并非简单地基于人性恶的预设，因为防御并不是打击也不是目的。同时，防御功能和人性善的美好观念也不会有本质上的

---

① 张翔：《论基本权利的防御权功能》，《法学家》2005 年第 2 期。

冲突。出于善意但没有法律根据的积极作为，当然是对基本权利的侵犯及对其权能的损害，并为防御功能所反对。如果认为这种情形会破坏和谐，那么这种虚幻的和谐不要是更好的。

防御功能对消极权利的维护是在法律框架中展开的，不仅要防止公权力的恣意干涉，而且要阐明权利的正当性。防御的过程是声明、论证权利能从表达了权利和公共利益具有根本一致性的宪法规定中找到根据。防御的过程必然会促使人们关注、思考和论证什么是能够使各种利益得到协调和整合的真正的公共利益。对自由权及参政权的防御和维护，是体现公共利益同时有着公民自身利益的积极权利得到落实的有效途径。

三、国家机关的消极义务

防御功能要求国家负有不作为的义务，具体到各个国家机关而言，其不作为的要求和方式不尽相同。

（一）立法机关的消极义务

立法机关对基本权利的消极义务与其对宪法所赋予职责的履行有内在关联。如果立法机关不是以宪法要求的方式和目的限制公民基本权利，那么其就违反了其消极义务。立法机关负有制定关于公民基本权利的法令制度的职责，由此，公民的基本权利得以具体化、明确化，并且其限制也必须通过法律来进行。一般而言，在事关公民基本权利方面的法律规定，立法机关没有宪法授权，就不得委托给其他机关行使，即使有宪法授权，也得按照宪法的原则和精神来理解这一授权。立法机关限制公民基本权利的理由只能是公共利益，并须通过法律规定予以明确。如果对公民基本权利的限制缺乏公共利益根据，或者因为情况的变化，使得公共利益根据已经不存在，而立法机关又怠于修改法律，那么立法机关就违反了其消极义务。

（二）行政机关的消极义务

行政机关违反消极义务的情形如下。

1. 违法干预行政。干预行政，又称侵害行政，是指行政机关行使公权力，干预公民权利，限制公民自由与财产，或科以公民义务或负担的活动。[1] 干预行政由于直接作用于公民的权利，必须符合严格的法律保留原则的要求，不仅要求不得违反明确的法律规定，而且要求有明确的法律授权。否

---

[1] 杨建顺：《日本行政法通论》，中国法制出版社1998年版，第327页。

则，其就违背了对公民基本权利的消极义务。不得违法干预行政，是基本权利防御功能发挥作用的重要领域。

2. 违反比例原则。行政机关根据法律的授权执行法律，通常拥有裁量权，有时这种裁量权的幅度还相当大。行政机关在拥有裁量的自由空间的同时也负有不滥用自由裁量权的义务，否则就会被认为违背了"不侵犯义务"。关于什么是合理的行政行为，有许多的观点和主张，其中，影响很大的是德国学说所主张的比例原则。

比例原则包含着三个维度的内容。其一，适当性原则。行政决定的作出，必须合乎宪法的目的，具有宪法的正当性。其二，必要性原则。当若干个能够达到目的的手段可供选择的时候，行政机关应选择对公民权利损害最小的手段。其三，狭义比例原则。国家追求的公共利益与其损害的个体利益必须成比例，不能失去均衡。

在比例原则三个维度中，第一个维度是核心和前提，是在宪法的客观秩序中考虑目的的正当性；第二个维度不仅着眼于内部的目的和手段之间的关系，而且考虑外部性的影响以及可能的损害；第三个维度则具体地将权利主体本身作为目的性存在来考虑行为的可行性。比例原则是一个多维度的、动态的、体现了"反思性平衡"特征的，又具备正当性、开放性和包容性精神的合理性判断基准。

（三）司法机关的消极义务

司法机关违反消极义务，侵害公民基本权利的行为主要有以下两个方面。

1. 侵害公民的诉讼权利。有权利就有救济，诉讼的权利就是获得司法救济的权利。诉讼权利的实质是获得公平审理。侵害诉讼权利行为首先表现为剥夺公民的合法诉讼资格，使得本应当受理的案件无法进入司法程序，公民处于告状无门的状态。辩论权利包括辩护的权利，后者是一项重要的诉讼权利，如果司法机关滥用职权或者做出失职行为，使得公民无法有效进行辩论，这就是对公民基本权利的侵害。公平审判要求司法机关保持公正的形象，不得做出有损公正形象的行为。此外，司法机关应当保持生效判决的稳定性，不能随意推倒重来；司法机关不得两次使得被告人处于被追诉的危险之中。对于上述诉讼权利，司法机关都负有不侵犯的义务。

2. 枉法裁判，滥用司法裁量权。枉法裁判是指司法机关作出的裁决错误地适用法律，如果这种行为无法在通常的司法程序中得到制止，而这种行为限制或侵害了公民的基本权利，那么司法机关就违背了其对基本权利所负有的消极义务。当事人可以主张司法机构违背了宪法，向宪法法院或者其他违宪审查机关要求救济。类似的，如果司法机关滥用司法裁量权，在对法律作出解释的时候，选择了明显和宪法规定或者宪法精神相违背的解释，在这种情况下侵害了公民的基本权利，就应认定司法机关的裁判是对公民基本权利的侵害，违背了其负有的对基本权利的消极义务。

第二节 财产权与私权保护

一、财产权保护是现代宪法思想的重要源起

财产权古已有之，古代的财产权及私法依附于古代的政制，现代的财产权及私法和近现代的宪制相联系。古今的财产权对应的制度体制是不同的，这样就使得两者之间有着重大的不同。

财产是社会生活的物质基础，随着社会文明的进步和演化，剩余财产出现了，从而在公有的财产形式上就有了私人财产权。在古希腊、古罗马社会时期，私人财产权是不完全的，能够获得财产资格的"私人"主要是家父，而非独立的公民个体，这个民法上私人所有权的地位是从属于国家公法的，当城邦的公共利益或共和国需要的时候，公民就有义务奉献、无条件地牺牲自己的财产权。公民从事战争的义务要高于经营生产的权利。战争、掠夺及殖民统治是古典社会的常态行为，社会物质财富的创造以及生产主要是奴隶或者通过奴隶来完成的，奴隶制是社会的物质基础。财富首先属于国家，私法依附于公法，处于公法的下位。

在欧洲中世纪，国家采取的是一个层层分封、等级森严的封建体制，在这个金字塔式的社会制度中，普遍存在的是具有人身依附性质的契约关系。在契约所规定的权利义务范围之内，每个人享有自由、财产及其他特权并受到法律的保障。这种权利义务关系本身是以不平等的分封体制作为运行的前提和基础的。

在古典政制中，法律赋予罗马公民统治阶级的地位，奴隶只是从事生产、创造财富的工具；在中世纪，奴隶只是极少数，实行的是由不同等级构成的封建制体系。两者的法律体制对于社会的存续及一定程度的发展都是必要的。然而，就总体而言，两者的法律对财产权的规定是束缚性的。既有的法权形式，不能够为人们创造财富提供足够的动力。奴隶显然缺乏劳动的内

生动力,其积极性、能动性是极为有限的;封建的家庭和个人,其创造财富的动力受到等级的限制;其他的特权阶层,只是消费性的,不可能创造财富。"从财富的法权性质来看,古典制度和封建制度,在法律上是束缚财富之发展的,而追求财富与欲望的享受是人的本性,这套法权体系与人性欲望是对峙的。"①

现代宪制的发生和财富的新的生产方式有着密切的关系。亚当·斯密认为,现代财富的主体不是国家或政府,而是国民,国民才是社会财富的真正拥有者。在传统观念中,财富的性质在于国家或政府掌握的财富总和。国家及赋税才是财富的根本。斯密推翻了这个理论体系,主张国民的富庶才是一国富裕的根本,产生财富的动力机制在于国民对财富的追求及市场的合作机制。这样,就需要从更高的层面去看待财产权。这种要求是现代宪法产生的基本因素,反过来,宪法给予财产权根本性的保护。

现代财产权或私人财产权是宪法的重大主题,国家的宪法基础在于私人财产权。现代早期思想家对此多有强调。孟德斯鸠认为一个国家的财富不仅基于民法的保障,而且政治法或公法的保护更是意义重大的,公法的首要职责是保护人民的财产权。英国思想家洛克在《政府论》(下篇)中则经典性地论证了私人财产权的正当性。人们联合成为国家和置身于政府之下,这样做的重大的和主要的目的,乃是保护他们的财产。这些观点为财产权上升到宪法的保护层次奠定了思想基础。

二、财产权的宪法保障

财产权在现代宪法的规范体系中包含三个层次的内容,即财产权的保障、财产权的限制及财产权的征收。其中财产权的保障是核心,而财产权的限制和征收则是围绕着财产权保障的内核来处理财产权与公共利益的关系问题。

(一)财产权的保障

在我国,2004年宪法修正案对财产权保障的表述是:"公民的合法的私有财产不受侵犯。"这种不可侵犯的条文表述同样也见诸日本宪法的规定。这类表述和1789年法国《人权宣言》第十七条宣称财产权是一种"神圣不可侵犯的权利"不同,没有了"神圣的"这种富有宗教和道德意味的表现

---

① 高全喜:《财富、财产权与宪法》,《法制与社会发展》2011年第5期。

话语。

宪法上的财产权概念源自私法的规定，所有具有经济价值的私法上的权利都属于宪法上的财产权。2004年修宪前，我国宪法使用了"所有权"一词，而2004年宪法修正案改用了"财产权"一词，以求"在权利含义上更加准确、全面"。由宪法财产权的权利性质所决定，在权利范围上，宪法上财产权不仅包括民法上的所有权、继承权，而且包括占有权、用益物权、担保物权及租赁权、价金请求权等合同债权，知识产权和身份权中具有经济价值的各项权利也包括在内。

私人财产权作为宪法财产权，不仅包括私人私法上的财产权利，而且包括部分公法上的财产权利。公法上的权利能够纳入宪法财产权的范围的情形只有两种：一是由于基本的社会物质生活所必需。现代宪法要求，国家有义务提供体现符合人格尊严要求的最低生存保障，这类公法上的福利保障权利属于宪法财产权保障的范围。二是公法权利在构成上符合私法的等价性特征。完全由国家单方面授予而个人没有付出相应代价的权利，如社会救助、各种补贴，并不构成宪法意义上的私人财产权。

一般而言，财产权是指静态的、已然获得的财产权利。从完整性考虑，财产权还应包括动态的、获得财产的权利，即财产权应包括合同自由、经营自由等权利。从概念层级上看，财产权是上位概念，而合同自由、经营自由是财产权的下位概念。在法律规定层面，两者常常并列，但是这两者并非是各自独立的。从内涵上看，财产权是体现人的价值的物质手段，而如何获得财产的权利对体现人的价值而言更是有直接意义。从根据上看，不将如何获得财产的权利纳入财产权中，容易导致的误解是：宪法关于财产权的保护对没有财产的人而言是没有意义的。如果将两者分裂开来，会使得财产权丧失很多的意义，而包含进来，则意义重大。财产权和劳动在很多情况下不是直接发生关系的，而是通过合同自由、经营自由这样一种社会的选择、承认形式而联系起来的，即财产权的"私使用性"和社会的普遍性是相联系的。在美国，获得公职的权利、受教育的权利也被纳入财产权的保护中，这样做会使得财产权的概念变得宽泛，然而，其中的积极意义不容小觑。

（二）财产权的限制

财产权要受到合法的限制，是财产权在宪法保障体系中的必要特征。我国宪法第十三条关于财产权的规定，没有直接作出对财产权的限制，不过，我国宪法第五十一条的规定可以视为对财产权的限制性规定。在财产权的限制方面，早在 1919 年《魏玛宪法》第一百五十三条第三款就作了规定："所有权负有义务。财产权的行使要以公共福祉为目的。"《魏玛宪法》的这一规定被德国 1949 年《基本法》完全继承，并为许多国家的宪法所仿效。

对财产权限制所作的学理解说，各国不尽一致。在德国，财产权的内容及其限制是在立法主义的论说中来解释的：财产权并不是先于宪法产生的，宪法将财产的具体归属委托给立法者，通过法令制度进行安排；立法者在确定宪法本身所尊重的、关系到人格自由的财产归属关系时应采取严格、谨慎态度，而在确定除此以外的财产归属关系时则拥有相对宽松的裁量权。对人格自由的高度尊重要求立法者对财产权给予高度尊重，同时，还要考虑到公共福利的体现。立法者接受委托，确定财产的归属及其社会义务，同时也要接受宪法的监督和审查。

在美国，财产权限制的理据源自国家或者人民主权所原有的权能，这种权能在警察权中得到具体的表现。警察权也叫治安权，是指政府出于维护社会秩序、公众的安全和健康、社群的道德以及正义而享有的制定和执行法律的权力。从判例来看，国家在消防管制、垃圾处理、卖淫限制、酒类管制等方面的措施都被认为是警察权的行使。对于那些行使财产权造成对公众侵扰的行为，国家运用警察权进行限制被认为是正当和必要的，并且不需要对因此造成的财产损害进行补偿。

财产权的限制的一般性依据是公共福利。审查某个法律对财产权的限制是否符合公共福利，必须综合地比较和权衡该限制的目的、必要性、内容、其所限制的财产权的种类、性质及限制的程序等多方面的因素。公共福利的一个重要面向就是要通过对私人财产及其人格自由表达尊重来体现自身，因此，德国联邦宪法法院曾经指出："如果财产的使用更多体现的是个人自由地形成自我负责的生活层面，则宪法对其的保护就更强；与此相对，如果财产有着更多的社会关联性，承担着更多的社会功能，则通过法律对其进行的限制就应该更强。"[1]

可以说，财产权限制不是一个独立的问题。财产权界限的明确是相对的，实践中，财产权会趋于扩张，在其扩张的同时就产生了自身的"反动"，即限制的必要，以维护私益和公益的平衡。对财产的限制和财产权的保障并

---

[1] 张翔：《财产权的社会义务》，《中国社会科学》2012 年第 9 期。

没有实质性的冲突,前者是不需要补偿的。但是,财产权限制也会导致新的问题,不适当的限制会造成对财产权的损害,这种过度限制通常被称为管制性征收,是需要补偿的。财产权限制的深层意义在于对私益和公益的平衡应保持足够的敏锐性。

对财产权限制构成征收的情形有两种:一是限制是否造成财产权的实质性损害。如果财产权的限制导致财产权丧失了"私使用性",财产权已经名存实亡,没有实质性的价值和意义了,那么这种情况就构成了财产权的征收。反之则是财产权所应当承担的社会义务。这就是德国所谓的"期待可能性理论"。二是限制是否特别针对个别财产。如果根据法律的一般性规定,所有相关的财产权都承担某种义务,那么这种限制属于财产权的社会义务;如果只是针对个别财产施加承担社会义务的限制,国家对由此造成的损失必须给予补偿,即在这种情形下的限制已转变为财产权的征收。该情形属于德国所谓的"特别牺牲理论"的范畴。前述两种标准可以合并运用,也可以独立成为判断是否构成财产权征收的标准。

(三) 财产权的征收

在现代社会中,随着国家任务的不断增加,国家不可能完全不介入公民个人的私有财产权。虽然私有财产权的主要作用在于保护个人的自由,但无法完全脱离其所属社会,甚至私有财产权概念本身就会因为社会发展变化而具有相当的流变性。

我国现行宪法第十三条第三款规定:"国家为了公共利益的需要,可以依照法律规定对公民的私有财产实行征收或者征用并给予补偿。"征收和征用是国家对私人特定财产的强制方式。征收是永久性地剥夺私人财产的所有权;征用是针对私人财产的使用权或其他权利形式临时性强制取用。一般认为,征用是临时征收,可适用征收的有关原理。

征收是为了公共利益的需要。公共利益是指不特定的多数人的利益及普遍认可的公共目标。公共利益的界定有一定的不确定性,需要结合时代背景和个案来确定。由于人们总是从自身的角度对公共利益进行认识和想象,为避免滥用,法国《人权宣言》要求,征收的条件之一是"除非出于明显的公共需要"。

征收必须是为了公共利益,由此而来的问题是:如果将征收的财产转让给作为私人的第三人进行营利行为,是否具备宪法上的正当性?这一类问题最为典型地表现在将征收或征用的财产(如土地、房产等)用于商业开发的情形中。这个问题在理论上和实践中都存在较大的争议。很多"钉子户"主张合法的私有财产权的不可侵犯性，就是认为用于商业开发的征收不具有宪法的正当性。这里问题的焦点就是征收的公共利益目的和商业开发行为是否是必然冲突的。

依据我国宪法规定，征收的根据必须是为了公共利益。至于公共利益的任务是否由公权力主体来完成，则在所不问。征收行为和商业行为并非天然地势不两立，征收的财产用于商业开发并无不可，只要符合真正的公共利益即可。

征收补偿在时间上分为事前补偿和事后补偿；在标准上分为公正补偿、完全补偿及适当补偿。公正补偿是依据公正的市场价格对财产所有者的损失进行评估；完全补偿是指对征收财产的货币价值进行全额性的补偿。"在既存的财产权秩序下要求特定的财产权人作出'特别的牺牲'，那么，就必须实行完全补偿。"① 完全补偿需要特别考虑基本生活的要求。如果被征收的财产，特别是房屋、土地等，和被征收人的基本生活紧密关联，那么赔偿还要考虑征收是否会明显地导致生活状态的可持续问题。不仅要考虑到赔偿数额，而且要考虑赔偿方式。如果一步到位的赔偿将会使得被征收人处于一种难以自控的状态，从而会威胁到其后的正常生活，那么就不适合采用一次到位的货币赔偿方案，而应选择其他适合的替代方案；适当补偿和公正补偿有接近之处，不同的是，适当补偿更加考虑的是实质性的因素，包括综合斟酌制约措施的目的及其必要程度等因素。适当补偿的方式，一般适用于实行社会公共政策的情形。

三、宪法财产权对私权保护的意义

宪法财产权不仅是私权在宪法上的规定，也是私法在宪法上的规定，私法和公法都在宪法的客观体系中。从逻辑上看，无论私法还是公法，都是属于宪法和法律的规定，都内在于宪法所构筑的客观秩序。无论私权还是公权，都是利益和正义统一的表达形式。无论私权还是公权都是必须一体保护的。从实践来看，财产权在日常的社会生活中有着直接的表现，具有规则性、非人格化的特征；宪法财产权的规定将日常社会生活的面向和宪法体系贯通起来，在财产权的清晰性中显示出了其重要性，反之亦然。这种联系能

---

① 林来梵：《论私人财产权的宪法保障》，《法学》1999年第3期。

深层次揭示国家和个人的确当关系,在对这样一种"人—国家"模式的思考中,能够避免公私一体保护中所具有的单向性思维的缺陷,从而有助于思考人所具有的价值,有助于思考私权在表征人作为目的性存在上的内涵和意义。宪法财产权的确立将财产权和人格、平等、自由等宪法价值内在地联系起来了。财产权的首要作用在于表达不受侵犯的防御功能,财产权的安定功能和激励功能都是在防御功能的前提下发挥作用的。这种防御功能的实质在于捍卫私权所界定的私人领域,在这一领域中,私权所具有的主体、人格、自由等价值也就随之得到维护。人作为理性的道德主体能够对属于自己的生活、意义进行自我定义,在体现人的价值过程中,人的自我负责的要求和能力是内含其中的逻辑一致性的规定。财产权同其他概念比较,具有经验性的特点,这使得财产权概念具有化解抽象概念所导致的扭曲问题的能力。财产权,也包含其他私权的经验性特点,要求法律逐个地对财产和私权提供保护。这种逐个进行的保护,既表达了宪法的初心,也是判断宪法是否完好的显著标准。综观各国宪法及其运作实践,重要的区别不是对诸多抽象概念的表达,而在于能否将这种抽象性转化为对一个一个财产及私权的慎密保护。这种对待财产及私权的态度和行动是宪法规范性、完整性的要求。宪法财产权之所以能够担当起保障社会可持续发展、昌盛繁荣的重任,不仅仅是因为其所蕴含的坚定信念,更因为其以对一个一个的财产及私权的慎密保护为前提。

第三节 人身自由的构成与限制

一、人身自由的界定和构成

人身自由是一项极为重要的权利,是从事政治、经济、文化等社会活动的前提和基础。"如果一个人连最基本的人身自由都得不到保障,那么他们又如何参加国家政治生活、社会生活乃至日常生活呢,如何行使其他自由权利呢?"[1]人身自由是需要"把权力关进笼子里"的权利,要求宪法予以格外关注。

一般而言,人身自由是指公民的人身自由和安全不受侵犯。公民有人身自主权、举止行动的自由权、保护自己身体免受非法侵害以及不受他人支配

---

[1] 秦前红主编:《中国宪法读本》,人民出版社2015年版,第58页。

和控制的权利。人身自由关系到行动的自由及身体的安全，属于基本权利的核心地带，由此，我国宪法第三十七条直接宣示了"中华人民共和国公民人身自由不受侵犯"，并规定"禁止非法拘禁和以其他方法非法剥夺或者限制公民的人身自由，禁止非法搜查公民的身体"。在这两款规定中，前者是确认，后者是保障，两者共同构成人身自由的基本内容。人身自由作为直接以自由进行表达的权利，具有突出的防御功能。首要防御的是国家公权力对人身自由的专横干涉，国家负有保障公民人身自由的不作为的消极义务；同时，该项功能也内在地延伸到防御其他社会组织或者公民个人对他人人身自由的肆意干涉和侵害，这也构成了各个部门法对各种非法侵害公民人身自由的行为进行处罚的宪法根据。

相较于思想自由而言，人身自由的基点是身体自由，就其自然意义而言，是可以去也可以不去，可以做也可以不做，处于一种不受外来干涉、强迫、威胁的自在状态。相较于其他权利而言，人身自由不是为了外在的特别的目的，有着基于身体的自由和生活的安定的自身意义。尽管对人身自由的界定有不同的看法，身体自由作为其意义的核心地带，人们对其有着广泛的共识。当然，人身自由也有着丰富的社会意义和价值，需要从社会成员的彼此关联及人与人的平等尊重中认识和把握人身自由的内涵与外延。为了完整地表现人身自由的丰富内涵，需要认识构成人身自由内容的不同层次和方面。人身自由既包括住所自由、迁徙自由等社会生活层面的内容，也包括不受奴役、不受强迫劳动等社会工作层面的内容。

住所自由是人身自由的必要延伸和重要表现。我国宪法第三十九条规定："中华人民共和国公民的住宅不受侵犯。禁止非法搜查或者非法侵入公民的住宅。"这是住所自由在我国宪法中的规范表述。在法律意义上，住宅指的是这样的居所，通过其创设的物理空间形成与外界的必要隔离，从而使身体的自由与安全、心灵的安顿及生活的安宁能够得到充分的保证。居所自由就是人身自由得以体现的必要的物理空间。住所不在于是豪华还是简陋、是长期还是短期、是自有还是租借，只要具有居住的资格，就有居住的自由，就享有排除他人随意侵入、干扰的权利。因而，住所被认为是个人私域的堡垒，具有防御他人非法干扰和侵害的功能，未经主人允许任何人不得擅自进入，即法谚所云："风能进、雨能进，国王不能进"。由于住所与人身自由、私人生活以及家庭成员之间关系密切，对住宅的侵犯不仅仅指非法搜查和非法侵入这两种方式，还应包括，在住宅周围通过特定的工具非法监听或窥视住所内部的私生活或家庭生活,以及在进入住所后主人要求离开而拒不离开等情形。

迁徙自由是指在国内自由迁移的权利,在国内任何地方居住的权利,以及出入国境的权利。迁徙自由作为法律规定,最早出现在英国1215年《自由大宪章》的有关规定中。近现代以来,迁徙自由在世界各国宪法中得到普遍确立,也为《世界人权宣言》和《公民权利与政治权利国际公约》所确认。

迁徙自由包括行动和居所两方面的内容,由此,人们似乎可以从人身自由和居所自由推论出迁徙自由的权利。从作用来看,迁徙自由作为必要手段,服务于表达自由、劳动权、经营权、受教育权等基本权利的实现,因此人们似乎也能从这些基本权利的规定中推论出迁徙自由的存在。由于这些因素,有人主张不必在宪法中规定迁徙自由。这些推论在形式逻辑上是成立的,但是对迁徙自由的自身价值关注不够。迁徙自由不仅是不受妨碍地选择居所,而且要求不因为居所选择而遭受歧视或者受到不合理的差别待遇。在一国之内,不论何种原因移居异地,只要是合法的迁徙就应当与当地居民享有同等的权利。"如果公民选择一个新的居住地,而不能享有当地居民的同等待遇,甚至出现政府对移居居民实行差别待遇的情形,在实质上是消极地限制了公民的迁徙自由。"① 为了体现迁徙自由的实质,凡是规定迁徙自由的国家,一般都规定了政府不得对异地定居的公民实行歧视政策,不得要求居民资格必须交纳一定费用才能取得,不得针对经过本地的外地居民征收各种费用、增加不必要的办事程序以及实施其他不合理的差别对待。至于有关取得本地居民资格的优惠政策,虽然也有不平等的因素,但主要可以通过发展生产力的方式来逐步落实,只要在本行政区内对所有个人实行同一种政策,就不构成对迁徙自由的限制。

迁徙自由对于提高保护人身自由的水平和质量,有着独特的价值和意义,我国宪法应当明文规定迁徙自由。

从形式上看,出入境自由也属于迁徙自由的范围,但是出入境涉及跨边界的国家主权问题,需要出入境国家之间的协调及办理护照和签证手续,涉及的问题更为复杂,受到的限制要比国内的迁徙自由更多。出入境自由分为出境自由和入境自由两个方面。出境自由包括短期的出境,也包括长期定居他国、脱离原有国籍成为他国公民。出境自由的主体有本国公民、居留本国

---

① 朱福惠:《论迁徙自由》,《四川师范大学学报(社会科学版)》2001年第2期。

的外国人。对于享有出境自由的主体，国家负有依法签发护照或其他旅行证书的义务，负有依法不干涉出境自由的义务。入境自由主要是指本国公民回国的自由。出境自由和入境自由不可分割。如果本国公民有出境的自由，但没有回国的自由，这实际上是对公民出境自由的限制和剥夺。外国人的入境自由不属于一国宪法保护的基本权利。在出入境问题上，各个国家的通常做法是遵循缔约国之间的公约、条约、协定、惯例及对等原则，对出入境的限制主要是对政治活动的限制以及对威胁国家安全和公共卫生安全的行为的限制。

不受强迫劳动的权利是人身自由在劳动、工作领域方面的要求。强迫劳动是在他人的强制之下，非自愿提供劳动或者服务。这种劳动往往非常繁重，劳动环境恶劣，没有报酬或者报酬很不公平。和强迫劳动相类同的表现形式还有奴役、劳役、债务役等。它们使人被迫提供劳动或工作或服务，尽管也侵犯了人格尊严和劳动权，不过最直接的是侵犯了人身自由权利。我国刑法第二百四十四条规定了强迫劳动罪，其宪法根据就是人身自由的保障条款。禁止强迫劳动还鲜明地体现了宪法的基本价值取向，即当人身自由权和债权发生冲突时，首先保障人身自由权的实现。由于强迫劳动及相关情形在社会生活中并非鲜见，因此，这一类的禁止性规定常直接见诸宪法性文件的明文规定。《公民权利和政治权利国际公约》第八条，《欧洲人权公约》第四条都规定了禁止奴役、劳役、强迫和强制劳动。就强迫和强制劳动而言，两公约规定了除外情况，即对罪犯的惩罚性苦役、拘禁期间的劳动、军事和国家义务、紧急状态下的义务和正常公民的义务等。

概而言之，人身自由的构成有着如下特点：从主体上看，是指"人人"，即所有自然人，包括本国人、外国人、难民、寻求庇护者、无国籍的人等，指出对于人身自由的主体要特别重视在社会生活中容易遭到忽视或歧视的群体或个体；从行为上看，人身自由的表现具有多样性，有动态的和静态的、积极的和消极的、国内的和跨国的等；从法益来看，人身自由的行为和法益具有一致性，是和财产权益相对应的行为法益。人身自由是指身体不受约束，和身体的行为及安全密切联系，而不是一般性的行为自由。人身自由以其自身作为目的和意义之所在，这使得人身自由同经营自由、游行示威权、教育权相区分。相对于人格尊严，人身自由具有外在性；相对于财产权利，人身自由具有首要性。

二、人身自由限制的根据

一般说来，宪法规定对人身自由的限制以国家安全和对公共秩序的保护为限，而且法律限制不得同宪法的基本原则和精神相抵触。由于不同国家在法律观念、意识形态、文化传统等方面不尽相同，宪法对限制公民人身自由的规定也不完全相同。

多数国家宪法采用的是总纲式的或概括式的规定，从而为一般立法确立了原则和框架。例如韩国宪法第三十七条第二款规定："根据保障国家安全，维护秩序和公共福利的需要，可依法对国民的一切自由和权利进行限制，但即使限制时也不能侵犯自由与权利的本质内容。"俄罗斯联邦宪法第五十五条规定："任何公民的权利和自由，只能在捍卫宪法制度基础，捍卫他人的道德、健康、权利和合法利益，保证国防和国家安全所必须的限度内，由联邦法律予以限制。"我国宪法第五十一条也规定："公民行使权利和自由时，不得损害国家的、社会的、集体的利益和其他公民的合法的自由和权利。"

和概括式相对应的是列举式的立法模式。德国对人身自由的限制注重实体法上的目的和理由，德国《基本法》第十一条规定：迁徙自由"只能受法律限制或依法予以限制，并且只有在下列情况下才能限制：缺乏适当的生活基础，由此将造成当地社会的特殊负担，为避免对联邦或某一州的存在或自由民主秩序的紧迫危险，为与流行病的危险作斗争，为应付自然灾害或特别重大事故，为保护少年幼儿不处于无人照管状态，或为防止犯罪而必须做出这种限制"。联合国《公民权利和政治权利国际公约》第十二条关于居住迁徙自由和出入境自由的限制规定了五种情况：国家安全、公共秩序、公共健康、公共道德、他人的权利和自由等。

此外，还有的国家宪法对不得限制人身自由的情形作了规定。西班牙宪法在确认公民具有迁徙自由权的同时，强调该权利不得因政治或意识形态之原因而受到限制。

总之，民主政治的精神在于使公民的基本权利得到充分保障，无论宪法还是法律，对公民基本权利行使的限制，其最终目的都在于保障公民能够最大限度地享有宪法的基本权利与自由，而不是通过种种法律的限制将其化为乌有。

三、人身自由限制应遵循的程序性准则

对人身自由的限制分为行政性的和刑事性的。由于行政性的原因对人身自由进行的限制，和其他权利限制要遵循的程序并没有大的不同，其核心范畴是正当程序、自然公正、防御权，基本要素有告知、辩论、听取、说明理由、法定上诉、合理期限等，所有这些都是为了体现程序的正当性、合理

性。由于刑事的原因对人身自由进行限制，涉及的人权保护和权力约束的问题就更加的重要和特别。美国联邦最高法院在审判实践中依据宪法的规定确立了一系列规则，诸如禁止强迫自证其罪、审判程序公正、非法证据排除、米兰达规则以及一罪不二罚规则等，就是为了回应刑事领域中的宪法期待。在和安全有关的人身自由的限制上，有关的国际公约、众多的国家宪法规定，特别强调了以下应遵循的程序性要求。

（一）禁止任意逮捕或者任意拘禁

任意逮捕或者任意拘禁中的"任意"一词包括不适当、不正当、缺乏可预见性和适当法律程序，以及合理性、必要性、程度等要素。决定采取一项拘禁措施，不仅需要符合合法性要素，同样必须符合合理性要素，而且这两个要素必须始终存在于拘禁措施的全过程。采取措施的对待方式必须和采取措施的目的具有对等性、一致性，并且符合比例原则。既可以采取非羁押性措施又可以采取拘禁措施之时，应当尽量采取非羁押性措施，即剥夺人身自由应当作为最后的使用手段。

（二）保障辩护权的有效行使

辩护权的有效行使必须体现在程序的各个阶段，包括聘请律师的权利得到保障，必要时法院应为被剥夺自由者指定法律援助律师。在被逮捕时，被逮捕者必须立即被告知逮捕的理由以及对其的任何指控。被羁押者与外界联系的权利应得到保障。隔绝被羁押者与外面世界的联系，这本身属于残忍、不人道的行为，特别是在延期羁押的情况之下。被羁押者有权接受家属探访，并与家属通信，同时应获得充分机会与外界联络。弱势群体的人身自由和安全权利应当受到特殊保护。

（三）体现司法管束的要求

司法管制的本质要义是杜绝采取逮捕措施或者行使刑事追诉职能的机构再对羁押问题进行审查。拘禁措施决定权应当交由司法机关行使（即司法管制）。司法管制要求亲历、及时。如果法官延迟对被羁押者的审判（被羁押者自身原因导致的司法延迟除外），法官必须考虑替代使用非羁押性措施。

此外，对保障人身自由和安全而言，有些权利要素可在紧急情况之下有限度地减损，各要素可被克减的程度应当是呈梯度的，人身自由和安全的核心区域则绝对不可减损。

第六章
公民的积极权利

公民的积极权利是现代宪法逐渐发展起来的一类重要基本权利,包括劳动权、社会福利权、受教育权、健康权等。积极权利因为其学术背景、理论渊源不同而饱受争议。公民积极权利的实现需要国家履行积极义务,其中主要是国家给付义务,但国家义务的履行受到很多制约。劳动是公民重要的基本权利,同时也是一项基本义务,在学界研究薄弱而又争议较大。劳动权的宪法规定还存在不少缺陷,有些劳动权内容缺乏宪法明示性的权利条款,缺少罢工权、集体劳动权的相关规定。健康权作为一项新型权利,引起了广泛重视,其首先应当是一种宪法权利,应该在宪法条文中明确予以规定。在建设"健康中国"的背景下,健康权保护面对很多挑战,政府应当主导"健康中国"建设,国家应当承担更多的积极义务。

第一节 积极权利与国家的给付义务

一、积极权利的由来

积极权利是在现代宪法中逐渐发展起来的一类重要基本权利,是当今宪法学界研究的一个热点问题,也是当今世界宪法学界争议较多的问题。无论在英美法系,还是在以德国为代表的大陆法系,积极权利因其学术背景、理论渊源的不同而饱受争议。

一般认为,积极权利最早来源于英国哲学家伯林,伯林把自由分为:积极自由、消极自由,然后相应广泛出现了消极权利、积极权利的分类,成为一种流行的公民权利分类方法。

积极权利是民主社会不断进步的产物。从宪法基本权利和自由的产生来看，刚开始立宪者不可能关注"积极权利"。最初宪法是为限制王权、保障人权（限制公权力、保障私权利）而产生，起初立宪者们主要目标是为王权设定权力的边界，过多担忧的是王权（公权力）的滥用，所以，最初人们关注的自由权利，往往是一种"消极"的自由权利。随着民主的发展，大多数国家宣称人民是国家的主人，国家则需要承担更多的义务，国家仅仅扮演"守夜人"的角色已经远远不够了。特别是人们在社会经济生活领域的权利意识逐渐增强，要求国家积极作为进而满足公民在社会经济生活领域的各项权利，如受教育权、劳动权、文化权利等，积极权利逐渐受到重视。

大陆法系"积极权利"最早渊源于德国著名公法学家耶利内克的"公法地位说"。该学说把公民的"主观公法权利"归结为"直接建立在法律身份上的请求权"。公民相对于国家来说，具有四种法律地位：被动地位、消极地位、积极地位、主动地位。其中的"积极地位"包括公民相对于国家的"法律保护请求权"，也包括公民要求国家进行相应行政活动以满足公民利益需求的请求权。① 耶利内克"将人民与国家之间关系，所作的概念上身份区分，迄今仍有其合理功能与实用价值"，进而"彰显出国家与人民之间关系的基本构造"。② 因此，耶利内克的"公法地位说"在德、日宪法学理论中影响深远，深刻影响了 20 世纪以后各国的立宪运动，对"社会权""参与权"等公法权利的兴起功不可没。③

在 20 世纪之前的各国宪法中，经济、社会和文化权利一般很少有相关规定。20 世纪以来，特别是第二次世界大战之后，以经济、社会和文化权利为代表的"积极权利"相继进入一些人权国际公约和一些国家的宪法条款当中。例如，《世界人权宣言》中有大量的经济、社会和文化权利条款，并且根据这些相关条款，联合国大会于 1966 年 12 月 16 日通过了《经济、社会和文化权利国际公约》，以此作为各缔约国的行为准则。就各国的宪法而言，社会主义国家宪法一般规定了公民的经济、社会和文化权利，如中国宪法和苏联宪法等。在一些非社会主义国家，如日本、挪威、叙利亚、秘鲁、南非等，其宪法也都有经济、社会和文化权利的相关规定。

---

① ［德］格奥格·耶利内克著，曾韬、赵天书译：《主观公法权利体系》，中国政法大学出版社 2012 年版，第 116 页。
② 李建良：《宪法理论与实践》（三），学林文化事业有限公司 2004 年版，第 41 页。
③ 周刚志：《论"消极权利"与"积极权利"——中国宪法权利性质之实证分析》，《法学评论》2015 年第 3 期。

二、积极权利的界定

积极权利从诞生之日起就争议不断，主要争议集中在如下方面：积极权利的范围、积极权利与消极权利的界限等。在我国，有学者把积极权利等同于经济、社会和文化权利；有学者把积极权利等同于社会权，认为社会权在其最基本的意义上，是指公民享有的要求国家给予一定物质利益的权利，具体包括劳动权、社会保障权、生存权、文化教育权及婚姻和家庭等受保障的权利①；有类似观点的学者认为社会权又称生存权或受益权，它是指公民从社会获得基本生活条件的权利，主要包括经济权，受教育权和环境权三类，社会权是要求国家履行积极作为的权利②；有学者试图以"受益权"取代"积极权利"的概念，认为"受益权"是指"基本权利所具有的可以请求国家作出某种行为，从而享受一定利益的功能"，针对的乃是"国家的积极义务"③。无论冠以"积极权利"，还是社会权、受益权、经济权等，都要求国家履行积极作为义务，以保障这一类权利的实现。这一类权利显然区别于要求排除国家妨害、国家相应不作为的权利即消极权利，更多地强调国家作为义务的承担者，故此类权利的分类是很有意义的。此外，在诉讼程序上，"积极权利"与"消极权利"之区分，在客观上有助于诉讼类型制度的合理建构，以及举证责任分配规则的科学化。④ 这也说明此类权利分类具有一定价值。

在概念界定上，有学者认为"积极权利"是指个人要求国家权力作出相应作为的权利，参政权和社会权即然⑤；有学者认为"积极权利"是指"要求权利相对人予以给付或作为的权利"⑥。尽管在概念界定上略有差异，但积极权利的实现离不开国家的积极"作为"义务。我们认为，在宪法学中，积极权利是指权利主体（公民）要求义务主体（国家、公权力）不只是消极地

---

① 张翔：《基本权利的受益权功能与国家的给付义务——从基本权利分析框架的革新开始》，《中国法学》2006年第1期。
② 林喆：《社会权：要求国家积极作为的权利》，《学习时报》2004年6月21日。
③ 张翔：《基本权利的规范建构》，高等教育出版社2008年版，第44、48页。
④ 周刚志：《论"消极权利"与"积极权利"——中国宪法权利性质之实证分析》，《法学评论》2015年第3期。
⑤ 林来梵：《宪法学讲义》，法律出版社2015年版，第175页。
⑥ 周刚志：《论"消极权利"与"积极权利"——中国宪法权利性质之实证分析》，《法学评论》2015年第3期。

履行义务，而是积极地以"作为"形式来协助权利主体（公民）实现相关的权利，这样的一类基本权利被称为积极权利。实践中，积极权利一般通过国家积极介入，以保障公民在社会经济生活领域的权利，是要求国家积极作为（国家承担给付义务）的权利。我国宪法所规定的公民经济、社会和文化权利均属于此类权利。例如，我国宪法条文第四十二条至第四十六条，明文规定了公民的经济、社会和文化权利，劳动权、教育权、获得国家物质帮助权等。为了实现这些积极权利，我国宪法还规定了国家的积极责任，即国家积极义务，主要是国家给付义务，如宪法第八条、第十一条、第十三条、第十六条至第十九条、第二十一条、第二十六条等。

三、国家给付义务

（一）国家给付义务的概念界定

公民的积极权利单纯依靠自身、依靠市场往往难以实现，因此，积极权利的性质决定了要实现积极权利，国家必须承担相应的作为义务，这些义务主要是国家给付义务。国家给付义务，有学者认为是指国家以积极作为的方式为公民提供某种利益的义务[1]；有学者认为是"国家履行给付或特定作为之义务"[2]；有学者认为是"国家以积极的作为方式给予救济"。这些观点都认可：国家给付义务的核心问题是国家承担的一种积极义务，承担的方式是"积极作为"的方式。

上述"国家给付义务"概念界定方面的分歧本身不是什么问题，问题的关键所在是国家给付义务的内容，或者说国家给付义务的范畴方面存在较大争议。有学者认为给付的内容可以是物质性的利益，可以是法律程序，也可以是服务行为[3]；有学者认为给付的内容可以是物质性的利益，也可以是服务行为，不包括法律程序。我们认为，从积极权利角度看，公民的积极权利可以要求国家承担一种物质给付义务，或者承担某种服务义务，还有权利要求国家司法机关判决裁定特定的国家机关承担积极义务。从国家给付义务层面看，这种给付的内容要么是一种物质性的利益，要么是一种服务行为，而

---

[1] 张翔：《基本权利的受益权功能与国家的给付义务——从基本权利分析框架的革新开始》，《中国法学》2006年第1期。
[2] 周刚志：《论"消极权利"与"积极权利"——中国宪法权利性质之实证分析》，《法学评论》2015年第3期。
[3] 张翔：《基本权利的受益权功能与国家的给付义务——从基本权利分析框架的革新开始》，《中国法学》2006年第1期。

不可能还包括具体的法律程序。公民要国家承担给付义务，不会因为国家具体给个法律程序就满足了其积极权利的要求，故国家给付义务不应当包括法律程序。

综上，狭义的国家给付义务是国家作为义务主体，针对公民请求，依法主动满足公民积极权利的具体行为，包括提供物质利益、服务等。民主国家制定宪法时，公民的基本权利和国家责任义务是其基本内容。我们之所以强调公民积极权利，是因为公民的此类权利不会自动实现，需要依靠国家以积极作为方式进行"给付"。这些积极权利的实现对维护公民的其他权利、维护社会的公平正义都具有十分重要的意义。以履行国家给付义务的方式实现公民的积极权利也是社会主义国家国家性质的必然要求，是人民主体地位、人民当家作主的必然要求。我们有关国家责任义务的宪法规定，不少内容是要保障公民的积极权利，如规定公民获得物质帮助等社会保障和社会救济权、国家保障公民受教育权、国家保障公民劳动权、国家保障公民文化权利等。

（二）国家给付义务的特征

1. 国家给付义务是一种积极义务，具有主动性。国家给付义务是国家以积极"作为"的形式，承担的一种积极义务，具有主动性。例如，国家主动改善民生、普及九年义务教育、发展高等教育等，进一步保障公民的受教育权。国家给付义务是国家主动履行自身职能、职责的重要体现。有学者认为国家给付义务还包括国家的"不作为"①，此观点值得商榷。国家给付义务的承担不应该是一种消极义务，对公民的积极权利而言，国家承担积极作为的义务才是恰当的。

2. 国家给付义务的内容是具体的，涉及公民的具体权益。国家给付义务的内容是国家依照职权、责任主动为公民、公众提供各种物质利益或者某种服务，是具体的国家行为，而不是抽象的国家行为。国家给付义务所提供的利益和服务往往是公民个体难以实现的，如教育权、劳动权、健康权、环境权等。国家给付义务的承担对维护社会公平正义具有重要意义。有学者认为国家给付义务还"包括制度保障、信息公开等程序性利益，甚至包括理念养成等精神层面的价值影响"②。我们认为制度保障、理念养成等内容属于抽象行为，不应该是国家给付义务的内容。

---

① 斜晓东、肖雪珍：《国家环境给付义务》，《成都理工大学学报（社会科学版）》2014年第3期。
② 斜晓东、肖雪珍：《国家环境给付义务》，《成都理工大学学报（社会科学版）》2014年第3期。

3. 国家给付义务与公民的请求权相对应。给付是以债权存在为前提，以请求权为必要要件的一种具体行为。国家给付义务的履行是否以公民的申请（请求权）为前提，此问题在学界存在较大争议。我们主张国家给付义务应当以公民的申请（请求权）为前提，国家给付义务的主要载体是行政给付，行政给付就是以行政相对人的申请为前提。公民依法提出相关要求、诉求后，国家主动承担自己的积极义务。国家给付义务是国家承担义务的一部分，不是全部。国家为帮助或促进公民基本权利的实现而承担的积极义务有很多，但并非所有的积极义务都属于国家给付义务的范围，只有人民可以直接向国家请求的才属于国家给付义务。①

4. 国家给付义务的承担受国家经济社会发展状况的制约。确定国家给付义务的标准、国家给付义务的履行方式和程度必须考量国家的经济社会发展状况，以及具体的经济发展、财政税收状况；还要考量经济社会发展中不平衡、不协调的问题，避免一刀切，不但要注重形式平等，更要注重实质公平的问题。

四、共享发展理念与积极权利、国家给付义务

中国共产党的十八届五中全会提出了"创新、协调、绿色、开放、共享"的新发展理念，2018年宪法修正案把贯彻新发展理念写入宪法。新发展理念成为习近平新时代中国特色社会主义思想的重要内容。新发展理念中的共享发展理念备受关注。共享发展把共享作为发展的出发点、落脚点，坚持发展为了人民、发展依靠人民，发展成果由人民共享，以人民群众的需求为导向，让人民群众有实实在在的获得感。故共享发展理念要求国家承担更多的积极义务，主动有为，以更好地保障公民的各项权益，当然包括公民的积极权利。

共享发展理念对实现公民诸多积极权利有重要意义。共享发展理念要求我们发展的出发点或者说发展的目的是"共享"，发展起来的成果由人民"共享"。公民的积极权利多集中在公民的社会、经济、文化权利方面，这些权利依靠自身往往难以实现，需要国家积极承担责任义务，扶危济困，维护社会的公平正义。在改革开放后，我们一度过度重视效率，同时长期忽视公平或重视公平不够，导致社会矛盾越来越严重，甚至把政府逼向了"维稳"

---

① 张翔：《基本权利的受益权功能与国家的给付义务——从基本权利分析框架的革新开始》，《中国法学》2006年第1期。

道路。① 立法上，尽管我们规定了公民享有很多积极权利，但有些积极权利无法真正落实，我们在启动积极权利、实现积极权利上存在很多问题。例如，公民的文化权利、高等教育权、职业教育权等无法通过自己主张，甚至是通过诉讼也无法主张的。因此，在共享发展理念之下，公民的社会、经济、文化权利等积极权利能够得到最大限度的满足，对维护社会公平正义、国家长治久安均具有重要意义。

共享发展理念需要国家承担更多的给付义务。共享发展理念是整个国家的发展理念，要求更加注重机会公平，保障基本民生，实现共同富裕。共享发展理念要求国家增加公共服务供给，从解决人民最关心、最直接、最现实的利益问题入手，提高公共服务共建能力和共享水平，实施脱贫攻坚工程，实施精准扶贫、精准脱贫；提高教育质量，推动义务教育均衡发展；促进就业创业，坚持就业优先战略；缩小收入差距；建立更加公平更可持续的社会保障制度；推进健康中国建设，深化医药卫生体制改革，理顺药品价格，实行医疗、医保、医药联动。② 共享发展理念的这些要求均涉及公民的社会、经济、文化权利，属于典型的公民积极权利。这些权利的实现要求国家承担更多的责任和义务，这些责任和义务的主要承担方式是国家承担给付义务。公民的利益需求只有其自己最清楚，依申请国家承担给付义务是一种相对便宜、经济的最佳方式。

第二节 劳动的权利属性与义务属性

劳动权是基本权利意义上的劳动权，即作为公民的基本权利之一的劳动权，有学者称之为"宪法劳动权"。③ 我国宪法规定的劳动权属于典型的公民积极权利，是公民经济权利的重要内容，是一项重要的基本人权。宪法上的劳动权是国家劳动权保障行为的最终价值趋向和整个劳动权保障法律体系的核心内容。④ 在学界，有关劳动权的争议非常大，如有学者直接认为，宪法劳动权的权利保障或者权利救济理论，可以说是我国宪法学理论的一个薄弱

---

① 公方彬：《共享是五大发展理念的着眼点和归宿》，https：//theory.gmw.cn/2015-11/17/content_17760161.htm，访问日期：2018年11月25日。
② 《中国共产党第十八届中央委员会第五次全体会议公报》，http：//www.xinhuanet.com/politics/2015-10/29/c_1116983078.htm，访问日期：2018年11月25日。
③ 王德志：《论我国宪法劳动权的理论建构》，《中国法学》2014年第3期。
④ 陈业宏、肖蓓：《劳动权的宪法论析》，《法学杂志》2009年第5期。

环节，甚至是一个理论空白。①

一、劳动权概述

劳动权的立法情况分国际、国内两部分。劳动权的国际立法，主要包括《世界人权宣言》《经济、社会和文化权利国际公约》等国际公约中的相关劳动权条款。对于涉及劳动权保护的公约，我国目前已经批准加入了23个国际公约，承担了作为成员国在国际法上的义务。②劳动权的国内立法主要是宪法和普通法。例如，我国宪法第四十二条规定："中华人民共和国公民有劳动的权利和义务。""国家通过各种途径，创造劳动就业条件，加强劳动保护，改善劳动条件，并在发展生产的基础上，提高劳动报酬和福利待遇。""国家对就业前的公民进行必要的劳动就业训练。"第四十三条规定："中华人民共和国劳动者有休息的权利。""国家发展劳动者休息和休养的设施，规定职工的工作时间和休假制度。"第四十五条规定："国家和社会帮助安排盲、聋、哑和其他有残疾的公民的劳动、生活和教育。"劳动权的普通立法主要是指专门的劳动法、劳动合同法、工会法、安全生产法、职业病防治法等，还有一些劳动权保护的行政法规、法律解释等。在国内立法方面，我国基本形成了劳动权保护的较为系统全面的法律体系。

劳动权理论研究情况如下。在我国的法学理论研究中，"劳动权"这一范畴具有多重含义和规范指向。③目前，学界对于劳动权的含义、劳动权的具体内容争议非常大，难以形成统一的观点。有学者认为，关于劳动权的含义，学界依然存在分歧，大体可分为"劳动权一元论"和"劳动权多元论"。④"劳动权一元论"者主张劳动权就是指工作权⑤；学界多数人持"多元论"观点，认为劳动权包括宪法和劳动法规定的劳动者权益，具体包括平等就业权、劳动报酬权、自由选择职业权、休息休假权、获得劳动安全卫生保护权、社会保障权、职业培训权、诉愿权、集体协商权、民主管理权、劳

---

① 王德志：《论我国宪法劳动权的理论建构》，《中国法学》2014年第3期。
② 叶静漪、魏倩：《〈经济、社会和文化权利国际公约〉与劳动权的保护》，《北京大学学报（哲学社会科学版）》2004年第2期。
③ 王德志：《论我国宪法劳动权的理论建构》，《中国法学》2014年第3期。
④ 袁立：《"倾斜"抑或"一元"：劳动权法律保护机制之理性选择》，《环球法律评论》2011年第6期。
⑤ 黄越钦：《劳动法新论》，中国政法大学出版社2003年版，第57页。

动争议权等①。有学者总结学界关于劳动权的分歧，提出劳动权有"狭义的劳动权""中义的劳动权""广义的劳动权"之分。②王德志教授提出：从已经发表的研究成果看，"劳动权"是一个受到法学界学者较多关注的研究课题，对劳动权的研究主要集中在以下层面：一是劳动法层面；二是宪法学层面；三是国际人权法层面等。③

关于劳动权的范畴，多数学者主张劳动权是一种积极权利，也有学者主张：劳动权既是社会权也是自由权，换言之，劳动权是一种兼容社会权属性与自由权属性的权利类型。④还有学者主张，劳动权是人权的重要组成部分，不仅兼有自由权、生存权和发展权的属性，而且是自由权、生存权和发展权赖以实现的重要条件。⑤

劳动权概念界定方面、劳动权范畴方面出现的上述分歧，主要症结在于混淆了劳动权的权利主体、义务主体。我们在研究国际条约中的劳动权时，权利主体是缔约国公民或者公民组织，义务主体是缔约国，那么劳动权就是以国家为规制对象的一种权利；我们研究宪法中的劳动权，权利主体是公民，义务主体是国家、国家机关，那么劳动权就是以国家、国家机关为规制对象的一种权利；我们研究劳动法中的劳动权，权利主体是劳动者（不是所有的公民），义务主体是用人单位、雇主，那么劳动权就是以用人单位、雇主为规制对象的一种权利。

二、劳动的权利属性

作为基本权利的劳动权是指公民获得就业机会和劳动报酬，并享有因劳

---

① 李步云：《人权法学》，高等教育出版社2005年版，第214页。
② 白小平、马玉堂：《劳动权性质论略》，《西北民族大学学报（哲学社会科学版）》2007年第4期。狭义的劳动权指劳动者以获取劳动报酬为目的依法享有的平等就业和选择职业的权利，其范围涉及职业获得权、自由择业权和平等就业权；中义的劳动权，指依据宪法和法律规定，具有求职愿望和劳动能力的公民为维持其生存需要，始终享有从社会平等获得职业技能，实现有偿劳动就业愿望的机会和保障，以及在社会经济组织中进行劳动时享有与劳动有关的权益；广义的劳动权，指劳动者依据劳动法律、法规和劳动合同所获得的一切权利。
③ 王德志：《论我国宪法劳动权的理论建构》，《中国法学》2014年第3期。
④ 冯彦君：《劳动权的多重意蕴》，《当代法学》2004年第2期。
⑤ 谢宝富、刘庆志：《劳动权的权利谱系分析》，《江苏行政学院学报》2008年第6期。作者认为，劳动权可谓涉及了人权的所有层次，属于人身方面的权利有职业安全权、自由择业权、休息权；属于财产和经济方面的权利有劳动报酬权、福利权和社会保障权；属于政治、文化方面的权利有结社权、劳动培训权、民主管理权和罢工权等。

动而产生的各项权利或者享有与劳动密切联系的各种权利的总称。这些权利具体包括：就业权（职业获得权、平等就业权）、自主择业权、获得就业培训权、无业救济权、合理劳动报酬权、休息休假权、职业培训权、劳动保护权、社会保险和福利权、提请劳动争议处理权、集体争议权、集体谈判权、参与民主管理权等。

作为基本权利的劳动权是否包含罢工权？现行宪法没有规定公民有罢工的自由权利。关于罢工权，我国立宪史上曾作出过规定。五四宪法没有规定公民的罢工权，七五宪法在宪法条文第二十八条明确规定罢工权是公民的基本权利，七八宪法同样作出规定，但现行宪法去掉了公民罢工这一基本权利。① 对于现行宪法中劳动权是否还包含"罢工权"，学界存在争议，主张不包含罢工权的理由是，既然宪法没有明文规定，又考虑到我国的国家性质，工人阶级是国家的领导阶级，工人阶级不能罢工，工人阶级自己不能罢自己的工。也有学者主张尽管宪法没有明确规定罢工权，但也没有明确否定公民的罢工权，没有禁止公民行使罢工权就是没有剥夺公民的罢工权，因此不少学者认为，公民的罢工权仍然是宪法所保护的基本权利。

中国是《经济、社会和文化权利国际公约》的缔约国，1997年10月签署了该公约，在2001年2月28日第九届全国人民代表大会常务委员会第二十次会议通过该公约。该公约明文规定了罢工权。我国在批准公约时并没有声明对罢工权进行保留。从我国政府承担对该公约的履行义务来看，罢工权应该是基本劳动权的一项内容。

一方面宪法条文没有明示公民享有罢工的权利；另一方面国际条约所规定的罢工权没有及时地转化为国内法中的权利而得到明确的保障，立法上没有对罢工权的内涵、形式、行使的方式等作出具体的规定，实践中公民的罢工权处在非常尴尬的地位，得不到公权力的认可和保护。罢工权是公民对抗单位和雇主维护自身劳动权的最有效的手段，因此，今后的有关劳动权方面的基本立法，罢工权应该是一个方向。

作为基本权利的劳动权是否包含集体劳动权？近年来，不少学者主张作为基本权利的劳动权应该包含集体劳动权。集体劳动权是现代劳动权的核

---

① 至于当时为什么删除罢工自由的规定，胡乔木在1982年4月12日所作的宪法草案修改稿说明中讲到，由于工人同国家的利益一致，罢工不符合全体人民的利益，因此罢工自由的规定不予保留。参见许崇德：《中华人民共和国宪法史》，福建人民出版社2003年版，第667页。

心，是人权的重要组成部分。①《经济、社会和文化权利国际公约》第八条明确规定了集体劳动权，但我国声明对该条款②（公民自由组织工会和参与自己选择的工会权利）予以保留。这种保留主要基于我国宪法所确认的我国现在的国家政治结构，而且诸如我国的工会法、社团登记管理办法等相关法律法规也与该条款存在较大的出入。③

集体劳动权，是个体劳动权通过劳动者自治组织集体协商而得以实现的劳动权利，包括结社权、集体谈判权、罢工权、参与权等。它是协调平衡劳动关系的重要权利，是个体劳动权利的实现手段，是现代人权的有机组成部分，也是劳动者政治社会权利的重要构成。④ 我国的劳动法、劳动合同法和工会法中存在涉及集体劳动权的零散规定，但宪法条文中缺乏集体劳动权的相关规定。

现有的自上而下一元化的工会组织弊端非常明显⑤，在广泛代表职工权益、维护职工利益方面存在明显瑕疵，很多工会及工会活动流于形式。因此，有学者认为：工会成为国家控制下的组织，造成工会无视成员利益、一味屈从于国家意志。⑥ 个体劳动者与单位、雇主或者资方相比明显处在弱势地位，这种弱势地位使得个体劳动者的劳动权在实践中往往得不到维护，如拖欠工资，特别是拖欠农民工工资。个体劳动者应该有自己的组织，劳动者有权参加和组织工会、平等协商和签订集体合同、参与民主管理等。⑦ 集体劳动权能够弥补个体劳动权的不足，集体劳动权的行使可以形成劳动者集体的力量并使劳动关系获得功能方面的平衡，所以在维护劳动者的劳动权方面，集体劳动权发挥着更大的作用。我国现行宪法缺乏对集体劳动权的明确

---

① 王国金：《集体劳动权若干法律问题探析》，《学习与探索》2006 年第 5 期。
② 联合国《经济、社会和文化权利国际公约》第八条：一、本公约缔约各国承担保证：（甲）人人有权组织工会和参加他所选择的工会，以促进和保护他的经济和社会利益；这个权利只受有关工会的规章的限制。对这一权利的行使，不得加以除法律规定及在民主社会中为了国家安全或公共秩序的利益或者为了保护他人的权利和自由所需要的限制以外的任何限制。
③ 叶静漪、魏倩：《〈经济、社会和文化权利国际公约〉与劳动权的保护》，《北京大学学报》2004 年第 2 期。
④ 王国金：《集体劳动权若干法律问题探析》，《学习与探索》2006 年第 5 期。
⑤ "十三五"时期工会改革强调工会工作的群众性，特别是提出"去四化"，"四化"即行政化、贵族化、机关化、娱乐化。这些改革的方向也说明现在工会工作存在的问题。
⑥ 王锴：《论我国宪法上的劳动权与劳动义务》，《法学家》2008 年第 4 期。
⑦ 集体劳动权具体内容应该包括团结权、团体交涉权、团体争议权（团体行动权）三部分，因此也被称为劳动三权。参见〔日〕阿部照哉、〔日〕池田政章、〔日〕初宿正典等编著，周宗宪译：《宪法（下）——基本人权篇》，中国政法大学出版社 2006 年版，第 269 页。

规定，不利于维护和保障公民劳动权，故集体劳动权应当在宪法中被予以明确的规定。

三、劳动的义务属性

根据我国宪法第四十二条的规定，劳动既是公民的一项权利，又是公民的一项义务。劳动义务是指一切有劳动能力的公民必须参加社会劳动。① 有学者认为"将劳动规定为公民的一项义务是我国宪法特有的现象"②，这其实是很大的误解。把劳动规定为公民基本义务最早可以追溯到1919年德国魏玛宪法，1946年法国宪法，1947年日本宪法，以及苏联宪法、民主德国宪法等都有相同的规定。例如，日本现行宪法第二十七条第一款明文规定："所有国民，均享有劳动的权利并负有其义务。"考察世界各国的宪法规定，把劳动作为一项基本义务予以规定的国家超过三分之一。③ 我国五四宪法、七五宪法、七八宪法都没有规定公民的劳动义务、教育义务，八二宪法即现行宪法增设了这两项基本义务。

学术界对劳动义务的研究还相当薄弱，学术争议也非常大，集中于现行宪法对劳动义务的必要性、劳动义务的性质（法律责任还是道义责任）、劳动义务的实现等的规定。有学者主张，无论是将劳动义务视为一种道德义务，还是视为对公民劳动权的一种限制，在宪法中作专门规定的意义不大。④ 甚至有少数学者直接主张废除宪法中的劳动义务，认为劳动义务的非强制性及无法律责任的属性，充分表明劳动是公民应当自觉履行的一项社会责任。⑤ 将一项权利规定为既是权利又是义务，不仅在逻辑上存在混乱，而且会导致司法和执法过程中的困难。同时，这不利于明确国家在保障劳动权方面的责任，不利于国家履行在国际人权法上承担的义务。⑥ 我们认为宪法中规定劳动义务是必要的，表明我们对承认劳动重要性的一种态度，表明我们要倡导

---

① 许崇德主编：《宪法》，中国人民大学出版社1999年版，第190页。
② 邓剑光：《我国劳动权的宪法保护及其完善》，《广州大学学报（社会科学版）》2009年第9期。
郭晓岚：《我国劳动权宪法保护及其完善》，《内蒙古电大学刊》2011年第3期。
③ 〔荷兰〕亨利·范·马尔塞文著，陈云生译：《成文宪法的比较研究》，华夏出版社1987年版，第175页。该学者对1987年全世界142部成文宪法的研究表明，规定公民劳动权的为78部，占总数的55.0%；规定公民劳动义务的为48部，占总数的33.8%。
④ 王锴：《论我国宪法上的劳动权与劳动义务》，《法学家》2008年第4期。
⑤ 钱方：《浅析劳动不应作为公民的宪法义务》，《法制与社会》2008年第2期。
⑥ 徐爽、王深：《中国宪政框架下的劳动权保障研究——以历部宪法中的劳动权条款为分析对象》，《石家庄学院学报》2013年第2期。

劳动光荣的社会风尚。"我国将劳动作为一项义务规定在宪法里面,或许其宣示意义大于实际意义。"①

劳动义务是法律上的义务还是道义上的义务?有学者主张,由于现代社会明文禁止强迫劳动,因此,劳动义务应当理解为一种道德义务而非法律义务。如果理解为法律义务的话,无疑会造成法理上的矛盾与实践中的困扰。②林来梵认为劳动义务仅具有一定道德意义上的指导性质。③ 我们认为劳动义务既然是宪法明文规定的公民基本义务,就应当是一种法律义务,这种法律义务也是有实践意义的,如胡锦光认为是劳动义务构成对公民社会保障权的一种限制④,有劳动能力的公民拒绝劳动,在享受社会保障时会受到限制,这种情况在很多国家均有相关规定。

四、劳动权的实现

作为公民基本权利的劳动权的实现,一方面有赖于宪法中有关劳动权保障的立法完善;另一方面需要国家履行积极义务,保障公民劳动权的实现。有学者论及劳动权的实现,从国家承担尊重的义务、保护的义务、实现的义务三个方面进行论述,也是有积极意义的。⑤

(一)立法上的完善

我国现行宪法对公民劳动权所作的规定,首先是宣言式的,规定公民享有劳动的权利和义务,然后列举劳动权的具体内容,涉及劳动就业、劳动保护、劳动报酬、就业培训、福利待遇、休息休假等内容。但是,我国现行宪法除明确规定公民休息休假权之外,对上述其他劳动权内容则缺乏明示性的权利条款。⑥

现行宪法对公民的有些劳动权缺乏相应规定,如公民的平等就业权、失业救济权、劳动安全、劳动卫生、最低工资待遇等;对公民的集体劳动权缺乏相应的规定,如团结权、集体谈判权、集体争议权、参与民主管理权及罢工权等。

---

① 周伟:《宪法基本权利:原理·规范·应用》,法律出版社2006年版,第165页。
② 邓剑光:《我国劳动权的宪法保护及其完善》,《广州大学学报(社会科学版)》2009年第9期。
③ 林来梵:《从宪法规范到规范宪法:规范宪法学的一种前言》,法律出版社2001年版,第217页。
④ 许崇德主编:《宪法》,中国人民大学出版社1999年版,第190页。
⑤ 徐钢:《论宪法上国家义务的序列与范围——以劳动权为例的规范分析》,《浙江社会科学》2009年第3期。
⑥ 陈业宏、肖蓓:《劳动权的宪法论析》,《法学杂志》2009年第5期。

现行宪法只规定了公民劳动权的实体内容,而忽视了劳动权的程序性方面的相关规定,如提请劳动争议处理权。宪法立法上应当明确保障公民劳动权的国家义务。现行宪法有关劳动权的国家义务条款往往是"宣言式的劳动权",应当修改为"保障式的劳动权",以进一步在宪法中明确国家应当履行的积极义务。①"宣言式的劳动权"弊端是政策性强,内容笼统概括,国家保障劳动权的义务不明晰。

(二)劳动权的国家义务的承担

目前有学者主张,我国宪法规定的劳动权既有自由权属性,又有社会权属性。无论哪一种属性都需要国家承担相应的义务,以保障公民劳动权的实现。我国现行宪法所规定的劳动权基本上都属于公民积极权利,如劳动就业条件、劳动条件、劳动保护、劳动报酬、劳动福利待遇、劳动就业训练、休息、休养和休假的权利及相关的获得物质帮助权等。这些权利往往难以自动实现,那么就需要国家承担相应的作为义务。

任何公民均不能直接依据现行宪法第四十二条的规定而向国家提出提供就业或就业机会的请求。②那么,在这种情况下,国家义务到底如何承担?首先,国家应当承担基本的劳动、劳动者保护义务,如禁止强迫劳动、禁止使用童工、保障劳动者安全卫生,保障劳动者报酬、就业培训、福利待遇、休息休假、择业自由等;其次,国家创造劳动机会,保障公民平等就业权,对失业者提供救济保障等;再次,国家保障公民的集体劳动权,如团结权、集体谈判权、集体争议权、参与民主管理权及罢工权等;最后,国家为公民提供劳动权受侵犯的救济方式和途径,无论是违宪审查制度,还是宪法诉讼,公民要有基本的救济途径和渠道。

第三节 "健康中国"背景下的健康权保护

健康权是近年来国内法学研究的热点问题之一。卫生法、民法、人权法、宪法均关注健康权问题。建设"健康中国"是重要的国家战略,健康权是公民的基本权利之一。

---

① 徐爽、王深:《中国宪政框架下的劳动权保障研究——以历部宪法中的劳动权条款为分析对象》,《石家庄学院学报》2013年第2期。
② 林来梵:《从宪法规范到规范宪法:规范宪法学的一种前言》,法律出版社2001年版,第217页。

一、"健康中国"国家战略的提出

2015年政府工作报告第一次明确提出"打造健康中国",党的十八届五中全会明确提出"推进健康中国建设"的决策部署,国民经济和社会发展第十三个五年规划纲要,即"十三五"规划专章规定"推进健康中国建设",至此,"健康中国"建设已经上升为国家战略。2016年10月,中共中央、国务院发布《"健康中国2030"规划纲要》,该规划纲要明确提出推进健康中国建设的重要性,是全面建成小康社会、基本实现社会主义现代化的重要基础,是全面提升中华民族健康素质、实现人民健康与经济社会协调发展的国家战略,是积极参与全球健康治理、履行2030年可持续发展议程国际承诺的重大举措;该规划纲要明确提出建设"健康中国"的战略主题是"共建共享、全民健康"。2017年3月15日十二届全国人民代表大会第五次会议表决通过了《中华人民共和国民法总则》,民法总则明确把健康权规定为公民的权利也体现了国家及立法机关对公民健康权利的重视。2017年10月党的十九大报告明确提出"实施健康中国战略""人民健康是民族昌盛和国家富强的重要标志"。在建设"健康中国"这一大背景下,研究作为一项新型权利的健康权,探讨公民健康权的保护具有非常重要的意义。

二、健康权概述

(一)健康权的含义

生命健康权应该是公民享有的最基本的人权,生命健康权包括生命权、健康权。健康是维持自然人进行正常生理活动的基本条件,其重要性不言而喻。健康是促进人的全面发展的必然要求,是经济社会发展的基础条件。实现国民健康长寿,是国家富强、民族振兴的重要标志,也是全国各族人民的共同愿望。① 《联合国宪章》第五十五条纳入了健康内容,《世界卫生组织章程》序言首次明确规定健康权,把健康权作为公民的一项基本权利,包括身体健康、心理健康、社会因素等三个方面。之后很多国际公约,包括《世界人权宣言》《儿童权利公约》,特别是《经济、社会和文化权利国际公约》,都对健康权作出了规定。《经济、社会和文化权利国际公约》第十二条对健康权作出了比较详细的规定,"人人享有可能达到的最高标准的身体健康和

---

① 中共中央、国务院:《"健康中国2030"规划纲要》,2016年10月。

精神健康的权利",包括身体健康、心理健康,主要体现在以下两个方面:第一是卫生保健方面,包括医药保健、食品卫生保健、儿童预防保健、孕前孕后卫生保健、精神保健等;第二是卫生条件方面,包括用水清洁、营养食品充分、职业卫生与健康有关信息丰富等。① 由此可以看出,国际公约对健康权的界定也存在不一致的情况,《世界卫生组织章程》把健康权的内容分为身体健康、心理健康、社会因素这三个方面是非常合理的。随着世界各国对人权的重视愈渐提高,健康也随之作为一种基本权利被加以保护。为了保障健康权能更好地实现,很多国家都把健康权的保护写进了宪法和区域人权条约当中。

在界定健康权方面,学界存在较大争议。民法学界研究健康权时,往往只关注民事主体的生理健康、心理健康,而忽视其他因素。王利明认为,健康权是公民以其身体的生理机能的完善性和保持持续、稳定、良好的心理状态为内容的权利。② 台湾地区的学者王泽鉴认为,健康权指以保持身体机能为内容的权利,破坏身体机能,即构成对健康权的侵害,包括对肉体和精神的侵害。③ 人权法学界研究健康权时,基本都与国际公约的规范相联系。例如,有学者认为健康是健康权的客体,健康权是人人享有可能达到最高标准的,维持身体的生理机能正常运转及心理良好状态的权利④;有学者认为,健康权指自然人以其肌体生理机能正常运作和功能完善发挥、以其维持人体生命活动的利益为内容的人格权。健康权包括自由和权利两方面,其中包括自身健康免于干涉的自由,也包括获得卫生保健及健康所需要的安全的商品、清洁的水源和正确的信息等的权利。⑤ 有学者试图统筹民法、人权法上的健康权概念,认为健康权是自然人的健康状态不受任何人侵害并向国家要求保护的权利。⑥

由此,健康权作为公民的一项基本权利,应该既包括身体健康(身体的生理机能正常运转)、心理健康(心理状态良好),还包括社会关系因素。我们可以得出这样的结论,健康权是指公民在生活中享受身体的生理机能正常运转、心理状态良好、社会关系正常及上述三项不受侵犯的权利。这些健康

---

① 杨宇冠:《联合国人权公约机构与经典要义》,中国人民公安大学出版社2005年版,第123页。
② 王利明:《人格权法新论》,吉林人民出版社1994年版,第288页。
③ 王泽鉴:《侵权行为法》,北京大学出版社2009年版,第102—103页。
④ 林志强:《健康权研究》,法律出版社2010年版,第31页。
⑤ 杨成铭:《人权法学》,高等教育出版社2005年版,第127页。
⑥ 尹口:《健康权概念的反思与重构》,浙江省医学伦理与卫生法学学术年会论文,2013年。

权利不因民族、种族、性别、宗教信仰、财产状况、政治等因素的不同而有所差异。

（二）健康权的性质界定

健康权的性质首先应当是公民的一项基本权利，是一种宪法权利。在我国学术界中，健康权作为一种权利，在其性质的界定上，学者们的观点大相径庭。民法学者更倾向于健康权是一种民事权利，他们认为公民依法享有此权利并且在利益范围内受到法律保护，在健康权受到侵害时可以请求国家机关予以救济，这是完全符合民事权利的性质的。我国《民法总则》第一百一十条第一款明文规定：自然人享有生命权、身体权、健康权、姓名权、肖像权、名誉权、荣誉权、隐私权、婚姻自主权等权利。这一法条的出台更增强了民法学者对这一观点的肯定。经济社会法学者却认为健康权应当是一种社会权利，是每一个公民依照法律的规定都可以享有的其作为社会当中的一员所应当享有的权利。还有一部分学者认为健康权属于基本人权，是需要优先保障的，但对于如何属于基本人权却还是众说纷纭，没有一个统一的解释和说法。有学者主张，健康权的属性不仅仅是上述三种权利的其中之一，还包含了三种权利的性质，它既可以是民事权利，受到民事法律的保护；还可以是社会权利，在各种社会保障法律的范围内自由行使；当然也可以是基本人权，受到世界各国的尊重和保护。学术上将健康权内在包含民事权利、社会权利和基本人权这三种权利要素的观点，表述为健康权的三维理论。①

我们认为，健康权首先是一种宪法权利，即公民的基本权利。尽管宪法条文中没有健康权这一表述，但宪法条文中规定了社会保障制度、医疗卫生制度以保护人民健康，还规定了国家维护健康的环境；宪法条文中列举劳动安全保护、福利待遇、休息休假、抚恤救济等，这些条款都包含有健康权的内容；宪法明文规定，国家尊重和保障人权、保障公民的人身自由，健康权本身属于人身权中人格权的重要内容，是重要的人权，故宪法保障健康权是应有之义。

健康权是公民的一项积极权利。中国是《经济、社会和文化权利国际公约》的缔约国。该公约明文规定了健康权，我国在公约的批准中并没有声明对健康权进行保留。从我国政府承担对该公约的履行义务来看，健康权应该是基本权利的一项内容，国家需要承担更多的责任和义务，以保障本国公民

---

① 黄清华：《健康权　健康中国的法治理论》，《中国卫生》2016年第10期。

享有健康的卫生环境和居住环境、基本的医疗保障和职业健康安全保障等。

（三）健康权的特征

1. 健康权具有普遍适用性。人人得而享有。健康权的权利主体具有普遍性。享有健康权的主体不会因为民族、种族、性别、职业、宗教信仰、财产状况、政治等因素的差异而使各自享有的权利之间存在不同之处。因为健康权是人"作为自由人所具有的维持其基本尊严的必要因素，因而是人所普遍拥有的，与其身份地位无关"①。尽管文化传统、意识形态等方面可能会存在不同的认知和见解，但平等享有健康权方面不应该存在差异。

健康权在时间维度和空间维度上具有普遍性。健康权在时间维度上的普遍性体现在权利主体从出生到死亡的这段时间内每时每刻都享有这种权利，即使刚出生的胎儿，健康权若是遭受到侵犯也必然会受到法律的保护。健康权在空间维度上的普遍性则体现为基于对人权的重视，人人享有健康权且得到法律的保护这一点已经超越了国界，为世界各国所公认，反映到现实中就是众多国际公约、条约都把健康权作为一种人权进行保护。

2. 健康权具有自主性和不可转让性。健康权作为一项基本权利，一个具有完全行为能力的权利主体当然可以自主行使该权利并要求其他人不得干涉和侵犯自身的健康权，而当权利受到侵犯时，可依照法律规定进行相应救济，这就体现出了权利主体行使健康权的自主性。

人权向来被世界各国看作人固有的权利，健康权作为一种基本人权也必然具备这样的属性，它伴随着权利主体从出生到死亡。健康权是人固有的权利，与权利主体自身关系密切，所以它不像物权和债权那样可以转让，更不像商品那样可以自由买卖，它具有不可转让性。

3. 健康权具有可变性。随着人们物质生活和精神生活的水平不断提高，人们的健康观念也会随之日渐科学，健康权的内容也会随之变化。人们的健康观念会进一步影响健康权利的保护。过去很多人认为健康就是身体没有疾病，功能都很正常，而这仅仅看到了健康的其中一个方面，我们所要追求的健康不仅仅是身体机能上的完好，还有心理上的健康、社会环境的健康。对我们健康造成伤害的既有环境污染、全球变暖等全球性问题，也有赌博吸烟酗酒等不良习气、生活压力过大等个人问题，这些问题不仅会损害我们身体的健康，而且会损害我们心理的健康。社会压力过大、社会环境不好同样会

---

① 顾素：《自由主义基本理念》，中央编译出版社2005年版，第98页。

损害我们的健康。在人们的健康观念日渐科学合理的情况下，健康权的内容也会发生一些变化，健康权保护的范围也会随之扩大。

三、公民的健康权保障

健康权作为《经济、社会和文化权利国际公约》规定的一项权利，属于社会经济文化权利范畴，必然具有积极性、肯定性的宪法权利属性。我们认为，健康权包含有自由权内容，但其更多的是一种公民积极权利。对于作为公民积极权利的健康权，国家应该承担更多的责任和义务。有学者提出，国家在保护健康权上负有三种义务，即尊重义务、保护义务和给付义务[①]；也有学者提出，国家对健康权履行尊重义务、保护义务和实现义务，这些研究都是有意义的。保障作为公民基本权利的健康权，应当关注以下四个问题。

（一）使健康权入宪，并且逐步完善健康权保护的相关法律，给健康权以足够的尊重

民法、刑法等相关部门法都对健康权作出了相关规定，但是健康权却迟迟未被宪法"承认"。宪法没有把健康权明确规定为公民的一项基本权利，健康权只是宪法条文中的一种"隐含"的权利，这显然对公民健康权的保护不利。从国家履行所签署国际公约的义务来看，健康权作为基本人权，理应在宪法中被予以明确规定。尽管民法、刑法等部门法都规定了健康权的相关保护问题，但都不是系统规定。为了更好地保障公民的健康权，宪法条文需对健康权作出权威的、纲领性的规定，这样也有利于普通法具体贯彻落实。

（二）执法司法环节要落实健康权保护，人民群众需提高健康权保护意识

执法机关、司法机关在履行国家赋予的职能过程中，要将健康权保护理念渗透到执法、司法的每个环节，让人民群众切切实实感受到自身的健康权益受到国家的尊重和保护，受到执法机关、司法机关的重视。同时，国家要积极培育公民的健康权意识，当健康权益受到侵害时，公民要有积极寻求国家救济、法律救济的保护意识，积极向国家主张自己的诉求，主张自己的健康权益，以便更好地维护自身的健康权。

（三）履行国家积极义务，公平公正地保护公民的健康权

任何公民都平等地享有健康权。健康权不因地区差异、个体差异等情况

---

① 邹艳晖：《论国家对公民健康权的义务》，《行政与法》2015年第7期。

而有所不同，无论城乡，无论贫富，公民都应当平等地享有该权利。我国城乡之间、区域之间在医疗卫生、食品安全、生活环境等方面存在较大差异，国家在保障公民健康权时，一方面要平等地保护公民的健康权；另一方面要关注弱势群体、贫困地区，适度倾斜，实现社会公正。政府提供基本的卫生保健、营养食物、卫生条件、安全饮用水、安全药物等，既要体现平等，又要实现公正。国家应当继续推动医疗卫生体制改革以保障公民的健康权，城乡区域平衡协调发展医疗卫生事业，构建一个符合我国国情且能为广大人民群众提供最安全便利的医疗卫生服务的体制。

（四）在推进健康中国建设中，国家应当积极承担义务

"健康中国"建设是重要的国家战略，对保障公民的健康权至关重要，这一战略也将深刻影响有关健康权的立法、执法、司法。2016年10月，中共中央、国务院发布的《"健康中国2030"规划纲要》明确提出，健康中国建设，政府发挥主导作用。政府在普及健康生活、优化健康服务、完善健康保障、建设健康环境、发展健康产业等方面发挥主导作用，政府应当积极承担"把健康融入所有政策，加快转变健康领域发展方式，全方位、全周期维护和保障人民健康"的保障义务。

第七章
国家权力配置原理

宪法是"国家组织法",配置国家权力是宪法的基本任务。宪法是人民行使制宪权的产物,制宪是理性和经验的共同选择,权力配置符合理性特点并能够产生具体效果。分权与宪法联系密切,权利之间相互制约与监督是权力配置的重要标准。分权也影响到国家机构的工作人员,防止他们兼职与交叉。选举是权力民主性的重要来源,政党政治是权力运行的重要方式。选举和政党都是重要的民主制度,对权力配置和权力运行产生了基础性影响。横向权力配置主要是国家机构之间的职能分工。纵向权力配置主要是中央和地方之间的权力划分。本章的知识点包括:宪法通过建立政治制度实现民主,宪法作为"国家组织法"体现的是政治统一体的形式,政体的宪法表达主要体现为权力配置,集权与分权存在优劣之辩,现代权力配置遵循分权原理;立法权、行政权与司法权的三种划分方式为通例,亦存在四权与五权之说,联邦制与单一制是纵向分权的重要制度形式;政党和选举是重要的民主制度,选举是民主正当性的来源,也是重要的激励机制,选举受到宪法控制,政党的性质与地位随着历史发展而变迁,政党政治是现代政治的基本形式;宪法工程是理解权力配置的基础。

第一节 国家权力配置的原理

一、宪法的民主性与民主制度设计

自人民主权的理念确立以来,人民如何实现其主权者身份、确保其主权者地位就是理论难题。"人类既不能产生新的力量,而只能是结合并运用已有的力量;所以人类便没有别的办法可以自存,除非是集合起来形成一种力量的总和才能够克服这种阻力……但是，既然每个人的力量和自由是他生存的主要手段，他又如何能致身于力量的总和，而同时既不至于妨害自己，又不至于忽略对自己所应有的关怀呢？"① 社会契约论所要解决的根本问题正是实现这种结合形式，"使它能以全部共同的力量来卫护和保障每个结合者的人身和财富，并且由于这一结合而使每一个与全体相联合的个人又只不过是在服从其本人，并且仍然像以往一样地自由"②。社会契约试图实现人民自己统治自己，从而使人民在国家出现之后仍能够像往常那样自由，并且享受国家带来的安全。人民主权因为社会契约得以贯彻，而主权者的身份是双重的，卢梭说："结合的行为包含着一项公众与个人之间的相互规约；每个个人在可以说是与自己缔约时，都被两重关系所制约着；即对于个人，他就是主权者的一个成员；而对于主权者，他就是国家的一个成员。"③ 主权者的双重身份体现在真实的政治实践中，首先就是要求他（们）接受宪法的统治，也只有这样，主权者所发起的革命才能避免，这正是宪法组织国家的终极目标，也是宪法认受性的根本意义。

宪法是民主制度化的结果，这是社会契约论的内容；从社会契约论推导出的宪法，必然以实现民主为根本使命。这就是宪法的民主逻辑。在宪法制定之后，主权者无法出场，也无须出场，他们通过宪法统治自己，他们也臣服于宪法的统治。那么，民主进入宪法之后，通过什么形式消解主权者的革命，又通过什么形式实现人民主权？

宪法实现人民主权的形式是多样的，既有直接民主，也有代表制民主。问题的关键在于，宪法所确立的制度能够在多大程度上确保民主的同一性。所谓民主的同一性，是指具体的人民作为政治统一体与其自身相同一。④ 人民是制宪权的拥有者，并且自己为自己制定了一部宪法；在这部宪法之下，人民自己统治自己，这就是民主制。⑤ 民主制有一系列的制度形式，包括权力配置、人民直接参与和监督等不同内容。⑥ 民主进入宪法之后，形成了规范化的原则、规范和制度，宪法的民主逻辑潜藏在规范之中，直接影响宪法的效力实现形式，影响我们所理解的宪法秩序之形成过程。

---

① 〔法〕卢梭著，何兆武译：《社会契约论》，商务印书馆2003年版，第18—19页。
② 〔法〕卢梭著，何兆武译：《社会契约论》，商务印书馆2003年版，第19页。
③ 〔法〕卢梭著，何兆武译：《社会契约论》，商务印书馆2003年版，第22页。
④ 〔德〕施密特著，刘锋译：《宪法学说》，上海人民出版社2005年版，第239页。
⑤ 〔德〕施密特著，刘锋译：《宪法学说》，上海人民出版社2005年版，第239—255页。
⑥ 〔德〕施密特著，刘锋译：《宪法学说》，上海人民出版社2005年版，第278—297页。

宪法之所以作为国家的组织法，从根本上说，是因为人民通过宪法决定政治统一体的类型与形式，这在现代制宪过程中体现得更为显著，往往是立宪伴随着政府的建立。不过记载于成文宪法的国体、政体与政权形式却并非是由宪法"决定的"，而是制宪权主体的选择。宪法是人民在自我统治时的第一道链条，有了宪法，才会有日常代表和政府，民主过程也才变得更加稳定和规范。组织国家其实就是配置权力，只不过这里的权力包括两个方面：国家权力和人民权力。配置权力有很多原则，在美国表现为"三权分立"和"有限政府"，在中国则表现为中国共产党的领导、人民当家作主和依法治国的有机统一，以及民主集中制的组织和活动原则。不过，人类政治文明共享着很多配置权力的技术和原理，分权制约、政党和选举制度就是其中的内容。分权被认为是宪法的"必要条件"，法国《人权宣言》中就说："凡权力未分立、权利无保障，则无宪法。"分权是描述权力配置的一个很好的框架，政党和选举制度亦直接影响权力的分配，它们是宪法设计的核心环节。理解分权及其程度（集中）需要制度技术的分析，这就要引入一种工程学的思维，而这些问题就是宪法效力和宪法秩序的载体。

二、民主制度的类型化

宪法所实现的民主是何种形式的民主？任何社会都有精英，这是不可否认的事实。实际上，在民主的社会里，精英亦发挥着非常重要的作用。然而，把权力全部委托给精英来掌管却存在着很多问题。因为他们也有理性和智识上的缺陷，有滥用权力的可能，甚至可能从根本上动摇民主的基石。正是基于此种现实，大众民主和精英民主是两种基本形式。立足于大众的民主和立足于精英的民主，形成了不同的民主形态。

直接民主是指统治者与被统治者的身份重合（同一），公民作为国家的主人直接管理自己的事务，并不通过中介和代表。直接参与、直接选举和全民公决都具有直接民主的因素。最严格意义的直接民主是指人民直接决定政治事务，典型例证就是古希腊民主，这种体制上的直接民主的典型制度安排是公民大会作为最高的立法机关。它是不需要宪法的。但现代意义的直接民主已经趋向于功能化，表现为一些具体问题可以经由直接民主的方式决定，但代议制亦作为政治结构而存在。

与直接民主相对的是间接民主。间接民主在现代主要表现为代议制民主。代议制是指公民通过选举代表，组成代议机关行使国家权力的制度。现代国家普遍实行代议制。宪法的逻辑基础便是代议政治。为什么大众民主的逻辑可以转换为代议制民主？制宪权理论是大众民主转换到代议制民主的关键，它实现的是民主的转换，也是民主的制度化。最早提出制宪权理论的西耶斯说："既然一个国民众多的国家不可能每当非常情况要求举行集会时便将所有的人聚集在一起，个人亲自参加会议，因此必须把处理这类事件的必要权力委托给特别代表。如果国民真能在你们面前集会并表达其意志，你们还敢因为它不是以这种形式而是以另一形式行使其意志而剥夺其权利吗？在这里，实质是一切，形式则无足轻重。""因此，人们本应做些什么？这个问题丝毫不难解决：本应召集国民，让他们向首都派遣负有特殊委托的特别代表，以便决定普通国民议会宪法。我不希望这些代表除此之外还有权力根据他们自己制订的宪法，以另一种资格随后组成普通议会。"① 从这里可以发现，宪法的逻辑基础是代议制。

三、集权与分权之辩

民主的制度化有集权和分权两个方向，集权和分权（优劣）之辩就是首要议题。所谓集权，可以简单描述为权力集中行使，权力尤其是决策性权力集中于高层（中央、核心层）。所谓分权，可以简单描述为权力的分散行使，核心权力下放到下层或地方，甚至是人民。由此可见，集权与分权并不只是集中在中央和地方之间的权力划分，也表现在权力的横向配置方面。集权与分权的界限何在？哪些权力决定了集权与分权之辩？有没有核心权力的问题？有没有权力保留的问题？这些问题值得我们思考。实际上，在描述分权或者集权时，通常没有一个明确的所指。

前面已经提到，分权已成为现代宪法的核心内容。关于分权，实际上我们已经讨论很多了，这也是权力配置的重要原理。"当立法权和行政权集中在同一个人或同一个机关之手，自由便不复存在了。""如果司法权不同立法权和行政权分立，自由也就不存在了。"② "只能是在一个部门的全部权力由掌握另一部门的全部权力的同一些人行使的地方，自由宪法的基本原则就会遭到破坏。"③ 麦迪逊在《联邦党人文集》第四十八篇里说："各方面都同意，

---

① 〔法〕西耶斯著，冯棠译：《论特权 第三等级是什么？》，商务印书馆1990年版，第63、68页。
② 〔法〕孟德斯鸠著，张燕深译：《论法的精神》上册，商务印书馆1961年版，第156页。
③ 〔美〕汉密尔顿、〔美〕杰伊、〔美〕麦迪逊著，程逢如、在汉、舒逊译：《联邦党人文集》，商务印书馆1980年版，第247页。

正当地属于某一部门的权力，不应该完全由任何其他部门直接行使。同样明显的是，没有一个部门在实施各自的权力时应该直接间接地对其他部门具有压倒的影响。不能否认，权力具有一种侵犯性质，应该通过给它规定的限度在实际上加以限制。因此，在理论上区别了性质上是立法、行政或司法的几类权力以后，下一个而且是最困难的工作是，给每种权力规定若干实际保证，以防止其他权力的侵犯。""仅只在书面上划分各部门的法定范围，不足以防止导致政府所有权力残暴地集中在同一些人手中的那种侵犯。"① 在第五十一篇中说："我们到底应该采用什么方法来切实保持宪法所规定的各部门之间的权力的必要划分呢？能够作出的唯一回答是，因为发现所有这些表面规定都嫌不够，必须用下述办法来弥补缺陷：这样来设计政府的内部结构，使其某些组成部分可以由于相互关系成为各守本分的手段。"

不过，分权原理并不排斥一定程度的权力集中，集权同样有其理论逻辑和实践特点，甚至连分权本身的程度也是各有差异的。这就是接下来讨论的议题。

第二节　横向权力配置

一、横向权力配置的主要内容与权力类型划分

横向权力配置是根据权力性质的差异，将不同权力分配给不同部门（分支）行使，从而形成横向的分权结构。这里就涉及权力性质的差异与权力分开行使的必要，而根据权力性质的差异和权力分开行使的必要而进行的国家机构和人员配置则是分权的另一个问题。

孟德斯鸠认为，"每一个国家都有三种权力：（1）立法权；（2）有关国际法事项的行政权力；（3）有关民政法规事项的行政权力"②。孟德斯鸠的三权理论——立法、行政和司法——成为一种基本形式。立法权是指国王或者执政官（立法者）可以制定临时或永久的法律，并修正或废止已制定的法律；行政权是指执行公共决议的权力，包括议和或宣战、派遣或接受使节、维护公共安全、防御侵略等；司法权则是指惩罚犯罪或裁决私人讼争的权力。

---

① 〔美〕汉密尔顿、〔美〕杰伊、〔美〕麦迪逊著，程逢如、在汉、舒逊译：《联邦党人文集》，商务印书馆1980年版，第252、256页。
② 〔法〕孟德斯鸠著，张雁深译：《论法的精神》上册，商务印书馆1961年版，第154—155页。

分权是按照权力性质将其交由不同机构和人员行使，但对于到底有哪几种权力，并没有十分统一的说法。现在一般认为是三权，但四权之说、五权之说仍然十分流行。那么，从性质上看，权力到底可以区分为几种类型？理论上至少有如下几种说法：专制的一权说，即君主掌握所有大权，由其一人行使（如古代中国）；洛克的两权说，涉及立法权、执行权；孟德斯鸠的三权说，涉及立法权、执行权、司法权；四权说之一，涉及立法权、执行权、司法权、媒体权（舆论权）；四权说之二，涉及立法权、执行权、司法权、宪法法院的"消极立法权"（凯尔森语）；五权说，涉及立法权、行政权、司法权、考试权、监察权。

自孟德斯鸠以来，对于三权之划分是否成立不无争议。那么，三权是如何完全确立的呢？这需要回到美国模式，因为美国制宪的理论和实践将分权推向更为崇高的地位，因为这种构想进入实践中并证明其价值。换句话说，美国模式是分权设计的模板，我们通常称之为"三权分立"。这个模板在世界上很多国家都是各有差异的，如英国、德国这些议会制国家，他们的立法权和行政权之间的交融十分显著。德国的法院没有制衡立法权和行政权的功能，反而是建立了宪法法院来承担十分独特的权力。

二、主要权力形式

现下的宪法和政治理论一般将国家权力划分为立法、行政、司法三种类型，并且此三权分别由三个机关独立行使。这也构成了现代分权制度的主要内容，为大多数的资本主义国家所采用。立法权主要是指制定、修改和废止法律的权力。立法权包括制定和修改宪法的权力，制定和修改普通法律的权力。而且，立法机关除可以自己制定法律外，也可以授权行政机关制定法规、条例、决议和命令等。行政权，也可以称为执法权，是指行政机关依照法律规定，组织和管理公共事务及提供公共服务的权力。行政权是由宪法法律赋予或认可的权力，主要体现对法律内容的执行，从而实现对公共事务的行政管理，实现对国家和社会的治理。司法权主要是指司法机关适用法律的权力，它有广义和狭义之分。在分权理论中，司法权主要是在狭义范畴上使用，偏重于审判权，或仅仅指审判权（即以法院为相应机关）。创造规则的权力是立法权，执行规则的权力是行政权，而依据规则作出裁决的权力则为司法权。因此，司法权是相对于制定规则的立法权和执行规则的行政权而言的。

现在通用的第四权，又叫作第四权力，是在行政权、立法权、司法权之外的约定俗成的一种权力，即媒体和公众监督。事实上，并没有具体的宪法、法律、规令来解释第四权的设立，第四权只是一种表达方式。一般认为，"第四权"的概念是由保守主义大师伯克提出的，1828年，英国国会举行会议时，伯克在会上称记者为"第四阶级"，他说：议会中有三个阶级（贵族、僧侣、资产者），但是在记者席上坐着一个第四阶级，其比另外三个阶级都重要。从此，"第四等级""第四权力"成为西方新闻界的口头禅。

从自然人的言论自由到第四权力理论，反映了社会的进步，亦是宪法理论和实践的演进。1964年，美国联邦最高法院关于"《纽约时报》诉沙利文案"的判决确立了报纸批评官员的权力（"尺度"）。联邦法律禁止官员因他的政务行为遭诽谤而获得补偿，除非他能证明该诽谤出于"实际恶意"（actual malice），并且证据必须是明白无误或令人信服的。换句话说，即使一个人发表的言论有错误，但如果认为受到诽谤的官员或公众人物无法证明发表言论者在发表言论时存在主观上的事实恶意，诽谤指控就不能成立，受到诽谤的官员或公众人物就无法得到诽谤损害的赔偿金。主观恶意成为构成诽谤政府官员或公众人物的必要条件，只有在明知与事实不符的情况下，有意中伤和恶毒诽谤他人，才可能构成诽谤。简言之，"虚假事实＋主观恶意＝对政府官员或公众人物的诽谤"作为批评官员的原则（尺度）。而且，经过"水门事件"之后，由"专业新闻人员协会"提议创立的"盾牌法"保证了新闻人员对新闻来源的保密权，防止了官员钳制舆论。这一系列的法律保障，使美国新闻界享有了更大的自主权。

实际上，如果认真分析马克思的观点或第四权力理论，就可以发现所谓的第四权很难成立，因为从本质上看，它并非权力。恩格斯强调的是报刊可以通过反映和传播社会舆论，形成一种无形的、巨大的精神力量，是媒体的精神力量而不是现实的权力影响着这个社会。它的背后正是公民的自由。从民主宪法的角度来说，言论自由是理性政治得以开展的前提和基础，实际上也构成了民主过程的核心目标之一。言论自由是民主的核心价值之一，没有言论自由就无所谓民主，也无所谓选民的抉择。同时，民主又是保护言论自由的重要的、有效的手段。这也进一步演化成为不同的监督制度，如赋予公民外部监督权，具体表现为诉愿制度、申诉制度。我国宪法第四十一条就是较为典型的"监督权"条款。

三、立法与行政关系的优劣之辩

民主首先要解决政府形式的问题——通常就是立法与行政的关系问题，因为政府形式是人民授权的直接反映，也是权力配置的基本框架，它主要关涉到总统制、议会制、半总统制等不同制度选择。立法与行政之间的不同制约关系形成了独特的激励和约束条件，宪法工程学分析不同制度形式的逻辑及优劣，并就其在本国或本地的适应性展开进一步论述。对这一问题的研究非常丰富且相对复杂，这里就主要以总统制为例进行说明。有关总统制的优劣之辩，就是通过说明总统制下的权力配置和利益分配方式来表明它的制度结构和动力机制，行政权的行使与人事任命权、总统与议会的关系、总统与政党的关系等都属于总统制对政治活动参与者的激励和约束。

在林茨发表揭示总统制之危机的文章后，对总统制的批评就从未停止过。林茨认为总统制存在两个缺陷，分别是总统由选民直接选举产生和总统实行固定任期制，前者容易促成"零和博弈"和社会分裂，政治势力均以取得总统职位为唯一目的，获胜者又将自己视为唯一权威代表，反对派也因为胜者通吃而容易强烈反对执政党；后者让政治变动更为困难，总统也会因为任期限制而推行不成熟的、容易取得成效的政策。他也指出总统制下的"双重合法性"容易引起政治僵局。因为总统和议会相互独立并且存在一定的相互制约权力，当二者分属不同党派时，政治僵局非常容易出现，而宪法对此的回应十分苍白。① 林茨所揭示的总统制的危机，正在于总统制内部形成的扭曲的激励机制，它在制度层面肯定多数主义及其绝对统治性，总统拥有庞大的权力且所受制约较少，少数派处于无法制约的弱势，这就导致了总统的强势和分裂的可能性，容易造成激烈的政治冲突。这突出表现在民主转型和民主巩固的初期，不同政治力量会因为不能接受总统选举失利之局面而产生危及宪法秩序的政治行为。②

美国是总统制的典范。从理论上看，尽管美国政府形式被认为是分权制衡的，但总统依然享有很大的权力和崇高的地位。作为总统制的反对者，利

---

① Juan J. Linz, "The Perils of Presidentialism," *Journal of Democracy*, Vol. 1, No. 1 (1990), pp. 51—69.
② Juan J. Linz, "The Perils of Presidentialism," *Journal of Democracy*, Vol. 1, No. 1 (1990), pp. 51—69.

普哈特认为总统制导向了多数民主,与他主张的"协和式民主"或"共识民主"背道而驰。他指出,尽管总统制下的分权制衡有朝向"共识民主"的趋势,但总统的选举形式和之后高度的行政集权却有力地促成了多数民主的特征。① 就效果来说,越是分权的结构,制约越是深入,就越需要强而有力的行政权,需要由同一政党控制政府和议会。不过,美国的实际情况是经常出现"分裂政府",它是指总统和国会经常由不同政党控制,而总统和议会之间的冲突往往是总统制的危机之所在。② 这就导致美国总统制失去了强而有力的优点。萨托利认为,美国总统制之所以还能继续运作,是因为还有三个重要的支持因素:"政争不涉及意识形态的原则,衰弱而无纪律的政党,以地方为中心的政治。"③ 美国的例证表明,总统制设计的民主元素在政治实践中发生了变异,或会带来总统制的失败;但萨托利为美国总统制之正常运作找到了非常重要的原因,而这些原因恰恰是新的激励因素加入其中。

受美国影响,拉丁美洲的很多国家也建立了总统制,却纷纷失败,以至于美国成了总统制成功的一个"特例"。这在很大程度上是因为拉美总统制放大了制度设计中的非民主性关系,又没有萨托利所说的来自政党的、社会的、地方的力量制约。萨托利认为拉美国家失败的总统制是以错误的政党制度为基础的,它们对自身政党的掌控是不充分的。④ 正是因此,拉美总统制呈现了总统滥权和总统权威性不足两个极端,并且在其中摇摆不定,造成政治秩序的不稳定。实际上,林茨对总统制进行批评的很多例子都来自拉丁美洲,而非美国。霍洛维茨并不认为总统制不利于民主巩固,他认为林茨等人对总统制的批评实际上针对的是总统选举中的多数决定模式。相反,总统制更有利于分裂社会的稳定和对强有力政府的需求,但前提是需要其他更为复

---

① Arend Lijpahart,"Presidentialismand Majoritarian Democracy:Theoretical Observation," in Juan J. Linz and Arturo Valenzuelaeds., *The Failure of Presidential Democracy*, Baltimore:The Johns Hopkins Uni. Press,1994,pp. 98−99.
② Louis Henkin, *Constitutionalism*, *Democracy and Foreign Affairs*, New York:Columbia University Press,1990,p. 5.
③ Giovanni Satoria, *Comparative Constitutional Engineering:An Inquiry into Structures*, *Incentives and Outcomes*, New York:New York University,1997,p. 89.
④ Giovanni Satoria, *Comparative Constitutional Engineering:An Inquiry into Structures*, *Incentives and Outcomes*, New York:New York University,1997,p. 92.

杂的选举制度与更为合理的中央和地方关系来配合。① 他通过对非常多的发展中国家进行考察，对总统制和议会制促进民主巩固的作用进行了反思并提出了非常具体的制度改造方案。② 霍洛维茨并不反对总统制，但反对总统制下的简单多数选举制度，这表明总统制本身也受到了不同因素的影响。

总统制的优劣之辩是与议会制、半总统制的优劣之辩结合在一起的。在批评了总统制之后，学者们也分析了议会制、半总统制的制度结构及其引导方式、激励方式。阿尔弗雷德·斯泰潘和辛迪·斯卡奇在对宪制选择及其成效进行整理分析之后发现，议会制似乎更加有利于民主巩固，是更支持民主的宪制，无论是从理论上还是从经验上，它都更倾向于政府能够获得多数支持，更有利于形成多党联合的政府，亦使政府有更少的机会在宪法的边界上运行，而且它更容易更换行政首长，使政变的难度更高，更有可能让一个政党长期执政，因而有利于其获得有力的支持和更多的执政经验。③ 萨托利在比较了总统制、议会制的优劣之后，展开了对他所认为的半总统制形式——交互式总统制的论述，并认为这才是最优的制度选择，因为它为民主提供了两个"引擎"。④ 交互式总统制这种独有的激励机制（主要表现为内阁总理职位及其权力的归属和行使）能够较好地弥合总统制和议会制各自的缺陷。事实上，关于半总统制的理论阐释非常丰富，这一制度在如今世界的流行也正反映了它的优点和相关共识。半总统制广泛运用于第三波民主化运动之中，尤其是原来的社会主义国家纷纷转型为半总统制国家，凸显了这一制度的特点和优势。但这个制度的缺陷也十分显著，不断暴露在实践中。它经常容易导致的问题就是在法国表现较为突出的"分裂政府"和"左右共治"，这就容易发生我们常说的"府院之争"，从而导致民主的崩溃。⑤

---

① Donald L. Horowitz, "Comparing Democratic Systems," *Journal of Democracy*, Vol. 1, No. 4 (1990), pp. 73—79.
② Donald L. Horowitz, "Comparing Democratic Systems," *Journal of Democracy*, Vol. 1, No. 4 (1990), pp. 73—79.
③ Alfred Stepan and Cindy Skach, "Constitutional Frameworks and Democratic Consolidation: Parliamentarianism versus Presidentialism," *World Politics*, Vol. 46, No. 1 (1993), p. 28.
④ Giovanni Satoria, *Comparative Constitutional Engineering: An Inquiry into Structures, Incentives and Outcomes*, New York: New York University, 1997, p. 153.
⑤ 例如，辛迪·斯卡奇认为，魏玛时期的德国是一个半总统制的国家，魏玛宪法也是半总统制的先驱，并且它的崩溃正是半总统制导致的。她分析了半总统制所必须依赖的制度条件。See Cindy Skach, *Borrowing Constitutional Designs: Constitutional Lawin Weimar Germany and the French Fifth Republic*, Princeton: Princeton University Press, 2005.

第三节 纵向权力配置

一、纵向权力配置的两种模式

绝大多数国家都必须设置地方政权与中央政权，这就涉及纵向权力配置的问题。纵向权力的配置方案被模式化为复合制与单一制两大形态。单一制是由若干不享有独立主权的一般行政区域单位组成统一主权国家的制度，它和复合制相对。复合制国家是指由两个以上国家组成的国家联盟，按其联合的程度又分为联邦和邦联。联邦是指由两个以上共和国或邦、州联合组成的统一国家。邦联则是指两个以上的独立国家为了某种特定目的而结成的国家联合。①

单一制国家的地方行政区划，是国家根据统治需要按一定原则作出的，国家主权先于各个行政区划存在，地方行政区不是政治实体，不具有任何主权特征。国家本身是一个统一整体，只是为了便于管理，才把领土划分成若干行政区域，并据以建立地方政权，即各地方行使的权力来源于中央授权，并不是地方固有，地方的自主权或自治权是由国家整体通过宪法授予的，各地方政权一般没有单独退出该国的权力。

单一制国家的一切权力属于中央，地方的权力由中央授权而来。单一制国家的法理基础是什么？国家是依据什么逻辑推演而出的？如此推演的国家，应该基于什么特点？这些问题值得深入思考。实际上，单一制国家的明显外部特征是：全国只有一个中央政权、一部宪法、一种法律体系，国家是国际交往中的国际关系主体，它的公民只有一个国籍。按照地方职权的大小，单一制国家又可分为中央集权型单一制国家和地方分权型单一制国家。②

联邦制国家由各个联邦成员组成，各成员单位先于联邦国家存在。联邦成员在联邦国家成立之前，是单独地享有主权的政治实体；加入联邦之后，虽然不再有完全独立的主权，但在联邦宪法规定的范围内，联邦成员的主权仍受到法律的保护，联邦成员有自己的宪法和法律。联邦基于一种契约观念。在组成联邦制国家时，联邦成员单位把各自的部分权力让渡给联邦政府，同时又保留了管理内部事务的部分权力。联邦制实行联邦政府和地方政

---

① "单一制"一词源自拉丁文 unus，即一的意思；"联邦制"一词也源自拉丁文，原文写作 foedus，是同盟、条约、契约、婚约的意思。
② 张千帆主编：《宪法学》，法律出版社 2004 年版，第 426 页。

府分权，联邦政府与地方政府的权力划分由宪法明文规定，除非通过修宪不能任意变更。双方在宪法规定的权限内独立行使权力，不受对方干预。在双方法律发生冲突时，联邦宪法及法律高于地方宪法及法律。

联邦制的特点包括：联邦制国家除了有联邦的宪法、法律和最高国家机关以外，各成员单位还有自己的宪法、法律及最高国家机关，根据联邦宪法的规定，行使自己的国家权力。成员单位的法律和国家机关同联邦法律和国家机关之间没有隶属关系。联邦的权力可以遍及全国，而各成员单位的权力只能在其内部行使。各成员单位的公民同时又是联邦公民。有的联邦的成员还有进行国际外交活动的权力。但在对外关系中，大多数联邦的各成员单位不是单独的主体。①

美国是世界上首先建立现代联邦制的国家，除它之外，印度、俄罗斯、瑞士、巴西等国都实行联邦制。随着政治、经济和社会的发展，各联邦政府的权力有加强的倾向，但联邦各成员单位的权力仍很大，权力下放和权力集中是联邦制国家并存的两种发展趋势。

二、单一制和联邦制的优劣之辩

中央和地方的关系的设计——主要是联邦制和单一制的制度选择，焦点就是联邦制的优劣之辩。对于联邦制是有利于激发地方活力，体现统一政府的多样性，还是可能激化族群差异和分离欲望，加剧地方分裂，理论上有不同的认识。② 这一争议的核心正在于联邦制及其制度元素作为动力结构所产生的激励过程。联邦制自身就是内涵极为宽泛的概念。利普哈特认为中央和地方的关系可以划分为"地方分权的联邦制""中央集权的联邦制""地方分权的单一制""中央集权的单一制"四种类型，另外还有一些无法归入这四种类型的"准联邦制"。③ 可见联邦制可以有不同类型，分权程度也有不同层次。

利普哈特就是前一种主张的代表人物，他主张的"共识民主模式则以非集权为特征，可以采取权力分享和权力分立两种基本形式。……联邦制可以

---

① 张千帆主编：《宪法学》，法律出版社2004年版，第427页。
② 霍洛维茨在其巨著《冲突中的族群》一书中讨论联邦制和地方自治的政治效果时，正是以这样的问题作为开端的。Donald L. Horowitz, *Ethnic Groups in Conflict*, Berkeley, Calif.: University of California Press, 1985, p.601.
③ 〔美〕阿伦·利普哈特著，陈琦译：《民主的模式：36个国家的政府形式和政府绩效》，北京大学出版社2006年版，第136—140页。

被视为最典型、最彻底的分权办法：在各级政府之间进行分权"①。"共识（民主）模式则基于相反的目标，采取联邦制和地方分权的办法，也就是说，不仅保证在中央政府和各级的非中央政府之间进行分权，而且强大的非中央政府在政治实践中行使着相当大的权力。"② 利普哈特还提出了联邦制的具体标准，并对36个民主国家进行了非常细致的考察，但却发现大多数民主国家采取单一制，大多数联邦制国家采取地方分权制，大多数单一制国家采取中央集权制。他提出了衡量联邦制的指数标准，并运用这些标准考察这些民主国家，最后认为"联邦制具有两方面的潜在优越性：为多元社会中的少数群体提供了自治权；允许进行制度方面的实验"③。

霍洛维茨则指出了联邦制的成本，他批评了协和式民主的观点，以尼日利亚为例，总结出联邦制并不会激励多数族群和少数族群的和解，相反加剧了少数族群的分裂欲望。④ 理由是，统一并不能满足他们政治权力的竞争需求，而通过联邦制分散权力、创造更多的"区域王国"及更多的政治职位，激励那些以族群为基础的团体（无论大的还是小的团体）。那些不能在中央取得执政权的团体尤其热衷于控制和经营地方。他认为"保证联邦制和自治不至于滑向分裂的最好办法，就是加强这些群体在不分裂的国家中的具体利益"⑤。霍洛维茨还曾精辟地指出了在族群冲突背景下苏联的联邦制和民主集中制存在的问题，并预言了它的分裂结局。他认为，尽管高度集权，但苏联仍然是一个联邦制国家，其联邦特征强化了加盟单位内部的紧张，因为它们都是按照族群组成的共和国，各次级群体会为了控制国家而进行争斗。而且，民主集中制也导致了族群冲突，因为加盟共和国并没有实质性权力，苏联的联邦政府掌控了一切。⑥

---

① 〔美〕阿伦·利普哈特著，陈琦译：《民主的模式：36个国家的政府形式和政府绩效》，北京大学出版社2006年版，第135页。
② 〔美〕阿伦·利普哈特著，陈琦译：《民主的模式：36个国家的政府形式和政府绩效》，北京大学出版社2006年版，第135页。
③ 〔美〕阿伦·利普哈特著，陈琦译：《民主的模式：36个国家的政府形式和政府绩效》，北京大学出版社2006年版，第136页。
④ Donald L. Horowitz, *Ethnic Groups in Conflict*, Berkeley, Calif.: University of California Press, 1985, pp. 603—613.
⑤ Donald L. Horowitz, *Ethnic Groups in Conflict*, Berkeley, Calif.: University of California Press, 1985, p. 628.
⑥ 〔美〕唐纳德·霍洛维茨著，袁剑译：《如何开始用比较的视角去思考苏联的族群问题》，《民族社会学研究通讯》（北京大学）2010年第77期。

实际上，较早提出联邦制之优劣这个问题的人是孟德斯鸠——关于民主制与国家规模之间关系的"孟德斯鸠之问"，提示美国人民建立了世界上第一个也是最经典的联邦制国家。孟德斯鸠不仅论述了自然环境对亚洲建立庞大的独裁国家而欧洲建立分散的共和国的影响①，更进一步说明了共和国只适合于较小的国土面积，"共和国从性质来说，领土应该狭小；要不这样，就不能长久存在……"②孟德斯鸠大致提出了联邦制的思路，"一个共和国，如果小的话，则亡于外力；如果大的话，则亡于内部的邪恶……这种弊害出自事物的本性，不是任何法制的形式能够医治的。要是人类没有创造出一种政制，既具有共和政体的内在优点，又具有君主政体的外在力量的话，则很可能，人类早已被迫永远生活在单人统治的政体之下了。我说的这种政制，就是联邦共和国"③。孟德斯鸠指出了联邦制的核心逻辑，说明了这一制度所具有的功能，这种理论被美国"国父们"进一步阐发。甚至可以说，在很大程度上，美国立宪的目标就是形成联邦制——建立一个强有力的联邦政府，限制州的"主权地位"。汉密尔顿说："如果我国的情况要求一个复杂而不是简单的、一个联合而不是单一的政府，尚待调整的主要论点是尽可能区别属于不同权力范围或权力部门的对象，给予每个对象以完成其受托任务的最大权力……"④

麦迪逊阐明了美国建立联邦制的意义。他在《联邦党人文集》第五十一篇里说："在一个单一的共和国里，人民交出的一切权力是交给一个政府执行的，而且把政府划分为不同的部门以防篡夺。在美国的复合共和国里，人民交出的权力首先分给两种不同的政府，然后把各政府分得的那部分权力再分给几个分立的部门。因此，人民的权利就有了双重保障。两种政府将互相控制，同时各政府又自己控制自己。""在幅员广大的美利坚合众国里，在它所包括的多种利益集团、党派和教派中，整个社会的多数人联合，除了根据正义和公益的原则以外，是很少会在其他原则下出现的。在大党派的意愿对小党派的威胁较小的情况下，为前者作出如下保证的口实必然也就少了：把一个不受后者约束，换句话说，独立于社会本身之外的意愿带入政府。尽管

---

① 〔法〕孟德斯鸠著，张雁深译：《论法的精神》上册，商务印书馆2004年版，第332页。
② 〔法〕孟德斯鸠著，张雁深译：《论法的精神》上册，商务印书馆2004年版，第148页。
③ 〔法〕孟德斯鸠著，张雁深译：《论法的精神》上册，商务印书馆2004年版，第154页。
④ 〔美〕汉密尔顿、〔美〕杰伊、〔美〕麦迪逊著，程逢如、在汉、舒逊译：《联邦党人文集》，商务印书馆1980年版，第116页。

有相反的意见,肯定无疑而且也是同样重要的是:倘若社会在一个实际范围内,它越大,就越能充分实行自治。对共和主义来说可喜的是,通过对联邦原则的合宜修正和混合,可以把实践范围扩充到极大的范围。"①

第四节 选举与政党

一、选举的民主功能

选举被认为是实现民主的主要方式,它是一种由拥有选举权的选民以直接投票的形式选择代表或者主要负责人的活动。现代国家通常实行普遍、平等、直接(或间接)选举和秘密投票等选举原则。②

普遍选举:凡达到选举年龄的公民,除被剥夺政治权利者外,普遍享有选举权。资产阶级最早提出"普遍选举"的口号,但在其夺取政权后,却严格限制选举权,规定了诸如居住期限、财产资格、教育程度、性别、种族等选举资格的限制,直到20世纪初,普遍选举才成为一些资本主义国家的选举原则。我国的选举制度规定,凡年满18周岁的公民,不分民族、种族、性别、职业、家庭出身、宗教信仰、教育程度、财产状况、居住期限,都享有选举权,依照法律被剥夺政治权利的人除外。

平等选举:选民在平等的基础上参加选举。每个选民在一次选举中只有一个投票权,每张选票的效力相等。历史上曾实行过一人多票制度,也实行过票不等值的制度,但现下"一人一票,一票一价"已成为各国普遍采用的原则。

直接选举和间接选举:直接选举指国家代表机关的代表或其他公职人员由选民直接投票选出。间接选举指先由选民选出代表或选举人,再由代表或选举人选出上一级代表或国家公职人员。在西方,下院议员一般由选民直接投票选出;上院议员或总统既有采用直接选举的情形,亦有采用间接选举的情形。我国采取直接选举和间接选举并用的选举制度,县级及其以下人民代表大会的代表实行直接选举,县级以上人民代表大会的代表实行间接选举。

秘密投票,又称无记名投票、澳大利亚选票制度,它是指由政府组织选举,选举时投票人不在选票上署名,填写的选票不向他人公开,并亲自将选

---

① 〔美〕汉密尔顿、〔美〕杰伊、〔美〕麦迪逊著,程逢如、在汉、舒逊译:《联邦党人文集》,商务印书馆1980年版,第265—266、267页。
② 张千帆:《宪法学导论 原理与应用》(第2版),法律出版社2008年版,第391页。

票投入票箱。秘密投票有利于选民更真实地表达自己的意愿。它最早在澳大利亚推行,后来为全世界普遍采用。

选举被视为实现民主的重要途径,它的基本内涵是把选举中选民所投的选票转换成政党和候选人赢得的议席。作为规则,选举制度对政治实力的分配和消长产生直接和重要的影响。这主要涉及两大类型的选举制度及其效果(优劣),分别是比例代表和多数代表。这两大类型之下又还有非常多不同的选举制度类型。例如,在比例代表制之下有名单比例代表制和单记名可让渡投票制两大类;在多数代表制之下有相对多数代表制、绝对多数代表制(两轮投票制)和选择投票制等类型。后来德国又创造出了混合制(单一选区两票制),结合了比例代表制和多数代表制。它是指每个选民有两次投票行为,导致同一议院由两种不同性质的代表组成,又有德国式的联立制和日本式的并立制两大类型。联立制(又称补偿制)是指同一选区的每个选民将作出两个选择(可能在同一张选票上完成,也可能在两张选票上),一次选人、一次选党,两次选择合并计算,以政党得票最终决定席次分配(扣除单一选区获得的席次);并立制相对简单,选民有两张选票,一票选人、一票选党,两张选票独立计算;一般是在单一选区内选人,在大选区内选党(政党名单)。

二、选举制度的政治效果

不同的选举制度有不同的政治效果,并且适应不同国家和地区的制度需求。最常见的就是选举制度对政党制度产生的影响,即著名的"迪韦尔热定律"(Duverger's law,也译为"杜瓦杰定律")。[①] 该定律有两大内容,分别是多数选举导向两党制(定律1)和比例代表制导向多党制(定律2)。迪韦尔热认为社会利益和议题的多元化导致冲突的多元及多党制,从选举制度设计的角度分析政党的走向,尤其是选民所握有的"选项"的多少会影响政党的数目。例如,定律1可以延伸出一轮投票的多数选举制度(相对多数制)会阻碍小党的建立和发展,或消除现存小党;两轮投票的多数选举制度(绝对多数制)会促进有两大党的制度的形成,或是把现存的多党制转变为两党制或分为两大派;两党制会倾向于建立一轮投票的多数选举制度,排斥小党的发展。

---

① Maurice Duverger,"Factorsina Two - Party and Multiparty System," in *Party Politics and Pressure Groups*, New York: Thomas Y. Crowell, 1972, pp. 23—32.

利普哈特分析和比较了比例代表制和多数代表制这两种不同的选举制度的逻辑和特点及其在18个成熟民主国家的运用成效,认为比例代表制和共识性民主更符合代表原则,也更好地表现少数意志,但多数主义可能会提供更高效的政府;比例代表制能够提供更优越的代表性,而多数代表制在稳定公共秩序、管理经济方面表现不佳。①

霍洛维茨也对选举制度具有的政治效果作了解析,并突出了选择投票制(alternative vote,也译为排序复选制)的价值。② 他在1991年出版的《一个民主的南非?分裂社会中的宪法工程理论》一书中,就围绕选举制度来建立他的宪法工程理论。③ 在该书中,霍洛维茨先对南非的政治和社会条件进行了分析,指出分裂是这个国家最大的特点,尤其表现为长期以来形成的种族分裂和社会阶层分裂。它是讨论民主问题的非常好的例证。霍洛维茨具体分析了这些条件对民主制度造成的制约。分裂社会需要更有融合力的民主制度,这既是巩固民主的必要条件,也是实现民主的途径。他认为,多数原则或者比例原则在这样的社会中会造成完全不同的政治势力对比并影响政治的稳定性。一如他在分析尼日利亚第二共和国、斯里兰卡时的观点一样,他主张更具有向心性的选举制度——为此批评了简单多数表决和政党名单比例制可能存在的问题,以及选择投票制的优点,他认为分裂社会需要的选举制度是会促进政党合作,并让中间选民成为决定力量的。④

选举受到宪法和法律的控制,可以分为制度控制、过程控制和结果控制。不同制度产生不同效果。选举的过程控制包括设立选举机构,划分选区,确定选民资格,进行选民登记,提出候选人,竞选,投票和计票等程序。结果控制包括罢免制度及弹劾制度等。

---

① Arend Lijphart, "Democracies: Forms, performance, and constitutional engineering," *European Journal of Political Research*, Vol. 25, No. 1 (1994), pp. 1—17.
② See Donald L. Horowitz, *A Democratic South Africa? Constitutional Engineering in a Divided Society*, Berkeley, Calif.: University of California Press, 1991.
③ 该书可谓是宪法工程理论的经验研究的经典之作,它以南非为例,说明在分裂社会发展和巩固民主的制度需求。除了对选举制度的论证外,一如他之前的理论,霍洛维茨还认为南非需要建立总统制,认为南非既能利用总统选举过程来缓和种族冲突,也能够形成有力的政府。Donald L. Horowitz, *A Democratic South Africa? Constitutional Engineering in a Divided Society*, Berkeley, Calif.: University of California Press, 1991, pp. 205—214.
④ Donald L. Horowitz, *A Democratic South Africa? Constitutional Engineering in a Divided Society*, Berkeley, Calif.: University of California Press, 1991, pp. 163—166.

三、政党的性质与地位

在西方政治学理论体系中,政党和选举是十分宽泛的领域。它们是民主的直接表征和现实反映。学者们一般分别论述政党制度和选举制度,但这两项元素从来都是相互关联的,选举制度对政党制度的影响是直接的。

什么是政党?马克思主义认为,政党本质上是特定阶级利益的集中代表者,是特定阶级政治力量中的领导力量,是由各阶级的政治中坚分子为了夺取或巩固国家政治权力而组成的政治组织。① 麦迪逊曾给政党下过一个影响深远的定义:"我理解,党争〔政党〕就是一些公民,不论是全体公民中的多数或少数,团结在一起,被某种共同情感或利益所驱使,反对其他公民的权利,或者反对社会的永久的和集体利益。"② 德国《政党法》第二条规定,政党是"由公民联合组成的、持续性或长期地对于联邦或州的政治意志形成施加影响,并且愿意作为国民代表共同参与到联邦议会或者某一个州议会的团体"。

政党地位有一个演变的历程,表现为"社会组织——(具有宪法位阶的)准国家机构——国家机构"。无论是在美国,还是在德国,政党(党争)都被理解为某种"威胁",或是与民主的实质相背,或是可能侵害民主体制。随着民主进一步复杂化、细致化,政党政治也日益发达,政党的宪法化也变得日益迫切。防范政党的意识早就有了,美国的制宪者希望通过宪制结构来控制党争,政党初选机制改革也让政党权力不断下沉,这就促使美国政党松散化、形式化;德国基本法所确立的政党国原则,把政党定位为宪法位阶的机构,将宪法原则渗透到内部治理之中,让政党内部民主规范化、细致化。美国的理论与实践、德国的模式与经验,为我们理解和认识宪法治理政党的任务与选择提供了清晰图景。尽管这两种宪法设计存在着一定差异,但它们却具有比较接近的政治逻辑,那就是融入宪法的民主和法治逻辑。

政党类型是政党理论("政党学")的重要内容,不同类型的政党有不同的特性。一般认为,英国在18世纪出现的辉格党和托利党是现代政党的源头。在现代政党理论中,群众型政党和干部型政党(精英型政党)一直是重

---

① 王浦劬:《政治学基础》,北京大学出版社1995年版,第263页。
② 〔美〕汉密尔顿、〔美〕杰伊、〔美〕麦迪逊著,程逢如、在汉、舒逊译:《联邦党人文集》,商务印书馆1980年版,第45页。

要的分类方式。干部型政党主要是"议会中的政党"和"作为选举机器的政党",政党在推荐候选人(举办初选)时的角色和作用是非常显著的。群众型政党的党员和党组织在不同层面都十分活跃,议会外的政党组织平时也积极活动,选举反而是由一个相对较窄的团体来经营和操作。迪韦尔热详细论述了这种类型划分,同时还特别指出了类似纳粹党那样的"信徒党"。① 不过,随着政党政治日趋完善,政党竞争逐渐多元化,这种类型的区分已经不再那么明显。

有学者提出了"全方位型政党"(全民型政党)的概念,基于社会阶层分化的淡化,群众型政党正在转变为在意识形态和政治价值观上态度温和的全方位政党。在全方位型政党之中,政党为了获得更多选民的支持,逐渐淡化其意识形态和阶级属性,政党逐渐同政府和国家利益结合,不再追求独立的政党目标,政党精英和中央组织发挥了更大的作用,利益集团与政党之间结合得更为紧密。② 在一些学者看来,全方位型政党会取代以往的精英政党和群众型政党,这种新的政党类型会产生一种非结构化利益氛围,给选民和政党本身均会带来疑惑。③

针对迪韦尔热将群众性政党作为分析对象的做法,有学者提出了"卡特尔政党"的概念。④ 这种观察政党结构的理论认为政党和国家之间的界限逐渐模糊,随着国家干预社会的程度逐渐加深,政党和国家之间转入融合,政党在国家政治和社会生活中发挥了更为"黏合"的作用。随着政党逐渐取得"准国家机构"的地位,政党国原则也逐渐成为宪法的基本原则。实际上,这一理论认为政党本身就是一种政治体制,政党内的三种力量——普通党员的组织、执政组织和官僚机构的组织之间会不断斗争,也会结成同盟;执政组织通常希望降低普通党员组织的影响力来获得更大的行动自由。卡特尔政党不再属于公民社会,而融入国家之中。因此,卡特尔政党与国家财政支持

---

① M. Duverger, *Political Parties: Their Organization and Activity in the Modern State*, London: Methuen, 1954, pp. 61—132.
② Otto Kirchheimer, "The Transformation of the Western European Party Systems," in Joseph LaPalombara and Myron Weiner (eds), *Political Parties and Political Development*, Princeton N. J.: Princeton University Press, 1966, pp. 177—200.
③ Otto Kirchheimer, "The Transformation of the Western European Party Systems," in Joseph LaPalombara and Myron Weiner (eds), *Political Parties and Political Development*, Princeton N. J.: Princeton University Press, 1966, pp. 177—200.
④ Richard S. Katz and Peter Mair, "Changing Models of Party Organization and Party Democracy: The Emergence of the Cartel Party," *Party Politics*, Vol. 1, No. 1 (1995), pp. 5—28.

的关系密切,政党中央和地方组织之间的关系也变得疏离,主要政党之间的共谋与合作关系更为突出。①

四、政党政治

政党政治是现代民主的必要条件。② 一方面,现代民主国家的政权组织和政治决策大部分受制于政党运作,民主显示出与政党不可分割的关系并越来越依赖政党;另一方面,人民意志的形成、汇集和表达也大多需要通过政党来完成,政党是最重要的"形成人民意志的机构"。政党制度所涉及的范围十分广泛,包括政党制度的类型、竞争性差异、党纪约束力差异、资金运用等,还涉及政党的内部自治及政党违宪和取缔制度。尽管民主的关键在于最后的民意表达与抉择,但这个过程还涉及其他主体的参与及规范控制,它们影响着民意和利益的表达。这些元素正是控制民主的重要手段。

德国的政党可以被称为民主政党,其建立了政党国体作为基本政治秩序和宪法原则。这一方面是因为政党国原则对政党内部民主作出了具体规定,另一方面是因为政党在政治与社会发展中发挥着民主功能。③ 民主政党不同于一般的政治社团,它具有高度的政治性,即为了一定的政治目的而成立,并以参加选举和影响国家意志为目的。民主政党还具有比较强的组织性,如政党活动具有连续性,政党往往希望通过政党活动来汇集、影响和表达国民意志。政党往往具有一定的纪律性,并且为实现其目的而提出政纲或者党纲。政党的政纲或者党纲原则上不应抵触宪法,不能违背自由民主的宪法秩序,但对于其如何界定或者认定需要进一步考虑。

政党国原则能够在德国形成和发展,也是基于政党在社会政治生活领域发挥了越来越重要的作用。④ 这些作用包括形成、汇集和传递民意,以及形成国家政策,组织、参与和动员选举,组织国家政权,并且培育人民民主,承担部分国家监督职责等。德国联邦宪法法院认为,政党之所以能够在一国法秩序中占据重要地位,是因为它"是作用于所有公共生活领域内之国民政治意志之形成,在此所有领域内,政党特别是对公共意见的形成具有影响,对政治意见的形成提供建

---

① Richard S. Katz and Peter Mair, "Changing Models of Party Organization and Party Democracy: The Emergence of the Cartel Party," *Party Politics*, Vol. 1, No. 1 (1995), pp. 5—28.
② 周淑真:《政党政治学》,人民出版社 2011 年版,第 195 页。
③ 祁刚利:《政党民主论》,中央编译出版社 2011 年版,第 50—70 页。
④ 〔德〕康拉德·黑塞著,李辉译:《联邦德国宪法纲要》,商务印书馆 2006 年版,第 131 页。

议或提供可深入的探讨，它亦可促进国民积极地参与国家政治生活，去训练及教育有能力负担公共任务之民众来经由政党之提名参与国家选举"①。

政党的民主功能具体可以分解为如下几个方面：一是在选举中的作用，包括形成、汇集和表达民意，组织和动员选举，降低选举成本；二是在政权组织中的作用，包括组织和形成政府，传递、表达和表征民意；三是在政策形成和实施上的作用，包括政策形成和制定、政策宣传和辩护；四是民主教育功能，即政党能够承担起促进民主思想传播、推动民主教育发展的责任，促进人民积极参与国家政治生活，训练及教育有能力担负公共任务之公民来经由政党提名而参与国家选举；五是民主监督的功能，即政党是重要的民主监督机构，竞争性的政党制度构成了广义的监督制度的一部分。

德国基本法第二十一条规定："一、政党应参与人民政见之形成。政党得自由组成。其内部组织须符合民主原则。政党应公开说明其经费与财产之来源与使用。二、政党依其目的及其党员之行为，意图损害或废除自由和民主之基本秩序或意图危害德意志联邦共和国之存在者，为违宪。至是否违宪，由联邦宪法法院决定之。三、其细则由联邦立法规定之。"该条规定对政党及政党制度的发展来说具有里程碑式的意义。政党的行动领域并不局限于代表人民，还延伸到了国家的机构和组织中，因为它们决定了人事和议程。这个国家于是就表现为一个"政党国家"。政党制度成为国家民主制度中最重要的组成部分之一，并被宪法接纳；宪法也确立了政党的宪法地位和行为规范，规制政党和政体之间的关系，约束政党的价值取向和行为。

基本法明确规定政党的地位及党内民主的要求，与纳粹时代的惨痛教训及两德分裂时期独特的政治环境有密切关联。通过这一规定，德国希望实现政党的良性发展和政党政治的规范运作。德国基本法第二十一条第三款还进行了明示的宪法委托，这为后来制定《政党法》提供了宪法依据。不仅如此，联邦宪法法院还通过一系列判决和宪法解释为政党的宪法位阶提供了更多的依据。因此，政党和政党制度是德国民主制度与宪法秩序中颇具特色的一部分。德国宪法理论上逐步形成了政党国原则，它是德国宪法理论体系的基础，也是德国宪法的基本原则。关于政党国原则的内涵有不同的理解，但其核心内容是指由基本法建立起的一种法律秩序。在这一秩序下，政党具有一定的宪法地位；国家以政党为形成、汇集和表达人民意志的主要渠道，并

---

① 转引自陈慈阳：《宪法学》，元照出版有限公司2005年版，第269页。

使政党成为人民意志与国家意志联系之纽带；国家形成了对政党的细密保障措施，尤其注重保障政党之间平等和政党内部民主，并形成了"自卫型民主"（militant democracy）来控制、规范政党的目的和行为。这种法律秩序就被称为"政党国"，是对政治事实的一种描述。

政党的宪法地位与宪法对政党的规范密切相关。从理论上看，宪法规范可以对政党作出细致的规定：一是公民享有组成、加入和退出政党的自由；二是政党内部必须形成民主秩序，并受制于宪法；三是政党间必须是平等的；四是政党得以自己的名义进行权利救济，如得提出宪法诉愿和宪法诉讼；五是现代政党可以从国家财政中获得资助，并且政党接受政治献金必须遵循一定的规则；六是政党必须履行一定的宪法义务，如公布政党财产并接受广泛的监督和审查，政党的政治纲领必须公开；七是政党须遵守自由民主的宪法秩序而不得试图去破坏该秩序等。[①] 这些规定可以体现在宪法原则、基本权利和义务、政治制度等部分，如公民的结社与组党自由、公民和法人的请求救济权、平等原则、选举制度和政治献金法等。因此，尽管德国基本法第二十一条是专门针对政党的，在其他部分也可以找寻到相关的依据。但德国基本法第二十一条第一款规定的组党自由的保护程度相较于结社自由更高，因为德国基本法规定的组建、加入和退出政党都是自由的，而且与其他社团相比，政党享有更高级别的保护以免于被解散（"自卫型民主"可被认为是解散政党的合宪事由）。[②]

政党受宪法规范的另一重要表现是政党的内部民主。基本法第二十一条第一款的第二句"其内部组织须符合民主原则"，明确规定了政党内部必须符合民主秩序。这是宪法介入政党事务的表现，表明了政党国原则的特别内容。我国台湾地区"人团法"第四十九条也规定了政党内部民主的具体内容。陈新民认为，党内民主要求党章明确并符合宪法规定；党员享有宪法基本权利，党员享有入党及退党权、言论权、党内外结社权等；在遭遇党纪处分或其他不公待遇后，党员可以请求党内独立公正的仲裁；更为核心的是，关于参与选举的政党候选人的推选制度（即"党内初选"）必须符合民主的原则和民主的程序。[③]

---

① 〔德〕康拉德·黑塞著，李辉译：《联邦德国宪法纲要》，商务印书馆2006年版，第136—146页。
　陈慈阳：《宪法规范性与宪政现实性》，翰卢图书出版有限公司2007年版，第137—139页。
② 〔德〕康拉德·黑塞著，李辉译：《联邦德国宪法纲要》，商务印书馆2006年版，第136页。
③ 陈新民：《德国公法学基础理论》上册，山东人民出版社2001年版，第262—274页。

五、政党法治化

1967年，德国颁布了世界上第一部《政党法》，将政党正式纳入法治的轨道，形成了一套完善的规范政党的法律和制度体系，并引领了世界立法潮流。德国《政党法》为世界政党法治化提供了范本，有学者统计，截至2009年，至少有35个国家制定了专门的政党法。① 实际上，德国的政党法治化并不仅仅依赖《政党法》，《基本法》和《选举法》的规定也发挥了很大的作用。政党法治化进一步改变了政党在政治和法律结构中的地位，促使"政党国家化"——政党因而取得了一种准国家机构或者制度化机构的地位。政党立法明确了政党的性质与宪法地位，为政党在国家政治和社会生活中发挥作用奠定了基础。德国《政党法》第一条就说明了政党是"宪法所要求的自由民主秩序的不可或缺的组成部分。政党以其在自由地和持续地参与国民政治意愿的形成方面尽其所能地发挥作用，以履行基本法所赋予的公共职责"。关于政党的定义以及对政党的具体要求是德国《政党法》作出的比较明确和有操作意义的规定，它要求政党必须将其目标列入政治纲领中，并特别规定了政党的退出机制："如果一个政党连续6年既没有提名候选人参与联邦选举，也没有提名候选人参加州选举，它将失去其作为政党的法律地位。"这表明，提名候选人参与选举是政党的核心任务之一。

政党立法也是党内民主的保证。《政党法》第二部分详细规定了政党的"内部秩序"，对政党民主提出了具体的要求，包括党章必须明确党员的权利和义务以及惩处党员的纪律措施，政党必须设置地区分支机构，必须成立党员大会或者党员代表大会（党员大会及党员代表大会和委员会是必要机构）等。这些规定无疑介入了政党内部自治的事务，同时也是将政党内部民主化的必要条件。此外，政党立法一般也明确规定了违宪政党被取缔的条件、程序和结果。正如前文所述，政党违宪是德国政党国体和民主制度的重要内容，但基本法却没有明确政党违宪的细节。《政党法》就是具体化基本法第二十一条第二款的表现。不过，越来越多的国家或地区的宪法直接规定了政党取缔程序。

---

① 叶海波：《政党立宪主义研究》，厦门大学出版社2009年版，第6页。

第八章
立法权

立法权是主权的直接延伸,是民主的直接表征。立法权一般由人民或人民代表直接行使,这就形成了直接民主和间接民主之间如何选择的问题。由于直接民主自身存在着缺陷,而间接民主具有包容性、现实性和可操作性,因此现代国家普遍采用间接民主——代议制民主的形式。代议制是现代民主的基本形式。代议机构通过行使立法权实现了民主,不仅提供了处理公共事务所需要的专业人才,而且坚持了人民主权的基本原则,能够切实对人民负责。从现代议会议事程序来看,代议制已经达到了高度规范化和程序化的状态,然而实践中仍然存在着很多问题,突出表现为它具有民主性和反民主的双重特点。

第一节 立法权与代议制原理

一、直接民主与间接民主

(一) 直接民主

直接民主是指不借助任何中介或代表,公民直接参与对政治活动、公共事务的管理和决定。从民主原则与理想中的民主状态来看,亲自行使权力应当优于委托别人行使权力。直接民主在政治生活中以两种方式存在:一种是体制型,即在国家体制上实行直接民主;另一种是非体制型,即以直接民主的方式针对具体事务作出决定,如直接选举和全民公决等,但在国家体制上却采取间接民主形式。直接民主在历史上的典型是希腊城邦民主。卢梭在《社会契约论》中将人民直接参与公共事务视为追求真正自由的前提:他认为,主权在本质上是由公意构成的,而意志又是绝对不可以代表的,后者只能由主权者人民直接表达而绝不可能被代表。因此，他认为代议制违背了自由的原则。这是因为，自由意味着自主，而代议制是指一少部分人作为代表行使政府职权，其从本质上丧失了人们的自主性。孟德斯鸠也十分推崇在古典城邦中积极参政公民的理想与强烈的责任感。他认为，"在一个自由的国家里，每个人都被认为具有自由的精神，都应该由自己来统治自己，所以立法权应该由人民集体享有"①。

（二）间接民主

间接民主主要是指代议制民主，由公民通过选举的方式选出各自的代表，行使国家权力，管理社会公共事务。从理论上讲，间接民主可以有许多种形式。但是在人类社会的漫长历史中，只出现过一种间接民主形式，即代议制。代议制民主的历史起点从一些自认为人民或代表人民的人出现开始，由他们重建或新建政治共同体的政治结构，遵从个人的自由与平等，将人民主权理论作为权力产生的依据，从而形成代议制民主。代议制民主制度的存在前提是个人权利，即自由与平等，这又涉及人民主权理论。代议制民主制度的特点主要体现为如下几点。

第一，它较好地解决了公民参与和体制效率之间的两难选择。国家和社会事务由经过多数决定规则产生的代表进行决定和讨论，从而形成一整套解决方案来供政府选择。代表一般是专业人士，具有系统的业务知识和较高的道德素养，保证了决策的科学性与合理性。代表是通过直接或间接的方式选举产生的，是其所属政治集团的利益和意志的代表，选民虽没有直接参与决策，但他们的民主价值追求却已经在一定程度上得到了体现。

第二，它减轻了公民的决策负担，使政治分工成为可能。它是程序民主，能防止多数人的暴政。

第三，它是十分宽容的民主，能够通过妥协来降低决策风险和成本。

第四，代议制民主注重民主内容，并不强调外在民主的纯粹性，往往以维护公民的权利和自由为己任。

第五，它克服了直接民主最大的一个缺点：无法建立责任政治。由于直接民主决策是共同作出的，一旦决策出现失误，无法确定责任承担者，纠错程序就难以及时启动。长此以往，很难保证审慎科学决策。在代议制民主中，代表由人民选出，人民也同样有权罢免代表。而且一般会有明确的政治

---

① 〔法〕孟德斯鸠著，张雁深译：《论法的精神》上册，商务印书馆1961年版，第159页。

分工，纠错和责任机制较为健全，能有效解决现代社会中各种复杂的政治事务与国家事务，以此来维持政治统治的合法性与社会秩序，推动社会发展。

（三）直接民主与间接民主

直接民主与间接民主并不是一个事物的两个分支。实际上，直接民主政体是一种不受限制的政体，直接民主的理想是一种无止境的理想。这种理想既可以永远寻找下去，但又无法最终找到。间接民主是一种有限的政体，它的有限，是为了克服纯粹民主的弊端，在很大程度上是通过对权力的限制和监督来实现民主。因此，间接民主是一种多层次的决策过程。间接民主与直接民主的差别是极权民主与自由民主的差别，是本质上的差别。

1. 直接民主政体自身的缺陷可能会导致以下几种风险。（1）多数民众的不理智可能会导致激情政治。（2）民众缺乏足够的理性认知与实践智慧，有可能会导致群氓政治。（3）直接民主若导致对宪法及政体的忽视，有可能会进一步导致暴民政治。（4）如果在集体决策和表决过程中难以达成共识，将会导致低效政治。（5）某些势力较大的利益集团的出现，可能会导致集团政治。（6）为了获得支持，政治家可能会过分讨好民意，导致福利超载的情况出现。

2. 直接民主的一个最常见的负面效应就是多数暴政的发生，究其原因可概括为以下三个方面。（1）直接民主程序缺乏自我纠错机制。凡遇到问题，其往往采取"一刀切"式的解决方式。排斥决策过程中的意见过滤程序，因而决策一旦通过后就无法进行改正。"正是因为多数意见会不断地遭到一些人的反对，我们的知识和认识才会有进步。在人们形成意见的过程中，完全可能发生这样一种情况，即在一种意见成为多数意见时，它已不再是最优的意见，因为在这个时候，一些人的观点有可能已经发展到了超过多数所能达到的水准。"① （2）直接民主在价值观念上缺乏足够的宽容，无法充分考虑所有群体的多元价值需求。这种单一的民主形式一般只能倾听来自大众的声音，无法包容其他少数意见。"宽容之为宽容，是因为我们确实持有我们自视为正确的信仰，同时又主张别人有权坚持错误的信仰。"② 宽容即尊重社会成员的自由价值选择，为人的生存发展提供更广阔的空间。然而，在缺乏宽容的直接民主下，少数人的自由就极易变成多数人自由的牺牲品。（3）直接

---

① 〔英〕弗里德利希·冯·哈耶克著，邓正来译：《自由秩序原理》（上），生活·读书·新知三联书店1997年版，第133—134页。
② 〔美〕萨托利著，冯克利译：《民主：多元与宽容》，见刘军宁、王焱等编：《直接民主与间接民主》，生活·读书·新知三联书店1998年版，第62页。

民主在形式上与法治理念相抵触。直接民主始终优先考虑多数人的意志，尽管只要民众认可的决策和意志就能够变成法律，但民众在行使权力时却不受任何限制，甚至不能容忍通过法律加给自己的束缚。柏拉图在《理想国》中评价古希腊民主时说："到最后……他们连法律也不放在眼里，不管是成文的还是不成文的，没有谁能管得了他们。"①

由此可以看出，直接民主是无法生根于现代社会的。一是由于现代社会的规模、复杂性远高于古代社会。同时，在古代社会中适宜直接民主生长的条件现在也早已不复存在，正如马克斯·韦伯就直接民主存在的条件所总结的那样：组织具有区域性或社会成员数量具有有限性；成员之间社会地位无很大的差异性；行政功能比较简单并具有稳定性；对人员进行最低限度的培训等。② 因此，直接民主不宜作为管理和控制国家的政治模式。二是由于直接民主对利益冲突的解决方式过于简单和缺乏理性，没有调和、妥协与筛选的过程，阻碍了一切政治谈判和政治协商的可能，这种消极状态离暴政不远。三是直接民主模糊了公私领域的界限，将一切事务都归于政治化，会导致个人权利与自由的陷落以及过度政治的产生。

3. 代议制的间接民主同直接参与式的直接民主相比，具有更强的现实性、可操作性，具有更大的包容性。（1）间接民主在现代社会条件下更具生存空间。它既解决了国家如何实现民主的问题，又保证了人民主权原则的实现，同时还避免了多数人暴政的专制弊端。从个人角度来讲，要实现自我价值与目标的追求，既要实现当家作主的民主理想，又要免受专制压迫，那么使理想与现实有效结合的形式应当是相互制约却又不影响民主权利的实现，因此代议制的间接民主最为合适。代议制的间接民主有两大基本功能：一是任何人都不能行使绝对的、无限的权力；二是人民凭借民主监督、权力置换来保证权力在民的终极目标。由此可见，代议制民主是对古代城邦国家直接民主制的突破性发展。如果没有代议制的出现，古代民主制和欧洲中世纪的城市共和国将会随着统一民族国家的形成而走向衰亡。因此，代议制民主是世界文明史上从古代民主制向现代民主制发展的伟大进步，是民主制自身发展的需要。③ 因此，间接民主应当是直接民主的高级阶段。（2）间接民主具有更大的包容性。具体表现在：一是它与宪治、法治相包容，限制国家权力

---

① ［美］乔·萨托利著，冯克利，阎克文译：《民主新论》，东方出版社1998年版，第334页。
② ［德］马克斯·韦伯著，韩水法译：《经济与社会》，中央编译出版社1998年版，第206页。
③ 周叶中：《代议制度比较研究》，武汉大学出版社1995年版，第62页。

和保障人民权力既是间接民主的必然要求,又是宪治、法治的内在本质。只有实现间接民主与宪治、法治的有效衔接,才能保证民主与宪治的共生和发展。因而间接民主制与分权、制衡、法治等原则才能够相互融合。二是体制性间接民主能够包容直接民主的有效形式,并可作为其发展的组成部分,但体制性直接民主却无法兼容间接民主模式。在直接民主下,一旦出现间接民主的因素,直接民主的性质就一定会改变。现实中,如果一个间接民主制的国家在社会政治生活中引入一些直接民主的因素,这个国家仍然是间接民主制的国家;反之,一个直接民主制的国家如果在国家政治生活中采用间接民主原则,则很难将其归入直接民主制度中。可见,直接民主形式比间接民主形式要脆弱得多,但间接民主的发展空间更大。三是间接民主包容少数人自由与权利的存在。直接民主注重的是多数人的民主自由,很容易压制或牺牲少数人的民主自由。间接民主却克服了直接民主多数人专制的弊端,最大限度地为人提供了自由与平等发展机会。正如伏尔泰所言:"虽然我不赞成你的意见,但我坚决捍卫你发表意见的自由权利。"四是间接民主包容了多元化政治格局。多元政治的出现是为了防止政治权威造成专横局面,同时也是国家权力相互制约与平衡发展的需要。在近现代社会发展过程中,政治多元体现在立法权、行政权、司法权的分立制度及政党政治之中。权力的分立状态能够避免单一权力的出现。政党政治作为代议制民主发展的产物,通过政党制度来解决民主制度中不同群体间的矛盾和冲突。只有间接民主才能包容现代政治的多元性及政党政治的合法存在。多元的政治派别在利益冲突中能够通过代议制民主的方式来实现政权的和平交接,避免专制与斗争的出现。

(3)间接民主是一种程序化的民主形式。民主制度的运行是按照法定的程序和规则进行的。代表的选举、代议机关的议事活动都是由较为固定的选举规则和议事规则事先规定的。前者如设立选举机构、划分选区、选民登记、提出候选人、竞选或公推代表候选人、初选、正式投票与宣布选举结果等;后者如集会、开会、会期、听证、公开、表决、质询等制度和议案提出、审议、表决及公布等程序。没有上述的规则程序,代议制民主无法真正得到实施。这种方式对民意进行层层筛选过滤,因而能够克服民意中的非理性因素。

二、代议制

(一)代议制的由来

代议制民主思想最初是在古希腊、古罗马及中世纪的漫长历史过程中逐渐演化出来的。历史上著名的雅典民主政治体制中,有三个重要机构,分别为公民大会、五百人议事会和民众法庭。① 其中,公民大会涉及的事务非常全面,并以较高的参会比例和频繁的举办次数为特征,充分体现了公民直接参与的程度。五百人议事会作为公民大会的常设机构,主要履行行政职能,如提起和审查议案,组织公民大会及监督大会决议,同时议事会成员的产生还有着一套较为严格的制度规则。民众法庭则起司法机关的作用,根据投票表决的形式来作出审判结果。

代议制在早期现代欧洲政治思想中是作为一种"理想政制"存在的。这种"理想政制"涉及国家秩序甚至世界秩序,属于一种工具化的形式,使得代议制能够在实现政治自由和防止暴政的趋势下依据现实的政治环境来参与不同的治理方式。随着现代社会的逐步发展,现代的代议制也发生了根本性改变,特别体现为人作为政治和道德的实践推理主体所发生的根本性改变。在现代代议制的语境中,选举是由选民依据自身的实践经验和推理,通过一系列有意识的政治行为来完成的政治过程。因此,约翰·密尔将代议制定义为"全体人民或一大部分人民通过由他们定期选出的代表行使最后的控制权,这种权力在每一种政体都必定存在于某个地方。他们必须完全握有这个最后的权力。无论什么时候只要他们高兴,他们就是支配政府一切行动的主人"②。

(二) 代议制民主取代直接民主的必然性

1. 民主存在着两面性,有时可以作为防止暴政出现的工具和武器,但有时也会走向另一种形式的暴政。说它能够防止暴政出现,是由于它给予了人民更多的决定权,由人民将权力授予国家和政府,少数人的意志无法凌驾于多数民众之上,从而避免了集权和专制。说它能够导致另一种形式的暴政,是由于它坚持少数服从多数的原则而缺乏对全民意志的综合体现,使得少数人的意志和权利被忽视,导致"多数人的暴政"。因此,实现民主的一个很关键的问题在于如何既让人们具有更强的参与公共事务能力,又能够让权力掌控和运用的合理程度逐步提高。如果运用不当,集体决策的结果将会偏离最初的价值,偏离结果一旦产生将难以控制。"它可以假借大多数人的意志所形成的道义力量,坚定地、迅速地和顽固地去实现独夫的意志。"③

---

① 王绍光:《民主四讲》,生活·读书·新知三联书店2008年版,第4—10页。
② 〔英〕J.S.密尔著,汪瑄译:《代议制政府》,商务印书馆2012年版,第65页。
③ 〔法〕托克维尔著,董果良译:《论美国的民主》上卷,商务印书馆2006年版,第252页。

2. 代议制在一定程度上纠正了直接民主制的缺陷。美国国父之一麦迪逊明确指出，代议制是解决"多数暴政"的有力武器，因为它"通过一个从公民中挑选出来的机构，对公众的看法加以提炼和补充，以这些人的智慧，使他们能最清楚地了解真正的国家利益之所在，他们的爱国心和正义感也使他们不大可能出于短期和狭隘的考虑而牺牲国家利益。在这种制度安排下，经过人民代表的表述，公众的声音会比由他们自己直接表达更符合公共利益"[1]。也就是说，理论上只有德才兼备的人才可能被选举出来作为人们的代表。这些代表在专业知识和道德品格上，会比普通公民更为优秀，因而能够谨慎、合理、恰当地行使权力，作出较为符合群体利益的选择，降低多数暴政和错误决策出现的可能性。

在代议制下，公民享有选举代表的权利，并借此来实现对公共事务的管理。公民既能够实现自身对民主的追求，又无须花费过多的时间精力。在参加民主活动之余，公民仍然能够有充分的时间从事自己的行业。这样，公共领域和私人领域就能够充分地区分开来。

3. 代议制有助于加强政治责任。如果实行直接民主，每个公民都参与决策的制定，一旦发生决策失误将很难追究具体责任。这就导致有参与决策的责任，但没有保证决策质量的责任。一般情况下，除了公民自身的国民荣誉感和爱国精神，没有其他的制约因素能保证其在参与态度上的审慎。在代议制政体中，人民选出的代表代替人民制定法律、监督政府，同时也被规定了明确的责任。人民虽然不直接介入公共事务的决策过程，但却拥有最终的控制权，因此代表必须对人民负责。代表如果不能履行职责，就会丧失代表资格。在这样的条件下，代表必须了解民情、倾听民意，以严肃审慎的态度作出决策。

综上所述，相较于直接民主制，代议制是一种理想政体。它不仅提供了处理公共事务所需要的专业人才，而且坚持了人民主权的基本原则，能够切实对人民负责。同时，代议制也不受国家规模的限制，在小国和大国一律适用。因此，代议制是现代民主政治的必然选择。

三、立法权

立法权是主权的直接延伸，是民主的直接表征，是现代国家的主要权力

---

[1] 王绍光：《民主四讲》，生活·读书·新知三联书店2008年版，第9页。

之一，也是基于民主选举的议会的核心职能。现代立法权模式主要有"议会至上"和"三权分立"两种，前者是洛克理论的结果，以英国为典型；后者是孟德斯鸠理论的结果，以美国为典型。

"议会至上"的立法权模式强调立法权的民主正当性和优先性，是国家权力、行政分支和司法分支发挥主要职能的唯一合法性来源。在政府体制上，法院不得对议会法律进行违宪审查，与"议会至上"相对应的是责任内阁制，后者强调议会多数党对行政内阁的政治控制。不少发展中国家在取得独立之后采取了"议会至上"的立法权模式，并通过议会的政治过程进行"民主训练"来实现宪治转型。早期宪治国家"议会至上"的立法权模式具有适合主权建构和政治成熟等优势，如运筹得当，将会使宪治体制发展朝着更加理性、稳健的方向发展。

"三权分立"的立法权模式尽管也遵奉人民主权原则和立法权的民主性特征，但更加重视绝对立法权和法治原则。其主要方式为：一是由成文宪法对议会权力进行明确列举；二是运用联邦制来约束中央议会；三是法院对议会法律的合宪性进行司法审查。在政府体制上，"三权分立"对应的是强总统制（弱总统制的实质仍为责任内阁制），宪法强调三权之间的有效制衡。因此，"三权分立"的立法权模式需要较为严密的政治智慧以及相对优越的社会条件。这种政治选择对发展中国家来说要求更高一些，并且客观上是对于民主过程的一种不信任和控制机制，不利于早期宪治国家的民主成熟，需要被审慎对待。

当然，无论"议会至上"还是"三权分立"，都是立法权的现代模式，都构建并开放出相对规范的议会民主程序。各个国家都面临着通过议会民主程序推进立法权规范化的任务，这是构建现代国家的核心要素之一，也是民主化进程中的主要内容。

第二节　现代议会议事程序及其困境

议会制政府是当今民主政治运行依据的主要模式。在各国的发展历史中，议会的权力若开始扩展，就会对国家的王权或者行政权造成威胁。同时，其他新兴利益集团也需要通过在议会中谋取地位来保障自身利益群体的利益。

一、美、英国家国会议事程序

大多数国家为了保证议会能够平稳运转,提升议会的工作效率,都会制定相应的议事规则。议会由两院组成,议事规则通常由议会的两院各自制定,一般情况下对每届议会都适用;也有的国家每届议会都制定相应的议事规则。由于各国的具体情况不一样,议事规则的内容和繁简程度也有所不同。

(一)议案的提出

1. 提案主体。提案主体通常由宪法和议事规则规定。大多数国家规定,一定数量的议员、国家元首、议会的两院、各委员会或政府都拥有提案权。在责任内阁制国家,政府的提案在议会讨论中占优先地位。一些联邦制国家则规定,联邦的组成部门拥有部分提案权。也有国家规定,一定数量的选民也可以提案。例如俄罗斯宪法规定,联邦宪法法院、最高法院和最高仲裁法院在由其管辖的问题上也享有立法动议权。一般情况下,议案需附有说明,写明提案理由,并在会议召开前一定时间内提出。议案在列入议会的议事日程之前,通常先交由一定的机构审查。议会的领导机构在通过议事日程之前,必须把它所收到的议案情况向议会全体会议汇报。

2. 议案撤回。有的国家规定,只有提案者提出请求后,议员才能撤回已经提出的议案和动议。在上升为委员会议题后,如要撤回,还需经委员会准许。在上升成为会议的议题后,撤回须经议院准许。

(二)议案的讨论

1. 委员会讨论审查。一般在议会收到议案或决定将议案列入会议讨论后,通常议案先交有关议会委员会讨论。在委员会会议听取提案起草者或起草单位的代表就起草问题及有关事项所作的说明后,委员会成员充分发表意见,最后要对所讨论议案进行表决,形成决议向议会或议院会议作汇报。决议以报告形式写出,获得委员会简单多数赞同的意见、建议和修正案均列入报告,作为委员会的集体意见。

2. "三读制"。西方国家对议案的讨论一般实行"三读制"。"三读制"是指任何议案都必须经议会三读审议后才能通过。"三读"议事程序是在英国形成的,后来逐渐被美国、德国、丹麦、新西兰等西方国家仿效。一读阶段,是在议会全院会议上宣布议案的名称和要点,然后把议案送到有关委员会进行审查;二读阶段,是宣读议案内容,在专门委员会审查和修改的基础上进行辩论，再行修改；三读阶段，即进行表决。在一院制的议会，议案经过三读通过后，即完成了在议会的立法程序。在两院制国家，议案在一院三读通过后，要送到另一院按照同样程序三读通过。如果议会一院批准的议案在另一院获得通过，或者经过两院联席会议的协调获得通过，那么这项议案的"三读"过程就告结束。

3. 辩论。辩论是议会主要的、最常用的议事方式。一般在议会或议院听取了委员会对议案的审议报告或提案者的报告后，议会或议院会议便开始正式讨论，进行大会发言或辩论。许多国家的议事规则都对辩论的程序、辩论的规则作了规定。辩论要求辩题集中、态度分明、限定时间。辩论程序一般分五个步骤：动议——双方首席先后发言——双方其他议员轮流发言——双方代表总结——表决。

4. 议员的发言。外国议会议事规则一般都对议员的言论免责和发言时间限制作出规定。议员在议会中任何会议上的发言只要不使用诽谤、侮辱性语言，不泄露国家机密和揭露他人隐私，且遵守发言程序规则和会场秩序规则，发表任何言论均受法律保护。对于违者，议长可行使处罚权，如禁止发言、驱逐出会场等。对于议员的发言，大多数国家对发言次数和发言时间有所限制，一种办法是限制每个议员的发言次数和时间，另一种办法是限制每个议会党团的发言次数和时间。对发言时间的规定从不超过10分钟到不超过30分钟不等。议事规则通常还规定，就同一问题进行的第二次发言时间应少于第一次发言，如表达反对意见，发言时间可适当延长或不加限制。如发言人超过规定时间偏离议题，主持人可令发言人停止发言或言归本题；对于不听劝阻者，主持人有权取消其发言权。

议员在辩论中的发言，不论在哪一个国家，都由指导机构负责安排。通常的做法有两种：一种是议员可以（或必须）预先向每一场辩论的主持人登记；另一种是在辩论过程中，议员可随时向主持人请求发言。议员发言，有些国家不准议员照稿宣读，有些国家允许使用发言提纲或宣读有关技术性材料和引文。极少数国家不对发言加以任何限制，如芬兰等国，只要议员愿意，想讲多久就讲多久，想讲几次就讲几次。

5. "一事不再议原则"。这一原则是议会议事的传统和惯例，即对于议会已经议决的事项，在同一次会期中不得再次审议和作出决议；如确有必要讨论，也只能在下一次或以后的会期提出和审议。这一原则的目的是保证议会意见的一贯性，保持议会决议的权威，也有利于提高议事效率，尤其是防止议会内少数派阻挠议事过程的正常进行。

（三）表决

各国通常根据方便实用、公正合理、烘托气氛等原则，并从自身的历史传统和习惯出发决定采用何种表决方式。常用的表决方式有：口头表决、举手表决、起立表决、分组或分门列队表决、唱名表决、投票表决、掷球或作记号表决、鼓掌欢呼表决、使用表决器表决、无异议表决等。在议事过程中，议会所采用的表决方式不限于一种。电子表决技术因其准确、方便、快捷的优点，在各国议会表决中得到了广泛应用。

关于表决的法定人数，各国规定各不相同，主要取决于议案的重要程度。例如，对宪法的表决，通常要求有三分之二或四分之三绝对多数票才能通过，而对一般法律案的表决，过半数即可。对同类别法律的表决，各国规定亦有差别，二分之一以上赞成即可通过法案的国家最多，其他还有三分之二、三分之一等。在表决议案出现赞成票与反对票相等的情况下，通常有两种解决方法：一是由议长或其他主持会议的人投票决定。在美国国会中，议长不进行投票，但在赞成票与反对票相等时，议长的一票就是决定性的。二是提案被视为否决。例如，法国国民议会议事规则规定"赞成与反对票相等，付诸表决的问题算不通过"。关于法定票数的计算基准，主要有"出席表决比例制""出席会议比例制""全体成员比例制"。

在议员因故不能参加投票的情况下，有些国家的议事规则中设计了委托投票规则，允许议员将表决权委托他人代为行使，但也对这种委托投票的操作作了严格的限制，如委托他人投票的议员必须出具书面的表决委托书。在允许委托投票的国家中，法国两院的委托投票规则是比较完备的。

一般情况下，各国议会的表决都是公开进行的，只有个别人事选举或有关个人权利的表决等极少数情况例外。例如，在德国，秘密投票这种投票形式专门用于选举联邦议院议长、联邦议院副议长、联邦总理和议会国防专员。

（四）议事记录

议事记录是议会会议的重要文件，几乎所有国家的议会都记录议员在各种问题与事项上的辩论发言、一切动议。会议暂停或结束后，向议员提供议事记录，而议员有权利也有义务审阅本人的发言记录。如发现所记内容与发言有出入，议员可以向会议主席提出校正要求。议员如在规定时间内没有就记录提出异议，就被认为批准了记录。有的国家允许议员将未讲过的资料或未能完成的发言增补进记录中。议事记录付印后由议长或有关负责人签署，存入议会档案室备查。一般国家的议事记录要在会后公开发表，有的发表完整记录，有的只发表记录概要。当会议发生争执时，会议主持人可以根据议事记录作出决断，公众也可以通过议事记录了解立法意图及各种审议意见。

二、议事程序的主要原则

各国议会的议事规则中有一些被普遍接受的原则。它们在维护议会独立性、规范议事活动、保障议会正常发挥职能等方面起着十分重要的作用。

（一）议事自治原则

议事自治，就是议会内部事务自治。这是多数国家，尤其是英国和受其影响较大的国家普遍承认的议会议事原则。归纳起来大致有以下内容。

1. 规则制定权，即议会有权制定自己内部适用的规则。这是最重要的自治权，甚至可以成为议事自治的代名词。

2. 规定议事单位，包括建立议会内部的组织、服务、工作机关及其管理制度，进行相关人事任免等。

3. 维护议院秩序，执行内部纪律，惩罚扰乱秩序的议员和行为。这包括议会自行决定动用警卫和警察力量。

4. 维护议会和议员的特权与权利，保障议员享受法定（有的是宪法规定）的工薪、津贴及其他待遇等。

从法律上看，自治范围的大小一般取决于有无专门的议会法。如果有专门的议会法，自治的范围通常较小。例如，日本、韩国等把自治范围内的很多事项写进议会法中，以法律形式来规定议事规则，只有在议会法的范围内议会才有权自行制定规则。议事自治原则在适用时涉及两个有关规则地位的问题：其一，议事规则是不是法律；其二，是否需要对议事规则进行司法审查。绝大多数国家认为议事规则不是法律，效力低于法律，不需要通过国家元首颁布程序即可生效。

（二）议事公开原则

议事公开是很多国家的宪法普遍接受的议事原则。英国下院曾通过决议规定"议会的任何人士皆应保守秘密，不得泄密，不得泄露议会大厦内所做所说之事"。对未经许可报道议会活动者甚至可以判处监禁，课以重税。后来，随着议会民主的发展和议员免责权制度的形成，秘密会议遭到严厉批判。美国宪法第一次把议事公开原则写进了宪法："各院应有本院会议记录，并应随时予以公布，但它认为需要保密的除外。各院议员对于任何问题的赞成票和反对票在出席议员五分之一的请求下，应载入会议记录。"现在公开性或透明性已成为议会活动的普遍原则，法国、瑞士、韩国、日本、德国、意大利、比利时诸国宪法都有明文规定。

议事公开的原则也不是绝对的。各国议会在讨论涉及国家安全、私人情况、人身损害等事项时一般召开秘密会议。美、英等国议会召开秘密会议时，需要关门进行，无关人员必须清出会议场所，所以秘密会议也被称为"闭门会议"。日本宪法规定经出席议员三分之二以上的多数决议，可以召开秘密会议。美国国会举行秘密会议的最基本理由是讨论国家安全问题。举行秘密会议时，议员和工作人员不得泄密，否则要受到纪律处分，严重的甚至可以撤销议员资格、解雇工作人员。召开秘密会议一般需要由宪法确定的法定人数提起，由议院决定。通常秘密会议之后，经议院决定，记录可以公开。

（三）会期不继续原则

会期不继续是指议会的各个会期相对独立，一个会期内未议决的事务失去程序上的效力，在下一个会期或以后的任何会期不再继续审议；若需要重新审议，必须重新提案或动议。

会期不继续是传统的议事原则。在英国历史上这一原则非常明确，会期结束便意味着两院尚未通过的所有公事法案就此废弃。日本国会法规定，在会期没有形成决议的议案，原则上在后会不继续审议。在加拿大，议会会期结束之时会期议程中安排的事务即被视为已经"死亡"。

随着议会制度的改革与发展，有些国家已经将"会期不继续"调整为"任期不继续"。美国就是一个典型。以前美国国会也强调会期不继续，但现在两院议事规则都明确规定：同届国会不同会期之间的休会不得影响议事效力。

（四）一事不再议原则

一事不再议，指议会已经议决的事项在同一会期中不得再次提出和审议。这一原则的目的是保证议会意见的一贯性，保持议会决议的权威，也有利于提高议事效率，尤其是防止国会内少数派阻挠议事过程的正常进行。

"一事不再议"一般不是写进宪法、法律和议事规则中的成文原则，基本上是议会议事的传统和惯例。很多国家的议会都认为已经议决的事项在同一会期中不得重新审议，是议事之常理，都自觉遵守。这一原则的适用有以下条件和限制：第一，只限于同一会期。前会不拘束后会，一个会期已经议决的事项可以在下一次或以后的会期提出和审议。第二，只限于同一问题。虽在同一会期中，议题也是一样的，但如果情势发生了变化，就可能打破这一原则的限制；如果同一议案被拆分或合并，同样的内容有减少或增加，也可以规避这一原则，要求议会审议。第三，在两院制国家，必须是两院都通过才不可再议。如果一院（通常为下院）通过，另一院（通常为上院）否决，议案还会退回原院再审。第四，同一法案或事项在议事的不同阶段不受此原则限制。第五，对于委员会已经决定的事情，全院会议可以再审，甚至可以推翻。

（五）经费独立原则

议会经费独立，也叫财政自治，是保证议会享有行使职权所需的足够资源，不受行政权力干预，保障自身独立地位的重要制度。议会经费独立，首先是议会作为一个国家机关运转的费用由其自行决定，并由国库支付；其次是议员决定，并由国库支付；最后是议员的税费或薪金均由国家法律保障，并由国库支付。

这一原则的具体内容包括：第一，宪法或法律确立议会经费独立原则。例如，日本国会法规定"两院议员经费独立，并必须列入国家预算"。韩国国会法规定"国会经费独立，但列入国家预算"。第二，议会的预算、决算及预算的调整和补充等均由议会自行决定。决议后向政府提出，单独列入国家预算，或由国会作出决议后直接由国库支付。意大利代表院议事规则第十三章规定本院预算和决算由会计官事先核算，再报请全院大会辩论并表决。第三，议会预算由议会自行编制，自行提案。韩国国会议长根据国会运营委员会的规定制作国会预算要求书，经国会运营委员会审查后向政府提出。第四，议会经费中必须设立预备金，预备金通常由议会两院议长或议会内部机构管理。

三、议事效率

不论议事还是办事，都应当讲求效率，这是毫无疑义的。就议事效率而言，首先体现在决策民主化、科学化上。如此，在执行过程中，就能少走弯路，避免重大的失误。这说明，按民主原则议事，看上去费时费力，实则能取得事半功倍的效率。可见在作出重大决策时，必须强调民主。实践证明，离开民主谈议事效率是不正确的，离开民主谈决策的正确性往往是不可靠的。国家权力机关按照民主原则议事，广泛听取各方面的意见，集中集体智慧，作出科学决策。这不仅符合人民的意愿，而且更能反映客观实际。我们所追求的正是这样的议事效率。

要提高议事效率，除了充分发挥民主的作用外，还必须使议事程序化、规范化。在总结议事经验的基础上制定议事规则，使民主原则具体化、民主程序规范化。从法律和制度上保证议事效率和决策正确。例如，按照议事规则的规定，代表和委员对议案、法规草案有一个必要的反复审议过程，使审议不断深化、优化。这样，不仅从制度上保证代表、委员能够充分发表自己的意见，而且能够通过各种不同意见的分析、比较，使代表、委员对所要表决的议案形成比较全面、透彻的了解。

四、议事程序的民主性与反民主性

"议会民主"是现代西方政治体制的基本形式，许多人不假思索地认为议会与民主的结合是不容置疑的真理。实行民主，就必须采取议会制，而议会的讨论正是民主的体现。批评和反对议会制，也就是反对民主，就是法西斯主义。但是民主和现代议会制有着本质的区别。议会制和民主制的结盟是到近代才真正实现的。那么要了解议会制体现的民主和专制主义体现的民主在本质上有什么不同，就需要对民主的概念有一个具体的把握。

在西方，随着各国社会的发展，民主已经成为一种纯粹用来选举和授权政府的机制，是精英分子之间的竞争。公民仅被看作政治市场的消费者，民主的德行基础已经丧失。民主的本质在于所有的决策只对决策者本人有效。群众是一个异质的概念，不同的人群根据民主原则组建起来的国家必定会呈现出不同的形态。实体上的民主制依靠一系列的统一性而建立。这涉及统治者和被统治者的统一性、国家权威主体和客体的统一性、人民与议会代表的统一性、国家和现有选民的统一性、国家与法律的统一性，最后还有数量和质量的统一性。正是由于民主的这种统一性要求，民主的概念可以和不同的体制结合，实现民主必须实行议会制是对民主的一种狭隘的理解。

现代的议会制度受到经济技术的严重污染，已经沦为各个政党和财团的名利场，与民主的统一性要求背道而驰。议员不再是广大人民的代表，他们心中算计着的是利益和获胜机会；真理不再是他们追求的唯一目标，他们迫切需要的是达到一种联合和妥协。德国的思想家韦伯对这种状况描述道："今天，议员所作的演讲已不再是个人的信念表达，更不用说，试图让对手改弦易辙。这些演讲是向全国发表的正式声明……所有政党的议员发表一轮或两轮演说之后,国民议会(Reichstag)的辩论就结束了。演讲事先都在政党核心会议上提交过,并至少在所有关键成员中达成一致。核心会议也决定由谁代表该党发表演讲。各政党对每一个问题都有专家,正像官僚制一样。"①

人民选举的委员会对人民负责,但是人民是个大而广的概念,其缺乏像议会那样的独立意志,从而,从人民中产生的代表不再对人民负责。人民在这一连串的代表中倒显得不是那么重要。在现代社会中,议会作为公民同质性的代表身份已经丧失,"议会代表"成为韦伯笔下的"议会官僚",成为政党统治民众的工具,议会辩论失去了它原有的政治意义。议会真理只不过是各种意见之间相互竞争的函数,明确的结论已被议员们清除出局。现代议会已经背离了民主,只是自由主义的一个载体。也正是因为自由主义和民主的结盟,议会的民主性丧失了。

人们经常用的"一个值得信赖的人的会议"并不是议会的关键,甚至还有可能是与民主制相矛盾的。"作为最高委员会的议会,在当选期独立于人民,而且一般不能加以撤换,而作为它下面的委员会的议会制政府总要依靠那个最高委员会的授权,因此任何时候都可能被撤换。"② 正是在这一规定下,在现代社会中议会偏离了其本意上的民主,其实质是自由主义统治的一种工具。自由主义是一套连贯的形而上学体系,它的所有规则其实只围绕着一个原则在总结:让各种意见毫无保留地竞争,最后可以达到真理。

正是从这一意义上来说,自由主义否定民主,民主也在本质上否定自由主义。在现代议会中,议员无休止的商讨正是自由主义的一种具体表现形式。政治权力才是政治的本质。

第三节 人民代表大会制度与人大代表专职化

人民代表大会制度是中国的根本政治制度,在其运行体系中包含着多个具体的运行机制,即人民代表大会组织构成、人大代表产生机制、人民代表大会运行机制、人民代表大会监督机制、人民代表大会闭会期间代表活动机

---

① 〔美〕约翰·麦考米克著,徐志跃译:《施米特对自由主义的批判》,华夏出版社2005年版,第160页。
② 〔德〕卡尔·施米特著,冯克利、刘锋译:《政治的浪漫派》,上海人民出版社2004年版,第185页。

制、人大代表与群众沟通机制等。它集中反映了我国宪法规定的"中华人民共和国的一切权力属于人民"的根本原则,集中反映了中国特色社会主义制度的最大优势即中国共产党领导,集中反映了党的根本组织原则即民主集中制原则,成为当代中国的一项根本政治制度。

我国的人民代表大会制度与代议制存在着共性。列宁曾在《国家与革命》中指出:"摆脱议会制的出路,当然不在于取消代表机构和选举制,而在于把代表机构由清谈馆变为'实干的'机构。……如果没有代议机构,那么我们就很难想象什么民主,即使是无产阶级民主。"①

一、代表在人民代表大会制度中的地位

我国的人大代表制度是人民代表大会制度的重要组成部分,与西方国家的专职议员制度不同,我国的人大代表实行的是兼职制度。"1954年宪法规定国家最高权力机构组成人员兼职制度以后,1982年宪法在此基础上继承了这个制度。"②

按照宪法和代表法的规定,各级人大代表是各级国家权力机关的组成人员,即全国人大代表是最高国家权力机关的组成人员,地方各级人大代表是地方各级国家权力机关的组成人员。全国和地方各级人大代表,代表人民的利益和意志,依照宪法和法律赋予本级人大的各项职权,参加对国家权力的行使。

人大代表的地位具有法定性。各级人大代表都是经过严格的法律程序,按照法律的有关规定选举产生的。代表享有的权利和履行的义务,是人大代表经选举产生后法律赋予的,是与代表的法定职务同时存在的。不经过必要的法律程序,任何组织和个人都不能剥夺代表的法定职务。人大代表执行的代表职务是一种政治性很强的职务,就其性质来说,是参加对国家各项事务的管理,参加对国家权力的行使。人大代表执行的代表职务不是一般的社会职务,而是一种严肃的、政治性很强的职务,是国家职务,承担着宪法和法律赋予的重大职责。

人民代表大会是国家权力机关,在整个国家政权体系中居于重要地位。人大代表作为国家权力机关的组成人员,个人无权单独行使国家权力,而是集体行使国家权力。换言之,国家权力机关行使权力,是通过人大代表执行代表职务的集体行为来实现的。这种行为在法律上、政治上的权威性是不能

---

① 《列宁选集》第3卷,人民出版社2012年版,第151页。
② 周伟:《全国人大及其常委会组成人员专职化的进程与展望》,《河北法学》2007年第12期。

动摇、不可侵犯的。

二、代表兼职化的缺陷

兼职化制度的优势在于,代表来自长期从事某一领域的专家,能够熟知该领域内存在的现实问题,并能够长期跟踪某一问题的解决情况。任何事物都有两面性,人大代表兼职制度也是一样。人大代表兼职化的制度缺陷主要体现在以下几个方面。

(一) 代表角色冲突

在兼职制度下,人大代表有两种不同的职务——自身职务和代表职务。自身职务是本职工作,是专门专业的职务,人大代表是业余的职务。不同的职务就有不同的角色,对人大代表来说其代表角色不是唯一的,不同角色之间必然蕴含着内在的冲突。

首先是代表职务与本职工作之间在时间和精力上的冲突。人大代表是要以本职工作为主的,其在做好本职工作的同时履行代表职务,做好代表工作。这就存在如下问题:如果本职工作和代表工作发生冲突应该如何兼顾,如果不能兼顾应该如何取舍。人大代表大多是各部门的业务骨干,往往承担着繁重的本职工作,代表工作与本职工作发生冲突时,被忽略、被牺牲掉的往往只能是人大代表的兼职角色。

其次是不同角色之间潜在的利益冲突。人大代表的权力是人民赋予的,人大代表行使其权力要反映选民和人民的利益。但是在兼职制度之下,代表身份具有双重性,自身职务、自身利益有可能会对代表职务形成干扰。一方面,兼职代表很难不受到所在系统、行业和部门利益的左右,这会在一定程度上影响人大代表行使职权的客观性和公正性;另一方面,兼职代表兼具"政治人"和"经济人"的双重属性,他们并不天然致力于公共利益,很可能背离公众所托,利用代表身份牟取私利。

(二) 履职功能弱化

人大代表肩负人民的重托,掌握宪法和法律赋予的权力,是一项非常光荣、严肃而又神圣的政治职务。但是在兼职制度下,很多代表既很少有时间去参加视察、调研及讨论议案等其他活动,也没有精力去学习政治和法律知识来提高参政议政能力。

立法是人民代表大会的首要职责。人大代表在充分调研、反复论证的基础上,才能有充足的准备来审议立法草案。如果既没有必要的法律基础,又不进行深入调研,让兼职的人大代表在每年 1—2 周的短暂会期里完成这样的任务是很难的。

监督权是宪法赋予人民代表大会的一项重要职权。人民代表大会代表人民的意志对行政机关、监察机关、审判机关、检察机关进行监督是宪法赋予的职权,也是我国国体和政体的必然要求,人民代表大会监督功能的效果也直接关系到我国民主法治建设目标的实现程度。就当前我国各级人大代表的职业分布情况而言,他们多是来自各行各业的先进人物,这些人大代表由于工作关系,经常会与政府打交道甚至受到政府部门的制约。作为"理性人",他们会清楚地认识到,担任人大工作并不会影响自身的直接利益,但若是因为监督权的行使而得罪了政府人员,却可能影响到自己或单位的切身利益。因此,人大代表往往不敢监督、不能监督,人大监督"走过场",有的时候甚至监督变成了变相表扬。

(三)代表责任缺失

人大代表是国家公权力的行使者,是一种政治职务的承担者。既然是政治职务,就要担负相应的政治责任。"人大代表作为民意的代表,是理所当然的政治责任主体,他们是否能够真正代表人民的意志和利益,是否能够真正履行政治责任,对于社会主义民主具有决定性的意义。"[①] 人大代表必须始终将群众的利益放在首位,在积极履行职务和行使权利的同时,必须具备强烈的责任意识和担当精神,积极承担相应的政治责任。

但在实际上,很多人大代表却做不到这一点。人大代表被更多地当作一种社会荣誉,较难做到认真履行代表职责,却较少受到批评教育。究其原因,根本上是因为代表兼职制度的实行。因为兼职,代表工作就是业余的,并且目前在程序制度上对人大代表的监督考核很少。因为本职工作繁忙,很少有人能够利用业余时间去联系选民,深入实际搞调查研究。一些代表因为缺乏相应的政治法律素质,又不去搞调查研究,并没有认真对待人民所赋予的权力。

三、代表专职化的意义

"专职代表制是指代表不兼任其他职务,而以代表职务作为其本职工作,并享有职权承担相应责任的代表制度;兼职代表制是指代表主要时间精力不

---

① 张贤明:《论政治责任——民主理论的一个视角》,吉林大学出版社 2000 年版,第 191 页。

是放在代表工作上，而是以其他工作为本职工作的代表制度。"①

"社会主义市场经济必然要求与之相匹配的社会主义民主政治。民主政治既是市场经济的必然结果，也是市场经济的保障机制。"② 改革开放以来，我国市场经济快速发展，人民的民主意识不断提高，经济和社会发展中大量出现的新情况新问题，迫切要求不断地调整政治、法律等各方面制度，为经济发展提供保障，为人民群众当家作主提供更好的支撑。代表兼职制度有其局限性，人大代表专职化的现实需求已经迫切显现出来。

（一）社会分工和专业化的需要

伴随经济社会的迅猛发展，行业分工日益细化，专业化已然成为世界潮流。也就是说，任何一个行业只有专业化才能做好，政治领域概莫能外。"在现代社会日趋复杂的情况下，代表必须具有充足的时间才能获得社会管理的专门知识和能力，从而更好地了解社会公众的利益与公共利益，进行科学管理与决策。因此，只有遵循社会分工的原理与政治职业化的要求，将代表活动作为一项职业并建立起相应的职业标准、职业规范和职业要求，才能保证代表们具有良好的素质，也才能使得他们能够更好地做出政治决策。"③

从我国政治实践的发展来看，人民代表大会工作对人大代表提出的专业性要求越来越强。"一是对中国国家制度的基本内容的全面认知和把握，诸如国家的性质、基本政治制度、政党制度及其特点，人民代表大会的工作程序、行政权力的内容及运行方式，人民代表大会制度的组织活动原则、构成要素及相互关系等；二是人大代表在人民代表大会开会期间提出审议、表决议案、提出质询，审议其他国家机关的工作报告，考核和评议由人民代表大会选举、决定或任命的国家公职人员等；三是人民代表大会闭会期间听取选民或原选举单位的意见，向选民汇报自己的工作，进行视察及调查研究等。"④ 可以看出，人大代表不仅政治责任重大，而且其工作的专业性是非常强的。专业性的工作就需要专业人才来做，人大代表的工作也必须由合适的专业化人才来胜任。只有把代表作为一种职业，人大代表才有可能具备适合代表职务的专业能力，才能把人民群众的意愿转化为积极的政治参与和利益

---

① 刘嗣元、翟国强：《专职代表制之可行性再探析》，《甘肃政法学院学报》2003年第3期。
② 杨光斌：《民主政治是市场经济的保障机制》，《人民论坛》2007年第11期。
③ 周光辉、彭斌：《理解代表——关于代表的正当性与代表方式合理性的分析》，《吉林大学社会科学学报》2004年第6期。
④ 周叶中：《代议制度比较研究》，武汉大学出版社2005年版，第29页。

诉求。

(二) 提高代表履职能力和强化人大职能的需要

人民代表大会制度具有崇高的应然价值，但囿于我国处于社会主义初级阶段的基本国情，人民代表大会制度应然价值还没有得到真正实现。原因涉及很多方面，其中一个重要的制约因素就是人大代表的履职能力。要坚持和完善人民代表大会制度，就必须解决兼职制度下人大代表履职能力不高的问题。

实现代表专职化，首先可以保证人大代表有充足的时间和精力来从事代表工作。专职化以后，人大代表以代表工作为专门职业，就能够有足够的时间和精力去进行调查研究，深入了解社情民意。在调查研究和了解社情民意的基础上，才有可能提出高质量的议案；在审议议案或其他重大事项时，才能立足实际有发言权。同时，专职化有助于提升人大代表的政治素质和业务素质。只有在专职化的情况下，人大代表才可能有这样的积极性和使命感及足够的时间保障去不断学习，提升自身履职能力。专职化还有助于人大代表摆脱原有的角色冲突，使其政治生命和职业生涯不再依附于原单位，不必考虑本职工作与代表工作孰轻孰重，从而可以专心致力于代表人民行使职权。

四、代表专职化的改革思路与人民代表大会制度的完善

人大代表专职化是一个由来已久的话题，早在20世纪80年代就有人大工作者提出过这个问题。在人大代表专职化改革方面，理论研究者和人大实际工作者各抒己见，见仁见智，提出了不同的改革建议。例如，有的认为应该逐步缩减各级人大代表的数量，到一定的合理范围后实施专职化；有的认为可以先实现部分人大代表专职化，再逐步实现所有人大代表专职化；有的认为应该先推动人大常委专职化，条件成熟时再实行全部人大代表专职化；等等。这些改革建议有一个共同点，即不管改革路径如何，其最终的改革目标都是实现全部人大代表专职化。代表兼职制需要改革，但我们对专职化与兼职制一定要辩证地看待。我们既不能简单地认定专职化一切都好，兼职制度就一定问题百出；更不能奢望专职化在一日之间就能全面实现，解决兼职制度下的所有问题。

在发展和完善人大代表制度方面，在代表兼职抑或专职的改革取向上，应该采取人大代表专职化与人大代表兼职制度相结合的总体改革思路，即对人大常委实施专职化改革，而对普通人大代表仍实行兼职制度。因为，从理

论上说，代表兼职制度有其自身的独特优点，普通人大代表来自社会各行各业，确实比少数的专职代表具有更加广泛的代表性，也更能够在各自领域贴近生活实际来更好地了解国事民情；普通人大代表能够随时随地与选民保持联系，及时听取人民群众的意见和要求，保证选民对代表的监督；代表兼职制度能够预防代表"政客化"倾向，防止产生官僚主义，使代表始终保持务实作风。代表兼职制度的一些缺点，可以通过完善制度设计来改正和避免。从实践上看，保持适当数量的人大代表符合国情的需要，人大代表数量过少会导致代表性不足。目前全国各级人大代表有近300万人，即便适当精减也要保持在200万人以上。如果200万人全部实行专职化，不仅会减少各行各业直接从事生产劳动的优秀人才，而且其增加的巨额财政负担也是国家难以承受的，所以要想对全部人大代表实行专职化也并不现实。

因此，放在人民代表大会制度全面发展的大背景下，最佳的选择是人大常委实施专职化，而人大代表继续实行兼职制度。把专职化的专业性与兼职制度的代表广泛性通过一整套的制度设计有机结合起来，优势互补，同时克服各自的缺点，这样就能够走出一条专兼职相结合、独具中国特色的代议制民主发展道路。

五、代表专职化如何实现

对于人大常委专职化，其实中央一直有比较明确的政策方向。早在1982年，时任全国人大常委会委员长的彭真就指出："我国国大人多，全国人大代表的人数不宜太少；但是人数多了，又不便于进行经常的工作。全国人大常委会是人大的常设机关，它的组成人员也可以说是人大的常务代表，人数少，可以经常开会，进行繁重的立法工作和其他经常工作。所以适当扩大全国人大常委会的职权是加强人民代表大会制度的有效办法。"[①] 我们要人大常委会尽量往专职化方向发展。1987年党的十三大报告提出"逐步实现委员的专职化"，2002年党的十六大报告提出"要优化人大常委会委员的结构"，2007年党的十七大报告进一步提出"加强人大常委会制度建设"与"优化组成人员知识结构和年龄结构"，而2012年党的十八大报告则首次明确提出"提高专职委员比例"的具体表述，2014年党的十八届四中全会又进一步细化提出"增加有法治实践经验的专职常委比例"，2017年党的十九大报告进

---

① 全国人大常委会办公厅、中共中央文献研究室编：《人民代表大会制度重要文献选编》（二），中国民主法制出版社、中央文献出版社2015年版，第568—569页。

一步提出"完善人大专门委员会设置，优化人大常委会和专门委员会组成人员结构"。

人大常委专职化改革，不是简单地把现有人大常委全部变成专职人员就可以了，而是在专职化的同时必须进行制度创新。通过一整套的制度设计，把专职化后人大常委的工作与普通兼职人大代表的工作有机结合起来，这样才能发挥出专职化改革的最大效力。人大常委专职化的制度创新涉及诸多方面，如人大常委的合理数量、选举产生、级别待遇、会议会期、联系同级人大代表、联系选民，等等。需要特别强调的一点是，在人大常委专职化改革中，应该有一种制度创新，有一个关键的结合点，能够把专职化后的人大常委与普通兼职人大代表的工作有机结合起来。建立人大常委工作室制度，可以作为这样的创新和结合点。

现在全国各地出现了很多的人大代表工作室，这是人大工作的新形式，是人大组织方式的创新。但是，如果人大常委专职化向纵深发展，仅靠人大代表工作室、工作站之类的临时性集体服务机构是不够的，远远不能满足人大常委艰巨的政治任务和繁重的履职工作对服务支撑的要求。我们可以借鉴世界各国议会的通行做法，为人大常委会的专职委员建立个人工作室。人大常委工作室的核心，是为专职委员配备助手和必要的经费，并逐步建立起一套崭新的工作制度。人大常委工作室建立之后，不仅能够作为专职委员日常的工作平台，还可以作为联系同级人大代表与选民的联系平台。依托人大常委工作室，可以建立起常态化的人大常委联系同级人大代表的工作机制。每一名专职委员负责联系若干的同级人大代表，联络关系的分配可以按选区、界别以及委员和代表的工作背景、专业特长等来具体确定。人大代表有贴近选民的优势，能够及时准确地了解民情，发现社情民意和热点问题。但人大代表毕竟是兼职，受到兼职制缺点的限制，在反映选民诉求和帮助人民群众解决问题方面存在"心有余而力不足"的短板。然而，这个短板可以通过加强人大常委与人大代表的联系来补足。因此，通过人大常委工作室这一平台，密切专职人大常委与人大代表的联系，就能够实现专兼职优势互补，优化人民代表大会职能，促进人民代表大会制度的发展与完善。

第九章
行政权

政府组织形式是行政权的组织形态，不同的政府组织形式各具特点，具有不同的权力配置原理和功能，这在不同国家和地区有不同的效果。行政权的范围和政府规模之间具有相关性，政府规模已经引起了很多思考。我国权力的运行过程中，党政分离、党政合一的不同主张产生张力，适当处理党政关系有利于实现民主的目标。公众参与能够为行政权供给民主，实现充权功能，这也是民主制度的重要组成部分。

第一节 总统制、内阁制与半总统制的优劣之辩

当今世界比较主要的行政权力组织形态有三种，分别为总统制、内阁制和半总统制。其中在总统制与内阁制之间的争论和探讨最为广泛。不同的政府形式各具特点，具有不同的权力配置原理和功能，并且结合各国实际情况，也会产生不同的效果。

一、总统制、内阁制与半总统制

在总统制中，行政机关从属于总统，总统独立于议会之外，只对选民负责，不对议会负责。总统制的特点是严格遵循三权分立的原则，总统与国会都有各自的民意基础，总统不能解散国会，而国会除弹劾的方式外也无法令总统辞去职位。行政权与立法权彼此独立又相互制衡。

内阁制采取的是行政机关与议会联动模式，由内阁来总揽国家行政权力，其行政权来源于议会并且受议会制约。内阁一般由议会多数党或多数党联盟组成，党内阁与议会发生重大不一致时，由内阁提请国家元首来解散国

会，再由国会选举的结果来决定内阁的去留。

1959年，贝尔·伯夫-梅里在法国《世界报》撰文首次提出半总统制的概念。① 政治学家莫里斯·杜瓦杰对半总统制予以定义，当一部宪法具备以下三个条件时可被称为半总统制：第一，国家总统经普选产生，采用不同普选方式，如相对多数选举制、两轮相对多数选举制或两轮绝对多数选举制。第二，总统拥有相当重要的权力，权力的内容、范围和限制以及行使权力的方式等都可能使半总统制体制的运行有所不同。第三，同时存在相对独立并对议会负责的内阁，总理或内阁成员拥有一定的行政权力，总统任命总理和内阁成员。② 杜瓦杰的定义成为迄今为止学界有关半总统制引用最多的定义。

此后，马修·舒加特和约翰·凯里对半总统制的定义加以修正，将半总统制视为一种由总统制向议会制调整的体制性架构，以总理总统制的概念取代半总统制的概念。③ 乔万尼·萨托利则认为，半总统制体制不仅为双头权威结构，而且强调行政权力共享，但总统的意志须通过政府具体实施。此外，二元化的行政权力可能偏向于其中一方（总统或总理），也可能两者趋于一致。④ 满足以上诸种特征的半总统制，还会因内在权力结构和权力关系的不同而有所区别。

二、总统制与内阁制

长期以来，学界围绕两种基本政体类型——总统制与议会内阁制孰优孰劣的争论一直没有停息。关于总统制与议会制相对优劣的学术讨论主要经历了三个阶段。

（一）第一阶段论战：林茨命题的提出

1990年，林茨在《民主杂志》上相继发表了《总统制的危险》和《议会制的优点》等文章⑤，提出与总统制相比，议会制更有利于民主的巩固。这引发了学术界关于总统制与议会制的一场大的学术论战。其后，林茨在与阿

---

① Robert Elgie, *Semi—Presidentialism in Europe*, Oxford: Oxford University Press, 1999, p. 1.
② Maurice Duverger, "A New Political System Model: Semi—Presidentialist Government," *European Journal of Political Research*, 1980, 8 (2).
③ Matthew S. Shugart and John M. Carey, *Presidents and Assemblies*, Cambridge: Cambridge University Press, 1992, pp. 23－24.
④ Giovanni Sartori, *Comparative Constitutional Engineering* (2nd. edition), New York: New York University Press, 1997, pp. 131－132.
⑤ J. J. Linz, "The perils of presidentialism," *Journal of Democracy*, 1990, 1 (1), pp. 51－69.

图罗·威林瑞拉（Arturo Valenzuela）合编的著作①中，进一步论证了自己的这一观点，林茨的观点得到了学界主流学者的支持。这一观点的反对者，帕维尔和贡肖罗夫斯基（Timothy J. Power & Mark J. Gasiorowski）等学者则认为，并没有经验证据表明：总统制比议会制民主生存的可能性较小。②

从方法论的意义来看，第一阶段总统制与议会制之争中的共同点是探讨了政体类型与民主巩固之间的关系，学者们的研究集中于一个解释变量（制度的类型）和一个因变量（民主的巩固）。在第一阶段的论战中，虽然双方观点不同，但在学界占主流的观点是：与总统制相比，议会制更有利于民主的巩固。

林茨认为，总统制的危险和议会制的优点都来自各自制度的内在特征，制度类型的内在差异导致了各自对民主巩固的不同影响。就实权元首的总统制而言，总统制有两个基本特征：一是总统和立法机关都由普选产生；二是立法机关和总统都有固定的任期。③ 总统制的潜在危险都由这两大基本特征引发。

梅因沃林和舒加特对林茨的研究进行了系统阐发，认为林茨指出了总统制存在的五个问题：一是行政机关和立法机关之间在二元合法性上存在竞争；二是总统与国会的固定任期使得总统制比议会制更僵硬，缺乏灵活性；三是总统制下存在赢家通吃的零和博弈；四是总统制下缺乏对政治反对派的容忍；五是总统制鼓励民粹主义候选人的产生。④ 在此基础上，林茨探索了这些问题所带来的后果，认为议会制从总体上更有利于民主的稳定，而总统制对稳定的民主有更大的政治风险。

在这一阶段的研究中，除了林茨持"由于总统制本身存在着制度设计上的缺陷，因而其与议会制相比不利于民主稳定"这一观点外，弗雷德·里格斯通过对大约30个按照分权与制衡原则设计宪法的第三世界国家进行分析也得出同样的结论，认为总统制这一制度方案存在严重的缺陷，更容易导致

---

① J. J. Linz, "Presidential or Parliamentary Democracy: Does It Make a Difference?," in J. J. Linz and A. Valenzuela, (eds.), *The Failure of Presidential Democracy*, Baltimore: The Johns Hopkins University Press, 1994, pp. 3—87.

② T. J. Power and M. J. Gasiorowski, "Institutional design and democratic consolidation in the third world," *Comparative Political Studies*, 1997, 30 (2), pp. 123—155.

③ J. J. Linz, "Presidential or Parliamentary Democracy: Does It Make a Difference?," in J. J. Linz and A. Valenzuela, (eds.), *The Failure of Presidential Democracy*, Baltimore: The Johns Hopkins University Press, 1994.

④ S. Mainwaring, M. S. Shugart and J. J. Linz, "presidentialism and democracy: a critical appraisal," *Comparative Politics*, 1997, 29 (4), pp. 449—471.

政权垮台。① 此外，林茨的研究伙伴，阿尔弗莱德·斯泰潘和辛迪·斯凯奇也持类似观点，他们认为，"纯"总统制的本质是相互独立，这容易导致行政机关和立法机关之间的僵局，并且在总统制的框架内缺乏打破僵局的宪政制度安排。斯泰潘和斯凯奇通过对 75 个国家的考察，发现民主在内阁制中存活的概率是 61%，而在总统制中存活的概率只有 20%。② 何塞·安东尼奥·柴巴布和费尔南多·利蒙吉通过对 1950—1990 年的 99 任民主政体进行比较研究，发现民主的预期寿命在总统制下是 21 年，在内阁制下则是 73 年。由此他们得出结论："总统制下的民主稳定性显然低于内阁制民主，总统制的民主比较脆弱。"③

在第一阶段的研究中，学界主流的观点是总统制本身存在着危险，不利于民主的巩固。但也有一小部分学者不赞成这一观点。例如，帕维尔和贡肖罗夫斯基在对总统制与议会制进行的比较研究中得出的结论是，宪政类型（总统制或议会制）在较不发达的国家与民主的生存之间没有显著的相关性。也有一些学者扩大了制度比较的范围，如乔万尼·萨托利在制度比较中，引入了半总统制这一制度类型，认为同总统制和议会制相比，半总统制是一种更具生命力的政体类型。

（二）第二阶段研究：配套制度建设与民主巩固

第二阶段研究的代表人物为马修·舒加特、约翰·凯瑞和斯科特·梅因沃林。这一阶段的研究，除了对每种政体类型的基本特征进行分析外，还引入了其他制度变量，如总统的权力、政党制度与选举制度，其共同特征是强调中游的制度运行。

在林茨命题的基础上，斯科特·梅因沃林引入了政党制度这一变量，关注其他制度变量对基础政体的影响。他通过数据证明，1967—1992 年很少有稳定的民主政体是总统制。④ 因此，他虽然赞同林茨命题中关于总统制相较

---

① F. W. Riggs, "Conceptua Homogenization of a Heterogeneous Field," in M. Dogan and A. Kazancigil (eds.), *Comparing Nations, Concepts, Strategies, Substance*, Oxford: Blackwell, 1994, p. 72.

② A. Stepan and C. Skach "Constitutional Frameworks and Democratic Consolidation: Parliamentarism versus Presidentialism," *World Politics*, 1993, 46 (1): pp. 1—22.

③ J. A. Cheibub and F. Limongi, "Where is the Difference? Parliamentary and Presidential Democracies Reconsidered," Paper presented at the Eighteenth World Congress of Political Science, p. 5.

④ S. Mainwaring, "Presidentialism, Multipartism, and Democracy: the Difficult Combination," *Comparative Political Studies*, 1993, 26 (2), pp. 198—228.

于议会制不利于民主政体的稳定的观点,但在得出这一结论的同时,他观察了不同总统制国家中的政党制度,发现稳定的总统制国家与两党制之间具有很强的相关性,而不稳定的国家往往与多党制联系在一起。在这一发现的基础上他提出了自己具有代表性的观点:多党制和总统制是一个困难的组合,不利于稳定民主制度的建立。对于多党制导致总统制的不稳定,他认为原因有三个:一是多党制加剧了行政立法僵局;二是多党制导致意识形态分化;三是多党制使跨党派联盟的形成更加困难。斯蒂潘和斯凯奇也通过经验研究来说明总统制无法驾驭多党制。他们的研究数据表明,拥有三个以上政党的成功民主政体,没有一个采用总统制。

从研究方法来看,这一阶段的研究方法明显不同于第一阶段。与林茨针对制度类型所采取的总统制和议会制的二元分类方法不同,梅因沃林、舒加特和凯瑞等学者在研究中强调了一个以上的解释变量,而且对基本制度类型的区分也更精细,分类多达六种:总统制、议会制、总理总统制(类似于半总统制)、总统议会制、议会独立制、直选总理(首相)制。在对这些制度类型进行精细划分的基础上,不同总统制国家之间存在巨大差异。总统制内部其实包括了一系列的制度类型,而且总统制本身也在不断的变化之中。在第二阶段的争论中,与大多数学者探讨基本制度之间的差异不同,何塞·安东尼奥·柴巴布和费尔南多·利蒙吉则重点观察了总统制和议会制这两种基本制度之间存在的潜在的相似之处。柴巴布和利蒙吉认为总统制和议会制的实际运行情况比林茨等学者想象的要复杂得多,他们对林茨命题作了如下回应:一是议会制下多数的存在必不可少,如果没有多数就无法运转;二是总统制下宪政僵局的出现并没有想象中那样频繁,而且议会制下也会出现僵局;三是总统制下也会出现合作,总统制下的联合政府并不让人感到陌生,出现的原因与议会制下相同;四是议会制下决策程序并非总是集中的,而总统制下决策权并非总是下放的。①

在第二阶段对林茨命题的讨论中,这些学者并不认为总统制天生就比议会制差,他们也承认总统制的潜在危险,但总统制是否带来危险要看总统制与什么样的其他制度变量相结合。总统制如果与其他特定的制度相结合也能有效地运转,如舒加特和凯瑞认为"总统制或总理总统制在抑制冲突中具有

---

① J. A. Cheibub and F. Limongi, "Democratic Institutions and Regime Survival: Parliamentary and Presidential Democracies Reconsidered," *Annual Review of Political Science*, 2002, 5, pp. 151–179.

优势"；梅因沃林和舒加特认为如果赋予总统有限的立法权，强化立法机关内的政党纪律以保证多数形成，防止极端分裂的政党制度可以增强总统制的运转效果。

（三）第三阶段研究：否决者理论与委托代理理论

第三阶段研究的开创性著作是乔治·泽比利斯于1995年发表的一篇关于否决权与制度类型的文章。① 这一阶段研究采取的方法主要有：否决者理论和委托代理理论。用这些方法来分析总统制与议会制之间的有关争论。

1. 否决者理论。否决者理论由乔治·泽比利斯提出，他的代表作《否决者论：制度如何运作》一书对该理论进行了充分论述。否决者理论是一种关于制度如何运作的整体理论。泽比利斯对否决者的界定为：否决者作为个体或者集体行为者，其同意对现状的改变是必要的。② 否决者理论将总统制与议会制之间的优劣之争深入到决策程序的层面，认为在不同的政体下，由于否决者数量与组合方式的不同，将出现不同的政治产出制度后果，而不同的政体也可能采用相同的决策机制而产生相同的政治产出。根据否决者数量的多少，否决者可以分为个体否决者和群体否决者，作为国家元首的总统为个体否决者，立法机关国会则为群体否决者，而群体型否决者最终都可以化约为个体否决者，从而简化政治决策程序。否决者理论特别强调否决权对政治决策的影响，决策过程中的主要行为者如总统、立法机关、政党、特殊的政治人物被视为政治过程中的否决者，他们在制度设计中的不同地位会带来不同的决策程序与政治后果。

从否决者的类别来看，否决者主要包括制度型否决者（institutional veto players）和党派型否决者（partisan veto players）。制度型否决者，由一个国家的宪法产生；党派型否决者，在政治游戏中产生（如议会多数的形成）。由一国宪法赋予否决权的个人、机构或者群体都可以称为制度型否决者，如实权元首制国家的总统、立法机关和公民投票中的全体选民都可以归入制度型否决者的范畴。党派型否决者主要存在于立法机关，如果组成立法机关的任何一院对一项法案的通过具有否决权，而该院又由一个有凝聚力的政党所

---

① G. Tsebelis, "Decision making in political systems: veto players in presidentialism, parliamentarism, multicameralism and multipartyism," *British Journal of Political Science*, 1995, 25, pp. 289—325.
② G. Tsebelis, *Veto Players: How Political Institutions Work*, Princeton: Princeton-University Press, 2002, p. 19.

控制，此时，该议院虽然为制度型否决者，但该院中过半数的那个政党则为党派型否决者。泽比利斯认为，每个国家都有制度型否决者，不同的制度配置会影响政策的结果，产生不同的政策稳定性。政治稳定的程度取决于否决者的数量、否决者之间的意识形态距离，以及否决者内部的凝聚力。

2. 委托代理理论。除了泽比利斯之外，卡雷·斯特罗姆是第三阶段研究的另一位重要人物。根据交易成本理论，信息的不对称与不完整，会提高交易成本，为达成交易就需要制度规范来降低交易成本，这种理论往往与委托代理理论联系在一起。根据委托代理理论，一个行为者（首脑、委托者）将权力授予另一个行为者（代理人），期望后者在行为方式上与前者的喜好一致，希望通过授权降低交易成本。在政治社会中，进行权力的委托是代议制民主条件下的一个必要选择。在现代社会，国民作为一个整体并不能亲自行使自己的权力，他们必须把这种多数的意志委托给少数人。因此，这种理论也被引入到政治学的研究当中。

从委托代理理论来看，总统制与议会制之间存在内在的制度差异。总统制和议会制都有自身独特的优势和缺点：议会制在逆向选择委托与代理的问题上具有优势，在授权者不确定哪个代理者更合适的情况下，可以有效地筛选潜在的候选人，增加能力出众和忠实的候选人被选中的可能性，从而使议会制交易成本更低。相比之下，总统制在处理涉及道德风险的委托代理问题时更有优势，在授权者不确定代理人当选后的工作表现的情况下，通过多个而且相互竞争的原则来控制特定的代理人，会增加事后监督的机会。

这一阶段的研究的共同点在于：都尝试运用特定的政治理论来分析总统制和议会制之间的争论。

三、半总统制

（一）半总统制的制度设计

1. 行政权与立法权的结构设计。在半总统制架构下，行政权与立法权关系结构中存在总统、总理和议会三个主体。通过向议会负责的内阁，使议会内阁制中行政权与立法权相融合的传统在半总统制中得以保留；通过直选产生且具有双重民意的总统和议会，保留了行政权与立法权两权相互制衡的原则。在半总统制的宪法结构中，总统是权力核心，因而成为半总统制权力结构设计的焦点。从半总统制国家的权力结构设计和实际运行中可以看到，行政权和立法权关系结构设计的不同导致不同的政治运行,总统权力结构及总理和议会间信任关系设计的不同,成为影响半总统制体制运作的重要因素。

在半总统制国家中,所谓政治权力形态包括两方面内容:一是政党体系的分化状况,以及总统、内阁和议会的三角权力关系形态;二是行政权和立法权的权力结构,以及通过选举制度所设计的权力关系形态。在政治实践中,政党体系的分化状况受到选举制度的影响,而总统、内阁和议会的三角权力关系则受到政党体系分化状况以及行政权和立法权设计的双重影响。

在行政和立法的权力结构中,行政权力越大,议会越呈现为弱势,实际政治运行越趋于分化状态。反之,如果立法权居于较为优势的地位,政治运行便趋于相对稳定的议会制模式。可见半总统制下政治运行是否具有稳定性取决于议会中能否形成稳定多数,取决于总统、内阁和议会三者能否保持一致及行政权和立法权结构设计中三者的组合形态。

2. 选举制度的设计。在半总统制体制下,政党体系的形态、政党间的竞争和分化等影响着政治体制的实际运行。然而在此种政党体系中,选举制度设计所造成的"机械效应"[①]成为政党体系形成过程中的重要变量。

对议会选举制度的分析可以从三方面入手:一是从依据比例代表制所产生的议席数量入手。一般情况下,依据比例代表制所产生的议席越多,越鼓励多党体系的形成和发展。二是从将选票转换为议席的计算方式入手。同样在比例代表制下,选票转换为议席的计算方式存在种种差别。三是从议席分配的门槛设计入手。在总体上,政党获得议席的门槛比例限制能够有效阻止得票率过低的政党进入议会,防止政党体系的过度分化。

现实表明,实行小选举区简单多数代表制再加上得票率的门槛限制,有可能限制小党进入议会,间接鼓励诸种政治势力在选举前进行整合,形成政党政治两极化的政治环境和发展趋势,从而有利于政治的稳定运行。

(二)政治权力的实际运作

1. 政党体系的分化状况。半总统制体制的运作以总统、政府和议会三者间的互动为基础。依据政党体系的分化状况和意识形态两个变量,萨托利于1967年将政党体系区分为一党体制、霸权党体制、优势党体制、两党体制和

---

① 所谓"机械效应"即著名的迪韦尔热定律,由法国政治学家迪韦尔热提出。他认为,选举制度影响政党制度的发展:单一选区简单多数选举制有助于两党体系的发展,而比例代表制则有助于多党体系的形成。Maurice Duverger, *Political Parties: Their Organization and Activity in the Modern State*, London: Methuen & Co., 1959, p. 217.

多党体制五种类型,并将多党体制区分为温和的多党制、破碎的多党制和极化的多党制三种类型。① 在半总统制下,如果议会是两党制,由于容易形成稳定多数,因此无论总统权力大小,议会在政策形成过程中都比较容易达成共识,使政治运行较为平稳。如果议会显现为多党制,则无论总统权力大小,总统都拥有在议会各政党之间纵横捭阖的机会,从而使总统的权力地位大幅度上升。可见在政治体系中,两党制比多党制更有利于政治稳定。政党体系的分化状况不仅包括政党数量的多寡,而且包括政党之间的竞争形态,两者均对政治运行的稳定性产生影响。

2. 总统、总理和议会的三角关系。半总统制体制的结构特征在于权力的三元化,即总统、总理和议会均拥有宪法所赋予的权力,且均对政治的稳定运行产生影响,三者在实际政治运行中的互动是保持政治稳定的关键。在三者的互动关系中,政治运行可能呈现为以下五种情况:(1)权力高度集中形态,即总统、总理和议会多数属同一政党或政党联盟的情况。由于三者政党归属一致,因此政策的制定和执行相对较为顺利,政府的运行也较为平稳。即使宪法在行政与立法、行政与行政等各种机制之间作了相互制约的制度性规定,通过协调,三者间的立场仍较容易趋于一致。(2)行政权力二元化形态,即总理产生于议会多数党或多党联盟,但与总统属于不同政党的情况。在此种体制下,议会多数党在议会中保持相对稳定的地位,总理拥有议会的信任,总统、总理和议会三种权力间保持着相对的平衡性。此种体制类型下政治运行的稳定性仅次于权力集中型,政体形态较容易转变为内阁制。(3)行政与立法二元分化形态,即总统和总理属于同一政党,但与议会多数非属同一阵营的情况。当总统对总理的任命无须经由议会多数支持时,此种情况比较容易出现。行政和立法的二元分化为典型的政府分立,导致政治动荡。(4)议会分散形态,即总统和总理属于同一政党或政党联盟,而议会难以形成稳定多数的情况。当议会中存在多党却无法形成较为稳固的多党联盟时,此种政治形态很容易出现。此种形态与第三种形态相似,区别在于,在前者中议会不能够形成稳定多数,而后者中可以。此种政治形态重心倒向总统,呈现为"一致型"的少数政府,在实际运行中很难趋于稳定。(5)权力高度分散形态,即总统、总理分属不同政党或政党联盟,而议会缺乏稳定多数的情况。这是半总统制体制中权力分化最为严重的形态。在此种

---

① 〔意〕G. 萨托利著,王明进译:《政党与政党体制》,商务印书馆2006年版,第335页。

形态下，不仅行政权力呈现二元化，而且行政权与立法权的关系呈不稳定状况。由于议会权力分散、难以形成稳定多数，政府无法得到议会的支持且和总统的立场不相一致，因而其常常难以为继。

以上五种情况体现为总统、总理和议会三种权力主体不同的组合形态，半总统制体制运行的稳定性并非单纯取决于政党体系的分化状况，还取决于总统、总理和议会三种权力主体的聚合分化状况。在半总统制体制下，一般而言，权力越趋于一元化，政治的运行越相对稳定；反之，权力越分散或趋于多元化，政治的运行越容易陷于混乱。

综上所述，可将不同国家半总统制制度设计与实际政治运行间的关系概括为四种类型：一是当权力关系趋于统一，即总统、总理和议会属于同一阵营，而制度设计将权力重心置于议会时，政治运行趋于单一政党组阁的议会制类型；二是当权力关系趋于分散，而制度设计将权力重心置于议会时，可能形成联合内阁议会制、分立多数的政府形式和分立少数的政府形式三种类型；三是当权力关系相对集中，而制度设计有意识使权力分散，即总统与议会共享决策权和组阁权时，政治的实际运行容易偏向总统制类型；四是当权力关系趋于分散，制度设计也使权力趋于分散时，呈现出政治高度的不稳定性。

第二节　行政权与政府规模

政府规模过于庞大，原因在于政府职能复杂广泛和行政权力缺乏制约。庞大的政府规模既造成了沉重的财政负担，也是人民群众对政府不满的原因之一。要保持让人民满意的适度政府规模，就要进行必要的行政管理体制改革和政治体制改革，有效限制和约束政府的权力。

一、行政权

（一）行政权的内涵

行政权是指由国家或其他行政主体承担的执行法律，以及对行政事务主动、直接、连续、具体管理的权力，是国家权力的组成部分。对此，我们可从以下几方面把握。

1. 行政权的主体主要是国家，尤其是重要的行政事务，如军事、外交、货币管理等都由国家承担。但除国家外，单一制国家中的地方公共团体、公法人,以及联邦制国家的各州,都是行政权的承担者。

2. 行政权是对行政事务实施主动、直接、连续、具体管理的权力。现代国家的权力有三类:立法权、行政权和司法权。立法权与司法权都涉及行政事务,行政法律规范的最终实施依赖于司法权的保障,但行政权对行政事务的处理具有独特性。行政权是以一种主动、直接、连续、具体的方式对行政事务进行管理的。

3. 行政权是国家权力的组成部分,是对国家立法权和司法权以外的权力的理论概括。此外,行政权还具有法定性。在人类法治社会出现以前,行政权是自由的,不受任何约束。

(二)行政权的特点

1. 行政权对社会具有直接影响力。这种影响力是由行政权的特定作用方式决定的。行政权与其他国家权力不同,它与相对人有着更经常、更广泛、更直接的联系。立法所制定的法律规范需要行政与司法的落实;司法也不是直接赋予或剥夺相对人权益,而是在相对人权益发生争议或受到侵犯起诉时,法院才对之予以裁判和救济。

2. 行政权具有强制性。行政权包含了直接使用和指挥军队、警察的权力,带有极强的强制色彩。这种强制性是立法权和司法权所不具备的。

3. 行政权富有扩展性。行政权的扩展具体表现在两个方面:其一,行政权所管辖的事务愈加宽泛。例如,国家对经济的干预是在19世纪末20世纪初开始的,在这以前,西方国家实行自由经济政策。其二,行政权日益渗透到立法领域和司法领域。在现代社会,由于严格的三权分立过于僵化已不能满足管理的需要,又由于行政权能以最迅速的方式组织公务和对社会进行管理,因而行政权扩展到了立法和司法领域。

(三)行政权的范围

1. 行政立法权。行政立法权是指行政机关制定普遍性行为规范的权力,在现代社会中,各国政府的行政权力几乎无例外地都包含行政立法权。按照三权分立的理论,立法权属于立法机关,行政机关仅仅执行立法机关制定的法律。但是随着西方社会行政国家现象的出现,现代社会中行政机关具有广泛的职责。行政机关要有效地管理国家事务和社会事务,而仅靠立法机关的立法已远远满足不了行政机关履行职责对法律的需要。于是,宪法和法律便赋予行政机关以一定范围内的立法权,允许行政机关为履行职责的需要,根据法律的精神和原则,制定行政法规和规章,用以调整各种行政关系,规范行政相对方的行为。不过，行政机关的行政立法权是一种不完全的立法权，必须在法定权限内行使。也就是说，第一，行政立法必须要有宪法和法律的依据，或者要有权力机关或具体法律的授权。第二，行政立法的内容不能与宪法、法律相抵触。

2. 行政决策权。行政决策权指国家行政机关依法就重大行政管理事项制定计划、作出决定的权力。行政决策是行政活动的基本内容，贯穿于行政活动的整个过程。行政决策权对行政机关有效地履行职责起着积极的作用。行政决策往往成为行政的政治课题，决策与实际的符合情况，决策的效果或结果，决定着社会及民众对决策的态度及评价。政府在行使决策权时应该确保倾听人民意见的渠道通畅，始终将公共利益的实现作为决策追求的目标，保证决策的科学化与民主化。

3. 行政组织权。行政活动的特点之一在于其组织工作，组织活动对实现行政管理目标具有重要意义。行政组织权指行政机关对其行政组织内部的岗位和人员的设置权，包括对行政机构和人员的法律权利义务和职责权限等进行设定、变更和废止的权利；对作为管理对象的社会公众的法律地位、权利义务进行设定、变更和废止的权力等。

4. 行政决定权。行政决定权是指行政机关依法对行政管理中的具体事项进行处理的权力。行政处理权是行政机关实施行政管理、履行行政职责中最经常、最广泛使用的一种行政权力，因为行政机关最经常性的工作就是对日常事务作出具体行政决定。行政机关大量职责的履行，是通过行政决定实现的。行政决定权具体表现为行政机关对行政事务的行政许可权、行政征收权、行政确认权、行政奖励权、行政合同权等。

5. 行政命令权。行政命令权指行政机关在行政管理过程中，通过作出行政决定，依法要求被管理对象作出某种行为或不作出某种行为的权力。行政命令的形式是多种多样的，如通告、通令、布告、规定、决定、命令等。行政命令可以是针对特定的人和事的，也可以是不针对特定的人和事的。不针对特定人和事的行政命令与行政立法相似，往往以规范性文件的形式发布。它与行政立法的区别主要有两点：第一，制定和发布的主体不同。行政立法的主体是拥有行政立法权的特定的行政机关，而行政命令的主体则是一般的行政机关。第二，制定和发布的程序不同。行政立法的程序接近于立法的程序，可以说是一种准立法程序，而行政命令的制定和发布则没有严格的程序要求，它与行政立法相比要简单得多。

6. 行政执行权。行政执行权指行政机关根据有关法律、法规的规定或者有关上级部门的决定、命令等，具体执行行政事务的权力。行政机关行使行政执行权，必须是对法律、法规或有关上级部门的决定、命令的具体执行。这一点和公民、组织的权利不同。公民或社会组织在不违反法律法规的前提下，可以从事法律法规未明文禁止的活动。行政机关行使行政执行权，没有明确的法律法规的根据是不行的。

7. 行政监督检查权。行政监督检查权是指行政机关为保证行政管理目标的实现，对其管辖范围内的被管理对象遵守及执行相关法律法规、履行义务的情况进行监督和检查的权力，包括专门监督主体所行使的监督检查权和业务主管部门或职能部门所行使的监督检查权。行政监督检查的形式是多种多样的，主要有检查、审查、审计、检验、查验、鉴定、勘验等。行政监督检查权既是一种独立的权力，同时又是行政立法权、行政命令权、行政决定权实现的保障。

8. 行政处罚权。行政处罚权指行政机关在实施行政管理过程中，为了维护公共利益和社会秩序，保护社会公众的合法权益，对其所管辖范围内的被管理对象违反有关法律规范的行为依法给予处罚等法律制裁的权力。行政处罚是现代国家普遍采用的管理手段之一。为实现行政管理目的，行政机关常常会对公民的行为作出种种规定，公民则有服从的义务。如果公民违反法律法规规定，不履行相关义务，行政机关可依法给予处罚。根据各国行政法规范所设定的行政处罚权，一般都包括申诫罚、财产罚、行为罚和人身罚等。由于行政处罚权的行使涉及公民的人身和财产权利，因此，行政处罚权的行使要贯彻处罚法定原则，包括处罚主体法定、处罚依据法定以及处罚程序法定等，以避免侵犯公民的合法权益。

9. 行政强制执行权。行政强制执行权指行政机关在行政管理过程中，对不依法履行义务的被管理对象采取法定的强制措施，以促使其履行法定义务的权力。行政强制执行的内容一般包括强制划拨、强制拆除、强制检查以及执行罚等强制执行措施。行政机关是国家机关，为了保证行政管理目标的实现，制止违法行为和维护社会经济秩序，法律赋予其行政强制权是必要的。但是，由于行政强制权涉及公民的人身和财产权利，法律必须对之加以严格的限制和规范。因此，行政强制执行权的行使，必须有法律的依据，并严格按照法定程序进行。行政机关行使时也必须非常慎重，不必要时不行使，必须行使时亦应限制在必要的限度之内，否则，将导致行政专制和对公民合法权益的侵犯。行政强制执行权与行政处罚权的区别在于二者的目的和形式不同，行政处罚权的目的主要在于制裁违反行政管理秩序者，行政强制执行权的目的主要在于迫使不履行行政义务的人履行义务；行政处罚的形式主要为罚款、拘留、没收、吊扣证照等，行政强制执行的形式主要为查封、扣押、冻结、划拨，以及对人身的强制措施，如扣留、约束等。

10. 行政司法权。行政司法权指行政机关作为第三方裁决争议、处理纠纷的权力。裁决争议、处理纠纷的权力本来属于司法机关，是法院的固有权力，但是在现代社会，由于社会的发展和科技的进步，行政管理涉及的问题越来越专门化，越来越具有专业技术性的因素。这样，普通法院在处理与此有关的争议和纠纷方面越来越困难、越来越感到不适应，而行政机关因为长期管理这方面的事务，恰恰具有处理这类争议和纠纷的专门知识、专门经验和专门技能。于是，法律赋予行政机关以一定范围内的司法权，允许行政机关在行政管理过程中裁决和处理同行政管理有关的民事、行政争议和纠纷，如有关商标、专利、医疗事故、交通事故、运输、劳动就业及资源权属等方面的争议和纠纷。行政机关在行政管理中直接裁决和处理与此有关的争议、纠纷，显然有利于及时解决社会矛盾，实现行政管理的目标。当然，为了保障公正和法治，行政机关的行政裁决行为通常还要受到司法审查的监督。

我国的行政权力来源于宪法和组织法，其权力行使的主体主要是国家行政机关，也即中央人民政府和地方各级人民政府。根据宪法和行政机关组织法的规定，我国行政机关大体上也具有上述一般行政权力，主要包括：行政立法权、行政命令权、行政处理权、行政监督权、行政裁决权、行政强制权、行政处罚权等。

二、政府规模

（一）政府规模的内涵

政府规模是指以职能和权力配置为基础，按照一定组织原则所组成的各级政府和各个部门之总和。政府规模分为内在规模和外在规模，前者是由政府职能、政府权力等无形要素构成的规模，后者是指政府机构、公务人员、政府支出、公共事务等有形要素构成的规模。内在规模表现为政府职能和权力的范围、结构，即职能规模和权力规模。政府职能是指政府在一定时期内对国家事务和社会公共事务管理所承担的职责和所负有的功能，它是国家职能的重要组成部分，包括政治职能、经济职能、文化职能和社会职能四项基本职能。政府职能规模取决于政府对国家事务和社会公共事务管理的范围、数量及这些事务的复杂程度，表现为政府四项基本职能的数量、复杂程度及结构上的集中或分散。行政权力是国家公共权力的重要组成部分，是立法机关授予行政机关行使的管理国家政务和社会公共事务的权力，是实现行政职能的依托。政府权力规模指行政权力在整个公共权力体系中所占的比例和分量。从理论上讲，它的大小取决于国家政治体制对公共权力在行政体系中的配置。政府外在规模一般从三个方面考察，包括政府机构设置、人员配备的数量以及行政经费支配与消耗的数量，即行政机构规模、行政人员规模、行政费用规模。行政机构规模是指政府为实现国家政务和社会公共事务管理而设置的各类政府机构的数量和结构。纵向表现为在全国范围内从最高层到最基层的层级数量和机构内部的上下层次；横向表现为一级政府的管理幅度和设置的工作部门的数量。行政人员规模指政府机构内工作人员的总数，它是政府规模的重要内容，主要从岗位数、领导人数、行政人员总数三个方面去衡量。

（二）政府规模的类型

1. 守夜型政府——小政府理论

以亚当·斯密为代表的守夜型政府——小政府理论的核心是政府不干预经济。20 世纪 30 年代之前，西方处于完全自由市场经济阶段，市场的规模狭小而分散，市场的完全竞争状态能有效地配置各种社会资源，并引导微观经济主体朝着有利于社会的方向发展。这样，政府没有理由也没有必要对经济活动进行干预。因此，政府采取一种消极放任的态度，尽量避免其对经济和社会的干预，其核心主张是实行自由放任的经济政策，其主要职责是扮演"守夜人"角色，让市场处于一种完全自由竞争的状态。

2. 干预型政府——大政府理论

大政府理论强调政府对社会经济生活和公民事务的全面干预与管理。20 世纪 30—70 年代，市场这个无形的指挥棒已无法有效调整社会经济生活的诸多矛盾与问题，市场机制本身的局限性由此暴露出来，市场失灵开始显现，人们不再相信市场的力量，转而投向政府。"凯恩斯主义"在这个背景下应运而生，此时干预型政府理论作为一种新的政府规模理论登上了历史的舞台。干预型政府理论认为，政府是社会发展的一种积极因素，在社会中占据主导地位，应充分发挥其对经济和社会发展的干预作用。此理论的主要代表人物是凯恩斯。凯恩斯提出要全面增强国家的作用，通过有意识的国家财政政策、税收政策和货币金融政策，指导社会消费倾向，提高社会有效需求和社会总就业水平，实现国家对公共经济活动的宏观指导并推动其健康发展。在这段时期，干预型政府发挥了积极的作用，把西方各国从水深火热中拯救出来，因此也得到了西方各国的普遍认同。但是，过分强调政府的作用，无限扩大政府规模和权力，不可避免地造成了官僚机构的庞大和低效，造成了社会成本的不断增加。

3. 协调型政府——适度政府理论

适度政府理论就是要在政府和市场之间找到一个新的合适的度，既能充分发挥市场的作用，也能全面有效地发挥政府的职能。20世纪70年代，在石油危机的冲击下，长期执行国家干预政策的西方国家出现了"政府失灵"的现象，如无法解释的高通货、高失业并存的所谓"滞胀"问题等。凯恩斯主义陷入两难选择，因此出现了所谓"新自由主义经济理论"。

（三）中国政府改革

党的十九届三中全会通过了《中共中央关于深化党和国家机构改革的决定》和《深化党和国家机构改革方案》。转变政府职能，优化政府机构设置和职能配置，是深化党和国家机构改革的重要任务。为此，我们不仅要"优化政府机构设置、职能配置、工作流程，完善决策权、执行权、监督权既相互制约又相互协调的行政运行机制"，而且要"推进机构编制管理科学化、规范化、法制化"。显然，改革的目的在于构建一个适应社会主义市场经济发展内在要求的结构合理、规模适度的有效政府。

为激发社会发展活力，正确处理政府与市场的关系、厘清政府行为边界十分必要，但在国家治理体系尚不完善、治理能力有待提高的现阶段，仅仅依据理论和原则主导机构改革和编制管理，是远远不够的。机构与编制的规模，反映的是社会发展状态与现实需求情况。人口规模、经济发展水平以及相应公共产品、社会监管等方面的相似需求，是进行政府规模比较的重要前提和条件。

衡量政府规模的指标主要有两项：第一，政府就业人口占总人口或总就业人口的比重；第二，政府人员相对于服务人口的规模。前者比重越大，说明政府相对规模越大，反之则越小；后者规模越大，说明政府的相对规模越小，反之则越大。这两项指标中间，第一个指标包含更丰富的内容。如果政府就业人口占总人口或总就业人口比重增幅高于人口自然增长幅度或总就业人口增长幅度，通常说明政府的规模呈现扩张态势。

要全面理解政府规模，需要考虑四个方面的变量。第一，需求因素，也就是驱动公共服务增长的因素。第二，供给因素，也就是可能影响公共服务增长的内在因素。第三，制度因素，如政权的性质，这也可能影响公共服务的供给。第四，社会因素，这方面最常见的就是失业率问题。①

第三节 行政权运行中的党政关系

长期执政的目标决定了政党在选择和调整行政体制、经济体制、政治体制中要具备明显的执政利益考量。因此，要实现长期、稳定的执政状态，并不断巩固和强化执政党合法性的基础，就应当充分重视政党与行政权的关系问题。

一、构建党政关系的原则

在我国，建立党政关系，必须坚持的总原则是：坚持党的领导、人民当家作主和依法治国的有机统一。党的领导是人民当家作主和依法治国的根本保证，人民当家作主是社会主义民主政治的本质特征，依法治国是党领导人民治理国家的基本方式。具体来说包括以下四项原则。

（一）正确处理坚持党的领导与改善党的领导之关系的原则

首先必须坚持党的领导。中国共产党是中国特色社会主义事业的领导核心。中国共产党领导是中国特色社会主义的最本质特征，也是中国特色社会主义的最大优势。党的领导地位，是党在领导中国人民进行革命、建设、改革的长期实践中形成的，是历史的必然选择。我们这样一个多民族的发展中大国，要把14亿人的力量凝聚起来，向着社会主义现代化的目标前进，必须有中国共产党的领导。否则，国家就会成为一盘散沙，不仅现代化实现不了，而且会陷入混乱的深渊。坚持党的领导必须理顺党政关系，理顺党政关系是指理顺党的领导下的党政关系，任何借口理顺党政关系，削弱甚至否定党的领导的一切做法，都是错误的，也是极其有害的。但实践中传统计划经济体制下的以党代政、党政不分的现象仍然未彻底消除，党政矛盾仍然存在，因此，我们还要改善党的领导。我们要明确党的领导的基本内涵，坚持党对国家大政方针和全局工作的政治领导，坚持党对军队和其他人民民主专

---

① Erssonso Lanej, *Politics and Society in Western Europe* (3rd ed.), London: Sage Publications, 1994, pp. 342—344.

政的国家机器的绝对领导，坚持党管干部的原则，坚持党对意识形态领域的领导，坚持我们党领导的多党合作。

其次要根据新的执政环境，改进领导方式。我们党所处的国内外环境已经发生并将继续发生重大变化；我们在前进的道路上，不可避免地会遇到各种困难和风险的考验；中国特色社会主义事业越是向前发展，我们面临的任务就越艰巨，需要解决的矛盾和问题也越复杂。在新世纪广阔的时代背景下和伟大的历史进程中，要保证我们党始终走在时代前列，始终成为全国人民的主心骨，始终成为坚强的领导核心，必须改善党的领导，不断提高党的领导水平和执政能力。改善党的领导，一是必须认真贯彻依法治国的基本方式。党领导人民制定宪法和法律，党必须在宪法和法律的范围内活动。党要善于把党关于国家重大事务的主张，经过法定程序变成国家意志。党的所有组织和党员的活动，都不能同宪法和法律相抵触。我们要把坚持党的领导同发展人民民主、严格依法办事、尊重客观规律有机地统一起来，特别要不断深化对共产党执政规律、社会主义建设规律和人类社会发展规律的认识，把党的领导工作提高到一个新水平。二是必须按照总揽全局、协调各方的原则，进一步加强和完善党的领导体制，改进党的领导方式和执政方式，既保证党委的领导核心作用，又充分发挥人大、政府、政协、人民团体和其他方面的职能作用。党委要把主要精力放在抓方向、议大事、管全局上，通过建立健全科学化、规范化、制度化的机制，加强对人大、政府、政协、人民团体的领导。三是必须坚决维护党和国家的团结统一，维护党中央的权威。党和国家的指导思想、奋斗目标、大政方针和法律制度，以及重要工作部署等，必须统一。中央决定了的事情，各方都要认真执行。无论分布在全国哪个地区、哪个部门、哪个单位的党组织，无论担任何种领导职务的党员干部，都要自觉贯彻执行中央的路线方针政策和工作部署，坚决维护中央领导的权威性和统一性，绝不能各行其是。四是要不断研究新情况、解决新问题，不断推进理论创新、实践创新、制度创新、文化创新及其他各方面创新，不断加强和改进党的建设，不断改进党的领导作风、领导方式和领导方法，等等。

坚持党的领导，要求在处理党政关系时，坚持党对国家政权的领导地位；改善党的领导，要求改进领导方式和执政方式，依法执政。坚持是前提，改善是保证。理顺党政关系，必须坚持二者的结合。

（二）正确处理人治与法治之关系的原则

从认识论的角度来讲，人治和法治是人类社会治理与管理中的一对范畴，人治属于经验性的范畴，而法治属于规范性的范畴。从现代政治学角度来看，人治是一种封建色彩极浓的统治，它靠统治者个人的才能、品德等来实现统治。法治同人治相对应，是指"法的统治"，法在国家与社会中居于至高无上的统治地位，具有最高权威。我们主张法治，就是主张由法律而非"人"来治理国家。也就是说，一切个人和机构在法律之下一律平等。在一个国家中，没有任何一个人或机构可以高于法律。在党政关系的安排上，党的组织必须在宪法和法律范围内活动，不能凌驾于宪法和法律之上，执政党必须依法执政。但是法是由"人"制定的，也是由"人"来执行的，法不能不靠人来施行。由此可见，法治和人治实际上也并非只强调法律或只强调人，在一定程度上，两者必须结合，差别在于最终的或最主要的手段是人还是法。

理顺党政关系，我们坚持以法治为主，同时注意培养高素质人才和政治精英的作用。一方面坚持法治，按照依法治国的要求，建立新型党政关系；另一方面注重人的因素，通过培养大量依法办事的人来运作国家政权。

（三）正确处理领导方式与执政方式之关系的原则

就我国来说，党政关系问题，既包括党领导政权又包括党执掌政权的问题，有"领导方式"与"执政方式"之分。理顺党政关系，还必须正确处理领导方式与执政方式的关系。

领导方式就是政党通过自身的组织体系，对社会进行组织、动员和整治并且实施党的各项方针政策的体制化的手段形式和运作过程，涉及政党组织对国家政治生活各方面的领导；执政方式就是政党按照国家宪法和法律的规定执掌和运作国家政权的形式，是政党制度与国体的耦合。执政活动中不能简单搬用政治领导的手段和方法，不能把政治领导和执政行为看作一回事。

理顺党政关系，正确处理领导方式与执政方式的关系，按照通过执政来实现党的领导的思想，改进党执掌和运作国家政权的方式、方法，使党执掌和运作国家政权的方式更科学、更民主、更合法，实现科学执政、民主执政、依法执政。

（四）正确处理执政科学性和执政合法性之关系的原则

理顺党政关系，还必须正确处理执政科学性和执政合法性的关系。注重执政科学性，可以提高执政效率；注重执政合法性，可以提高人民的认同。理顺党政关系，必须既讲执政科学性，又讲执政合法性。

讲执政科学性，就是要降低执政成本，提高执政效率。这是对所有执政党和政府的基本要求。只要是执政党，就要注重执政成本，想办法降低执政成本，提高执政效率。否则，不可能长期执政。在西方实行两党制、多党制的选举制国家如此，苏联共产党也是如此。但仅仅注重效率还不够，实事求是地说，苏联共产党以党代政，减少了政府的各种环节，党决策，政府执行，在某种程度上提高了执政效率，但这忽视了另一个主要因素，即合法性。

执政合法性是评价执政活动的综合指标。提高执政合法性，对执政党来说就是树立执政权威；对民众来说，就是提高对执政权威的认同。权威是一种感染力，人们对权威是自愿认同，权威的号召力在于权威自身的感染力。作为一个政党，要使自己保持足够的合法性，获得来自民众的源源不断的支持，执政党必须建立一种制度，这种制度能够较好地体现执政党与民众之间代表与被代表的关系，既能保证政党对整个政治体制的控制，又能保证民意的顺畅表达。①

合法性与科学性结合是处理党政关系的基本原则。对我国党政关系来说，强调合法性，就是通过提高执政能力，增强民众对执政权威的认同；强调科学性，就是通过降低执政成本，提高执政效率。两者统一于"党的领导、人民当家作主与依法治国"。按照民主政治的基本原则，执政党自觉作为民众控制公共权力的工具，依照宪法和法律的制度性安排，掌握和运作国家公共权力，使国家公共权力机构发挥最大功能，最大限度实现最广大人民群众的根本利益，这是把科学性和合法性结合起来，是对党政关系的基本要求。

二、构建党政关系的方法

在实践中，党政关系的构建还需要做更多、更复杂的工作。这既要考虑到改革、发展与稳定的关系，又要考虑到中央与地方的不同，还要考虑到具体的速度和力度以及社会的承受力，总之要周密思考，全盘设计，稳步推进，协调发展。

（一）从大局上，正确处理改革、发展与稳定的关系

中共中央党校"中国社会形势分析与预测"课题组近年来对党校的部分厅级及以上党政领导干部学员进行了多次问卷调查。在被调查的107位领导

---

① 王长江、姜跃：《现代政党执政方式比较研究》，上海人民出版社2002年版，第550页。

干部中，对于今后一段时期改革、发展、稳定的前景，15.9%的人"充满信心"，72.9%的人"比较有信心"，只有1.9%的人"信心不足"，但有9.3%的人表示"不清楚"有没有信心。充满信心者和比较有信心者合计，占被调查者的88.8%，这一比例还是不低的。①

从系统论来分析，改革、发展与稳定关注的是系统组织整合的不同侧面。例如，对党政关系来说，稳定性反映党政关系维护其现有组织化状态（决定正常的执政党、国家公共权力与社会）的能力，关注的是保持稳固的党政关系结构；改革就是党政关系组织化（整合）状态的重构；发展则标志着打破原有党政关系组织化（整合）状态、建立新的更为合理的党政关系的组织化状态。因此，稳定是基础，改革是手段，发展是目的。党政关系问题是政治体制改革的核心问题，是关系到党和国家生死存亡的重大问题。因此，我们必须正确处理改革、发展与稳定的关系。

1. 稳定是基础。没有稳定，就没有发展。对理顺党政关系来说，主要须做好三点：一是思想的稳定。我们要坚持马克思主义历史唯物主义的观点，具体地历史地看待传统的党政关系。虽然它存在这样或那样的不足，但它是历史的产物，它在计划经济体制下是适应的，只是在社会发展、体制转型后不适应社会主义市场经济的需要了。因此，我们将原因归结于社会的发展，而不归罪于历史。并且，我们认真学习历史，从中汲取经验教训。二是制度的稳定。虽然传统体制下的党政关系具有历史的局限性，但只是党与政的结合方式出了问题，不是党和国家的重要制度出了问题，因此我们还要保持重要制度的稳定，如人民代表大会制度、中国共产党领导的多党合作和政治协商制度等必须坚持。三是局面的稳定。中国共产党是执政党，执政党的一言一行关系全局。因此，我们必须保证全国的稳定，保证党和国家的日常工作的正常进行。

2. 改革是手段。不改革，就不会有完善。对党政关系来说，主要做好以下四点：一是明确改革的重点。党政关系的改革就是对计划体制下的以党代政、党政不分的旧体制，依照社会主义市场经济的要求进行调整，是党政关系的自我发展和完善。改革的重点是党的领导方式和执政方式，主要改变原来党直接领导的方式，实行通过执政来实现党的领导的方式。二是定位改革的角色。改革的领导者，是执政的中国共产党，只有在党的统一领导下，才

---

① 青连斌：《领导干部眼中的2004—2005年》，《北京日报》2004年11月29日。

能保证改革有计划、有步骤、有秩序地进行。改革的依靠力量，是人民群众，没有人民群众的参与和支持，改革无法进行，就是勉强进行了，结果人民群众也不会满意。三是突出改革的特点。党政关系改革是经济体制改革推动下的改革，党政关系的改革总比经济体制改革滞后，它是渐进式改革。四是明确改革的目的。改革的目的是建立党政协调、良性互动的党政关系。

3. 发展是目的。发展是变化，但变化不一定是发展，发展是良性的变化。因此，党政关系的发展就是党政关系的良性进步。它包括三个方面：一是摆正位置。"党"是代表特定阶级的政治组织，"政"是代表全体民众的国家政权机构，党与政之间因性质、结构不同，功能也不同。执政党尤其不能越过政府权力运作的法理性界限。二是科学控制政权。依托合理的角色定位，党通过政策和干部供给控制人大，再通过人大控制行政、司法。三是依法运作政权。依照宪法和法律的制度性安排，通过发扬党内民主和人民民主的途径，将良性的决策和高素质的干部输送到政治系统，实现政治系统功能的最大化。努力实现党的领导、人民当家作主与依法治国的有机统一是党政关系发展的最终目的。

（二）从层次上，正确处理中央与地方的关系

在实践中，按照层次划分，党政关系又可分为中央和地方的党政关系。中央层面的党政关系，反映了一个国家的政治体制和领导体制，事关整个社会的稳定和党在全国的执政地位，因此它的调整需要谨慎操作。要真正解决好党政关系，我们还必须注意以下三个具体问题。

1. 规范职能分工。要规范党政机构设置，完善党委常委会的组成结构，适当扩大党政领导成员交叉任职的规模，减少领导职数，解决分工重叠的问题。

2. 界定权力边界。应该根据党委领导的内涵是政治领导、思想领导和组织领导的原则，出台比较具体的规定。比如，我们党就地方党委对经济工作的领导问题，提出主要是把握方向，谋划全局，提出战略，制定政策，推动立法，营造良好环境；政府要集中精力抓好宏观调控、市场监管、公共服务、社会管理和环境保护。

3. 转变领导手段。党的领导应该从直接配置生产要素的运作中跳出来，从党直接对社会和人民发号施令中跳出来，主要做好党要管党、全面从严治党的工作。着力提高党组织的凝聚力、战斗力，增强党员的先锋模范作用，依靠党的先进性、公信力和感召力来实现党的领导。党的领导并非建立在强

制力的基础上,而是建立在用先进性、公信力和感召力赢得人民群众的自觉认同、自愿服从和衷心拥护的基础上。

(三) 在速度和力度上, 正确处理急进与渐进的关系

所谓渐进式改革是与急进式改革相对而言的。渐进式改革是由点到面、由部分到整体的逐步展开的改革,其先在旧体制的周围、边缘建立起新体制,然后诱导旧体制向新体制过渡。急进式改革是总体推进的改革,其一开始就推翻旧体制,为新体制的成长铺平道路。渐进式改革稳妥,但必然会出现两种体制并存的过渡期,出现新旧矛盾并存的社会转型期。急进式改革果敢,但很可能带来社会的动荡。急进式改革战略引起的阵痛短,见效快,但震荡大,风险高,社会上下难以承受。渐进式改革战略引起的震荡小,风险低,社会上下能够承受,但阵痛时间太长。我国经济体制改革和政治体制改革的经验证明,渐进式改革是适合我国国情的一条发展道路,应该坚持走下去。按照这一思想,继续推进我国目前的党政关系改革主要有以下途径。

1. 坚持渐进式党政关系的基本思想,树立科学的发展观。渐进式改革,就是渐进式的政治制度变迁。渐进式制度变迁是一种演进式的分步走的制度变迁方式,具有在时间、速度和次序选择上的渐进特征,而急进式制度变迁也被称为"休克疗法"或"震荡疗法",是一种大爆炸式的跳跃性的制度变迁方式,在较短时间内完成大规模的整体性制度变革。二者反映了两种不同的发展观,前者按照事物的发展规律,注重整体协调与局部推进的结合,注重统筹兼顾,是科学的发展观。后者违背事物的发展规律,实行的是跳越式的发展,很容易造成发展不平衡和局面的失控,带有很大的风险,是冒险的发展观。由于经济体制和经济发展不均衡,改革的主客观条件不一样,因而整体均衡推进的改革战略必然会面临巨大障碍,付出巨大的成本。相反,从那些改革成本较低、收益较高的部门开始改革,阻力少而收益大,同时,一些部门率先改革还可以产生连锁效应,为其他部门和整体经济体制的改革创造条件,推动其他部门改革的深入。

2. 逐步加大党政关系改革的力度,坚持发展是党执政兴国的第一要务。中国要能经受住考验和挑战,就必须抓住时机,发展自己,关键是发展经济,必须抓住这个"根本环节"。发展是党执政兴国的第一要务。尤其是在中国这样一个经济文化落后的发展中大国领导人民进行社会主义现代化建设,能不能解决好发展问题,直接关系人心向背、事业兴衰。发展首先指的是经济的发展。党要巩固执政地位,必须坚持以经济建设为中心,立足中国

现实；同时，坚持和深化政治体制改革，破除一切阻碍生产力发展的因素，逐步加大党政关系改革的广度和深度。

3. 扩大公民有序的政治参与，增强人民民主对渐进式改革的认同。由于我国正处于由传统的、农业的、封闭的社会向现代的、工业的、开放的社会转型时期，公民的政治参与呈现不同的特点，有序地扩大公民的政治参与是发展社会主义民主政治的最佳路径。因此，政治体制改革必须坚持党的群众路线，一切为了人民，一切依靠人民，相信人民的力量，依靠人民的智慧，激发人民群众的积极性和创造性，把实现人民群众的利益作为我们一切工作的出发点和归宿。

4. 适应经济和社会发展的要求，改进党的执政方式和领导方式。面对形势和任务的不断发展变化，我们党必须坚持解放思想、实事求是的思想路线，与时俱进，开拓创新，不断改进和完善党的领导方式和执政方式、工作方式和工作制度，实现党和国家政治生活的制度化、规范化。我们要坚持党的领导、人民当家作主和依法治国的有机结合与辩证统一。

5. 加强党的领导，以党内民主推动人民民主。坚持党的领导必须改善党的领导，改善党的领导是为了更好地坚持党的领导。党政关系改革是中国共产党倡导和推动下进行的，没有党的领导，党政关系改革就不会有今天的成就，也不可能深入推进下去。

渐进式改革不是"不改革"。渐进式党政关系改革包括两个方面：一是坚定不移地坚持党政关系改革；二是采取渐进式增量改革的方式。因此，渐进式政治体制改革回答的不是要不要改革的问题，而是怎样改革的问题。渐进性制度变迁的使命是尽快建立完善的与市场经济体制相匹配的政治体制，结束计划经济体制下形成的高度集中的政治体制长期扭曲和双轨运行的局面，避免经济社会的高速发展与政治体制裹足不前带来的合法性危机。

第四节　行政过程中的公众参与

在现代民主政治和民主行政的背景下，如下这一点非常必要：社会公众基于公共理性，通过一定的途径和渠道向国家行政机关及其所实施的公共行政活动施加影响力，力求干预公共政策的制定和执行，使其更加符合公共利益的要求。

一、行政公众参与概述

行政中的公众参与行为主要有四个要素构成。包括：主体为社会公众、国家行政机关的参与者；参与的途径和渠道；运用公共理性影响国家行政机关及其行政活动的行为目标；实现公共利益的价值诉求。无论个体参与还是组织参与，无论直接参与还是间接参与，无论主动参与还是被动参与，只要具备这四大要素，都在本概念涵盖的范围之内。

这里需要着重指出的有两点：一是行政中公众参与的参与主体和参与者是两个不同概念，按照部分学者的理解，行政决策中公众参与的参与者包括利害关系人、专家、行政机关官员①，即凡是参与了行政过程的人均在参与者的范畴内。参与主体的概念界定与之相比则要严格一些，有的学者认为公众参与主体是相对于国家政府部门的普通公众②，另有学者认为公众参与主体包括一切有关的公共权力部门、社会团体、企事业单位、群体③，这和前面关于参与者的界定外延相一致。本书认为，所谓参与主体是在参与活动中占据重要地位、起着主要作用的参与者，行政中公众参与是公众与政府互动的过程，核心参与者是公众和政府，再具体划分，就包括作为自然人的普通公众、作为法人的社会组织及政府，因此，这三者占据了主体地位，是行政中公众参与的主体。行政中公众参与的公众一方主体是私权利主体，包括自然人和各类非政府组织、法人等。这与公权主体相对，所有的公共行政职业者不包含在内，专家学者等也不必然地包含在其中。这是因为他们参与地方立法可能是接受有关公共权力机构的委托，提供立法意见或建议，成为公共权力机构的立法"助理"④，在这种情况下，他们不是私权主体，而是公权委托者，所以在这种情况下他们就不能被包含在公众范畴内。二是行政中公众参与的领域仅限于公共行政的领域，超越了这一范畴的其他参与行为，则不包含在其中，也就是说选举、投票等参与行为不是这一概念所包含的内容。

当代我国行政中公众参与最早发端于新中国成立初期，经历了从无到

---

① Marc Schlossberg and Elliot Shuford, "Delineating 'public' and 'Participation', in PPGIS," URISA Journal, 2005（2）.
② 潘岳：《环境保护与公众参与》，http：//www.china.com.cn/zhuanti 2005/txt/2004-06/01/content_5576730.htm，访问日期：2018 年 11 月 28 日。
③ 向佐群、唐敏：《论环境保护中的公众参与》，《云南行政学院学报》2007 年第 2 期。
④ 薛海艳：《建构我国地方立法助理制度初探》，《法制与社会》2006 年第 11 期。

有，从萌芽到兴起，从排斥到后期吸纳的过程。其间公众行政层面上的参与形式日益多样化，参与途径逐渐拓宽畅通，政府相关制度设计和安排也逐步完善规范。透过这一演进变化的脉络，我国行政中公众参与发展既有来自这一系统内部的内生型推动力，也有来自系统外部的外生型示范效应。在我国，行政中公众参与的兴起与发展并不是偶然的，而是有着必然的逻辑动因，在遵循公众参与一般规律的同时，也具备了自身的特性。

二、行政公众参与体系

行政公众参与体系主要包含参与的理念价值定位、目标设定、制度体系建设、参与主体、权责配置、信息传输、参与形式、参与效果等要素内容。这些内容不局限于分析哪一种具体的公众行政参与的模式，而是适用于所有行政中公众参与的程式，这为构建我国行政中公众参与体系提供了基础性分析框架。

（一）理念价值定位

关于行政中公众参与的理念定位，可以从协商民主理论和民主行政理论中找到依据。协商民主理论注重平等，认为公民是平等的个体，能够自由平等地参与协商，平等是民主的先决条件。这一理论主张不同参与主体在观念和偏好上能按照所追求的目标和彼此的不同之处加以调整，具体表现为实质、程序、能力、机会、资源等方面的均衡；同时协商民主倡导融合，即认为不同的参与主体应按照共同目标指向，经彼此间博弈，调整自身的偏好和利益诉求，并逐渐使之趋于一致。民主行政理论认为社会公平正义应是公共行政所追求的最基本的理念价值，公众拥有平等的地位和权利；主张政府应该改变权力的傲慢偏见和以往居高临下的姿态，转而更多关注社会公众的利益诉求，政府公务员应具有道德伦理和职业责任感。由此可见，平等、公平、融合、回应、责任等是行政领域中应有的理念和价值追求，而同时它们也是对公众和政府应具有的地位和应扮演的角色的预设性描述。因而，它们在公众行政参与的过程中理应成为被追求的理念价值。

在价值追求上，政府高层寻求行政合法性，避免合法性危机；公众运用所拥有的权利，实现自身价值，该两方面是行政中公众参与的价值追求，这已是不争的结论，合法性即是对统治权力的承认[①]，获得合法性的最重要来源是来自权力体系外的社会的认可和服从，"我们不能认为因为政府是合法

---

① 〔法〕让-马克·夸克著，佟心平、王远飞译：《合法性与政治》，中央编译出版社2002年版，第12页。

的，所以公民就应该履行义务，而更应该说是因为公民的认可，所以政府才是合法的"①。因此政府通过开放内部行政系统，向社会公开系统运行模式，并让公众参与其中来亲身体验政府行政过程。这不仅展示了政府积极推动权力透明运作，敢于接受社会监督的决心；而且拉近了政府和公众之间的距离，增进了沟通交流。另外，对公众而言，其存在于国家体系中，既享有政府赋予的权利，也承担社会义务和责任。作为社会一员，公众有自我价值实现的渴望和需要，在参与政府公共决策、事务管理等的过程中，公众承担起维护公共利益、制约权力失范的职责，以主人翁姿态参政议政，从而实现其作为社会成员应有的价值，体现其公民美德。

（二）目标设定

1. 重建民主体系，打破单一权力中心，形成多中心治理结构和可行的参与制度安排。这一目标是实行行政中公众参与的先决条件，因为公众的行政参与说到底是民主行政背景下的重要尝试，是民主延伸至行政领域的重要体现，所以对民主体系的重新审视显得至关重要，其居于基础性构架设计的地位，离开了这一点，建构于其之上的其他制度体系都经不起推敲。现行的民主体系是以政府为单一权力中心的结构体系，市场和社会都被排斥在这一治理结构之外，这一结构的弊病显而易见，正如文森特·奥斯特罗姆曾指出：单一权力中心的官僚行政体制实质上是反民主、反效率的，现代治理理论也对政府公共理性不足导致的政府失灵进行了抨击和反思。因此，推进行政中公众参与的首要目标应以打破政府权力垄断，吸纳社会参与，培养多中心治理主体为主要内容。

2. 行政中公众参与致力于实现信息公开透明和双向传播，即由政府向公众传播，由公众向政府反馈。这既是保障公众知情权的需要，也是政府科学决策的前提。对公众而言，在整个参与过程当中，需要政府主动积极地公开政策信息和日常政务信息，以便公众掌握政策议题指向，形成问题意识，进而形成自身对问题的看法，提出有影响力的建议对策，"要实现自我管理的公众必须获得关于权力的信息，一个人民拥护的政府必须公开所有信息，否则它只是一个陷阱"②。对政府而言，要制定科学合理、认可度高的决策，就需要获得充足信息，公众提供的舆论、建议等各类信息是最重要的信息来

---

① Michael Walzen，*Obligation*：*Essays on Disobedience*，Harvard University Press，1982，p.12.
② Steffen W. Schmidt，*American Government and Politics Today*，West Publishing Company，1992，p.281.

源，按照约翰·克莱顿·托马斯的观点，获取来自公众方面的决策信息是公众行政决策参与的重要目标，为此政府可以通过关键公众接触、公民调查、新的通信技术等获得信息，公众也可以自发与政府机构联系，提供相关要求和意见。①

3. 提高政策认同度，增进决策接受性，是行政中公众参与的关键目标。公众行政参与的动力来自获取公众接受政策的需求，公民的接受是决策成功实施的先决条件②，而这也是政府推进公众参与行政过程的主要动力。决策合法性是构成行政合法性的主要内容，政府合法性很大程度上来源于公众对决策的认可支持，一项决策能否顺利执行实施，最重要就在于决策前期公众参与阶段各方能否形成一致意见。

（三）制度体系建设

制度体系建设是构建行政中公众参与体系的关键所在。制度化程度主要体现在制度的配套程度、规则的可操作程序以及利益表达和实现渠道的可选择性上。③ 以此为依据，构建行政中公众参与的制度体系，首先，应当建立相互配套的制度，对参与的整体要求、每一环节的规则、参与行为约束等方面作出原则性规定。根据已有实践经验来看，这些配套制度应当包括信息公开制度、参与组织制度、决策程序制度、议事规则制度、监督和责任追究制度等。其次，操作性程序和运行机制，这些是对前面配套制度具体操作执行的规定，制度规范如果缺乏完整的执行程序就只会沦为形式性的框架，它必须由涉及方方面面的不同层次和过程的程序编织起执行的网络。④ 最后，在利益表达和实现渠道的可选择性方面，公众参与的根本目的就在于表达利益诉求，维护和实现自身利益，为此政府应当提供多样化的参与渠道。这样一来，公众能够在权衡利弊得失的基础上，选择更加适合自己实际情况的参与方式，从而能够更有效、准确、真实地表达出对政府的期望。

（四）参与主体

行政中公众参与的参与主体包括作为自然人的公众、作为法人的社会组

---

① 〔美〕约翰·克莱顿·托马斯著，孙柏瑛等译：《公共决策中的公民参与》，中国人民大学出版社2010年版，第65页。
② 〔美〕约翰·克莱顿·托马斯著，孙柏瑛等译：《公共决策中的公民参与》，中国人民大学出版社2010年版，第74页。
③ 褚松燕：《我国公民参与的制度环境分析》，《上海行政学院学报》2009年第1期。
④ 褚松燕：《我国公民参与的制度环境分析》，《上海行政学院学报》2009年第1期。

织及政府,参与形式主要包括个体参与和组织参与。对组织实施参与活动的公共机构而言,除了政府作为必需的参与主体之外,在具体参与过程中,需要确定具体哪些公众应当参与其中。同时,公众参与该采取何种形式,也是必须思考的。有学者认为公众参与并不是行政机关提供参与机会,而是由公众来选择是否参与,他们会根据自身与决策的利害关系作出参与与否的判断。不同的决策,利益相关人范围界定也不一样,宏观性、战略性的决策由于涉及的利益主体是区域内的全体公民,该群体数量巨大,且每个个体所分担的利益很小,因此参与主体应尽可能界定为组织形式的主体;微观性、实施性的决策涉及区域范围小,利益主体指向明确,使得个体参与决策的动力较强。因此,这类决策参与主体可界定为组织形式和个体形式①,也就是说,界定何种公众参与可以将决策性质和所牵涉的利益关系作为依据,这是一点良好的启发。同时,参与的目的是要实现利益分配均衡,就此来讲,"均衡性"也应当是参与主体确定的一大因素,要实现均衡,首先即最关键的一点在于确定利害关系人。其次,确定提供技术支持的人员。最后,确定行政系统内的相关人员。另外,行政中公众参与的各参与主体在法律地位上虽然是平等的,但这并不意味着它们的角色地位和具有的功能完全一致。相反,各主体在参与系统中所发挥的作用并不完全一样,角色分工也不尽相同。公共治理理论指出政府在共同治理的多元主体网络中应当承担"元治理"角色,即对共同治理的形式、权力分配、制度规则等进行宏观安排,这是捍卫权力秩序的需要,也是维护权威、实现合法性的需要。这警示我们,在多种参与主体参与性治理网络中,政府的"元治理"角色仍然不能被改变,公众参与行政过程只是公众分享公共权力,并不意味着行使公共权力的职责要由政府让渡给公众,否则就会造成过度参与,进而引发参与危机。因此,政府在公众行政参与的过程中,要承担起参与制度和机制设计、赋予权力分配权利、引导并规范公众参与行为、科学合理作出决策等职能,而不是任由公众干预行政过程。

(五)权责配置

从治理的角度来看,行政中公众参与是政府和社会共同治理的实践,要求参与主体之间实现权力分享,而"权力分享"从理论上讲,存在两种形式,一种是政府扩权,一种是公众充权。② 公共权力的扩张以政府自身利益

---

① 王周户主编:《公众参与的理论与实践》,法律出版社2011年版,第6—9页。
② 王锡锌:《公众参与和中国新公共行政运动的兴起》,中国法制出版社2008年版,第82页。

的伸张为动力，受追逐自身利益动机的驱使，政府将权力扩张至内部其他的机构，对公共领域实施更广范围的干预。这种权力扩张使得政府内部更多部门获得了权力，形成内部权力分享的格局。虽然这种内部权力分享并不排斥公众享有权力，因为内部权力分享在公众参与的情况下会暂时打破原有权力格局，但这仍然以政府单一权力中心为突出特征，并非实质性的权力共享，因而不应是行政中公众参与所追求的权力配置模型。与之相比，公众充权是社会通过主动向政府提出权力分享的诉求或填补公共权力延伸领域的空白，使公共权力被迫溢出行政系统，为大众所享有。在这种情况下，政府作为唯一权力中心的局面被打破，转而形成政府、公众共享权力的模式。按照治理理论，政府的有限理性和有限资源使得其必须打破自身作为单一权力中心的状况，转而让渡一部分公共权力，使之为社会公众分享。在这种情形下，政府和社会之间形成了权力的依赖。因此，公众充权无疑是实质性的权力共享，也是行政中公众参与的最好选择。

在责任配置上，政府和公众在参与过程中享有的权力大小不同，承担的职责不同，因而责任的分配也不能平均化。从各国实践来看，一般公众参与中，实行公众免责的责任机制。简单地讲，权责对等是责任配置的最基本原则，责任政府制度中的责任主体的责任与权力是对立统一的。[1] 享有权力必须受责任约束。具体来说，责任配置主要包括责任主体的确定，即由谁来承担责任；责任构成的确定，即存在哪些种类的责任；责任方式的确定，也就是以何种方式承担责任；责任程序的确定，也即问责程序如何。这些内容，是政府在推行公众参与过程中不可忽略的问题。

（六）信息传输

信息是行政中公众参与体系必不可少的构成要素，信息公开是公众参与所追求的目标，正如参与民主论者所说，开放的信息是"参与性社会"的关键所在，无论政府还是公众，充足的信息量是制定科学决策的先决条件。特别是对政府而言，信息公开程度是衡量政府文明程度的重要指标，政府是否愿意公开政务信息，公开程度是否充足，这牵涉到公众对决策问题进行分析判断的准确性，会对公众参与绩效产生重大影响。确切地讲，这些信息包括：政府信息，即各级人民政府及其职能部门、依法行使行政职权的组织在它们管理或提供公共服务过程中制作、获得或拥有的信息[2]；议题背景信息，

---

[1] 蒋劲松：《责任政府新论》，社会科学文献出版社2005年版，第188页。
[2] 刘恒等：《政府信息公开制度》，中国社会科学出版社2004年版，第1页。

即公众具体参与讨论协商的议题的相关信息；公众反馈信息，即公众在参与过程中及事后形成的对公共行政某方面的看法、意见、建议等。

不仅如此，信息的生命力在于传播，信息传播有三大要素：信源、信道、信宿。在公众行政参与体系中，信源既有政府也有公众，一方面公众要求政府公开决策信息，另一方面政府要获得来自公众方面的舆论信息，这两者之间的信息传播呈双向互动传播状态，也互为信宿；信道，即信息传播渠道，在网络社会，信息传递媒介多种多样，包括互联网、电视、广播、报刊等，其中互联网技术以传播速度最迅速著称，因而被广泛运用。

（七）参与形式

按照学界对公众参与的不同定性，公众参与可以划分为自动参与、动员参与和消极参与；组织参与和个体参与；暴力参与和和平参与；制度化参与和非制度化参与；等等。影响一个国家公众参与形式的主要因素为该国的民主政治推行程度。通常来讲，民主政治氛围浓厚的国家中自动参与、组织参与、和平参与和制度化参与的作用范围大于与之相对的其他参与形式；相反，在民主政治程度不高的国家中，消极参与、个体参与、非制度化参与、暴力参与的作用范围就要大一些；民主程度介于上述二者之间的国家，通常呈现出各种参与形式杂糅运用的局面。

同时，公众参与的形式还受到政府相关制度设计和公众自身受教育程度的制约。如果一个政府表现出较强的民主意识，鼓励公众参与，那么其在制度设计上会提供完善的制度化参与渠道，培养组织化的参与主体，确保公众参与有充分的制度供给，以满足公众对参与制度的需求。因而，公众参与大多表现为制度化参与、组织参与、和平参与。相反，一个缺乏民主意识的政府，其在制度设计上缺少对公众参与的观照，没有充分的参与制度供给，公众通常被排斥在行政过程之外，参与需求得不到满足。因而，公众只能突破现有制度的约束，采取非制度化参与、暴力参与等方式来表达利益诉求。公众自身的受教育程度也影响着其参与形式，一般而言，受教育程度高的公众，其参与技能、参与水平及自我控制力较强，公共理性较充足，他们通常采取组织化参与、制度化参与、和平参与、主动参与的方式来实现自身利益诉求，而受教育程度低的公众，其参与的各种能力相对较弱，特别是自我组织力和控制力不如受教育程度高的公众，因此非理性表达的情况比较多，通常表现为个体参与、非制度化参与、暴力参与、动员或被动参与等。

（八）参与效果

和公共行政过程一样，行政中公众参与也涉及所产生的绩效问题，参与效果通常又被称为参与产生的影响力，可视作公众参与行政过程所产生的有效输出。国内曾有学者对公众参与的效果作过论述，虽然没有给予明确的概念界定，但其中列举了公众参与的几种效果，包括：公众参与能够提高行政机关的决策质量；公众参与能达成统一意见；公众参与不能达成一致意见等。对于行政中公众参与效果的评估，结合现实中公众行政参与实践所产生的影响力，测评依据主要体现在决策质量是否提高、公众意见建议是否得到政府采纳、政策输出后社会认同度是否增强等方面。由于参与所产生的效果集中反映了政府决策水平和民主程度，因此，政府应当对公众参与的效果给予充分重视，要注重对参与效果的评估，并将评估结果形成可视的总结，让每一次参与过程为后续参与实践提供良好经验，推动公众参与水平在曲折中螺旋式上升。

第十章
国家司法权

第一节 司法权的含义及功能

一、司法权的含义

对于司法权,我们尚需从司法说起。"司法"一词,我国古代既已有之,据《陈书·姚察传》记载,隋朝最早设立了"司法"的官职,其主管州县刑事判决与执行,且品级较低。① 至唐朝,在州掌管刑法的官吏叫"司法参军",在府被称为"法曹参军",县一级掌管狱讼的官名为"司法"。② 可见,司法在当时只是被当作名词,不具有现今司法活动或者司法过程的含义,更不具有象征国家权力的意思。

现今的"司法"是相对于立法、行政而言的,与此相对应,现代分权意义上的"司法权"则是西方资产阶级在反封建专制的革命中,将之作为与立法权、行政权相对应的产物而由行政权中分离出来的,这是因为"如果司法不同立法权和行政权分立,自由也就不复存在了"③。立法权出台法律;行政权行使行政管理职能,处理具体行政事务;司法权的主要职责有二:一是通过依法裁判各类纠纷实现公平正义,维护社会秩序;二是通过司法限制立法、行政权力。其理论依据是,任何人都不能做自己案件的法官,因此,立法、行政职能的行使是否合法不能由自己说了算,而需要借助司法进行审查和判断。行政诉讼中司法可以撤销行政的决定;国外的司法审查制度中法官

---

① 周永坤:《中国司法概念史研究》,《法治研究》2011年第4期。
② 《辞源》(修订本)第1册,商务印书馆1979年版,第464页。
③ 〔法〕孟德斯鸠著,张雁深译:《论法的精神》上册,商务印书馆1961年版,第156页。

可以宣布违宪的立法无效就是对此的诠释。当今世界，立法权、行政权、司法权构成国家权力的核心，这已成为迄今为止被各国公认的关于国家权力结构的较为合理的模式。

由于历史原因，我国在清末变法修律分权司法概念的基础上，还沿用了苏联"审检分离"的司法格局。故我们对司法可从两个方面来理解：一方面，从司法权涵盖的内容来看，我国经历了由"司法四权理论"到"司法两权理论"的发展。20 世纪 80 年代中期之前，我国司法通行的概念是公安、检察、法院、司法行政四机关行使司法权的活动。[①] 此后，流行的观点是公安、检察、法院三机关是司法机关。[②] 随着 1997 年党的十五大将"依法治国，建设社会主义法治国家"作为治国的基本方略，"公、检、法"司法三权的提法渐为"公安司法机关"两权的提法所取代。而且，此后党代会的历次报告中，均将法院和检察院同视为司法机关。党的十八届四中全会，重提公、检、法、司四机关各司其职，侦查权、检察权、审判权、执行权相互配合、相互制约。另一方面，从广义和狭义的角度来看，广义的司法指公检法司或者公检法进行的司法活动，如刑事诉讼活动；狭义的司法指检法或者法院行使司法权活动，如民事诉讼活动。近年来，世界通行的司法与审判实为同义语的观点渐为人们所认可和接受。

二、司法的功能

一般认为，司法主要具有以下功能。

第一，司法惩治和保障的功能。所谓惩治主要表现为对非法的纠正或者对邪恶的打击，同时对司法过程中发现的问题予以预防。所谓保障则是指对被违法犯罪行为破坏了的各项秩序予以弥补或者恢复，通常表现为对国家利益和当事人各项合法权益的维护。就司法而言，惩治和保障是一个问题的两个方面，只有通过惩治邪恶，国家和人民的利益才能得到维护，反过来，对公民合法权益的保障，既是惩治的结果，也是惩治的目的。惩治与保障两种功能在司法活动中是对立的统一，二者是相辅相成的。当然，司法在施展惩

---

① 可以佐证这个问题的是上海辞书出版社 1984 年版《法学词典》第 242 页关于"司法"的解释，以及 1979 年《中华人民共和国刑法》第八十四条关于"司法工作人员"的说明。
② 自 1982 年起使用的由法学教材编辑部编审、法律出版社出版的高等学校法学教材《刑事诉讼法学》即认为，公（含国家安全）、检、法三机关是刑事诉讼中的司法机关，依法分别行使侦查权、检察权、审判权。

治和保障功能的同时，还可以将司法活动中发现的司法本身及司法以外的相关社会问题反馈给立法、司法乃至社会，促进社会整体规范的完善。就此而言，司法兼有监督的功能。

第二，司法终裁具体诉讼纠纷和维护正常社会秩序的功能。司法是国家对社会中已经出现的冲突予以解决，对遭到破坏和扭曲的权利义务关系加以恢复和矫正，从而维护社会应有的基本秩序的活动。人们之所以会介入司法，很大程度上是因为其他方式不足以解决既有的纠纷。司法作为国家设置的实现社会公平正义的最后途径，不仅能够通过审判作出肯定或者否定的评价，恢复当事人的合法权益，而且可以借助国家及其强制力保障司法裁决最终得以兑现。针对冲突，司法不仅具有救济功能，而且，其作为实现社会公平正义的最后一道防线，是一种最终的救济。

定分止争既是司法的目的，也是司法的功能。司法自产生以来，无论社会如何发展，这一定位始终如一，从未变化。现今，在推进民主法治国家建设的进程中，尽管解决争议的方式日趋多样，但司法解决争议的方式仍为其他方式所不可替代，不仅如此，司法还是其他各种争执解决方式的后盾，司法因此在国家全部活动中占据的地位日益重要。

第三，司法引导社会和强化主流价值观的功能。从形式上看，司法活动的目的是直接解决具体的社会纠纷，实质上，司法还具有通过具体案件的处理来教育和引导人们的行为，赢得多数社会成员对正义感性的需求，使社会主流的价值观体系通过司法在个案裁判过程中得到重申和强化的功能，只是司法的这种功能通常在形式上是隐形的。执政者对社会的统治和管理必然需要确认和构建多数社会成员所拥护和支持的主流行为规则，这种行为规则是关于社会成员参与社会活动是非对错的判断标准，它必然会反映到国家的法律和司法活动之中。但要使得这种规则得以传承，除了加强教育、宣传和其他辅助性工作，还必须通过司法个案的示范效应，放大和强化主流价值观。

法的价值只有在运用中才能得以实现，司法因此成为法律的生命，法律也只有在司法的过程中才能得以检验和完善。司法的过程和结果对社会具有价值、理念等方面的引导作用。更重要的是，司法对社会具有惩恶扬善的警示和导向作用，良好的司法裁判自然向社会倡导积极向上的理念；相反，则可能向人们灌输、引导负能量，不仅严重影响司法的公信力，而且对社会产生负作用。

与此密切相关的是，我们还应认识到，法律的重要作用在于其可预测性，从而其为人们的行为提供一个可以预测结果的规范。

第二节 司法的属性

所谓属性是指一种事物区别于其他事物的性质和特点。现代意义上的司法属性，包括根本属性和基本属性两个方面，司法的根本属性实际上是就司法的本质而言的，故亦被称为司法的本质；司法的基本属性是就司法的表现形式而言的，亦被称为司法的特点。司法的根本属性是司法基本属性的集中表现形式和统一反映，是司法基本属性的最终归宿；司法的基本属性由司法的根本属性派生而来并服务于司法的根本属性，是司法根本属性得以实现的保障。司法的根本属性和司法的基本属性分别从司法内部的实质和司法外部的形式来说明司法本身。

一、司法的根本属性

司法的根本属性就是裁判，即法院代表国家依照法定程序对诉讼纠纷进行判断，从而定分止争。通常，定分就是判明孰是孰非，明确权利义务；止争就是争执各方停止纷争，言和于好。定分是前提，止争是目的，二者一脉相承。所谓判断，就是在认识到争端存在的前提下，依据既定的标准和规则，作出肯定或否定的判定。中国古代，"诉"者，告也；"讼"者，一乃争也，二乃人言，从公也。也就是说，人们将相互间的纠纷告于国家，由其裁断。我国近代法学家沈家本曾说："人不能无群，有群斯有争，有争斯有讼，争讼不已，人民将失其治安，裁判者，平争讼而保治安者也。"① 我国古代"判官""推事""断案"等对司法官员或司法活动的称谓，实际也含有此意。英文中，"法官"与裁判员是同一个词——judge，都是指评判人。此外，作为动词，judge还具有审判、评判、裁判、判断之意。司法及其活动不同于行政，司法只是根据事实和法律判断是非，不奉行下级必须服从上级、上级必然判断正确的行政逻辑和人治思维模式。

需要注意的是，从词义来看，"司"与"执"都有操作、执行之意。在国家权力结构中，司法与行政执法同属执行权，司法是判断意义上的执行，行政是管理意义上的执行。狭义的执法仅指行政机关及其公职人员依职权实

---

① 沈家本：《历代刑法考》，中华书局1985年版，第2235页。

施法律的活动,广义的执法还包含司法在内,而严格意义上的司法,则仅指法院对案件的审理和裁判活动。司法与执法作为两种活动,其主要区别体现如下。

第一,二者的主体和功能不尽相同。在主体上,司法的主体应该是法院,最多还包含检察院。行政执法的主体因对社会事务的行政管理涉及社会的各个领域而表现为数量庞大的行政群体。在功能上,虽然司法和执法都具有实施法律的功能,但司法的功能不仅在于执行法律,而且在于应用法律解决具体诉讼纠纷。司法作为一种对纠纷的判断,其追求的首要价值是公正,同时兼顾效率;执法是一种管理活动的处理权,其首要的价值在于追求行政效率与秩序,同时兼顾公正。这是因为,行政事务的特性决定了政府必须及时、高效地进行管理,而不宜采用类似于司法的耗时、耗力的复杂程序,否则,社会秩序就可能经常或长期处于混乱的状态。

第二,二者启动的程序和方式不同。总体而言,司法是消极被动的,执法是主动积极的。争执的存在是司法得以存在并运作的前提,即使有争执,但若未被诉至法院,司法仍因无源之水而不能自行启动。司法奉行的原则是"不告不理",只有在请求它的时候,或者用法律的术语来说,只有在它审理案件的时候,它才采取行动。可以设想,司法一旦积极主动,先入为主的定式势必形成,此时再谈司法公正,显然难以令人信服。执法是否存在取决于是否有行政管理的必要,而非行政管理相对人是否有对管理的意愿。所以执法是由行政机关自行决定的,职责要求行政机关必须积极主动,否则,其可能因不作为而失职。

第三,二者在阶位的高低上不同。从理论上讲,司法的阶位高于行政。一方面,司法本身事关生杀予夺,在性质上严于行政的执法;另一方面,司法是行政的后盾。执法是司法的前置程序,司法是执法的救济程序。行政解决不了或者行政权行使不公等问题最终可以通过司法程序予以补救,但其逆定理却不成立。因此,执法往往不具有司法终局性的效力。也正是从这个意义上说,尽管众多的行政执法主体决定了行政制裁的不公远远大于法院一家裁判的司法不公,但是与行政执法相比,司法不公对社会的破坏更为严重。这也是社会上"司法不公"的提法和呼声相对较高的原因。因为,行政执法的不公尚有司法救济,而一旦司法腐败或不公,则将彻底毁坏国家在民众心目中的形象,使民众对法律失望,无所依托。

第四,二者的主体中立和独立的程度不同。就中立而言,在行政执法中，行政主体直接对行政管理相对人进行管理，此时，执法者本身已经处于争端一方当事人的地位，扮演着既是运动员又是裁判员的角色。而且，与行政管理相对人相比，执法者事实上处于管理者一方当事人的地位，从而导致了双方地位事实上的不平等，无中立可言，不能居中就意味着行政裁决的公正程度较之司法公正有所降低。在司法活动中，法院在解决冲突时是当事人以外的第三者，而且是以国家的面目出现，其与案件事实本身没有任何瓜葛，与案件的处理结果也没有任何利害关系，在双方当事人之间居中裁判，其与生俱来的中立不言而喻，公正由此成为可能。就独立而言，为了确保司法裁判的公正，司法主体依法独立行使司法权。在我国，这种独立不仅表现为法院独立行使审判权，不受行政机关、社会团体和个人的干涉，而且反映在上下级法院监督与被监督的关系上；执法则受横向和纵向的左右及上级的领导，与司法的独立没有可比性。

第五，二者的依据和对程序的重视不尽相同。司法裁决的依据只能是国家的法律，政策、指示、命令等不应作为司法裁判的依据，这是现代法治国家的基本要求。行政执法虽然从整体上也强调"依法行政"，但受行政事务及时、高效、可变等特性的影响，并不排除政策甚至命令在一定范围内发挥作用。与此相一致，司法在关注结果的同时，更注意强调程序，因为程序的不公可能导致实体的错误，而执法因对结果的要求相对迫切，所以程序的规定往往滞后或内容不及实体规定完备。

二、司法的基本属性

为了保证司法裁判的公正，司法的根本属性便派生出一系列司法的基本属性。这包括：

第一，司法的被动性和消极性。与行政权不同，司法权是被动行使的，这主要体现为起诉是启动司法的唯一动因，我国古代及古罗马曾将此形象地称为"不告不理"及"无控告即无法官"。而且，在司法过程中，司法机关只能在当事人诉求的范围内作为，即"告什么审什么"。同时，法院在适用法律时必须受法律约束，这也是其被动性的体现。

第二，司法的程序性。解决纠纷必须按照法定的方式、方法、步骤进行，这是公正司法的程序保障。同其他任何权力一样，司法在具有积极作用的同时也还有副作用，而有些副作用一旦造成后果是无法弥补的。程序对于权力，犹如牢笼对于猛兽。为此，司法权必须从程序方面被予以规范。司法程序实际上就是从技术设计上为司法权量身定做的"牢笼",而各种具体的方式、顺序、时限则如同这个"牢笼"的钢筋铁壁,它们将司法权控制在法律的范围内,以此限制司法主体的擅断和恣意,使差错的概率降到最低。

当然,我们也不能因此就说,只要有了完善的司法程序,司法的结果就一定是公正的,因为司法结果的公正性,还受制于程序之外的诸种主客观因素。但不论怎样,程序的价值是不容忽视的,程序虽不能保证最好的,但却可以防止最坏的。

司法程序价值的实现主要是通过司法程序的公开来实现的,司法公开是司法程序性的重要体现。司法公开包括两个方面的含义:一是除法律有特殊规定的案件外,诉讼的全过程应当以当事人和社会公众看得见的公开方式来进行。英国的法律格言称:"正义不但要伸张,而且必须以看得见的方式被伸张",因为,"没有公开则无所谓正义"。① 只有程序公开,才便于社会对司法进行监督,司法机关也会因程序的约束而增强公正意识。二是社会公众通过陪审的方式来参与具体案件的审判过程,从而成为司法活动的实施者和监督者。

第三,司法的中立性。它要求与自身有关的人不应该是法官;结果中不应包含纠纷解决者的个人利益;纠纷解决者不应该有支持或反对某一方的偏见。与执法不同,司法的职能不仅在于执行法律,而且在于应用法律居中对各种主体之间的争执予以解决,而由第三者解决争执不仅避免了当事人自行对案件裁决可能存在的偏颇,使公正成为可能,而且使裁决者与双方当事人的距离相等,给予双方以平等的机会和关注,并据此审查证据,作出判断。

第四,司法的独立性。裁判者要保持超然的第三者立场,就必须具有独立的地位。法院在对案件审理和裁判的过程中,独立自主地认定事实和适用法律,不受其他机关、团体和个人的干预。即使是司法机关之间或者司法机关内部,也不能用行政的办法对待司法。司法独立可以分解为:司法只服从法律而不接受任何的命令,"法官除了法律就没有别的上司"②;司法只考虑良知而不屈从于权势;司法只能被监督而不能被领导。

第五,司法的终极性。司法通常被认为是解决纠纷的最后手段,而且,司法的权威性也要求司法具有终极性。这体现在三个方面:一是对于法院作出的已经发生法律效力的裁判,非经法定程序,不得再次审理;二是立法机

---

① [美]伯尔曼著,梁治平译:《法律与宗教》,生活·读书·新知三联书店1991年版,第48页。
② 《马克思恩格斯全集》第1卷,人民出版社1956年版,第76页。

关、行政机关无权对司法机关作出的生效裁判重新进行处理；三是当事人不得就同一争执再次要求司法机关处理。

当然，不论大陆法系国家还是英美法系国家，也都同时规定了纠正错判的再审程序。但再审程序的启动必须有法律明文规定的事由，且在启动的主体和程序上都受到法律的严格限制。因此，再审程序的设置与司法的终极性并不矛盾，且二者在最终的目标上是一致的。

第六，司法的统一性。主权国家法制统一的基础是司法统一，所以，司法统一被奉为法治国家所遵循的基本司法准则。在现代，无论集权社会还是分权社会，无论联邦制国家还是单一制国家，在构建自己的司法制度时，都采用了这一原则。一般认为，司法统一应包括三个方面的内容：司法机构的设置统一；司法权的行使统一；司法适用的法律统一。

第七，司法的专业性。司法的专业性也称司法的职业性，主要是对司法主体的要求而言的。司法的统一性要求司法主体必须专业化，这既是司法职能特殊性的要求，也是司法独立性的要求，更是社会发展的必然结果。

第三节　公正是司法的永恒主题

一、公正是司法的出发点和归宿

公正，习惯上常被作为与正义等同的概念来使用，具有公平正义、不偏不倚、惩恶扬善之意。公正始终是人类追求的崇高价值目标，并浸润于社会的政治、经济、法律等诸多领域。司法公正则是人们追求的要求司法机关正确适用法律，作出体现公正、高效、权威精神裁判的一种法律理想和法律评价。

司法定分止争的性质及其作为实现社会公平正义最后防线的地位和作用，决定了司法必须公正。这既是司法的灵魂，也是司法得以存在的社会基础，还是社会公正的基本要求。不能想象一个国家在司法不公的情况下还会有什么理念和领域是公正的。也正是在此意义上，英国著名思想家培根的至理名言至今仍被认为是对司法不公最好的诠释——"一次不公正的裁判，其恶果超过十次犯罪，因为犯罪是无视法律，好比污染了水流，而不正义的裁判则是毁坏法律，好比污染了水源。"[①]

[①] 《培根论说文集》，商务印书馆1983年版，第193页。

我国当代的社会转型就是要建立具有中国特色的社会主义法治国家,司法在法治社会形成中的作用至关重要,而司法在法治社会的形成和发展中发挥作用的大小,关键取决于司法是否公正。法治社会,不仅权利的有无和多寡需要借助公正的司法予以确认,权利的损害最终也需通过公正的司法予以救济,使公正得以彰显,并鼓励人们通过司法途径捍卫自己的权利;而且各类公权力的运行及其冲突也需要纳入法治的轨道,借助司法予以保障和解决,从而防止权力的滥用和权力间的较量。只有司法公正,才能使内在于法的公正精神和价值得以实现并一以贯之。

二、司法公正的标准

我国对司法公正评判标准的认识,是与执政党对此的认识相一致的,大体经历了一个单纯强调实体公正,后逐渐注重程序公正,近年来意识到司法高效,进而又提出司法权威的长时期发展过程。2007年,党的十七大首次提出,建立公正高效权威的社会主义司法制度,保证审判机关、检察机关依法独立公正地行使审判权、检察权。党的十八届三中全会强调,加快建设公正高效权威的社会主义司法制度。可以说,看得见的公正,感受到的高效,被认同的权威,既是我国社会主义司法制度的目标,也是法治中国评价司法公正具体化和制度化的标准。

(一)司法公正

司法公正包括实体公正与程序公正。所谓实体公正,是指司法机关作出的裁判结果必须有事实和法律根据。所谓程序公正,是指司法过程中,司法机关遵循平等和正当原则,保护各方当事人依法享有的诉讼权利和诉讼义务。由于我国司法实践中"重实体轻程序"的理念根深蒂固,因此,强调程序公正在今天就更具现实意义。

实体公正强调结果的价值,程序公正强调过程的价值。实体公正与程序公正的关系犹如程序法和实体法的关系。程序公正和实体公正如车之两轮,鸟之两翼,相辅相成,互相依存。

(二)司法高效

"高效"原本是一个经济学术语,它是指以最小的成本投入来获取最大限度的收益。随着20世纪六七十年代以美国的罗纳德·科斯和理查德·波斯纳为代表的法律经济学派对法律中效率问题的提出,效率遂成为司法中重要的价值目标和评价司法的标准。所谓司法高效,是指通过科学设置程序,合理运用司法资源，降低司法成本，以最小的司法成本投入获得最大的司法效率和社会效益。司法高效应当是司法的内部效率（司法效率）与司法的外部效益（司法效益，也称司法的社会效益）的统一。所谓司法效率，一般是指诉讼中投入的人财物等司法资源与所得效果之比例。司法效率有两重含义：一是要求司法主体尽可能在法定诉讼时限内实现人们对司法公正的期望，而迟到的公正本身就是不公正；二是强调通过成本的计算，以尽可能少的人财物的投入，公正解决纠纷。所谓司法的社会效益，是指通过解决纠纷的司法活动，给当事人以及社会的政治、经济、文化等方面带来的效应和结果。

（三）司法权威

权威，指使人信服的力量和威信，威者尊严，使人敬畏；信者信赖，使人认同。所谓司法权威，即司法在社会生活中所具有的令人信服的地位和力量，是就司法本身的威信和司法的公信力而言的。司法权威是司法的外在强制力与司法的公信力的统一。外在的强制力来自国家，司法公信力是人们对司法的认可和接受。司法权威的最佳模式应当是：司法成为调节社会争执，维护社会运行秩序，最终实现社会正义的不争途径，而社会公众对此深信不疑，并将司法作出的裁判积极付诸实施。司法权威是法治权威的直观体现和主要载体。如果一个国家的司法不具有权威性，那么便谈不上树立法治的权威性。

公正、高效、权威这三者是一个有机的统一体，相互推进，缺一不可。公正是司法的基础、权威的核心，司法唯有公正，才能为社会公众所信赖；高效强调以最经济的方式实现公正的价值要求，是公正的内容和权威的必然要求；公正和高效是实现司法权威的必然路径。没有司法效率和社会效益的公正，其本身已失去公正，自然也无权威可言；司法本身的威信和司法的公信力是人们将争执提交司法裁判之理由和期望。司法没有权威，便没有了化解冲突之功，降低了定分止争之力。权威既是司法公正高效的结果和外在体现，又是司法公正高效的后盾和保障。

三、司法公正的相对性

这可以从两个方面来理解：一方面，司法有着自己的运行规律和要求，其体现为一种价值观念，而人们总是以不同的判断标准、特定的价值观念去进行判断。因此，对同一事件的公正性评价就不尽一致。这可以从两个方面予以理解。首先，各国不同的社会历史时期及不同国度或同一国度不同的发展阶段，对司法公正的评判标准不尽相同。这既有国体、政体方面的原因，也受国家所处地理位置、自然环境的影响，还受传统文化特别是法律文化、经济条件、国民整体素质等的左右。其次，就一国某一特定时期而言，对于司法公正，即使是对同一案件裁判公正的评价，不同的社会群体或阶层有着不同的理解。通常，案件的当事人更多的是从案件的处理结果是否符合自身内心预期的结果来评判司法是否公正；社会公众则多从社会价值趋向和舆论导向方面评判司法公正情况；在政治层面上，管理者、监督者更多的是从社会效果、政治影响等角度对司法公正情况进行判断；学者则多从不同的学术角度对案件处理的过程和结果进行阐述与评价。

另一方面，司法的作用是有限的，这除了公正本身具有相对性以外，还因为司法具有这样一些局限性：第一，司法调整的社会关系的范围是有限的。第二，司法只是解决社会纠纷最后的而不是唯一的，更不是最好的途径和方式。第三，法律固有的局限性导致司法不可避免地有局限性。第四，司法无法确定所有案件的客观事实。司法是一种在纠纷出现之后进行的活动，这种事后性决定了司法对案件事实的认识是一个逆向的过程。案件事实不以人的意志为转移，而司法对案件事实的认定只能无限接近客观事实，而无法等于客观事实。第五，司法的公正程度受法官能力和民众法治水平的影响。第六，相对于其他解决争执的手段，司法耗时耗力，且有些判决最终只能是无法兑现的"空头支票"。

我们说，司法公正是相对的，但这并不意味着，可以将司法的相对公正作为推卸司法责任的理由，更不能以此来解释司法的不公。否则，后果不堪设想。因为，对司法机关来讲，99%裁判正确便理所当然是司法公正，但具体到那1%被错判的当事人来讲，则是100%的不公正。从此意义上讲，对一个人的不公正就是对所有人的不公正。

第四节　行使司法权的国家机关——人民法院

一、人民法院的性质和任务

我国现行宪法第一百二十八条规定："中华人民共和国人民法院是国家的审判机关。"这一规定明确了人民法院的性质。审判权是国家司法权的重要组成部分，人民法院以行使国家审判权的方式完成国家权力机关赋予的任务，代表人民行使国家的部分权力。

人民法院的任务是通过审判各类诉讼纠纷，惩治犯罪分子，保护人民，解决各类纠纷，维护社会秩序，保障国家社会主义建设事业的顺利进行。同时，人民法院通过审判活动，提高公民法律意识，教育公民遵法守法，减少和预防犯罪及各类纠纷，推进法治社会的进程。

二、人民法院的组织体系

根据宪法第一百二十九条和人民法院组织法第二条的规定，我国法院在组织体系上由最高人民法院、地方各级人民法院和军事法院等专门人民法院构成。其中，最高人民法院是国家最高的审判机关，监督地方各级人民法院和专门人民法院的审判工作，并对产生它的全国人民代表大会及其常务委员会负责；地方法院即普通法院，包括高级、中级和基层人民法院，各级法院对产生它的人民代表大会负责并且报告工作；专门人民法院的设置、组织体系等情况比较复杂，从目前实际情况看包括军事法院、海事法院、知识产权法院、互联网法院等，按照人民法院组织法第二十九条的规定，专门人民法院的组织和职权由全国人民代表大会常务委员会另行规定。不论何类法院，均是上级人民法院监督下级人民法院的审判工作。

通常，我们所说的法院主要是就普通法院而言的。根据人民法院组织法的相关规定，基层人民法院包括县、县级市、市辖区人民法院。除法律、法令另有规定的外，基层人民法院是我国普通法院中的绝大多数，审理我国大多数案件。

中级人民法院包括直辖市内设立的中级人民法院，省、自治区、直辖市或按地区设立的中级人民法院，自治州中级人民法院。中级人民法院审判的案件包括：法律、法令规定由它管辖的第一审案件；基层人民法院移送审判的第一审案件；由基层人民法院判决和裁定的上诉案件和抗诉案件；人民检察院按照审判监督程序提出的抗诉且有管辖权的案件等。

高级人民法院设置于省、自治区、直辖市，除审理法律、法令规定的案件外，还对本辖区内中级和基层人民法院的审判活动进行指导和监督，是辖区内中级人民法院的上诉法院。

最高人民法院作为国家最高审判机关，除审理法律、法令规定的案件外，还监督地方各级人民法院的审判工作，同时是高级人民法院的上诉法院。目前，最高人民法院设立了六个巡回法庭，它们作为最高法院的派出机构，受理巡回区内的相关案件。

截至 2015 年，"全国内陆地区共有 32 个高级人民法院，409 个中级人民法院，3117 个基层人民法院"①。

第五节　行使司法权的国家机关——人民检察院

人民检察院是国家的法律监督机关，其组织体系包括：最高人民检察院、地方各级人民检察院和军事检察院等专门人民检察院。最高人民检察院是国家最高检察机关，领导地方各级人民检察院和专门人民检察院的工作。上级人民检察院领导下级人民检察院的工作。最高人民检察院对全国人民代表大会及其常务委员会负责。地方各级人民检察院对产生它的国家权力机关和上级人民检察院负责。

一、我国检察权的法律定位及含义

"定位"本是自然科学中对物体所在位置进行的测量，或者测量后对所确定位置的专用术语，这里借以说明法律所确定的检察权在国家权力设置中的位置。"检察职权配置"是指对检察职务范围以内的权力按照需要所进行的配备，所解决的是如何分配检察职权的问题。

我国宪法第一百三十四条和人民检察院组织法第一条均规定：中华人民共和国人民检察院是国家的法律监督机关。这既是对检察权的法律定位，也是检察职权配置的根据和前提。法律的这一规定主要基于如下三点：其一，法律监督是检察权与生俱来的品质。考察检察权产生和发展的历史便不难发现，检察权始终以"监督"为本源和选择。不论是最早建立检察制度的英美法系的英国还是大陆法系的法国，乃至后来建立第一个社会主义法系的苏联的"一般监督"②，概莫能外。即使在苏联解体后，其检察制度也没有随着国

---

① 周玉华主编：《中国司法学》，法律出版社 2015 年版，第 108 页。
② "一般监督"的提法源自苏联的检察制度，指检察机关作为苏联的最高监督机构，可以对一切违法现象进行监督。这个监督不仅仅是针对一般人的公诉，还包括对一切党政机关及其人员的违法活动的监督。苏联检察机关享有一般监督权，各级政府、地方各级权力机关、企事业单位和公民都受检察机关的监督，国家机关发布的文件（抽象行为）和所实施的具体行为是否合法都受到检察机关的监督。苏联解体后，俄罗斯等独联体国家在改变检察制度社会主义性质的同时，以俄罗斯为代表的部分国家基本保持了一般监督权，继续保留原有的检察职权配置模式和运行机制。在中国"一般监督"为 1949—1979 年的检察制度原则上所采用。

家权力结构的变革而改变。① 而且，随着检察制度的发展，法律监督的职权越来越扩展并强化。在我国这样一个多元法律渊源并存且处于重要转型时期的社会，走出一条具有中国特色的法律监督之路便成为必要。其二，法律监督是国家权力结构和法律实施的需要。不论国家的国体和政体有何不同，从国家权力构成的设计上看，均意在使立法权、行政权和司法权在法律的框定下有机地结合、协调地运转。为了保障国家法律的统一实施，就必须对权力和法律运行的情况实行监督和制约。我国的法律监督正是适应这些需要而产生的。其三，民主法治的演进使得法律监督表现为宪治要求的不同形式。近现代国家制度结构的实践表明，国家制度对人民主权的体现表现为分权制和授权制两种形式。分权制是将国家权力分为不同的几个部分，通过各部分权力之间的相互制衡来保障整个国家权力的有机运行。分权制以美国的"三权分立"制度最为典型。授权制即在人民主权的前提下，由主权机关将国家权力授予其他机关行使，我国采用的即是授权制形式。如果说，分权产生了制约的话，那么，授权自然派生出监督。尽管国家权力机关具有最高的监督权，但是，仅有权力机构的监督是不够的。以我国的最高国家权力机关全国人民代表大会为例，由于其肩负着繁重的任务，其对行政权、审判权等的监督主要是通过人事任免、听取和审议工作报告、就重大事项作出决定等方式进行的，而不可能全面具体地对所有应该进行监督的主体都毫无遗漏地进行日常监督，也不宜直接介入、取代或启动行政处罚程序和司法审查程序，否则可能在不同程度上影响其对国家重要事务的决定。因此，最高国家权力机关为了保障国家权力高效运行，可以依据宪法将一些职能授权其他部门行使，检察权所具有的法律监督职能就是这种授权的结果。从这个意义上说，检察权是国家权力中监督职能的延伸或分离。

我国法律关于检察权的定位包含这样几层意思：其一，检察权的本质属性是法律监督。由于法律至今尚未明确"法律监督"的概念，因此，人们对法律监督的主体、对象等存在不同的认识。一种观点认为，法律监督的主体是多元的，包括国家机关、政党协会、企事业单位、社会团体及公民公众等②；监督的对象除法律实施外，还包括立法活动。另一种观点则认为，法

---

① 1995年生效的《俄罗斯联邦检察院组织法》开宗明义地在第一条赋予了检察机关"一般监督"的权力。
② 张文显主编：《马克思主义法理学》，高等教育出版社2003年版，第210页。汤唯、孙季萍：《法律监督论纲》，北京大学出版社2001年版，第4—5页。

律监督的主体只能是检察机关；监督的对象仅限于法律实施行为是否合法，而不包括立法行为。① 我们以为，这里的法律监督权与检察权是同等语义的概念，其所要解决的是法律实施过程中各类主体有法不依、执法不严、违法不究的问题。当然，作为检察权的法律监督不同于党纪政纪的监督。首先，党的纪检和行政的监察是分别针对所属党员和公职人员的内部监督，而法律监督是一种外部监督，监督者和被监督者之间通常不存在组织上的隶属关系。其次，纪检和监察在查明案件事实的前提下对被监督的对象具有实施实体处分的权力，而法律监督虽具有启动追诉程序的价值，但即使查清了案件事实，也不具有直接处罚被追诉者的性质和权力，而只能提出意见，交其他相关部门处理。其二，人民检察院是专门的法律监督机关。这主要是说，检察权作为法律监督不同于国家权力机关的监督。按照宪法规定，人民代表大会的监督是一种来自国家权力机关的监督，故其监督的范畴远大于检察权，这集中反映在宪法对其职权范畴的规定上。检察权是一种专门的法律监督权而不是对国家监督权的统揽。检察权是由国家权力机关授权并受权力机关领导和监督的，其是位居国家权力机关监督之下并对其负责的下位监督权。两种监督最大的区别则在于，人民代表大会及其常委会主要是"监督宪法的实施"，即人民代表大会的监督是从宏观上、权源上进行的监督，而不是针对法律实施过程中的具体问题进行监督。检察权作为国家专门的法律监督机关，主要是就法律实施的具体问题进行监督，这种监督通常不直接涉及国家的大政方针，不具有宏观决策的性质。当然，也有观点认为，人民代表大会及其常委会有"监督宪法和法律的实施"的职权，并以《中华人民共和国宪法》为依据。② 我们以为，这种解释值得商榷。因为，就法律规定而言，"监督宪法和法律的实施"的表述只在我国 1978 年宪法第二十二条第三款关于全国人民代表大会的职权的规定中存在过。即使此前的 1954 年宪法第二十六条第三款也只是规定，全国人民代表大会有"监督宪法的实施"的职权，在监督范畴上并无"法律"，在主体上也无"人大常委会"。自 1979 年以来实施的我国现行宪法第六十二条第二款和第六十七条第一款规定，全国人民代表大会及其常委会均有"监督宪法的实施"的职权。虽然在监督主体上扩

---

① 张弓：《当代检察机关的架构》，《检察日报》1999 年 5 月 29 日。孙谦主编：《中国检察制度论纲》，人民出版社 2004 年版，第 56 页。张智辉：《法律监督辨析》，《人民检察》2000 年第 5 期。向泽选：《法律监督原理》，群众出版社 2006 年版，第 2 页。

② 孙谦主编：《中国检察制度论纲》，人民出版社 2004 年版，第 68 页。

增了人大常委会，但在范畴上却仍限于宪法。其三，检察权是一项独立的且与行政权、审判权及军事权并列的国家权力。在我国的国家权力结构中，检察权作为一项最高国家权力之下的有别于立法权、行政权、审判权的法律监督权，既不隶属于行政权，也不隶属于审判权，其只对权力机关负责，且检察权的行使独立于行政权、审判权、社会团体和个人。不仅如此，检察权在实质上就是要对行政机关的行政行为和审判机关的司法行为的合法性进行监督。其四，检察权是国家权力而非地方的或者行业的权力。一方面，检察权是国家的权力而非地方的权力，这是指检察权代表国家对法律实施的情况予以监督，进而实现国家法制统一的基本要求。当国家利益和地方利益发生冲突时，检察机关只能是国家利益的代表者和维护者，而不能为了地方利益不顾甚至损害国家利益。"我们无疑是生活在违法乱纪的汪洋大海里；地方影响对于建立法制和文明制度是最严重的障碍之一，甚至是唯一的最严重的障碍"，因此，"检察长的唯一职权和必须作的事情只有一件：监视整个共和国对法制有真正一致的了解；不管任何地方的差别，不受任何地方的影响"。① 另一方面，检察权不是行业的或者部门的权力。检察权的行使只能以国家名义进行，任何与此相悖的理论或实践都应在被禁止之列。否则，会与检察权地方化一样，违背检察权设立的初衷，走向法制统一的反面。

二、检察职权的配置取决于检察权的法律定位

检察权的定位与检察职权的配置是检察权中既有区别又有内在联系的两个方面，尽管法律监督的任务最终要通过检察职权的配置与落实来实现，但检察权的法律定位对检察职权的配置具有基础性和决定性的作用。检察权定位与职权配置是本质与形式、内容与表现的关系。检察权定位是检察权问题之根本，而检察权配置则是检察权问题之枝节。在产生的顺序上，先有检察权的法律定位，后有检察职权的配置；在性质上，检察权的法律定位决定检察权的性质，而检察职权的配置则有赖于检察权的定位；在阶位和效力上，法律定位不仅高于职权配置，而且决定检察职权的具体配置，检察职权的配置只能围绕检察权的定位来进行。因此，在检察权定位与职权配置上，一方面，法律对检察权的定位务求准确，避免因法律定位不准而造成检察职权的

---

① 《列宁全集》第33卷，人民出版社1957年版，第327、326页。

配置以偏概全、相互交叉或者重复；另一方面，职权配置应与法律定位相匹配，全面准确地反映法律定位的本意，防止造成职权配置的缺失、不到位甚至越位。只有检察权的法律定位与职权配置相匹配，才能最大限度地发挥检察权整体的作用。遗憾的是，这些年来，我们一直热衷于对检察职权配置的单纯研究，对关于检察权定位的研究重视不够，至于对二者关系的研究更以自感清楚或自以为是而予以漠视，以致在很大程度上影响了对检察职权的优化配置。

与检察权定位密切相关的是检察权的性质问题。长期以来，理论上和实践中往往忽视二者的不同，将二者相提并论。① 我们以为，检察权的定位和性质应该是两个不同的概念，定位是法律就检察权"是什么"而言的，性质则是就检察权究竟属于何种性质，即检察权区别于其他国家权力的属性而言的，具体讲就是检察权究竟是属于司法权还是行政权，抑或是司法、行政兼而有之的权力的问题。例如，我国人民法院、公安机关的法律定位分别是国家的审判机关和国家的治安保卫机关，但二者的法律性质则分别为国家的司法机关和国家武装性质的行政执法机关。

检察职权的配置，固然要考虑法律对检察权的定位，但也不可忽视检察权的性质。这是因为，权力的性质不同，其职权的配置就会有差异。但是，检察权的性质应该与其法律监督的定位相呼应，不能因强调检察权的性质而使法律监督权缺位或者失衡。

关于检察权的性质，目前主要有以下几种观点。

一是"司法权说"。② 其主要理由为：第一，我国人民检察院依照宪法规定独立行使检察权，而独立性是司法权最明显的属性。第二，作为"法律守护人"的检察官，其使命、目标、遴选和职业保障均更近似于"以遵守法律为天职"的法官，二者"同质不同职"。我国检察官的地位和职责更近似于法官，广义的法官就包括检察官。③

---

① 应该说，这个问题的造成不排除法律方面的原因。例如，1979年6月26日，彭真在全国人大五届二次会议上所作的《关于七个法律草案的说明》中讲到对检察院组织法作了较大的修改时指出，"第一，确定检察院的性质是国家的法律监督机关。"这里，具有法律效力的《关于七个法律草案的说明》就将检察院法律监督的定位表达为法律性质。
② 陈光中主编：《刑事诉讼五十年》，警官教育出版社1999年版，第692页。龙宗智：《论检察权的性质与检察机关的改革》，《法学》1999年第10期。彭勃：《检察权的性质与"检警一体化"理论试析》，《当代法学》2002年第8期。
③ 陈光中主编：《刑事诉讼五十年》，警官教育出版社1999年版，第692页。

二是"行政权说"。① 该观点以德国学者布赫关于检察机关的追诉活动乃行政事项的主张为依据，认为，第一，检察机关在组织形式上实行条块结合、以块为主的领导体制，下级检察机关接受产生它的地方权力机关和上级检察机关的双重领导；在检察机关体系中，下级服从上级；在一个检察机关内部，检察权的行使受行政命令的指挥；检察权行驶的方式也具有行政性。第二，检察权不同于审判权，检察权主要是程序性权力，通常没有审判权所拥有的实体处分权。第三，检察权的行使在特征方面不具有立法权和司法权的特点，相反，具有积极主动、不中立和非终局等特点。

三是"双重属性权说"。② 该观点认为检察权是介于行政权和司法权之间的折中性权力，具有行政权和司法权的双重属性，其为西方国家的通说。如日本学者指出，检察官和检察厅兼有行政和司法两重性质，一方面检察权因其有执行法律的机能，本质上属于行政权，但另一方面因公诉权同审判权直接关联，从而又具有与审判权相同的司法性质，检察权在组织和机能上具有行政、司法两方面的特征。③

四是"法律监督权说"。④ 该观点从我国人民代表大会制度的角度考察检察制度，认为检察权是同行政权、审判权、军事权并列的国家权力，均由人大产生并对人大负责。这种结构不同于西方三权分立的格局，是我国政体条件下新的分权模式。

五是混合或综合权力说。持该观点者认为，检察机关的职权是综合性的多种权力，而不是同质或单一的权力。⑤ 检察权是指人民检察院通过职务犯罪侦查、公诉和法律监督等手段，追诉犯罪，纠正法律适用中的违法行为，

---

① 龙宗智：《论检察权的性质与检察机关的改革》，《法学》1999年第10期。陈卫东：《我国检察权的反思与重构——以公诉权为核心的分析》，《法学研究》2002年第3期。郝银钟：《检察权质疑》，《中国人民大学学报》1999年第3期。

② 龙宗智：《论检察权的性质与检察机关的改革》，《法学》1999年第10期。

③ 〔日〕法务省刑事局编，杨磊、张仁等译：《日本检察讲义》，中国检察出版社1990年版，第7页。

④ 该说除部分学者外，主要来源于我国检察系统。参见石少侠：《论我国检察权的性质——定位于法律监督权的检察权》，《法制与社会发展》2005年第9期。刘立宪、张智辉等：《检察机关职权研究》，见孙谦、刘立宪主编：《检察论丛》第2卷，法律出版社2001年版。朱孝清：《中国检察制度的几个问题》，《中国法学》2007年第2期。张智辉：《检察权研究》，中国检察出版社2007年版。邓思青：《检察权研究》，北京大学出版社2007年版。

⑤ 李娜：《深入认识司法规律　科学配置检察权——第九届全国检察理论研究年会述要》，《人民检察》2008年第11期。

以及保障国家法律在全国范围内统一正确实施的一项独立的国家权力。它是集公诉权、职务犯罪侦查权、法律监督权三位于一体的混合性国家权力。[①]

以上几种观点中，我们倾向于我国的检察权具有法律监督权性质的观点。将检察权归为司法权，其并不具有司法最终判断的属性，也不具有司法消极、被动、中立等特点；将检察权归为行政权，会引起宪法和法律规定上的自相矛盾；检察权的行政性、司法性都是检察权局部的、次要的、非本质的特征，因此行政司法双性说不能揭示检察权整体的、主要的和本质的特征与属性；至于综合权力说则缺乏理论概括力和解释力。我国检察权具有法律监督的属性，这一直为我国宪法所规定。而且，在我国的国家权力结构中，检察权是一项既不隶属于行政权也不隶属于审判权的独立的国家权力。检察权为法律监督权的性质不仅更符合立法的本意，更符合检察权能动理论体系的内在逻辑，更符合检察机关、检察权能动地保障宪法和法律完整、普遍、统一实施的目的；而且与我国检察权的历史传统、现实需求、使命以及宪法和法律精神相契合，能够能动地回应我国法治以及经济、社会、文化发展所面临的问题和挑战。检察权应该是一项对行政机关的行政行为、审判机关的司法行为以及其他主体行为的合法性进行监督的权力；"如果将检察权定位为行政权或司法权，会使一部分重要的国家法律监督权失去权威和适当的承担者，导致国家权力运行的缺位和失衡"[②]。在此问题上，一方面，我们不应固守西方三权分立的学说，照搬其他国家由立法、司法、行政三权构成的模式。另一方面，我们要从我国的实际情况出发，借鉴他国在此问题上的成功经验，创建和发展新的模式。在我国，一切国家权力属于人民，人民代表大会代表人民行使国家权力，其他国家机关的权力都来自人民代表大会的授予，宪法就是这种授予的形式。我国宪法明确规定，人民检察院是专门的法律监督机关。因此，我们认为检察权是一种法律监督性质的权力。这方面前人做过许多有益的尝试，我们今天的任务是在此基础上进一步仿效、借鉴乃至发展。例如，我们可以探究，能否在孙中山曾经倡导的"五权理论"的基础上，将考试权并入行政权，同时将检察权单列，形成由立法、司法、行政、检察四权构成的模式。

当然，现今我国关于检察权性质的通说实际上是检察权为司法权的学说。无疑，弄清这种误区形成的背景和原因，对正确理解检察权法律监督的

---

① 邓树刚：《论检察权的合理配置》，《法学论坛》2008年第6期。
② 廖荣辉：《论检察权的优化和合理配置》，检察权优化配置学术研讨会论文，2010年。

性质十分必要。这可以从这样两个方面来认识：一方面，立法上总是将检察院与法院并列且以同类、同等的机关来对待。例如，我国宪法第三章"国家机构"的第八节以"人民法院和人民检察院"为标题，有意回避了用"司法机关"的概念来表述，但在具体内容中，却将法院、检察院作为同类机关对待。而且，按照人民法院组织法和人民检察院组织法的规定，法院、检察院均由同级人民代表大会产生且对其负责并报告工作，其与政府的地位是平等的，故这种模式被习惯地称为"一府两院"。另一方面，实践中的主流社会特别是媒体在宣传报道上，普遍将检察机关与法院同视为国家的司法机关而相提并论。这一切均缘于执政党对此的认可乃至引导。早在1979年9月9日《中共中央关于坚决保证刑法、刑事诉讼法切实实施的指示》就指出：今后，加强党对司法工作的领导，最重要的一条，就是切实保证法律的实施，充分发挥司法机关的作用，切实保证人民检察院独立行使检察权，人民法院独立行使审判权，使之不受其他行政机关、团体和个人的干涉。2006年5月3日，《中共中央关于进一步加强人民法院、人民检察院工作的决定》重申检察机关是国家的司法机关。自1997年党的十五大以来的历次党代会报告均在司法改革的内容中将法院和检察院统称为"司法机关"。

三、检察权的能动性

（一）能动性是检察权的应然属性

我国检察权的能动既不同于西方的"司法能动"，也有别于我国的"能动司法"。司法能动，又称司法能动主义，是相对于"司法克制主义"而言的，最初源于美国，后来扩至西方。司法能动在美国主要指在司法裁判过程中，进行"立法性"司法。

西方"司法能动"和我国"能动司法"在产生的背景和适用条件上是不同的：第一，目标不同。我国能动司法的提出，是为了解决司法与现实的矛盾，走出司法公信力遭到质疑的现实困境。西方的司法能动主义是为了避免出现法官对法律僵化服从而可能背离立法者初衷这一问题，并解决司法权对行政权制约薄弱而可能出现的问题，司法能动是充分发挥司法对立法滞后性的救济作用和对行政权的监督作用的体现。可见，司法能动具有司法权扩张的性质。我国的能动司法是一种司法理念和司法方式的改变，并不涉及部门之间权力的扩张。第二，主导者不同。我国的能动司法是整个司法系统自上而下的改革而不是法官个人由点及面的影响，而西方司法能动主义很大程度上取决于法官个人的意识倾向。因而，我国能动司法的实践者更多的是基层的司法机关，而美国司法能动主义的实践者一般来说在联邦最高法院的层面。第三，具体内容不同。我国的能动司法强调的是司法方式的能动，西方司法能动主义强调的是对法律运用的能动。但是，西方司法能动主义和我们提出的能动司法在促进实质正义、追求法律效果与社会效果的统一、推动立法的功能上有一致之处。

与审判权的能动不同，检察权的能动不是在问题找上门来之后的主动，而是主动出击，查看、督促法律被遵守和被执行的情况，并采取切实有效的方式，解决有法不依、执法不严、违法不究的问题。虽然目前审判权抢占了"能动性"的制高点，但是我们应该看到，审判权的被动是以检察权的能动为前提的，检察权的能动是本质，审判权的能动是补充，检察权虽然也注重工作理念的能动，但更立足于对工作方式能动的强调。检察权能动是保障和巩固司法这道国家秩序的最后防线，以免其被破坏而付出更大社会成本。检察权一味消极被动，势必导致审判权不适当的能动，而这将失去国家设置这两种权力的初衷。从这个意义上说，检察权的能动是推进我国能动司法不可或缺的部分，更准确地说，检察权的能动应该成为我国能动司法的主力军。

检察权能动性的法律依据在于宪法直接赋予了检察权法律监督的职责。这一使命要求检察权只能而且也必须能动。检察权能动性的理论依据在于权力制约和监督的理论。现代国家为了控制国家权力，曾对国家权力进行过两次大的变革。第一次是国家权力由集中走向分化，由此产生了权力制约理论。第二次是社会主义国家还权于民，由此产生了权力监督理论。两种理论都以控制权力天然的膨胀欲和肆意性为出发点，都不约而同地把检察权作为行政权和司法权权力轨道的守护者。

检察权的能动性，具有三个优势。第一，促进法治的统一。上级检察机关和下级检察机关之间是领导和被领导关系，这种体制的设计不仅保障了检察机关作为一个整体的系统独立行使检察权，更保障了检察权行使的能动和法律适用的统一。第二，树立司法的权威。司法缺乏公信力是当前突出的问题，司法权威的重塑，除需法院不懈的努力外，还有赖于检察权能动性的发挥。第三，遏制司法的腐败。一方面，审判权与裁判结果密切相关，法官素质若达不到职业要求的标准，则易滋生腐败。检察权并不与最终的纠纷裁判直接联系，检察权的能动，会对法官的司法行为形成有效的制约。另一方面，社会上的腐败主要由公职人员的腐败引发，检察机关强化对公职人员的法律监督有利于对这种情况的遏制。

（二）检察权能动性配置上存在的问题

目前，我国检察权的配置尚未完整地体现能动性的要求，这主要表现在如下方面。

第一，检察权法律监督定位的能动性没有充分发挥。就宏观而言，检察职权的配置与其国家法律监督机关的宪法定位不吻合，法律监督权实质上沦为一种简单的诉讼法律监督权。在诉讼检察权的配置上，法律监督又集中在刑事诉讼领域，民事诉讼、行政诉讼中的法律监督不到位。就微观而言，公诉裁量权的适用范围过窄，不起诉决定的法律效力不稳定。第二，检察机关对公安机关立案监督缺乏有效措施，立案监督的范围窄、手段单一、效力有限；对侦查的监督存在大量空白点，缺乏实际的约束力。第三，刑事审判监督缺位，措施滞后，手段无力。对于法院一审的自诉案件、刑事附带民事诉讼案件、适用简易程序的案件，以及上诉引起的二审案件、死刑复核的案件、法院直接提起的再审案件，几乎没有被纳入检察监督范围。公诉人重控诉、轻监督，忙于履行公诉职责，无暇对庭审进行法律监督。第四，刑罚执行监督权有限。法律对财产刑、剥夺政治权利和自由刑在社会上执行的监督方式与程序没有规定；对减刑、假释、暂予监外执行的监督滞后、被动；法律也没有规定执行机关不纠正违法行为的法律后果，影响了监督的效力。第五，职务犯罪侦查权缺乏能动性配置。检察机关的强制措施决定权多与执行权相分离，应对职务犯罪所必需的技术侦查手段缺乏。第六，对民事、行政的审判监督缺乏保障。对于检察机关在民事、行政审判监督中应该享有哪些具体权力及依照何种程序行使这些权力，法律没有明确规定，这就造成检察机关与审判机关在一系列具体问题上存在争议。

（三）优化检察权能动性配置的对策建议

优化检察职权的配置，当前主要应解决如下几个问题。

第一，明确检察权法律监督的具体含义。这种法律监督既区别于苏联的一般监督，也不同于新中国成立初期检察权全面监督的"大监督"。第二，更新理念，牢固树立法律监督意识，特别是"检察权低于审判权"的理念亟待更新。第三，优化配置侦查监督权和职务犯罪侦查权。以能动性为视角优化配置侦查监督权，一是明确对公安机关不当侦查程序的纠正权；二是明确对侦查机关侦查活动的实体监督权；三是明确检察机关的机动侦查权。以能动性为视角优化检察机关的职务犯罪侦查权，首先，改变职务犯罪检察机关强制措施的决定权与执行权分离的状况，赋予检察机关对这类犯罪完整的强制措施独立行使权；其次，赋予检察机关技术侦查的权力；再次，对检察机关在职务犯罪案件立案前的调查措施作出明确、具体的规定；最后，合理协调职务犯罪侦查权和纪检部门调查措施的关系。第四，扩大检察机关的起诉裁量权。首先，在现行不起诉制度的基础上，允许对未成年人、老年人、残疾人等特殊群体犯罪且犯罪情节轻微的案件，作出相对不起诉的决定；其次，增设暂缓起诉制定；最后，增设检察机关担当自诉制度。第五，优化对审判机关的法律监督。一是强化对民事、行政行为监督权的能动配置，包括赋予检察机关民事行政公益诉讼权，优化配置行政行为监督权，增设民事、行政诉讼中同级抗诉程序；二是强化对刑事审判过程的法律监督；三是优化配置检察调解权；四是完善对执行活动的法律监督，扩大刑事执行监督范围，并将民事执行活动纳入检察监督的范围；五是将再审程序启动权赋予检察机关统一行使；六是明确检察机关在审判过程中法律监督的范围、方式和效力，以及抗诉之外的其他审判监督方式适用的条件、程序和范围。第六，加快检察机关的专业化建设，为其能动性的发挥建构良好的基础。这主要是指检察人才的专业化培养，检察机关的去行政化、去地方化，真正实现检察系统的独立。

行政法篇

第一章
公共行政和行政法的分离与复归

本章讨论的侧重点在于行政法的产生和发展,首先通过对公共行政和行政法之间关系的演变进行观察,结合西方具有代表性的国家的历史发展和我国行政法的发展过程,分析行政法如何从政府权力的附庸中挣脱出来,形成一个独立的法律部门。接着对行政和行政权这两个行政法基本范畴进行介绍,为进一步理解行政法的本质特征、范围、领域打下基础。而后通过梳理行政法范式转变的背景和动力,探讨旧有的行政法范式的困境及如何转向新行政法范式。最后在对行政法范式转变讨论的基础上,介绍规制理论的兴起和发展。

第一节 行政与法的界分

公共行政与行政法之间的关系一直是行政法学极为关注的问题之一,其关涉到法治主义在行政领域中应该如何适用及以什么方式来实现的问题。① 通过观察公共行政与行政法之间关系的演变,分析行政法如何从行政的附庸中独立出来,我们可以更为清楚地了解什么是行政法、行政法的起源及其产生的基础条件。

一、行政法与公共行政的先后关系

要讨论行政法与公共行政的关系,首先涉及的是二者之间的先后关系。对此,存在着两种截然不同的观点。

---

① 石佑启:《论行政法与公共行政关系的演进》,《中国法学》2003年第3期。

(一)"行政法先于行政产生"的观点

持有这种观点的主要是柳濑良干、藤田宙靖等部分日本学者,他们认为"行政法优先于行政产生"主要基于两个理由:一是依据依法行政原则的要求,行政机关必须依法展开活动。因此,只有行政法优先于行政产生,公共行政才能得以展开。二是公共行政与行政相对人的活动存在区别,必须存在赋予行政机关主体资格的法律规范。如果不以这些赋权法律规范的存在为理论前提,就无法将公共行政与行政相对人的活动相区分。①

(二)"行政先于行政法产生"的观点

这种观点被学人广泛地接受,几乎成为共识。其理由在于:第一,法治主义要求以法律来约束和抑制公共行政恣意行为。从这个意义上看,行政先于法律而存在。第二,从行政法和公共行政发展的历史过程来看,行政并不以行政法的存在为前提。此外,还存在着另一种观点,反对从行政法整体上讨论与公共行政的先后关系,主张需要从行政法的具体规范类型来区别考虑。这种观点认为需要对行政法律规范进行区分,将之分为组织法方面的规范和行为法方面的规范。组织法方面的规范是公共行政存在的逻辑前提。在国家发展的任何一个阶段都存在着规定行政机关权限的法律规范。行为法方面限制行政恣意妄为的法律规范则是公共行政发展到一定阶段的产物。②

之所以产生这些相互对立的观点,原因在于学者们对行政法的定义不同。如果简单地将行政法定义为"关于行政的法",那么行政法自然古已有之。然而,如果将行政法认定为"控制行政的法",那么行政法将大大晚于公共行政而产生。盐野宏认为,行政法要存在或者说成立,必须满足两个条件:一是行政机关的活动应当服从于法律规范;二是行政机关的活动所服从的法应当是与民事法不同的自律性的法体系。③ 在这种对行政法的界定下,我们将在公共行政和行政法关系演变的过程中发现,现代意义上的行政法是如何随着行政的发展而产生而后独立出来的。

二、行政法与公共行政之间关系的变迁

(一)从行政的附庸到"无法律即无行政"——行政法的产生与独立

观察行政法与行政之间关系的变迁,可以回溯到古代奴隶制社会和封建

---

① 胡建淼、江利红:《行政法学》,中国人民大学出版社2010年版,第11—12页。
② 胡建淼、江利红:《行政法学》,中国人民大学出版社2010年版,第11—12页。
③ 〔日〕盐野宏著,杨建顺译:《行政法总论》,北京大学出版社2008年版,第9页。

社会。在君权、神权至高无上的奴隶社会和封建社会，君主可以自由地、不受任何约束地行使自己的权力。在这种集权化的专制统治下，权力远大于法。英国的詹姆斯一世说："国王在人民之上，在法律之上，只能服从上帝和自己的良心。"① 此时，立法权集中在君主的手里。与行政相关的法律规范来自君主发给官员的政令、敕令。② 它们的功能极为单一，仅仅涉及行政组织和架构，为了辅助君主统治臣民的顺利运行而存在，是一种管理法或统治法。这些法律规范"对于国王或君主来说，是驾驭臣民的衔辔垂策；对行政官吏来说，一方面是管束人民的规矩绳墨，另一方面又是君王和上级行政官吏控制、鞭策他们的准绳；对人民来说，就只剩下服从和遵守的义务了"③。这一时期，并不存在产生现代意义上的行政法的余地。与行政相关的法律规范只是权力的附庸，并不具有自身的独立性。

及至进入资本主义社会，新兴的资产阶级出于对专制统治带来的种种教训的反思，对权力和行政机关具有极强的警惕和防备心理，因此在政治层面要求权力分立，在思想层面要求人民主权，在法律层面要求依法行政。④在自由资本主义时期，人们倾向于消极的秩序行政模式，认为应当建立有限的政府，管得越少越好。行政机关只需要扮演"守夜人"的角色，职能限定为保卫国家不受侵犯、维护社会治安和秩序以及提供必需的公共设施就可以了，其余的事情应当交由市场来支配和调节。英国学者韦德曾经提及，在当时的英国，"除了邮局和警察以外，一名具有守法意识的英国人可以度过他的一生却几乎没有意识到政府的存在"⑤。在这种社会环境下，与行政相关的法律规范的目的和性质同奴隶社会、封建社会时的相比，发生了极大的变化：在目的上，要求行政权力的行使服从法律规范的指引和约束；在性质上，其逐渐从管理法、统治法转向控权法；在手段上，主要通过法院对行政机关进行司法审查，以限制权力，保护个人权益和自由。

法国在资产阶级革命后，由于掌握司法权的法官阶层拥护旧制度下的特权阶级，形成了对社会改革的巨大阻碍。因此，新兴的资产阶级要求把对行政权进行约束的任务交给行政内部机关，而不是司法系统。承担约束和控

---

① 李步云：《实行依法治国，建设社会主义法治国家》，《中国法学》1996年第2期。
② 〔荷〕克拉勃著，王检译：《近代国家观念》，商务印书馆1936年版，第14页。
③ 石佑启：《论行政法与公共行政关系的演进》，《中国法学》2003年第3期。
④ 李步云：《实行依法治国，建设社会主义法治国家》，《中国法学》1996年第2期。
⑤ H. W. R. Wade, *Administrative Law*, Oxford, 1989, pp. 3—4.

行政权、处理违法行政这两个任务的行政内部机关在实践中逐渐获得独立性,建立了行政裁判制度,最后形成了法国行政法院。其在组织上属于行政部门,负责对行政机关在立法授权下行使国家意志的行为进行审查,对行政活动发挥着广泛的统制功能。这些属于行政法院管辖的法,作为公法,就形成了控制权力的独立的行政法,而不再是行政的附庸。①

由于侯国分立,资产阶级革命进行较晚,德国现代意义上的行政法迟于法国而出现。但在这一时期,受到美国独立和法国大革命的影响,人民权利保障的思想开始深入人心,形成了一定的社会基础。人们反对君权神授的思想,要求君主为人民谋福利。因此尽管当时各侯国的君主仍然具有专制时期的地位,但在事实上却受到自然法思想、人民主权、自由主义观念的影响而逐渐受到约束。1848年德国爆发资产阶级革命,建立了君主立宪制。此时的法律规范要求国家权力的任务限缩在保证社会的安全与秩序的范围之内,并且应当依法行使,以使得市民社会得以自由发展。具体体现在:第一,国家权力的行使必须依照法律规定进行;第二,国家的权力必须分立且相互制衡;第三,所有人民在法律上一律平等;第四,个人自由领域必须被承认;第五,人民有权参与国家权力的运作,尤其是立法权,人民只有义务服从经其同意的法律;第六,所有的国家行为必须具有可预测性和可预见性,旨在保护人民的自由和财产;第七,君主只是国家机关,而不再至高无上,君主专制必须进一步被法律保留取代。② 同时,德国各侯国也都建立了纠正行政违法、制约行政权力的行政法院制度。这样一来,在德国,现代意义上的行政法就产生了。

现代意义上的行政法始于行政活动服从于法,在这一点上英美和大陆法系的法德一样。19世纪英国具有代表性的宪法学者戴雪认为,"与专断的权力相比,正式的法律具有绝对的至高性和主导性,排除政府任何形式的专断的、特权的或宽泛的自由裁量权的存在"③。这意味着他认为行政权易倾向于专横武断,发生恣意行使的状况时,其行使应当服从于法律规范的约束。威廉·韦德提及,此时的行政机关"行使权力做所有行为,即所有影响他人法律权利、义务和自由的行为都必须说明它的严格的法律依据"④。为了防止行

---

① 〔日〕盐野宏著,杨建顺译:《行政法总论》,北京大学出版社2008年版,第11页。
② 翁岳生主编:《行政法》,中国法制出版社2002年版,第54页。
③ A. V. Diecy, *Law of the Constitution* (8th ed.), 1885, p.198.
④ 〔英〕威廉·韦德著,徐炳等译:《行政法》,中国大百科全书出版社1997年版,第23页。

政权力的专断、恣意行使，英国形成了由普通法院通过王权令状监督行政机关的司法审查制度。① 戴雪在1885年出版的《宪法学研究导论》（Introduction to the Study of the law of the Constitution）一书中对这一制度，结合英国和法国的状况进行了比较研究。他认为，在法国，行政官员不接受司法法院的控制，而是由特别法院控制；与此相对，在英国，行政官员不具有那样的特权地位，他们也要服从普通法院的约束，这就是英国的法的支配（rule of law）原则。② 在这一时期，法律规范严格地限制着行政权的行使，普通法院对部门规定和命令都进行了较为严密的审查。

美国现代意义上的行政法的产生和发展受到英国较大的影响。出于对政府权力的怀疑和警惕，人们认为"政府只是必要的邪恶"，应当把行政限制到最小的限度。因此学者博登海默提及："19世纪，美国政府的工作重点几乎完全集中在那些旨在严格限制行政范围的法律约束之上。行政中的自由裁量范围也不可避免地被缩小到了一种无可奈何的地步。"③ 规范行政权力，使之服从法律规范的任务也和英国一样交由普通法院来承担。此外，19世纪以铁道规制为开端的各种行政委员会也具有一定的准司法权能。这些委员会由议会授权，通过类似司法程序的程序来做出决定，规制如铁道收费等行政事项。

从上面几个具有代表性的国家的历史发展过程来看，现代意义上的行政法的产生是在进入资本主义社会之后。在自由资本主义时期，由于对政府权力专断的警惕和防备，形式主义的法治观念盛行。新兴的资产阶级尤其强调通过实行严格的依法行政原则来拘束行政机关权力的行使，坚持"无法律即无行政"。④ 同时通过法院来审查违法行政，拘束限制权力的运行。在这种情况下，行政法就从权力的附庸中挣脱出来，形成独立的法律规范系统。由此我们可以认为现代意义上行政法的产生基础，至少有两个方面：一是权力的分立与制衡。在权力分立与制衡的观念和制度尚未形成之前，国家的立法、司法、行政高度集中，全部掌握在君主手里。没有独立形态的行政权的存在，自然意味着不存在以规范行政权为目的的行政法产生的空间。国家权力

---

① 石佑启：《论行政法与公共行政关系的演进》，《中国法学》2003年第3期。
② 〔日〕盐野宏著，杨建顺译：《行政法总论》，北京大学出版社2008年版，第15页。
③ 〔美〕E.博登海默著，邓正来、姬敬武译：《法理学——法哲学及其方法》，华夏出版社1987年版，第354页。
④ 石佑启：《论行政法与公共行政关系的演进》，《中国法学》2003年第3期。

的分工和相互制衡标志着有限政府理念的树立。只有在这种宏观政治架构形成之后，行政法才有产生的意义和空间。二是商品经济的发展。商品经济的发展使得国民的社会身份由自然经济时期的依附关系转变为契约关系。这促使人们的利益诉求转向自由、平等、公平，希望保护自身的权益，从而要求政府限缩自身权力行使的范围，规范权力行使的方式和过程。为了维护商品经济的发展，新兴的社会阶级迫切呼唤行政法的诞生。①

(二) 随着公共行政范围的扩张，行政法从形式法治走向实质法治

从 19 世纪末到 20 世纪初，资本主义生产方式发展到了垄断阶段，各种社会问题日益涌现，经济危机开始频繁爆发。这些情况迫使资产阶级开始认识到，国家的功能应当有所转变，不能再仅限于维护国家安全和社会秩序，而应当积极地渗入到经济社会事务的各个领域。行政机关的权力开始积极扩张，涉及社会生活的方方面面。人们"从摇篮到坟墓"的所有事项都能看到行政权运作的身影。除此之外，传统的权力分立思想发生了改变，立法权、司法权和行政权之间的关系也随之转变——由以往的消极牵制转向了积极合作，行政权"侵入"了立法领域和司法领域。行政权的扩张主要包括以下几个方面：一是委任立法制度出现；二是行政机关开始拥有一定的司法权；三是政府开始拥有紧急命令权；四是行政机关的自由裁量权增长。在这种社会环境下，行政法与公共行政之间的关系也有所变化。因为人们不再满足于政府的消极保护，而要求政府能够积极干预，以稳定社会生活、救助弱者，为整个社会谋求福利。由于不得不给予行政机关较大的权力，控权模式产生了危机。法治思想也从较为机械的形式主义转向实质主义。此时行政法和公共行政之间的关系也相应演变为"从消极限制政府权力转变到承认行政权扩张的前提下，寻求新的方式和途径积极控制行政权，以促使行政权合法、公正、有效地运作"②。这主要体现在：第一，不仅仅以狭义的法律作为行政权力行使和司法审查的依据，行政机关制定的法规、命令同样可以成为行政法的渊源。第二，行政法的规范不再严格限制行政权行使的范围，将裁量权限缩到无以复加的限度，而是给予行政权以一定的自由裁量权，并通过合理性标准来约束裁量权。第三，对行政权的限制从偏重事前的法律规范的限制和事后的司法严格审查转向对行政程序的控制，以规范行政权的行使过程。第

---

① 杨海坤、章志远：《中国行政法原论》，中国人民大学出版社 2007 年版，第 41 页。
② 杨海坤、章志远：《中国行政法原论》，中国人民大学出版社 2007 年版，第 41 页。

四，针对行政权行使侵犯公民的合法权益的情况，建立国家赔偿制度。①

三、我国行政法的产生及其与行政之间的关系

我国对行政法的引介始于清末，当时出版的行政法著作全部来源于日本。1906年京师法律学堂和京师法政学堂也开设了行政法课，要求清政府的各部属员都必须学习行政法。② 进入民国时期之后，政府迅速建立了"六法体系"，北洋军阀政府建立了"平政院"（国民党政府时期改为"行政法院"）并先后公布了《行政诉讼条例》和《行政诉讼法》。行政法学也被列入大学必修课。但这些举措并不意味着我国现代意义上的行政法的产生和形成。因为此时我国社会仍然缺乏行政法产生和发展的基础：在政治条件上，尽管民国时期颁布了很多宪法文本，但其并未得到良好的实施。公然违背宪法之事屡有发生；在社会经济条件上，长期独裁统治和连年战火导致法制建设难以为继。③ 因此，虽然存在与行政相关的法律规范，但其并不是现代意义上规范行政权力运行的行政法。

新中国成立后，"六法全书"被废除，苏联和东欧带有浓烈行政管理色彩的行政法著作被大量引入。由于这种管理理念与计划经济时代命令—控制的要求相符合，因此苏联行政法对我国的影响十分深厚。苏联行政法形成于"冷战"时期，目的是用行政去规制社会，其是一种类似战时法的行政法。其附庸于政治和权力，强调公民要切实履行自己的义务和责任，而不是对政府权力进行规范。④ 从这个意义上说，此时我国也并未产生独立于公共行政的行政法。

随着20世纪70年代末80年代初经济体制改革和政治体制改革的开展，现代意义上的行政法产生的基础条件逐渐开始具备。在政治层面上，1982年宪法得到公布，并且得到了较为良好的施行，社会民主法治氛围逐渐形成。在经济层面上，原先个人依附单位、单位依附国家的一元体制被突破，社会结构发生了变化。人们的权利意识逐渐萌芽的发展，要求行政权减少对经济、社会生活的干预。此时，行政管理体制的变革要求有法律规范来规范行

---

① 朱维究、王成栋主编：《一般行政法原理》，高等教育出版社2005年版，第20页。
② 王贵松：《论近代中国行政法学的起源》，《法学家》2014年第4期。
③ 杨海坤、章志远：《中国行政法原论》，中国人民大学出版社2007年版，第43页。
④ 余凌云：《行政法讲义》，清华大学出版社2010年版，第44页。

政权力的行使,确认和引导机构改革、职能转变的成果。① 随着1989年《行政诉讼法》的颁布,行政法开始逐步成为以司法审查为中心、以规范控制行政权力为主线的独立法律部门。②

第二节 行政法的基本范畴

"范畴"在分类学中,是最高层次的类的统称。它表明的是某一领域或某一学科最一般的概念。这样的概念体现着一个领域或学科具有基本性质和规律性的内容。行政是理解行政法最为关键和首要的范畴,没有对行政的确切把握,就不能明确是否存在作为独立的法学分支学科的行政法之本质特征,因而也就不能确定其范围和领域。③

一、行政

(一)行政的含义

行政是为了实现国家目的而进行的活动。最初人们用政府来指代所有的国家活动,在立法、行政、司法上并未加以区分,而随着历史的发展,公权力的三个分支逐渐分离,因而行政被独立了出来。④ 究竟行政的含义如何?国家行为中的哪些部分属于行政?我们可以从形式和实质两方面来观察。形式意义上的行政即我国宪法规定的行政权范围。宪法第八十五条、第八十九条规定了国务院是最高的国家行政机关,履行十八项职权;第一百零五条和第一百零七条规定了地方各级政府是地方各级国家行政机关,履行相应的行政职权。从宪法的规定来看,我们可以大致对行政有一个基本的了解,但需要注意的是,形式意义上的行政并不一定能涵盖实践中所有的行政内容,因为一些其他组织和机构也有可能在实施行政活动。同时,宪法规定的行政机关,也有可能实施不属于行政的活动。⑤ 因此,我们还需要从实质角度对行政进行分析。从实质的角度界定行政的含义,是从功能出发的,一般有两种界定方法:一种是从正面对行政的含义进行积极界定,被称为"积极定义

---

① 杨海坤、章志远:《中国行政法原论》,中国人民大学出版社2007年版,第44页。
② 朱新力、宋华琳:《现代行政法学的建构与政府规制研究的兴起》,《法律科学(西北政法学院学报)》2005年第5期。
③ 〔日〕盐野宏著,杨建顺译:《行政法总论》,北京大学出版社2008年版,第2页。
④ 张帆:《"行政"史话》,商务印书馆2007年版,第77—79、92页。
⑤ 周佑勇主编:《行政法专论》,中国人民大学出版社2010年版,第3页。

论",如德国学者平特纳认为"行政是国家机器为了实现其目的,特别是为了执行法律而运行的权力"①。另一种是"消极定义论",认为行政具有多样性,只能通过排除法来定义行政,认为立法和司法活动之外的国家活动就是行政。以上两种界定方法都较为抽象,难以清楚地表现行政的含义。此外,这些界定方法都是以政府为中心的,而目前的行政已经不仅仅限于国家行政。因此,我国的学者多试图结合形式意义上的行政和实质意义上的行政,从公共行政的角度进行界定。例如,章志远将行政定义为"国家行政机关或其他特定的社会公共组织为实现公共利益对公共事务进行组织、管理的活动及过程",同时对这一含义进行了说明:首先,行政指的是公共行政,既包括国家行政,也包括社会行政;其次,行政的概念由主体、客体、目的及方式组成;最后,行政既是一种活动,也是一种过程,是二者的统一。②

(二)行政的特征

从上文的讨论中,我们可以发现,行政活动的范围、任务、方式多种多样,仅仅了解含义尚不足以对行政有清晰的了解,还需要进一步明晰行政的特征。第一,行政基于公众的公共生活要求产生,通过建立拥有一定公共权力的行政共同体来协调各种社会利益、构建社会秩序和维护社会正义。③ 行政的运行以行政共同体的公共权力为基石。第二,行政所指向的是公共事务,即"一种为满足公众需要,由国家组织的,固定、持续地向公众提供的服务",需要与私人事务相区别。④ 第三,行政的目的是实现公共利益。行政共同体通过税收、征收、罚没等手段获得了大量社会财富,同时具备一定的强制力,其目的不在于对社会进行单方面的权力宣示,而在于利用公共资源对社会和个人进行"生存照顾",实现公共利益。⑤ 换言之,正是为了公共利益的实现,行政才被赋予公法上的特权。值得注意的是,公共利益的概念并非一成不变,往往随着时空的变迁而改变。在当今利益多元化的社会中,如何厘清交织纠缠的各种利益,确定公共利益的内涵和范围,是行政需要面对的重大课题。第四,行政具有公开性和程序性。为向社会成员提供有效的公共服务和公共产品,行政活动的运行过程应当公开透明,且依照一定的程序

---

① 〔德〕G.平特纳著,朱林译:《德国普通行政法》,中国政法大学出版社1999年版,第4页。
② 章志远:《行政法学总论》,北京大学出版社2014年版,第4页。
③ 章志远:《行政法学总论》,北京大学出版社2014年版,第7页。
④ 〔法〕莫里斯·奥里乌著,龚觅、孙凯、常佐威等译:《行政法与公法精要》上册,辽海出版社、春风文艺出版社1999年版,第17页。
⑤ 章志远:《行政法学总论》,北京大学出版社2014年版,第8页。

进行。第五，行政是"主动的，以未来为导向的塑造活动"。行政并非机械地执行法律的规定，而是在一定程度上具有创造性，可以在法律规定的范围内自主地进行一些活动。①

（三）行政的类型

1. 秩序行政与给付行政。这是行政活动中较为常见的分类，其依据是行政任务的不同。秩序行政也称为干预行政，是最为传统和典型的行政活动，指为了维护公共秩序和安全，排除对社会和公民的危害，对行政相对人的权利和自由加以限制或者施加一定义务的行政活动。在特别情况下，秩序行政还可以采取一定的强制措施。例如，《中华人民共和国治安管理处罚法》第十五条规定："醉酒的人在醉酒状态中，对本人有危险或者对他人的人身、财产或者公共安全有威胁的，应当对其采取保护性措施约束至酒醒。"在秩序行政中，行政机关受到的约束较为严格，需要遵循法律保留、比例原则、正当程序原则等行政法原则的要求。给付行政也称为服务行政，是指为了达到增进社会福祉和公共利益的目的，行政主体通过给予的方式使个人或团体得到一定的利益的行政活动。其是随着社会高度发展，社会和民众向国家提出大量新需求以保障国民的各方面福利而产生的，可以分为供给行政、社会保障行政和助益行政三类。② 和秩序行政相比，行政机关在实施给付行政时尽管也受到财政预算等方面的约束，但具有较大的裁量空间。

2. 羁束行政与裁量行政。依据行政受到法律约束程度的强弱，行政可以分为羁束行政与裁量行政两种类型。羁束行政是指行政主体的行为受到法律严格限制的行政活动。其往往涉及对行政相对人的人身、财产、自由等权利的限制或者对公民或其他组织施加一定的负担和义务。因此法律通过详细规定羁束行政的要件、程序、行使方式，来将活动限定在极小的范围之内。裁量行政指的是行政主体行为受到法律较为宽松约束的行政活动，目的在于更为灵活地处理复杂多变的行政事务。依据判断方式的不同可以分为要件裁量和行为裁量。前者允许行政主体在设定要件上进行自主判断，通常以"公共利益""公正""必要""及时"等语词表现出来；后者给行政主体在行为选择和效果上面留有一定的决定空间，如在法律效果上采用一些表示倍数、幅度的用语或者提供多种行政行为的种类供行政主体选择。③

---

① 周佑勇主编：《行政法专论》，中国人民大学出版社2010年版，第5页。
② 周佑勇主编：《行政法专论》，中国人民大学出版社2010年版，第5页。
③ 周佑勇主编：《行政法专论》，中国人民大学出版社2010年版，第7页。

第一章 公共行政和行政法的分离与复归

3. 侵害行政与授益行政。这种分类的标准是行政主体活动对公民产生的法律效果。侵害行政是行政主体侵入行政相对人权利领域并对其财产或自由进行限制，或者施加负担和义务的活动，如行政征收、行政征用，以及一些限行、限购措施等。授益行政是行政主体为公民提供给付或者带来其他利益的活动，如行政补贴、行政奖励、发放救济金等。① 侵害行政和授益行政的划分并非绝对，在许多方面存在交叉：第一，授益行政经常以特定的义务（负担、侵害）为条件，如一些行政许可对获得许可规定了各种条件和要求。第二，同一个措施可能同时构成侵害和授益，对利益的受领人而言是授益，但对第三人则可能是侵害，如提供补贴，对受领人是获益，但对没有获得补贴的竞争者则不利。第三，在一些领域，授益行政和侵害行政可以转换，如为了环保目的限制建设，但是又给予一定的财政补助。第四，就实现特定的行政目的来说，授益行政和给付行政可以造成完全不同的心理，行政机关可以通过命令，也可以通过收税或补贴，使公民采取预期的行为。②

4. 权力行政与非权力行政。这种分类的标准是行政主体采取的不同手段方式。权力行政指的是行政主体通过强制性手段和方式达成行政任务的活动，如房屋拆迁、行政拘留、行政处罚等。非权力行政指的是行政主体通过非强制性的手段和方式达到行政目的的活动，如行政指导、行政合同、行政调查等。

5. 内部行政与外部行政。依据行政活动范围的不同，可以将行政分为内部行政和外部行政。内部行政指的是行政主体对其内部事务进行的组织和管理活动，包括公务员的录用、考核、晋升、惩戒等人事管理和内部职位设置，行政编制的定立，以及对内部行政流程的程序规定等。外部行政指的是行政主体对不隶属于自身的公共事务所进行的管理和服务活动。在传统行政法研究中，特别权力关系理论对内部行政和外部行政的影响十分深厚。根据这一理论，内部行政并不涉及行政相对人的权力义务，因此不在行政法学的研究范围之内。随着社会的不断发展进步，特别权力关系理论的影响逐渐减弱，大量的内部行政活动也纳入行政法学的研究视野之中，并受到行政法的规制。③

---

① 章志远：《行政法学总论》，北京大学出版社 2014 年版，第 10 页。
② 〔德〕哈特穆特·毛雷尔著，高家伟译：《行政法学总论》，法律出版社 2000 年版，第 9—10 页。
③ 章志远：《行政法学总论》，北京大学出版社 2014 年版，第 11 页。

二、行政权

(一) 行政权的概念

行政权指的是行政主体对公共事务进行管理和向社会及公众提供公共服务的权力。首先，行政权的享有主体是国家行政机关、法律法规授权组织及其他承担公共职能的组织。在行政的发展变迁过程中，行政权的享有主体范围由小变大，从一元趋向多元。在传统的国家行政中，行政权的主体往往限于行政机关和法律法规授权组织，但随着社会行政的兴起和发展，其他承担公共职能的社会组织将在公共事务的舞台上扮演越来越重要的角色。其次，行政权的目的在于提供公共服务和公共产品，以及进行公共管理。最后，行政权具有直接性和主动性。与相对保守、迟缓的司法权和立法权相比，行政权需要"主动出击"，同社会和国民的距离更近、接触更多，发挥的功能和影响也越大。

(二) 行政权的内容

和西方国家"小—大—小"的行政权变迁相比，我国的行政权变迁表现为"超大—大—小"。[①] 了解行政权的内容，有助于认清行政权是如何运行和管理公共事务的，我们可以从管理对象和行政运行过程两方面来分类。

1. 从管理对象上分类。从管理对象上看，行政权的内容可以分为事权、财权和组织人事权。行政事权是行政权中最为重要的内容，主要包括四个方面：一是维护正常的公共秩序。国家需要对外运用国防、外交等手段保证外部秩序的安全，也需要对内维护社会秩序的正常运转，保障社会的稳定。在行政权发展的任何时期，这一权限都至为重要，关系到社会和公民的基本权益，只能由政府来行使。二是调控经济运行，通过制定发展规划、调整经济政策、推动产业升级等措施来促进市场正常运行，带动各地区的发展，提高国民的生活水平。三是提供公共服务和产品，以满足国民的需求，改善国民的生活品质，如修建铁路、水利等公共工程，提供图书馆、公园等公共设施，整治环境污染，改造危房和城市棚户区，预防和应对风险灾害等都属于这一方面的事权。四是完善社会保障，包括社会保险、社会福利、社会救助、社会优抚等内容，主要目的在于保障公民的基本人权，实现社会正义与公平。[②]

---

① 章志远：《行政法学总论》，北京大学出版社2014年版，第13页。
② 章志远：《行政法学总论》，北京大学出版社2014年版，第14页。

第一章 公共行政和行政法的分离与复归

财权是政府开展管理和服务活动的重要支柱，只有具备充足的物质基础才能保障各项行政活动的顺利进行。行政财权是指在法律规定的范围内，政府获得收入和支配收入的权力，主要涉及财政收入、财政支出和公产管理三方面的内容。政府的财权和事权应当是相互匹配的。财权和事权之间的关系没有理顺，政府就很难良好地履行公共职能。

组织人事权包括行政组织权和人事管理权。政府开展公共管理和服务需要依靠一定的组织和人员进行，故而需要对行使行政权限的各类行政机关、法律法规授权组织以及其中的工作人员进行管理，以规范权力的运行和行使。行政组织权涉及行政机构的设立、撤销、合并、职能架构、编制定立等，人事管理权涉及公务员的录用、晋升、考核、惩戒等。①

2. 从行政运行过程来分类。将行政权分为决策权、执行权和监督权，是从行政权力结构和运行机制出发来分类的，即通过行政管理和服务过程中具有的决策、执行、监督这三个不同的环节来划分行政权。行政决策权指的是政府依据法律的规定履行管理和服务职能而作出处理公共事务决定的权力，包括确定决策议题、拟定决策方案、审查决策方案、确定决策内容的权力。行政执行权指的是行政机构为履行职能而运用法定手段实施法律、政策规定内容的权力，包括执行组织权、执行实施权、执行协调权、执行监控权和执行评估权。行政监督权指的是行政机关上下级之间及专设的监察机关、审计机关对行政机关及其公务人员进行监督的权力，包括信息权、调查权、审议权、处置权等。

基于公共事务分工的决策权、执行权、监督权的划分被称为"功能性分权"②，这一划分也体现在党和国家的重要文献中。例如，党的十八大报告就提出，要让决策权、执行权、监督权既相互制约又相互协调，确保国家机关按照法定权限和程序行使权力。这种权力三分的观念，需要和西方的三权分立相区别。西方的三权分立依据公权力的属性来划分，是西方国家政治制度和政权结构的基本原则，目的在于权力间的相互牵制；我们说的行政权的权力三分是依照权力行使的阶段来划分的，是对现代管理流程的再造，目的在于提高行政效率。③

---

① 章志远：《行政法学总论》，北京大学出版社2014年版，第14页。
② 陈国权、皇甫鑫：《功能性分权：建设高效有为政府》，《社会科学报》2020年5月7日。
③ 郑曙村：《建立决策、执行、监督"权力三分"体制的构想》，《齐鲁学刊》2010年第6期。

245

第三节　行政法的范式转化

"范式"（paradigm）一词是美国科学史家托马斯·库恩提出的。他在《科学革命的结构》中系统阐述了范式的概念和理论。在学术研究中，其含义为：学术共同体的成员遵循和信奉的价值、方法、技术等要素的集合。换句话说，当学术共同体中一定数量的研究形成比较固定的套路，即大体相同的问题领域、类似的方法和知识，就可以说有了一个研究范式。[①] 对于行政法的范式，有不少学人曾经展开研究。例如，宋华琳、石佑启、金自宁、何海波等学者从不同的角度梳理和讨论我国当代行政法的研究范式，或是以"政法法学""诠释法学""社科法学"来概括当下行政法学的研究状况，或是讨论规范性研究在行政法学中的定位问题，或是结合公共行政的变迁讨论行政法研究的转变。此外，对"新行政法"的兴起和发展的诸多研究也反映了学人对行政法范式转变的关注。要了解和讨论行政法范式的转变，我们需要结合公共行政和社会发展的新变化来观察原来的行政法研究范式如何与现今的发展不相适应，需要转向新的研究范式。

一、行政法范式转变的背景与动力

政府行政发展的变迁是行政法范式转变的背景和动力。具体有以下几个方面的内容。

（一）行政类型转化

20世纪60年代，政府失灵现象引起了人们的反思。政府职能的迅速膨胀使得政府陷入全能主义的危机之中：一是政府职能和责任的增加，提高了管理的成本，造成政府的财政危机；二是政府庞大的规模导致管理失调、官僚主义和效率低下，形成了管理危机；三是繁多的法规限制公民的选择权，挤压社会空间，国家行政运行方式的合法性受到质疑和挑战，导致了公民对政府的信任危机。[②] 因此，国家行政开始向公共行政转型。以部分行政权力社会化和放松管制为主要特征的公共行政改革在全球范围内广泛铺开。政府不再是管理公共事务的唯一主体，同时行政权力性行为也并不再是实现公共利益的本质手段。这种转变具体表现在：（1）收缩政府的经济职能和社会职

---

① 参见何海波：《中国行政法学研究范式的变迁》，《行政法论丛》2008年第11期。
② 薛刚凌主编：《行政体制改革研究》，北京大学出版社2006年版，第29页。

能，以重新确定政府职能范围。行政职能的履行主体从行政机关扩展到其他社会公共组织。美国学者奥斯特罗姆认为，公共行政的中心问题被看作是提供公共利益和服务时，除了扩充和完善官僚机构外，其他的组织形式也许可以提供所有这些功能。随着第三部门的逐渐兴起，各种非政府性、非营利性、志愿性和公益性的社会组织开始走上治理公共事务和提供公共服务的舞台。(2) 政府职能实现方式市场化。也就是说，"在公共服务领域引进市场机制，将政府权威与市场交换的优势结合起来，以提高公共服务的供给能力、质量和效率"①。由此，行政任务开始趋向社会化、民营化。公私合作的现象日益增多。(3) 行政目标实现方式进行改变，从运用权力行政到混合运用权力与非权力行政，强调行政手段的变革和创新。柔性行政手段开始广泛使用。行政指导、行政合同、行政奖励等强制性色彩不那么浓烈的行政行为取代了传统以行政许可、行政处罚和行政强制为中心的刚性行政行为，成为公共事务中经常运用的手段。(4) 在政府的行政运行方式上，从单向强制施加行政意志转向多元参与的合作治理。②

（二）行政职能重心转变

政府的职能重心往往随着时空的变化而转变。在不同的时期和社会背景下，政府的政治职能、经济职能和社会职能可能占据不同的地位。在行政发展的过程中，政府最早扮演的是"守夜人"的角色，因此政治职能占据了重心地位，此时的行政主要目标是维护社会秩序和抵御外部侵略。当行政发展到19世纪末20世纪初时，行政国的兴起促使政府的行政职能重心转向经济职能和社会职能。在之后的发展中，政府从管理转向治理，强调提供更多的公共服务，社会职能的地位更有所增强。我国也经历了类似的转变过程。在新中国成立之初，政府面临着经济上各行各业百废待兴，政治上四周强敌环伺的环境，因此行政职能的重心在于政治职能和经济职能。改革开放至今，社会经济迅猛发展，此时则保持经济发展和提供社会服务的职能趋于加强。正是这种行政职能重心的转变，促使传统的行政法范式的关注视野发生了转移。

（三）行政内容侧重发生转变

从政府的行政运行流程来分类，行政内容可以分为决策、执行和监督。

---

① 薛刚凌主编：《行政体制改革研究》，北京大学出版社2006年版，第38页。
② 刘水林、吴锐：《论"规制行政法"的范式革命》，《法律科学（西北政法大学学报）》2016年第3期。

在 20 世纪中期公共行政改革之前,政府侧重的内容主要是执行,当时决策与执行的内容及相应的组织和权力并未刻意区分。但由于公共事务逐渐趋向复杂、烦琐,仅仅侧重于行政执行很难较好地达成行政目标。行政内容中决策部分的重要作用开始凸显。在新公共管理运动中,一些国家的政府甚至采取了决策与执行相分离的措施,将决策部门从原先决策执行合一的体制中独立出来。我国近年来开展的行政体制改革也体现了这一趋势。传统的行政法范式受到以往行政内容重视执行的影响,侧重于研究执行过程中的权力约束和私人权利的救济,未能及时回应行政内容中决策部分重要性加强的趋势。

二、原有行政法范式的困境

行政法范式在很大程度上是由一定时期的社会环境、行政运行状况所决定的。不同时期的社会环境和行政运行状况呼唤行政法范式在行政观念,以及行政法的基本问题、关注重点和研究方法等方面进行回应和转变。20 世纪初行政国的兴起与发展深刻地影响了现代行政法的基本观念。其时,由于经济危机的出现和公共事务的增多,导致社会和民主要求政府转变过往"守夜人"的角色,进一步扩张行政权,承担其更多管理公共事务的责任。这种国家行政的背景,强化了行政法中行政主体唯一性和行政权优越性的观念。我国传统的行政法范式也持有这种观念,即认为公共事务的管理权专属于政府,更为重视行政权具有强制性的一面,主要关注的是如何控制行政权滥用和提高国家行政效率。有学者认为,传统的行政法范式无论在理论体系构建还是在对具体领域的认知上,都深受国家行政的影响:如作为行政法基础理论的控权论、管理论、平衡论,尽管侧重点不同,但仍然在国家行政的框架内选取不同的行政要素展开论述。[①] 正如前文所述,社会环境变迁、利益结构变化和政府行政转型不可避免地影响到行政法和行政法研究。此时,传统的行政法范式就遇到了困境。

旧有的行政观念使得学人在进行行政法研究时,不免仍然采用公共事务管理主体一元化和行政权强制性的视角去认知和分析社会和行政中不断涌现的新问题,依然把行政权的保障或控权作为问题的重心,难以解释和回应新问题和新变化。一些新产生的现象,如第三部门、公私合作、软法等,也很难纳入传统行政法范式的理论框架中。以传统的行政法范式来思考当下的社

---

① 张永伟:《行政观念更新与行政法范式的转变》,《法律科学(西北政法学院学报)》2001 年第 2 期。

会和行政中涌现的种种问题，主要表现出以下几方面的不足：第一，过于强调行政权在公共事务处理中的唯一主体地位，忽视其他组织在社会公共事务中开始扮演越来越重要的角色。第二，过分强调对行政权的防范和控制，未能及时回应在现代工业化和城市化背景下市场和社会对政府积极作用的呼唤。第三，侧重保护私人权利，忽视了行政法通过制度建构来保障公法秩序、行政效能和公共利益的功能。第四，强调政府权力主导，忽视了行政的利益协调特点。在现代社会，大量的行政决策必须在不确定的基础上作出，要对复数利害关系人的不同利益进行协调整合。如果仍然从行政权力行使和保护私人权利的角度出发，很难注意到利益协调在公共治理中起到的重要作用。①

三、行政法范式的转型

为与政府行政转型的发展趋势相适应，行政法范式开始发生转变。

（一）行政法观念的转变：从管理到治理

在传统的行政法范式中，英美法系和大陆法系尽管在体系、内容和偏重的方向上存在差别，但是在行政基本内核上，二者都秉承着行政管理及其法律约束的观念。随着国家行政转变为公共行政，行政法的基本观念也由管理转向治理。和管理相比较，治理强调多主体参与公共事务的治理，合理地界分政府与社会处理公共事务的范围，实现公共利益最大化。在目标上，管理重视的是政府行政的效率和社会秩序的正常运行，而治理重视的是公众福祉和公共利益的最大化；在主体上，管理强调行政机关和法律授权组织作为公共事务处理的唯一主体，而治理要实现主体的多元化，让社会和市场也参与到公共事务中去；在行政方法上，治理的手段趋向多元化，除了保留管理所采用的权力性、强制性手段之外，还增加了更多服务性和柔性的手段。在治理的行政法观念指导下，新的行政法范式在研究目标上进行了转变，将目光从以往的控权和效率转向政府如何能够提供更好的公共服务以实现国民福祉；在行政主体的研究范围上进行了拓展，改变了以往只偏重行政机关和法律法规授权组织的褊狭视野，将社会组织和公众对公共事务的参与纳入研究的内容之中，导致了人们对行政主体理论的反思和转变；在行政权的运行上，不仅研究公权力机关的行政行为，以及正式的救济渠道和纠纷解决机

---

① 刘水林、吴锐：《论"规制行政法"的范式革命》，《法律科学（西北政法大学学报）》2016年第3期。

制;而且进一步涉及其他公共事务治理主体的行为,以及非正式的救济渠道和纠纷解决途径。①

(二)行政法基本问题的转变:由政府权力主导转变为公共利益主导

新的行政法范式在行政法基本问题上,由政府权力主导转向了公共利益主导。"政府权力为主导,考虑的是政府应该怎样行政的问题,以公共利益为主导,则谁来行政和怎样行政均成为可以讨论和研究、具有多种选择的问题。"② 由此,行政法范式开始从关注行政功能转向关注行政任务的达成,更多地考虑行政法如何以制度化的方式实现公共利益,提供良好的公共服务。"为了完成行政目标和任务,行政机关的组织架构、运行机制和程序应当如何调整?针对特定的行政任务如何选择行政活动方式?有哪些需要考虑的相关因素?"这些问题开始成为新行政法研究的重要课题。同时,与传统行政法范式产生的土壤不同,利益一元化的社会环境早已改变,当下是众多利益纠缠交织的时代。传统行政法范式中研究的"命令—控制"模式已经远远落后于社会发展和行政变迁的脚步。在政府行政中如何确定哪些是公共利益,应当怎样对多元的利益进行衡量,也成为新行政法范式需要关注的重要问题。

(三)行政法涉及范围的转变:从硬法到软法

参与公共治理主体的多元化,自然带来公共事务处理规则的多元化。社会组织的自治规则、村民的乡规民约、社区的市民公约以及行业的自治规章和章程等软法都在公共治理过程中发挥着重要的作用。传统的行政法范式在管理的观念影响下,以往更注重正式的法律、法规和规章,然而新的行政法范式除了关注由国家制定、认可且通过国家强制力保障实施的正式法律、法规、规章之外,还关注具有社会性、自治性、非强制性的软法。近年来,行政法研究中涉及的软法内容主要包括:第一,行政法的基本原则,如行政法定原则、行政正当原则、行政诚信原则等。第二,行政惯例,尽管并不像正式的法律、法规、规章那样具有强制性,但是其以一定的方式规定了一些暂时不便于立法的改革措施,在行政实践中也起到了规范行政权运行的作用,是行政法的辅助法源。第三,行政裁量基准,和硬法相比,具有一定的灵活性,但在一般情况下,为了限制行政裁量的恣意行使,行政机关工作人员不得违反。第四,党内法规,将其列入软法的范围,是由中国共产党在整个国

---

① 姜明安:《行政法学研究范式转换》,《人民日报》2015年9月7日。
② 张永伟:《行政观念更新与行政法范式的转变》,《法律科学(西北政法学院学报)》2001年第2期。

家和社会生活中的领导地位决定的。例如,"党管干部"的原则和制度,决定了党制定的关于干部任用、考核、反腐倡廉和问责等方面的党内法规适用于党员,特别适用于党员领导干部。第五,自治规则,从某种程度上说,其与法律、法规、规章相比,和公众的距离更近,关系更密切,作用范围更广泛。①

(四)行政法关注重点的转变:从部分到整体

传统行政法范式的注重点可以说是基于点或者部分的研究。虽然这种方式有利于对具体制度和内容探讨得更深入,但在整体、全局观上则有缺失。其对于行政和行政法的整体运行机制缺少全面的分析。举例来说,传统行政法研究的架构是以司法审查为中心的,着力点在于控制行政权力,纠正违法行政行为,保护私人权利。然而从行政的整个运行过程来观察,通过司法审查来约束行政权力,实际上是在行政过程的"下游"解决问题。由于行政已不再是简单的"传送带"角色,而是更具专业性、复杂性,法院难以对大量具有高度专业性的行政决定及其产生的纠纷进行审查。②因此,新的行政法范式就将关注重点从行政法的具体制度、具体环节转向了行政运行的整体机制和过程,不仅仅考虑从"下游"解决问题,而更多地从行政的"上中游"出发,将行政过程的所有节点联系在一起去把握法律现象。③在这种注重行政过程整体的新行政法范式下,研究的目的就不再局限于解释制度或寻求某个具体纠纷的解决,而是引入成本收益分析、比较衡量等其他学科的研究方法去探寻行政决策、行政政策等方面的行政法问题。同时,从整体出发的新范式也将更多新出现的行政方式纳入研究中去,不再仅仅围绕行政行为而展开。④

第四节　规制理论的勃兴

规制是政府所采取的影响和干预市场主体及其行为的综合性行政活动。随着市场经济的不断发展,仅仅依靠市场的自主调节和私法途径难以解决市

---

① 姜明安:《行政法学研究范式转换》,《人民日报》2015年9月7日。
② 宋华琳:《作为宪法具体化的行政法——〈公法学札记〉的札记》,《中外法学》2003年第5期。
③ 翁岳生主编:《行政法》,中国法制出版社2002年版,第95页。
④ 朱新力、宋华琳:《现代行政法学的建构与政府规制研究的兴起》,《法律科学(西北政法学院学报)》2005年第5期。

场失灵的问题，且不少问题都涉及复杂的社会关系调整和风险，需要政府对市场和个体进行规制和干预。有学者对此指出，"我们生活在一个'监管型国家'的时代"①。规制理论正是对这种政府行为展开的研究，其产生和发展源于对当时社会发展的回应。在20世纪的较长一段时间内，政府的规制不断地增强。这主要源于四个方面的原因：一是凯恩斯主义思想的影响，政府在经济管理中的角色发生了较大的转变；二是当时选举普遍化，媒体监督发达，政府在制定政策和应对突发事件上，面临着作出准确、快速应对的压力，而规制提供了直接、立竿见影、便利的解决方式；三是科学技术的迅猛发展对民众的健康和安全构成了更大的威胁，市场和私法救济无法提供良好的处理之道；四是20世纪60年代和70年代发生了"权利革命"，民众要求得到更多的受保护的权利。②在这样的社会环境影响下，社会性规制的范围进一步扩张，同时经济性规制也急需发展。政府规制在20世纪70年代末达到了顶峰。因此，政府规制的理论就应运而生了。经济学、政治学、管理学等诸多学科都对规制从不同角度展开了研究。在20世纪70年代后，规制分析逐渐进入行政法学者的视野。

一、规制的概念与性质

（一）规制的概念

"规制"一词由单词"regulation"翻译而来。在规制的相关研究中，也有将之翻译成"管制""监管"的。一般而言，"规制""管制""监管"的用法在经济学、管理学和政治学领域都比较常见。但在法学领域，由于"管制"和"监管"都具有比较明显的强制性含义，消极色彩较浓，因此"规制"较为广泛地为法学研究者所采用。

"规制"是一个含义广泛的词汇，目前在行政法学的研究中，尚缺乏统一的定义。但是，我们可以从其他领域研究者的定义中观察规制究竟是什么。植草益认为，"规制是指以法律、规章、政策、制度来约束和规范经济主体的行为，或者说有规定的管理或者有法律规范的制约"③。丹尼尔·史普

---

① 〔英〕克里斯托弗·胡德、〔英〕科林·斯科特、〔英〕奥利弗·詹姆斯等著，陈伟译：《监管政府：节俭、优质与廉政体制设置》，生活·读书·新知三联书店2009年版，第2页。
② 〔英〕安东尼·奥格斯著，骆梅英译：《规制：法律形式与经济学理论》，中国人民大学出版社2008年版，第10页。
③ 〔日〕植草益著，朱绍文、胡欣欣等译校：《微观规制经济学》，中国发展出版社1992年版，第2页。

博认为，规制"是由行政机关制定并执行的直接干预市场配置机制或间接改变企业和消费者的供需决策的一般规则或特殊行为"①。安东尼·奥格斯提出，"'规制'这个概念就是用来指称支撑社群体系的法律：第一，规制包含了一个更高主体的控制这一理念，它具有指导的功能。为了达到预想的结果，私人受制于一个更高的主体——国家——并被要求按照特定的方式行为，如果违犯规则，则以惩罚为后盾。第二，国家及其代理机构运用的主要工具是公法，实施已不能通过私主体间的私合同来达到。第三，因为国家在法律的形成及实施中扮演了最基本的角色，因此该法律体系是'集中化'的"②。我国学者王俊豪则认为，政府规制"是具有法律地位的、相对独立的政府规制者（机构），依照一定的法规对被规制者（主要是企业）所采取的一系列行政管理与监督行为"③。

我们可以从这些定义中总结出规制的基本特征：首先，规制的主体是依据法律规定或授权而设立的行政机关或独立部门。其次，规制的依据是公法中的某一特定法律。再次，规制的对象是市场主体和市场行为，一般涉及的行业都处于与社会公共利益存在重大关联的领域。最后，规制的手段"既包括制定法规、规则、政策等规范文件的行为，也包括依据规范进行管理、控制的行为"④。如果违反规制主体的要求，相对人将受到一定的处罚。由此，我们可以认为，规制是由特定行政主体为实现社会公共利益而依据公法规范对市场主体及其活动采取的制定规范的行为以及管理、控制的措施。

（二）规制的性质

行政规制是一系列综合的行政活动，很难直接纳入传统的行政行为分类理论。对于其性质，行政法学界也存在着不同的观点，如"行政行为说""行政活动说"等。⑤ 从广义的行政行为角度来理解，规制作为综合性的行政活动，可以被视为行政行为的一种，既包括制定规范、政策的抽象行为，也包括实施干预限制的具体行为。⑥

---

① 〔美〕丹尼尔·F. 史普博著，余晖、何帆、钱家骏等译：《管制与市场》，生活·读书·新知三联书店上海分店、上海人民出版社1999年版，第1页。
② 〔英〕安东尼·奥格斯著，骆梅英译：《规制：法律形式与经济学理论》，中国人民大学出版社2008年版，第2页。
③ 王俊豪：《政府管制经济学导论》，商务印书馆2001年版，第3页。
④ 吴浩、李向东：《国外规制影响分析制度》，中国法制出版社2010年版，第45页。
⑤ 江必新：《论行政规制基本理论问题》，《法学》2012年第12期。
⑥ 江必新：《论行政规制基本理论问题》，《法学》2012年第12期。

二、规制的公共利益基础

政府进行规制的正当化理由究竟有哪些？想要详细地全面列举是很难的，因为"公共利益"的内涵随着时间、地点和具体社会环境的变化会不断转变。我们仅在此探讨对规制而言较为主要的一些公共利益基础。安东尼·奥格斯在《规制：法律形式与经济学理论》一书中认为，可以将这些公共利益基础分为经济性目标和非经济性目标。

（一）经济性目标

一般而言，我们认为市场在资源配置上是有效率的，但是存在"市场失灵"的现象。对于"市场失灵"，私法并不总是能提供良好有效的方案来矫正。此时，政府进行规制就具备了正当性基础。"市场失灵"的情况主要存在于以下几种情形中。

1. 垄断和自然垄断。竞争是市场中最为重要的要素。当竞争受到垄断和反竞争措施的损害时，市场失灵就出现了。市场上的经营者都是追求利润最大化的理性人，如果不进行适当规制，垄断企业会倾向于制定高价，甚至剥夺特定区域或群体享受相同商品和服务的机会。例如，在水、电、交通等领域，若没有政府进行规制，一些偏远地区的公共服务质量将大大降低。①

2. 公共产品的供给（正外部性问题）。公共产品指的是其利益能够被所有公众共享的服务或者商品。它具有两个重要特征：一是单个个体的消费不会减损其他个体的消费。二是对产品和服务的提供者而言，即使有个体不支付公共产品的费用，也很难将其排斥在外。换句话说，对于公共产品，"搭便车"现象极易出现。这将导致公共产品的生产者、提供者失去生产和提供的动力，从而进一步降低提供给公众的公共产品的数量和质量。这种"市场失灵"的情况也为政府规制提供了正当性理由。②

3. 负外部性问题。负外部性问题在日常生活中极为常见，指的是社会的某些个体的行为使其他人或社会受到损害，但是造成损害的个体却没有付出一定的成本。例如，环境污染就是负外部性的典型例子。污染者造成的环境的破坏和损毁很难仅仅通过市场和私法来调节，因为环境污染造成的损害有

---

① 〔英〕安东尼·奥格斯著，骆梅英译：《规制：法律形式与经济学理论》，中国人民大学出版社2008年版，第30—33页。

② 〔英〕安东尼·奥格斯著，骆梅英译：《规制：法律形式与经济学理论》，中国人民大学出版社2008年版，第34—35页。

可能是跨越代际的，私权的主张有可能滞后。此时，从公法上对负外部性进行规制就成为必需的。①

4. 信息不对称和有限理性。对市场的传统经济分析中，往往假定完全的信息。但是在现实生活中，这种情况并不可能出现。消费者和产品/服务提供者之间存在着信息的不对称。消费者要获取足以支撑其作出决定的信息，成本是很高的，尤其是关于质量方面的信息和细节。同时，人的行为又受制于有限理性。这就将导致消费者利益受损和市场竞争的减弱，政府基于此需要进行规制。②

5. 协调一致的问题。在道路交通、具体标准等涉及主体、方案极为复杂的领域，由政府来提供行为控制标准，要比仅依靠市场和私法调节效率更高、成本更低。这种情况，也需要政府进行规制。③

（二）非经济性目标

1. 分配正义。政府规制的经济性目标是资源配置的效率，而其非经济性目标则是资源的公平、正义分配。罗尔斯认为，正义的原则之一是资源应当被平均地分配，除非一个不平等的分配使得处于不利位置的人受益。④ 因此，正义允许市场在配置资源时出现不公平的分配，但是必须使社会中条件最差的人也能从中受益。由此，政府通过规制进行资源再分配的必要性就显现出来了。

2. 家长主义。家长主义指的是对个人行为自由的一种干预，其正当性基础在于且仅仅在于受限制个人之福利、善、幸福、需求、利益和价值。尽管家长主义目前在政策讨论中很少出现，但其也是政府进行规制的一个强有力的动因。⑤ 卡斯·桑斯坦也在《为什么助推》中指出，从行为经济学来看，人们常常会作出不利于自己最大利益的决策，即"行为化的市场失灵"。这需要政府实施合理的助推措施，帮助人们作出最佳决策。如果政府在节约能

---

① 〔英〕安东尼·奥格斯著，骆梅英译：《规制：法律形式与经济学理论》，中国人民大学出版社2008年版，第36—39页。
② 〔英〕安东尼·奥格斯著，骆梅英译：《规制：法律形式与经济学理论》，中国人民大学出版社2008年版，第39—42页。
③ 〔英〕安东尼·奥格斯著，骆梅英译：《规制：法律形式与经济学理论》，中国人民大学出版社2008年版，第42—43页。
④ 〔美〕约翰·罗尔斯著，何怀宏、何包钢、廖申白译：《正义论》，中国社会科学出版社1988年版，第50—113页。
⑤ 〔英〕安东尼·奥格斯著，骆梅英译：《规制：法律形式与经济学理论》，中国人民大学出版社2008年版，第53页。

源、医疗保健、交通驾驶等领域的"家长式管理"监管得当,是可以为人民创造福祉的。①

三、规制的分类及其工具

规制涉及各种各样的产业和非产业活动,也受到多种法律形式的指引和规范。从分类上看,规制的范围包括经济性规制和社会性规制。经济性规制的调整范围比社会性规制要小,主要关注政府在约束企业的定价、市场准入和退出机制方面发挥的作用,主要适用于具有垄断倾向的产业,目的在于为"自然垄断"提供一种替代性竞争,防止资源分配的不公和低效。经济性规制主要通过三种规制工具来达成:第一,公有制,通过规定公有制形式、财政约束、消费者保护和业绩指标、效益审查、垄断和价格、分配目标和补贴以及质量标准等一系列行政指令和责任机制来要求具体的产业或公司满足公共利益的目标。第二,对私有化的企业进行价格的外部控制,主要有两种类型:一是通过计算产品供应者的合理回报比例来控制价格;二是考虑产品供应者能够控制的成本范围,将价格增长限定在合理的范围之内。第三,公共特许分配,即政府通过招投标来确定具有垄断经营权的公司,以事先拟定的条件(如价值、质量等)来限制它们获得的垄断权,包括两种类型:一种是"公益特许",政府从相互竞争的企业中进行选择;另一种是"价格竞标特许",政府将特许权授予那些服务和产品价格最低或者愿意支付最多资金以获得特许权的企业。②

经济性规制主要调整的是市场竞争问题,而社会性规制与之相对应,针对的是各种经济活动的产品。社会性规划主要指的是政府为了保障民众的健康和安全及增加社会福利而采取的各种活动和措施,涉及环境保护、食品健康、消费者保护等领域。日本经济学家植草益认为,"社会性规制是以确保国民生命安全、防止灾害、防止公害和保护环境为目的的规制"③。其公益正当性的理由主要集中在信息不对称和外部性问题两类市场失灵上。社会性规制采用的规制工具主要有四种:首先是信息规制,其下又分为两大类措施,

---

① 〔美〕卡斯·桑斯坦著,马冬梅译:《为什么助推》,中信出版集团2015年版,引言。
② 〔英〕安东尼·奥格斯著,骆梅英译:《规制:法律形式与经济学理论》,中国人民大学出版社2008年版,第5—6页。
③ 〔日〕植草益著,朱绍文、胡欣欣等译校:《微观规制经济学》,中国发展出版社1992年版,第22页。

包括强制信息披露,以及控制错误、误导信息。强制信息披露要求产品的提供方提交商品或者服务的价格、成分、数量、质量等细节。控制错误、误导信息同强制信息披露相比,是一种消极的信息规制,要求政府建立一套机制和规则来监管信息的准确性。例如,英国在1968年的《商业标识法》中就建立了一套对广告进行监管的行为准则。① 其次是事前批准,这种规制工具干预性最强,需要行政机关的授权和许可。再次是制定标准以对商品和服务提供者的行为进行指示和控制。这是社会性规制中最主要的规制形式,广泛出现在职业健康安全、食品、药品、环境污染控制等领域。若商品或服务不符合特定的目标、性能或规格标准,那么其提供者将受到一定的处罚。最后是经济工具,其不具有强迫性,通过财政激励来引导产品提供者的行为。这种激励可以是消极的(行为的作出不受法律的限制,但如果行为人选择一种法律不鼓励的方式则需支付一定的费用),也可以是积极的(如果选择法律所鼓励的方式行为,则将得到一定的补贴)。②

四、行政法对规制进行研究的发展路径

近年来,许多经济社会问题(如环境污染、食品药品质量事件、垄断行业收费和服务质量问题等)在我国不断涌现。不少学者也针对环境、能源、食品、药品等领域对政府规制进行研究,以回应当下社会各行业领域中出现的种种问题。规制研究"本质上是一种问题导向的政策分析理论,它是法律学科内的整合。它不只是行政法,甚至也不只是公法,而是为了彻底解决问题而综合运用各种法律手段、法律机制和法律思想的理论"③。从行政法角度对规制进行研究可以从多方面展开,如规制的主体、类型、工具、程序、内容、成本收益等,有五方面的内容尤其值得关注:其一,行政规制权问题,包括:行政规制权的合法性问题,即规制主体如何获得规制权限的问题;行政规制权的具体权能包括哪些,如何配置;行政规制权运行的条件和机制,因为规制的正当性来源于发现市场运转中的问题并予以纠正,并不是随时随地介入、干预的;行政规制权的边界,除了市场失灵之外,规制同样也会失

---

① 〔英〕安东尼·奥格斯著,骆梅英译:《规制:法律形式与经济学理论》,中国人民大学出版社2008年版,第147页。
② 〔英〕安东尼·奥格斯著,骆梅英译:《规制:法律形式与经济学理论》,中国人民大学出版社2008年版,第248页。
③ 朱新力、宋华琳:《现代行政法学的建构与政府规制研究的兴起》,《法律科学(西北政法学院学报)》2005年第5期。

灵，明晰的规制权边界有助于避免权力滥用现象。其二，行政规制主体问题，即行政规制的特定机构具有什么样的法定地位，其应当在什么样的程度上独立于政府，其具有哪些职能，其需要承担哪些责任等问题。其三，行政规制的有效性问题，由于规制措施在实施的过程中并不一定比市场和私法的解决途径好，有时由规制引发的其他社会成本有可能超过实施规制措施带来的收益，因此需要加强成本效益分析，研究规制工具的选择和运作是否切实有效，达到目标和手段的相适应。其四，规制俘获问题，除了需要行政规制主体来对市场活动和市场主体施加持续且集中的控制之外，行政规制主体本身也有可能被各种利益集团影响，从而导致规制政策的制定和执行被干预和扭曲。因此，我们需要研究对规制者的规制问题，在内部从规制的范围、事项、程序等环节去规范规制权力，在外部则通过公众参与和社会监督来限制规制权力的恣意行使。其五，行政规制的救济问题，即政府施行行政规制而给行政相对人和利害关系人的合法权益带来损害时，可以通过哪些救济途径去恢复和补偿损失。①

---

① 江必新：《论行政规制基本理论问题》，《法学》2012年第12期。

第二章
行政法的基本原则及其适用

行政法基本原则问题在行政法学领域占有举足轻重的地位，它贯穿于行政法学基础全过程。行政法基本原则在社会发展过程中不断演变，各个国家产生了各具特色的行政法基本原则。我国行政法基本原则研究起步较晚，目前学者对行政法基本原则的定义和特性也有诸多分歧，对行政法有哪些基本原则存在不同的见解，因此我们需要明确基本原则的标准，并以此重构行政法基本原则。本章将通过对行政法基本原则的特性的阐述及对行政权的边界的廓清，重新构建行政法基本原则并且着重阐述"比例原则"。比例原则号称"帝王原则"，本将采用利益衡量的方法将比例原则结合起来，使之在行政法制实践中更具操作性。

第一节 行政法基本原则的演变与现状

世界各国现行行政法的基本原则，无一不是在各国行政权不断调整以及学者对其基本原则不断研究的基础上逐渐完善并加以确立的。我国的行政法基本原则研究大致经历了三个阶段，也有学者将其划分为两个阶段。[①] 但是，这并不影响我们对行政法基本研究历程的认识。西方各国行政法的基本原则既存在着形式上的差异，又有着深层次的共性特征。无论是差异，还是共性，均有其深刻的历史根源和国情基础。尤其是各国行政法基本原则的形成，均要符合各国国情，适应各国的法律传统、民族传统、政治体制及社会经济情况。

---

① 胡建淼：《行政法学》（第4版），法律出版社2016年版，第36—37页。

一、国外行政法基本原则的演变与现状

(一) 法国行政法的基本原则

法国是现代行政法的主要发源地,被称为"行政法母国",它最先从理念上承认了行政法是一个独立的部门法。法国也是大陆法系国家中的典型代表,其行政法的产生有着特殊的历史背景。

伴随着法国资产阶级革命中涌现的法治国思想及独立行政法院制度的发展,法国逐步产生和形成了行政法治原则和均衡原则,而且这两个原则并非由法律直接明确规定,而是由行政法院经过长期审判活动归纳形成的。这两个原则被认为是法国行政法的基本原则。所谓行政法治原则,也即是政府的行政活动、行政人员的行政行为必须遵守法律,法律规定行政机关的组织、权限、手段、方式和违法后果。[1] 作为法国行政法基本原则的行政法治原则大致包含三项基本内容:第一,行政行为必须有法律依据。第二,行政行为必须符合法律。第三,行政机关必须以自己的行为来保证法律的实施。[2] 作为法国行政法基本原则之二的均衡原则是为了控制行政自由裁量权而出现的,这也是法国行政法院第二次世界大战后对具体行政行为的监督日渐强化的产物。总体而言,均衡原则是法国行政法院在无法依据法律条文或其他原则对其行政行为进行裁决的情况下,监督、审查、决定是否撤销一定行政行为的法律手段(因为法国行政机关同样具有自由裁量权及其他的特殊情况)。[3]

(二) 德国行政法的基本原则

德国与法国并称为现代大陆法系的两大脊梁,并且德国是大陆法系国家的典范,同时也是世界上近现代行政法体系中不可小觑的力量,特别是其行政法基本原则(有些学者也译成合法性原则)被誉为欧洲行政法的灵感与源泉,对各国行政法发展的影响极大。

我们在阐述很多行政法规范与现象时,或多或少地借助了德国法中的有关概念、术语、分析结构。[4]

法治国思想对德国行政法及行政法基本原则产生了极为重要的影响,而

---

[1] 王名扬:《法国行政法》,中国政法大学出版社1988年版,第204页。
[2] 胡建淼:《行政法学》(第4版),法律出版社2016年版,第41页。
[3] 王桂源:《论法国行政法中的均衡原则》,《法学研究》1994年第3期。
[4] 余凌云:《行政法讲义》(第2版),清华大学出版社2014年版,第69—71页。

依法行政原则在德国被认为是法治国成立的最基本要素。所谓依法行政原则，是指行政活动必须接受议会法律的规制，必须置于法院的司法控制之下；行政活动违法的，必须追究行政机关的法律责任。① 对于德国依法行政原则的具体内容，不同学者有不同的见解，大致有"三项"说和"两项"说。德国行政法学创始人奥托·迈耶认为，依法行政原则包括以下三项原则：一是法律的规范创造力原则，即行政机关所制定的行政法规范是法律创造的；二是法律优位原则，即法律对行政具有支配性地位，行政作用不得与法律相抵触；三是法律保留原则，即一切行政作用虽非必须全部从属于法律，但基本权利的限制必须由法律规定。② 然而，多数学者认为依法行政原则坚持"两项"说，即法律优位原则和法律保留原则。③

德国政府的行政活动较为注重适用宪法原则，如三权分立原则、社会国家原则、法治原则等，其次才遵循行政法自身的基本原则④，因此其行政行为更为注重合宪性和合法性。行政的合宪性和合法性的首要含义是法律优位，即行政机关必须在法治和法律的范围内活动，因此由其作成的：一是抽象法律规范同上位阶法律规范冲突的，原则上无效；二是具体的国家行为同现行有效的法律规范——其中包括行政机关自己制定的法律规范——冲突的，构成违法。这是一种消极含义的实质合法性，它适用于德国政府所有的公共行政活动，是国家权力和法律制度的统一性要求的结果。所谓法律优位原则，我国学者也称其为法律至上原则⑤或者法律优越原则，是指正式的法律渊源要优于从属的法律渊源，也就是说法律（狭义）比所有的从属立法的效力都高。⑥ 法律保留原则则是一种积极含义的合宪性和合法性，积极含义的合宪性和合法性在德国大致是指国家的行政活动是否及在多大的范围内需要法律依据。德国的法律保留还分为专门的法律保留、基本权利的法律保留以及其他的法律保留等。在德国，法律保留的目的是加强议会的政治领导任务，强化法律在法治国家中的控制作用。比如，立法机关不能转让自己的立法权限，它必须自己完成行政活动，这里的法律保留则是指议会保留。法律

---

① 城仲模：《行政法之基础理论》，三民书局1988年版，第5页。
② 高家伟：《论德国行政法的基本观念》，《比较法研究》1997年第3期。
③ 〔德〕格奥尔格·诺尔特著，于安译：《德国和欧洲行政法的一般原则——历史角度的比较》，《行政法学研究》1994年第2期。
④ 胡建淼：《行政法学》（第4版），法律出版社2016年版，第41页。
⑤ 胡建淼：《比较行政法——20国行政法评述》，法律出版社1998年版，第269页。
⑥ 余凌云：《行政法讲义》（第2版），清华大学出版社2014年版，第75页。

保留原则的具体含义是指只有在法律明确授权的情况下才可以实施某种行政行为。① 又如，关于人民基本权利限制等专属立法事项，必须由立法机关通过法律规定，行政机关不得代为规定，行政机关实施任何行政行为都必须有法律的相关授权，否则就违背了合法性甚至合宪性。

德国行政法基本原则除了依法行政原则之外，其对比例原则的法学释义贡献无疑最大，比例原则在德国行政活动中发挥着举足轻重的作用。比例原则，又称为均衡原则或平衡原则，是实质意义法治国原则的典范。通常认为，比例原则是一个具有宪法位阶的法律原则，它出现于19世纪警察国家时期，起源于"法治国家理念及基本人权之本质"，通过联邦宪法法院的判决逐步成为限制行政权的有效手段。② 总体而言，它具体包括三个子原则（通常阐述为"三阶理论"③）：第一，行政措施对目的的适应性原则。也就是说，国家所采取的措施必须适合于增进或者实现所追求的或者法律所规定的目的，不得偏离。第二，最小干预可能的必要性原则。必要性的意思是从"经验的因果律"来考虑诸多行政手段之间如何选择的问题，对各种手段进行综合的判断，保证最后所采取的措施对相对人侵害是最小的（故这一原则也称为最小侵害原则），成本是最低的。第三，法益相称性原则，又称为衡量性原则（狭义的比例原则）。其基本意思是国家行政措施的严厉程度与理由的充分程度要成一定比例，要求以公权力对人权的干涉力度来评判该措施的合法性采取的措施若使当事人受到的损害比公权利获得的利益小得多就是合法的。④ 简而言之，比例原则要求行政目的与行政手段相适应、成比例，要求行政措施符合行政目的且为侵害最小之行政措施。⑤

（三）英国行政法的基本原则

英国是典型的普通法系国家。不像大陆法系"公法模式"的行政法，英国历来没有划分公私法的传统，政府和公民之间的关系与公民个人相互之间的关系，原则上均受"普通法"的调整。虽然现代意义的行政法理念与制度在英国开始于17世纪下半叶，但直到现在，其外在形式仍然主要采用过去普通法的一套规则和形式。⑥ 在英国，行政法被看作宪法的具体化。行政法

---

① 胡建淼：《行政法学》（第4版），法律出版社2016年版，第76页。
② 周佑勇：《西方两大法系行政法基本原则之比较》，《环球法律评论》2002年冬季号。
③ 胡建淼：《行政法学》（第4版），法律出版社2016年年版，第85—90页。
④ H. W. R. Wade, *Adminstrative*, Oxford: Clarendon Press, p.39.
⑤ 城仲模主编：《行政法之一般法律原则》，三民书局1994年版，第121—154页。
⑥ 姜明安主编：《外国行政法教程》，法律出版社1993年版，第144页。

与宪法的紧密联系使得英国行政法基本原则以宪法原则为基础，众所周知，"议会主权"和"法治"是英国宪法的两大基本原则，因此决定了英国提出其行政法基本原则为"越权无效原则""合理性原则""程序公正原则"三大基本原则。

越权无效原则无疑是英国行政法最核心的基本原则。① 根据英国的议会主权原则，议会制定的法律为最高法律，法院必须无条件地适用议会通过的一切法律，而不能审查议会通过的法律是否合法。② 如果行政机关行使职权超越法定范围，法院可宣告其无效或将其撤销。经过长期的积累，法院通过判例的形式，丰富、充实了越权原则的内涵。英国行政法学家威廉·韦德曾说过："公共当局不应越权，这一简单的命题可以恰当地称之为行政法的核心原则。"③ 越权无效原则是英国法治原则和议会主权原则的直接后果。那么究竟越权无效原则是如何定义的呢？越权无效的基本含义是行政机关必须在法定权限范围内作出行为，一切超越法定权限的行为无效，不具有公定力、确定力和执行力。④

合理性原则在英国主要针对自由裁量权而设，它是判断自由裁量权是否合理或是否被滥用的标准，也是法院通过判例在不断限制行政自由裁量权的滥用中发展起来的。最初运用该原则的判例是1598年的鲁克案⑤，此案例之后的判例不断地引用该原则来作为司法审查的基准，至20世纪初，该原则已发展到相当成熟的程度。然而，其发展出现暂时停止，直至1948年韦德内斯伯里案，法官根据合理性原则扩张司法审查的权限，从程序审查扩及实质审查。时至今日，在英国合理性原则已经发展得如同德国的比例原则般成熟，根据英国司法审查的判例，凡行政裁量权的运用背离法定目的、具有虚假的动机、考虑不相关因素或非正常判断的，则代表其违背了合理性原则，构成滥用自由裁量权。

---

① H. W. R. Wade, *Adminstrative*, Oxford: Clarendon Press, p.39.
② 周佑勇：《西方两大法系行政法基本原则之比较》，《环球法律评论》2002年冬季号。
③ 〔英〕威廉·韦德著，徐炳等译：《行政法》，中国大百科全书出版社1997年版，第43页。
④ 姜明安：《行政法与行政诉讼法》（第6版），北京大学出版社、高等教育出版社2015年版，第70页。
⑤ 此判例规定下水道管理委员会的委员们必须合理地行使他们在制订排水计划方面的广泛权力。法官科克在该案的判词中写道："尽管委员会授权委员们自由裁量，但他们的活动应受限制并应遵守合理规则和法律原则。因为自由裁量权是一门识别真假、是非、虚实、公平与虚伪的科学，而不应按照他们自己的意愿和私人感情行事。"

程序公正原则源自普通法的自然公正原则，是在制定法没有程序规定或规定不完整时行政机关必须遵守的补充程序，是法律默认的符合公平正义的默示条款。在英国，自然公正原则被看作最基本的公正程序规则，只要成文法没有明确排除或另有特殊情况外，行政机关都要遵守。它在英国行政法中的地位正如美国宪法中的正当法律程序一样，是一个广泛适用的原则。① 在英国，自然公正原则具有两个最基本的子原则：一是避免偏私原则（亦称反偏见原则），即任何人不能做自己案件的法官。任何案件的裁决人不得对案件持有偏见和拥有任何利益。偏私会导致行政决定无效或者可撤销。二是公平听证原则，即任何人或团体在行使权力可能使别人受到不利影响时必须听取对方意见，每一个人都有为自己辩护和防卫的权利，在作出对相对人不利行为之前，必须给当事人一个听取其意见的公平机会。② 韦德和福赛甚至认为，听取双方意见（听证）最能够体现自然正义原则，因为它几乎包揽了所有的正当程序问题，甚至可以把避免偏私原则包含进来，因为公正的听证本身就是反对偏私的听证。

（四）美国行政法的基本原则

美国和英国同属普通法系国家，美国法的基础就是英国的普通法，美国与英国的行政法理论和制度有诸多相似之处，尤其在自由资本主义时期几乎完全一致。直到19世纪末，为了解决由工业迅速发展引起的一系列社会经济问题，美国建立了独立管制机构，这标志着美国行政法开始形成自己的特色。③ 1946年，美国根据宪法的"正当法律程序"条款制定了著名的《联邦行政程序法》，继而对强大的行政权加以控制，使美国行政法得以迅速发展。在美国行政法发展过程中，"正当法律程序"对行政法的影响最大，它直接形成了美国行政法上的"正当法律程序"原则，即行政性正当程序原则，并在此基础上进一步发展而形成其行政法的行政公开原则。

美国不像英国那样从普通法中将正当程序的理念抽离出来，而是直接将正当程序的理念规定在美国宪法中。美国宪法第五、第十修正案都对其作出明确规定，非经法律正当程序，任何人的生命、自由与财产不受剥夺。这样的宪法规定，在美国直接导致不管是立法、行政抑或司法都将受到此原则的

---

① 周佑勇：《论英国行政法的基本原则》，《法学评论》2003年第6期。
② 周佑勇：《西方两大法系行政法基本原则之比较》，《环球法律评论》2002年冬季号。
③ 周佑勇：《西方两大法系行政法基本原则之比较》，《环球法律评论》2002年冬季号。

约束与限制。① 美国正当法律程序原则（有学者也译作"法律正当程序"）分为实质性正当程序和程序性正当程序。实质性正当程序是指对政府剥夺相对人的生命、自由或财产权力的限制，是对政府权力的实质性限制，不直接涉及程序。② 在美国，实质性正当程序的保护主要针对议会立法，这往往涉及的是宪法而非行政法的问题。一项触犯实质性正当程序的行政行为可能有两种情形：一是它首先触犯了立法规定——因而无须引用宪法；二是立法本身违反了正当程序，而此种情况已经超越了行政法的范畴。③ 程序性正当程序是指当行政机关对当事人作出的决定影响到后者的生命、自由或财产时，就应该遵循一定的程序，其核心是应当进行公正且无私的听证，给当事人陈述意见的机会。在美国的行政法领域，正当程序的意义其实主要在于程序性的保护而非实质性的保护。一般认为，程序性正当程序的适用范围主要是在个案的裁决上，其并不影响制规行为。笔者认为，这是因为行政制规影响的人数庞大，因此我们可以期望通过民主政治加以制衡，然而影响个别人的裁决往往只有司法可以约束，所以有必要加强正当程序的保护力度。

在20世纪60年代至70年代，行政公开原则开始在美国发展。在这一时期，由于对越战败、总统选举丑闻及种族歧视问题的扩大化，公众对行政机关日渐不满，导致行政机关出现信任危机，引起一系列的行政法改革。1946年颁布的《联邦行政程序法》在此期间历经多次修改，主要的目的是实现行政公开，要求由公众直接参与对行政的监督，以补充程序限制和司法审查的不足。因此，美国国会于1966年制定了《情报自由法》，规定除该法列举的九项情况外，全部政府文件必须公开，任何人有权要求得到政府文件，行政机关不得拒绝；1974年制定了《隐私权法》，规定行政机关所保留的个人记录，有对本人公开的义务；1976年制定了《阳光下的政府法》，规定合议制机关的会议必须公开等。至此，行政公开作为美国一项重要的行政法基本原则的地位得以真正确立。所谓行政公开是指个人或团体有权知悉并取得行政机关的档案资料和其他信息，这种权利通常被称为了解权。④

---

① 城仲模主编：《行政法之一般法律原则》，三民书局1999年版，第65—66页。
② 胡建淼：《行政法学》（第4版），法律出版社2016年版，第105页。
③ 张千帆、赵娟、黄建军：《比较行政法——体系、制度与过程》，法律出版社2008年版，第327页。
④ 王名扬：《美国行政法》，中国法制出版社1995年版，第953页。

二、我国行政法基本原则的演变与现状

我国学者并没有忽视对行政法基本原则的研究,对行政法基本原则的认识也是逐渐升华的过程,但是对基本原则的具体构成并没有形成统一的认识。我们认为,大致可以将我国行政法基本原则的研究切分为三个阶段①,但是各阶段并非完全分离,界限也非绝对分明。

(一)20世纪80年代前后为第一阶段

这一阶段主要以提出国家行政管理的基本原则为主。我国行政法学研究起步相比英美法德国家较晚,更不必说对行政法基本原则的研究。在此阶段,对自身特性认识肤浅,行政法学同宪法学、政治学和行政管理学混淆不清,并且苏联行政法对我国行政法的研究影响极大。苏联行政法学教科书只强调国家管理或国家行政管理的"指导思想和基本原则",把行政法的基本原则与"国家行政管理的指导思想和基本原则"画等号。在我国,行政法基本原则被宪法原则、行政管理学原则填充,并没有体现行政法学自身的学科特点。这主要体现在当时的行政法学教材中,如王珉灿主编的《行政法概要》,以及应松年、朱维究合著的《行政法学总论》等。②

(二)20世纪90年代前后为第二阶段

此时主要以提出行政法基本原则为主。20世纪90年代,欧美行政法对我国的影响甚大,我国基本上从"国家行政管理的基本原则"改变为"行政法基本原则",但是此时的研究也并不系统。有学者认为行政法的基本原则就是行政法治原则,具体包括行政合法性原则和行政合理性原则。③ 此后我国几乎大部分行政法学者均坚持此观点。

(三)20世纪90年代后期至今为第三阶段

这一时期主要出现了比例原则、信赖保护原则及正当程序原则。这一时期行政法基本原则的内容在合法性原则与合理性原则的基础上进行了极大的丰富,涌现出各种观点,以叶必丰和胡建淼为代表的学者坚持"两项原则",其主要由行政合法性原则与行政合理性原则构成。周佑勇则认为"三项原

---

① 胡建淼将其划分为两个阶段,参见胡建淼:《行政法学》(第4版),法律出版社2016年版,第37—38页。
② 胡建淼:《行政法学》(第4版),法律出版社2016年版,第70页。
③ 罗豪才主编:《行政法学》,中国政法大学出版社1989年版,第34—35页。

则"更合适,其主要由行政法定原则、行政均衡原则及行政正当原则构成。[1] 姜明安坚持"四项原则",认为行政法基本原则由行政法治原则、行政公正原则、行政公开原则及行政效率原则构成。[2] 有学者甚至提出了"五项原则",其具体包括依法行政原则、合理性原则、责任行政原则、诚实信用原则、正当程序原则。[3] 2004年3月22日,国务院发布《全面推进依法行政实施纲要》,其第三部分的标题为"依法行政的基本原则和基本要求",由此可以看出,该文件将我国的行政法基本原则阐述为"一项原则"——依法行政原则,其后给出六个子原则,具体为合法行政原则、合理行政原则、程序正当原则、高效便民原则、诚实守信原则及权责统一原则。但是,至此我国对行政法究竟应当确定哪几项基本原则的讨论和追究并未因该文件的发布而停止,分歧在不断产生,但主要是形式上的分歧而非实质上的分歧。行政法基本原则的概念是什么?究竟如何归纳才能够高度涵盖关于行政活动中行政权行使的基本原则?究竟什么是行政法基本原则的确立标准?这些问题目前是行政法学者研究的重要课题。

第二节 行政法基本原则的发展与确立

行政法的基本原则不同于行政法的指导思想,也不同于具体的行政法律规范,但同时又离不开具体的行政法律条文。行政法的基本原则是行政法进行实践的基本准则,是行政程序运作的基本原理,更是行政法的灵魂,体现着行政法的基本价值理念。

一、行政法基本原则的概念

（一）行政法基本原则的定义

行政法基本原则作为行政法研究领域的基本问题之一,历来是中外学者关注的焦点,但对于行政法基本原则的定义,国内外学者并没有形成共识。

在我国,关于行政法基本原则的定义就有不同的观点,出现百家争鸣的情况。姜明安认为,行政法基本原则是指导、规范行政法的立法和执法,以

---

[1] 周佑勇:《行政法基本原则研究》,武汉大学出版社2005年版,第158—171页。
[2] 姜明安:《行政法与行政诉讼法》（第6版）,北京大学出版社、高等教育出版社2015年版,第66—81页。
[3] 方世荣、石佑启主编:《行政法与行政诉讼法》,北京大学出版社2005年版,第49页。

及指导、规范行政行为的实施和行政争议的处理的基础性规范。它贯穿于行政法具体规范之中，同时又高于行政法具体规范，体现行政法的基本价值观念。它是在行政法调控行政权的长时期中形成的，由行政法学者高度概括出的调整行政关系的普遍性规范。① 胡建淼则认为，所谓行政法的基本原则，系指贯穿在一国行政法中，指导和统帅具体行政法律规范，并由它们所体现的基本精神，是要求所有行政主体在国家行政管理中必须遵循的基本行为准则。② 余凌云比较倾向于胡建淼的观点，认为行政法的基本原则是行政法学者、法官和立法者高度概括出的并广泛认同的调整行政关系的普遍性规范，一般适用于广泛的行政法律秩序领域，而非仅局限于特别领域。③ 还有学者认为，行政法基本原则是一个学理概念，它是行政法制定和实施的全部环节以及国家行政管理的所有领域的根本准则。④

以上几种观点各有科学之处，具体体现为：一是均阐述行政法基本原则具有普遍性，明确其是贯穿于行政法的全过程和各方面的行政行为的基本准则；二是均表明其所具有的价值理念选择，可以判断行政行为的善恶。综观以上几位学者所述的观点，行政法基本原则的定义虽然表述不一，但概念所包含的精神是大致相似的，在其所包含内容的广泛性、全面性上，笔者比较赞成姜明安对行政法基本原则的定义。

（二）行政法基本原则的特性

行政法基本原则不是法律条文，也与行政法的指导思想不同，作为指导行政活动的准则，它们往往具有自己的属性或特性。周佑勇把行政法基本原则的属性概括为"三性"，即法律性、基本性、特殊性。胡建淼则认为行政法基本原则有"四性"，即特殊性、普遍性、法律性及规范性。⑤ 笔者认为规范性是法律较为显著的特征之一，不必将规范性独立于法律性之外，因此，笔者比较赞同周佑勇对行政法基本原则属性的"三性"观点。具体而言，行政法基本原则的"三性"具有如下内容。

一是行政法基本原则必须具有法律性。这应该成为行政法基本原则的首要特性，以此来区别政治学、行政管理学等相关学科的基本原则，体现其法

---

① 姜明安：《行政法与行政诉讼法》（第6版），北京大学出版社、高等教育出版社2015年版，第64页。
② 胡建淼：《行政法学》（第4版），法律出版社2016年版，第42—43页。
③ 胡建淼：《行政法学》（第4版），法律出版社2016年版，第69—71页。
④ 邢鸿飞、王春业、韩轶等：《行政法专论》，法律出版社2016年版，第63—64页。
⑤ 胡建淼：《行政法学》（第4版），法律出版社2016年版，第42—43页。

律属性。行政法基本原则对行政主体的行政行为具有法律约束力，任何行政主体因其行政行为违反行政法基本原则都应该受到相应的法律追究而不是道德谴责。

二是行政法基本原则必须具有基本性。也就是说，行政法基本原则具有普遍性，适用于国家行政管理领域各个方面，贯穿于行政活动的全过程，意味着其应该是比较宏观和抽象的而非微观和具体的准则。

三是行政法基本原则必须具有特殊性。行政法基本原则只能适用于行政法领域，而不能延伸适用于民法、刑法等领域，它们体现的是行政法领域所具有的特殊性，这是与其他法律相区别的根本属性。我们必须以此将之与民法、刑法等其他法律学科的基本原则区分开来。①

二、行政法基本原则的定位

行政法基本原则不论是在法律研究领域还是社会活动领域都具有举足轻重的作用。其定位恰恰是通过行政法基本原则的作用来体现的，大致如下。

（一）行政法基本原则具有基础性规范的作用

它是产生其他具体行政法律法规的总体性指导原则，我国的特殊国情决定了我国行政法律规范的广泛性、多样性和复杂性，而行政法基本原则有利于行政法律规范的统一、协调和稳定。行政法的具体规则和原则以行政法基本原则为指导，反映和体现行政法基本原则而不能与之相抵触。②

（二）行政法基本原则具有帮助准确理解和适用法律条文的作用

行政法基本原则贯穿于所有的行政管理法规之中，指导和统率着所有的行政法律规范。行政法基本原则的确立和深刻把握有助于掌握行政法的基本精神和价值追求，并在此基础上于司法、执法实践中准确理解和适用法律条文。③

（三）行政法基本原则具有补充行政法条文适用的作用

行政法基本原则应当是具有稳定性的，具体的行政法条文不得与基本原则相冲突，在此种情况下，应当修改的是具体条文而非基本原则。在两者不相冲突的情况下，行政和司法机关在处理行政事务和行政案件的时候，有具

---

① 周佑勇：《行政法基本原则研究》，武汉大学出版社 2005 年版，第 123—128 页。
② 姜明安：《行政法与行政诉讼法》（第 6 版），北京大学出版社、高等教育出版社 2015 年版，第 64 页。
③ 胡建淼：《行政法学》（第 4 版），法律出版社 2016 年版，第 43 页。

体条文的应直接适用具体条文,没有具体条文的可直接适用基本原则。① 这弥补了我国作为成文法国家法律缺乏灵活性的不足。

(四)行政法基本原则具有直接规范行政主体行政行为的作用

行政主体的行政行为是行使行政权的重要体现,行政法基本原则直接地规范行政主体依法行权,在行政权的界限内行政,具有直接的法律约束力。超越职权、滥用职权的行政行为无效,甚至在一定情形下应当承担法律责任。因此,行政法基本原则可以对行政主体的行政行为进行规范和约束。

三、行政法基本原则的确立标准

在我国,行政法基本原则自 1982 年宪法颁布以后才开始为我国行政法学者所重视,但由于行政法学界所持标准不同,总体来说其确立仍是个悬而未决的问题,大致出现了以下几种标准。

(一)行政法基本原则确立的概念标准

任何科学研究都应当以概念分析作为起点,如果没有正确的概念作为研究的逻辑起点,此项研究便会缺失分析的基础。对行政法基本原则之确立标准的研究同样应首先从确定行政法基本原则的概念入手,因为行政法基本原则之概念是确立现代行政法基本原则标准的基础。② 该观点认为,行政法基本原则确立的标准必须从其概念出发,如果概念都不符合行政法基本原则的概念标准,那么其当然就不能选择、提炼出科学的行政法基本原则。

(二)行政法基本原则确立的实质标准

实质标准大体上是指行政法基本原则构建的价值与实践目的无疑是确定的。在我国行政法基本原则的研究中,有学者将其称为内在依据或逻辑起点,他们认为实质标准才是其确立基本原则的真正标准。

此种分类下出现了三种不同的观点,第一种观点:有的学者将是否具有内容上的根本性作为行政法基本原则的实质标准。③ 第二种观点:有的学者认为行政法基本原则的确立应以行政法的基本价值与基本矛盾为依据,因为,行政与法的关系即是"行政受到法的控制"。④ 第三种观点:有的学者认为,对行政法基本原则的构建必须以行政权作为起点展开。政府履行职责的

---

① 胡建淼:《行政法学》(第 4 版),法律出版社 2016 年版,第 43 页。
② 吴志刚:《论现代行政法基本原则之确立标准》,《辽宁行政学院学报》2006 年第 1 期。
③ 杨海坤、章志远:《中国行政法基本理论研究》,北京大学出版社 2004 年版,第 112 页。
④ 周佑勇:《行政法基本原则研究》,武汉大学出版社 2005 年版,第 128—140 页。

前提是拥有一个有效率的行政权,可是,基于人性的弱点,行政权又必须加以限制。[1] 笔者认为,第一种观点过于偏颇,以内容来确定行政法基本原则的要求过高,宏观的行政法基本原则是无法囊括所有的行政法内容的。第二种观点本质上是从"控权论"出发的,依旧停留在传统行政法的基础上。第三种观点将控权和效率相结合,注重了行政权的两面性,但笔者认为,效率原则是行政管理领域强调的准则,不宜用作行政法的基本原则,行政法更强调行政行为的合法性。

(三)行政法基本原则确立的形式标准

行政法基本原则的形式标准,主要是指其效力贯穿于全部行政法规范中,能够集中体现行政法的根本价值和行政法的主要矛盾,对行政法规范的制定与实施具有普遍指导意义的基本性或本源性的法律准则。[2] 据此定义可以得知,从形式标准的角度确立行政法基本原则,主要是指行政法基本原则必须具备其法律性、特殊性、基本性。其中,法律性是指行政法基本原则也是"法"的原则的一种;特殊性是指行政法基本原则也具有其他部门法不具有的,独属于行政法的基本原则;基本性则是指此原则是行政法领域最高层次且较为抽象的行为准则。[3]

四、行政法基本原则确立的反思

从横向来看,拥有行政法的国家几乎都具备行政法基本原则;从纵向来看,我国事实上也存在行政法基本原则,只是由于研究的不深入及行政法基本原则的确立标准不明确等,我国对究竟该提出哪些行政法基本原则没有达成共识。除此之外,我国行政法基本原则研究的过程中还存在着许多误区。

(一)缺乏宏观性——将基本要求与基本原则相混淆

有学者将国务院《全面推进依法行政实施纲要》第五条依法行政的基本要求(合法行政、合理行政、程序正当、高效便民、诚实守信、权责统一)总结为我国行政法的基本原则,笔者不能赞同。该文件仅仅是我国推行依法行政的一个纲领性文件,虽然它包含了行政法基本原则的一定内容,但是笼统地将这六项基本要求提升为基本原则,实则是将二者混为一谈。

---

[1] 章剑生:《现代行政法基本理论》,法律出版社2008年版,第32—36页。
[2] 周佑勇主编:《行政法专论》,中国人民大学出版社2010年版,第78页。
[3] 胡建淼、江利红:《行政法学》(第2版),中国人民大学出版社2014年版,第61页。

（二）缺乏科学性——将行政法基本原则同行政管理原则相混淆

我国的行政法学与行政管理学有着千丝万缕的联系，甚至说我国行政法学是从行政管理学中剥离出来的也不为过，这导致有的学者无视或者模糊这两门学科的界限，从而将两门学科的基本原则混为一谈。例如，行政法的重点在于强调行政行为的合法性，行政管理则强调效率——不宜作为行政法的基本原则之一。

（三）缺乏层次性——将上位原则与下位原则胡乱调换

行政法基本原则不应当将宪法的基本原则直接移植过来。比如，我们不能直接将宪法的民主原则、法治原则等作为行政法的基本原则。

这类原则属于上位法的基本原则，不能"越位"。同时，我们也不应降低行政法基本原则，不可将下位的原则挪用为行政法的基本原则。例如，行政公开原则属于行政程序性方面的准则，而行政法基本原则必须贯穿于行政立法、行政执法、行政司法的全过程，而非片面的、局部的过程。①

五、行政法基本原则的建构

现代民主法治国家的"法与行政的关系"，直接决定着行政法基本原则的确定。行政法基本原则的确立标准必须确定行政权与公民权的边界。西方国家从契约论的角度承认行政权是公民权的让渡或转让，所以从根本性和根本法上明确了对公民权的尊重。② 我国在一定程度上借鉴了西方国家的观点，《中华人民共和国行政诉讼法》第七十条提到的人民法院判决撤销或者部分撤销，并可以判决被告重新作出行政行为的情形就包括"超越职权"及"滥用职权"等违法情形。由此可知，行政权必须在法律规定的范围内行使才能保障公民的权利不受侵害，才可能实现正义的价值追求。这反映在行政法基本原则上，即要求行政法在总体上实行"依法行政原则"。

综上所述，通过对我国行政法基本原则确立标准研究现状的反思，我们认为，应充分考虑行政法基本原则的定位，以行政法基本原则的概念标准为出发点，以行政法基本原则的形式标准为落脚点，把行政法基本原则的实质标准贯穿其中，来重新反思行政法基本原则。我们较为赞同，我国行政法基本原则应该由依法行政原则、比例原则及信赖保护原则构成。

---

① 胡建淼：《行政法学》（第4版），法律出版社2016年版，第44页。
② 张弘、杨阳：《行政权的边界意识及其法律培植研究》，《政法论丛》2013年第5期。

第三节 比例原则与利益衡量

一、比例原则概述

比例原则作为公法之皇冠原则或者帝王条款,这一观点已经渐成共识,并不断在各个领域扩展。① 然而比例原则是一个"舶来词",其源自正义思想的要求,解决一个核心问题,即"如何将国家权力的行使保持在适度、必要的限度之内,特别是在法律不给执法者留有相当自由空间之时,如何保证裁量是适度的,不会为目的而不择手段,不会采取总成本高于总利益的行为"②。但这一作为一个独立的法律原则被提出,则是德国行政法学界首创。德国的行政法学者毛雷尔指出,比例原则是行政法上的一般原则,长久以来得到了承认,并以习惯法的方式被肯定下来,且该原则在具体法律部门中也具有普遍适用性。③ 之后,德国、日本、葡萄牙、西班牙、法国、英国和美国的行政法中,以及我国台湾地区的有关规定中,比例原则均得到了不同程度的体现,成为行政法学研究的重点。由此,在揭示比例原则的内涵之前,我们有必要对这些国家和地区的适用情况进行简单的了解。

比例原则产生于19世纪德国的警察国家观念和与之相应的警察法学。早在19世纪末期,普鲁士一般法就规定,"采取为维护公共秩序所必要的措施"是警察的职责,而不必要的措施则不属于"警察的职责"。④ 在司法实践中,当时的高级行政法院在行政诉讼中,就将警察采取的措施是否超过为实现目的所需要的限度作为审查的内容之一。此后,随着民主、法制的发展,比例原则在德国不但获得了内涵上的发展与完善,更重要的是走出了狭隘的警察法领域,而取得了宪法原则的地位。并且,德国借助联邦宪法法院的判决,将比例原则进行了概念化与体系化。日本行政法也受到了德国的影响,对比例原则较为重视,《日本国宪法》第十三条明确规定,"一切国民都作为个人受到尊重。对于国民谋求生存、自由及幸福的权利,只要不违反公共福祉,在立法及其他国政上都必须予以最大尊重"。高木光等将其视作比例原

---

① 姜涛:《追寻理性的罪刑模式:把比例原则植入刑法理论》,《法律科学(西北政法大学学报)》2013年第1期。郑晓剑:《比例原则在民法上的适用及展开》,《中国法学》2016年第2期。
② 余凌云:《行政法案例分析和研究方法》,中国人民大学出版社2008年版,第83页。
③ [德]哈特穆特·毛雷尔著,高家伟译:《行政法学总论》,法律出版社2000年版,第66页。
④ 黄学贤:《行政法中的比例原则研究》,《法律科学(西北政法学院学报)》2001年第1期。

则的实定法化。① 有些国家和地区则在行政程序法中对比例原则作出了明确的规定。例如，葡萄牙《行政程序法典》（1996年）第五条"平等原则及适度原则"第二款规定："行政当局的决定与私人权利或受法律保护的利益有冲突时，仅可在对拟达致的目标系属适当及适度的情况下，损害这些权利或利益。"② 荷兰《行政法通则》（1994年）第三章第三条规定："1.在某个法律未做限制性规定，或者对该权力的行使未做限制性规定时，行政机关制作命令仍然应当考虑直接相关的利益。2.某个命令对一个或更多的利害关系人产生不利后果，这不利后果须与命令的目的相当。"③ 我国台湾地区在所谓的《行政程序法》中规定："行政行为应依下列原则为之：（一）采取之方法应有助于目的之达成；（二）有多种同样能达成目的之方法时应选择对人民权益损害最少者；（三）采取之方法所造成之损害不得与欲达成目的之利益显失均衡。"④ 在有些国家和地区，比例原则在司法审查案件中均有体现，如受欧盟法的影响，英国公法学界将比例原则明确引入英国的呼声高涨，在人权法案件中已经明确适用比例原则进行审查。美国虽然在名称上不叫比例原则，而是称"较缓和的手段""选择限制较小手段原则"等，但它们与比例原则的基本精神一致，在涉及个人权利或平等保护立法的司法审查时，依据审查强度划分为合理审查基准、中度审查基准及严格审查基准三个层次。⑤

可见，比例原则作为行政法的"皇冠原则"，这一点已经成为各国和各地区的共识，甚至被很多学者认为应该扩展到宪法层面，成为具有宪法位阶的规范性要求。之所以会有此观点，在于其本身就已经蕴含着关于国家权力对自由领域不得肆意侵害与限制的基本要求。⑥ 因此，比例原则主要调整两类关系：一是国家活动中目的与实现目的的手段之间的关系；二是公民的自由权利与公共利益需要的关系。据此，可以对比例原则进行一个基本定义，即比例原则是行政机关在行使权力之时，应当兼顾目的实现与目的手段、公共利益与相对人利益之间的均衡，如因实现行政目标可能对相对人权益造成

---

① 〔日〕盐野宏著，杨建顺译：《行政法》，法律出版社1999年版，第54页。
② 应松年主编：《外国行政程序法汇编》，中国法制出版社1999年版，第475页。
③ 应松年主编：《外国行政程序法汇编》，中国法制出版社1999年版，第457页。
④ 黄学贤：《行政法中的比例原则研究》，《法律科学（西北政法学院学报）》2001年第1期。
⑤ 李洪雷：《行政法释义学：行政法学理的更新》，中国人民大学出版社2014年版，第83页。
⑥ 门中敬：《比例原则的宪法地位与规范依据——以宪法意义上的宽容理念为分析视角》，《法学论坛》2014年第5期。

某种不利影响时,应将此不利影响限制在尽可能小的范围和限度内,保持适度的比例。不过,尽管不少学者对其进行了大量的研究与阐述,但在我国大陆地区,比例原则还未成为一个法定的基本原则。在一些司法案件与立法中体现了比例原则的基本要求。此外,《行政处罚法》(1996 年)第四条、《行政许可法》(2004 年)第六十三条、《行政强制法》第五条、第四十三条①,都体现了比例原则基本精神。

二、比例原则的基本构造

对比例原则从法释义学的角度进行较为系统的阐述是德国公法学者最大的贡献,使该原则不再是抽象的法律原则,而具有了规范性属性,进入了司法操作性层面。该原则较为成熟的理论,被称为"三阶理论",也就是手段的适当性、必要性和均衡性。② 虽然传统的"三阶理论"遭遇到了挑战,如德国学者莱奥尔赫(Leorhe)和 L. 希斯雷贝格(L. Hisrehbegr)就提出了"二阶理论",认为必要性和适当性偏向适用经验法则,而狭义比例原则偏重价值取向。③ 国内也有学者对传统的"三阶理论"质疑,认为应当"将目的正当性原则纳入比例原则之中从而确立'四阶'比例原则,有利于限制立法者、行政者的目的设定裁量,有利于实现实质正义,充分保障人权,还有利于促进民主反思,改善民主质量"④。这些理论丰富了传统的"三阶"理论,有利于进一步完善比例原则的基本构造,但对比例原则基本构造的理解不应仅局限于子原则的增加与减少,事实上"三阶"理论在实践中也并非严格依循三个固定的思维模式进行,而应当追寻个案中具体的情况进行酌情的分析。基于此,笔者认为在现有的"三阶"理论尚未在国内具体实践中出现明显适用漏洞的情况下,可以继续沿用"三阶"理论并不断完善其子原则的内涵。

---

① 《行政处罚法》第四条规定,"设定和实施行政处罚必须以事实为依据,与违法行为的事实、性质、情节及社会危害程度相当"。《行政许可法》第六十三条规定,"行政机关实施监督检查,不得妨碍被许可人正常的生产经营活动,不得索取或者收受被许可人的财物,不得谋取其他利益"。《行政强制法》第五条规定,"行政强制的设定和实施,应当适当。采用非强制手段可以达到行政管理目的的,不得设定和实施行政强制";第 43 条规定,"行政机关不得在夜间或者法定节假日实施行政强制执行。但是,情况紧急的除外。行政机关不得对居民生活采取停止供水、供电、供热、供燃气等方式迫使当事人履行相关行政决定"。
② 余凌云:《行政法讲义》(第 2 版),清华大学出版社 2010 年版,第 84 页。
③ 姜昕:《比例原则释义学结构构建及反思》,《法律科学(西北政法大学学报)》2008 年第 5 期。
④ 刘权:《目的正当性与比例原则的重构》,《中国法学》2014 年第 4 期。

(一) 适当性原则

适当性原则亦称妥当性原则,主要是指行政机关拟施行行政行为,特别是实施对行政相对人权益不利的行政行为时,只有认定该行为有利于达到相应行政目的或目标,方能实施。如果该行为无助于相应行政目的的实现,应选择其他行动方案。① 在行政法上,目的是基于法律而设定的,行政机关能够通过目的取向选择能产生预期效果的手段,在这个过程中,必须要充分考虑相关情况,尤其是依据客观情况而非仅依据主观判断来进行手段选择,既不能追求不正当的行政目的,也不能导致与所追求的行政目的产生相反的结果。正是在此基础上,有学者系统整理了手段对目的不适当、不允许的情形:一是手段对目的而言是无法实现的或者与目的南辕北辙;二是所追求的目的明显超出法定目的;三是对相对人施加的手段法律上或事实上不能;四是违反法律规定;五是发现无法实现目的,没有及时停止手段。②

(二) 必要性原则

必要性原则亦称为最少侵害原则、不可替代性原则及"最温和方式原则",主要是指行政权行使应尽可能使对相对人的损害保持在最小的限度内,亦即在面对多种适合达成行政目的的手段可供选择之时,应当选择对相对人利益限制或者损害最少的手段。③ 必要性是指从经验的因果律来考虑各种手段之间的选择问题,亦即需要靠以往的经验与学识的累积,并对所追求的目的和采取的手段之间的相当比例进行理性判断,以保证所采取的方式是最温和的。④ 对此,德国学者弗莱纳比喻"不可用大炮打麻雀";美国学者詹林雷克比喻"警察不能拿大炮打燕子"。⑤ 如果用中国的俗话来说就是"杀鸡焉用牛刀",这在德国的司法实践中也体现得较为明显,在1979年Cassis de Dijon案中,德国政府完全禁止在实践中销售一种酒精含量低于法定要求的黑葡萄酒,欧洲法院认为这一规定严重违反了比例原则,因为在实践中此种方式并非最温和的,可以要求厂商在标签上说明,也能达到同样的效果。⑥ 然而,如果手段是唯一的,不存在选择的可能性的话,也就不存在必要性问

---

① 姜明安:《行政法与行政诉讼法》(第6版),北京大学出版社、高等教育出版社2015年版,第74页。
② 余凌云:《行政法讲义》(第2版),清华大学出版社2010年版,第85页。
③ 周佑勇主编:《行政法专论》,中国人民大学出版社2010年版,第85页。
④ 余凌云:《行政法讲义》(第2版),清华大学出版社2010年版,第86页。
⑤ 陈新民:《德国公法学基础理论》,山东人民出版社2001年版,第370页。
⑥ 李洪雷:《行政法释义学:行政法学理的更新》,中国人民大学出版社2014年版,第84页。

题。例如，德国1952年道路交通法明确规定，对于那些不适合持有驾照的人，警察应当吊销其驾照。行政法院对此解释为保护公众免遭上述人员危险驾车带来的威胁，只有完全吊销驾照一种方式，没有选择的余地。①

（三）均衡性原则

均衡性原则又称为法益相当性原则、狭义的比例原则等，也就是指行政机关在施行行政行为之时，必须进行利益衡量，只有通过利益衡量，确认实施该行为不仅对实现相应行政目的是适当和必要的，而且可能取得的利益大于可能损害的利益，收益大于成本，才能实施。② 也即要求干预的严厉程度与理由的充分之间成比例，在宪法的价值秩序内来衡量公共利益与私人权利之间是否合法，是否会让人民遭受损害，或者说作出的特别牺牲比起公权力因此获利益而言要合算且在人民可合理容忍的范畴内，否则，公权力就有违法嫌疑。若用中国俗语来表述，可以比喻成"杀鸡取卵"，形容一个行为（杀鸡）和所取得的目的（一个卵）之间失去均衡。根据学者的分析，在干预的性质方面以及在基本权利保障领域中，均衡性的要求也存在差异，在某些经济规制领域要求相对低一些，只有在立法机关基于明显错误的前提，或者干预措施不合理、无益于公共利益时，才存在违反均衡性的问题。

三、利益衡量与我国行政法制实践

"从比例原则的内容观之，其核心便是手段与目的这两者之间的考量。从比例原则的适用过程来看，比例原则的适用过程中，必将面对诸多冲突的利益，进而在不能同时满足各利益的情形下，需要对各种利益进行衡量，此可谓比例原则的重大课题之一。"③ 利益衡量是比例原则重要的一环，也是狭义比例原则的具体化，聚焦于如何准确地均衡目的与手段之间的关系，"均衡性原则权衡有利于公权力行为者进行充分的法律推理、道德推理与价值判断，从而可能更好地保护公民的权利与自由"④。但是均衡同时也为行政自由裁量留下了充足的空间，存在自由裁量滥用的危险，因为"任何裁量权的行

---

① 余凌云：《行政法讲义》（第2版），清华大学出版社2010年版，第86页。
② 姜明安：《行政法与行政诉讼法》（第6版），北京大学出版社、高等教育出版社2015年版，第74页。
③ 王书成：《论比例原则中的利益衡量》，《甘肃政法学院学报》2008年第2期。
④ 刘权：《均衡性原则的具体化》，《法学家》2017年第2期。

使都必须有一定的判断标准，否则就会导致裁量权的滥用或不当"①。对此，我们可以通过我国行政法制实践来看利益衡量的具体运作。

在我国行政执法实践中，一种普遍的观念是目的的正当性当然意味着手段的正当性，于是，过分强调公共利益（甚至以此为借口），对私人利益忽视较为严重。② 正是由于有些法院开始运用比例原则对行政机关的行政行为进行审查，此种情形有所改观，而其中对于比例原则的运用方法重要的一点就是实现均衡。例如，在哈尔滨汇丰实业有限责任公司诉哈尔滨市规划局案件中，汇丰公司未全部取得建设工程规划许可证，受到哈尔滨市规划局的处罚。此案件产生了较大争议，最高人民法院在上诉判决中被普遍认为最早采纳了比例原则，判决指出：

"诉讼中，上诉人提出汇丰公司建筑物遮挡中央大街保护建筑新华书店（原外文书店）顶部，影响了中央大街的整体景观，按国务院批准的《哈尔滨市总体规划》中关于中央大街规划的原则规定和中央大街建筑风貌的实际情况，本案可以是否遮挡新华书店顶部为影响中央大街景观的参照标准。规划局所作的处罚决定应针对影响的程度，责令汇丰公司采取相应的改正措施，既要保证行政管理目标的实现，又要兼顾保护相对人的权益，应以达到行政执法目的和目标为限，尽可能使相对人的权益遭受最小的侵害。而上诉人所作的处罚决定中，拆除的面积明显大于遮挡的面积，不必要地增加了被上诉人的损失，给被上诉人造成了过度的不利影响。原审判决认定该处罚决定显失公正是正确的。"③

我们可以看出，此判决书虽然并未明确提出"比例原则"，但事实上最高人民法院法官显然结合具体案情对"比例原则"进行了阐述，并明确指出，处罚决定"应以达到行政执法目的和目标为限，尽可能使相对人的权益遭受最小的侵害"，这实际已明确表述了比例原则的核心要义。④ 此后，比例原则开始逐渐出现在我国的司法判决中，也有法官更深一步认识到了均衡性原则和成本收益分析的关系。例如，在郭建军与诸暨市国土资源局土地管理行政处罚纠纷上诉案中，法官在判决书中这样写道："行政执法中行政裁量必须遵循执法成本和执法收益的均衡，应当符合比例原则……行政机关必须

---

① 周佑勇：《裁量基准的制度定位——以行政自制为视角》，《法学家》2011 年第 4 期。
② 李洪雷：《行政法释义学：行政法学理的更新》，中国人民大学出版社 2014 年版，第 85 页。
③ 最高人民法院行政判决书（1999）行终字第 20 号。
④ 湛中乐：《行政法上的比例原则及其司法运用》，《行政法学研究》2003 年第 1 期。

选择相对成本最小的执法手段,选择对行政相对人最小侵害的方式,从而使行政执法的成本与执法收益相一致。"① 之后,最高人民法院行政庭出版的《中国行政审判指导案例》中的第十九号案例的裁判要旨更是提及了比例原则:"人民法院不仅应当对行政行为的合法性进行审查,而且应当用比例原则等规则对行政裁量的适当性予以审查。"② 这里明确指出了比例原则,虽然把比例原则归入"规则"范畴值得商榷,但明确了比例原则对行政裁量的限制。

然而,在实践中如何把均衡原则具体化,也即如何评价利益衡量这一核心点,仍然十分困难。尤其是明确何谓利益衡量,如何确保利益衡量的合理性,如何在主张个人权利者与主张公共利益者之间明确责任等问题,在理论与实践中产生了较大争议。我国学者柳砚涛等认为,"由于客观衡量尺度和理性适用方法的缺失,导致均衡性原则的适用带有明显的主观性"③。对于利益衡量的具体模式,有学者系统归结了国外的两种模式,一种是从权衡者的角度出发,以德国学者罗伯特·阿列克西为代表的数学计算模式;另一种是从当事人的角度出发,以加拿大学者戴维·M.贝蒂为代表的事实问题商谈模式。前者主张在判断是否均衡之时,通过运用权衡法则与分量公式,权衡者能够更加技术性地考虑某项手段对权利的干涉强度、相冲突的权利或公共利益实现的重要性、经验前提的可靠性,从而使得均衡性原则的权衡更具有可操作性,进而使得权衡结果更加具有相对客观性。后者主张通过当事人视角,由当事人就冲突中的争议问题进行辩论,并承担举证责任,这在某种程度上可能会有利于事实的发现,从而有助于法官依据准确的事实作出更加客观公正的判决。④ 当然两种模式也遭受了学者的质疑,他们认为运用分量公式进行数学计算的具体化模式,还是以当事人为视角,试图采取商谈的具体化模式,无法完全消除均衡性原则适用的主观性过大和不确定性问题。

在我们看来,要真正实现利益衡量的客观公正,防止行政自由裁量的滥

---

① 郭建军与诸暨市国土资源局土地管理行政处罚纠纷上诉案,绍兴市中级人民法院(2008)绍中行初字第37号行政判决。
② 最高人民法院行政审判庭编:《中国行政审判指导案例》第1卷,中国法制出版社2011年版,第94页。
③ 柳砚涛、李栋:《比例行政原则的经济分析研究》,《烟台大学学报(哲学社会科学版)》2011年第4期。
④ 刘权:《均衡性原则的具体化》,《法学家》2017年第2期。

用，需要从中国的国情出发，基于发展的视角，在涉及均衡性审查的问题上，对具体案件所涉及的所有情况进行全面评价。如此，才能渐渐地廓清如何适用这一原则的轮廓。在涉及具体案件之时，既要注重成本、收益，选择成本最小、侵害最小的手段；又要充分考虑个案的具体情况，进行充分的法益衡量，进而得出相对合理的结论。

第三章
行政主体与行政组织法

本章的侧重点在于行政组织法中的几个基本问题。首先是行政主体理论的困境与发展问题。行政主体是传统行政法理论的核心概念之一,但随着公共行政改革的进行和行政诉讼制度的发展,其面临着三重困境,需要进一步加以改进。其次是公务员的范围问题。我国的公务员范围极其宽泛,我们将了解我国公务员制度在范围上对西方经验的学习、改造和筛选,并讨论公务员范围中的一些具体问题。再次,我们将讨论行政组织法中的社会组织问题。在治理的语境下,社会组织承担越来越重要的任务,第三节将讨论应当如何从行政法视角去看待它。最后,行政组织法不仅提供形式合法性,而且能够供给或补强实质合法性。编制定立是行政组织法的一个实体性问题,目前在立法上存在着种种问题,需要解决。

第一节 行政法范式转化视角下的行政主体

"行政组织法是有关行政组织的设置、内部结构、法律地位、相互关系、程序、履行组织职能的人员任用和地位以及必要物质手段的法律规范,其任务在于落实宪法有关行政组织的原则性规定,为行政系统内部提供明确有效的法律后果归属及其认定标准,并适应行政任务的发展变化,为行政活动提供依据、保障行政活动的活力。"[1] 行政法学理论往往把行政法的内容分为行政组织法、行政行为法和行政救济法,由此可见行政组织法在行政法中占据的重要地位。行政主体正是行政组织法中最为重要的理论问题之一。同时其

---
[1] 章志远:《行政法学总论》,北京大学出版社2014年版,第125页。

还对行政行为和行政救济产生影响。从 21 世纪初至今，对行政主体进行的研究经历起起伏伏，曾经一度成为研究的热点问题，也曾遭遇沉寂、冷落。在发展变革进程不断加快的当下，社会的发展和行政的转变呼唤行政主体理论的回应和革新。

一、我国行政主体理论的形成与主要内容

（一）我国行政主体理论的形成过程

要了解我国行政主体理论，必须先回溯其产生和发展的过程。在我国行政法研究开始之初，相关理论术语较为匮乏，往往以"行政机关"和"行政组织"来指称政府行政管理部门。由于受到苏联和东欧行政法学著述的深厚影响，行政法带有明显的行政管理学影响，强调管理和公民的义务。在 1989 年《中华人民共和国行政诉讼法》颁布之前，行政法学的研究基本都是在行政管理法制化的主题下展开的。① 因此，采用"行政机关"或"行政组织"的概念与当时的研究时代背景相契合。张树义曾提及当时的行政组织法研究，"行政法学对行政组织的法律概括往往是就行政机关而论行政机关。这种方法无非是就行政组织法的内容进行介绍，基本上是'白描式'的，甚至连研究都谈不上"②。然而，随着理论研究的发展和深入，"行政机关"概念的缺陷逐渐显现出来：首先，采用"行政机关"的概念无法区分外部行政和内部行政。无论政府行政管理部门是以自己名义行使行政权力还是仅在内部维护和管理行政系统运转，都统一称为"行政机关"。然而，这二者的权力、责任和行为产生的法律效果存在极大的区别。其次，在不同的法律关系中，行政机关的角色不同，行为不同，调整其行为的法律规范也不同。采用"行政机关"的概念无法将进行私法行为与公法行为的政府行政管理部门相区分，更无法区分在某些行政活动中处于"管理者"和"被管理者"地位的政府行政管理部门。最后，"行政机关"的外延狭窄，仅仅指政府的行政管理部门。用"行政机关"的概念无法解释法律法规授权的其他组织承担行政管理职能的现象。"行政机关"这一概念在回应实践方面显得捉襟见肘。因此，我们需要对承担行政任务组织的指称概念进行创新和改造。"行政主体"作为"行政机关""行政组织"的替代概念，其引入的契机是 20 世纪 80 年代

---

① 朱新力、宋华琳：《现代行政法学的建构与政府规制研究的兴起》，《法律科学（西北政法学院学报）》2005 年第 5 期。
② 张树义：《行政主体研究》，《中国法学》2002 年第 2 期。

后期《中华人民共和国行政诉讼法》的制定。针对行政审判实践中需要面对的案件被告确认问题，在当时不断译介的法国、日本行政法理论的影响下，"行政主体"作为"舶来品"引入了行政法的研究中，从此开始成为行政组织法中的核心概念。同时《中华人民共和国行政诉讼法》对"谁主体，谁被告"的被告确定标准也在不断地强化行政主体概念的地位。罗豪才认为，在当时的情境下，"确立行政主体概念是依法行政的需要，是确定行政行为效力的需要，是确定行政诉讼被告的需要，是保证行政管理活动连续性和统一性的需要"①。

从行政主体概念提出之初到 20 世纪 90 年代末期，学界认为行政主体理论为学术研究和实践作出了重要的贡献：第一，给予行政法实践以合理解释，克服了"行政机关"概念和相关理论无法解释实践中出现的其他承担公共事务的组织现象和无法区分行政机关在不同情况下不同法律地位的缺陷，同时突破了国家垄断行政权力的传统观念。第二，对行政法基本范畴进行提炼，体现了行政法学的进步。我国的行政法学在发展之初还带着行政管理学、宪法学、民法学等学科的"影子"，而行政主体理论则是学者自觉远离这些学科影响，追寻行政法专业化的表现。②其产生和发展"突破了传统的理论模式，为行政授权、行政委托和行政诉讼主体理论的研究奠定了重要基础。同时，行政法理论中心的转移，也为行政程序、行政救济、司法审查等理论研究的开拓和深入，为实现行政法学理论体系的变革提供了前提条件。从行政组织到行政主体的研究角度的转变，不仅仅是一个名称的改变"③。第三，对司法实践发挥了应有的指导作用，在行政诉讼制度的起步阶段，将行政主体与行政诉讼被告相勾连，既便捷又简明，使行政相对人能更为清晰地认识行政诉讼，给行政法官受理和审理案件带来便利，推动了行政诉讼制度的发展。④

（二）我国行政主体理论的主要内容

1. 行政主体理论的主要内容。我国的行政主体理论主要由五部分的内容组成：第一，行政主体的含义。从学者对行政主体的界定来看，其含义主要包括四个要素。一是行政主体具有组织性，必须具有一定的组织架构、运行

---

① 罗豪才主编：《行政法学》，北京大学出版社 1996 年版，第 61—62 页。
② 余凌云：《行政法讲义》，清华大学出版社 2010 年版，第 107 页。
③ 罗豪才等：《中国行政与刑事法治世纪展望》，昆仑出版社 2001 年版，第 129—130 页。
④ 章志远：《行政法学总论》，北京大学出版社 2014 年版，第 125 页。

规则，而不是个人；二是行政主体必须享有行政职权；三是行政主体必须能够以自己的名义行使行政职权；四是行政主体必须能独立承担法律责任。第二，行政主体的类型。通常由两类行政组织构成。一是国家行政机关，即职权行政主体；二是法律法规规章授权组织，即授权行政主体。也有学者对行政主体进行了详尽的列举，认为行政主体包括国务院；国务院的组成部门；国务院直属机构；经法律法规授权的国务院办事机构；国务院部委管理的国家局；地方各级人民政府；地方各级人民政府的职能部门；经法律法规授权的派出机关和派出机构；经法律法规授权的行政机关内部机构；法律法规授权的其他组织。① 第三，行政主体的资格。这指的是符合法定条件的组织经过法定程序或途径所获得的行政主体法律地位。包括三方面内容：首先是行政主体资格的构成要件，涉及组织设立的法定程序和条件、组织架构和人员编制、法定的职责权限、行使职权的条件和责任等内容；其次是行政主体资格的取得，可以通过宪法和行政组织法的规定获得，也可以通过法律法规规章授权而获得；最后是行政主体资格的变更和丧失，前者一般因行政主体合并或分解而产生，后者通常由行政主体撤销或授权收回、授权期限届满等原因引起。② 第四，行政主体的法律地位。在这一部分，行政组织法的研究主要讨论行政主体职权的内容、特征和保障，以及行政职责的内容、特点和范围。③ 第五，行政主体的职务关系，指行政主体之间在行政运行过程中形成的相互关系，包括领导与被领导的关系、指导与被指导的关系以及公务协助关系。④

2. 与西方行政主体理论的比较。西方的行政主体理论主要具有以下几个共同特点：一是产生的前提在于公法和私法的区分；二是行政分权制度决定着行政主体的范围；三是行政主体具有行政法上的独立人格；四是行政主体具有分散性、多样性和整体性的特点；五是行政机关是行政主体行为能力实现的手段。我国的行政法在引入行政主体理论后进行了一定的改造，因此和西方的行政主体理论相比，在不少地方存在着较大的差异。首先，产生的背景和基础不同。西方行政主体理论的产生前提和基础在于行政分权制度，而

---

① 薛刚凌：《我国行政主体理论之检讨——兼论全面研究行政组织法的必要性》，《政法论坛》1998年第6期。
② 章志远：《行政法学总论》，北京大学出版社2014年版，第128页。
③ 章志远：《行政法学总论》，北京大学出版社2014年版，第128页。
④ 章志远：《行政法学总论》，北京大学出版社2014年版，第128页。

我国的行政主体理论则是为了转变行政组织研究角度和回应行政诉讼实践需要而产生的。其次，在行政主体的定位上，西方国家将行政主体定位于真正具有行政法上权利能力的主体，而我国则定位于享有行政职权的行政机关和授权组织，并将其与行政诉讼中的被告画等号。再次，在研究的侧重点上，西方国家的行政主体理论注重对行政主体及其内部机构的剖析，强调权力的合理配置和组织的协调配合，而我国的行政主体理论注重对行政主体行为的研究，忽视对行政主体内部构造和行政主体之间关系的研究。最后，在行政主体的责任上，西方国家行政主体理论将行政主体的责任定位为赔偿责任，与其可支配的财产相关联，而我国行政主体的责任属于广义上的责任，与财产并无直接关联。①

二、我国行政主体理论在发展过程中遭遇的困境

尽管行政主体理论在一定时期内在促进行政法学研究和指导司法实践上起到了重要作用，但随着公共行政变革和行政诉讼的迅速发展，其也遇到了严峻的挑战。早在20世纪90年代末期，薛刚凌就指出行政主体理论中存在概念不科学、责任定位错误、资格条件过低等问题，在行政法学界引起了较大反响。其后，张树义、沈岿、杨解君等也先后加入了对行政主体理论进行反思的行列，引发了对行政主体理论反思与重构的热烈讨论。

目前行政主体理论主要面临三方面的困境：一是行政主体概念的内涵和外延存在模糊性。在行政主体的内涵方面，在组织、职权、名义、责任四要素中，最为重要的是职权要素，其决定了一个组织成为行政主体的可能性。但对于如何判断一个组织是否具有行政职权，目前仍无较为明确的标准。同时其也难以回应当下大量社会组织承担行政任务、参与社会治理的现象。在外延上，行政主体包括行政机关和法律法规授权组织，其中授权组织的外延原先限定于法律法规授权，之后为了解决行政诉讼实践中的问题，最高人民法院的司法解释将授权组织的范围进行拓展，使规章授权的组织也可以成为行政主体。这反映出授权组织外延的不确定性，也进一步反映出行政主体概念的模糊性。② 二是行政主体理论难以回应公共行政改革的挑战和行政法范式转换的趋势。正如前文所分析的，在公共行政改革浪潮中，政府与社会加快了分离的进程，更多非政府组织成为社会行政的主要力量将成为普遍现

---

① 李昕：《中外行政主体理论之比较分析》，《行政法学研究》1999年第1期。
② 章志远：《行政法学总论》，北京大学出版社2014年版，第131页。

象。目前的行政主体概念难以将这些组织纳入理论框架内并给予其明确的地位。同时,当下的行政法范式也在发生转变,在行政法观念上从管理转向治理,强调多元主体共同承担公共事务,以实现公共利益的最大化。现有行政主体概念只涉及部分承担公共事务的组织,显得僵化。因此有学者指出,行政主体理论只关注国家行政,冷落社会行政,只注重国家授权的组织形态,忽视基于社会自治而形成的多元化主体。① 三是"行政主体=行政诉讼被告"的标准限制了行政诉讼制度的发展。虽然最初行政主体理论引入的主要目的之一就是解决行政诉讼被告的确认问题。章剑生因此将行政主体理论的这种模式称为"诉讼主体模式"。② 但是在不断发展的行政诉讼实践中,出现了不少新型案件。在这些案件中,"行政主体=行政诉讼被告"的标准显得羸弱无力,无法回应行政诉讼被告资格上的争议。由于行政主体概念的模糊性,当不具有行政主体资格但是行使一定行政职能的组织(如村委会、行业协会、党组织、企事业单位)影响相关公民和组织合法权益时,司法实践的处理往往并不一致。

三、完善我国行政主体理论的路径选择

章志远对我国学者关于行政主体理论完善的建议进行了精练的概括,归纳出三条路径:"引入西方行政主体论""扩大内涵外延论""渐进方式重构论"。"引入西方行政主体论"要求对现有行政主体理论进行变革。由于我国在从法国、日本引入行政主体概念时进行了实质性的改造,现行的行政主体理论与西方国家的主体理论存在着较大的差别。因此,一些学者主张回归西方国家的行政主体理论,建立可以回应多元利益社会、体现分权精神的行政主体理论。例如,薛刚凌认为应构建以多元利益为基础的行政主体制度。李昕、葛云松、李洪雷等主张引入公法人概念以弥补现行行政主体理论的缺陷。但这种全盘革新的观点也面临着两方面的问题:一是中国是否具备西方行政主体理论诞生和发展的社会基础;二是我国社会发展与行政改革中出现的诸多问题具有地方性,与西方国情不同,未必能被西方行政主体理论解释。"扩大内涵外延论"主张对行政主体理论进行修补,认为应当对行政主体的概念进行改造,扩大其内涵和外延。例如,李迎宾、梁凤云等主张改变行政主体理论中对行政权行使权力性、国家性的限定,从围绕行政权为中心

---

① 薛刚凌:《多元化背景下行政主体之建构》,《浙江学刊》2007年第2期。
② 章剑生:《反思与超越:中国行政主体理论批判》,《北方法学》2008年第6期。

转向围绕行政职能为中心,以此来界定行政主体。但是这一主张也囿于时代性,限于行政主体的概念改造,难以回答行政主体理论困境中的其他问题。"渐进方式重构论"基于对我国政治、经济、行政等各项改革需要较为漫长过程的认识,认为行政主体理论的革新和完善不可能一蹴而就,主张对行政主体理论采取渐进改变的策略。例如,张树义指出行政主体理论的更新应当与以社会主体结构变迁为特性的中国体制改革密切联系。余凌云建议在行政主体框架下引入行政执法主体的概念以指称行政机关和法律法规规章授权组织。[1]

第二节 公务员的范围确定

公务员是国家行政系统运行所需的基本力量。国家通过公务员来有效地行使行政权力,治理社会。公务员阶层是在政府与社会、民众之间维护行政运行秩序,表达国家意志的阶层。[2] 因此,建立良好的公务员法律制度来对公务员阶层进行规范管理,是我国行政组织法中重要且极具魅力的课题之一。公务员的范围是公务员法律制度中各项问题展开的前提,是必须首先确定的问题。

一、我国公务员范围与西方公务员范围的对比:学习、改造与筛选

(一)西方具有代表性国家的公务员的范围

公务员的概念,并无统一的界定。英国的"文职人员"(civil servent)、美国的"政府雇员"(governmental employee)和法国的"官员"(functionaries)都可以被理解为公务员。由于历史发展、政治经济及法律文化上的差别,各国的公务员范围也有所不同。一般而言,有小、中、大三种划分。

1. 以英国和英联邦国家为代表的"小范围"。英国习惯将公务员称为"文官",在18世纪时用来表示那些通过公开竞争考试选拔出来的文职人员,用来区别于东印度公司的军事人员。[3] 至1855年公开竞争考试的原则被引入英国本土实施,文官制度逐步开始建立。"文官"一词就用来指称政府中"常务次官以下、通过公开考试择优录用、不与内阁共进退、没有过失可以

---

[1] 章志远:《行政法学总论》,北京大学出版社2014年版,第134—138页。
[2] 应松年主编:《当代中国行政法》上卷,中国方正出版社2005年版,第317页。
[3] 张越:《英国行政法》,中国政法大学出版社2004年版,第443页。

长期任职的文职人员",即非经选举和政治任命产生的政府公职人员。① 例如,议员、首相、内阁大臣、国务大臣、政务次官、政治秘书和专门委员会委员等政务官,以及法官、军人、企业单位的工作人员和地方自治机构人员,都不在公务员的范围之内。② 由于英国建立公务员制度最早,因此采用"小范围"的公务员界定的国家较多,包括印度、巴基斯坦、澳大利亚、新西兰、缅甸、马来西亚、南非等。③

2. 以美国、德国为代表的"中范围"。美国公务员的范围同英国相比较为广泛。其联邦公务员包括除立法和司法部门之外的所有政府公职人员,既包括行政机关中履行公职的人员,也包括公共事业单位的人员和国有企业的管理人员。在美国的公务员范围中,按照职务性质可以分为由选举和政治任命产生的政务官和公开竞争录用而不受任期影响的事务官。但前者并不适用于公务员法管理。与美国类似,德国《联邦公务员法》第一条和第二条规定:"国家公务员是指在国家政府部门及其下属机构、社团或被赋予公务权的机构中任职从而形成公务关系或服务关系的人员";"凡是为联邦效劳的官员,是直接的联邦官员。凡是为联邦直属的团体、机构或公法基金会效劳的官员,是间接的联邦官员"。④ 德国的公务员也同样区分选举和政治任命的公务员与一般职位的公务员。联邦议院和参议院的官员、联邦总理、部长、国务秘书等属于公务员范围,但是不适用《联邦公务员法》,而一般职位的公务员,除行政机关的公职人员外,还包括邮政、教育机构、国有企业等部门的公职人员。这一类公务员适用《联邦公务员法》。⑤ 除美、德两国之外,加拿大、韩国、菲律宾、泰国等国的公务员制度也采用类似的范围。

3. 以法国、日本为代表的"大范围"。法国公务员的范围最为庞大,包括议会、司法部门和军队中的公职人员,也包括政府中从事公共事务的公职人员,还包括教师、医务人员、国有企业的工作人员等。但选任和政治任命

---

① 宋世明、王红缨:《中国的公务员制度:对西方经验的拒绝、改造、引进与超越》,《经济社会体制比较》2010 年第 6 期。
② 郑楚宣:《英国高级公务员概述》,《广东行政学院学报》1994 年第 3 期。
③ 宋世明、王红缨:《中国的公务员制度:对西方经验的拒绝、改造、引进与超越》,《经济社会体制比较》2010 年第 6 期。
④ 中组部研究室(政策法规司)、人事部政策法规司:《外国公务员法选编》,中国政法大学出版社 2003 年版,第 62 页。
⑤ 李和中:《比较公务员制度》,中共中央党校出版社 2003 年版,第 136 页。

的公务员并不适用公务员法的管理。日本与之相似,其宪法上的公务员指的是一切国家公务人员,除了"特别职"的政务官外,包括"一般职"的行政部门文职人员、教育公务员、外务公务员及国有企业中的公职人员。与此相似的国家包括摩洛哥、突尼斯、几内亚、黎巴嫩等。①

尽管上述各国公务员的范围有所不同,但是它们运用政治与行政两分法将公务员范围分为政务官和事务官。广义的公务员范围兼容两者,而狭义的公务员范围仅仅指事务方面的公务员,不包括政党机关的工作人员。

(二) 我国公务员的范围

《中华人民共和国公务员法》第二条规定,"本法所称公务员,是指依法履行公职、纳入国家行政编制、由国家财政负担工资福利的工作人员"。结合《〈中华人民共和国公务员法〉实施方案》对公务员范围的规定,公务员主要包括七类机关的工作人员(工勤人员除外):中国共产党各级机关的工作人员;各级人大机关的工作人员;各级行政机关的工作人员;中国人民政治协商会议各级委员会机关的工作人员;各级审判机关的工作人员;各级检察机关的工作人员;民主党派、工商联各级机关的工作人员。

(三) 我国公务员范围与西方国家公务员范围的对比

我国法律制度对公务员范围的界定既有对西方代表性国家经验的学习,又基于自身国情予以了一定的改造和筛选:第一,在对西方有代表性国家公务员范围的介绍中,我们可以发现部分国家公务员的范围广泛,并不仅仅限于行政机关的工作人员,还包括教育机构、邮政部门、研究机构、公营事业等部门的公职人员。这种立法模式是建立在"公务法人"的理论基础之上的。在法国,公务法人是公法人的一种,是对公务管理机构的人格化,其由国家或地方团体设立,享有公共权力也受到控制和监督。② 在德国,公务法人实施间接国家行政,尽管与行政机关相分离,但具有公法上的权力,如公法财团、公法社团、公营造物等。③ 作为行政主体,公务法人受公法调整和规范,这也为教育机构、邮政部门、研究机构、公营事业等部门的工作人员纳入公务员范围提供了理论上的依据。目前我国尚未建立公务法人制度,因此不宜将上述机构的工作人员纳入公务员范围。但是在实践中,我国也确实存在部分承担公共事务的组织或机构不在公法调整范围内的情况。近年来,

---

① 应松年主编:《当代中国行政法》上卷,中国方正出版社2005年版,第314页。
② 王名扬:《法国行政法》,中国政法大学出版社1997年版,第127—129页。
③ 于安:《德国行政法》,法律出版社1998年版,第60—61页。

事业单位分类改革一直在不断加深进行，其中一项重要内容就是要将实际承担行政职能的事业单位转变为行政机关，"坚持行政组织法定原则，在核减事业编制的同时按照'1∶1'或者相应标准适度扩大行政编制规模，确保有足够数量的、符合法定条件和资质的行政机关公务员履职尽责，参与公共管理和服务"①。在这一方面，"公务法人"理论可以予以我们启示，提供可学习、借鉴的地方。

第二，在改造方面，我国的公务员制度发展较晚，建立于1993年，现行的公务员法颁布于2005年。从总体上来看，我国公务员制度还处于"青年时期"，而确立公务员制度最早的英国，在1870年就开始发展和建设公务员的相关制度，至今已经相当成熟。在制度的设计和发展上，我国在公务员制度，包括公务员范围方面的规定，仍然大有发展的空间，在摸索中前进。以公务员法规定的公务员聘任制为例，聘任制的公务员范围如何？应当是宽还是窄？与常任制公务员范围相比如何？这些问题仍然有待于解决。对此，我国往往对西方国家的相关制度采取吸收改造的做法。②

第三，在筛选方面，基于我国自身国情的需要和特点，在公务员范围上并没有采取西方国家"政务官""事务官"划分的做法。西方国家采用这种制度是为了秉承"政治中立"的观念，否定"政党分赃制"，要求事务官不能在公务活动中带有党派的政治倾向，而我国在1987年时，曾经提出过将公务员范围进行政务类和业务类的划分，但是1993年颁布的《国家公务员暂行条例》和2005年颁布的《中华人民共和国公务员法》并没有采取这种做法。因为我国的政治体制与西方国家不同，"在中国共产党的领导下的多党合作体制中，尽管有经过选举和政治任命产生、实行任期制的官员，但是并不存在与政党共同进退的公务员群体"③。

二、对我国公务员范围具体内容的分析

（一）党的机关工作人员是否适宜归属于公务员范围

党的机关的工作人员是否适宜归属于公务员范围，在公务员法律制度设计和制定的过程中是存在争议的。反对观点认为中国共产党不是由人大产生，向人大负责，接受人大监督的机关，也不是法律法规授权的组织，而是

---

① 应松年、潘波：《财政供养人员的范围及制度逻辑》，《中共中央党校学报》2016年第6期。
② 应松年、潘波：《财政供养人员的范围及制度逻辑》，《中共中央党校学报》2016年第6期。
③ 应松年主编：《当代中国行政法》上卷，中国方正出版社2005年版，第314页。

政治组织。① 同时对党的机关工作人员的要求与对行政机关工作人员的要求存在区别。因此，党的机关的工作人员不能自然而然地纳入公务员范围。然而我国的公务员法把党的机关的工作人员也划入了公务员的范围。这与我们国家的特殊国情相关：当下我国的行政体制采取的是以党中央为首的中国共产党组织和以国务院为首的各级国家机关并行的双轨结构。② 党组织在制定政策后，主导、控制和参与政策的执行和具体实施，这种现象越往基层越为直接具体，尤其是基层党组织，更是在行政活动中起着重要的作用。③ 因此，党政二元双轨结构系统的运行，使得我国的行政运行呈现出较为复杂的运作过程。④ 简而言之，在我国的特色政党体制下，党的机关的工作人员在事实上同样履行着国家管理的职能，将其纳入公务员的范围，"有利于党和国家工作人员法律责任的统一，有利于克服在某些情况下党的领导干部的法律责任不如政府领导干部的法律责任明确、具体、易于追究的弊端"⑤。

（二）检察官、法官是否属于公务员范围

在公务员法律制度设计和制定的过程中，司法人员尤其是法官是否应当纳入公务员范围的问题就引起了较多的争议。《〈中华人民共和国公务员法〉实施方案》将各级审判机关的工作人员和各级检察机关的工作人员纳入了公务员的范围之内，这一做法受到了比较多的质疑。反对的观点主要包括：第一，将法官和检察官纳入公务员范围，不符合法官法、检察官法中的单独职务序列管理规定。第二，将法官、检察官纳入公务员范围之中，使得司法部门和行政部门之间的界限变得模糊。司法部门的职能不是政府行政管理权力的延伸。司法机关应当保持中立。第三，司法部门与党政机关采用相同的运行机制，容易强化法官、检察官的行政化思维，导致违背司法规律的现象出现。2014年，原中央全面深化改革领导小组出台《关于司法体制改革试点若干问题的框架意见》和《上海市司法体制改革试点工作方案》，提出"建立

---

① 姜明安：《重视制度设计，保障〈公务员法〉立法目的的实现》，《华东政法学院学报》2005年第2期。
② 黄小勇：《现代化进程中的官僚制——韦伯官僚制理论研究》，黑龙江人民出版社2003年版，第296页。
③ 黄小勇：《现代化进程中的官僚制——韦伯官僚制理论研究》，黑龙江人民出版社2003年版，第320页。
④ 黄小勇：《现代化进程中的官僚制——韦伯官僚制理论研究》，黑龙江人民出版社2003年版，第322页。
⑤ 袁曙宏：《党依法执政的重大理论和实践问题》，《国家行政学院学报》2006年第1期。

法官、检察官员额制"。依据 2018 年修订的《中华人民共和国公务员法》和 2019 年修订的《中华人民共和国法官法》《中华人民共和国检察官法》,法官、检察官属于公务员,但与普通的公务员相区别,其等级和行政职级脱钩,实行单独职务序列管理。

(三)行政委托的编外人员是否属于公务员范围

随着我国经济社会发展和城镇化的迅速推进,公共事务不断增多,民众对政府的管理和服务需求更大、要求更高。这就迫切地需要有大批符合法律法规要求的人员承担相应职能。因此,我们可以发现行政委托的编外人员队伍庞大。依照《中华人民共和国公务员法》第二条的规定,公务员是指依法履行公职、纳入国家行政编制、由国家财政负担工资福利的工作人员。因此,这些实践中存在的专业人员、辅助人员和基层服务人员尽管也承担着部分行政职能,但没有纳入国家的行政编制,因而并不属于公务员的范围。但是这些行政委托人员的身份归属不清晰,在行政管理和服务的实践中往往会出现各种各样的问题。因此,《法治政府建设实施纲要(2015—2020 年)》提出,规范执法辅助人员管理,明确其适用岗位、身份性质、职责权限、权利义务、聘用条件和程序等。从西方国家的经验来看,在公务员队伍之外增加其他辅助人员协助进行公共事务的管理,是回应社会对公共管理和服务需求的重要措施。法国在 19 世纪就出现了大批行政委托的编外人员。第二次世界大战后,法国政府进一步认可了这些人员的地位,并立法将他们的待遇提升至接近公务员水平。① 因此,我们应当正确看待和认可行政委托的编外人员群体,赋予其适当身份地位。有学者建议设立公务雇员制度,将基层服务的辅警、协管员、社区工作者、大学生村官纳入公务雇员的范围中,并通过立法规定其地位、待遇和权利义务,以规范行政委托的编外人员的管理。②

(四)聘任制公务员的范围应当如何界定

依照《中华人民共和国公务员法》第九十五条的规定:"机关根据工作需要,经省级以上公务员主管部门批准,可以对专业性较强的职位和辅助性职位实行聘任制。"然而自公务员法于 2006 年施行至今,已有 10 多年,公务员聘任制仍然处于摸索之中的试点阶段,未能真正建立起来。导致这一结果的有种种原因,其中一个比较有争议的问题就是聘任制公务员的范围问题。2007 年深圳市和上海市浦东新区开展了公务员聘任制试点工作。2011

---

① 王名扬:《法国行政法》,中国政法大学出版社 1988 年版,第 232 页。
② 应松年、潘波:《财政供养人员的范围及制度逻辑》,《中共中央党校学报》2016 年第 6 期。

年《聘任制公务员管理试点办法》颁布实施后，聘任制试点的范围进一步扩大，延伸至全国。2012 年 11 月，福建省首批聘任制公务员与漳州市古雷港经济开发区管委会签订为期 3 年的聘任合同。从各地试点的情况来看，做法各有不同：有的地区实施的是所有新进公务员都是聘任制，有的将聘任制限制于少数高端技术岗位，有的还开展个别辅助性岗位的招聘。[①] 聘任制公务员的范围应当如何？如何作出选择？在 20 世纪 80 年代的新公共管理运动中，西方国家开始陆续实行聘任制公务员的制度，但是各国的聘任制公务员范围和规模存在较大差异。"英国、澳大利亚和新西兰，其聘任制公务员的比例超过了 80%，而另一些国家，如法国，其比例还不到 10%。"[②] 但是从总结分析各国的情况来看，聘任制公务员范围的大小与政治价值观"亲市场"还是"亲政府"有着极为密切的关系。这在相当大程度上决定了改革能否顺利进行和改革后的制度能否相对均衡稳定。从我国的情况来看，国家主义传统浓厚且在价值观上长期"亲政府"，聘任制公务员选择小范围比较恰当。结合《中华人民共和国公务员法》的规定，聘任制公务员的范围应当控制在以下几种职位上：一是技术性强的职位，但需要与专业技术类公务员相区别，一般是"公务员内部找不到合适人选的高级专业技术人员"，或者是由于阶段性需求而产生的技术职位[③]；二是咨询性岗位，主要目的在于减少行政成本，同时增强公职人员与行政机关之间关系的灵活性和弹性。

第三节　社会组织与社会治理

党的十九届四中全会要求坚持和完善共建共治共享的社会治理制度，提出要在构建基层社会治理新格局当中，发挥群团组织、社会组织作用。在当下治理的语境中，社会组织扮演的角色开始愈发重要。越来越多的人认识到："社会管理的本质重点不在管，而在于理，理顺社会关系，促进社会自治。"[④] 以《中华人民共和国环境保护法》的修改过程为例，"第一稿公布之

---

① 张宏伟：《公务员聘任制的实践探索与制度建构》，《中国行政管理》2014 年第 2 期。
② 魏姝：《效率机制还是合法性机制：发达国家聘任制公务员改革的比较分析——兼论中国聘任制公务员范围的选择》，《江苏社会科学》2017 年第 3 期。
③ 魏姝：《效率机制还是合法性机制：发达国家聘任制公务员改革的比较分析——兼论中国聘任制公务员范围的选择》，《江苏社会科学》2017 年第 3 期。
④ 曹建萍：《从社会管理到社会治理：理念与实践》，《特区实践与理论》2013 年第 1 期。

后的斗争是公益诉讼有无之争。第二稿公布之后的斗争是将公益诉讼主体资格从枢纽型社会组织拓展到普通社会组织的斗争。第三稿公布之后的斗争是将主体资格从全国性、官方社会组织拓展到地方性、民办社会组织的斗争。第四稿公布后的斗争是将主体资格从设区的市级以上政府民政部门登记的社会组织拓展到所有合法社会组织的斗争"①。从该法四易其稿的过程中，我们可以看到社会组织的努力过程和其地位的提升。社会组织的发展及其参与社会治理是政府与社会的博弈、合作与互动，在本质上实现着二者的双赢。

一、社会组织的概念与范围

社会组织不是一个法学概念，而是社会学概念，一般而言是指为了特定的目的而组成的社会群体。其不属于政府也不属于企业，因此也被称为"第三部门"。关于社会组织的定义众多，比较完善的是美国约翰霍布金斯大学非营利组织比较研究中心的界定方法。其着眼于组织的基本结构和运作方式，提出了社会组织的五个特点：一是组织性，这一特点要求社会组织拥有法律规定的合法身份，存在内部规章、负责人和经常性活动，以此与非正规的临时集聚活动相区别；二是民间性，社会组织不归属于政府；三是非利润分配性，社会组织可以盈利也可以接受政府的资金支持，但所得为达成组织的目标而使用，而不是为其拥有者积累利润进行分配；四是自治性，这要求社会组织必须能管理自己的活动，不受外部的控制；五是志愿性，在社会组织的活动中应当有较多的志愿参与。② 在社会组织的范围上，邓国胜将社会组织的表现形态主要归纳为五种：一是在民政部门登记注册的社会团体（包括基金会）；二是在民政部门登记注册的民办非企业单位；三是民间自下而上的草根组织；四是在单位内部活动，不需要登记注册的社会组织；五是广大农村的农民专业协会、农村合作社组织。③ 余凌云指出，尽管邓国胜的归纳范围给予人们对社会组织直观的感受，但其主要从实用主义出发，存在内部的交叉、重合。同时，并非所有社会组织都在行政法上具有关注的意义和价值。他认为，行政法所关注的社会组织主要包括以下几种：第一，行政协会、职业协会和综合性协会；第二，工会、共青团、妇联等社会团体；第三，基层群众性自治组织；第四，"官办"基金会；第五，委托执行行政任

---

① 马金芳：《社会组织多元社会治理中的自治与法治》，《法学》2014年第11期。
② 邓国胜：《中国第三部门的界定》，中国社会组织公共服务平台，访问日期：2017年8月8日。
③ 邓国胜：《中国第三部门的界定》，中国社会组织公共服务平台，访问日期：2017年8月8日。

务的中介机构。①

二、社会组织在行政法上的意义

（一）观察社会组织的三个理论视角

1. 多元参与。随着社会经济的飞速发展，社会分工开始变得专业化，社会分层逐渐出现，社会结构渐趋复杂。"社会系统的复杂网络结构特征说明，社会治理需要向以社会组织和公众为主体、社会自主管理为核心的自组织、协同治理模式转型。"② 从主体一元化走向多元化开始成为公共行政发展的新趋势。公共职能的承担主体不再限于政府，而是政府、社会组织和其他社会自治力量构成的行动者系统。③

2. 理性协商。社会分层和社会结构变化带来了多元利益的涌现。在这个时代，仅仅依靠政府单向的行政意志贯彻已经难以回应社会公众协调各种利益的需求。社会组织作为政府和市场之外的"第三部门"，推动理性协商与合作治理在公共行政中发挥作用。通过协商的方式，针对不同层次的对象，以不同的途径，将第三部门和社会运动的声音、普通民众的诉求等都纳入政治决策程序之中，以处理各种不同主体之间的利益关系。④

3. 私人行政。私人行政在德国行政法中指的是私人参与行政事务。"私人"指的是私法上的主体，包括自然人、私法人和非法人组织。这一概念建立在"合作国家"的背景之下。从国家学的视角考察，合作国家是一个分工的、专业的、多元的统治组织和行政组织。⑤ 社会组织作为合作国家行政组织中的一元，实现公共行政。实践中社会组织参与社会治理的法律规制可以通过对私人行政的组织形式和行为方式的规范和引导实现。

（二）社会组织对行政法的意义

社会组织在社会治理参与上的日渐深入对行政法产生了极大的影响，其对行政法的意义表现在以下几个方面：首先，在行政法的研究视角方面，社会组织在社会行政中起到的作用进一步拓宽了行政法的研究疆域。传统的行政法研究是围绕着行政权展开的，基于此的研究视野难以解释日

---

① 余凌云：《行政法讲义》，清华大学出版社2010年版，第131—132页。
② 范如国：《复杂网络结构范型下的社会治理协同创新》，《中国社会科学》2014年第4期。
③ 张康之：《基于契约的社会治理及其超越》，《江苏社会科学》2006年第3期。
④ 姚远、任羽中：《"激活"与"吸纳"的互动——走向协商民主的中国社会治理模式》，《北京大学学报（哲学社会科学版）》2013年第2期。
⑤ 徐庭祥：《论我国私人行政的行政法规制》，西南政法大学博士学位论文，2013年。

益重要的基于自治而实施的公共治理。社会组织的治理权需要有新的阐释。其次，在行政组织方面，行政主体理论将受到社会组织的冲击。传统的行政主体理论注重形式上具有行政职权的主体，而忽视实质上具有行政功能的主体，因此社会组织的崛起有可能导致"依法授权或委托的组织""其他承担公共管理任务的组织"等概念被放弃。再次，在行政过程与手段方面，随着民营化、公私合作、公务外包等新发展浪潮的全面铺开，社会组织越来越被政府倚重。社会组织填补了政府在管理和服务上的缺失和市场运行过程中的调节失灵，为国家和社会提供了实现公共治理目标的更加灵活、有效、多样的手段和方式。这些手段和方式有别于传统行政法中行政机关履行行政职能的做法，产生了许多新的法律问题，需要从程序法和行为法上创制新的规范手段。最后，在救济方面，社会组织参与治理引发的纠纷如何解决，这一问题也将影响将来的行政复议、行政诉讼和国家赔偿等制度。①

三、社会组织参与社会治理的公法审视

社会组织参与社会治理主要体现在服务式参与和管理式参与两个方面。

（一）服务式参与

服务式参与可以分为动员社会资源和提供公共服务。

1. 动员社会资源。社会组织在动员社会资源方面发挥着不可忽视的作用。在一些国家的福利制度框架内，社会组织参与社会保障已经成为趋势，其与政府相辅相成，形成全面的民生改善机制。② 例如，基金会就是社会治理资金的提供者、观念倡导者、改革模式支持者、风险承担者和经验分享促进者。目前我国基金会的数量已超过8000家，北京、广东、浙江、江苏等省份的基金会分别超过700家，它们在社会治理中发挥着重要的作用。随着网络和自媒体的迅猛发展，社会组织的作用还将进一步增强。③ 这种社会组织通过内部规章制度或约定参与社会行政的活动可视为"新治理"形式。学者蔡允栋指出，"政府与其他组织或团体经由资源的相互依赖，一起承担工

---

① 徐庭祥：《论我国私人行政的行政法规制》，西南政法大学博士学位论文，2013年。
② 江治强：《发挥民间组织在改善民生中的作用》，《红旗文稿》2008年第12期。
③ 杨丽、赵小平、游斐：《社会组织参与社会治理：理论、问题与政策选择》，《北京师范大学学报（社会科学版）》2015年第6期。

作和责任,达成共同治理的效果"①。在此情形下,如何认识社会组织的地位,如何将之纳入行政法的规制中,都是值得思考的问题。

2. 提供公共服务。由于采取的是自下而上的组织运作机制,更为贴近社会和公众,社会组织在提供公共服务方面,更能满足不同对象的多元化需求。民政部发布的数据显示,截至2020年第三季度,我国共有社会组织88.8517万个。这些社会组织中,有相当数量的组织是涉及提供公共服务的,尤其是社会服务方面的工作,包括扶贫、教育、医疗、环保、文化、助残等领域。② 这种参与方式主要通过行政外包途径达成。外包与行政合同紧密地联系在一起,通过签订行政合同的方式将某些公共服务功能转移给相对人来承担,使行政相对人成为政府执行行政政策的工具。③ 在此情况下,需要注意的是社会组织的责任问题,即社会组织作为公共服务的提供者需要对政府及公共服务的消费者分别承担怎样的责任。

(二) 管理式参与

"社会治理是在确立共同目标的前提下,国家与市民社会、政府与民间组织(非政府组织、私人机构)通过合作、协商和伙伴关系构成的联手行为,以引导、规范公民的各种活动,最大限度地增进公共利益。"④ 社会组织也介入政府的社会管理之中,通过行业协会管理、村民自治等事务性管理参与到社会治理中去。从行政法的角度观察,这种参与方式主要通过两种途径达成:一是通过授权或指派令社会组织承担行政任务。例如,通过村民自治中的规章制度和乡规民约来达成国家治理。⑤ 《中华人民共和国村民委员会组织法》第二条规定:"村民委员会办理本村的公共事务和公益事业,调解民间纠纷,协助维护社会治安,向人民政府反映村民的意见、要求和提出建议。"二是社会组织接受政府的行政委托。例如,《上海市促进行业协会发展规定》第十六条规定:"政府有关工作部门应当支持行业协会开展行业服务,并根据实际情况,逐步将行业评估论证、技能资质考核、行业调查、行业统计、产品展览展销等职能转移或者委托给行业协会承担。"

---

① 蔡允栋:《官僚组织回应的概念建构评析——新治理的观点》,《中国行政评论》2001年第2期。
② 杨丽、赵小平、游斐:《社会组织参与社会治理:理论、问题与政策选择》,《北京师范大学学报(社会科学版)》2015年第6期。
③ 余凌云:《行政法讲义》,清华大学出版社2010年版,第147页。
④ 肖巍、钱箭星:《西欧社会党社会治理理论和政策述要》,《复旦学报(社会科学版)》2006年第6期。
⑤ 何海波:《通过村民自治的国家治理》,中国法学会行政法学研究会年会论文,2010年。

在此情况下，社会组织以委托机构的名义承担行政任务并不得再次转委托。进行委托的政府有关工作部门应当负责监管其相应行为，并承担相应法律后果。

四、对社会组织参与社会治理的政府规制

（一）涉及社会组织的法律规范：公法私法相混合

在对社会组织的法律规范上，社会组织并不从属于政府，其活动还是主要通过私法进行调节规范，但由于其参与社会治理，承担部分具有公共行政意义的任务，对社会公众权益的影响较大，因此也需要通过公法进行规制。尤其是社会组织为完成授权的和行政委托的行政任务而作出的那些行为更应纳入行政法的调整范围。故而对社会组织进行调整和规范的法律规范中既有私法也有公法，是一个"公法与私法相混合、交融的法律规范体系"。

（二）组织法方面的规制与培育

参与社会治理的社会组织是公共行政在组织形式上的革新，需要行政组织法进行一定的回应。在传统的行政组织法规制架构下，只注重形式意义上的行政主体，即审查行政组织是否具备法律授予的行政职权，但并不关心具备完成行政任务能力的其他组织。在此情况下，行政组织法难以将社会组织纳入行政主体规制的范围。为从组织法上对社会组织进行规制，需要通过立法正视社会组织的法律地位，并针对社会组织的具体情况创设规制手段。

首先，在准入门槛上，在行政改革前，我国对社会组织进行规范的法律法规主要包括《社会团体登记管理条例》《民办非企业单位登记管理暂行条例》《宗教社会团体登记管理实施办法》《外国商会管理暂行规定》等，采取的准入监管方式主要是双重许可制度。也就是说，社会组织的成立必须跨过"审查"和"登记"两道门槛：必须先通过业务主管机关的程序审查，而后再向登记主管机关申请登记。这种双重许可制度实际上是将社会组织和政府置于相互对立的关系上，而不是合作的伙伴关系，其目的在于限制发展并规避政治风险。[①] 政府对社会组织准入条件的规定较严格，导致了不少社会组织在开展活动前并未获得正式的法律身份，遭遇"合法性"危机。随着社会组织在社会治理中发挥的作用越来越大，政府适当放低了对社会组织准入的门槛。具有里程碑意义的事件是 2013 年 3 月民政部推动对四大类社会组织

---

① 王名：《改革民间组织双重管理体制的分析和建议》，《中国行政管理》2007 年第 4 期。

（行业协会商会类、科技类、公益慈善类、城乡社区服务类）放开审批登记，也就是说这四类社会组织可以于民政部门直接登记而不再由业务主管单位审查同意。同年11月，国务院也取消了民政部对全国性社会团体分支机构、代表机构设立登记、变更登记和注销登记的行政审批项目。

其次，社会组织架构的规制，应当根据其涉及的公共利益，保持相应程度的中立性，以保障社会组织在履行行政任务时不会为了过度追求效率而忽略公正，如社会组织在运营过程中回避制度的具备、听证制度的具备、听取陈述与申辩之机构的具备等。①

最后，还需要对社会组织进行培育与扶持。一方面需要通过立法形式促进和保障社会组织的生存和发展，尊重和保障社会组织的权利。如依据《民办非企业单位登记管理暂行条例》的规定，民办非企业单位不可以从事营利性活动，因此一些地方的业务主管部门基于对"非营利性"的片面理解对部分进行收费的社会组织进行处罚。但是社会组织的运行也需要一定的成本，适当收取费用是合理且必需的，只要用于达成其运行目标即可。② 另一方面为扶持和鼓励社会组织发展，可以对社会组织施加一定的授益行为，如减免税收、行政补贴、划拨经费等。

（三）行为法方面的规制

由社会组织来提供公共产品和公共服务，是为了弥补市场失灵和政府失灵，提高公共治理的效率，但是在实践中社会组织在追求效率的同时，有可能对公正关注不足。③ 政府对参与社会治理的社会组织的行为具有监督影响义务，但并不是简单地通过行政命令的方式进行，而是需要通过行政合同中的实现目标、绩效评估、法律责任等条款及行政合作的相关法律规范来监督和影响社会组织实施的具有公法意义的行为。同时，社会组织参与社会治理的行为还应当受到平等原则、合目的性原则、正当程序原则、禁止不当联结原则的约束。④

（四）对社会组织引发纠纷的法律救济

并非所有关于社会组织的纠纷都必须通过公法的途径救济。但是学者们达成的共识是，社会组织在行使公共权力时导致的纠纷应当纳入行政救济范

---

① 徐庭祥：《论我国私人行政的行政法规制》，西南政法大学博士学位论文，2013年。
② 金国坤：《论政府对社会组织管理的机制创新》，《法学论坛》2010年第6期。
③ 余凌云：《行政法讲义》，清华大学出版社2010年版，第150页。
④ 徐庭祥：《论我国私人行政的行政法规制》，西南政法大学博士学位论文，2013年。

围之内。同时，这种救济方式在逐步付诸实践。此外，还有学者提出，从救济的效率和及时性上看，如行业协会等社会组织，可以在内部设计相对公正的调节和仲裁制度，将之作为正式的行政救济制度的补充。①

第四节　编制定立与行政组织法

在西方理论中，基于对人性的不信任，有这样一种认识：行政机关的机构有自我扩张的内在动力，在编制上存在"帕金森定律"。除非在战争时期，不然编制总是按照如下公式增长：$x=(2km+1)\div n$。这是从人性的角度出发得出的结论。西方国家往往通过制定法律来限制行政机关的规模和权力，规定行政机关的机构设置和人员编制。我国在行政编制方面，除了部分法律规范外，主要通过"三定"规定来规范政府部门的编制，更多靠的是政府的自我调节和控制。在行政组织法的研究中，行政机关内部架构和规模等长期受到冷落。自应松年在20世纪90年代初对行政编制法的研究和制定提出论述至今，行政编制法的相关研究寥寥无几。然而行政编制法的重要性却不容忽视。

一、行政组织法和行政编制法

"行政组织法是规范行政权主体之法。"② "行政机关编制法从本质上应属于行政机关组织法的范畴，这也是许多国家没有单独的行政机关编制法而只有组织法的原因之一。与其他行政机关组织法规范相比，行政机关编制法一般只注重行政机关的内部机构和人员整体规模及比例，与行政机关的地位、权限等无关。因而行政机关编制法主要是管理行政机关内部机构及其人员的法，其目的是控制行政机关的机构和人员膨胀。"③ 行政组织法和行政编制法关系紧密。首先，行政组织法作为"规范行政的组织过程和控制行政组织的法"④，其以规定行政组织职能权限为核心，是行政编制法的基础。行政编制法往往依附于行政组织法而存在，脱离行政组织基础，行政编制无从架构。

---

① 余凌云：《行业协会的自律机制——对中国安全防范产品行业协会的考察》，《清华法律评论》2007年第2期。
② 涂怀莹：《行政法原理》，五南图书出版公司1987年版，第194页。
③ 孟鸿志等：《中国行政组织法通论》，中国政法大学出版社2001年版，第19页。
④ 应松年、薛刚凌：《行政组织法研究》，法律出版社2002年版，第14页。

其次，行政编制法作为"规范行政机构设置和人员数量定额、结构比例的法"①，其以定机构、定人员为核心，是行政组织法的延伸。从法理上讲，行政编制法属于广义行政组织法的组成部分，广义的行政组织法包括行政机关组织法、行政机关编制法、公务员法和公物法。② 最后，行政机关组织法和行政编制法相互交叉。有的法律规范中既有行政机关组织法的内容，亦有行政编制法的内容。例如，《中华人民共和国国务院组织法》第十一条规定，国务院可以根据工作需要和精简的原则，设立若干直属机构主管各项专门业务，设立若干办事机构协助总理办理专门事项，每个机构设负责人二至五人。

二、行政编制立法现状及其存在的问题

（一）行政编制立法现状

梳理我国现行的法律体系，按照法律效力的层级，涉及行政编制管理的法律文件主要有以下几类。

1. 宪法的相关规定。《中华人民共和国宪法》第五十七条、第六十五条、第八十六条、第九十五条、第九十六条、第一百零五条、第一百零八条、第一百零九条、第一百二十四条、第一百二十九条、第一百三十五条等条款涉及行政编制管理内容。上述有关条款明确了中央和地方的国家机构职权划分，遵循在中央的统一领导下，充分发挥地方的主动性、积极性的原则。国家机关实行精简的原则，实行工作责任制。

2. 基本法律。涉及机构编制管理的现行法律主要有《中华人民共和国国务院组织法》和《中华人民共和国地方各级人民代表大会和地方各级人民政府组织法》。《中华人民共和国国务院组织法》在1982年第五届全国人民代表大会第五次会议上通过，其主要规定了国务院的组成、职权、会议制度、机构设置及责任制度等，部分条款涉及行政编制法内容。例如，第二条，"国务院由总理、副总理、国务委员、各部部长、各委员会主任、审计长、秘书长组成"；第九条，"各部设部长一人，副部长二至四人。各委员会设主任一人，副主任二至四人，委员五至十人"。《中华人民共和国地方各级人民代表大会和地方各级人民政府组织法》在1979年第五届全国人民代表大会第二次会议上通过，分别于1982年、1986年、1995年、2004年和2015年

---

① 孟鸿志等：《中国行政组织法通论》，中国政法大学出版社2001年版，第137页。
② 姜明安主编：《行政法与行政诉讼法》，北京大学出版社、高等教育出版社1999年版，第89页。

进行过修订，其主要规定了地方各级人民代表大会和地方各级人民政府的地位、产生方式、组成、任期、职权、会议制度、领导体制、责任制度、机构设置及人员编制等事项。

3. 行政法规。有关行政编制管理的现行行政法规主要有《国务院行政机构设置和编制管理条例》和《地方各级人民政府机构设置和编制管理条例》。《国务院行政机构设置和编制管理条例》于1997年8月3日发布施行，其主要规定了国务院行政机构设置的原则，行政机构设立、撤销或者合并的程序，审批及编制管理的原则、方案，以及监督检查的责任等内容。它作为我国第一部专门机构编制立法，开启了我国制定专门性机构编制法律法规的先河。《地方各级人民政府机构设置和编制管理条例》于2007年5月1日起施行，主要着眼于地方政府机构的设置和编制管理，填补了我国地方机构编制管理工作的法律空白。针对一些地方超编进人等现象，《地方各级人民政府机构设置和编制管理条例》规定禁止擅自设置机构和增加编制。针对擅自设立、撤销、合并行政机构或者变更规格、名称，擅自改变行政机构职责，违反规定审批机构、编制等违法行为，设定相应的法律责任及处罚措施。

4. 部门规章。有关行政编制管理的现行部门规章主要有《机构编制监督检查工作暂行规定》。《机构编制监督检查工作暂行规定》是由中央机构编制委员会办公室、原监察部两部门于2007年2月联合发布的一部有关机构编制监督检查工作方面的部门规章，其主要规定了机构编制监督检查工作应当遵循的原则，以及监督检查的主体、对象、内容、程序、方式、时限、法律责任等内容。

5. 地方性法规和地方政府规章。在《地方各级人民政府机构设置和编制管理条例》出台后，各个省份先后出台相应的配套规定。这些配套规定的制定主体不一，它们有的由省级人民代表大会常委会制定，属于地方性法规，如《广东省行政机构设置和编制管理条例》；有的由省级人民政府制定，如《辽宁省行政机构设置和编制管理规定》；有的由较大的市的人民政府制定，属于地方政府规章，如《宁波市行政机构设置和编制管理办法》。

6. 规章以下的其他规范性文件。有些地方还制定了本地方关于机构设置和编制管理的其他规范性文件，如《中共福建省委办公厅、省人民政府办公厅关于进一步加强和完善机构编制管理的通知》。

（二）行政编制立法存在的问题

理性审视我国行政编制立法现状，我们发现我国行政编制法律存在以下几个方面的现实问题。

1. 行政编制法律体系不健全。在我国现有法律体系中，宪法和法律有相关机构编制的立法规定，但相对较少。我国还没有专门的机构编制立法，仅在规定国家机关设置组成的法律中对机构编制有相关规定，关于机构设置和行政编制的具体规定大多在行政法规、规章的层级上。除法律、行政法规和规章外，关于机构设置和编制管理具体规定的规范性文件也很多，规范性文件的数量很大。① 我国对机构编制的规定以行政法规、规章和规范性文件为主，都处于比较低的层级，缺乏法律规定的权威性。仅有的少数法律规定还都比较简单，如《中华人民共和国国务院组织法》已施行了近40年，共十一条，规定内容笼统。考察域外行政编制立法现状，行政编制法成为独立法典的情况较少，在行政组织法和公务员法中规定行政编制法内容是主流做法。② 对比而言，我国的行政编制立法尚处于相对初级阶段，尚未形成健全体系。

2. 行政编制基本法律欠缺。透过上述我国行政编制立法的法律体系可以发现，目前我国在行政编制立法方面缺乏一部在全国范围内施行的基本法律。现行的关于行政编制的专门法律法规中效力层级最高的是两部行政法规，即《国务院行政机构设置和编制管理条例》和《地方各级人民政府机构设置和编制管理条例》，而《中华人民共和国国务院组织法》《中华人民共和国地方各级人民代表大会和地方各级人民政府组织法》这两部组织法只有部分条款涉及行政编制内容。欠缺一部全国施行的行政编制基本法律，无法有效整合其他效力层次低的众多法规规章。尤其当效力层级低的法规规章对同一事项规定存在异议时，基本法律进行统一规定很有现实必要性。欠缺行政编制方面的基本法律，不利于建立起通行全国的统一规制标准，难以有效指导行政编制管理的实践。

3. 行政编制核心规定不明确。我国行政编制法缺乏行政编制管理的原则性规定，缺乏对行政编制设定标准的规定。《国务院行政机构设置和编制管理条例》和《地方各级人民政府机构设置和编制管理条例》这两部条例对机构编制管理的实体标准只作出了原则性的规定，比较简单，在实践中不便操作。实践中，由于缺乏科学的编制分配标准，"目前我国政府行政编制的核定工作存在着人为性、随意性、主观性和政府各部门之间申请增加、行政编

---

① 顾向明：《机构编制法定化研究》，中国政法大学博士学位论文，2011年。
② 顾向明：《机构编制法定化研究》，中国政法大学博士学位论文，2011年。

制虚多、互相攀比的问题,为机构改革合理有效的核定行政编制带来困难"①。改革编制管理方式,实现编制管理法制化,科学制定编制配备标准是关键。"编制配备标准核定是编制管理法制化问题中专业性、技术性最强的一项内容。宜根据确定编制的各种要素,借助统计科学知识,设计一套编制分配计算公式,以法律或法规的形式确定下来,以规范编制管理机关审核、调整编制的行为。"②

三、行政编制立法的完善路径

如前所述,我国目前的行政编制立法规范,基本是在行政法规和部门规章的层级,缺乏专门的行政编制立法,以立法确立并保障实施的编制管理制度也很少。故而,构建编制管理的制度规范,并使之落地生根,是实现机构编制法定化的关键所在。立足我国实际情况,借鉴域外编制管理的制度经验,国家宜从以下几个方面完善我国行政编制立法。

第一,提升行政编制管理立法层次。加强全国人民代表大会及其常委会的立法职能,改革行政机关自身立法规定行政机构设置和编制管理的现状,改革完善我国公众参与制度,使我国行政编制立法在较高的法律层级上制定,加强行政编制立法的权威,改变现有的行政编制规范主要以行政法规、地方法规、规章甚至规范性文件为主的现状。目前我国制定全国范围内统一适用的行政编制法的条件已经相对成熟。可以借鉴我国台湾地区的相关经验,制定单行的行政编制法,再以行政法规、规章和规范性文件作出具体规定。行政编制立法原则以宪法和法律规定为准,行政法规、规章和规范性文件的规定不能同宪法和法律的规定相冲突。行政编制立法内容应当注重公众参与,注重社会管理的科学,注重民生,注意和谐发展,注意社会收入分配的公正合理等。③

第二,细化行政编制管理核心内容。首先,明确机构编制管理机关的法律地位,加强机构编制管理机关的队伍建设,保证其工作人员的业务素质和办公经费,充实力量,保持队伍的相对稳定性,为机构编制管理工作提供坚实的组织保障。其次,制定科学的编制标准。在确定编制分配标准中,应当明确编制的效力与纪律。"从管理学的角度看,行政机关控制的幅度不宜太

---

① 王飞:《我国政府行政编制核定方法研究》,《理论与当代》2008年第5期。
② 江必新、张步洪:《编制管理法制化初探》,中国法学会行政法学研究会年会论文,2006年。
③ 顾向明:《机构编制法定化研究》,中国政法大学博士学位论文,2011年。

宽，否则会导致管理层次的增加。另外管理层次也不宜太多，容易引起信息失真，管理效率低下。"① 再次，构建以公共服务内容为基础的科学合理的编制总量控制机制：在合理确定政府提供公共服务范围的基础上，明确公共服务的提供主体，通过常住人口和迁出迁入人口差测算其服务对象，以平均每人享受各项公共服务的可能性来得出编制总量的额度。同时，确定行政编制领导职数量化的标准，防止改革导致领导职数不合理增加这一现象的出现。② 最后，为实现总量控制、动态调节，达至稳定性和灵活性的统一，要完善编制管理程序性规定，包括：机构的增加、核减、分立、合并等程序；人员编制的报批、审查、监督程序；违法违纪人员的调查、处罚和救济程序等。

第三，强化行政编制管理监督力度。首先，完善行政编制管理的内部监督制度，在"编制部门审编制、人事部门审人员与工资、财政部门负责工资发放到个人"的综合约束机制与工作程序下，借鉴各地的实践经验（如湖北等的"实名制"制度，新疆等的多部门联合监督审查机制和信息共享制度），以形成规范的行政管理制度，并予以法定化。其次，完善行政编制的信息公开制度，推动社会监督。编制部门应当依照《政府信息公开条例》的规定，将不属于国家秘密的机构编制信息通过网站、报刊、图书馆、信息公告栏等公众可以查阅到的渠道进行公开。最后，强化权力监督，形成合力。加强各级人民代表大会及其常委会对同级政府编制情况的监督，推动确立编制管理部门向同级人民代表大会报告编制管理执行情况的制度。同时，各级人民代表大会就同级政府机关及其部门是否遵守国家编制管理的有关法律法规进行监督检查。③

---

① 应松年主编：《当代中国行政法》上卷，中国方正出版社 2005 年版，第 255 页。
② 刘席宏：《省直管县改革与行政编制制度改革研究——基于以省直管县为轴的耦合关系分析》，《行政与法》2015 年第 5 期。
③ 顾向明：《机构编制法定化研究》，中国政法大学博士学位论文，2011 年。

第四章
行政程序法

制定中国的行政程序法已成为行政法学界的共识。行政程序法具有重要的过程控制价值,它为行政权运行提供了边界和程序,是行政法治的核心保障。行政程序法是近现代的产物,美国和德国的行政程序法起到了非常重要的示范作用。我国目前已经有多个行政程序法草案稿,多个省市已经制定了地方政府规章(行政程序条例)。我国的行政程序法是采取从地方实验到中央立法的模式,还是采取政府自行立法(抑或全国人大立法)的模式,这是一个值得探讨的问题。

行政程序是实现行政权力过程控制的重要载体。加快行政程序法治化进程既是法治政府建设的题中应有之义,也是健全社会主义法治的必然要求。行政程序理论上的充分论证和价值上的清醒判断是行政程序立法的前提。本章试从理论沉淀、历史渊源、立法实践三个层次展开论述。从理论视角,对行政程序的内涵、功能、价值等内容进行理论阐述,为行政程序立法部分的论证奠定学理基础;从历史视角,行政程序法滥觞于西方,发展成熟于美、德等国,分析西方行政程序法治建设的理念、原则、制度,对当下我国行政程序法治具有重要的借鉴意义;从立法实践视角,通过程序控制行政权力运行是各国民主法治建设的共识。当前,我国行政程序单行法、地方立法为统一的行政程序法典的制定积累了立法经验、奠定了制度前提;探索并提出我国行政程序法的制定路径、目标模式及体系建构是当前推进法治国家进程的重要使命。

第一节 作为过程控制的行政程序

20世纪以来,随着行政权力的渗透和扩张,对行政权力的制约发生了重要转变，即从注重权力来源的事前控制、权力监督问责的事后控制转向通过行政程序强化权力运行的事中控制。不断完善行政程序立法进而实现法典化是现代行政法的重要特征之一。明确行政程序的内涵和外延、功能和价值，对开展行政程序立法具有重要指导意义。

一、行政程序的基本内涵

明确行政程序的界定，是探讨行政程序功能与价值的重要前提。对行政程序的分析按照程序——行政程序——正当行政程序逐步深化展开。

何谓"程序"？古代典藏中对此表述为"程，法式也"[①]。在现代的语境中，程序指"事情进行的先后次序"[②]或"按时间先后或依次安排的工作步骤"[③]。不同领域对程序有不同视角的解读，但都强调其过程性、相对性、顺序性。从管理学的角度，程序是为进行某活动或过程所规定的途径。[④] 从社会生活的视角，程序泛指处理事件的过程及手续，是人的主观意识活动的产物。[⑤] 18世纪英国的哲学家边沁首先将程序的理念引入法学领域，从此程序与法发生了紧密的联系。从法律的视角，程序是行为进行的方式、步骤、顺序及在一定时间阶段作出法律决定的过程。行政权的行使离不开行政程序的规范。

行政程序是制约行政行为扩张性、强制性等特点的一系列程序性要素的总和。行政法学界对行政程序的界定存在一定的差异。归纳起来，大体上有三类观点，一为要素说。如应松年认为："行政程序是行政权力运行的程序，具体指行政主体行使行政权力、做出行政行为所遵循的方式、步骤、时间和顺序的总和。"[⑥] 马怀德认为："行政行为同其他行为一样，有一定的方式、步骤、顺序及时间的延续性，即行政程序。"[⑦] 姜明安认为："行政程序是行政主体实施行政行为时所应遵循的方式、步骤、时限和顺序。行为方式构成行政行为的空间表现形式；行为步骤、时限、顺序构成行政行为的时间表现形式。所以，行政程序本质上是行政行为空间和时间表现形式的有机

---

① 《汉书·高帝纪下》颜师古注。
② 《现代汉语词典》（第7版），商务印书馆2016年版，第170页。
③ 《辞海》，上海辞书出版社1990年版，第1974页。
④ 《质量管理体系基础和术语》（GB/T19000—2008/ISO9000：2005）第三、四、五条。
⑤ 曾娜：《行政程序的正当性判断标准研究》，知识产权出版社2014年版，第15页。
⑥ 应松年：《行政程序法》，法律出版社2009年版，第5页。
⑦ 马怀德：《行政程序法的价值及立法意义》，《政法论坛（中国政法大学学报）》2004年第5期。

结合。"① 二为过程说。章剑生认为："行政程序，简言之为行政行为的程序，即行政主体在依职权所实施的、影响行政相对人权利和义务行为时应当遵循的基本原则、步骤和方法所构成的一个连续过程。"② 三为范畴说。也有学者从广义、狭义的不同范畴对行政程序进行界定，如杨建顺指出："广义上的行政程序，是与立法过程中应遵循的程序即立法程序和司法过程中应遵循的程序即司法程序相对立的概念，是指行政过程中所必须遵循的一切程序。从狭义上讲，行政程序是指行政主体在采取行政行为时所应遵循的程序，即行政行为的事前程序。"③

上述学者关于程序的界定各有侧重，要素说把握行政程序的主要构成元素；过程说通过抽象提炼，指出行政程序具有行政行为运行过程性特征；范畴说从外延的广义、狭义上予以分析。笔者认为，对行政程序的界定既要把握其抽象特征，又要厘清其主要元素，更要把握好其范围边界。故对行政程序作如下界定：行政程序是行政主体在运行权力、作出行政行为、实现行政目的的过程中，必须遵循的方式、步骤、时限和顺序等程序性要求的总和，涵盖行政主体作出的所有行政行为。在对行政程序作出有较大包容性界定的基础上，对行政程序按类别分析有助于深化对行政程序的认识。根据不同标准，行政程序有如下分类：根据规范行政行为的性质不同，可以分为强制性行政程序和非强制性行政程序（有学者称之为非权力行政手段程序④）；根据行政权力的运行形态，可以分为行政立法程序、行政执法程序、行政司法程序⑤；根据行政程序所规范的对象不同，可以分为外部行政程序和内部行政程序；根据行政行为的类型不同，可以分为抽象行政行为程序和具体行政行为程序；以对相对人合法权益的影响性质和影响程序为标准，可以分为主要程序和次要程序；以行政主体遵守行政程序是否具有一定的自由选择权为标准，可以分为强制性程序和任意性程序。⑥

行政程序是一个中性概念，并不涉及价值判断。这里需要对行政程序的"正当性"作进一步解读。这是因为，只有正当行政程序才能发挥其功能，

---

① 姜明安：《行政法与行政诉讼法》，北京大学出版社、高等教育出版社2005年版，第365页。
② 章剑生：《行政程序法学原理》，中国政法大学出版社1994年版，第2页。
③ 杨建顺：《市场经济与行政程序法》，《行政法学研究》1994年第1期，转引自张步峰：《正当行政程序研究》，清华大学出版社2014年版，第4页。
④ 曾娜：《行政程序的正当性判断标准研究》，知识产权出版社2014年版，第202页。
⑤ 本章的讨论不涉及司法机关的司法程序。
⑥ 姜明安：《行政法与行政诉讼法》，北京大学出版社、高等教育出版社2005年版，第366页。

蕴含其应有的价值。正当行政程序源于正当法律程序的概念。在普通法领域，正当法律程序可追溯至 1215 年《英国大宪章》第三十九条提到的"国法"（law of the land），1354 年《伦敦自由律》第三条第一次出现"正当法律程序"①的用语。后者在 18 世纪末经殖民者传入美洲，成为美国宪法规定的一项重要法律原则，联邦宪法修正案第五条和第十四条分别规定联邦和州未经正当法律程序不得剥夺任何人的生命、财产。在英国，自然正义原则②源于普通法，是由《英国大宪章》所衍生的古老原则。虽然其与正当法律程序在用语中不同，但"自然正义在英国法律中所起的作用大体相当于法律正当程序在美国宪法中的作用"③。在大陆法系国家，现代行政法最早出现在 18 世纪末 19 世纪初的法国。④ 权力源于人民的思想深入人心，国家行政权的运行自然要受到人民及其代表所制定的法律的限制。德国最早出现了"法治国"的思想，"行政法治原则"也源于此。行政法治最初表现在实体法领域，通过行政组织法等法律实现机构、人员的法治化；通过建立一套司法体系，实现对行政权的制约和人民权利的救济。至 19 世纪下半叶，随着资本主义向垄断过渡，政府推进服务行政，权力极度扩张，行政权的运行形态从羁束行政向裁量行政转变，依赖原有的机构、人员、职权的法定化及事后的司法救济难以有效制约灵活不羁的裁量权，需要新的规范形式实现对裁量权的约束，在行政法制度体系中行政程序日趋占据一席之地。由于自然正义原则及正当法律程序原则的稳定性，在行政程序日益受到关注的过程中，价值调控功能必然渗透到程序领域，具体化为正当行政程序原则，作为行政程序合理性的重要准则。正当行政程序的"正当性"是一个价值判断问题，目前对这一问题的研究有两种探讨路径："一是直接分析正当程序的正当标准，

---

① 《英国大宪章》第三十九条规定："任何自由人非经贵族院依法判决或者遵照国法之规定外，不得加以扣留、监禁、没收其财产、剥夺其公权、或对其放逐、或受到任何伤害、搜查或者逮捕。"《伦敦自由律》第三条规定："任谁，不论其财产或身份如何，不得未经正当法律程序，加以逮捕、禁锢、剥夺继承权或处以死刑。"转引自曾娜：《行政程序的正当性判断标准研究》，知识产权出版社 2014 年版，第 20 页。
② 自然正义原则包括两条规则：一是任何人都不能成为与自己有关案件的法官；二是应该听取双方意见。这一原理成为现代行政程序的渊源。杨建顺：《日本行政法通论》，中国法制出版社 1998 年版，第 786 页。
③ 〔英〕威廉·韦德著，徐炳等译：《行政法》，中国大百科全书出版社 1997 年版，第 93 页。转引自曾娜：《行政程序的正当性判断标准研究》，知识产权出版社 2014 年版，第 21 页。
④ 王名扬：《法国行政法》，中国政法大学出版社 1988 年版，第 11—15 页。转引自张步峰：《正当行政程序研究》，清华大学出版社 2014 年版，第 50 页。

大多数学说是诉诸正义原则，也有学说诉诸更为宽泛的价值标准如民主、合法、合理、效益原则等，而这正是正当程序价值内涵问题；二是归纳正当程序的判断模式，即探讨判断行政程序是否正当的方法"①，并进行归纳。本节重点对正当程序的价值内涵予以分析（见本节第三部分"行政程序的价值"）。需要指出的是，学界对行政程序的特点、分类、意义、功能、价值的分析往往基于行政程序"正当性"的预设。唯有正当行政程序才是法治国家建设之所需，法治文明之祈盼。所以下文对行政程序的论述均以正当行政程序（简称行政程序）为前提。

二、行政程序的功能

程序与法律的关系是密不可分的。正如美国法学家哈罗德·伯尔曼所言："法律是一种特殊的创造秩序的程序，一种恢复、维持或创造社会秩序的介于道德和武力之间的特殊程序。"② 自 18 世纪末以来，"法治国"的提出要求国家权力必须遵循形式理性化的法律规范。行政法自诞生以来就与行政权力一体两面，相伴而行。行政程序作为行政权力的运行载体，同样以法律作为其实现的保障。因此，行政程序的功能只有在行政程序法的语境下才有其现实意义，行政程序的功能正是通过行政程序法来表现的，或者说行政程序必然是法律程序。所以，学界对行政程序功能的探讨均是在行政程序法的前提下展开的。③

法的功能即法的功用与效能，是指法内在所具有的对社会有益的功能和效能。主要有两个层面：一方面体现为规范功能；另一方面体现为社会功能。④ 行政程序法的功能（以下简称行政程序的功能）是行政程序所具有的功用与效能，体现为行政程序的规范功能和社会功能。目前学界关于行政程序功能的研究成果主要有如下特点：一是更加注重行政程序的社会功能。对规范功能论述较少，或者将社会功能与规范功能混为一谈。如应松年认为，行政程序的功能是完善沟通，提高行政行为为社会可接受性程度，建立和维系一个要持续性发展的稳定社会，确保行政程序法实施，并展示自身独立的

---

① 张步峰：《正当行政程序研究》，清华大学出版社 2014 年版，第 13 页。
② 转引自刘庆国：《程序控权理论问题研究》，《甘肃农业》2010 年第 6 期。
③ 本节中"行政程序"与"行政程序法"含义相同，不作明显区分。
④ 卓泽渊：《法理学》，法律出版社 2009 年版，第 35—46 页。

法律价值。① 二是将行政程序作为功能价值予以探讨。有学者强调正当行政程序的功能价值，具体包括：贯彻依法行政，维持行政行为的正确性，提供人民参与决策的机会，代替行政争讼程序和保障人民权益。② 姜明安认为行政程序的价值是"扩大公民参政权行使的途径、保护行政相对人程序权益、提高行政效益、监督行政主体依法行使职权"③。三是将行政程序功能视为行政程序法的意义。马怀德认为："制定统一的行政程序法的意义从政治文明和经济建设两个方面来考察。从政治文明的角度看，制定行政程序法意味着对行政主体行使权力的方式和过程进行约束，政府的制度设计达到较高的水平，对公民权利的深层次保障，对社会效率和公民权利的综合平衡。从经济建设的角度看，制定统一的行政程序法是加强政府对市场经济活动的管理、服务和保障功能的需要，是建立我国统一市场的需要，是保证中国市场准入的需要，是提高中国企业国际竞争力的需要。"④

笔者认为，对行政程序的功能作出深入准确的分析必须澄清"意义、功能、价值"的基本内涵。第一，需要澄清行政程序法的意义与价值、功能的关系。行政程序的意义如果从"法对于人的意义"上来理解，即为行政程序法的价值，因为法的价值即为"法对人的意义"⑤；如果从"法对于经济、政治、文化、社会等作用"的角度来理解，即为法的社会功能。所以，关于"行政程序的意义"的分析的内容将分别列入"行政程序的功能"及"程序的价值"部分，本章不再单独展开。第二，行政程序法的功能与价值的区别。行政程序法是立法者意志的体现，必然要体现出其对人的意义。如果将价值限定在"作为功能之上的至上目标"⑥的高度，功能仅仅停留在功用效能层面，尚难达到价值的层面。前者具有应然性，后者具有实然性。两者显然不是同一个层次的问题；如果认为价值是"法律对人的作用、效用、功能或意义"⑦，那么功能可作为价值体系中较外化、较次要的价值。本章的论述将法的价值界定

---

① 应松年：《行政程序法》，法律出版社2009年版，第23—28页。
② 张步峰：《正当行政程序研究》，清华大学出版社2014年版，第19页。
③ 姜明安：《行政法与行政诉讼法》，北京大学出版社、高等教育出版社2005年版，第368—369页。
④ 马怀德主编：《行政程序立法研究——〈行政程序法〉草案建议稿及理由说明书》，法律出版社2005年版，第4—7页。
⑤ 卓泽渊：《法的价值论》，法律出版社2006年版，第52页。
⑥ 卓泽渊：《法理学》，法律出版社2009年版，第49页。
⑦ 严存生：《法律的价值》，陕西人民出版社1991年版，第46页。转引自卓泽渊：《法的价值论》，法律出版社2006年版，第46页。

在"人们对法的追求信仰的高度",将其看作凌驾于一切现象之上的,指导法的产生、发展等一切活动的永恒指针。基于此,功能与价值的分别还是明显的,分别论述更便于从不同层次理解和掌握行政程序的现实功用和价值理念。

(一)行政程序的规范功能

行政程序的功能是通过一系列规范体现出来的。作为社会规范的一种,规范功能是规范本身所具有的功能,是社会功能得以存在的基础,而社会功能是规范功能的深化和延展。

1. 引导与规制。引导与规制功能是行政程序对相对人和行政主体规范功能最重要的表现。第一,行政程序是法律的预先设定,相对人可以根据法律规定了解程序运行的流程及其导致的最终结果。行政程序是事前、事中引导相对人行使权利并规制行政主体正确行为的重要方式。行政程序对相对人的引导主要体现在行政程序的听证制度、公开制度及说明理由制度中,体现在公民所享有的提供证据、陈述和申辩等权利的行使中,公民有权依据行政程序法律规定,要求参加行政决定的过程并监督行政决定的执行。如美国《联邦行政程序法》对当事人之听证,有特别详细的规定,是该法的核心部分。第二,行政程序对行政主体的规制主要体现为行政程序法对行政决定的方式、过程、顺序、步骤等的明确化,为其正当合理的行政起到规制作用。综观世界各国行政程序法,其主要原则和内容都是行政行为的程序规范。行政主体遵循相关程序,作出理性决定,即使出现违法行政,因为行政程序的事前、事中控制的特点,也能有效化解引发的不利后果,体现出预防和及时纠错的功能。

2. 沟通与整合。行政程序为行政行为双方提供了一个可以平等表达理由的制度性平台。事先参与、预防性参与能够使相对人与行政主体在作出行政决定前实现有效沟通。因为"程序是交涉过程的制度化"[①],在这个过程中,行政程序发挥了理性的桥梁作用。双方进行充分的沟通,行政主体必须尊重、听取并吸纳相对人的正当意见,行政程序的中介性致使行政主体与相对人双方通过相互合作来完成一个行政行为。对于不予接受的意见,也要予以更改说明和论述,方能作出决定。通过交流、博弈、碰撞和反思,实现认识的统一,进而增强行政过程的可接受性。"行政主体那种命令——服从的权力运用方式所具有的单方恣意性将被淡化,取而代之的是一种双方的说理过

---

① 张步峰:《正当行政程序研究》,清华大学出版社2014年版,第21页。

程。从而体现行政程序法的法治精神——合作、协商，进而提高行政行为为社会可接受的程度。"① 一方面，相对人通过陈述和听证环节的程序设计，使权利得到行使、利益得到保障；另一方面，行政主体通过回应与解释，寻求双方的共识。行政程序促使双方达成合意，并对结果予以认同，从而化解冲突，实现社会不同层面的整合。如季卫东提出的，现代程序的特征是"处于平等地位的个人参加决定过程，发挥各自的角色作用，具有充分而对等的发言机会，从而决定更加集思广益、更容易获得人们的共鸣和支持。这样的程序使个人既有选择的自由，同时也为自己的行为负责。严格遵守程序要件的决定被认为是具有正统性的，同时，决定也免去了事后追诉的风险。因此，程序既保护当事人的权利，也保护决定者的权利"②。

3. 制约与保障。用程序限制和规范政府权力，切实保障公民基本权利已成为共识。行政程序对行政主体的程序性规定，不是授权，而是约束。第一，作出行政行为的步骤、方式、时间和顺序，其目的是明确的，就是将权力制约在一定的合理空间内，防止行政主体对公权力的滥用。特别是对行政自由裁量权的实施进行可行性的监控。第二，行政程序通过赋予相对人参与的各项权利，形成了公民权利制约国家权力的机制。相对人不是行政程序法律关系中的客体，而是行政程序的主体之一。在涉及相对人利益的行政行为中，行政程序在行政权的行使过程中为相对人提供参与、监督、防卫及救济的权利。保护公民权利是行政程序法的立法目的。如日本《行政程序法》规定，"本法的目的在于……确保行政活动的公正和提高其透明性，从而有助于保障公民的权利、利益"。这为公民参与行政决定、监督权力运行提供了权利保障。相对人的上述权利就形成了"以权利制约权力"的设计。行政程序法赋予公民的申辩、要求说明理由、拒绝等权利能有效地监督行政行为，防止侵权的发生；行政程序法确立的公告、告知、卷宗阅览等制度也在很大程度上成为公民防卫和救济违法侵权行为的手段。以告知制度为例，很多国家的行政程序法规定了告知权利制度，行政主体作出行政行为后，应当告知受到决定不利影响的人的救济权利，相对人可以通过复议、司法等途径寻求救济。

（二）行政程序的社会功能

行政程序的"社会功能是规范功能相对应的法的主要功能之一，是众多

---

① 应松年：《行政程序法》，法律出版社2009年版，第24页。
② 转引自刘庆国：《程序控权理论问题研究》，《甘肃农业》2010年第6期。

具体功能的集合体"①。它的社会功能主要体现在经济、政治、社会三个方面。

1. 行政程序有利于为市场经济营造良好发展环境。明确政府与市场的边界，发挥市场在资源配置中的决定性作用，是发展市场经济的必然要求。市场经济是法治经济。第一，它要求政府依法行政。依法行政所依之"法"，不仅仅包括职权法，行政程序相关立法是重要的组成部分。行政程序法律制度具有规范政府对市场经济活动的调控、监管、服务的功能，能够有效防止和制止行政主体及工作人员在行政管理中越位、缺位、错位等不利于经济发展的行为。第二，它要求市场主体权益得到切实维护。行政程序法在对政府权力进行有效控制的同时，维护市场主体利益，规范管理行为，避免市场主体的经济活动受到公权力不当干预。行政程序法律制度对高效率的追求，也为市场主体提高竞争力创造了条件。这是因为，"企业的竞争力来自效率，而企业的效率在很大程度上取决于政府的行政效率。如项目的批准、许可证的发放、出入境手续的办理、纠纷和争议的裁决等"②。从与国际市场接轨的视角看，无论是中国企业走出去还是国外企业走进来都需要政府行为公开透明、公平公正。行政程序的法律规范正是以贯彻上述原则为己任，适应经济全球化的浪潮，为经济交往互通提供规范和依据。

2. 行政程序有利于推进民主政治。民主政治发展要求发挥人民的主体作用，广泛实现人民的各项权利。这一要求体现在国家制度上，就是公民广泛地参与政府治理活动的程度。第一，行政程序为公民参与国家治理提供保障。公民对政治的了解、参与、表达、监督是通过法定权利予以保障的。从注重保护公民实体权利转而更加注重程序权利，是各国法治发展的规律。"行政程序制度是现代行政重要标志，是社会法治和公民权利的保障，也是区别'法治行政'和'人治行政'的分水岭。"③ "任何法律实体权利如没有相应的法律程序权益予以保障，则立法赋予再多的法律实体权利也是没有任何意义的。"④ 行政程序法满足了公民在国家治理中全过程参与的要求，使公民意志介入行政立法、行政执法、行政司法的各个环节。"在这个过程中，

---

① 卓泽渊：《法理学》，法律出版社2009年版，41页。
② 马怀德：《行政程序立法研究——〈行政程序法〉草案建议稿及理由说明书》，法律出版社2005年版，第7页。
③ 江必新、郑传坤、王学辉：《先地方后中央：中国行政程序立法的一种思路——兼论〈重庆市行政程序暂行条例〉（试拟稿）的问题》，《现代法学》2003年第2期。
④ 姜明安：《行政法与行政诉讼法》，北京大学出版社、高等教育出版社2005年版，第368页。

公民权成为约束行政权合法、正当行使的外在规范力量。"① 第二，行政程序有利于消除腐败，促进廉洁政治。建设廉洁政府是民主政治的必然要求。权力腐败的本质是权力的异化，其主要表现为公权私用、以权谋私。通过法治加强权力制约是反腐倡廉的治本之策。行政程序法的特点是注重事中控制权力，具有预防性，能够有效实现对权力腐败的防范。另外，对程序公开的制度设计，为公民行使参与权、监督权提供了前提。目前虽然我国尚未制定统一的行政程序法，但单行法、地方性立法对行政程序作了明确规定，同时"政务公开"的推进，也进一步营造了公民参与管理、监督政府的环境。行政程序法对公民参与权、监督权的保障，能有效地促进权力的规范运行。

3. 行政程序有利于维护社会稳定。社会稳定是经济社会发展的前提。现代社会稳定的机制不仅仅是强制力，更需要以民众参与为前提的妥协性的制度性设计。"一个长期有效、相对稳定且超越人的主观意志的规范程序必须包括对权力的有效制约、对权力的道德评估、法律对权力的确认、人民对权力运行的介入和参与等综合效应。"②在民主背景下，妥协性的制度设计是社会保持稳定的重要机制。行政程序的制度设计为相对人搭建了宣泄、服从和说理的重要基础。相对人可以通过宣泄不满而获得内心的平和，通过程序权利的保障而增强服从的自觉性，通过对话说理实现冲突化解。所以，"程序的本质特点既不是形式性也不是实质性，而是过程性和交涉性"③。

三、行政程序的价值

行政程序的价值是"通过行政程序法的贯彻实施所要追求和实现的社会价值"④。

对行政程序价值内容的探讨，学界大体有以下几种观点：第一，在对程序工具主义、程序本位主义进行扬弃的基础上，采取一种折中的观点，"既承认程序相对于实体的工具属性，同时亦承认程序的独立价值和自身'内在品质'。这种折中的程序价值观反映在行政程序中，就是在强调程序的公正

---

① 姜明安：《行政法与行政诉讼法》，北京大学出版社、高等教育出版社2005年版，第368页。
② 邓伟志主编：《变革社会中的政治稳定》，上海人民出版社1997年版，第94页。转引自应松年：《行政程序法》，法律出版社2009年版，第25页。
③ 季卫东：《法律程序的意义——对中国法制建设的另一种思考》，《中国社会科学》1993年第1期。
④ 杨建生：《行政程序法价值探析》，《行政与法》2004年第10期。

价值的同时,仍然看重程序在提高效率和维护秩序方面的价值"①。"在行政法上,行政程序本身所具有的工具性价值是客观存在的,即确保行政实体法的实施。……行政程序法只能作为实现这一终极目的的手段。"② 但同时,我们也要看到,"程序不是次要的事情。随着政府权力持续不断地急剧增长,只有依靠程序公正,权力才可能变得让人能容忍"③。这是目前主流的观点。第二,有学者强调行政程序"本身具有的价值,并将这种价值区分为核心价值和需要审慎对待的价值。核心价值内容包括:平等、可理解性和私人自主。需要审慎对待的价值包括:个别对待、参与者和准确性"④。第三,基于行政程序法在行政法中日益突出的地位,强调对其内在价值(或独立价值)进行深入的分析,认为"效率与公正是行政程序法的两个基本价值目标"⑤,认为行政程序具有内外双重价值,以及更加强调其具有的独立价值都具有一定的说服力,但也需要进一步分析产生上述分歧的主要原因,并从理论上予以澄清。关于"目的性价值"与"工具性价值",第一种观点批判性地采纳了"程序是实体法的工具和手段,程序服务和依附于实体,不具有独立的价值""承认程序相对于实体的工具属性"等看法⑥,而这正是程序相对于结果的工具价值。实际上,此处误用了"工具性价值"。"工具性价值"相对于"目的性价值"而言,虽然"广义上的法的价值可以指法对于人的一切意义,包括法的一切有用性,包括法的目的性价值和法的工具性价值"⑦。二者的区分是"以价值之间的作用关系作出的。在众多的价值中,有价值只是另一些价值得以实现的手段,而有的价值则是其他价值的目的"⑧。可见,"目的性价值"与"工具性价值"是根据价值作用程度作出的划分,而非"程序制度"与"实体制度"之间地位主次的区别。由此可知,程序对实体的依附性

---

① 马怀德:《行政程序立法研究——〈行政程序法〉草案建议稿及理由说明书》,法律出版社2005年版,第2页。
② 应松年:《行政程序法》,法律出版社2009年版,第26页。
③ 〔英〕威廉·韦德著,徐炳等译:《行政法》,中国大百科全书出版社1997年版,第94页。
④ 〔美〕杰瑞·L.马肖著,沈岿译:《行政国的正当程序》,高等教育出版社2005年版,第185—215页。转引自张步峰:《正当行政程序研究》,清华大学出版社2014年版,第19页。
⑤ 王锡锌:《行政程序法价值的定位——兼论行政过程效率与公正的平衡》,《政法论坛(中国政法大学学报)》1995年第3期。
⑥ 马怀德:《行政程序立法研究——〈行政程序法〉草案建议稿及理由说明书》,法律出版社2005年版,第2页。
⑦ 卓泽渊:《法理学》,法律出版社2009年版,第48页。
⑧ 卓泽渊:《法理学》,法律出版社2009年版,第52页。

仅仅涉及程序法与实体法的关系问题，而非价值判断的依据。程序法对实体价值的实现则会产生影响，这正是程序法具有独立价值的体现。这是因为，"行政程序的独立性在于它利用预设的程序，在当事人的参与下，通过证据规则确定一个为当事人接受的，并成为实体法适用基础的事实依据，没有这个行政程序过程，行政实体法则永远处于理想化的状态"①。

我们认为，对任何事物包括法的价值的分析都是建立在事物独立存在、能够与其他事物相分离的基础上的。如果无法独立，其价值就会为其所依附的事物的价值所吸收；正是因为行政程序具有独立性，其对实体正义的保障作用是行政程序价值的表现，也是判断标准，即"结果有效性"（good value efficacy）标准；而行政程序保障其内在目标的实现及实现的程序，是评价程序价值的又一个标准，即"程序价值有效性"（process value efficacy）标准。② 所以，行政程序价值论应建立在行政程序独立性的基础上。

自富勒提出程序自然法观念之后，"程序的德性"开始受到西方人的重视和肯定。富勒表达了程序的"内在道德属性"，程序的德性也就是程序法应具有的"与人性相一致从而为人所尊重所接受的那些品质"③。在富勒看来，其应包括八个方面的内容，即"法律的一般性原则、公开性、非溯及既往、清晰性、内部一致性、可行性、稳定性、官方行为与法律的一致性原则"④。这些道德性要求更多地停留在法律程序技术层面，并对法律程序有所涉及。哈特提出了"最低限度的自然法"思想，"这种自然法是人类为了生存自然形成的用以补救人性缺陷的行为规则，是一个社会的法律和道德的共同因素"。⑤ 这种抽象的表述赋予了法律道德因素更为丰富的想象空间。卢曼在论及程序价值独立性时认为，"程序的内容无非是决定的决定，或'反思的法'。这种不同于实体法的规定或者在实体法没有规定时或规定不够明确时，按照严格的自治程序，采用'看得见的方式'来调整过程、组织关系、分配权利、实行程序正义"⑥。这就直接提出了程序法的独立价值问题。

深入挖掘其所蕴含的价值因素，一般认为行政程序法的核心价值有两

---

① 应松年：《行政程序法》，法律出版社 2009 年版，第 28 页。
② 应松年：《行政程序法例法研究》，中国法制出版社 2001 年版，第 59 页。
③ 张步峰：《正当行政程序研究》，清华大学出版社 2014 年版，第 21 页。
④ 李强：《富勒的程序自然法及其法治价值》，《法制与社会》2014 年第 34 期。
⑤ 吕世伦：《西方法律思想史论》，商务印书馆 2006 年版，第 132 页。
⑥ 汪进元：《论宪法的正当程序原则》，《法学研究》2001 年第 2 期。

个，一是公正，二是效率。任何国家制定行政程序法都不可能不考虑这两项价值，而这两项价值谁处于优先地位，则取决于各国的政治、经济、文化传统，以及风俗习惯。

（一）程序正义

程序正义是一种过程正义，是行政程序运作过程中实现的价值。它们体现于行政程序本身，是不依赖于最终的结果而由自身得到证明的价值。人们逐渐认识到，"程序不是次要的事情。随着政府权力持续不断地急剧增长，只有依靠程序公正，权力才可能变得让人能容忍"①。罗尔斯的程序正义论将程序正义推到了新的高度，他论述了程序正义的三种形态，即纯粹的程序正义、完全的程序正义和不完全的程序正义。他说："在纯粹程序正义中，不存在判定正当结果的独立标准，而是存在一种正确的或公正的程序，这种程序若被人们恰当地遵守，其结果也会是正确的或公平的，而无论它们可能会是一些什么样的结果。"② 虽然，这种"程序本位主义"的观点颇有极端之嫌，但也从一个视角说明了程序正义的独立性和重要性。程序公正的内涵包括：一是以保障相对人的实体权益为目标。在程序上设计一套防止行政权恣意的制度及相对人程序性权利安排这二者的目标指向是明确的，就是维护相对人的实体权益。二是相对人享有能够与行政机关相对等的程序性权利。首先，享有了解权。当行政决定将要影响到特定相对人的利益时，该当事人有了解作出决定的相关信息的权利。其次，享有参与和表达权，即反驳对自己不利的观点、表达自己的意见的权利。三是行政权力在行政过程中的规范运行，保证行政过程的公正和无偏私。人们一旦自愿参加到某个程序中来，就意味着自愿接受了程序带来的后果，除非程序的进行明显不公正。"只要程序适用公平，不偏不倚，严厉的实体法也可以忍受。"③

（二）程序效率

行政对效率的追求决定了行政程序必然要服务于"效率"这一价值目标。行政程序的制度设计应有利于提高行政效率，维护行政管理的正常有效开展。行政程序具有中介性、技术性的特征，这使通过行政程序提高效率成为可能。行政程序的中介性意味着程序始终是实现目标的媒介，虽然与目标

---

① 〔英〕威廉·韦德著，徐炳等译：《行政法》，中国大百科全书出版社1997年版，第94页。
② 〔美〕约翰·罗尔斯著，何怀宏、何包钢、廖申白译：《正义论》（修订版），中国社会科学出版社2009年版，第67页。
③ 田平安：《程序正义初探》，《现代法学》1998年第2期。

尚有距离，但这是实现目标的必由之路；行政程序的技术性，意味着行政程序是一个完备、科学、具有可操作性的体系。行政程序追求效率的制度设计主要表现在：一是程序设计以实现经济、便利为原则。例如，时效制度、代理制度、简易程序、明确立案、调查、行政行为的作出和执行，必须遵守一定的期限和形式；当事人提出意见、文书阅览、申请回避、申请复议等，也必须遵守一定的期限和形式。二是自由裁量权的制度安排，如行政处罚的自由裁量、紧急处置权的赋予等。因为行政程序的基本方针是研究如何设计一个使行政机关工作人员武断和"伸手过长"的危险降低到最低限度的制度，但同时也应保持行政机关进行有效管理的灵活性。① 三是与其他法律制度的衔接贯彻"行政效率优先"的原则。例如，行政复议、行政诉讼不停止行政行为的执行等。四是统一、格式化的行政程序制度，要求行政行为的标准化、规范化，实现行政运转的高效率。五是行政程序中的参与机制，减少发生纠纷的可能性，从而提高行政效率。

第二节 行政程序法的滥觞与嬗变

行政程序法是为制约日益扩张的行政权力应运而生的。自19世纪末第一部行政程序法典诞生②至今的100余年间，历经四个发展阶段，先后掀起了三次行政程序法典化的浪潮，特别是美国和德国的行政程序立法各自以鲜明的立法特色开创了行政程序法典化的两种代表性模式，对世界各国产生了深远影响。当前，第三次法典化浪潮方兴未艾，随着对行政权规制的要求日益迫切、公众参与行政的热情日益高涨，行政程序法典化已成为不可阻挡的潮流。

一、行政程序法的发展演变

行政程序法萌芽于19世纪末，发展于20世纪中期，成熟于20世纪下半期，扩张于当代。

（一）行政程序法的萌芽期（19世纪末至20世纪初）

行政程序法的产生与行政权的扩张如影相随。西方自然法学代表人物洛

---

① 王锡锌：《行政程序法价值的定位——兼论行政过程效率与公正的平衡》，《政法论坛（中国政法大学学报）》1995年第3期。
② 1889年西班牙制定了世界上第一部行政程序法典。

克、孟德斯鸠等提出的权力与制衡学说为实体法权力控制提供了理论武器,随着行政权力向经济社会各个角落扩张与渗透,实体法的局限性日益显现,传统控权模式对权力运行过程特别是自由裁量权的控制束手无策。防止权力的滥用、保护公民权利免受权力的侵害,成为行政法学必须破解的课题。一些西方学者开始探索控制国家权力的新路径。最具有代表性的人物是斯蒂芬·L.埃尔金、爱德华·索乌坦等人。通过完备和完善的程序设计来控制国家权力,是这些论者的主要观点之一,他们认为"主要工具是法治和正当程序制度,即一系列限制政府专横地侵犯个人的能力的程序"①。通过行政程序控制权力运行过程的要求必然体现在立法上。早在1889年西班牙制定了共159条的《行政程序标准法》,这是世界上第一部行政程序法典,开创了行政程序立法的先河。行政程序法典的出现,标志着对权力的制约实现了由实体法向程序法的转变②,由权力制约权力向权利制约权力的转变,由事前、事后向事中的转变。

(二)行政程序法的发展期(20世纪20年代至第二次世界大战)

行政程序法的发展期也被称为行政程序法典化的第一次浪潮。1925年7月21日奥地利制定了《普通行政程序法》,其于1926年1月1日起生效,共包括四部法律:《一般程序法》《行政处罚法》《行政执行法》和《行政程序法施行法》。这部法典对邻国产生了重要的影响。随后,捷克斯洛伐克于1928年1月13日公布了有关行政程序的行政命令,波兰也于同年3月22日宣布其行政程序法生效,南斯拉夫则于1930年11月9日通过行政程序法。德国各邦纷纷出台制定行政程序法(草案),德国曾以奥地利行政程序法为蓝本,拟定了《帝国普遍行政程序法(草案)》,后因第二次世界大战爆发,没有来得及公布。这一时期,"由于行政机关是立法的主要推动力量,行政权自我约束的色彩较为浓厚,强调行政的简化和高效,对私人的利益考量不足。但听取意见、阅览卷宗、说明理由等制度已在其中有所规定,只是规定得较为简单,尚未系统"③。

(三)行政程序法的成熟期(第二次世界大战结束后至20世纪90年代)

行政程序法的成熟期也被称为行政程序法典化的第二次浪潮。最具代表性的美国和德国行政程序法都是在这一时期制定的。1946年美国出台《联邦

---

① 汪进元、汪新胜:《程序控权论》,《法学评论(双月刊)》2004年第4期。
② 姜明安:《行政程序:对传统控权机制的超越》,《行政法学研究》2005年第4期。
③ 应松年:《行政程序法》,法律出版社2009年版,第34页。

行政程序法》，这部法典在世界范围内产生了重大影响，许多国家以此为蓝本，纷纷制定本国的行政程序法。这在世界范围内掀起了行政程序立法的一轮高潮。奥地利（1950）、捷克（1955）、南斯拉夫（1957）都经修订而公布了新的行政程序法。匈牙利（1957）、西班牙（1958）、波兰（1960）、瑞士（1968）、挪威（1967）、瑞典（1968）制定了行政程序法。日本于1964年制定了行政程序法草案。德国是最早着手制定行政程序法的国家，从1883年起，德国普鲁士邦公布了内容包含有行政程序法的《普鲁士邦行政法通则》，并于1976年制定了《联邦行政程序法》，此后，历经多次修改完善①。相比之下，美国法的规范对象同时包括抽象的规则制定与具体的行政裁决，而德国法基本上局限于具体的行政决定和公法契约。另外，美国法是纯粹的行政程序法，而德国法则规定了一些实体性的内容，即规定行政决定的成立和效力等制度，实现了行政法总则的部分法典化。德国《联邦行政程序法》对其他大陆国家的行政程序立法产生了巨大的影响。第二次世界大战后，世界各国对战争的深刻反思对行政程序立法起到了推动作用，并影响了立法原则、内容的构建。这一时期行政程序立法以保护公民权利和追求民主公正高效的行政管理为主要内容，更加注重个人面对国家时的独立主体地位和国家对个人权利的尊重。

---

① 德国《联邦行政程序法》在其实施后共进行了19次修改，但大多数的修改不具有实际意义。其中影响比较大的修改是：1996年5月2日的行政程序法修改法（BGBl. IS. 656）和1996年9月12日的行政许可程序加快法，以及1996年11月1日有关第六次修改行政法院法和其他法律的法律。1998年8月6日的行政程序法第二次修改法，一方面由《联邦行政程序法》第三十三条确定：行政机关的计算机手段得到确认，经公证的附件具有同样的效力；另一方面，原《联邦行政程序法》第六十一条第一款规定的行政合同中的即时执行是仅适用于行政机关还是也适用于公民这个问题以第一种意义得以确定。2002年颁布了修改行政程序法律规定的法律，通过这次修改，首次在《联邦行政程序法》中引入了电子化交流的相关规定。2008年为履行欧盟法上的法律转化义务，德国通过在2008年生效的第四部关于修改行政程序法律规定的法律、《服务业指令》在商业法中的转化法律及其他一些国内法律规定，将该欧盟指令的内容转化为德国本国法的规定。2013年，为了完善公众参与制度与统一规划确定程序，《联邦行政程序法》规定之外创设的相关规范被纳入《联邦行政程序法》第七十三条以下的规定之中；为了达到规划透明、利益相关者参与及实现规划可接受性的目的，此次修改在《联邦行政程序法》第二十五条增加了第三款，引入提早公众参与制度，但利益享有者对这种早期参与并不承担法律上的义务。该法的修改内容表明，修改的主题围绕以下方面展开：保障行政程序法的统一性，加速行政程序运行，扩大程序瑕疵补正的可能性，增强公民的参与程序及强化机关提供的权利保护，行政活动的网络化及电子化的信息、交流和磋商技术。参见应松年：《行政程序法》，法律出版社2009年版，第44页；杨柳青：《德国行政程序法》，《法制与社会》2010年第26期；〔德〕迪尔克·埃勒斯著，展鹏贺译：《德国行政程序法法典化的发展》，《行政法学研究》2016年第5期。

（四）行政程序法的扩张期（20世纪90年代至今）

行政程序法的扩张期也被称为行政程序法典化的第三次高潮。这一时期，已制定行政程序法的国家根据新的形势发展要求着手法律的修订。其中，奥地利于1991年修订了行政程序法；西班牙于1992年配合民主宪法，彻底抛弃了1958年《行政程序法》中的陈旧内容，制定了全新的《公共行政机关及行政程序法》；德国于1992年、1997年两次对行政程序法进行修订。还有一些国家和地区特别是亚洲的国家和地区纷纷制定出台本国和本地区的行政程序法。意大利于1990年制定行政程序法，葡萄牙于1991年制定、1996年修订行政程序法，荷兰于1994年制定行政程序法；日本早在1964年即起草了第一部行政程序法草案，但直到1993年《行政程序法》才正式获得通过，该法最初仅规定了行政决定（行政处分）和行政指导，后来在2005年又增加了作为行政立法事前程序的意见公募程序；韩国于1996年、我国台湾地区于1999年颁布了行政程序法。第三次浪潮由欧美国家向亚洲国家和地区扩张，以要求政府行政公开透明、便于公民参与社会管理、进一步保护公民权利为主要目的。

二、美国行政程序法的经验与借鉴

美国行政程序性规定主要表现在《联邦行政程序法》等相关立法及美国宪法修正案中。美国在出台《联邦行政程序法》之后，又于1966年制定《信息自由法》、1974年制定《隐私权法》、1976年制定《阳光下的联邦政府法》，相关内容纳入《联邦行政程序法》中。1946年制定的《联邦行政程序法》经历了近20年的6次主要修改，才演变形成正式的法典。美国《联邦行政程序法》以宪法的"正当法律"为基础，以确认和保护公民权益的"听证制度"为核心，并对政府制定规章、情报公开、行政裁决、司法审查等程序作了明确规定。

（一）美国《联邦行政程序法》的主要内容

《联邦行政程序法》共分五个部分，具体为一般性的形式规定、行政机关与人民之间关系的规定、行政行为程序规定、有关听证和决定的详细规定、司法审查的规定，但"其主题事项不外两端：一为行政立法程序，即法规制定之程序；二为行政司法程序，即行政裁决之程序。此两者乃该法之核心，其余皆系规定"①。以下重点对这两种行政程序的部分内容展开论述。

---

① 转引自丁保河：《美国行政程序法初探》，《研究生法学》1997年第2期。

根据行政行为的分类，行政行为分为行政裁决和法规制定。

第一，裁决程序。裁决是准司法性质的行为，因此行政程序法规定了审讯型听证[1]裁决程序，这是正式程序。这种程序的主要内容：允许直接的口头听证，相互盘诘证人，宣誓证言，由一个中立的听证官员——行政法法官主持听证，并按记录作出裁决决定。只有在行政程序法之外的其他法律明确规定"必须根据机关听证记录作裁决"时才适用正式程序。行政机关从事非正式的活动时，使用非正式程序。非正式活动的大部分决定事关个人而非一般性的政策制定，最低限度的程序要求是为该决定说明理由，为当事人提供书面或者口头陈述的权利。

第二，规章制定程序。该程序包括制定法规普遍适用的非正式程序和仅适用于法律有特别规定时的正式程序。行政程序法规定的规章制定程序称作"通知—评议程序"，这是一种非正式程序，具体包括发布公开通知、邀请利害关系人对该规章草案提出书面意见、行政机关考虑这些意见进而制定出最终的规章。规章制定的正式程序是按照正式裁决程序制定规章的程序，即联邦行政程序法要求行政机关按听证后的记录制定规则，适用正式裁决程序制定规章。两类程序都包括通告、评论、公布最终法规等环节，但公众参与和评论的方式和程序不同，在正式程序中，行政机关必须举行审判型的口头听证。

上述程序也存在不足。主要表现为正式程序过于烦琐低效，非正式程序有程序限制。20世纪70年代以来，美国对行政程序法中的程序作了进一步的改进，增加了混合制定法规程序和协商制定法规程序。混合程序同时采用局面表达、口头表达和有限度的口头辩论各种方式；协商程序则要求行政机关在公布抑制法规之前，设立由利害关系人和行政公务员组成的协商委员会，进行协商达成合意后，再进行通告—评议程序。[2]

（二）美国《联邦行政程序法》的经验借鉴

《联邦行政程序法》作为行政程序立法的典范，在目标模式、主要原则、内容设计、制度体例方面都有其特色和亮点，我国行政程序立法有必要予以批判性的借鉴。

1. 倾向保障公民权利的目标模式。《联邦行政程序法》最重要的制度就

---

[1] 刘苹：《美国行政程序法概念辨析》，《行政法学研究》1999年第2期。
[2] 邓志宏：《完善我国的行政程序立法——论美国行政程序法对我国的启示》，《学术交流》2003年第8期。

是行政公开。这一制度在1946年实施的《联邦行政程序法》中没有详细的规定。为了保障公民的了解权,促进行政活动公开化,1966年制定的《信息自由法》、1974年制定的《隐私权法》、1976年制定的《阳光下的联邦政府法》实际上是对1946年《联邦行政程序法》的修改和补充。为了贯彻公开、参与、公正等程序原则,在具体制度设计上,通知评议程序既是行政公开的体现,也是行政民主的体现,为公众参与制定法规的过程、加强对行政权的控制提供了途径。在行政裁决程序的正式程序中,"听政"是正式程序裁决的核心,也是美国行政规章程序的核心,它保障公民参与制度的制定过程,表达个人诉求,维护切身权益。这一制度为许多国家行政程序立法所借鉴。

2. 以正当程序为基本原则。在美国汉密尔顿提出"正当程序"并将之纳入《人权法案》以后,以正当程序条款①为观念基础,美国制定了《联邦行政程序法》。虽然该法没有明确规定其基本原则,但该法所规定的行政立法制度、行政调查制度、情报自由制度、行政听证制度等,均体现了"正当法律程序原则"。"'正当程序'在美国被区分为'实体性的正当程序'和'程序性的正当程序'……'程序性正当程序',是我们通常所理解的正当程序,即指政府在剥夺人的生命、自由、财产之前必须遵循的程序。这种程序通说以为是发布通知、提供听证机会的程序。"②

3. 强调行政程序的重要价值。美国行政程序法内容基本为程序性规定,该法对行政立法和行政裁决程序均予以规范,基本不涉及实体性的内容。这与美国法治文化中"重程序"的观念有关,同时也反映了这部法律的体例设计特点。我国作为大陆法系国家,受到"重实体轻程序"观念的深刻影响,在程序立法中如何突出程序的重要性并且同时与实体法有效衔接是值得深入探讨的问题。

三、德国行政程序法的经验与借鉴

德国行政程序法的立法架构是程序与实体并存。具体内容由八章构成,分别是:适用范围、土地管辖和职务上的协助;行政程序的一般规定;行政处分;公法契约;特别程序;法律救济程序;荣誉职务和委员会;终结

---

① 美国联邦宪法第五、十四修正案所确立的正当法律程序观念逐渐向行政法领域渗透。其主要内涵为:行政机关行使行政权力剥夺私人的生命、自由或财产时,必须听取当事人的意见,当事人具有要求听证的权力。

② 转引自刘莘:《美国行政程序法概念辨析》,《行政法学研究》1999年第2期。

规定。

(一) 德国《联邦行政程序法》的主要内容

行政行为的程序是德国行政程序法的核心内容。德国行政程序法共规定了三种程序,即非正式程序、正式程序和计划确定程序。

第一,非正式程序。非正式程序是行政行为的一般程序,在法律没有特别规定时适用。该法虽然有正式程序与非正式程序之分,但主要适用非正式程序,因其具有简单、便利的性质。德国《联邦行政程序法》第十条规定,如果法律对程序没有特别的规定,行政当局可以根据需要采取任何方式活动。但是行政当局要受到两种限制:一是对活动方式的选择要符合行政程序法关于非正式程序的原则要求,即简易原则和目的原则;二是应当适用并遵守《联邦行政程序法》第二章"行政程序一般规定"及补充规定。

第二,正式程序。《联邦行政程序法》第五章第一节对正式程序作了规定,正式行政程序是以听证为特征的程序。除适用行政程序的一般规定以外,行政程序法对正式程序作了特别规定,包括:证人负有作证的义务,专家负有作出鉴定报告的义务;作出决定之前,行政机关应当能够在场给予相关人发表意见的机会;行政机关在经过言词审理之后才能作出决定;决定以书面方式作出,并书面说明理由;对适用正式程序作出的行政决定提出行政诉讼时,不需要先行复议。

第三,计划确定程序。计划确定程序是正式行政程序在计划确定中的运用,仍然以听证为核心内容。其也在法律有特别规定时适用于重大开发事项。① 计划确定程序在程序上的要求比正式程序更为严格,包括:听证机关与计划确定机关相分离;参与主体的范围具有广泛性;信息披露充分;已确定的计划在完成之前需要修改的,应经过新的计划变更程序。

(二) 德国《联邦行政程序法》的经验借鉴

德国《联邦行政程序法》作为大陆法系行政程序立法的代表,与我国在文化传统、制度体系方面都有相近之处,对我国行政程序立法具有直接借鉴的意义。德国《联邦行政程序法》在以下几个方面值得我国立法予以参考。

1. 目标模式:从遵循简便有效走向效率与权利保障并重。德国《联邦行政程序法》第十条规定,行政程序分为正式程序与非正式程序,但无论哪种

---

① 包括建设联邦长途公路干线的计划确定程序(《联邦长途公路干线法》第十七条)、水域改建的计划确定程序(《水域平衡法》第三十一条)等。

行政程序的实行,都应"力求简单,合乎目的之要求",这说明德国行政程序法在立法之初注重效率优先。所以,有学者指出,在第二次世界大战前由于浓厚的警察国家和官僚专制色彩以及受到德国行政法学始祖奥托·迈耶"行政行为不受任何形式的拘束,行政机关为行政行为时,可无任何个人的介入理论"①的影响,行政程序中相对人的作用被忽视了。这是以行政效率为中心的自我约束的传统。但基于对第二次世界大战的反思,战后颁布的《联邦行政程序法》明确贯彻德国《基本法》关于"人之尊严不可侵犯,一切国家机关均有尊重和保护此尊严的义务"的宪法理念,重视行政决定对当事人权利的保障。如此,德国行政程序法,在遵循简便高效原则的同时,兼顾权利公平的价值取向。我国行政程序立法应借鉴德国的立法原则,既要追求效率,更要兼顾公平。

2. 立法架构:实体与程序兼容。德国在传统上是"重实体、轻程序"的国家。在相当长的时间里,由于德国在行政法领域没有一部一般行政法的法典,在法律实践当中,人们满足于适用一般法律原则(allgen eine Rechtsgrunds tze),它起源于与行政实践活动相互配合、相互适应的朴素正义观念或者诚实信用原则。在这种背景下,人们普遍认为,行政程序法本身不存在价值。自20世纪60年代以来,由于缺乏规范行政行为、保障行政和公民之间交流与合作的行政程序法的规定,实体法规则难以适应实践的要求。没有程序性的规范,就不能作出正确的行政决定,行政程序的价值由此得到确认。这一转变过程对德国行政程序法的内容产生了很大影响。《联邦行政程序法》在内容上既包含了程序规定,也包含了实体规定。除了在内容部分提到的程序设计,该法对于作出行政行为和缔结行政合同这两种主要的行政活动方式,分别在第三十五条之下及第五十四条之下的条款中作出了实体性规定。②具体而言,这些实体规范主要有:职务协助、职务公正、具体行政行为的概念、附属规定的适法性、具体行政行为内容上的确定性、承诺、裁量、具体行政行为的自始无效与再解释、具体行政行为的撤回与废止、对公法合同作出的基本规定等。③我国目前缺少统一的行政法典,利用此次制定行政程序法

---

① 王万华:《行政程序法研究》,中国法制出版社2000年版,第76页。
② 〔德〕迪尔克·埃勒斯著,展鹏贺译:《德国行政程序法法典化的发展》,《行政法学研究》2016年第5期。
③ 〔德〕弗朗茨-约瑟夫·派纳著,刘飞译:《德国行政程序法之形成、现状与展望》,《环球法律评论》2014年第5期。

的契机，对实体法一般性内容作出统一规定，以弥补因为行政法法典的缺失而无法系统有效地规范行政权力的不足，同时对行政程序予以统一规范。这不失为一条可行的路径。

3. 立法路径：从地方立法走向联邦统一立法。德国行政程序立法经历了地方立法阶段向联邦立法阶段过渡的过程。从1883年起，德国所属各邦开始着手制定包含程序性内容的行政法规或行政程序立法，开始了从地方行政程序法走向统一立法的历程。最早的是普鲁士邦于1883年7月30日公布的《普鲁士邦行政法通则》，虽然未以行政程序法命名，内容实为行政程序法；巴登邦于1884年颁布了《行政程序法》；图林根邦于1926年颁布了《行政法》，包括行政组织和行政程序两部分；符腾堡邦于1931年公布了《行政程序法（草案）》，对制定一部范围广泛的一般行政法法典进行了探索；威敦比克邦于1936年制定了《行政法典（总则）草案》。德国法学家于1929年提出制定全国统一的行政程序法的建议。在地方立法的推动下，德国吞并奥地利后，以奥地利程序法为蓝本，草拟了《帝国普通行政程序法（草案）》，但因第二次世界大战爆发未能公布。第二次世界大战后，德国内政部组织起草了《行政地标准草案》，1965年又在此基础上形成《慕尼黑草案》，1973年又对《慕尼黑草案》作修改，最终于1976年制定了《联邦行政程序法》。该法实体和程序并重，创建了与美国不同的特色鲜明的立法模式。德国从地方到联邦立法实践的成功经验，对当下我国行政程序立法从地方起步迈向中央立法具有重要的借鉴参考意义。

第三节　行政程序法制定的中国路径

目前我国行政程序立法有以下三种形态：一是行政单行法中作为实体性内容的保障与实体性规定共存于一部法规之中；二是零散地在我国某个领域的行政管理法规中予以规定；三是地方性立法，这是行政程序专门立法的起点。充分整合、协调现有立法资源，尽快制定出台统一的行政程序法典已是行政法学界的共识。当前的行政程序立法活动为全国性的统一立法奠定了制度基石，积累了实践经验，也提出了必须克服的困境与难题，在此基础上，探索全国性行政程序立法的路径、科学规划立法内容、严谨构建制度体系，已是摆在行政法学界面前的重要使命。

一、行政程序立法的探索与示范

我国的行政程序立法以宪法为依据,具体立法从规范行政行为和行政救济的单行法、行政管理法规中的相关规定、地方性法规这三个层面着手、突破,呈现出分散式、多层次、多元化的特点。

(一) 宪法规定提供立法依据

我国宪法为程序立法提供了依据,明确了行政程序法的基本原则。例如,宪法第二条规定:"人民依照法律规定,通过各种途径和形式,管理国家事务,管理经济和文化事业,管理社会事务。"这是行政参与和行政公开原则的依据。第二十七条规定:"一切国家机关实行精简的原则,实行工作责任制,实行工作人员的培训和考核制度,不断提高工作质量和工作效率,反对官僚主义。"这其中蕴含了效率原则。"一切国家机关和国家工作人员必须依靠人民的支持,经常保持同人民的密切联系,倾听人民的意见和建议,接受人民的监督,努力为人民服务。"这是听证制度的重要依据。第三十八条规定:"中华人民共和国公民的人格尊严不受侵犯。禁止用任何方法对公民进行侮辱、诽谤和诬告陷害。"这是公民权利保障的依据。[①] 这些规定为制度统一的行政程序法提供制度依据。

(二) 行政单行法[②]对相关行政程序予以规范

1996年3月17日,八届全国人大四次会议通过了《中华人民共和国行政处罚法》,统一了行政处罚领域的行政执法程序,首次确立了听证制度,规定了公开、告知、说明理由、职能分离等制度,确立了当事人了解权、陈述意见权、申辩权等程序性权利,改变了这一领域程序混乱、多头立法的局面。此后,2003年《中华人民共和国行政许可法》出台,2010年《中华人民共和国国家赔偿法》重新修订,2012年《中华人民共和国行政强制法》颁行,它们以国家法律的形式规范了各类行政行为所应遵循的程序。除了国家法律层面加快了立法进程,在政府层面,2008年国务院以行政法规的形式通过了《政府信息公开条例》,对信息公开程序作出规范,这对保障信息公开起到了重要的推动作用。此外,行政管理法规分布最为广泛,涉及各个管理领域的行政程序,也最为分散,且具有各个管理领域的特点,如《土地管理

---

① 章剑生:《两大法系行政程序法观念之比较研究——兼论中国行政程序法观念》,《比较法研究》1997年第1期。

② 此处行政单行法包括行政行为法、行政救济法和行政管理法。

法》《公路法》《环保法》等。当然，我国还存在一些程序立法的空白领域。这需要在制定统一行政程序法时予以充分考虑。

（三）地方性法规对全面规范行政程序作出尝试

行政程序地方性立法是以2008年10月1日湖南省出台《湖南省行政程序规定》为突破口的，自此拉开了我国地方行政程序立法的序幕。目前省、省会城市、地级市已先后制定行政程序规定达十余部。2010年《国务院关于加强法治政府建设的意见》中，国务院在政府立法、规范性文件制定、行政决策和行政执法等13处提到了"程序"，可见国务院对行政程序的重视程度。① 在立法引领、政策推动下，地方形成了行政程序法典化的热潮。广东省汕头市（2011）、辽宁省（2011）、山东省（2012）、陕西省西安市（2013）、海南省海口市（2013）、江苏省（2015）、宁夏回族自治区（2015）、甘肃省兰州市（2015）、浙江省（2016）也先后制定出台了"行政程序规定"。上述"规定"都是政府规章或规范性文件。北京市、重庆市有所突破②，以地方性法规的形式制定出台本地区的行政程序条例。地方行政程序立法实践对国家层面中央立法起到了"以点带面"的带动作用。

1. 初步搭建了行政程序实施的立法框架。我国行政程序地方立法的基本框架初见于2008年的《湖南省行政程序规定》。该规定共10章178条。10章分别为总则、行政程序中的主体、行政决策程序、行政执法程序、特别行为程序和应急程序、行政听证、行政公开、行政监督、责任追究、附则。有学者将之总结为"总则—行为主体—行为程序—行为责任"模式。《湖南省行政程序规定》成为其他地方立法的重要参照蓝本。多数省市的框架结构与之相似，即使个别省市如辽宁省、宁夏回族自治区，与之在框架体系上差异较大③，但未能摆脱《湖南省行政程序规定》框架模式的影响。基本认同的框架结构为国家统一立法提供了体系参考。

2. 基本明确了行政程序的立法目的。立法目的是行政程序立法总则中最为核心的内容。《湖南省行政程序规定》第一条所作的立法目的的表述，基

---

① 章剑生：《从地方到中央：我国行政程序立法的现实与未来》，《行政法学研究》2017年第2期。
② 《北京市行政程序条例》于2013年列入北京市地方性法规五年立法规划（2013—2017）中；其作为法规预案研究项目列入北京市人大常委会2014年立法工作计划中，该项预案研究工作委托应松年主持完成，王万华承担撰写工作；其在2015年北京市人大常委会立法工作安排中列为行政程序条例开展立项论证。重庆市人大常委会委托西南政法大学起草《重庆市行政程序条例（草案）》，此后不断进行修改论证。
③ 辽宁省行政程序立法仅规定了"行政执法程序"，宁夏回族自治区行政程序立法章节最少。

本上限定了后来地方性立法对立法目的的认识和表述。其第一条规定："为了规范行政行为，促进行政机关合法、公正、高效行使行政职权，保障公民、法人或者其他组织的合法权益，推进依法行政，建设法治政府，根据宪法和有关法律法规，结合本省实际，制定本规定。"这一条款包含了三个方面的目的，即规范行政行为、保障相对人权益、推进法治政府建设。其他省市关于立法目的的表述基本类似，虽然海南省海口市增强了"维护公共利益和社会秩序"的表述，但其他内容还是相近的。与该立法目的相应，在各省市的地方行政程序规定的表述中，都不乏关于相对人程序性权利的条文。例如，《湖南省行政程序规定》第六条从权利保障的视角作出规定："公民、法人或者其他组织有权依法参与行政管理，提出行政管理的意见和建议。行政机关应当为公民、法人或者其他组织参与行政管理提供必要的条件，采纳其合理意见和建议。"《山东省行政程序规定》第九条则更进一步，明确在行政主体保障相对人权利的方式上，"除法定情形外，应当书面告知其事实、理由、依据、申辩权，以及行政救济的途径、方式和期限"。《宁夏回族自治区行政程序规定》第九条明确表述道，相对人所享有的权利为"知情权、参与权、表达权、监督权和救济权"。这种趋同的立法目的，为国家统一立法中目的模式的确立提供了依据。

3. 总体提供了行政程序的参考模式。行政程序的制度设计，是行政程序立法中的核心和难点问题。行政行为的多样性，使行政程序法不可能全部作出规定，即使求全，也难免挂一漏万。明智之举是采用通则模式，提炼各类行为需要共同遵循的程序，划定程序的底线。《湖南省行政程序规定》采用了"行政决策＋行政执法＋特别行为/应急行为"模式，针对行政行为的三分结构模式，立法分别设计相应的行政程序。[①] 这种鲜明的实用功能主义风格对专家倡导的在国家层面求"大"、求"全"的规范主义风格无疑起到了中和与矫偏的作用。

（四）专家学者提出《行政程序法（草案）》

制定统一的行政程序法是行政法学界由来已久的企盼。为此，一批杰出的行政法学家不仅在理论上深化研究，而且在法律拟定上勇于探索，先后出台了几稿《行政程序法（草案）》，如应松年主持起草的《中华人民共和国行政程序法（试拟稿）》、姜明安主持起草的《行政程序法（试拟稿）》、马怀德

---

① 章剑生：《从地方到中央：我国行政程序立法的现实与未来》，《行政法学研究》2017年第2期。

主持起草的《中华人民共和国程序法（草案建议稿）》，等等。上述草案在行政程序的体例、制度等方面先行一步作出探索，其中不乏真知灼见。如基于已颁行的《行政法规制定程序条例》《规章制定程序条例》，将尚无法可依的规范性文件的制定纳入行政程序法，有的草案称为"行政规范"（应松年稿），有的草案称为"行政规则"（马怀德稿），虽然称谓不同，规则设计有别，但在"规范性文件入法"以弥补法律空白这一点上达成了共识。另外，对特殊程序如行政指导、行政合同的规定也表现出趋同的倾向。再者，草案在兼顾实体与程序、一般与特殊等方面也存在共性。当然几稿草案也存在一些问题的分歧，如内部行政行为是否纳入行政程序法；体例结构的科学性也需要进一步论证，如采用"行政决定"与"行政规范性文件"的二分法及其表述是否恰当等。这些草案稿为立法提供了可予参考的制度设计，对国家制定统一的行政程序法具有积极的推动作用。

二、现行行政程序立法的实施与难点

立法只有在实施中，才能检验其科学性。实践是制度真正的试金石。颁布的行政行为单行法、行政救济法（行政复议法）、行政管理单行法，抑或地方性法规，在实施中暴露出一些问题，这也是后续的全国性统一立法需要审慎对待甚至克服纠正的方面。

第一，"重实体轻程序"的文化观念，影响程序立法的有效实施。我国长期以来存在着"重实体轻程序"的立法观念，行政机关认为行政程序只是达到行政目标的手段和工具，不存在独立价值。这种认识也影响了立法机关的立法倾向，从立法上表现为更加注重实体法，而忽视程序法。社会公众也更为注重纠纷处理的结果是否合法合理，而对过程的合法性正当性关注不足。这种文化观念不仅成为行政程序法出台的巨大阻力，而且对已经颁布实施的行政程序性规定，起到了很大的消解作用。在政府管理实践中，一些行政主体缺少主动依程序行政的意识，使生效法规成为摆设，难以发挥应有作用。部分公众欠缺自觉行使和维护程序性权利的主动性，通过行使程序权利制约公共权力滥用的意识和能力都有待提高。这也导致了呼吁制定出台行政程序法的主力是学理界，来自政府和社会的推动力量显得不足。

第二，分散立法导致令出多门，程序性规定不统一甚至相互冲突。目前，我国行政程序立法采取了"零售式"的分散立法。从层级上看，既有国家法律，也有行政法规，还有大量的地方性规章。从数量上看，行政管理法规数量最多。行政行为单行法虽然基本统一了该类行政行为程序，但不同行政行为程序还是各自分立、自行其是，难以形成行政程序规范体系合力。而且，随着法治政府内容的扩展，重大行政决策、行政合同都处于无法可依的状态，"如果延续单行立法的思路，需要针对应规范的行政行为逐一立法，仅行政执法活动就有二十余种，立法速度远远跟不上立法需求，难以避免出现立法空白"①。加之单行立法只有特别规范需求，无法对基本原则、行政程序证据制度、行政裁量权规范等作出统一规定，而这是程序性立法的重点内容。地方性立法"井喷"式发展，反映出地方程序立法的热情，但立法的局限性、多样性仍是其主要特征。如此多样的程序立法形态，反映在内容上，程序重复、矛盾冲突、粗陋空白都无法避免。同一制度在不同的立法形式中重复予以规定，内容可能并不一致；由于程序性立法的滞后，行政领域无程序可依等弊端不一而足。对此，唯有制定统一的行政程序法，从价值理念、原则精神、制度设计各个层面进行全面的顶层规划，才能破解上述困境，构建一套科学的现代行政程序法律制度。

第三，地方立法位阶较低，制度效力难以充分发挥。首先，地方政府规章、规范性文件效力等级位于国家法律、行政法规、地方性法规之下，处于位阶较低的地位。我国"条块结合"的管理模式，经常导致国务院政府部门的规章与地方政府规章调整范围相重合、内容相矛盾、效力相冲突。这也进一步弱化了地方行政程序规章的有效实施。"湖南的实践表明，由于部门规章是法律或者行政法规就特定事项授权部委作出的特别规定，且全国适用，而《湖南行政程序规定》仅是地方政府规章，绝大多数行政机关、相对人、社会公众均认为应优先适用部门规章，而不是《湖南省行政程序规定》，从而导致行政程序规定难以普遍推行和广泛适用。"② 其次，在行政诉讼中，地方政府规章属于法院的"参照"依据，法院是否"参照"取决于法院对地方性政府规章认可程度的高低，这也是影响地方性行政程序规定效力发挥的重要因素。最后，在国家法律层面，《中华人民共和国行政处罚法》《中华人民共和国行政许可法》《中华人民共和国行政强制法》针对不同的行政行为作

---

① 王万华：《法治政府建设的地方程序立法推进——制定〈北京市行政程序条例〉的几个问题》，《法学杂志》2015年第8期。最高人民法院2004年公布的《最高人民法院关于规范行政案由的通知》中列举的行政行为种类有27种，除行政处罚、行政强制之外，还包括行政确认、行政合同、行政奖励、行政补偿、行政给付、行政征用、行政征购等。

② 王万华：《〈湖南行政程序规定〉实施情况调研报告》（2013年，未刊稿），转引自章剑生：《从地方到中央：我国行政程序立法的现实与未来》，《行政法学研究》2017年第2期。

出了相关规定，纵然地方政府规章对行政程序作出了一系列更为全面的规定，也难以全面落地，甚至上述法律中违背立法精神的规定也无法得到及时纠正。

三、先地方后中央：行政程序法制定的现实路径

应松年曾指出，行政程序法的立法毕竟是一项巨大的工程，立即动手制定一部包括各方面内容的全面系统的行政程序法，准备工作尚嫌不足……因此，可以化整为零，各个击破。从这种现实主义的考量出发，我国行政程序立法实践以宪法为起点，多方论证，多点突破，为制定统一的行政程序法作了理论准备和实践准备。党的十八届四中全会通过的《中共中央关于全面推进依法治国若干重大问题》（以下简称《决定》）的精神为行政程序立法指明了方向。明确行政程序法的制定思路，为下一步立法提供可行的路线图，是行政法学界当下的任务。

（一）路径选择——人大立法抑或国务院立法

《决定》通过之后，统一立法的呼声日益迫切，"行政程序立法应当由零售立法转向制定综合性统一立法"①。接下来的问题是，在国家层面制定统一的行政程序法，是直接由全国人大制定国家法律，还是由国务院制定行政法规，对此一直有不同的争议。有学者认为，"关于中央立法，可以考虑的一个途径是，先以国务院行政法规的形式颁布，时机成熟以后再上升为法律"②。《决定》要求，"健全有立法权的人大主导立法工作的体制机制，发挥人大及其常委会在立法工作中的主导作用"。发挥着行政通则作用的《中华人民共和国行政程序法》，虽然没有明确纳入《中华人民共和国立法法》第八条必须制定法律的条文之中，但鉴于其重要性，可纳入第八条"（十）必须由全国人民代表大会及其常务委员会制定法律的其他事项"之中。此外，从与其他法律协调的角度，也应一步到位，直接制定"国家法律"。目前，各主要行政单行法多为法律，如果制定位阶低一级的行政法规，依照"上位法优于下位法"原则，难以统领规范现行法。对于内容冲突之处，还要依据单行法中的规定，统一行政程序立法权威不足，功效也难以发挥。所以，由全国人大及其常委会制定全国统一的行政程序法是保证立法科学性、民主性

---

① 王万华：《法治政府建设的地方程序立法推进——制定〈北京市行政程序条例〉的几个问题》，《法学杂志》2015年第8期。
② 应松年：《当代中国行政法的新发展》，《中国法律》2011年第3期。

的要求，也是权威性的保障。

（二）目标模式——最低限度公平基础上兼顾效率

《决定》强调"行政机关法无授权不可为""行政机关不得法外设定权力"的同时，为增强效能，进一步要求提高执法效率和规范化水平，推进政务公开，持续推进"简政放权"，简化流程，提高效率。可见，国家政策层面在强调行政权力制约、公民权利保障的同时，要求"权力运行的简约高效"。反映在立法层面，是目标模式的确立问题。有学者在分析"两大法系行政程序法基本原则价值取向的差异"时指出，"以美国为代表的英美法系国家注重公平原则，以德国为代表的大陆法系国家在行政程序法基本原则上更加重视效率原则"[1]。在我国行政程序立法中，"是追求效率本位，还是公平本位？以章剑生的效率原则本位，杨海坤的公平原则本位，应松年、姜明安、王万华的公平效率并重模式，王锡锌的公平效率平衡论为代表"[2]。将效率与公平关系简化为相互对立、孰优孰劣的关系，也过于简单化。无论是公正还是效率都需要一个标准或底线。克服这些局限，必须引入"最低限度的公正"原则。在此基础上才有效率可言。

"最低限度程序公正标准"是实现程序正义的底线，是程序法律制度首先应当满足的要求。具体包括：作出行政行为的程序应当公正，行政程序应当以公开的方式运行，受行政程序的结果影响的人应当充分而有意义地参与到行政过程中来，行政机关应当及时、高效作出行政作为。[3] 可见，只有在遵循"最低限度程序公正"的基础上，追求效率才具有正当性。当然"最低限度程序公正"还具有法治理念、法治精神的高度，在缺少具体规范的情况下，发挥价值衡量的功能。

（三）功能结构——实体与程序兼顾

我国行政程序法应定位为"规范行政权力的基本法，这样可以弥补因行政法法典的缺乏而无法系统有效地规范行政权力的不足"[4]。如此定位，需要行政程序法承担起实体控权和程序控权的双重功能，即从行政实体、行政程序两个方面对行政行为予以规范。德国行政程序立法在这方面作出了示范，"虽然1976年颁布的德国《联邦行政程序法》使行政程序保障的理念在德国

---

[1] 单锋：《行政程序法原则的比较与借鉴》，《行政法学》2002年第17期。
[2] 单锋：《行政程序法原则的比较与借鉴》，《行政法学》2002年第17期。
[3] 应松年：《行政程序法》，法律出版社2009年版，第196—198页。
[4] 王万华：《行政程序法的内容分析及中国的选择》，《行政法学研究》2002年第2期。

获得很大发展，但这部法律的绝大部分篇幅仍集中于行政行为和行政合同，并非名副其实的'程序法'"①。

西班牙、葡萄牙、中国台湾地区、中国澳门地区等的行政程序法也已经作了尝试。"以行政程序规范兼容实体规范……不是纯粹的、有关行政程序的法，而应当是一部'行政法通则'。"② 所以，利用制定统一行政程序法的时机，兼顾实体与程序，在实体法部分，对"行政程序主体、行政行为的成立与效力"等内容作出规定；在程序部分，对一般性程序和特殊程序分别予以规定。

（四）框架结构——一般性程序与特殊程序相结合

框架结构涉及立法技术问题。在技术处理上，应从单行法中提炼出实体法和程序法的规律性内容，加以抽象的理论提炼，形成一般性规范，起到统领专门法和特别程序的作用。以抽象性涵盖多样性和多元化，同时兼顾特殊性和具体化。例如，可将行政行为单行法《中华人民共和国行政处罚法》《中华人民共和国行政许可法》《中华人民共和国行政强制法》中共同的规范，在行政程序法中统一作出原则性的一般规定，将具有特殊性的内容仍然保留在单行法中。目前尚无法律加以调整的特殊程序，可利用这次立法契机，在国家统一立法中予以规范。另外，行政专门性管理法中的一般性程序规定也应提炼出来纳入行政程序法，其个性化的内容予以保留。同时可以在单行法、专门性立法中对国家行政程序法中的抽象规定予以细化，进行配套实施。这与我国目前草案稿的基本思路契合，也符合立法统领基本原则和共性内容，同时兼顾立法空白的初衷。

（五）体系协调——主从配合互相支撑

"独木难成林"，立法体系的构建尤其需要一系列的法律法规相互配合、相互支撑、相互补充。行政程序法律体系需要一部全国统一的行政程序法作为龙头，行政行为单行法作为支柱，专门管理法作为补充，地方性立法作为基础。全国统一的行政程序法以实体法、程序法的原则性、一般性规定为主体，同时兼顾其他法律难以规范的事项；行政行为单行法以细化国家法抽象规定及相关行政行为特殊程序为核心；专门管理法原则上贯彻国家立法的规定，同时规范本管理领域的特殊程序；地方性立法在国家法律原则性规定的基础上，结合本地区的特点，予以细化实施。

---

① 赵宏：《欧洲整合背景下的德国行政程序变革》，《行政法学研究》2012年第3期。
② 章剑生：《从地方到中央：我国行政程序立法的现实与未来》，《行政法学研究》2017年第2期。

第五章
依申请行政行为

依申请行政行为一般是指行政主体只有在行政相对人申请的条件下方能作出的行政行为，也即相对人没有申请则行政主体不能主动作出的行政行为。其主要包括行政许可、行政给付、行政裁决、行政确认、行政奖励等具体行政行为。从现代行政看，此类行政行为具有赋权性或授益性等鲜明特征。从立法角度看，除就行政许可制定了统一的行政许可法之外，我国尚未围绕其他依申请行政行为制定统一的法律。从相互关系看，各依申请行政行为在某些特定情形下存在"包含""吸收"的关系。同时，在实践中此类行政行为存在"一物多名"的现象，易引发概念上的混淆。

第一节　行政许可法与行政审批制度改革

在我国，行政审批制度改革与《中华人民共和国行政许可法》（以下简称《行政许可法》）的制定与实施可谓"形影不离"——行政审批制度改革促进了《行政许可法》的制定，而《行政许可法》的实施又指引着行政审批制度改革。

目前，我国行政审批制度改革的重点已从审批事项精简转为政府职能综合转型，既往采取"先易后难"的改革路径、"存量审批"的静态清理的改革模式日渐式微，政府自我限权的改革动力日渐不足，非许可行政审批"制度后门"的弊端日益显现。在行政审批制度改革的阻力和困难逐渐增大的情况下，我国应当坚持"法治的引领作用"，加强以《行政许可法》为基础的法律规制。

一、行政许可法与行政审批制度

（一）行政许可、行政审批、非行政许可审批之间的关系[①]

行政许可是指行政机关根据公民、法人或者其他组织的申请，经依法审查，准予其从事特定活动的行为。

行政审批是指行政机关基于公民、法人或者其他组织的申请，对其请求和条件进行依法审查，就其从事特定活动、取得资格资质、确定特定民事关系或者特定民事权利能力和行为能力，作出准予或者不准予的意思表示。

非行政许可审批是指不属于《行政许可法》调整的行政审批，包括行政机关的内部审批、政府行使产权人对有关资产管理投入和使用的审批、政府财政优惠待遇审批、授予荣誉称号审批和宗教民族政策性事项审批等。

行政许可和行政审批都是一种行政主体针对行政相对人的外部行政行为，二者均不包括属于内部行政行为范畴的"行政机关对其内部有关人事、财务、外事等事项的审批"。行政许可仅指准予行政相对人"从事特定活动"的行为。行政审批的范围就要大得多，只要行政相对人的事务需要行政主体审批同意，都属于行政审批的范围。除行政许可外，还包括行政确认中的审批、行政给付中的审批、行政征收征用中的审批和其他行政行为中的审批。

行政许可与非行政许可审批之间的区别在于，属于《行政许可法》调整的审批是行政许可，不属于《行政许可法》调整的审批，则属于非行政许可审批。

行政审批与非行政许可审批之间的区别主要在于行政审批属于外部审批，非行政许可审批既包括部分外部审批行为也包括内部审批。

行政审批制度改革中的"行政审批"是包括行政许可、行政审批、非行政许可审批在内的更为广泛意义上的审批。

（二）行政许可法与行政审批制度之间的关系

从产生来看，行政许可法的制定是社会主义市场经济发展的需要，其目的在于实现政府建设法治化；行政审批制度是计划经济的产物，其目的在于加强政府对社会的管制。

从性质来看，行政许可法具有法的属性和特征，不但具有行为规则、社会规范的一般共性，同时还具备国家意志性、强制性、规范性等特性，在效

[①] 胡建淼：《行政法学》，法律出版社2015年版，第267—269页。

力上高于普通的制度；行政审批制度作为普通的制度，仅具有行为规则、社会规范的一般共性，在国家意志性、强制性、规范性等特性上存在一定瑕疵。

从内容来看，行政许可法调整的是行政主体与行政相对人之间的权利义务关系，强调权利义务相统一、重在划清公权与私权的边界，是对外部行政法律关系的调整；行政审批制度则包括政府职能、政企关系、中央与地方的权力关系、地方保护主义、政府机构改革等项内容，突出权力属性，重在公权对私权的监管，既有对外部行政法律关系的调整，也有对内部法律关系的调整。

从发展来看，行政许可法应进一步完善，对行政审批制度改革起到一种促进与指导作用；行政审批制度将逐步走向法制化，需要一系列的相关法律法规来落实、推进。

二、《行政许可法》的制定与行政审批制度改革的实践

中国《行政许可法》的制定可以说是行政审批制度改革的成果。2001年9月，国务院成立了行政审批制度改革工作领导小组，积极、稳妥地推进行政审批制度改革。结果，我国于2002年10月和2003年2月分两批，共取消了1195项行政审批事项，对82项行政审批事项改变了管理方式，取得了显著成效。

在这些改革成果的基础上，2003年8月27日第十届全国人民代表大会常务委员会第四次全体会议通过了《中华人民共和国行政许可法》，该法于2003年8月27日颁布，自2004年7月1日起施行。"行政许可法是一部规范行政许可的基本法，立法所体现的遵循客观规律原则、政府有限干预原则、行政许可法定原则、行政许可设定与实施的公开公平公正原则、便民与效率原则、诚信与信赖保护原则、权力与责任相一致原则，无不体现了市场经济体制对政府干预的基本要求，这些原则正是行政审批制度改革应当遵循的基本准则。"①

《行政许可法》出台以后，中国的行政审批制度改革还在继续，主要围绕着取消、放松、规范及创新审批等方式展开。经过10多年的改革，成效显著，从2001年到2017年底，国务院各部门共取消、调整审批项目2800

---

① 王克稳：《我国行政审批制度的改革及其法律规制》，《法学研究》2014年第2期。

余项。以往乱设审批事项的情况得到一定程度的遏制，行政审批制度的运行逐步规范，审批效率得到提升。但同时，随着行政审批制度改革的深化，实践中变相设定行政审批、随意设定非许可审批等现象也反映出《行政许可法》在规制行政审批制度改革中的问题。

一是未能对行政许可的含义、范围与类型进行清晰的界定。从《行政许可法》第二条①的规定看，对行政许可的定义过于宽泛，未能对此类行为进行明确的界定，从中难以准确把握行政许可行为的特征。依据此定义难以辨识其他依申请实施的行政行为是否属于行政许可，成为实践中行政许可设定失范的重要因素。从《行政许可法》第十二条和第十三条的规定看，行政许可事项的范围过于笼统，存在认定标准模糊、边界不清等问题，为行政机关留下了巨大的解释空间。在实践中，行政机关需要通过实施审批进行管制时，可以通过对《行政许可法》第十二条进行扩大解释为其实行的管制行为寻找到依据；依法应当受到行政许可法规制和约束时，则可以通过对《行政许可法》第十二条进行缩小解释，把大量本属于行政许可的审批事项和行为从行政许可的范围中分离出去。从《行政许可法》第三十九条的规定看，行政许可的形式主要是"许可证、执照或者其他许可证书""资格证、资质证或者其他合格证书""行政机关的批准文件或者证明文件"等。与实践中存在的形式各异的具有行政许可行政性质的行为②相比，行政许可的形式过于粗略，为以不具备行政许可形式但实质属于行政许可的行为脱离行政许可法的规范提供了可能。

二是未能在立法上划定行政许可与行政审批之间的关系。在我国，行政审批作为政府管理的重要手段大量存在，但长期以来立法却从未对行政审批进行明确的界定。2001年国务院行政审批制度改革工作领导小组在《关于贯彻行政审批制度改革的五项原则需要把握的几个问题》（以下简称《实施意见》）中将行政审批界定为"行政审批机关（包括有行政审批权的其他组织）根据自然人、法人或者其他组织依法提出的申请，经依法审查，准予其从事

---

① 《中华人民共和国行政许可法》第二条规定："本法所称行政许可，是指行政机关根据公民、法人或者其他组织的申请，经依法审查，准予其从事特定活动的行为。"
② 实践中具有行政许可性质的行为可谓五花八门，有许可、特许、审核、认可、认证、证明、确认、批准、批示、同意、答复、意见、评价、评定、认定、鉴定、鉴证、注册、登记、年检、登录、决定、指定、指引、指导、申（呈）报、提交、检查、查验、审验、验证、监制、报告、通告、考试、签证、备案、减免、解除、拍卖、招标、抽签、摇号、指标、配额、号牌、标识、标记、标志、办理通行证、开具保荐函、开具无异议函、办理准销证、办理准运证等。

特定活动、认可其资格资质、确认特定民事关系或者特定民事权利能力和行为能力的行为"。2004年在《行政许可法》的立法中，立法机关对行政许可与行政审批的关系进行了简单化的处理，把行政许可与行政审批视为同一行政行为。① 但《行政许可法》对行政许可的定义与《实施意见》对行政审批的定义在表述上又存在一定的差异，行政许可与行政审批究竟是重合关系、分离关系、交叉关系抑或包含关系，仍是众说纷纭，莫衷一是。

三、以《行政许可法》为基础推进行政审批制度改革法治化

经过10多年的时间，行政审批制度的改革进入了深水区，改革的阻力与难度在不断加大，这种情形迫切需要强有力的法律规制。

（一）依法规范《行政许可法》解释，明确《行政许可法》调整范围

近年来，《行政许可法》主要由中央行政机关及地方各级人民政府以规定、决定、通知、意见等形式进行解释。② 这种局面不仅导致对行政许可法的解释存在不规范、不统一的情况，而且与《中华人民共和国立法法》关于法律的解释权限的规定相悖。因此，国家应当依法规范对行政许可法的解释，确保行政许可法的统一适用。具体而言，应当由全国人大常委会根据《中华人民共和国立法法》第四十五条的规定主动对《行政许可法》作出立法解释，或者由国务院根据《立法法》第四十六条的规定依法向全国人大常委会提出法律解释的请求，为行政许可行为界定一个统一、清晰的法律标准。依据此标准，对法规、规章及规范性文件中名为"行政许可"但实属违规设定的许可事项予以改变或者撤销。

（二）依法落实《行政许可法》相关制度，创新《行政许可法》实施机制

一是完善《行政许可法》第二十条规定所确立的行政许可事项评价机制，设定机关应当定期进行评估，及时对相关规定予以修改或者废止；实施机关可以对已设定的行政许可的实施情况及存在的必要性适时进行评价，并将意见报告给该行政许可的设定机关。

二是完善《行政许可法》所确立的相对集中行政许可机制，《行政许可

---

① 参见杨景宇2002年8月23日在第九届全国人民代表大会常务委员会第二十九次会议上所作的《关于〈中华人民共和国行政许可法〉（草案）的说明》。
② 《国务院法制办关于行政许可法有关问题的解答》，《全国贯彻实施行政许可法工作简报》2004年总第14期。

法》第二十五条规定："经国务院批准，省、自治区、直辖市人民政府根据精简、统一、效能的原则，可以决定一个行政机关行使有关行政机关的行政许可权。"依据这一规定对行政审批职能进行归并与整合，实行行政审批综合执法，破除行政体制和组织法上"条块"分割导致的行政审批职权的分散化和碎片化。实践中，可以通过法律法规明确为集中审批而普遍设置的"行政服务中心"的功能定位、法律定位，授予"行政服务中心"行使相对集中行政许可权。同时，也可以利用上下级行政组织之间"同质化"的现实，探索上下级行政组织之间的行政审批综合执法。

（三）加快行政程序立法，依法规范非行政许可审批

从行为的性质看，非行政许可的审批行为中，除去内部行政审批、不具有行政管理性质的审批及《行政许可法》明确规定不适用该法的审批事项外，其他绝大部分的审批事项属于行政法上的确认行为。这类审批行为涉及确认相对人民事权利及民事关系的审批、确认相对人身份或资格的审批、认定特定法律事实的审批以及减免相对人特定义务的审批等内容，其范围比行政许可审批更为广泛。但由于我国目前对确认此类行政行为没有统一的立法，这类行为在审批中存在的问题亦比较多，包括设定事项不清、设定权限混乱、审批期限不明确、审批的自由裁量权过大、审批方式不规范、缺少有效的法律责任约束，等等。因此，我国应在条件成熟时完善相应的程序立法，加强对行政确认类审批行为的规范。

（四）建立健全"批后监管"的制度机制

目前，取消行政审批后如何加强"批后监管"逐渐成为行政审批制度改革的新问题。从当前各地各部门的实践来看，有关"批后监管"的规定中原则性规定多，针对性措施少，未能建立起健全的具体制度和有效的措施。因此，应当根据相关部门行政法理论、结合审批实践，不断创新监管方式。通过信用信息约束、加强综合执法、审慎监管、风险规制及建立监管标准等多种监管工具和手段强化"批后监管"。同时，应当建立事中事后监管措施的常态化评估制度与机制。"批后监管"措施的设计并非一劳永逸，随着行政任务的变化，相关监管措施也需要不断进行调整和修正。因此，应当建立常态化评估机制，分类制定具体监管办法，建立与取消审批事项后相应的"批后监管"措施目录，明确后续监管内容、方式和责任；建立事中事后监管措施专项评估和报告制度，对审批项目取消后运作和监管的相关情况，及其在激发市场活力、减轻企业和群众负担、提升行政效率等方面所取得的成效进

行评估,并将评估报告报送审批改革机构。

第二节 服务型政府下的行政给付

一、服务型政府的基本内涵

"服务型政府"这一概念由温家宝在2004年2月21日举办的省部级主要领导干部树立和落实科学发展观高级研究班结业式上的讲话中首次提出。党的十七大报告明确提出了"加快行政管理体制改革,建设服务型政府"的要求。党的十八大报告也明确提出了"建设职能科学、结构优化、廉洁高效、人民满意的服务型政府"的要求。

服务型政府是指在公民本位、社会本位理念指导下,在民主制度框架内,把服务作为社会治理价值体系核心和政府职能结构重心的一种政府模式或者说政府形态。① 与传统政府模式相比,服务型政府在政府职能结构上以社会服务为重心,强调社会服务是政府的目的,是政府存在的价值所在和主要依据,服务不再是政治统治的手段;服务型政府提倡公民参与并健全公民参与机制,政府提供什么样的服务、怎么样提供服务应取决于公民的意愿和要求,而不再是强制性地或者恩赐性地提供服务;服务型政府与公民之间存在平等与合作的互动关系,政府与公民、社会组织进行协商、合作,共同致力于社会服务水平的提高。

可以说,服务型政府是对传统政府模式的根本性改变。这一改变毫无疑问将对以"行政救助"为主要内容的传统行政给付提出新的要求和挑战,当然,也将为行政给付提供良好的发展契机。

二、行政给付的概念界说

与国外学者从行政模式的角度——给付行政理论——研究行政给付不同,我国学者主要从行为角度研究行政给付。目前,在称谓上我国学界已经基本达成共识,绝大部分学者使用"行政给付",但对于行政给付的概念界定,学者们尚存在不同的认识。概括而言,对于行政给付的概念界定主要有以下三种观点,即"狭义说""广义说""最广义说"。

"狭义说"将行政给付等同于行政救助或行政物质帮助。"行政物质帮助

---

① 施雪华:《"服务型政府"的基本涵义、理论基础和建构条件》,《社会科学》2010年第2期。

或行政救助，是指行政机关对公民在年老、疾病或丧失劳动能力等情况下或其他特殊情况下，依照有关法律、法规规定，赋予其一定的物质权益或与物质有关的权益的具体行政行为。"① 这种观点是在我国行政给付研究初期形成的关于行政给付概念的认识。

"广义说"将行政给付等同于给付行政。给付行政理论由德国学者福斯多夫首先提出，"给付行政，是指服务于生活考虑的活动。这里的生活考虑，是指对于不得不从事现代集团生活的人，给付、提供其为维持日常生活所不可欠缺的生活物资或者生活服务的活动"②。杨解君认为："行政给付是指行政主体为实现特定的公共目的，为一定的个人或者组织提供支持或补助（社会救济金、助学金、扶贫款、补贴）、建设公共设施或者为公众提供其他服务或利益，从而保障和改善公民生活条件的行政活动。"③

"最广义说"将行政给付界定为"行政主体为保障个人和组织的生存权和受益权，维持和促进国家和社会的稳定和发展，依据法律规定和相关政策向个人和组织，尤其是出现生存困难并符合法定保障条件的个人和组织，提供物质、安全、环境、精神等各方面保障的行政活动及相关制度"④。

"广义说"和"最广义说"是在我国政府行政职能转变的背景下，受给付行政理论的影响对行政给付作出的新的诠释。

这些主要观点揭示和丰富了行政给付的内涵，在行政给付的主体、依据等方面基本形成了共识，但在行政机关的权利基础、给付对象、给付标的等外延上存在不同认识。通过分析比较，"广义说"在理论上更加契合我国行政给付实践从局限于单一的困难救济发展到注重改善公民生活条件和提高公民生活质量的现实，有利于拓展国家与政府的服务职能，与服务型政府理念相契合。

三、行政给付转型与完善思考

在我国传统政府模式下，行政给付曾经在很长一段时期内作为应对和解决贫困问题的重要手段，以保障社会弱势群体的基本生存权为目的，因此行政给付也被等同于"行政救助"或者"行政物质帮助"。在实践中，一般也

---

① 罗豪才：《行政法学》，北京大学出版社2000年版，第209页。
② 杨建顺：《日本行政法通论》，中国法制出版社1998年版，第327页。
③ 杨解君：《行政法学》，中国方正出版社2002年版，第382页。
④ 柳砚涛：《行政给付研究》，山东人民出版社2006年版，第14页。

只是将所谓的最低生活保障、灾害救助、社会福利等事项纳入行政给付的范围。但是,随着我国服务型政府建设的推进及在人权保障领域的发展,以生存保障为主的行政给付正面临着一些亟待解决的问题,涉及行政给付理念的转变、行政给付制度的完善、间接给付的性质认定、行政给付范围的限度等方面。

（一）行政给付理念的转变

传统政府模式下,行政给付由政府主导甚至包办,带有管制性服务和恩赐性服务的色彩,"高权行政"特征明显。服务型政府模式下,应当更加突出行政权的民主性、非强制性,行政相对人应当享有广泛的知情权和参与权,行政主体应当为相对人提供有效的参与机制和方式,提高行政行为的可接受度。在效力上,作为依申请的授益性行政行为,行政给付具有鲜明的非强制性特征,行政主体应当注重给付相对人选择权,为给付相对人提供多元化的公共物品或服务。在目的上,行政给付不应仅仅通过提供物质、机会或服务解决给付相对人生存上的困难,更为重要的是应当激发和促进给付相对人自强自立,尊重给付相对人的人格尊严。因此,行政给付应当从政府"恩赐"的权力性质转向公民的法定权利性质,行政给付的方式应当从权力行政转向非权力行政,行政给付的决定应当从行政主导转向官民协商合作。

（二）行政给付制度的完善

行政给付作为一种独立的行政行为,应当符合依法行政的基本要求。但是我国目前还没有关于行政给付的专门法律,即使是行政给付制度中较为发达的行政保障制度也未制定统一的法律,有关行政给付的规定分散在诸多法律法规的若干条文当中。在服务型政府的背景下,行政给付的形式日益丰富,但由于法律的缺失,许多新型的行政给付并没有明确的法律依据,只能依靠政策予以推动和实行。"在法与政策高度融合的时代背景下,行政必须持续性地从事政策形成、规划制定以及管制革新,以有效调控社会的多元利益冲突。此时,法不授权即禁止的机械法治主义原理,已无法为行政提供充分的正当性依据。"[1] 但是,由于政策在规范性、稳定性等方面存在固有的缺陷,在法律不健全的情况下,允许以政策规范行政给付活动只能作为权宜之策。"观念论层面的所谓'服务型政府',只能在指导理念层面发挥作用,其最终的实现,则必须依托于法治政府的建设。"[2] 因此,应当加强行政给付制

---

[1] 鲁鹏宇:《论行政法的观念革新——以公私法二元论的批判为视角》,《当代法学》2010年第5期。
[2] 杨建顺:《论"服务型政府"在行政法上的定位》,《河南省政法管理干部学院学报》2009年第1期。

度建设，建立健全法律和政策的协作机制，确保行政给付不至于脱离法治的轨道，同时将在行政给付实践中运行良好的政策通过立法程序上升为法律，这才是实现行政给付规范化、理性化的根本保障。

（三）间接给付的性质认定

在服务型政府下，"权力行政"已走向"服务行政"，"行政任务不再集中于传统的秩序维护，而更多的任务表现为社会公共福祉的提供。单一的依靠行政权力来实现行政目标，似乎已经变得力不从心"[1]。因此，借助社会力量以间接的方式为相对人提供给付似乎已经成为必然。实践中行政保障领域的社会化、行政供给领域的民营化等现象的出现似乎也证明了这种发展趋势。但有学者认为间接给付的行为已超出行政给付的领域，应当属于社会福利给付的范畴。因为，"这些行为难以用行政给付理论解释，因为这些行为并非行政机关和授权组织按照法律规定行使行政权力的行为。虽然政府为民营福利机构提供税收等优惠，具有国家行政扶持的要素，但是并非可以证明民营机构提供福利是行政行为"[2]。有的学者则认为，对于间接给付，一方面给付主体的确定应坚持公共性标准，只要是以公共产品的直接提供为目标的主体都可以算作行政给付主体；另一方面给付主体的确定也必须符合法律授权标准。是否享有行政给付权以及是否可以将行政给付权转让给其他公共产品提供主体，要由国家立法机关决定，或者由国家立法机关通过授权立法的方式授权行政主体转让行政给付权。[3] 从服务型政府的理念出发，并权衡相关理论成熟性及制度构建成本等因素，后一种观点应当更加具有现实意义。

（四）行政给付范围的限度

在服务型政府下的公共产品与公共服务的范围日益呈现出扩大趋势的情况下，行政给付的范围也出现了扩大化的倾向。但是，行政给付的范围除了传统意义上的"财物"之外，是否应当涵盖能力培养、精神奖励、信息给付、人身保护及公共服务设施提供等公共产品或公共服务，就成为理论上有待研究和思考的一个重要问题。有的学者认为行政给付应当具有财物性。"行政给付表现为行政主体给予相对人一定的财物，以金钱或者物质为给付内容。不具有'财物性'的给付不属于这种意义上的行政给付。因此，精神

---

[1] 胡敏洁：《给付行政与行政组织法的变革——立足于行政任务多元化的观察》，《浙江学刊》2007年第2期。
[2] 黎远松：《论行政给付的转向：社会福利给付》，《广西社会科学》2013年第11期。
[3] 崔卓兰、周隆基：《社会管理创新与行政给付新发展》，《当代法学》2013年第1期。

奖励不属于行政给付,物质奖励就属于行政给付;还有国家给相对人提供人身权与财产权的保护,也不属于行政给付行为,只属于给付行政的一种内容。"① 有的学者指出应当从"直接授益性"和"个体授益性"两个方面界定行政给付的范围,明确将国防、社会治安、环境保护等不具有"直接授益性"和"个体授益性"的公共物品排除在行政给付范围之外,但认为应将行政给付的范围从单纯的公共物品拓展到个人能力培养。② 持"广义说"的学者显然认为行政给付的范围要更加广泛,应当还包括建设公共设施或者为公众提供其他服务或利益。基于服务型政府以社会服务为重心,更加注重对公民发展权保障等因素的考量,行政给付的范围应以"广义说"为宜。

第三节 行政裁决的法律救济

行政裁决作为一种独立的行政行为③,是指行政主体依照法律授权,按照法定程序,以中间人的身份,对当事人之间发生的特定民事纠纷进行处理的行政行为。

与受"权力分立"理论限制的西方国家行政裁判制度④的发展历程不同,我国行政裁决制度更多地源自计划经济时期"全能政府"模式下的管理习惯,曾在确权、赔偿、补偿等领域广泛应用。但令人深感遗憾的是,长期丰富的行政裁决实践并未建立起统一、明确、具体的行政裁决法律制度,理论和司法实务界在行政裁决的概念、范围、种类、法律救济等问题上也存在着不同认识。这在行政裁决的法律救济问题上表现得尤为突出。

一、行政裁决的复议救济

依据行政法原理,当事人对行政裁决不服,有权就其申请行政复议。但是,依据现行《中华人民共和国行政复议法》(以下简称《行政复议

---

① 胡建淼:《行政法学》,法律出版社2015年版,第397页。
② 崔卓兰、周隆基:《社会管理创新与行政给付新发展》,《当代法学》2013年第1期。
③ 关于行政裁决的性质,虽然理论界尚存分歧(行政说、司法说、行政司法说),但通常认为行政裁决是一种独立的行政行为。最高人民法院《关于规范行政案件案由的通知》(法发〔2004〕2号)也将行政裁决列入所附"行政行为种类"之中。
④ 西方国家的行政裁判制度以英国的行政裁判所制度和美国的行政独立管制机构制度最具代表性,其在机构设置、适用范围等方面与我国行政裁决制度存在一定的差异。

法》)及相关单行立法的规定,行政相对人并不能就所有行政裁决提起行政复议。

(一)行政裁决复议救济的现状及问题

目前,我国还没有关于行政裁决复议救济制度的一般性的法律规定,而只有散见于《行政复议法》①以及各种法律、法规和规章②中的涉及行政裁决救济制度的法律条款。这些条款基本上反映了我国行政裁决复议救济制度的现状和存在的问题。

从总体上说,我国的《行政复议法》和相关单行立法缺乏对行政裁决复议问题的明确、统一的规定。从具体规定来看,一是《行政复议法》对行政裁决能否提起行政复议缺乏最起码的原则性规定,其第八条第二款的立法本意与第三十条第一款的规定之间存在矛盾,很难判断是否将行政裁决排除在复议范围之外;二是《行政复议法》对某些行政裁决作出的终局性复议决定背离了"司法最终原则",其第三十条第二款的规定与《行政诉讼法》第六十一条第一款③的规定相冲突。

(二)对行政裁决复议制度的重构性设想

行政裁决复议救济的现状及存在的问题,与行政裁决产生的社会背景、当时的立法条件、行政裁决的定性等方面的因素有关。从目前我国社会现实来看,现行的行政裁决复议救济制度已经远远落后于时代的发展需要,应当进行制度的重构。

"有权利必有救济","有权利而无救济,即非权力"。行政裁决在本质上

---

① 《行政复议法》(2009)第八条第二款规定:"不服行政机关对民事纠纷作出的调解或者其他处理,依法申请仲裁或者向人民法院提起诉讼。"第六条第四款规定:"对行政机关作出的关于确认土地、矿藏、水流、森林、山岭、草原、荒地、滩涂、海域等自然资源的所有权或者使用权的决定不服的,公民、法人或其他组织可以申请行政复议。"第三十条第一款规定:"公民、法人或者其他组织认为行政机关的具体行政行为侵犯其已经依法取得的土地、矿藏、水流、森林、山岭、草原、荒地、滩涂、海域等自然资源的所有权或者使用权的,应当先申请行政复议;对行政复议决定不服的,可以依法向人民法院提起行政诉讼。"第三十条第二款规定:"根据国务院或者省、自治区、直辖市人民政府对行政区划的勘定、调整或者征收土地的决定,省、自治区、直辖市人民政府确认土地、矿藏、水流、森林、山岭、草原、荒地、滩涂、海域等自然资源的所有权或者使用权的行政复议决定为最终裁决。"
② 有关法律、法规和规章条文较为零散,主要涉及商标法、专利法、土地管理法、森林法及草原法等,故在此不作列举。
③ 《行政诉讼法》(2014)第六十一条第一款规定:"在涉及行政许可、登记、征收、征用和行政机关对民事争议所作的裁决的行政诉讼中,当事人申请一并解决相关民事争议的,人民法院可以一并审理。"

是一种具体的行政行为，不当或违法行使必将对当事人的合法权益造成侵害，就应当有相应的救济手段和救济弥补。行政复议作为行政救济的一种形式，目的主要在于防止和纠正违法和不当的行政行为，保护公民、法人或其他组织的合法权益，监督行政机关依法行使职权。因此，无论从保障当事人的合法权益还是从监督、保障行政机关依法行使职权的角度考虑，都应明确规定将所有的行政裁决行为纳入行政复议的范围。

二、行政裁决的诉讼救济

目前，学界及司法实务界对于行政裁决的诉讼救济争论最激烈的问题主要是行政裁决诉讼的性质问题。诚如胡建淼所言，"在我国，无论过去还是现在，无论立法还是实践，对行政裁决的可诉性是没有疑问的。问题在于，当事人对行政机关的行政裁决不服，应当适用民事诉讼还是行政诉讼程序以实现法律救济"①。

（一）行政裁决诉讼救济制度的发展历程

有关行政裁决的诉讼救济制度，我国相关的法律规范极为分散零乱，且相关规定并不统一，有的适用民事诉讼，有的适用行政诉讼，在同一诉讼模式中既有行政诉讼兼及民事争议的，也有民事诉讼兼顾行政争议的。

对我国行政裁决诉讼救济制度进行整理可以发现：行政裁决诉讼救济制度大体经历了从民事诉讼到行政诉讼再到行政诉讼兼或民事诉讼的过程。在1991年《最高人民法院关于贯彻执行〈中华人民共和国行政诉讼法〉若干问题的意见（试行）》（以下简称《试行意见》）发布之前，当事人对行政裁决不服，适用民事诉讼以实现法律救济。② 在《试行意见》发布之后，当事人对行政裁决不服，适用行政诉讼实现法律救济，但未指明裁决所涉民事纠纷

---

① 胡建淼：《行政法学》，法律出版社2015年版，第415页。
② 1986年11月7日最高人民法院在对广东省高级人民法院作出的《关于双方不服政府对山林纠纷处理决定，向人民法院起诉，应将谁列为被告的批复》中指出："经研究，同意你审判委员会关于以原双方当事人为原、被告的意见，即以向人民法院起诉的一方为原告，另一方则为被告。把作出裁决的省调处山林纠纷办公室列为本案的被告不当。"1987年7月31日最高人民法院在对山东省高级人民法院作出的《关于人民法院审理案件如何适用〈土地管理法〉第十三条〈森林法〉第十四条规定的批复》中指出："当事人之间发生的土地、林木、林地所有权和使用权争议由县级以上人民政府处理，当事人对人民政府处理不服的，可以向人民法院起诉。此类案件虽经人民政府作过处理，但其性质仍属民事权益纠纷，人民法院审理此类案件仍应以原争议双方为诉讼当事人。""此类案件依法起诉到人民法院的，由民事审判庭受理。"

应如何处理。① 1999年《最高人民法院关于执行〈中华人民共和国行政诉讼法〉若干问题的解释》第六十一条针对这一问题进行了明确，规定在行政诉讼中可以对民事争议一并审理。② 2009年最高人民法院《关于建立健全诉讼与非诉讼相衔接的矛盾纠纷解决机制的若干意见》第八条既认可在行政诉讼中一并审理民事争议，又允许就民事争议单独提起民事诉讼。③ 2014年《中华人民共和国行政诉讼法》第六十一条规定："在涉及行政许可、登记、征收、征用和行政机关对民事争议所作的裁决的行政诉讼中，当事人申请一并解决相关民事争议的，人民法院可以一并审理。"这是我国立法上首次明确行政裁决的诉讼救济制度——"一并审查民事争议"。

（二）行政裁决诉讼救济方式的理论争鸣

基于行政裁决诉讼救济制度缺乏统一性，学说上可谓"百家争鸣、百花齐放"，各种可能的方案被一一提出。大体上可以分为两种思路：一是主张统一解决行政裁决纠纷的诉讼选择问题，即以一种方案适用于所有情形；二是提出应分类解决行政裁决纠纷的选择问题。第一种思路可进一步细化为民事诉讼说、行政诉讼说、行政附带民事诉讼说、当事人诉讼说等各种学说。第二种思路在行政裁决纠纷的种类划分上也存在不同的认识。总体上而言，各种学说既有其合理性，但同时也存在一定的缺陷。

1. "统一解决"的主张。

民事诉讼说认为行政裁决决定对当事人没有约束力和执行力，不存在当事人的合法权益受到行政机关裁决行为侵害引起的行政争议，因而不具备提

---

① 最高人民法院《试行意见》（1991）第四条规定："公民、法人或者其他组织对行政机关就赔偿问题所作的裁决不服的，可以向人民法院提起行政诉讼。"第五条规定："公民、法人或者其他组织对行政机关依照职权作出的强制性补偿决定不服的，可以依法提起行政诉讼。"第七条规定："公民、法人或者其他组织对人民政府或者其主管部门有关土地、矿产、森林等资源的所有权或者使用权归属的处理决定不服，依法向人民法院起诉的，人民法院应作为行政案件受理。"同时，该试行意见强调："最高人民法院以前所作的有关司法解释，凡与本规定不一致的，一律按本规定执行。"
② 最高人民法院《行政诉讼法若干问题解释》（1999）第六十一条规定："被告对平等主体之间民事争议所作的裁决违法，民事争议当事人要求人民法院一并解决相关民事争议的，人民法院可以一并审理。"
③ 最高人民法院《关于建立健全诉讼与非诉讼相衔接的矛盾纠纷解决机制的若干意见》第八条规定："当事人不服行政机关对平等主体之间民事争议所作的调解、裁决或者其他处理，以对方当事人为被告就原争议向人民法院起诉的，由人民法院作为民事案件受理。法律或司法解释明确规定作为行政案件受理的，人民法院在对行政行为进行审查时，可对其中的民事争议一并审理，并在作出行政判决的同时，依法对当事人之间的民事争议一并作出民事判决。"

起行政诉讼的前提条件。而且民事争议案件的基本属性亦不因经过行政裁决发生转化，其依然是平等主体之间的民事争议。事实上，解决当事人之间的民事争议才是提起诉讼的最终目的。因而，行政裁决诉讼救济采取民事诉讼方式顺理成章，有利于便捷高效地解决民事争议。反对者则认为这种观点存在重大的缺陷，在理论上违背了行政行为公定力原理，从根本上否定了行政裁决作为独立行政行为所具有的属性和地位；在实践中也可能出现因行政裁决与民事判决相互矛盾、相互冲突引发民事争议久拖不决的尴尬局面，背离了设立行政裁决制度的初衷——便捷高效化解民事争议，否定了行政裁决独立存在的价值。

行政诉讼说认为行政裁决是一种具体的行政行为，当事人不服行政裁决决定引发的争议属于行政争议，根据行政诉讼的基本原理，此类争议应当纳入行政诉讼的受案范围。这种制度安排明晰了行政权与审判权的边界和分工，强化了审判机关对行政机关的监督制约，有利于维护国家法制的统一。反对者则认为这种观点虽然在理论上具有一定的说服力，但囿于合法性审查、举证责任、有限司法变更权、不适用调解等行政诉讼特殊规则的限制，行政诉讼模式仅局限于解决当事人与行政裁决机关之间的行政争议，并不能直接对当事人之间的民事争议进行解决，"最终解决权力还在行政机关，法院实际上并不拥有司法最终审查权，只能起到司法审查的作用"[1]，在实践中极易出现行政争议案结但民事争议未了的情况。

行政附带民事诉讼说是对行政诉讼说的修正，该观点认为在行政诉讼中，人民法院根据当事人的请求可以附带对民事争议一并进行审理。这种方式结合行政诉讼与民事诉讼的制度优点，兼顾行政诉讼的合理性与民事诉讼的实效性，在同一诉讼程序中解决民事争议和行政裁决争议，减少重复裁决及诉讼的出现，避免民事争议当事人、行政裁决机关、人民法院相互之间矛盾和冲突的发生，有利于提高纠纷解决效率。反对者则认为，行政裁决争议诉讼中的行政争议与民事争议并非同一法律事实，比照刑事附带民事诉讼基本原理，行政裁决争议诉讼并不具备附带解决民事争议的关键条件，从而使行政附带民事诉讼丧失了设立的正当性。另外，在案件管辖、证明责任分配、判决等操作层面的具体要求在现行行政诉讼制度框架下难以实现，导致诉讼程序效益的减损。

---

[1] 陆平辉：《行政裁决诉讼的不确定性及其解决》，《现代法学》2005年第6期。

当事人说主张借鉴日本形式当事人诉讼制度。"就我国的思维习惯而言，'形式当事人诉讼'是这样一种诉讼：对特定的民事纠纷，特定行政机关可以依据法律授权作出行政裁决；但当事人即该行政裁决的相对人可以根据个别法的规定直接就该民事纠纷以另外一方当事人为被告起诉，而不必先以行政诉讼排除该行政裁决的公定力。"[①] 当事人诉讼制度具有有效协调民事、行政两种法律关系的矛盾，确保法院裁判的一致性，实现诉讼效益的最大化等优势。但当事人诉讼制度作为一种全新的制度构建，与我国现行诉讼救济制度之间缺乏兼容性，在我国推行该制度需要大量的配套制度建设，成本很大。

2. "分类解决"的主张。

有的学者主张以民事争议为主、行政问题为辅的行政裁决纠纷，应当走民事诉讼途径；以行政争议为主、民事问题作为附带问题的行政裁决纠纷，应以行政附带民事诉讼的方式审理；行政争议与民事争议并重的行政裁决纠纷，应借鉴日本的形式当事人诉讼制度。[②] 有的学者主张不服职权性行政裁决，即民事纠纷必须凭借行政机关行使专属职权才能得以解决或行政机关基于国家利益或公共利益而不需相对人申请就可直接对当事人之间的民事纠纷作出的行政裁决，应提起行政诉讼；不服同源性行政裁决，即行政主体行使专属职权、采取行政处罚等措施与裁决的民事争议皆系同一事件所引起的行政裁决，应提起行政附带民事诉讼；不服选择性行政裁决，即行政主体无须行使其专属职权只需依申请就可对某一事件引起的民事纠纷作出的行政裁决，应提起形式当事人诉讼。[③]

三、《行政诉讼法》关于行政裁决诉讼救济的规定

现行《行政诉讼法》第六十一条及第七十七条的规定在法律上明确了行政裁决诉讼救济制度。第六十六条规定："在涉及行政许可、登记、征收、征用和行政机关对民事争议所作的裁决的行政诉讼中，当事人申请一并解决相关民事争议的，人民法院可以一并审理。"第七十七条规定："行政处罚明

[①] 王天华：《日本的"公法上的当事人诉讼"——脱离传统行政诉讼模式的一个路径》，《比较法研究》2008年第3期。
[②] 张树义主编：《纠纷的行政解决机制研究——以行政裁决为中心》，中国政法大学出版社2006年版，第127—130页。
[③] 肖泽晟：《行政裁决与法律救济》，《行政法学研究》1998年第3期。

显不当，或者其他行政行为涉及对款额的确定、认定确有错误的，人民法院可以判决变更。人民法院判决变更，不得加重原告的义务或者减损原告的权益。但利害关系人同为原告，且诉讼请求相反的除外。"

从《行政诉讼法》的规定中可见：第一，行政裁决诉讼救济应当适用行政诉讼，当事人不服行政裁决定的应当提起行政诉讼，不能在行政裁决尚未被人民法院依法撤销或认定为无效的情况下，直接以对方当事人为被告提起民事诉讼；第二，在行政诉讼中，如果当事人提出一并审查民事争议的诉求，人民法院应当一并审理；第三，在行政诉讼中，即使当事人未提出一并审查民事争议，人民法院也有权对涉及款额裁定错误的行政裁决行使司法变更权，依法进行改判。

《行政诉讼法》虽然在制度上统一了行政裁决诉讼的救济方式，但并非盖棺定论，不仅在实践操作层面尚有诸多问题需要进一步研究和探讨，而且理论上的争鸣与探索依然具有广阔的空间！

第六章
依职权行政行为

在现代法治社会，行政职权的设定必须体现人民的意志，由宪法、法律和相关组织予以明确授权和规定。依职权行政行为必须在法定的职权范围内以法定程序进行，是行政主体根据其职权而无须行政相对人申请就能主动实施的行政行为，是一种主动行政行为和积极行政行为，具有法定性、强制性、主观能动性、及时性、迅捷性、侵权救济性等特征。与依申请具体行政行为相比，依职权具体行政行为具有更大的强制性，依职权具体行政行为更注重充分发挥行政主体的主观能动性，行政主体自由裁量的空间更大。依职权具体行政行为，主要包括行政立法、行政处罚、行政强制、行政征收、行政命令等。

第一节 部门本位主义与行政立法

中国行政立法的频繁实践始于20世纪七八十年代。1987年4月21日，国务院发布了《行政法规制定程序暂行条例》。行政立法以特有的专业性、复杂性、灵活性、效率性等诸多优点，迅速填补了国家法制与社会发展的立法空白，成为中国立法发展生生不息的力量源泉。[①] 在行政立法过程中，拟定行政法规和规章、草拟草案、调查研究、审查修改等工作都需要政府有关职能部门参与。有关职能部门在这些工作中，不可避免地从本部门利益出发，设定权利较多、义务较少，或者不设定制约机制，保护其部门利益。

---

① 封丽霞：《解析行政立法中的部门本位主义》，《中国党政干部论坛》2005年第8期。

一、部门本位主义与行政立法的内涵

所谓部门本位主义，是指行政部门在思维和行为层面上，皆表现出"部门本位"或"部门中心"倾向：认识问题视野狭窄，局限于从部门角度而非政府高度观察和思考问题，缺乏整体概念；决策及措施局限于以部门为中心，自成体系，各自为政，不顾及部门决策的关联性，缺乏全局意念；在权力与法律的关系上，将法律视为权力的辅助，对待法律表现出极强的"功利主义"，法律主要是部门管理行政事务的工具，部门意志和部门权力甚至可以支配法律，缺乏法治观念；在权力与权利的关系上，权力漠视甚至无视权利，当利益冲突出现时，部门"利"字当头，将部门利益置于公共利益之上，缺乏公共理念。① 部门本位主义是指行政机关的职能部门在参与制定规章、规范性文件、政策时从本部门利益出发，以本部门利益为中心，权利多、义务少。

行政立法是指国家行政机关依照法定的程序，制定有关行政管理方面规范性文件的活动。简言之，行政立法就是指政府立法。②《中华人民共和国立法法》规定，国务院根据宪法和法律，制定行政法规；省、自治区、直辖市的人民代表大会及其常务委员会根据本行政区域的具体情况和实际需要，在不同宪法、法律、行政法规相抵触的前提下，可以制定地方性法规。国务院各部、委员会、中国人民银行、审计署和具有行政管理职能的直属机构，可以根据法律和国务院的行政法规、决定、命令，在本部门的权限范围内，制定规章。设区的市、自治州的人民政府根据相关规定制定地方政府规章，限于城乡建设与管理、环境保护、历史文化保护等方面的事项。行政法规和规章及其他规范性文件的制定就是行政立法。

行政法规和规章虽是以有立法权的人民政府的名义制定的，但在立法实践中，政府有关职能部门在立法活动中的作用和影响很大，政府受限于人力、物力、财力，以及某些行业专业性强等因素，几乎不可能指派专业人员起草制定行政法规和规章，必须依赖相关职能部门起草制定。现行国务院《行政法规制定程序条例》第十三条规定，起草行政法规，起草部门应当就涉及其他部门的职责或者与其他部门关系紧密的规定，与有关部门协

---

① 阎越：《行政立法中的部门主义及其防治》，《法制与社会发展》1999 年第 6 期。
② 阎越：《行政立法中的部门主义及其防治》，《法制与社会发展》1999 年第 6 期。

商一致。①《中华人民共和国立法法》规定，行政法规在起草过程中，应当广泛听取有关机关、组织、人民代表大会代表和社会公众的意见。听取意见可以采取座谈会、论证会、听证会等多种形式。鉴于行政立法的专业性强，实践中出现的问题及行政法规规章执行的效果等情况需要从政府相关执行部门了解，在制定或修改行政法规、规章和规范性文件时，必然需要相关职能部门的全程参与。草案的草拟、调查研究、审查修改、上报等工作都有相关职能部门参与。绝大多数法规、规章的基本框架和内容由相关部门确定。有的地方立法工作所必需的调研场所、人力、物力、财力等大多由相关部门提供，实际情况中的政府立法几乎就是部门立法。

立法中的部门本位主义是指作为立法主体的某些行政部门在立法思维和行为上表现出极强的"部门本位"和"部门中心"倾向。在相关立法过程中，考虑问题的视野狭窄，立法局限于"部门"角度而非全局，各自为政，缺乏与其他部门立法的整体性和关联性。在部门权力与立法的关系上，表现出极强的"功利主义"，以部门意志和部门利益来支配立法，将立法视为强化部门权力的有效工具。在部门利益与公众利益发生冲突时，部门"利"字当头，唯部门利益而行，淡化甚至漠视公众利益，将部门利益置于全局利益和公众利益之上。②

二、部门本位主义在行政立法中的体现

部门本位主义的实质是部门利益。在部门利益驱动下，行政机关在立法时过多地考虑其部门利益，把部门利益放在第一位，而把人民利益放在次要位置，设置部门权利多、义务少，行政追责问责条款几乎没有，导致行政立法中出现部门权利扩张、责任义务减免等状况，具体体现在如下方面。

（一）通过立法扩大权力范围

一方面，通过立法将原本不属于本部门的职权划归本部门，或将本属几个行政部门共有的职权化为专有；另一方面，将不属于行政机关范围的工作纳入行政管理范围。典型的反映是通过立法扩大部门的行政审批权。有的部门只要看到某项社会活动与本部门的工作职责有一点联系，不管这项活动是

---

① 这里提到的是自2002年1月1日起施行的国务院《行政法规制定程序条例》。2017年7月19日，国务院原法制办就《国务院关于修改〈行政法规制定程序条例〉的决定（征求意见稿）》公开征求意见，旨在进一步完善行政法规制定程序，提高法规立法质量。
② 封丽霞：《解析行政立法中的部门本位主义》，《中国党政干部论坛》2005年第8期。

否必须审批,也要通过立法为本部门增设行政审批权,规定当事人只有经过这个部门的批准,才能开展这项活动。按照这样的规定,当事人每开展一项经济活动,都要经过若干个部门的审批,要盖几个、十几个甚至几十个公章。每盖一个公章,最快的也要用几天时间。这样办成一件事就需要当事人花费很长的时间,增加了办事的难度。

(二)通过立法谋取不正当的经济利益

由于目前对行政事业性收费及罚款的设项权有明确的限制性规定,一些行政部门往往通过立法使原本不合理的收费及罚款项目合法化,或者设立新的收费及罚款项目。有的部门在立法时不但为本部门设定行政审批权,还围绕审批活动,尽量增加设定一些相关的手续,如审批前置培训、审批前置检测、收取各项费用及发放各种证明等。这些手续都成了审批的必要条件,如果不办这些手续,审批就不能完成。办理这些手续,基本都要交纳费用。

(三)通过立法逃避权力制约

在行政立法过程中,有关部门为本部门设定审批权时,往往不设定监督制约机制,只规定某个行政机关具有某项行政审批权。由于审批条件不确定,审批时间无期限,对审批者没有约束作用,审批者就具有非常大的自由裁量权,可以随心所欲地决定是否批准。设定行政审批权而不设定制约机制,目的是不让本部门行使的审批权受到约束,这样做的出发点是维护本部门的利益,也给搞腐败留下了余地。

三、部门本位主义在行政立法中的影响与解决

(一)部门本位主义在行政立法中的影响

部门本位主义对行政立法的影响多为负面影响,主要是破坏了法治的统一。法治统一的基本要求是法律体系的统一,法律体系的统一首先要求法律规范等级有序。下位阶的法律规范不能与上位阶的法律规范相抵触,同位阶的法律规范之间不能相互矛盾和冲突。由于部门本位主义对立法的不良影响,在部门利益驱动下可能会出现部门权力扩张和争执,涉及行政部门权力的立法出现越权、权力交叉和重复等混乱状况,可能会导致法律体系中低位阶法律规范与上位法发生冲突。行政立法中的部门本位主义破坏了法治的统一,损害了法治的权威。

(二)消除部门本位主义在行政立法中的影响

消除行政立法中部门本位主义的影响,应当建立相应制度。

1. 立法回避制度。为防止行政立法维护部门利益，需要在立法环节建立回避制度，与拟制定的法律法规有利益关系的行政部门不得直接参与该行政立法的起草与制定，而是交由其他部门或者专家起草。2017年7月19日，《国务院关于修改〈行政法规制定程序条例〉的决定（征求意见稿）》进一步完善了行政法规的起草程序，规定起草行政法规，可以邀请有关专家、组织参与起草工作，也可以委托有关专家、组织起草，意在解决行政机关职能部门立法回避问题。

2. 立法公开制度。《中华人民共和国立法法》第五条规定，立法应当体现人民的意志，发扬社会主义民主，坚持立法公开，保障人民通过多种途径参与立法活动。第三十六条规定，列入常务委员会会议议程的法律案，法律委员会、有关的专门委员会和常务委员会工作机构应当听取各方面的意见。听取意见可以采取座谈会、论证会、听证会等多种形式。法律案有关问题专业性较强，需要进行可行性评价的，应当召开论证会，听取有关专家、部门和全国人民代表大会代表等方面的意见。论证情况应当向常务委员会报告。法律案有关问题存在重大意见分歧或者涉及利益关系重大调整，需要进行听证的，应当召开听证会，听取有关基层和群体代表、部门、人民团体、专家、全国人民代表大会代表和社会有关方面的意见。听证情况应当向常务委员会报告。这些方式都是立法公开化的表现。但目前我国还没有专门的法律法规规定行政立法应当采取立法公开的方式。因此，我国需要建立行政立法采取座谈会、论证会、听证会等多种形式听取各方面的意见的制度和措施。2017年7月19日，国务院关于修改《行政法规制定程序条例》的决定征求意见稿提到，起草部门应当广泛听取有关机关、组织和公民的意见，主动听取全国人民代表大会代表和政协委员、民主党派、工商联、无党派人士、人民团体等的意见；起草部门应当将行政法规草案及其说明等向社会公布，征求意见。

3. 立法听证制度。公众参与立法最重要的途径是立法听证制度。立法听证制度，就是在立法中为获取立法信息、资料，邀请政府官员、专家学者、当事人、与法案有利害关系的人等对法案陈述意见，为立法机关审查法案提供依据和参考的制度。听证制度在立法中有着极大的作用，它通过利害关系人等的陈述、辩论与举证，有利于发现事实、听取各方意见尤其是利害关系人的意见。听证制度的核心就是给公众提供直接参与立法的机会，特别是给立法利害关系人陈述意见和抗辩的权利。听证程序一般包括调查、咨询、举行会议、辩论、听取立法参与人意见。《中华人民共和国立法法》规定全国人民代表大会常委会及国务院立法时可以采用听证会制度。行政机关立法,为了使自己的立法能为公众所接受,应该听取人民群众的意见。国务院《行政法规制定程序条例》第十三条规定,起草行政法规,应当深入调查研究,总结实践经验,广泛听取有关机关、组织和公民的意见。听取意见可以采取召开座谈会、论证会、听证会等多种形式。第二十二条规定,行政法规送审稿涉及重大利益调整的,国务院法制机构应当进行论证咨询,广泛听取有关方面的意见。论证咨询可以采取座谈会、论证会、听证会、委托研究等多种形式。行政法规送审稿涉及重大利益调整或者存在重大意见分歧,对公民、法人或者其他组织的权利义务有较大影响,人民群众普遍关注的,国务院法制机构可以举行听证会,听取有关机关、组织和公民的意见。立法听证制度能在一定程度上避免行政立法的"部门利益"倾向。

4. 备案审查制度。备案是指一定的立法主体制定的规范性文件报送有权机关进行存档备查。备案是立法监督的重要手段,对于报送备案的法规规章和规范性文件,备案机关应当进行审查。根据《中华人民共和国立法法》的规定,部门规章和地方政府规章报国务院备案;地方政府规章应当同时报本级人民代表大会常务委员会备案;较大的市的人民政府制定的规章应当同时报省、自治区的人民代表大会常务委员会和人民政府备案。备案审查是一种事后监督的方式,审查机关发现行政立法存在"部门利益"时,可以依据自己的职权行使撤销权。现实中,应当切实加强同级权力机关对行政机关的立法的监督,切实加强上级行政机关对下级行政机关立法的监督,完善监督的程序,发挥监督的效力,从而在一定程度上使行政立法的"部门利益"倾向有所收敛。①

第二节 行政征收与公民财产权保护

随着我国经济发展和城市化城镇化建设的不断推进,国家重大项目和全国各地城市的建设一直在进行。国家项目和城市建设涉及政府的行政征收,政府征收过程中的国家利益和公民财产权利益冲突尤为显著,解决政府行政征收与公民财产权保护之间的利益冲突显得尤为重要。

---

① 汪全胜:《行政立法的"部门利益"倾向及制度防范》,《中国行政管理》2002年第5期。

一、行政征收基本内容

行政征收是指行政主体凭借国家行政权,根据国家和社会公共利益的需要,依法向行政相对人强制地、无偿或有偿地收取一定数额金钱或实物的行政行为。行政征收是行政主体针对公民、法人或其他组织实施的一种单方具体行政行为,表现为行政主体以强制方式无偿或有偿取得公民、法人或其他组织的财产所有权。《中华人民共和国物权法》明确了征收的三个条件:为了公共利益的需要;要有合法的程序;必须依法作出补偿。

(一)行政征收类型

从我国现行法律法规看,行政征收主要有税收征收、管理费征收、土地征收、房屋征收、建设资金征收、排污费征收、滞纳金征收。行政征收可分为以下四类。

1. 由行政法律义务引起的征收,如税收征收、管理费征收。此类征收是国家凭借行政权力,依照行政法律规定强制、无偿地收取公民、法人或其他组织的财产,取得财政收入的一种形式。

2. 由使用权引起的征收,如公房租赁征收。此类征收是在公民、法人或其他组织有偿使用国有资产时,国家所有权人的受益权能在行政法上的实现方式。

3. 由违反行政法律法规规定引起的征收,如排污费、滞纳金的征收。

4. 由国家公共利益引起的所有权或使用权征收,如集体土地征收、私有房屋征收。

(二)行政征收方式和程序

1. 行政征收方式。根据我国现行法律法规规定,行政征收的行为方式有:查账征收、查定征收、查验征收、定期定额征收,以及代征、代扣、代缴等。无论采取何种征收方式,都必须使用书面形式。

2. 行政征收程序。行政征收程序是指行政征收行为采取的方式、步骤和顺序。行政征收按其实现方式,可分为行政相对人自愿缴纳和行政主体强制征收两种。当行政相对人按照法律、法规规定的时间和期限或者行政主体确定的时间和期限全部主动履行了缴纳义务时,行政征收即告结束。当行政相对人未能按照法律、法规的规定自觉履行缴纳义务时,行政征收即进入强制征收阶段。为了避免给行政相对人造成不应有的损害,保证强制征收的顺利进行,制定强制征收的程序是非常必要的。

二、行政征收中的利益博弈

行政征收的实质是行政主体以强制方式取得公民、法人或其他组织的财产所有权,并给予一定补偿。在强制取得公民财产权的过程中,涉及公民是否自愿同意及就补偿标准能否达成一致意见等问题,行政征收与公民财产权的保护存在着利益博弈。在利益博弈中,出现最多的是行政侵权行为。侵权主体多为行政机关、法律法规授权的组织或行政机关授权的机构,侵权主要发生在行政权力的行使过程中,权利受到侵害的公民难以获得权利救济。

征收征用可以说是对公民权利的重大限制,各国的法律为强化对公民权利的保护,都在基本法甚至在宪法中规定这项制度。这是因为征收征用,特别是征收会改变所有权,将个人所有改变为国家所有。为防止行政权对公民财产权的不正当干预和侵害,保护公民的个人财产权,必须严格征收征用的规定和程序,严格补偿的规则。①

在行政征收中所发生的侵权问题首先是对公民财产权的侵犯。我国宪法明文确认保护财产权以前,我国法学界通常将财产权保护问题视为一个民事法律问题。2004年宪法修正案正式确认了对财产权的保护之后,有一些观点又把财产权分为宪法财产权和民法财产权,然而这些观点是值得商榷的。②

保护财产权是我国宪法的一贯精神,宪法第十三条明确规定:"公民的合法的私有财产不受侵犯","国家依照法律规定保护公民的私有财产权和继承权"。这就明确规定了财产权保护原则,公民私有财产权的保护在宪法上从此有了明确依据,不论是公共财产权还是私人财产权都受到宪法的保护。这从根本上明确了国家对私有财产权的尊重和保护,是私权理念在宪法上的一个重要体现。

在行政征收的利益博弈中,公共利益最强势,公民利益最弱势。但行政征收中的公共利益与公民利益之间并不存在不可调和的矛盾和冲突,行政征收中的主要矛盾大多是因为不满意补偿标准而产生的经济补偿问题,涉及公民的土地、房屋、青苗及地上物财产权。解决好行政征收中的补偿问题,协调好公共利益与公民利益的关系,是行政征收工作的关键所在。

---

① 王利明:《公民财产权保护和征收征用法——〈物权法〉的实施与配套法律法规完善(之三)》,《光明日报》2007年8月6日。
② 苗静:《征收征用与公民基本权利保护》,《吉林师范大学学报(人文社会科学版)》2011年第6期。

三、行政征收中公民财产权的保护

在行政征收中,需要做到依法征收,有效保护公民的财产权,使公民满意,支持政府征收工作,维护社会稳定。

(一)厘清和界定公共利益

行政征收基本上都是政府基于国家项目或城市建设发展需要等公共利益而作出的行政决策。我国宪法第十三条、物权法第四十二条及其他法律法规等都规定国家基于公共利益的需要可以征收或征用公民、法人或其他组织的财产,这体现了私有财产权的保护不是绝对的,私有财产权的主体也负有社会义务。国家基于公共利益的需要可以对抗私人的财产权利,因此,个人利益与公共利益之间存在冲突。冲突理论并不是社会问题,关键是如何界定公共利益。我国的宪法、土地管理法和物权法等法律均没有明确界定公共利益的标准和范围,造成政府一度滥用公共利益名义进行商业开发,引起社会的不满。

公共利益不是某一地区或团体的共同利益。对一般法律意义上公共利益的内涵,在"公共"界定方面,应统一采用"不确定的多数人"的标准。显而易见的是,公共利益不是为特定的一部分人或者一群人所谋的利益,至此"不确定的多数人"也可能是某一地域空间或阶层,但这一地域空间是开放的。否则,地方主义就可以"本地区公共利益"为公共利益的代名词,以局部对抗全局,在破坏法制统一的同时损害该地区少数人的合法权益,或者损害其他地区公民的合法权益,甚至危及国家安全。① 因此,公共利益应当是代表最广大人民群众的利益,代表不特定多数人的利益。

(二)区分公共利益和商业利益

公共利益征收必须与商业利益征收严格区分。政府征收有为公共利益的征收,也有纯为商业利益的征收,但目前的立法没有将两者区别对待。凡为修建公共道路,兴办医疗、文化、军事等公益设施而征收房屋的,是公益性征收,其本身具有一定的正当性,政府在这种征收中可以有较多的发言权。在公益性征收之外的商业性征收,是开发商为了赚取商业利润而进行的征收。对此,应结合城市发展的需要来看待其正当性,并且必须按照商业模式而非现在的公益模式来征收。

---

① 王才亮、高天姿:《"公共利益"的界定及程序》,《中国律师》2005 年第 8 期。

(三) 确定公平合理补偿原则

基于公共利益需要而征收人民的财产，应给予公平的补偿，乃是近代自由主义民主国家的基本原则。政府行政征收过程中必须确定公平合理的补偿原则，完善相应的法律救济制度，规范补偿方式，给予被征收人充分、及时、有效的补偿。虽然我国土地管理法及其他相关法律、法规在补偿范围和补偿标准方面进行了很多完善，但在很多地方实际执行时，政府执行的主观性和随意性仍然较大。政府行政征收补偿的随意性主要源自我国现行法律规定的模糊性。我国物权法第四十二条虽规定"征收集体所有的土地，应当依法足额支付土地补偿费、安置补偿费、地上附着物和青苗的补偿费"，但"足额"的范围是什么，限于现有价值即直接经济损失还是也包括预期价值即可得利益损失等，无法直接从法律条文中找到答案，在实际执行中难以操作，造成了补偿的不公平、标准不一致。

公平合理补偿是弥补财产所有权人全部损失的完全补偿还是相当补偿，我国现有法律亦没有作出明确规定，在实务上多以"合理补偿"为原则。合理补偿造成权力寻租，差别对待，多以政府的主观认识为标准，没有统一标准，被征收人只能被动接受，这种"合理"并不公平。因此，为有效保护被征收人的合法私有财产权利，需要制定法律法规或规章对公平合理补偿作出明确界定。

第三节 权力清单中的行政处罚

政府权力清单制度的出现，是近年来我国各地方政府尝试对行政权力滥用、职权分割不清和随意设置权力等现象进行规范和约束的一些尝试性经验总结的成果。权力清单制度是我国权力公开运行改革的起点，这是我国加强依法行政，推动强化社会监督，从源头根除腐败的重要举措，对加深我国民主与法律制度建设进程和社会主义市场经济改革具有重要的意义。① 党的十八届三中全会审议通过的《中共中央关于全面深化改革若干重大问题的决定》明确提出要推行地方各级政府及其工作部门权力清单制度，依法公开权力运行流程。在我国行政管理行为中，行政处罚是最为基本、涉及面最广、影响最大的公权力行为，行政机关的权利清单中最有可能使公民、法人或其

---

① 杨伟东：《行政权力清单制度的意义和落实》，《中国焦点》2014年第1期。

他组织权利义务、财产权、人身权遭受损害的是行政处罚行为,对其进行清理和规范是依法治国、依法执政、依法行政的必然要求。

一、权力清单

推行权力清单制度是深化行政体制改革的必要之举。中共中央办公厅、国务院办公厅印发《关于推行地方各级政府工作部门权力清单制度的指导意见》,明确推行权力清单的工作目标、实施范围,要求地方各级政府按照行政许可、行政处罚、行政强制、行政征收、行政给付、行政检查、行政确认、行政奖励、行政裁决和其他类别的分类方式,制定统一规范的分类标准。从该指导意见中要求按照行政许可、行政处罚、行政强制、行政征收、行政给付、行政检查、行政确认、行政奖励、行政裁决和其他类别的分类方式制定统一规范的分类标准来看,党中央、国务院已经明确认可并推广使用我国行政法学专家的行政法学研究成果,上述分类是行政法学中对行政主体具体行政行为的分类,既是科学研究成果,又符合实务工作的实际情况,具有很强的指导作用和统一规范意义。推行权力清单,首先是对权力进行梳理、分类,而分类需要统一的标准。针对工作实务中许多行政行为如行政强制、行政检查、行政处罚等被统称为行政执法这一现象,党中央、国务院以指导意见的方式对此进行了纠正。

权力清单是指各级人民政府和政府部门将其由法律赋予的职权,有权办理的行政许可、行政执法、行政处罚、行政服务等事务,以及其执法依据、执法程序和执法结果进行全面梳理,向社会公开,给权力划定边界,接受群众监督。

党的十八届三中全会以后,广东省广州市率先公布政府权力清单。2013年12月22日,时任中共中央政治局委员、上海市委书记的韩正在中国共产党上海市第十一届委员会第五次全体会议上表示,上海要逐步建立权力清单制度,规范和明确权力运行的程序、环节、过程、责任,做到可执行、可考核、可问责。① 2013年1月9日,北京市西城区人民政府通过开设"西城区政府行政权力透明公开运行网"曝光其权力清单。该网上公布了时任区长的王少峰的19项职权、区政府及68个职能部门直到办事处的9大类6636项行政权力,2128张行政权力运行流程图也被公布。② 2014年2月,国务院决

---

① 孙宝席:《上海大事记(2011年7、8月)》,《上海党史与党建》2011年第10期。
② 金国坤:《权力透明运行的北京试验》,《西部大开发》2013年第3期。

定向社会公开国务院各部门目前保留的行政审批事项清单，以锁定各部门行政审批项目"底数"，接受社会监督，并听取社会对进一步取消行政审批事项和下放行政事项审批权的意见。

明确各个职能部门的行政权力，推行权力清单，有助于各部门行政权力的划分，有助于行政机关相互配合、相互监督，切实保护市场主体和公民的利益。

权力清单不仅是行政机关执法的依据，同时也是保护市场主体和公民维护自身权利的重要武器。对行政机关而言，法无授权不可为，凡是法律没有授权的，任何行政机关及其工作人员都不可以做。对公民而言，法无禁止即可为，凡是法律没有禁止的，公民都可以做。推行权力清单不仅仅是为了规范和约束行政机关的执法行为，同时也是要从根本上转变行政机关工作人员的执法观念。行政机关工作人员必须严格依法行政，必须在法律许可的范围内行使权力，权力清单是行政机关及其工作人员的行为指南。

二、行政处罚

行政处罚是指行政机关或其他行政主体为维护公共利益和社会秩序，保护公民、法人或其他组织的合法权益，依法定职权和程序对违反法律法规但尚未构成犯罪的行政相对人给予行政制裁的具体行政行为。制裁的目的是维护社会治安和社会秩序，保障国家的安全和公民的权利。我国行政处罚法分广义和狭义两种，狭义的行政处罚法专指《中华人民共和国行政处罚法》，广义的行政处罚法泛指一切有关行政处罚的行政法律、法规和规章。

（一）行政处罚种类

行政处罚分为人身罚、行为罚、财产罚、申诫罚四大类。人身罚也称自由罚，是指特定行政主体限制和剥夺违法行为人的人身自由的行政处罚。人身罚主要是行政拘留和劳动教养。行为罚又称能力罚，是指行政主体限制或剥夺违法行为人特定的行为能力的制裁形式，包括责令停产、停业，以及暂扣或者吊销许可证和营业执照。财产罚是指行政主体依法对违法行为人给予的剥夺财产权的处罚形式，包括罚款和没收违法所得、没收非法财物等。申诫罚又称精神罚、声誉罚，是指行政主体对违反行政法律规范的公民、法人或其他组织的谴责和警戒，是对违法者在名誉、荣誉、信誉或精神上造成一定损害的处罚方式，包括警告和通报批评。

(二) 行政处罚原则

行政主体实施行政处罚时,需要遵循的原则较多,但主要有以下原则。

1. 依法处罚原则。没有法律授权和法律明文规定应予行政处罚的行为,行政主体不得进行行政处罚,处罚时必须依照法定程序进行。没有法定依据及违反法定程序实施的行政处罚是无效的。该原则包括四个基本要求:处罚设定法定;处罚主体及其职权法定;被处罚行为法定;处罚种类、内容和程序法定。

2. 公开公正原则。处罚公开原则是指行政处罚规定与处罚程序要向社会公开,未经法定公开途径公开的行政处罚规定不得作为行政处罚的依据。处罚公正原则体现在实体与程序公正两方面,程序上要求保障当事人的陈述权、申辩权、回避权,行政主体调查和搜集证据时应当全面、客观、公正。实体上的公正,要求行政处罚无论设定还是实施都要过罚相当,即处罚要与违法行为的事实、性质、情节及社会危害程度相当。当然,处罚时还要公平地对待行政相对人,不能同等情况给予不同处罚。

3. 保障相对人权利原则。我国行政处罚法规定行政相对人在处罚过程中享有陈述权、申辩权、听证权、申请复议权、提出诉讼权及赔偿请求权。

4. 一事不再罚原则。该原则的含义是对当事人的同一个违法行为,不得给予两次以上罚款的行政处罚。需要强调:这里的"一事"是指同一个违法行为,"罚"是指罚款;一事不再罚是指不得给予两次以上罚款,并非不得给予两次以上处罚。该原则的适用条件是:同一个事实同一个理由,不得再次处罚;不同的行政机关针对同一个事实、基于不同的理由,可同时处罚,但不得同时处以罚款。

(三) 行政处罚适用条件

行政处罚适用是指行政主体在认定行政相对人行为违法的基础上,依法决定对行政相对人是否给予行政处罚和如何处罚的活动。适用行政处罚须具备以下条件:一是行政处罚适用的前提是公民、法人或其他组织的行政违法行为客观存在;二是行政处罚适用的主体是享有法定的行政处罚权的行政机关或法律法规授权的组织或行政机关委托的组织;三是行政处罚适用的对象是违反行政管理秩序的行政违法者,且其具有一定的责任能力;四是行政处罚适用的时效,是指对行为人实施行政处罚,还需其违法行为未超过追究时效。一般违法行为超过2年的,治安违法行为未被发现超过6个月的,一般不再处罚,违法行为呈连续和持续状态的除外。

（四）行政处罚权的设定

行政处罚的设定是指国家有权机关在行政处罚立法上的权力配置。根据我国行政处罚法和其他法律法规的规定，行政处罚的设定权限划分如下。

1. 全国人民代表大会及其常务委员会是国家最高权力机关和立法机关，可以设定任何种类的行政处罚。限制人身自由的行政处罚，只能由法律设定。

2. 国务院是最高行政机关，可以依法设定除限制人身自由以外的行政处罚。法律对违法行为已经作出行政处罚规定的，行政法规不得超越法律规定的给予行政处罚的行为、种类和幅度的范围另行作出行政处罚规定。

3. 地方性法规可以设定除限制人身自由、吊销企业营业执照以外的行政处罚。法律、行政法规对违法行为已经作出行政处罚规定的，地方性法规不得超越法律、行政法规规定的给予行政处罚的行为、种类和幅度的范围另行作出行政处罚规定。

4. 国务院各部委制定的规章可以在法律、行政法规规定的给予行政处罚的行为、种类和幅度的范围内作出具体规定；尚未制定法律、行政法规的，部委规章可以设定警告或者一定数量罚款的行政处罚。罚款的限额由国务院规定。国务院可以授权具有行政处罚权的直属机构按照本条的情形规定行政处罚。

5. 省、自治区、直辖市人民政府，省、自治区人民政府所在地的市人民政府，经国务院批准的较大的市，以及经济特区的人民政府，其制定的规章可以在法律、法规规定的给予行政处罚的行为、种类和幅度的范围内作出具体规定；尚未制定法律、法规的，上述人民政府制定的规章可以设定警告或者一定数量罚款的行政处罚。罚款的限额由省级人民代表大会常委会规定。

6. 除上述规定外，其他任何规范性文件不得设定行政处罚。

三、权力清单中需明确的行政处罚内容

推行权力清单是指对行政机关行使权力的法律依据进行彻底的清理和盘点，为依法行政创造有利条件。行政机关在公布权力清单时，除了公开行政执法依据即法律授权以外，还需要公开行政执法的程序和执法结果。其中，行政处罚需明确以下内容。

（一）行政处罚依据

从目前我国部分行政机关推行权力清单制度的情况来看，权力清单虽然

公之于众，但存在清单具体内容模糊不清等问题。有的行政机关公布的权力清单只有法律文件名称，没有具体的法律条款；只有非常笼统的授权事项，而没有具体的行政权力分类；只有行政处罚的构成要件，而没有行政处罚的执法主体机关；只有行政许可的具体事项，而没有行政许可实施的便民程序；只有行政强制的法律条文，而没有权力救济具体说明；只有行政确认的授权依据，而没有明确实施行政权力的前置条件。所有这些都使得权力清单制度的价值被削弱。①

行政机关在其公布的权力清单中，需要将规定其行政处罚职权的法律文件的名称、具体的第几条第几款第几项列举出来。这是行政机关依法行政的基本常识，也是人民法院审查行政行为合法与否的一项审查要求。近年来，行政机关在其行政处罚决定书中因为没有引用法律条文到具体的第几款第几项，仅仅引用到第几条就被人民法院以适用法律错误为由而判决行政机关败诉的案例已经有多起，足以看出人民法院司法审查的严肃性。

行政机关在公布其行政处罚职权时应当准确理解法律，严格依照法律规定将其具有行政处罚职权的依据即法律条款列举出来，将行政处罚流程公示出来，将行政相对人的权利义务尤其是提出听证的权利及行政处罚的救济途径公示出来，做到阳光执法、依法行政，保护行政相对人的合法权益。

(二) 行政处罚程序

行政处罚分简易程序和一般程序。简易程序又称当场处罚程序，指行政处罚主体对事实清楚、情节简单、后果轻微的行政违法行为，当场作出行政处罚决定的程序。一般程序是行政处罚的标准程序，是行政机关进行行政处罚时的基本程序，适用于处罚较重或情节复杂的案件。对行政机关而言，进行行政处罚时需要调查、审查、决定三个阶段。行政处罚的一般程序是：调查取证；告知处罚事实、理由、依据和相关权利；听取陈述、申辩或者举行听证会；作出行政处罚决定；送达行政处罚决定书。

1. 调查取证。我国行政处罚法第三十六、三十七条规定：行政机关发现公民、法人或者其他组织有依法应当给予行政处罚的行为的，必须全面、客观、公正地调查，收集有关证据；必要时，依照法律、法规的规定，可以进行检查。行政机关在进行调查或者检查时，执法人员不得少于两人，并应当

---

① 乔新生：《权力清单是深化行政体制改革的必要之举》，《财政监督》2015年第8期。

向当事人或者有关人员出示证件。当事人或者有关人员应当如实回答询问,并协助调查或者检查,不得阻挠。询问或检查应当制作笔录。行政机关在收集证据时,可以采取抽样取证的方法;在证据可能灭失或者以后难以取得的情况下,经行政机关负责人批准,可以先行登记保存,并应当在7日内及时作出处理决定,在此期间,当事人或有关人员不得销毁或者转移证据。执法人员与当事人有直接利害关系的,应当回避。

2. 告知处罚的事实、理由、依据和有关权利。我国行政处罚法第三十二、四十一条规定:当事人有权进行陈述和申辩。行政机关必须充分听取当事人的意见,对当事人提出的事实、理由和证据,应当进行复核;当事人提出的事实、理由或者证据成立的,行政机关应当采纳。行政机关不得因当事人申辩而加重处罚。行政机关及其执法人员在作出行政处罚决定之前,不依照法律规定向当事人告知给予行政处罚的事实、理由和依据,或者拒绝听取当事人陈述、申辩的,行政处罚决定不能成立。

3. 听取陈述、申辩或者举行听证。我国行政处罚法第三十二、四十一、四十二条规定:行政机关在作出行政处罚决定之前,应当听取当事人的陈述和申辩;如果当事人要求举行听证,并且确实符合听证条件的,行政机关应当举行听证会。

4. 作出处罚决定并送达。经过上述程序后,行政机关负责人应当对调查结果进行审查,根据不同情况分别作出行政处罚决定。行政处罚决定书作出后必须依法送达当事人,没有送达的不生效。

(三)行政处罚听证程序

听证程序是指行政机关在作出决定之前,给利害关系人提供发表意见、提出证据的机会,中华人民共和国对特定事项进行质证、辩驳,听取利害关系人的意见的程序。根据允许利害关系人行政处罚法的规定,行政机关作出责令停产停业、吊销许可证或者执照、较大数额罚款等行政处罚决定之前,应当告知当事人有要求举行听证的权利。当事人要求听证的,行政机关应当组织听证。

听证程序是现代民主政治的产物,受到世界许多国家的特别重视。我国最早规定听证的是1996年施行的《中华人民共和国行政处罚法》。随后,1998年施行的《中华人民共和国价格法》、2000年施行的《中华人民共和国立法法》先后规定了听证制度。行政处罚的听证程序不是同简易程序和一般程序并列的程序,而是一般程序中的一个环节,主要是指在对特定的行政处罚作出决定之前,在案件当事人和调查人员共同参加的情况下,由行政机关的专门人员主持听取当事人的申辩、质证和意见,以进一步查清事实和核实证据。

听证程序依照下列规定举行:一是当事人要求听证的,应当在行政机关告知后 3 日内提出;二是行政机关应当在听证的 7 日前,通知当事人举行听证的时间、地点;三是除涉及国家秘密、商业秘密或者个人隐私外,听证公开举行;四是听证由行政机关指定的非本案调查人员主持,当事人认为主持人与本案有直接利害关系的,有权申请回避;五是当事人可以亲自参加听证,也可以委托一至二人代理;六是举行听证时,调查人员提出当事人违法的事实、证据和行政处罚建议,当事人有权进行申辩和质证;七是听证应当制作笔录,笔录应当交当事人审核无误后签字或者盖章。听证结束后,依据我国行政处罚法第三十八条的规定,根据情况分别作出予以行政处罚、不予行政处罚或者移送其他有关机关处理的决定。

第四节 行政强制执行与政府权威

行政主体依法公平公正适度地进行行政强制执行是保证政府行政顺利进行的一种手段,但现实中,许多行政主体违背行政强制执行法定原则,滥用强制执行权,在一定程度上损害了政府的形象和权威,给政府的公信力带来了负面影响。

一、行政强制执行

行政强制执行是指行政机关或者由行政机关申请人民法院,对不履行发生法律效力的行政决定(具体行政行为)的公民、法人或者其他组织,采取法定的强制方式,强制其履行义务或达到与履行义务相同状态的行为。① 根据我国现行法律、法规的规定,行政强制执行既存在由行政机关实施的情况,也存在由司法机关实施的情况,即行政机关和法院都可以成为行政强制执行的主体。行政强制执行权限的分配,根据我国行政诉讼法及有关司法解释的规定,可以概括为"以申请法院强制执行为原则,以行政机关自行强制执行为例外"。行政强制执行具有行政性、强制性、执行性。

---

① 应松年主编:《当代中国行政法》上卷,中国方正出版社 2005 年版,第 893 页。

（一）行政强制执行的特征

1. 行政强制执行以行政相对人不履行行政法上的义务为前提。只有行政相对人负有法定义务又拒不履行时，行政机关为了保证行政管理活动正常进行，才能采取一定的强制手段强迫相对人履行义务。行政法上的义务既有法律、法规、规章中规定的义务，也有行政机关所作出的行政决定中所规定的义务，还有人民法院的行政判决、裁定中确定的由行政相对方履行的义务。

2. 行政强制执行由法律规定的行政机关或者人民法院实施。根据法律、法规的规定，行政强制执行的主体有两类：一类是由行政机关依照法律、法规的授权对行政相对方直接采取强制执行措施；另一类是由行政机关向人民法院提出强制执行申请，由人民法院执行。

3. 行政强制执行的对象范围广泛。既可以是物，也可以是行为，还可以是人。

4. 实施行政强制执行时，行政机关可以在不损害公共利益和他人合法权益的情况下，与当事人达成执行协议。这是我国行政强制法的亮点，行政强制执行的执行协议制度保证了行政决定的执行，减少了社会冲突，符合构建社会主义和谐社会的要求。

（二）行政强制执行权的设定

依法行政要求行政机关的一切权力都必须有明确的法律规定或授权，法无授权不可为。行政强制执行权作为一种较为严厉的行政权，必须源于法律的规定或授权，法律没有规定应予强制执行的，即使相对人没有履行义务，行政机关也不得擅自强制执行。行政强制执行权的设定是严格的，行政强制执行的机关由法律规定。法规、规章及其他规范性文件不得设定任何行政强制执行。

（三）行政强制执行的种类

按照我国行政法理论对行政强制执行的传统分类，行政强制执行分为间接强制执行和直接强制执行。间接强制执行有两种：代执行和执行罚。

1. 代执行，亦称代履行，是指义务人不履行法律、法规等规定的或者行政行为所确定的可代替作为义务，由行政强制执行机关或第三人代为履行，并向义务人征收必要费用的行政强制执行方法。代履行须同时具备四个要件：存在相对人逾期不履行行政法上义务的事实，且此种不履行因故意或过失引起；该行政法上的义务是他人可以代为履行的作为义务；代履行的义务必须是代履行后能达到与相对人亲自履行义务同一目的的义务；由义务人承担必要的费用。

2. 执行罚，是一种间接强制执行的手段，指行政机关在相对人逾期不履行他人不能代替履行的义务时，以科处新的金钱给付义务的方式，促使其履行义务的强制执行方式。在行政执法实践中，执行罚常常表现为按时加处罚款或者滞纳金。[①] 这是对拒不履行已经生效具体行政行为的当事人进行制裁，迫使当事人自觉履行该具体行政行为所确定的义务的法律制度。

3. 直接强制执行，是指执行主体依法对义务人的人身或财产直接实施强制，迫使其履行义务或实现与履行义务相同状态的强制执行方式。直接强制执行的方式有划拨存款，将查封、扣押的财物拍卖或依法处理等。

二、政府权威

政府权威是指政府在社会管理和公共服务过程中形成的得到人民认同的威望和公信力。政府权威是通过政府及其工作人员的道德形象，依法行政的态度、能力和水平，履行职责的效果等树立起来的。政府权威的决定因素是国家性质，即国体。权威政府的表现是政府依法行政，维护法律的尊严；政府工作人员廉洁、高效、团结合作，诚实守信、讲信誉、守承诺，对社会经济发展、政治文明、文化繁荣和社会和谐起促进作用。

有权威的政府，社会和谐稳定，促进社会文明进步；政府得到人民的信任，政令畅通，令行禁止；造福人民，切实保障公民合法权益。无权威的政府，社会动荡不安，经济文化发展停滞；与群众隔阂，有令不行，有禁不止；人民群众根本利益得不到保证。影响政府权威大小的因素有：一是政府及其工作人员有没有科学决策、依法行政、审情用权、优化公共服务、完善社会管理；有没有自觉接受监督，与群众保持和谐关系。二是政府及其工作人员业绩是否出色，是否有果断办事的能力。三是政府及其工作人员品行是否端正，人生观、价值观、世界观是否正当。

树立政府权威最根本的是要坚持如下基本原则：坚持权为民所用，情为民所系，利为民所谋。政府权威的树立可以从三个方面去努力：第一，提升政府及其公职人员的道德形象。政府及其公职人员的德行操守，是一种无形的影响力。这种影响力促使政府与公民的关系趋向协调和谐，促进政府权威的形成。第二，政府必须依法行政，提高依法行政的水平。政府在宪法和法律框架内行使权力，维护宪法和法律的权威，同时政府的权威也受到宪法和

---

① 应松年主编：《当代中国行政法》上卷，中国方正出版社 2004 年版，第 902 页。

法律的保障。政府充分运用法律手段来管理自身,管理社会公共事务,它的权威便得以树立和维护。第三,切实履行职责,为民谋利。政府切实履行有效管理社会、提供优质公共服务职能,树立起高效、廉洁和负责任的政府形象,就会得到人民广泛的认可和支持,否则,人民就会感到不满和失望。坚持对人民负责是我国政府工作的基本原则,坚持为人民服务的工作态度、树立求真务实的工作作风、坚持从群众中来到群众中去的工作方法是对人民负责的具体体现。

三、行政强制执行中树立政府权威

我国政府是人民意旨的执行者和人民利益的捍卫者,其目标和任务就是维护社会的公共利益,促进社会经济的发展和人民生活水平的提高。政府在履行其职能和任务时,必须拥有相应的合法权力与权威。如果滥用政府权威,谋取个人私利,必然会降低政府公信力,损害政府形象,失去人民的支持与信任。法律赋予政府强制执行权,源自政府拥有的政治权力和政治权威。因此,政府应当依法行使其各项权力,尤其需要在行政强制执行中依法行政,树立政府权威。行政强制执行中要树立政府权威,必须严格执行以下特殊的重要制度。

(一)贯彻执行强制执行催告制度

行政机关在进行强制执行时,需要特别注意我国行政强制法规定的催告制度,这是法律对行政强制执行的特殊规定和要求,也是保护公民知情权和财产权、树立政府权威的一道屏障。催告适用于如下情形:一是行政机关作出强制执行决定前,应当事先催告当事人履行义务,催告应当以书面形式作出;二是关于金钱给付义务执行的催告,我国行政强制法规定,行政机关依照该法第四十五条规定实施加处罚款或者滞纳金超过30日,经催告当事人仍不履行的,具有行政强制执行权的行政机关可以强制执行;三是代履行催告,即行政机关依法作出要求当事人履行排除妨碍、恢复原状等义务的行政决定,当事人逾期不履行,经催告仍不履行,其后果已经或者将危害交通安全、造成环境污染或者破坏自然资源的,行政机关可以代履行,或者委托没有利害关系的第三人代履行;四是申请法院强制执行的行政催告,即行政机关申请人民法院强制执行前,应当催告当事人履行义务。催告书送达10日后当事人仍未履行义务的,行政机关可以向所在地有管辖权的人民法院申请强制执行。

我国行政强制法规定的催告制度，将催告作为行政强制执行前的法定程序中的一个重要环节，无论是行政机关自行强制执行，还是申请法院强制执行，都必须对相对人进行有一定内容的书面催告。没有催告，不得实施行政强制执行。催告制度不仅涉及行政执行的程序，而且涉及相对人的程序权利保障。没有催告，不仅违反法定程序，同时也侵犯相对人依法享有的权利。

行政强制执行中，在行政相对人已经知晓的前提下仍然实施催告，体现出慎重使用强制执行的立法精神。强制执行虽然是必需的，但不是动辄就可以使用的手段。行政机关使用强制执行手段。应当慎用、少用，如果可以通过非强制方法达到目的，就不得使用强制方法。

催告作为行政强制执行程序的一个制度，表明执行程序与决定程序既有联系更有区分。行政机关在决定程序中已经实施过的催告，不能代替进入执行程序中的催告。在法律上，决定程序中的催告，只是决定程序中的催告。在行政实践中，催告看似有重复之嫌，但程序的独立性决定了催告的独立性和重要性。

（二）贯彻执行加处罚款或滞纳金不得超过本金制度

在金钱给付义务履行过程中，一般会出现在相对人不履行义务情况下的加处罚款或者滞纳金。相对人不履行应当履行的金钱给付义务时，行政机关根据法律法规规定，可以加处罚款或者按日加收滞纳金。但法律法规一般都只规定加处罚款或者滞纳金的条件和标准，没有规定加处罚款或者滞纳金的最高限额。实践中经常出现行政机关向法院申请执行的罚款数额和滞纳金金额超出本金的情形。我国行政强制法第一次明确统一规定，加处罚款或者滞纳金的数额不得超出金钱给付义务的数额。因此，行政机关对当事人的加处罚款或者滞纳金的数额超过本金时，超出部分法院不会支持。行政机关在执行金钱给付义务的行政决定时，加处罚款或者滞纳金的金额以不超出本金数额为限，不要违反法律规定。

（三）建立法治政府，确保政府权威

行政强制执行行为作为一种要式的具体行政行为，实施的具体方式必须由法律、法规作出明确规定。根据我国目前的法律法规规定，对财产的行政强制执行方式有强制划拨、强制扣缴、强行退还、强行拆除，对人身的行政强制执行方式有强制拘留、强制传唤、强制履行、遣送出境。在对相对人财产或人身进行行政强制执行时，行政主体定要依法进行，避免造成不必要的经济或人身伤害。

在情况紧急，为了达到预期的行政目的，不以相对人不履行义务为前提，对相对人的人身自由和财产予以强制时，行政主体应当符合须有明确的法律依据、须遵循法定程序这两个基本条件，以确保政府权威和形象不受损害和影响。

在党中央、国务院要求建立法治国家、法治政府、法治社会及为人民服务的背景和宗旨下，建立民主、法治基础之上的政府权威，是政府努力的目标。

1. 建立以服务于公民、法人或其他组织为宗旨的公仆政府。政府权力源自人民，政府权威是建立在民主法治之上的权威。没有法治，政府就失去了存在的合法性，也就失去了权威。只有将为人民服务作为政府行动的标准，不滥用行政职权，才能取信于民，树立政府权威。

2. 严格按照我国宪法和法律赋予政府及其职能部门的职责和权力依法行政，通过法治方式保证政府权威。自党的十八大以来，在依宪治国、依法治国、依法执政、依法行政的要求下，理应将法律放在至高无上的位置。法治政府的建成最终是为了更好地为人民服务，政府权威更加稳固。

3. 建设诚实守信、阳光透明的政府。随着我国政务公开、政府信息公开的贯彻实施，政府的各项行为都更加透明、公开，广泛接受人民的监督。政府运转更加顺畅，政令畅通，政府权威自然得到人民的认可与服从。

政府权威与政治权力是不可分割的，政府权威必须以政治权力为基础，没有政治权力就没有政府权威。但是，政治权力又不等同于政府权威，只有社会成员自觉地认同和服从政治权力的影响，政治权力才能转化为政府权威。政府权威的合法性来自政治权力，更来自民众的认可与服从，任何时候，我们都不能忽视人民的意志。从长远来看，一个被人民拥护的政府，必定是一个"想人民之所想，急人民之所急"、为民请命、为民负责、服务于社会的政府。①

行政强制执行必须依法实施，只有各级行政机关及其工作人员依法行政、依法强制执行，法治政府才能建立起来。当人民群众公认中国的法治政府已经建成时，政府权威就自然树立起来了。有权威的法治政府，是一个社会和谐稳定、文明进步、政令畅通、令行禁止、切实保障公民合法权益并造福于人民的政府。

---

① 刘新梅：《政府权威的合法性与强制行政》，《天水行政学院学报》2007年第5期。

第七章
行政复议制度

第一节 内部行政行为纳入行政复议的妥当性考量

一、内部行政行为释明：概念应用与存在问题

内部行政行为与外部行政行为的划分具有"中国特色"。在中国，关于"行政法是有关行政的法，而行政有内部行政与外部行政之分，进而行政行为分为内部行政行为和外部行政行为，前者不可诉，后者方可诉"的理论，已经滥觞于行政法理论界 20 年左右。[①] 然而关于内部与外部的界限在哪里并没有很清晰的认识，学界曾提出若干划分标准，如行为——权利标准[②]、管理事务标准[③]、行政行为的效力范围标准[④]、相对人的身份标准[⑤]等，这些标准中并没有一个占绝对主流地位的学说。

无独有偶，我国的实体法也遵循着这样的思路进行制度设计。一方面，

---

① 据初步考证，"内部行政行为和外部行政行为"的划分最早见于张焕光、胡建淼：《行政法学原理》，劳动人事出版社 1989 年版。随后一些权威教材也采用这一范畴，如应松年主编：《行政诉讼法学》，中国政法大学出版社 1994 年版；罗豪才主编：《行政法学》，北京大学出版社 1996 年版；等等。另外，最高人民法院也以非法律文件的形式承认这种划分，如最高人民法院行政审判庭编：《〈关于执行《中华人民共和国行政诉讼法》若干问题的解释〉释义》，中国城市出版社 2000 年版。
② 参见杨小君：《内外部行政法律关系的理论与实践》，《法学研究》1993 年第 1 期。
③ 参见闫尔宝：《论内部行政行为的几个问题》，《行政法研究》1994 年第 4 期。
④ 参见胡建淼：《行政法学》，法律出版社 2003 年版，第 198 页。杨解君：《行政法学》，中国方正出版社 2002 年版，第 190 页。
⑤ 参见应松年主编：《行政行为法——中国行政法制建设的理论与实践》，人民出版社 1993 年版，第 6 页。姜明安主编：《行政法与行政诉讼法》，北京大学出版社、高等教育出版社 2007 年版，第 183 页。

法律将人事管理等内部行政行为排除在外部救济之外,如《中华人民共和国行政诉讼法》(以下简称《行政诉讼法》)第十三条规定,"人民法院不受理公民、法人或者其他组织对下列事项提起的诉讼:……(三)行政机关对行政机关工作人员的奖惩、任免等决定……";另外《中华人民共和国行政复议法》(以下简称《行政复议法》)第八条规定,"不服行政机关作出的行政处分或者其他人事处理决定的,依照有关法律、行政法规的规定提出申诉"。虽然《中华人民共和国国家赔偿法》(以下简称《国家赔偿法》)并未明确将行政机关内部的行政赔偿问题排除在受案范围之外,但一般认为按照我国《行政诉讼法》第十三条的规定,违法的内部惩戒行为致使国家公务员损害的自然不能提出行政赔偿请求①,在我国的司法实践中这一观点也被予以肯定②。另一方面,其他一些法律以一种似乎不言自明的方式体现这一点,如人事制度方面的规定,监察法和其他人事管理方面的规定都是以行政系统内部申诉解决问题为当然出路的。例如,我国公务员法第九十条规定:"公务员对涉及本人的下列人事处理不服的,可以自知道该人事处理之日起三十日内向原处理机关申请复核;对复核结果不服的,可以自接到复核决定之日起十五日内,按照规定向同级公务员主管部门或者作出该人事处理的机关的上一级机关提出申诉;也可以不经复核,自知道该人事处理之日起三十日内直接提出申诉:(一)处分;(二)辞退或者取消录用;(三)降职;(四)定期考核定为不称职;(五)免职;(六)申请辞职、提前退休未予批准;(七)不按规定确定或者扣减工资、福利、保险待遇;(八)法律、法规规定可以申诉的其他情形。对省级以下机关作出的申诉处理决定不服的,可以向作出处理决定的上一级机关提出再申诉。"我国行政监察法第十八条规定:"监察机关对监察对象执法、廉政、效能情况进行监察,履行下列职责:……(三)调查处理国家行政机关及其公务员和国家行政机关任命的其他人员违反行政纪律的行为;(四)受理国家行政机关公务员和国家行政机关任命的其他人员不服主管行政机关给予处分决定的申诉,以及法律、行政法规规定的其他由监察机关受理的申诉……"《行政机关公务员处分条例》第四十八条规定:"受到处分的行政机关公务员对处分决定不服的,依照《中华人民共和国公务员法》和《中华人民共和国行政监察法》的有关规定,可以申请复核或者申诉。"另外,中共中央组织部、人

---

① 杨海坤、章志远:《中国行政法基本理论研究》,北京大学出版社2004年版,第533页。
② 张勇敏:《人事争议处理机制法律问题研究》,浙江大学出版社2010年版,第115页。

事部印发的《公务员职务任免与职务升降规定（试行）》第三十二条规定："公务员对免职、降职决定不服，可以按照有关规定申请复核或者提出申诉。公务员主管部门和有关机关按照有关规定负责处理。"①

可见，将内部行政行为排除于诉讼、复议等外部的救济途径之外，无论是在学理上还是在法律实务中，都似乎是无可争辩的。然而，随着行政法治的发展，代表着特殊行政法律关系的内部行政行为有将行政、立法、司法三权悉数归于行政权的嫌疑，与以宪政主义为核心或以法治原则为基础所在的法律保留和司法审查相违背②，检讨不无必要。笔者主要探讨内部行政行为的可复议性问题，下文将按不同标准对内部行政行为进行类型化区分，进而具体分析不同类型的行为进行复议的妥当性。

二、内部行政行为的类型化区分

行政机关内部机构庞杂，内部行政千奇百态，内部行政行为也呈现出多种样态。为了尽量周延地囊括所有的内部行政行为，笔者将按照行政所涉及的主体和内部事务的职能、范围两个维度进行划分。③

（一）按照行为主体进行的划分

行政机关所作出的内部行政行为，无非是针对其他机关及人员两类主体。在机关对机关的关系中又包括隶属关系下的行为和职务关系下的行为，前者的依据是各行政机构三定方案的确认，后者的依据是监督法、审计法的授权；在机关对人员的关系中包括本机关对其所属人员的管理处分行为及监督机关对被监督人的监督处理行为等，为便于说明请参见图1。④

---

① 以上这些条文大致是对行政机关人事行为的规范，而对于后文将提到的下级行政机关给上级行政机关的报告、申请、请示，上级行政机关对下级行政机关的批复、指示、命令，同级行政机关之间的公函、通知、建议、意见等机关对机关的内部行为排除复议之外，并没有明确的法律规定，只有理论上的结论，并已成了实践中普遍认可的惯例，可以说是理论上形成的规则规范着实际的做法。

② 参见法治斌：《行政法律关系与特别权力关系》，翁岳生编：《行政法》上册，中国法制出版社2009年版，第299页。

③ 笔者并没有采取对内部行政行为常见的划分，即法律行为、准法律行为及事实行为。虽然该种划分非常便于廓清内部救济和外部救济的界限，但是因为该分类涉及行政行为的界定问题，非常复杂，学者之间争论颇多，无有定论，所以此处不引入此一分类以防增加不必要的混淆。

④ 部分参考闫尔宝的分类，参见闫尔宝：《论内部行政行为的几个问题》，《行政法学研究》1996年第4期。

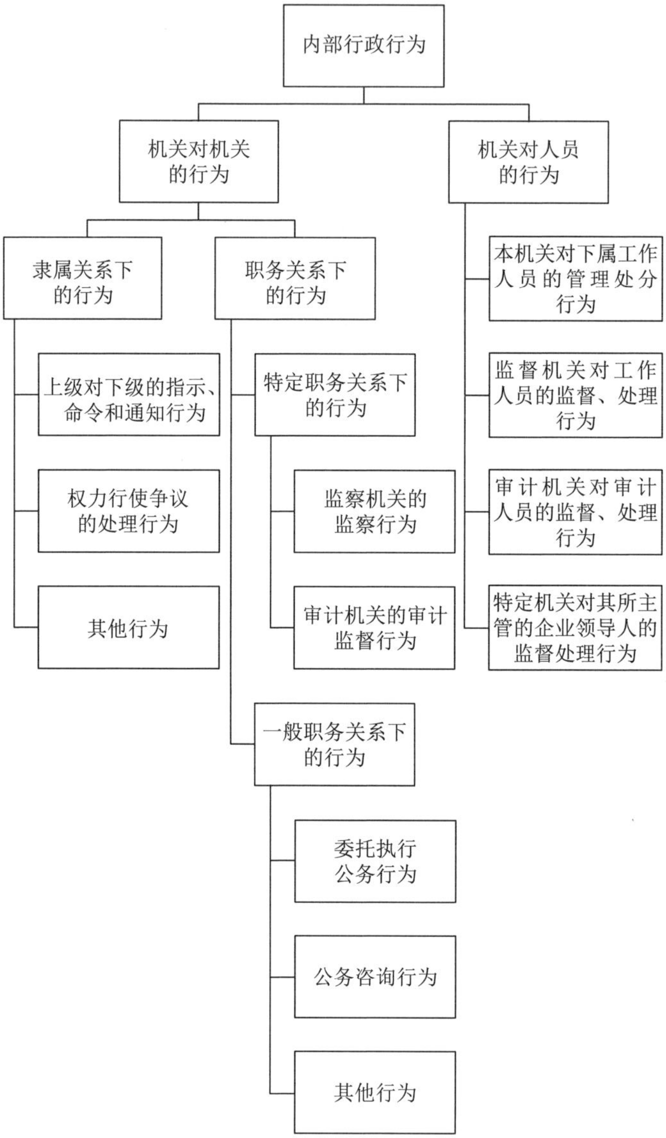

图 1　按照行为主体划分内部行政行为

（二）按照行政事务范围进行的划分

从最广意义上来讲，内部行政行为是指行政行为的效力仅及于行政系统内部，作用于行政机关之间或与其有隶属关系的行政公务人员的行政行为。所以，按照行政机关的职能、所从事的事务来划分，最基本的两类内部行政行为分别为行政处分及其他人事处理、内部的行政决定,即行政机关在执行公务中对行政机关内部审批、指示、授权、计划、会计及判定内部规则等行为。① 当然,以此为分类难以穷尽所有情形,此处仅选择实践中行政机关需要经常处理的一些内部行为予以列举。

1. 行政主体代表国家对隶属于自身的组织的管理,包括行政组织机构的设立、变更及撤销行为,对行政区划及相关争议的处理行为,对下级行政机关有关权属争议的处理行为等。②

2. 行政主体对所属人员的任命、奖励、转任、处分等行为,也包括对工作人员的指示与授权行为,对进出机关的管理行为等。③

3. 行政主体对所属财务、档案及其他物品的各项管理,包括接收、收集、整理、保管、处分等。

4. 特定监督主体依法对被监督对象采取的监督、处理行为(最主要的是监察机关及审计机关的常态监督行为,也包括上下级税务机关、上下级工商行政管理机关之间的公务行为等),以及行政机关工作人员对监察机关的行政处分不服所提出的申诉、受理等行为。

5. 因执行公务需要而做出的其他内部行为,如应其他机关要求出具咨询意见、若干行政机关对同一事件协同处理等。

三、几种内部行为可能纳入复议的妥当性考量

无论是观察我国的法律制度发展实践还是国外经验,行政复议的受案范围都大致经历了一个不断扩大的过程。现代国家奉行法治国的基本理念,法治国要求国家遵守法律,人民可以透过法律预测国家的行为,行政机关的行为一旦违法就要承担法律责任。④ 但从法治原则作用于内、外部行政的历史进程来看,内、外部行政行为受到法律的规制并非同步进行。大陆法系国家中的德国、日本长期信奉特别权力关系理论,法国则提出了内部行政措施理论。⑤ 这些理论为这些国家长期将内部行政行为排除于法律控制之外提供了理论依据,直到20世纪中叶它们才被扬弃,相应的实践中才开始将原本属

---

① 张越:《行政复议法学》,中国法制出版社2007年版,第123页。
② 此处参考闫尔宝的分类,参见闫尔宝:《论内部行政行为的几个问题》,《行政法学研究》1996年第4期。
③ 刘志坚:《行政法原理》,兰州大学出版社1998年版,第153页。
④ 法治斌、董保城:《宪法新论》,元照出版公司2008年版,第32页。
⑤ 王名扬:《法国行政法》,中国政法大学出版社1988年版,第178页。

于内部行政的行为纳入法律救济，其中包括行政复议。在我国，实际上行政复议的范围在《行政诉讼法》颁布之前，就一直处于由单行法律、法规的规定不断加以扩大的状态，直到《行政复议法》颁布。① 然而随着实践的发展，随着我们国家政治、经济、文化及法制状况的综合变化，行政复议范围的扩大成为现阶段中国社会复议制度发展的必然趋势。② 在这样的趋势下，内部行政行为纳入行政复议具有妥当性和合理性。然而必须清醒地看到，按照前文的分类可见，内部行政行为外延宽泛，不可能一概而论。比如按照行为主体划分，机关对机关的内部审批、指示、授权、计划、会计及判定内部规则等行为，虽然《行政复议法》第七条和第八条没有明确将之排除，但是考虑到我国整个行政法体系是建基于行政行为理论的③，根据行政行为理论，以上这些行为应当归于未成熟，没有产生外部效力，甚至根本不构成一个独立的行政行为，所以不可复议。综合衡量，以下几项内部行政行为因为其特殊性，纳入行政复议的范围具有合理性，也有必要性。

（一）人事行为

前文提到，我国《行政复议法》第八条规定"不服行政机关作出的行政处分或者其他人事处理决定的，依照有关法律、行政法规的规定提出申诉"，该条往往被概括为对内部行政行为的排除条款。然而事实上该条只排除了两类行为：行政处分及其他人事处理行为。前者基本是指《中华人民共和国公务员法》第六十一条规定的，公务员因违法违纪应当承担纪律责任的，依照本法给予处分；第六十二条规定的处分为警告、记过、记大过、降级、撤职、开除。④ 后者的人事处理决定包括如《中华人民共和国公务员法》中规定的辞退或者取消录用，降职，定期考核定为不称职，免职，申请辞职、提前退休未予批准，未按规定确定或扣减工资、福利、保险待遇等。对于该两

---

① 具体的复议范围变化的过程请参见应松年主编：《行政行为法——中国行政法制建设的理论与实践》，人民出版社1993年版，第753—760页。江必新、李江：《行政复议法释评——兼与行政复议条例之比较》，中国人民公安大学出版社1999年版，第37、38页。

② 江必新、李江：《行政复议法释评——兼与行政复议条例之比较》，中国人民公安大学出版社1999年版，第39页。

③ 行政行为是一种行政机关行为、公法行为（职权行为）、外部行为，应为通说，几无异议。参见应松年主编：《行政法与行政诉讼法学》，法律出版社2009年版，第114页。参见许宗力：《行政处分》，翁岳生编：《行政法》上册，中国法制出版社2009年版，第602—627页。

④ 在《公务员法》公布之前，行政处分的依据主要有两个，分别是1957年颁布的《国务院关于国家行政机关工作人员的奖惩暂行规定》及1993年颁布的《国家公务员暂行条例》。这二者所规定的行政处分的类型也大致与《公务员法》相同。

种排除的内部行为,《国家公务员暂行条例》及《中华人民共和国公务员法》都大致规定了向原处理机关申请复核、向同级别人民政府人事部门申诉、向行政监察机关申诉等救济途径,也由此排除了进行复议的可能。

其实在国外,关于行政机关内部的这种人事行为是否可以复议的认识经过了几次变迁,主导的理论便是特别权力关系理论。特别权力关系理论起源于19世纪君主立宪时代的德国,后传入日本及我国台湾地区。一般认为,该理论由德国学者保尔·拉邦德建立起理论雏形,由奥托·迈耶集大成,形成了完整的理论体系。[①] 拉邦德最早使用"特别权力关系理论"这一术语,认为公务员担任公职具有忠实与服从关系,并以权力及意志两项要素,作为特别权力关系之特征,"由于权力因素,公务员关系与私法上之契约关系不同,违反职务上之义务,不能以违背契约视之,乃系违反纪律之罪行,与采邑家臣之罪相当;执行职务亦非履行契约,而系克尽其忠实与服从义务。由于志愿因素,公务员与依法律负有隶属义务之人民不同,虽然两者均为隶属及权力之关系,但依志愿产生之特别权力关系,其义务性之内容加重甚多"[②]。迈耶认为国家对人民的一般普通性的综合关系是一种大的权力关系,但在狭义方面,可想象而得者,国家与个人之间尚可成立另一种权力关系,即特别权力关系:"为达成公行政之特定目的,使所有加入所定特别关系的人民,处于(比一般人)更加从属的地位。"[③] 由此,特别权力关系理论日臻成熟,对德国的行政法实践产生了巨大影响,并且扩展至日本及我国台湾地区。在日本,特别权力关系被区分为具体的四类:公法上的供职关系(公务员的任职关系),公法上的营造物利用关系(学校与学生、医院与患者、监狱与受刑人之间的关系等),公法上的组合关系(土地改良区与互助员的关系、公共团体与团体成员之间的关系等),以及公法上的特别监督关系(电、煤气等所谓国家对特许企业者的监督关系等)。[④] 由于对德、日行政法学整体上的继受性,我国台湾地区的行政法理论很早便区分一般统治关系及特别权力关系。[⑤]

特别权力关系理论形成并发展经历了100多年的时间,由于理念上的局

---

① 翁岳生:《行政法与现代法治国家》,台湾大学法学丛书编辑委员会1990年版,第132页。
② 吴庚:《行政法之理论与实用》,中国人民大学出版社2005年版,第196、197页。
③ 翁岳生:《行政法与现代法治国家》,台湾大学法学丛书编辑委员会1990年版,第135页。
④ [日]室井力主编,吴微译:《日本现代行政法》,中国政法大学出版社1995年版,第39页。
⑤ 转引自法治斌:《行政法律关系与特别权力关系》,翁岳生编:《行政法》上册,中国法制出版社2009年版,第298页。

限性，其与时代的发展越来越格格不入，使得原来倡导该理论的国家开始进行反思、批判和修正。特别权力关系理论自诞生便遭受着两大挑战：其一，基本人权保障理念的挑战。第二次世界大战之后整个世界政治思潮之主要动向就在于最大限度地保护最大多数的基本权利，通过了《世界人权宣言》《经济、社会和文化权利国际公约》等条约，在这样的潮流之下，对军人、公务员、公立学校学生、收押人员的基本权利不予保障的观点已经落伍。① 其二，来自"司法国"理论的挑战。"司法国"理论思潮也兴起于第二次世界大战之后，认为只有建立司法国——行政权服从于司法权，才能真正保证法治国理论的实现。例如，1949 年颁布的《德意志联邦共和国基本法》第十九条规定："……任何人的权利如遭到公共机关的侵犯，可向法院提出诉讼。如管辖范围没有明确规定，可向普通法院提出诉讼。"这就意味着公民的基本权利无法律依据不得限制，无论是普通法院还是行政法院，当然公民也无论是普通公民还是公务员、学生等特别的主体。在对特别权力关系的反思与修正方面曾出现了德国公法学者乌勒（C. H. Ule）的"基础关系和管理关系"理论，德国联邦宪法法院确立的"重要性"理论，以及日本、我国台湾地区等理论和司法实务上的检讨。② 总体而言，特别权力关系理论在世界范围内已经"过时"，在行政法制比较成熟的国家都遭到了不同程度的扬弃。

在我国，由学术史观之，行政诉讼法、行政复议法、公务员法等法律的制定是否以特别权力关系理论为基础，是否受到该理论的影响，存有疑问。③ 然而至少今日，奉行"依法治国"的中国已与形成这一理论时的德国背景大不相同，中国已完全无必要如有些学者所言引进这一"过时"的理论，法律修改时应该遵循更先进的法制理念。至于我国复议法的修改，复议范围中是否排除行政机关对其公职人员所作处分的人事行为，特别权力关系的存在不能成为一个赞成的理由。事实上，公务员对内、对外的双重法律身份截然对

---

① 杜祥平：《论行政法上的特别权力关系理论》，《四川行政学院学报》2009 年第 1 期。
② 陈新民：《中国行政法学原理》，中国政法大学出版社 2002 年版，第 66—68 页。
③ 认为我国相关法律的制定受到特别权力关系理论影响的主要如下：王亚琴、孙际泉：《中国行政诉讼法》，中国政法大学出版社 2003 年版，第 98 页；陈新民：《中国行政法学原理》，中国政法大学出版社 2002 年版，第 69 页；邓志：《有限可诉性：司法监督内部行政行为的一种路径》，《南京大学法律评论》2009 年秋季卷（总第 32 期）。不认为该理论影响我国法律制定的主要如下：胡建淼：《"特别权力关系"理论与中国的行政立法——以〈行政诉讼法〉、〈国家公务员法〉为例》，《中国法学》2005 年第 5 期；于安：《德国行政法》，清华大学出版社 1999 年版，第 32 页；杨临宏：《特别权力关系理论研究》，《法学论坛》2001 年第 4 期。

立的传统看法是不确切的,公民在进入公务员队伍之后,其人格并没有被公务员的身份吸收,而是依旧存在的。①

另外,在我国已有的法律体系内,内部人事行为的纠纷往往靠申诉处理,虽然复议和申诉都属于行政系统内部的层级监督与救济制度,但是复议的制度结构决定了其有申诉难以比拟的优势。行政复议兼具行政和司法双重属性②,后一属性体现为复议的制度结构基本上是仿照行政诉讼制度设计的,解决方式具有公开化、程序化的特点,采取严格的当事人主义,按照法定的规则、内容来审理案件,而这都是申诉制度所不具有的。除此之外,申诉和复议同样作为行政系统内部解决争执、纠纷的方式,二者统一起来具有整合、经济、规范的效果。因此,人事争议纳入复议,于体制、于权限并无不和,更主要的是由此更有利于维持行政机关的效率,更好地保护公务人员的权益。

(二) 外化的内部行政行为

如果说将抽象行政行为、行政机关的人事行为等纳入复议是从事项上作出的划分,那么外化的内部行政行为可以复议则是从时间上作出的划分。前文已述,大多数内部行政行为不可以复议具有内在合理性,这里要讲的是一项内部行政行为,如果外化——行政主体的内部工作关系行为已经对外公开,并对行政相对人产生了实际的行政效力③,那么该种内部行政行为有纳入复议的可能。当然,复议的根据还是由行政行为的合法性要素决定的。④然而到底哪些外化了的内部行政行为可以进行复议,对此还要根据外化的途径具体划分。

1. 通过公权力外化。内部行政行为本来是不可复议的,但是如果该种行为通过行政权力运作的方式外化了,在满足其他条件的情况下,该行政行为就成为可以复议的行为。例如,在"某县城市规划委员会会议纪要案"⑤中,

---

① 杨永芳、曹华锋:《内部行政行为的可诉性分析》,《湖南行政学院学报》2003年第4期。
② 方军:《论中国行政复议的观念更新和制度重构》,《环球法律评论》2004年春季号。
③ 参见彭斌韬:《内部行政行为的可诉性分析》,《人民法院报》2009年2月27日。
④ 参见何海波:《行政行为的合法要件——兼议行政行为司法审查根据的重构》,《中国法学》2009年第4期。
⑤ 2006年8月,秦健在城市道路建设拆迁中与拆迁人县建设局签订协议获得一块住宅用地作为安置补偿。其后,县城乡规划管理办公室向秦健下发了建设用地规划许可证。后县人民政府委托县城市规划委员会作出一项会议纪要,其中一条决定将已安置给秦健使用的土地作为城市公共绿地,该会议纪要下发给了县城乡规划管理办公室,规划办公室则根据此会议纪要决定不予办理建设用地规划许可证。参见张云:《浅谈内部行政行为的可诉性》,江苏法院网,访问日期:2018年5月20日。

作出会议纪要本是一个内部行为，不可复议，但是县城乡规划管理办公室在作出不予办理规划许可证决定时根据的是会议纪要，那么会议纪要此时已经外化，所以可以复议进行救济。

2. 通过非公权力的方式外化。例如，某学校得知市教育局可能对其进行处罚，但没收到处罚决定书。某日，该校教师在市教育局局长办公室窃取了市教育局已经向省教育局发出的一份请示报告，报告中草拟了处罚方案，提请上级批示。[①] 学校以此来提起复议，请求撤销这份报告。该案中内部行为也已外化，不过是通过公权力之外的方式完成的，那么这种方式外化的内部行为一般来讲是不可复议的，因为在理论上，其不能解释为公权力对私权利的侵入，而应当解释为私人行为对公权力的侵入。

由此可见，一般通过公权力方式外化的内部行为应当进行复议救济，但是，这一标准不尽然，如有的内部工作关系行为只是行政主体作出最终外部行政行为之前的一个程序性行为，行政主体又作出了最终的外部行政行为，那么即使该内部行政行为外化，也不可以成为复议的对象。[②] 所以，判断外化的内部行为是否可以复议还需要另一项标准，即该项内部行政行为是否对行政主体外部的行政相对人产生了实际的、最终的行政效力。

（三）机关与机关之间的内部行政行为

其实对于该种行为，现行复议法并没有明确将之排除，只是实践中鲜有相关的案例、部分学者在理论上将之排除在复议之外，使得认为该种行为不可复议。事实上，机关与机关之间完全存在进行复议的可能。首先，隶属于不同行政主体的行政机关相互间存在复议的可能。例如，我国台湾地区存在案例，"行政院公平交易与委员会"以台北市所属捷运局违反"公平法"而限期命其停止、改正；"高雄县政府"以台湾地区当局下属"经济部工业局"林园大发工业区联合污水处理厂违反"水污法"，而处以罚款等。[③] 其次，隶属于同一主体的行政机关之间也有发生行政处分的可能，如德国法上的"自己处分"行为，所以也可能进行复议。再次需要强调的是"多阶段行政行为"——一个行政机关作出行政行为时需要其他行政机关表明意见、放弃参与或者附和，而且其他行政机关的行为对外直接产生法律效果，与关系人直

---

① 该假设案例请参见蔡小雪主编：《行政审判与行政执法实务指引》，人民法院出版社2009年版，第456页。
② 参见张云：《浅谈内部行政行为的可诉性》，江苏法院网，访问日期：2018年5月20日。
③ 参见彭斌韬：《内部行政行为的可诉性分析》，《人民法院报》2009年2月7日。

接形成法律关系或者构成对事件的处理结果。① 在该种行为中，如果有内部参与权的机关直接对关系人表达了意见（如发副本或通知给相对人），那么可以认为行政行为已经外化；如果参与机关的参与没有对第三人产生直接效果，那么此阶段尚构不成行政行为，当然不可进行复议救济。

四、余论：更为全面解决行政复议范围问题的路径探寻

从理论上说，任何权利都需要相应的救济，因此，作为公民权利救济手段的行政复议，它的范围应当与行政权的范围是一致的。另外，行政复议不同于行政诉讼，前者作为行政机关内部的层级监督机制，没必要关心司法权与行政权的关系，所以行政复议法不应该通过受案范围来限定对行政争议的复议救济。因此从长远来看、从国际比较来看，随着我国行政法治化的推进，虽然不敢说行政复议范围的概念及制度会彻底消失，但其戏份肯定会越来越少。然而我们必须关注实践，考虑其存在的现实必要性。行政复议作为一种法律救济手段，其在解决行政争议功能上本身的局限性使行政复议机关不可能受理所有的行政争议案件，所以只能通过受案范围来排除一部分行为对其的适用——当然，排除的范围只能而且必须越来越小。如此进一步的问题便应该是如何科学地界定复议的范围。虽然从实质上来讲，行政复议范围的大小及宽窄，主要取决于一定时期一国法治化的程度，但是在具体制度设计时，应该更多地考虑行政法理论对行政行为的界定和分类、受法律保护的权力的种类及范围、行政复议的监督功能的深度和广度、行政复议的价值评判和功能定位等。具体来看，如有学者提出的确定行政复议范围模式上的改变，将现在的确定模式改成肯定式概括结合否定式列举排除，具有一定合理性，能够防止"挂一漏万"。另外，对"具体行政行为"的改造，是使用"行使公共权力的行为"，还是借鉴域外经验使用"行政处分"，还是沿用"行政行为"，通过实践不断扩大解释其外延，有待进一步论证。

第二节 关于《行政复议法》修改的十大建议

我国的行政复议制度起步于20世纪90年代，其与行政诉讼制度几乎同时确立。1990年，《中华人民共和国行政复议条例》通过，1999年，《行政

---

① 参见何海波：《行政行为的合法要件——兼议行政行为司法审查根据的重构》，《中国法学》2009年第4期。

复议条例》升格为《行政复议法》。《行政复议法》实施以来，对促进行政机关依法行政和保障行政相对人合法权益起了很大的作用，但是随着社会的发展也暴露出不少问题。时至今日，行政复议何去何从，再一次面临制度改革与转型。在《行政复议法》的修订中，我们认为以下十个大问题需要予以重点关注。

一、重新定位复议的功能

行政复议到底是一种什么样的制度，其有什么样的功能定位，在《行政复议法》甚至《行政复议条例》制定之初就存在争议，这种争议一直持续到2007年《中华人民共和国行政复议法实施条例》颁布。直至2014年《行政诉讼法》的修改，对于行政复议的功能定位大致存在三种看法：层级监督说、权利救济说和纠纷解决说。层级监督说认为，行政复议是一种行政行为，行政复议活动受行政权支配并体现行政权的特点，是行政机关内部的一种层级监督；权利救济说认为，行政复议是行政相对人不服行政机关所作的具体行政行为，申请复议机关予以复查及纠正的制度；纠纷解决说认为，行政复议是复议机关对行政争议的一种居中裁决，其目的是解决行政争议。这三种看法，第一种也被称为行政说，后两种也被称为司法说或者准司法说。行政复议立法之初，采纳的是层级监督说，国务院向全国人大常委会所作的《关于〈中华人民共和国行政复议法（草案）〉的说明》便非常明确地指出："行政复议是行政机关内部自我纠正错误的一种监督制度"，行政复议制度的设计应当"体现行政复议作为行政机关内部监督的特点，不宜、也不必搬用司法机关办案程序，使行政复议司法化"。虽然《行政复议实施条例》强调行政复议制度的作用是"解决行政争议、建设法治政府、构建社会主义和谐社会"，但是2014年《行政诉讼法》修改，规定复议机关无论维持还是改变原行政行为都要做被告，基本判定了行政复议也是行政行为，复议制度是一种行政机关内部的层级监督。

行政复议机关本来就是行政系统的一部分，相较于行政诉讼，行政复议所具有的优点——效率高、费用低廉、可以更灵活地调配行政资源等，都是因为复议的行政性才得以实现，因此将行政复议定位为行政机关内部的层级监督没有问题。但是，《行政复议法》规定的立法目的是防止和纠正违法的或者不当的具体行政行为，保护公民、法人和其他组织的合法权益，保障和监督行政机关依法行使职权，要实现这些目的，仅仅将行政复议定位为层级监督远远不够。因为没有行政相对人权利的救济，相对人就不会信任行政复议，纠纷就不会解决，由此层级监督功能就无从启动和谈起。所以未来对行政复议的定位，主线是层级监督，但是必须提高其"司法性"，增加其权利救济功能、纠纷解决功能。

二、理顺复议委员会的作用

为了贯彻落实国家关于创新行政复议体制机制的要求，应对行政复议公信力的危机和强化行政复议解决行政争议的功能，从2008年8月开始，国务院原法制办部署开展行政复议委员会的试点，截至2014年，全国试点单位已经达到434家。根据之前的规定，行政复议机关是被申请人的上一级行政机关或者同级人民政府，行政复议机构是隶属于各级人民政府和行政职能部门的内部机构。然而，这种体制难免有"官官相护"之嫌，加之人员配备和职权行使不具有独立性，更难以公正裁决案件。复议委员会的制度设计初衷就是通过专家学者等社会力量的引入，通过集中审查的方式，提高行政复议案件办理的质量和效率，提高复议的社会公信力。实践中，复议委员会试点，根据复议委员会对复议决定的功能不同，分为咨询型和议决型两类。咨询型的复议委员会，以北京的做法最为典型，作用是审议重大疑难行政复议案件和研究行政复议工作中的重大问题。对于复议委员会办公室认为的"重大疑难案件"，委员们提出处理意见，为复议机关最终作出决定提供参考；议决型的复议委员会，以哈尔滨的做法最为典型，作用是通过委员会议决会议对案件进行集中议决，议决意见报委员会主任审签，之后做成复议决定。

复议委员会试点运行一段时间以来，显示出一定的积极效果，但也暴露出很大问题。首先，从逻辑上来讲，复议决定由委员会作出，但是责任由复议机关承担，这里存在着权力和责任的不对等；其次，从实践来看，复议委员会的人员配备存在一定问题，到了三四线以下的区县城市，专家学者等具有复议专业知识的社会贤达难以配齐，导致组成的复议委员会缺乏专业性，也难保公正性；最后，复议委员会委员多事务繁忙，且待遇跟不上，所以很多决定被委员会办公室操纵，复议决定最终体现的不是复议委员会委员而是办公室的意志。因为存在这些问题，所以虽然许多地方进行了复议委员会的试点，但是履职不多，多个地方申请试点的目的是借此机会增加人员和编制。肇始于韩国和我国台湾地区的复议委员会制度存在很强的制度优势，我国大陆地区的试点也取得了一定的积极效果，因此有必要继续保留行政复议委员会，但是现在来看，为了实现理论的自洽和兼顾实践的状况，将其定位为咨询委员会较为合适，类似于立法机关设立的咨询委员会、法院内部设立的专家委员会等。

三、推进相对集中复议权

按照《行政复议法》的规定，行政复议制度在管辖体制上采取由上级行政主管部门管辖不服下级行政主管部门作出的具体行政行为的行政复议案件模式，俗称条块选择管辖和专属条条管辖。这种管辖模式因为复议机关与被申请机关之间隶属同一系统，其公正性常受质疑；同时，因部门性质不同，案件多少不均，很多部门都没有专门的复议机构和复议人员。为了解决这些问题，根据2008年《国务院法制办公室关于在部分省、直辖市开展行政复议委员会试点工作的通知》以及2010年《国务院关于加强法治政府建设的意见》的要求，国家开始探索"相对集中行政复议审理权"，具体做法是取消政府职能部门的复议管辖权——包括地方管理的部门，有的还包括省垂直管理的部门或部分中央垂直管理的部门，将行政复议权集中至一级政府集中行使，统一管辖本辖区内的行政复议案件。行政复议权的相对集中有很多好处。首先，改变《行政复议法》第十二条规定的"选择复议"，明确统一到一级政府行使，避免了部门保护主义，有利于加强本级人民政府对各部门的监督；其次，进一步统一了复议的裁决尺度，规范了裁决程序，更有利于行政纠纷的解决；最后，更好地利用了有限的复议资源，在现有行政复议案件各部门数量不均、复议人员多少不等且素质参差不齐的情况下，相对集中复议权可以最大化利用有限的复议资源。由此，相对集中行政复议权是未来行政复议法改革的方向。

对于行政复议权的相对集中，有一些问题必须提前关注，统筹考量。第一，行政复议权相对集中的范围。现有的试点，大多数将一级政府的所有职能部门都予以集中，但是也有少部分地方是部分集中，如汕头就将公安部门排除。未来的集中应该是一级政府全部政府职能部门的集中，彻底打破现在《行政复议法》规定的"条条管辖"，否则，一直会有职能部门以案件数量大、案件性质专业等理由申请例外。第二，行政复议权相对集中之后复议决定的作出主体。现有的试点，在集中之后大多数地方由政府的法制机构集中调查和集中议决，之后以法定行政复议机关名义作出行政复议决定，只有少数地方由本级政府统一作出行政复议决定。相较而言，由本级政府统一作出复议决定比较好,因为一方面复议决定本来就是本级政府统一受理、议决的,要实现职责和义务的对等;对外来讲,政府的"大章"更有公信力。第三,行政复议权相对集中之后复议人员的配置。行政复议权相对集中之后,集中审理案件的政府法制机构需要根据复议案件的数量设置合适的编制,同时政府职能部门不再享有复议权,复议机构将不再存在,现有的复议人员可以转岗到政府法制机构或者其他部门。

四、拓宽复议的受案范围

我国《行政复议法》因为之前受到《行政诉讼法》的影响,受案范围与之大略一致,这样的定位现在看来很有问题。因为涉及司法与行政的权力界分,行政诉讼只审查行政行为的合法性;但是行政复议涉及的是行政的上下级关系,是行政机关内部的争议解决,因此行政诉讼与行政复议的受案范围不可能也不应该一致,后者应该比前者宽得多。未来行政复议法的修改,要拓宽受案范围。

第一,拓宽申请行政复议的抽象行政行为的范围。《行政复议法》第七条规定了行政复议可以附带审查的抽象行政行为包括国务院部门的规定,县级以上地方各级人民政府及其工作部门的规定,以及乡、镇人民政府的规定。当前,抽象行政行为违法的情形经常发生,而且按照现有的立法审查等监督机制,审查能力有限,耗时持久,不能及时对当事人的合法权益予以保护,因此非常有必要将这些行为纳入行政复议的受案范围。具体的,不但《行政复议法》第七条规定的内容要纳入,国务院制定和发布的规范性文件、行政法规、规章等都应该纳入复议的受案范围。第二,将行政机关对其工作人员作出的行政处分纳入复议范围。《行政复议法》第八条对"行政机关作出的行政处分或者其他人事处理决定"的排除受到德国特别权力关系理论的影响,但是这一理论在德国早已过时,现在德国和美国的这类纠纷甚至占到了行政诉讼的三成以上。行政机关对其内部人员的处理也是利用行政权、对相对人产生影响的一类行政行为,需要予以救济;同时,现行的组织部门、监察部门的调处、监督等并不能很好地处理这类纠纷,因此纳入行政复议中必要而紧迫。此外,有学者提出将具有公共管理职能的组织行使公共权力的行为纳入复议范围,也值得考虑。

五、完善复议程序

因为行政复议受到前述的"层级监督"制度定位的影响,行政复议的程序极为简化。《行政复议法》确立了行政复议书面审查的原则,《行政复议法实施条例》第三十三条进一步补充规定:"行政复议机构认为必要时,可以实地调查核实证据;对重大、复杂的案件,申请人提出要求或者行政复议机构认为必要时,可以采取听证的方式审理。"复议实践中,复议申请人与被申请人往往各执一词,因为复议法缺乏直接言词原则、程序公开原则以及证据适用规则,复议机关仅仅依靠书面审理很难作出复议决定,但是复议机关又不能拒绝裁判,最后往往倾向于相信复议被申请人,由此经常作出维持决定。可以说,复议程序的简单化、行政化是目前行政复议面临诸多困境的罪魁祸首。

复议程序必须予以完善已经达成共识,存在争议的是完善的思路。有人认为对复议程序进行司法化改造,将能够最大限度地确保公正的司法程序引入复议程序。这种想法确实保证了复议程序的公正,但是却导致复议和诉讼同质化,由此背离了行政复议对"效率"的价值追求。兼顾公正和效率,较为可行的方法是将体现程序公正的基本要素引入行政复议中——借鉴英美普通法的自然公正原则,最基本的公正要素包括公开、回避、听证等。未来的复议程序,要以现场审理为常态,以书面审理为例外;增加回避制度,复议人员包括参与审理的专家如果有需要回避的情形必须回避;完善调查和证据制度,必要时要进行现场调查,要确立证据不明时的证据规则;等等。

六、扩大和解与调解的适用

因为受到传统上"公权不可处分"理念的影响,行政复议中对和解与调解的应用非常谨慎。虽然《行政复议法》第四十条对和解应用的范围、和解的形式以及和解的例外情形作了规定,第五十条对调解的应用范围、调解的形式作了规定,但是实践中并不提倡依照这两条作出复议决定。应当说,随着时代的发展与行政法理念的变迁,管制性行政行为越来越少,服务性行政行为越来越多;羁束性行政行为越来越少,裁量性行政行为越来越多。在这样的背景下,"公权不可处分"理念的根基已经动摇,加之多元解决纠纷机制渐成世界潮流,行政复议中和解与调解的扩大应用顺理成章。

初步调研发现,实践中通过和解与调解结案的行政复议案件,一般能占到行政复议案件量的 20%～30%。复议机关经常提及的一个指标"综合纠错率",其高数值也往往由和解与调解做贡献,复议案件的"撤销率"——对原行政行为予以撤销的比率并不高。2010 年通过的《国务院关于加强法治政府建设的意见》就曾提出，注重运用调解、和解方式解决纠纷，调解、和解达不成协议的，要及时依法公正作出复议决定。由此，要扩大和解与调解在行政复议中的应用，发挥这两种制度能够带来较好社会效果的优点。当然，首要问题是廓清调解与和解的应用范围：第一，行政机关行使自由裁量权的行为，不限于具体行政行为；第二，当事人之间的行政赔偿或者行政补偿纠纷；第三，法律没有作出明确规定，但是需要行政权介入的，原则上也可以运用调解手段，如户籍管理引发的争议等。

七、增加复议决定的种类

根据《行政复议法》的规定，行政复议决定共包括维持决定、履行决定、撤销决定、变更决定、确认违法决定、重作决定、赔偿决定七种类型。同时，《行政复议法实施条例》第四十八条增加规定了驳回申请的决定。这八种复议决定类型虽然能够应对大多数复议情形，但是总体来讲落后于现实需要，尤其是和行政诉讼中的判决类型相比，存在许多逻辑不自洽的地方。以下几类复议决定类型应被进行完善。

第一，维持决定。这是行政复议实践中最为常用的一种决定类型，但是问题在于，这一决定并不是针对申请人的任何一项申请作出的决定，所以与"不告不理"原则相违背。同时，这一决定类型在域外的复议决定类型中不存在，在我国的行政诉讼判决类型中也不存在，因此，建议取消。第二，《行政复议法》第二十八条将撤销、变更、确认违法三种决定的适用条件混合在一起，没有加以区分，后果是复议机关很少作出变更决定，大大降低了行政复议的实效性。"行政复议机关直接作出撤销或者变更决定"应被修改为"行政复议机关责令被申请人撤销或者变更行政行为"。第三，吸收《行政复议法实施条例》的相关规定，增加规定驳回复议请求决定、责令补正决定和情况决定，并对这些决定的适用情形作出具体规定。

八、完善复议人员队伍建设

行政复议工作，归根结底要靠复议人员来完成，不同于一般的行政行为，复议要对行政争议进行裁决，因此复议人员需要专门的法律知识和判断能力。美国与我国行政复议最为相近的制度叫行政法官制度，其裁判人员——行政法官是从具有律师资格和有行政经验的人员中择优选择的。完善我国的复议人员队伍建设，要从两个方面着手，一个是量，一个是质。

第一，我国的复议人员数量有待增加。一个初步统计是，我国地方法制部门中专门从事复议工作的约有3700人，平均到市一级约有2.6人，县一级约有0.8人，有限的人员配置还呈现出部门的不均衡，土地、公安、城建、人力资源与社会保障等部门因为案件多而复议人员多，而其他许多部门甚至一个专职复议人员也没有。由此可见，现在的复议人力资源与复议任务极不匹配，复议人员数量亟待增加。在国家人员编制控制极为严格的状况下，给复议机构增加人员并不现实，在推进复议权相对集中过程中集中原有复议机关的复议人员是一个可行的办法。第二，我国的复议人员任职资格条件有待提高。2006年，中共中央办公厅、国务院办公厅发布《关于预防和化解行政争议健全行政争议解决机制的意见》，提出要逐步推行行政复议人员资格制度，不断提高行政复议人员的政治素质和业务素质。各地据此进行了一些探索，如山东组织开展复议人员资格考试等。未来，可以实行复议人员的资格管理，通过司法考试制度设定准入门槛，以保障他们具备与履行职责相适应的素质和知识。同时，对行政复议人员还要建立起类似于审判人员的激励和保障机制。

九、完善复议组织体系

复议组织体系不是复议组织，而是全国所有复议机关尤其是上下级的复议机关形成的一个组织体系。完善复议组织体系主要有以下两个原因：第一，监督复议机关全面履职。当下行政复议制度发挥作用不理想的一个重要原因是，上级行政机关对下级行政机关、行政机关对其行政复议机构、上级行政复议机构对下级行政复议机构的监督指导，以及复议机关对复议机构工作人员的监督指导等都不到位。"反正都要到法院去，还不如多维持少给自己找事儿"，这种想法很普遍。这是造成行政复议不能很好发挥作用的重要原因。第二，提高复议业务水平。当前，我国各级复议机关之间彼此交流非常少，尤其是上级复议机关对下级复议机关的培训、指导和监督非常有限，这样不但不利于复议法的统一适用，也不利于国家复议政策的执行。相较而言，我国法院系统之间的交流则更为经常、渠道更为顺畅，对审判业务的交流和审判质量的提高起了很大作用。复议机关都隶属于行政系统内部，更应该建立起常态化的、衔接更紧密的复议组织体系。

未来行政复议法的修改，应该规定司法部对下级各级复议机关的常规培训以及省司法厅对下级各级复议机关的常规培训，同时逐步确立起复议机关内部的考核体系，实行错案追究，督促下级复议机关和复议人员积极履职。同时，上级复议机关要加强对下级复议机关的业务指导和监督，增强下级复议机关的业务能力。

十、理顺复议与诉讼的关系

行政复议与行政诉讼的关系非常密切，最主要的问题是复议机关是否要当行政诉讼的被告。对此，理论上一直存在三种观点：其一，与修改之前的《行政诉讼法》规定一致，认为复议机关维持原行政行为的，原机关做被告；复议机关改变原行政行为的，复议机关做被告，这种做法主要关注行政行为效力的最后来源。其二，与修改之后的《行政诉讼法》规定一致，认为复议机关无论是否改变了原行政行为都要做被告，原因是行政复议一直就是"维持会"，让其做被告可以督促其履职。其三，无论是否改变原行政行为，复议机关都不做被告，认为复议是一般的裁判程序，一个先行救济的程序角色，不宜做被告。2014年《行政诉讼法》修改采纳了第二种观点，让复议机关恒做被告，这一规定的出发点是好的，但是经历了一年多的实践，暴露出不少问题。从复议机关的角度来讲，对于可受理可不受理的案件，倾向于不受理，因为如果不受理，被诉之后只需要针对不受理的原因举证，但是受理了之后要针对整个案件举证；对于受理之后审理的案件，无论如何都要当被告，所以倾向于维持，因为撤销原行政行为复议机关是第一被告，而维持原行政行为复议机关是第二被告。《行政诉讼法》作了复议机关恒做被告的规定之后，让本已经人员短缺的基层复议机关更加捉襟见肘，不得不抽调大量人力去应对成倍增长的行政诉讼。由此，复议机关恒做被告的规定必须有所改变。

关于行政复议与诉讼的关系还有一点，即复议前置主义与自由选择主义的取舍：前者主张当事人对行政行为不服必须首先申请行政复议，不服可以再申请行政诉讼，复议是必经程序；后者主张当事人可以选择行政复议或者行政诉讼。对于复议前置主义，世界上有不少国家采取这种做法，如美国和德国，原则上都要求当事人穷尽行政救济手段之后才可以向法院申请司法审查，这样可以形成行政救济的层次。然而，这种主张值得商榷，最根本的是，它忽视了当事人的程序选择权利。虽然将行政复议打造成我国行政争议解决的主渠道符合未来发展趋势，但是这个目标不能够通过强制当事人进行复议来实现，而应该通过塑造行政复议公正的品性来吸引当事人主动选择。

因此，我国应该坚持当事人对行政复议和行政诉讼的自由选择。

行政复议法的修改是一项系统工程，必须广泛调研听取意见，认真总结慎重研判，实现各个制度之间的有效衔接，真正实现行政复议公平、高效、低廉的价值目标，从而将行政复议打造成为行政争议解决的主渠道。

第八章
行政诉讼制度(一)

第一节 《行政诉讼法》的主要内容与修订评析

党的十一届三中全会以后,改革开放政策得到广泛落实,大力发展商品经济,实行政企分开与权力下放,大量外国企业进入中国,个体私营经济遍地开花,经济社会发展充满活力、势头强劲。同快速的经济社会发展与变革相吻合,公民与国家、社会与国家之间的界限也日渐清晰,行政权力规范化和法治化运行的诉求也日益强烈。加之,在2000余年封建专制体制浸淫下的行政权力封闭性、强制性及过于强大的危害和弊病开始不断呈现,尤其是漠视人民权利的做法备受批判,与改革开放的发展要求相违背,与公民权利意识的觉醒不相适应,与行政权力依法规范运行目标相去甚远,因此,随着行政法学研究的深入和行政法治的强劲需求,加强行政法制、制定行政诉讼法的呼声在盛行思想解放的法学界也日益强烈。正是在这样的背景下,在依据1982年《中华人民共和国民事诉讼法(试行)》规定而大量建立行政审判庭并广泛开展行政诉讼司法实践的基础上,制定行政诉讼法的工作也提上了全国人民代表大会的议事日程。1986年,全国人民代表大会常务委员会法律工作委员会受委员长会议的委托,组织了由江平、罗豪才、应松年等行政法学者,以及全国人民代表大会常务委员会法制工作委员会、国务院原法制局和法院等部门人员组成的"行政立法研究组",研究和起草行政诉讼法。1987年10月,党的十三大报告也明确提出"要制定行政诉讼法"。1988年11月第七届全国人民代表大会常务委员会第四次会议听取了关于行政诉讼法草案的说明报告并向社会公布,在对草案进行补充和修改后,1989年4月4日全国人民代表大会第二次会议正式通过了《中华人民共和国行政诉讼法》，规定该法自 1990 年 10 月 1 日起实施。这标志着我国行政诉讼制度的正式确立。

《行政诉讼法》的制定实施无疑是我国改革开放深入开展的产物，尽管在颁行之初，有一些不理解甚至质疑反对的声音①，但其出台无疑是我国民主政治和法制建设方面具有里程碑意义的重大事件。《行政诉讼法》的颁行是中国立法史上的一次创举，不仅突破了自秦代以来儒法两派关于"人治"与"法治"的虚妄论争，是坚定选择法治道路、健全民主法制制度的重要体现，同时，其作为一部"民告官"的基本法律，宣告了"权力高于一切"历史的结束和"权力服务权利"时代的开启，是落实我国宪法关于保障公民权利规定的制度体现，也为司法权监督行政权依法运行提供了制度化途径和程序依据。

一、《行政诉讼法》主要内容

1989 年颁布的《行政诉讼法》确立了行政诉讼制度的目的、基本原则、受案范围、管辖制度、诉讼参加人、证据制度、起诉受理与审理裁判的程序制度、国家赔偿诉讼与涉外行政诉讼程序制度等内容，确立了行政诉讼制度的"四梁八柱"，为行政诉讼制度的实践运行提供了规范框架。有学者将该法的核心内容归结为"'民告官'、普通法院内部的行政庭及有限的司法审查权"三个方面，无疑抓住了这一立法的关键内容。② 该法实施以来，在保障公民权益、推进依法行政和法治政府建设、培育法治理念及加快依法治国步伐方面都发挥了重要作用。但随着这一制度所处经济社会环境条件的快速发展和急剧转型，《行政诉讼法》的规定已经无法满足时代发展的需要，制度变革的需求日益强劲和迫切，于是修改《行政诉讼法》、完善行政诉讼制度

---

① 例如，《行政诉讼法》刚颁布时，全国有几百名大小官员向中央写信表示反对，质问："有了民告官，那我们还怎么开展工作？"广西桂林的一名镇长甚至还说："群众告镇长，这是孙子告爷爷。"还有人说："我们办的案子，还要法院认可，这是全国人大吃了饭没事干想出来的。"此外，个别地方居然还有2000 多名乡镇干部提出辞职的事情发生。参见江必新、梁凤云：《行政诉讼法理论与实务》，北京大学出版社 2009 年版，第 107 页；江平口述，陈夏红整理：《沉浮与枯荣：八十自述》，法律出版社 2010 年版，第 341 页。
② 何海波：《行政诉讼法》，法律出版社 2011 年版，第 17—18 页。

的呼声日益广泛和强烈。①

在现实需求的强烈推动下,在理论研究的高涨呼声中,《行政诉讼法》的修改工作也被提上日程。我国第十届和第十一届全国人民代表大会常委会先后于 2003 年和 2008 年两次将修改《行政诉讼法》列入其五年立法规划,但都没有完成既定修改目标。直到 2013 年,《行政诉讼法》的修改再次被立法机关纳入议事日程。第十二届全国人民代表大会常务委员会于 2013 年 12 月和 2014 年 8 月先后两次公布《中华人民共和国行政诉讼法修正案(草案)》,向社会广泛征求意见,并于 2014 年 11 月 1 日审议通过了《关于修改〈中华人民共和国行政诉讼法〉的决定》,对实施了 24 年之久的《行政诉讼法》进行首次全面修订。

《行政诉讼法》(2014 年修订)共计 103 条,比过去的 75 条增加了 28 条,在内容上更加细化、丰富和系统。这里主要简述以下几个方面。

(一)立法目的

《行政诉讼法》(2014 年修订)第一条规定了行政诉讼法的立法目的,即"为保证人民法院公正、及时审理行政案件,解决行政争议,保护公民、法人和其他组织的合法权益,监督行政机关依法行使职权,根据宪法,制定本法"。与 1989 年的《行政诉讼法》相比较,《行政诉讼法》(2014 年修订)有了较为明显的修改,这体现在如下三个方面。

1. 将"为保证人民法院正确、及时审理行政案件"修改为"为保证人民法院公正、及时审理行政案件",即用"公正"替换了旧法中"正确"的表述。这主要基于三点:第一,使用"公正"的用语更加符合国人对法治的规

---

① 比较有代表性的文章有王宝治、许振台:《也谈〈行政诉讼法〉的缺陷及修改》,《河北经贸大学学报》1999 年第 5 期;应松年:《修改行政诉讼法势在必行》,《法制日报》2002 年 3 月 3 日;章志远:《现行行政诉讼法的修改势在必行》,《政治与法律》2003 年第 2 期;林莉红:《行政诉讼法修改定位——精细化与完善化》,《河南财经政法大学学报》2004 年第 6 期;王振宇:《行政诉讼法的修改:视点和目标》,《人民法院报》2006 年 8 月 3 日;马怀德:《〈行政诉讼法〉存在的问题及修改建议》,《法学论坛》2010 年第 5 期;梁凤云:《〈行政诉讼法〉修改八论》,《华东政法大学学报》2012 年第 2 期;莫于川、雷振:《我国〈行政诉讼法〉的修改路向、修改要点和修改方案——关于修改〈行政诉讼法〉的中国人民大学专家建议稿》,《河南财经政法大学学报》2012 年第 3 期;杨临萍:《行政诉讼法修改十大焦点问题》,《国家检察官学院学报》2013 年第 3 期;姜明安:《行政诉讼法修改的若干问题》,《法学》2014 年第 3 期。此外,还有系统探讨行政诉讼法修改的专著,如江必新:《中国行政诉讼制度的完善:行政诉讼法修改问题实务研究》,法律出版社 2005 年版;胡建淼主编:《行政诉讼法修改研究》,浙江大学出版社 2007 年版;莫于川主编:《建设法治政府需要司法更给力:行政诉讼法修改问题研究及专家建议稿》,清华大学出版社 2014 年版。

律性认识。随着我国理论界和实务界对法治这一治国理政基本方略认识的加深,我国日益明确了公正是法治价值内核的理念,并在党的十八届四中全会通过的《中共中央关于全面推进依法治国若干重大问题的决定》中正式提出了"公正是法治的生命线"的论断,深刻揭示了公正对法治的极端重要性,明确公正是法治的基石和灵魂,是法治的出发点和落脚点。使用"公正"一词是这一认识运用于行政诉讼法修改的具体体现。第二,用"公正"替代"正确"更加符合司法的根本特征。司法作为法的适用的重要体现,狭义上来讲一般是指国家司法机关依照法定职权和法定程序,具体运用法律处理纠纷的专门活动。司法权属于裁判权的属性意味着中立性是司法权的根本特性,这要求司法人员必须居中公正裁判。因此公正是司法的灵魂,《行政诉讼法》作为解决行政争议的诉讼制度,与民事诉讼、刑事诉讼相同,也应体现公正这一司法的灵魂之特征。第三,"公正"作为法律术语更加能够凸显该法的价值导向,而"正确"一词较为生活化,判断标准模糊且难以突出这一立法的价值目标。

2. 增加了"解决行政争议"的表述。这主要基于行政诉讼制度作为解决行政争议的诉讼制度,其应当具有和民事诉讼、刑事诉讼所共有的纠纷解决功能,才更加符合其诉讼制度的属性内容。例如,最典型的当属被称为"超级马拉松诉讼"的河南省焦作市高永善诉焦作市影视器材公司房产纠纷引起的一系列案件,经过河南省三级法院民事、行政程序的三轮审理,历时10年,先后作出18份裁判文书,凸显了1989年《行政诉讼法》中民事行政交叉争议的实质性解决机制的缺失。① 对此,在《行政诉讼法》修订前后就有学者和全国人民代表大会代表指出,应当明确行政诉讼具有争议解决功能,避免程序空转不解决实际问题,建议在立法目的中增加"解决行政争议"的内容。② 作为增加"解决行政争议"立法目的的体现,《行政诉讼法》(2014年修订)规定了一系列相应制度来贯彻落实这一修订目标,如在受案范围部分将行政征收或行政征用的补偿决定、行政协议争议等纳入其中;在诉讼参加人方面将原告范围扩展至与行政行为有利害关系的个人或组织,明确行政

---

① 该案详情可参见王贵松:《行政与民事争议交织的难题:焦作房产纠纷案的反思与展开》,法律出版社2005年版。
② 杨临萍:《行政诉讼法修改十大焦点问题》,《国家检察官学院学报》2013年第3期;全国人民代表大会常务委员会法制工作委员会行政法室编:《行政诉讼法立法背景与观点全集》,法律出版社2015年版,第24页。

赔偿、行政补偿及行政机关行使法律法规规定的自由裁量权的案件可以调解的规定，尤其是在第六十一条规定，"在涉及行政许可、登记、征收、征用和行政机关对民事争议所作的裁决的行政诉讼中，当事人申请一并解决相关民事争议的，人民法院可以一并审理"。

3. 删除了"维护"一词。《行政诉讼法》（2014年修订）删除了1989年《行政诉讼法》中"维护"行政机关依法行使行政职权的内容，主要基于以下考虑：第一，这是立法者对近年来学界关于行政行为效力理论研究成果的吸收和肯定。《行政诉讼法》立法之初，我国行政法学理论研究较为薄弱，行政行为效力理论更是付之阙如，因此行政诉讼制度既要保障公民权利又要维护行政机关依法行使职权的理念比较盛行，于是这就体现在1989年《行政诉讼法》的立法目的之中。但随着我国行政法学研究的日益繁荣和深入，尤其学者们在行政行为效力理论上的长期积累和厚重泼墨①，对行政行为公定力等效力理论的共识得到不断强化，行政行为作为行政主体依照法律授权行使行政职权的体现，只要作出就具有公定力和确定力，不需要法院予以维护，因此新法删除"维护"是对行政行为效力理论的吸收和运用。第二，这是突出行政诉讼制度"监督行政"属性的立法目的体现。行政诉讼又称司法审查，相对于行政主体而言，它是一项法律监督制度，即行政诉讼具有监督行政的性质。行政诉讼制度的这一性质意味着人民法院有权依法通过审理行政案件，在发现行政行为违法或明显不当时，运用司法权作出撤销、变更或确认行政行为违法以及判决赔偿、补偿等决定来督促行政机关依法行政。

（二）受案范围

行政诉讼受案范围不仅是《行政诉讼法》制定修改时备受关注的重要议题，而且是行政法学研究的常规性热点问题，这在一定程度上凸显了这一问题对行政诉讼制度的重要意义。对此，有学者指出，受案范围的重要性在于

---

① 自20世纪90年代以来尤其是2000年以来，行政法学界对行政行为效力理论的研究日益丰富和增多，不仅大多数行政法学教程都谈及这一论题，而且围绕这一主题的博士论文和学术著作也不断增加，比较有代表性的著述有杨海坤、顾运：《当前行政法学界关于行政行为效力的讨论》，《江苏社会科学》1999年第6期；叶必丰：《行政行为的效力研究》，中国人民大学出版社2002年版；章志远：《行政行为效力论》，苏州大学博士学位论文，2002年；李琦：《行政行为效力新论——行政过程论的研究进路》，中国政法大学博士学位论文，2005年；江必新：《行政行为效力判断之基准与规则》，《法学研究》2009年第5期；方世荣、羊琴：《论行政行为作为民事诉讼先决问题之解决——从行政行为的效力差异进行分析》，《中国法学》2005年第4期；马生安：《行政行为效力体系重构的"两质态论"与"三效力说"》，《重庆大学学报（社会科学版）》2015年第3期。

其确定了我国司法权对行政权监督和制约的范围,确定了公民、法人和其他组织行政诉权的范围,同时也确定了行政终局裁决权的范围。①

《行政诉讼法》(2014年修订)对行政诉讼受案范围的规定主要体现在以下三个方面。

1. 对受案范围的概括规定。这体现为《行政诉讼法》(2014年修订)第二条的规定,即"公民、法人或者其他组织认为行政机关和行政机关工作人员的行政行为侵犯其合法权益,有权依照本法向人民法院提起诉讼。前款所称行政行为,包括法律、法规、规章授权的组织作出的行政行为"。该条两款规定分别从行政行为侵犯合法权益的主观标准及行政主体角度就可诉的行政行为进行概括规定。相比于1989年的《行政诉讼法》,新法将以往的"具体行政行为"标准修改为"行政行为"标准,为新法关于规范性文件的附带审查及未来将规范性文件纳入受案范围预留制度改革空间,这无疑是顺应时代需要、扩大行政诉讼受案范围的重要体现。

2. 对受案范围的正面列举。这体现为《行政诉讼法》(2014年修订)第十二条的规定,其中该条第一款的第一项至第十一项分别列举了人民法院受理的行政案件范围,从行政行为类型的角度看包括行政处罚、行政强制、行政许可、行政确认、行政征收与行政征用及补偿、申请履行法定职责、侵犯经营自主权、排除或限制竞争、违法要求履行义务、行政给付、行政协议;该条第十二项在前述关于行政行为列举的基础上规定"认为行政机关侵犯其他人身权、财产权等合法权益的",作为一个兜底条款,该项规定明确其他未在该法中列举的但侵犯人身权、财产权等合法权益的行政行为,也属于行政诉讼的受案范围,如侵犯姓名权、名称权、婚姻自由权等人身权的行政行为,以及侵犯物权、债权、继承权等财产权的行政行为。该条第二款规定,"除前款规定外,人民法院受理法律、法规规定可以提起诉讼的其他行政案件"。这一规定实际上肯定了以往及未来单行法律法规关于前述列举行政行为以外的其他新行政行为属于行政诉讼受案范围的内容。正如学者林莉红所指出的,该款规定具有"追任性"和"授权性"两层含义,分别承认了行政诉讼制定或修订时已经由单行法律法规明确属于行政诉讼受案范围的行政行为,以及未来制定的单行法律法规对属于行政诉讼受案范围的行政行为的列举。②

---

① 江必新:《行政诉讼问题研究》,中国人民公安大学出版社1989年版,第56—62页。
② 林莉红:《行政诉讼法学》(第4版),武汉大学出版社2015年版,第73页。

较之于1989年的《行政诉讼法》,修订的内容主要体现为:第一,对属于行政诉讼受案范围的行政行为的表述更为规范明确,不仅实现了与相关法律法规的衔接和协调,如根据1996年颁布的《行政处罚法》的规定,新法对行政处罚类型的列举与该法相衔接,按照2011年出台的《行政强制法》的规定对行政强制列举更为科学规范,而且充分吸收了行政诉讼制度确立以来相关司法解释的规定和最高人民法院发布的典型案例或指导性案例的内容。第二,新法从适度扩大行政诉讼受案范围的立法导向出发,扩大了可诉行政行为的范围,如新增了可诉行政许可相关行为的内容,新增了行政确认、行政征收与行政征用及其补偿决定、侵犯农村土地承包经营权和农村土地经营权的行为、行政给付以及行政协议等行为类型。

3. 对受案范围的反面排除列举。这主要体现为《行政诉讼法》(2014年修订)第十三条的下列规定:"人民法院不受理公民、法人或者其他组织对下列事项提起的诉讼:(一)国防、外交等国家行为;(二)行政法规、规章或者行政机关制定、发布的具有普遍约束力的决定、命令;(三)行政机关对行政机关工作人员的奖惩、任免等决定;(四)法律规定由行政机关最终裁决的行政行为。"从行政行为的角度来看,修订后的《行政诉讼法》将国家行为、抽象性行政行为、内部行政行为和行政终局裁决行为排除出了行政诉讼的受案范围。

(三)管辖制度

为了解决行政诉讼制度实施中比较突出的"立案难"和行政审判受当地政府和有关部门干预问题并完善行政诉讼管辖制度,《行政诉讼法》(2014年修订)对行政案件管辖制度进行了针对性的修改完善。这主要体现在如下方面。

1. 明确规定了法院跨区域管辖行政案件制度。《行政诉讼法》(2014年修订)第十八条规定:"行政案件由最初作出行政行为的行政机关所在地人民法院管辖。经复议的案件,也可以由复议机关所在地人民法院管辖。经最高人民法院批准,高级人民法院可以根据审判工作的实际情况,确定若干人民法院跨行政区域管辖行政案件。"该条第二款的规定为法院跨行政区域管辖行政案件、摆脱地方党政机关干扰提供了明确法律依据。对此,有学者指出明确法院跨区域管辖行政案件具有如下多重法治意义:其是完善行政审判体制机制的关键环节,其是构建普通案件在行政区划法院审理、特殊案件在跨行政区划法院审理的诉讼格局的基本支撑,其是解决行政诉讼"立案难""审理难""执行难"等突出问题的有力保障等。①根据这一条的规定,我国各高级人民法院在最高人民法院的批准下,有的确定铁路法院为跨区域集中受理审理行政案件的主要法院,如广东省,有的则将受理行政案件的中级人民法院按照行政区域两两"结对"或三三"推磨"的方式探索跨区域行政案件管辖制度,如河南省,为该项制度的实施提供了积极经验。②

2. 吸收并强化了提级管辖制度。《行政诉讼法》(2014 年修订)第十五条规定:"中级人民法院管辖下列第一审行政案件:(一)对国务院部门或者县级以上地方人民政府所作的行政行为提起诉讼的案件;(二)海关处理的案件;(三)本辖区内重大、复杂的案件;(四)其他法律规定由中级人民法院管辖的案件。"与 1989 年的《行政诉讼法》相比较,其吸收了以往提级管辖制度探索的经验和成果,明确了对县级以上地方人民政府所作的行政行为提起诉讼的案件由中级人民法院管辖的制度规定。同时,其还明确"海关处理的案件"也均由中级人民法院管辖。

3. 规定了指定管辖只能"提级"的制度。与 1989 年《行政诉讼法》规定的管辖权转移既可以"上转下"又可以"下转上"不同,《行政诉讼法》(2014 年修订)删除了行政案件管辖权移转的"上转下",明确规定管辖权移转只能"下转上",即只能提高审级而不能降低审级,即新法第二十四条规定的"上级人民法院有权审理下级人民法院管辖的第一审行政案件。下级人民法院对其管辖的第一审行政案件,认为需要由上级人民法院审理或者指定管辖的,可以报请上级人民法院决定"。

(四)诉讼参加人

相较于 1989 年《行政诉讼法》,《行政诉讼法》(2014 年修订)对诉讼参加人制度分别从拓宽原告资格、明确被告资格、增加诉讼代表人制度和细化第三人这几个方面进行完善。

1. 在原告资格方面,《行政诉讼法》(2014 年修订)改变旧法中对原告资格范围规定过于狭窄和原则的弊病,明确了具备原告资格的包括行政行为

---

① 程琥:《行政案件跨行政区划集中管辖的法治意义》,《人民法院报》2015 年 5 月 20 日。
② 章宁旦、潘玲娜、林劲标:《广东行政案件集中管辖完成布局》,《法制日报》2015 年 11 月 10 日;《河南省高级人民法院关于行政案件异地管辖问题的规定(试行)》;《河南省高级人民法院关于行政案件异地管辖补充规定》;赵春艳:《河南行政案件实现"异地管辖、推磨式管辖"》,《民主与法制时报》2015 年 6 月 20 日。

的相对人及其他与行政行为有利害关系的个人或组织。此外,《全国人民代表大会常务委员会关于修改〈中华人民共和国民事诉讼法〉和〈中华人民共和国行政诉讼法〉的决定》(2017年6月27日第十二届全国人民代表大会常务委员会第二十八次会议通过,以下简称《修改决定》)对《行政诉讼法》作出修改,在第二十五条中增加一款即第四款,规定:"人民检察院在履行职责中发现生态环境和资源保护、食品药品安全、国有财产保护、国有土地使用权出让等领域负有监督管理职责的行政机关违法行使职权或者不作为,致使国家利益或者社会公共利益受到侵害的,应当向行政机关提出检察建议,督促其依法履行职责。行政机关不依法履行职责的,人民检察院依法向人民法院提起诉讼。"这实质上赋予了检察机关提起行政公益诉讼的主体资格,进一步拓宽了行政诉讼的原告资格范围。

2.《行政诉讼法》(2014年修订)在旧法基础上明确了以下情形下的被告确定问题:首先,经复议的案件,复议机关决定维持原行政行为的,作出原行政行为的行政机关和复议机关是共同被告。其次,复议机关在法定期限内未作出复议决定,个人或组织起诉原行政行为的,作出原行政行为的行政机关是被告;起诉复议机关不作为的,复议机关是被告。最后,行政机关委托的组织所作行政行为及行政机关被撤销或者职权变更情况下的被告确定问题。

3.《行政诉讼法》(2014年修订)吸收和参照民事诉讼制度的经验,增加了诉讼代表人制度,即该法第二十八条规定的"当事人一方人数众多的共同诉讼,可以由当事人推选代表人进行诉讼。代表人的诉讼行为对其所代表的当事人发生效力,但代表人变更、放弃诉讼请求或者承认对方当事人的诉讼请求,应当经被代表的当事人同意"。

4.《行政诉讼法》(2014年修订)对第三人制度的完善体现为:第一,明确个人或组织同被诉行政行为有利害关系但没有提起诉讼,或者同案件处理结果有利害关系的,可以作为第三人申请参加诉讼,或者由人民法院通知参加诉讼。第二,人民法院判决第三人承担义务或者减损第三人权益的,第三人有权依法提起上诉。

(五)证据制度

《行政诉讼法》(2014年修订)在证据制度方面的规定主要涵盖了行政诉讼证据形式、举证规则、证据收集规则、法院调取证据规则、证据保全、质证与认证以及非法证据排除规则的具体证据制度。相较于1989年《行政诉讼法》,《行政诉讼法》(2014年修订)对证据制度的完善主要体现为增加电子数据的证据形式、明确被告逾期不举证的法律后果、细化被告举证制度、明确原告举证责任、完善法院调取证据制度及明确证据适用规则。这里着重分析以下基本内容。

1. 行政诉讼举证规则。《行政诉讼法》(2014年修订)第五章证据部分确立了以被告举证为主的举证责任原则。具体来说,被告承担举证责任,指的是,(1)对作出的行政行为负有举证责任,应当提供作出该行政行为的证据和所依据的规范性文件;(2)对原告起诉是否超过起诉期限有争议的负有举证责任;(3)对有利于自己的程序意义上的事实如管辖异议、回避等负有举证责任;(4)对有关民事上的问题仍遵循"谁主张谁举证"原则。被告不举证或者无正当理由逾期举证的,应当承担"没有证据"的法律后果,但被诉行政行为涉及第三人合法权益,第三人提供证据的除外。原告的举证责任主要包括:第一,起诉符合法定的条件,但被告认为原告起诉超过起诉期限的情形除外。第二,在起诉被告不履行法定职责的案件中,应提供其向被告提出申请的证据,但有下列情形之一的除外:被告应当依职权主动履行法定职责的;因正当理由不能提供证据的。第三,在行政赔偿、补偿案件中,应对行政行为造成的损害提供证据。因被告的原因导致原告无法举证的,由被告承担举证责任。第四,其他由原告承担的举证责任,如证明被诉行政行为的存在,反驳被告证据时提供行政行为违法的证据、有利于自己的程序意义的事实及民事上有利于自己的事实等。

2. 行政诉讼证据收集规则。行政诉讼被告证据收集规则主要有:第一,被告及其诉讼代理人在诉讼过程中不得自行向原告、第三人和证人收集证据。① 第二,被告在作出行政行为时已经收集了证据但因不可抗力等正当事由不能提供的,经人民法院准许可以延期提供。原告或者第三人提出了其在行政处理程序中没有提出的理由或者证据的,经人民法院准许,被告可以补充证据。法院调查收集证据的规则包括:第一,法院依职权向有关行政机关及其他组织、公民调取证据。但是,不得为证明行政行为的合法性调取被

---

① 对此,有学者认为,这一规定不符合诉讼法与行政法基本原理之处应当进行修改,即应当删除现行法中关于限制被告取证的规定,亦无必要涉及代理人以及其他问题,只规定行政机关在作出行政行为以后所收集的证据不得作为证明被诉行政行为合法的依据即可。参见林莉红:《限制被告取证还是明确证据能力——论〈行政诉讼法〉中限制被告取证规定的修改》,《政治与法律》2008年第5期。

作出行政行为时未收集的证据。第二，法院依申请调取证据。对此，《行政诉讼法》（2014年修订）第四十一条规定："与本案有关的下列证据，原告或者第三人不能自行收集的，可以申请人民法院调取：（一）由国家机关保存而须由人民法院调取的证据；（二）涉及国家秘密、商业秘密和个人隐私的证据；（三）确因客观原因不能自行收集的其他证据。"

3. 非法证据排除规则。相较于1989年《行政诉讼法》，《行政诉讼法》（2014年修订）不仅在第十三条明确了行政诉讼证据审查核实规则，而且首次明确规定了非法证据排除规则，即规定"以非法手段取得的证据，不得作为认定案件事实的根据"。

（六）起诉与受理程序

2014年《行政诉讼法》修订中的一个重要出发点是解决行政诉讼案件"立案难"的现实问题，因此，与1989年《行政诉讼法》相比较，《行政诉讼法》（2014年修订）在起诉和受理程序制度方面的修改内容较多，而且具有较大突破性。这主要体现在如下三个方面。

1. 完善起诉期限。《行政诉讼法》（2014年修订）规定的起诉期限制度主要包括以下基本内容：第一，行政复议情况下的复议期限，具体分为不服行政复议决定情况下的起诉期限、复议机关逾期不作出复议决定情况下的起诉期限以及其他法律另有规定情况的起诉期限。第二，原告直接起诉情况下的起诉期限制度，即原告应当自知道或者应当知道作出行政行为之日起6个月内提出，但法律另有规定的除外。此外，《行政诉讼法》（2014年修订）还规定了涉及不动产等的案件的最长起诉期限。第三，规定了原告起诉被告不作为情况下的起诉期限。《行政诉讼法》（2014年修订）第四十七条规定："公民、法人或者其他组织申请行政机关履行保护其人身权、财产权等合法权益的法定职责，行政机关在接到申请之日起两个月内不履行的，公民、法人或者其他组织可以向人民法院提起诉讼。法律、法规对行政机关履行职责的期限另有规定的，从其规定。公民、法人或者其他组织在紧急情况下请求行政机关履行保护其人身权、财产权等合法权益的法定职责，行政机关不履行的，提起诉讼不受前款规定期限的限制。"第四，2015年《最高人民法院关于适用〈中华人民共和国行政诉讼法〉若干问题的解释》（法释〔2015〕9号，以下简称《适用解释》）首次规定了行政协议案件的起诉期限。该司法解释第十二条规定："公民、法人或者其他组织对行政机关不依法履行、未按照约定履行协议提起诉讼的，参照民事法律规范关于诉讼时效的规定；对行政机关单方变更、解除协议等行为提起诉讼的，适用行政诉讼法及其司法解释关于起诉期限的规定。"

2. 首次规定立案登记制度。为着力破解"立案难"问题和规范法院的案件受理行为，2014年《行政诉讼法》修订中首先贯彻落实了党的十八届四中全会《中共中央关于全面推进依法治国若干重大问题的决定》中提出的"改革法院案件受理制度，变立案审查制为立案登记制"的要求，对行政诉讼立案登记制度进行全面规定，确保法院依法受理应该受理的案件，做到有案必立、有诉必理。其主要内容包括：第一，明确立案登记的期限。人民法院在接到起诉状时对符合《行政诉讼法》规定的起诉条件的，应当登记立案。对当场不能判定是否符合本法规定的起诉条件的，应当接收起诉状，出具注明收到日期的书面凭证，并在7日内决定是否立案。《适用解释》进一步规定：对当事人依法提起的诉讼，人民法院应当根据《行政诉讼法》第五十一条的规定，一律接收起诉状。能够判断符合起诉条件的，应当当场登记立案；当场不能判断是否符合起诉条件的，应当在接收起诉状后7日内决定是否立案；7日内仍不能作出判断的，应当先予立案。第二，规定起诉状内容欠缺的处理程序。原告提交的起诉状内容欠缺或者有其他错误的，法院应当给予指导和释明，并一次性告知当事人需要补正的内容。不得未经指导和释明即以起诉不符合条件为由不接收起诉状。《适用解释》细化规定：起诉状内容或者材料欠缺的，人民法院应当一次性全面告知当事人需要补正的内容、补充的材料及期限。在指定期限内补正并符合起诉条件的，应当登记立案。第三，明确起诉不符合条件的处理规则。原告起诉不符合起诉条件的，法院作出不予立案的裁定。裁定书应当载明不予立案的理由。原告对裁定不服的，可以提起上诉。《适用解释》还明确规定：当事人拒绝补正或者经补正仍不符合起诉条件的，裁定不予立案，并载明不予立案的理由。当事人对不予立案裁定不服的，可以提起上诉。第四，法院不予登记立案的救济与监督制度。对于不接收起诉状、接收起诉状后不出具书面凭证，以及不一次性告知当事人需要补正的起诉状内容的，当事人可以向上级人民法院投诉，上级人民法院应当责令改正，并对直接负责的主管人员和其他直接责任人员依法给予处分。同时，人民法院既不立案又不作出不予立案裁定的，当事人可以向上一级人民法院起诉。上一级人民法院认为符合起诉条件的，应当立案、审理，也可以指定其他下级人民法院立案、审理。

3. 明确规定附带审查制度。《行政诉讼法》（2014年修订）在吸收理论界和实务界关于强化对行政规范性文件司法监督的呼声和回应司法实践需要的基础上,首次规定了行政诉讼附带审查制度。这主要体现为该法第五十三条的下列规定:"公民、法人或者其他组织认为行政行为所依据的国务院部门和地方人民政府及其部门制定的规范性文件不合法,在对行政行为提起诉讼时,可以一并请求对该规范性文件进行审查。前款规定的规范性文件不含规章。"

(七)审理与判决制度

《行政诉讼法》(2014年修订)规定的审理与判决制度主要包括审理程序制度、法律适用制度和判决制度三个方面。

1. 行政诉讼审理程序制度。《行政诉讼法》(2014年修订)在1989年《行政诉讼法》的基础上增加了行政诉讼简易程序制度,删除了国家赔偿的相关规定,使得行政诉讼程序形成了包含第一审普通程序、简易程序、第二审程序和审判监督程序在内的完整程序体系,弥补了行政诉讼程序制度的结构疏漏。其中,行政诉讼简易程序制度包含以下基本内容:第一,简易程序适用的条件与范围。《行政诉讼法》(2014年修订)第八十二条规定:"人民法院审理下列第一审行政案件,认为事实清楚、权利义务关系明确、争议不大的,可以适用简易程序:(一)被诉行政行为是依法当场作出的;(二)案件涉及款额二千元以下的;(三)属于政府信息公开案件的。除前款规定以外的第一审行政案件,当事人各方同意适用简易程序的,可以适用简易程序。发回重审、按照审判监督程序再审的案件不适用简易程序。"第二,简易程序的程序规则。《行政诉讼法》(2014年修订)第八十三条规定:"适用简易程序审理的行政案件,由审判员一人独任审理,并应当在立案之日起四十五日内审结。"第八十四条规定:"人民法院在审理过程中,发现案件不宜适用简易程序的,裁定转为普通程序。"此外,根据第一百零一条的规定,人民法院适用简易程序审理行政案件时,行政诉讼法中没有规定的,适用《中华人民共和国民事诉讼法》的相关规定。

2. 行政诉讼法律适用制度。行政诉讼法律适用制度主要包括两个方面,即行政诉讼法院审理案件依据的规范性文件和参照的规范性文件,核心解决人民法院对行政案件作出实体决定的法律根据问题,即行政裁判的根据。第一,行政审判依据的规范性文件。根据《行政诉讼法》(2014年修订)第六十三条第一款和第二款的规定,人民法院审理行政案件以法律、行政法规、地方性法规为依据。地方性法规适用于本行政区域内发生的行政案件。人民法院审理民族自治地方的行政案件，并以该民族自治地方的自治条例和单行条例为依据。其中的法律、行政法规、地方性法规、自治条例和单行条例都有特定的含义和外延，在判断一个规范性文件的属性时，我们应当根据其名称、内容、制定依据、制定主体与制定程序等综合判断。同时，法院行政审判依据规范性文件就意味着对行政案件作出裁判时必须以此作为标准和尺度，并在裁判文书中直接引用。第二，行政审判参照的规范性文件。根据《行政诉讼法》（2014年修订）第六十三条第三款的规定，人民法院审理行政案件参照规章。规章分为国务院部委制定发布的部门规章和地方人民政府制定的地方政府规章。所谓参照，就意味着人民法院在审理行政案件时，在法律法规对相关权（力）利义务没有规定或规定不明确时，法院在审查规章是否合法的基础上参照规章的有关精神作出具体裁判。

3. 行政诉讼判决制度。相较于1989年《行政诉讼法》，《行政诉讼法》（2014年修订）对行政诉讼判决制度进行了较全面的完善，促进了行政诉讼判决制度的进一步丰富和系统。《行政诉讼法》（2014年修订）规定的判决类型包括驳回诉讼请求判决、撤销判决、履行判决、给付判决、确认违法判决、确认无效判决和变更判决五种。第一，确立驳回诉讼请求判决代替以往的维持判决。2014年修订从遵循司法规律和司法实践需要的角度，确立了驳回诉讼请求判决，适用条件为"行政行为证据确凿，适用法律、法规正确，符合法定程序的，或者原告申请被告履行法定职责或者给付义务理由不成立的"。第二，增加行政行为"明显不当的"作为撤销判决的适用情形之一，将司法审查的范围由合法性向适当性的适度扩展，凸显了行政诉讼监督行政的制度属性。第三，将履行判决单独设立一条，规定人民法院对行政案件审理后，查明被告不履行法定职责的，判决被告在一定期限内履行。第四，首次明确规定给付判决，即人民法院对行政案件经过审理，查明被告依法负有给付义务的，判决被告履行给付义务。第五，对行政确认判决进行完善，细化类型和适用范围条件。首先，明确了法院确认违法但不撤销行政行为的适用情形：行政行为依法应当撤销，但撤销会给国家利益、社会公共利益造成重大损害的；行政行为程序轻微违法，但对原告权利不产生实际影响的。其次，规定了不需要撤销或者判决履行时人民法院作出确认违法判决的适用情形：行政行为违法，但不具有可撤销内容的；被告改变原违法行政行为，原告仍要求确认原行政行为违法的；被告不履行或者拖延履行法定职责，判决履行没有意义的。再次，首次规定了确认无效判决，即行政行为有实施主体不具有行政主体资格或者没有依据等重大且明显违法情形，原告申请确认行政行为无效的，法院判决确认无效。第六，对变更判决的适用范围和条件进行细化规定，即行政处罚明显不当，或者其他行政行为涉及对款额的确定、认定确有错误的，人民法院可以判决变更。同时，也设定了法院作出变更判决应当遵循的规则，即不得加重原告的义务或者减损原告的权益，但利害关系人同为原告且诉讼请求相反的除外。

4. 行政诉讼不适用调解原则及其例外。《行政诉讼法》（2014年修订）在继续强调坚持法院审理行政案件不适用调解原则的同时，基于司法实践需要和行政诉讼解决纠纷的立法目的，又明确规定行政赔偿、补偿及行政机关行使法律法规规定的自由裁量权的案件可以调解，并规定了调解应当遵循自愿原则、合法原则，以及不得损害国家利益、社会公共利益和他人合法权益的原则。

5. 行政诉讼附带民事诉讼制度。作为新增的"解决行政争议"立法目的的制度体现，《行政诉讼法》（2014年修订）首次明确规定了在涉及行政许可、登记、征收、征用和行政机关对民事争议所作的裁决的行政诉讼中，当事人申请一并解决相关民事争议的，人民法院可以一并审理。

此外，《行政诉讼法》（2014年修订）在审理与判决程序制度中还完善了不公开审理制度、不停止执行制度和撤诉制度等，首次规定了先予执行制度、对附带审查的处理制度、司法建议制度等内容。

（八）执行程序

相较于1989年《行政诉讼法》，《行政诉讼法》（2014年修订）对执行程序的完善主要是增加执行文书的种类、完善执行措施及明确不执行应当承担的法律责任。其中，《行政诉讼法》（2014年修订）在严厉执行手段方面主要表现为：第一，对于行政机关拒绝履行法院行政裁判文书，由之前的对行政机关从执行期限满之日起每日罚款50元至100元改为对行政机关负责人罚款。第二，增加了行政机关拒绝履行法院行政裁判文书情况下法院可将行政机关拒绝履行的情况予以公告的执行措施。第三，新增了如下规定：行政机关拒不履行行政裁判社会影响恶劣的，可以对该行政机关直接负责的主管人员和其他直接责任人员予以拘留；情节严重，构成犯罪的，依法追究刑事责任。

（九）加强人民检察院对行政诉讼的监督制度

《行政诉讼法》（2014年修订）参照民事诉讼法的规定，对行政诉讼检查监督制度进行了完善,强化了人民检察院对行政诉讼的监督。具体体现在三个方面:第一,细化规定了人民检察院对人民法院已经发生法律效力的行政裁判文书提出抗诉的适用范围和条件。第二,增加规定地方各级人民检察院对同级人民法院已经发生法律效力的裁判文书在符合法定情形时,向人民法院提出检察建议或者提请上级人民检察院向同级人民法院提出抗诉。第三,首次明确规定各级人民检察院对审判监督程序以外的其他审判程序中审判人员的违法行为,有权向同级人民法院提出检察建议。

二、《行政诉讼法》修订评析

1989年《行政诉讼法》的颁布实施意味着行政诉讼制度在我国的正式全面确立。该制度实施以来,不仅解决了大量行政争议,保障了公民、法人和其他组织的合法权益,而且发挥了监督行政的功能,加快了依法行政和法治政府建设的步伐,极大地推动了中国法治的发展进步。时过境迁,行政诉讼制度与时代发展之间的鸿沟亟待填补,修改《行政诉讼法》势在必行。在法治理念普及、司法实践及理论研究等各方面的环境与条件均已有积累的背景下,《行政诉讼法》终于在2014年得以首次全面修订。

(一)《行政诉讼法》(2014年)修订的亮点和进步意义

2014年修改的《行政诉讼法》将原本七十五条的内容扩展到了一百零三条,且旧法条文的四分之三都进行了修改,可谓《行政诉讼法》的大修。总体来看,《行政诉讼法》的修订凸显了以下亮点和进步意义。

第一,2014年《行政诉讼法》的修订积极回应了民众对司法的需求,立足行政审判中的"立案难、审理难和执行难"问题进行制度补漏和完善。例如,为解决立案难的问题,《行政诉讼法》(2014年修订)不仅明确规定了法院和行政机关应当保障当事人起诉权利的原则,而且扩大了行政诉讼受案范围,还规定了书写起诉状困难时的口头起诉制度、立案登记制度以及对法院既不接受诉状又不立案行为的监督与责任机制。

第二,2014年《行政诉讼法》的修订既全面总结了20余年行政审判的司法实践经验,也充分吸收了以往行政诉讼相关司法解释的成熟规则,同时将一些个案的制度价值进行提炼并将之上升固定为行政诉讼法律规则,而且充分考虑并吸收了行政诉讼理论研究的成果。

第三,《行政诉讼法》(2014年修订)明确规定了个人或组织对规章以下规范性文件请求附带审查的制度,即公民、法人或者其他组织认为行政行为所依据的国务院部门和地方人民政府及其部门制定的规范性文件（不含规章）不合法，在对行政行为提起诉讼时，可以一并请求对该规范性文件进行审查。这一制度针对的是实践中存在的规范性文件越权错位引发大量行政行为违法侵犯行政相对人合法权益的问题，有助于从根本上减少违法或明显不当的行政行为，同时也能够纠正规范性文件的违法问题，延伸了司法审查的范围。

第四，《行政诉讼法》（2014年修订）首次明确规定了行政诉讼附带解决相关民事争议制度。针对以往司法实践中存在的由行政行为引发的民事争议发生后，当事人寻求救济时法院往往分别立案、分别审理造成司法资源极大浪费且民事行政交叉循环致使诉讼久拖不决的问题，此次修订中明确规定法院在涉及行政许可、登记、征收、征用和行政机关对民事争议所作的裁决的行政诉讼中，当事人申请一并解决相关民事争议的可以一并审理，明确了此类案件的审理程序，而且有助于对纠纷的实质化解，充分保护当事人的合法权益。

第五，《行政诉讼法》在2014年修订时并没有吸收理论界和实务界提出的增加行政公益诉讼制度的建议，被普遍认为是该次修订中的一大遗憾和疏漏。但在2015年《全国人大常委会关于授权最高人民检察院在部分地区开展公益诉讼试点工作的决定》发布并推行试点经验总结的基础上，2017年6月27日第十二届全国人民代表大会常务委员会第二十八次会议通过《全国人民代表大会常务委员会关于修改〈中华人民共和国民事诉讼法〉和〈中华人民共和国行政诉讼法〉的决定》，对《行政诉讼法》再次作出修改，增加如下规定："人民检察院在履行职责中发现生态环境和资源保护、食品药品安全、国有财产保护、国有土地使用权出让等领域负有监督管理职责的行政机关违法行使职权或者不作为，致使国家利益或者社会公共利益受到侵害的，应当向行政机关提出检察建议，督促其依法履行职责。行政机关不依法履行职责的，人民检察院依法向人民法院提起诉讼。"这就确立了检察机关提起行政公益诉讼的制度，弥补了2014年修订中存在的缺漏，无疑强化了通过公益诉讼这种常态化的诉讼制度来监督行政机关依法行政、维护社会公共利益的功能。

（二）《行政诉讼法》（2014年）修订存在的不足

1989年制定的《行政诉讼法》在2014年修订前，其修订承载了行政诉讼理论界和实务界的广泛关注和期待。然而，这部法律在2014年的仓促修改，也使得其在修改过程中对行政诉讼制度的系统化、精细化和科学化的考虑少了几分,因此还存在不少有待完善之处。这主要体现在如下方面。

1. 受案范围的扩展有限。《行政诉讼法》(2014年修订)在1989年《行政诉讼法》的基础上将行政确认、行政征收、行政征用、行政补偿、滥用行政权力排除或者限制竞争行为以及行政协议等行为纳入受案范围,增强了对个人和组织合法权益的保护力度,也扩大了法院对行政机关的司法监督范围,但同理论界与实务界关于扩大受案范围的期待还有不少差距,凸显了受案范围扩展方面还比较保守的特征。例如,修订后的行政诉讼受案范围依然采用列举方式,无法囊括实践中行政行为的多样形态。而且,有学者指出:"规范性文件依然没有纳入受案范围,公务员招录、开除、辞退等管理行为的可诉性没有得到肯定,劳动权、受教育权、环境等新型权利的可诉性依然有待解释。与最高人民法院原有司法解释相比,行政诉讼受案范围在法律规范层面并没有实质性扩大。"①

2. 仍未明确划分诉讼类型。近年来,理论界围绕行政诉讼类型课题进行了丰富的学术研究,形成了较为丰硕的研究成果。② 但《行政诉讼法》在2014年修订中仅仅从因应司法实践需要的角度增加了驳回诉讼请求判决、给付判决和确认无效判决等种类,并未吸收学界关于行政诉讼类型化的理论成果来对行政诉讼类型进行系统考量和制度划分,不能不说是一大遗憾。

3. 行政公益诉讼存在缺漏。尽管《行政诉讼法》2014年修订没有确立行政公益诉讼制度的缺憾在2017年的再次修订中得以弥补,但检察机关提起行政公益诉讼制度的设计,不仅规定了"人民检察院在履行职责中"的前置条件,而且在对第二十五条第四款中的"等"字理解存在争议的情况下,实践很容易将其范围限定为"生态环境和资源保护、食品药品安全、国有财产保护、国有土地使用权出让等领域"。此外,该制度仅将提起行政公益诉

---

① 何海波:《〈行政诉讼法〉修改的理想与现实》,《中国法律评论》2014年第4期。
② 比较有代表性的专著有吴华:《行政诉讼类型研究》,中国人民公安大学出版社2006年版;章志远:《行政诉讼类型构造研究》,法律出版社2007年版;赵清林:《行政诉讼类型研究》,法律出版社2008年版。比较有代表性的学术论文有:马怀德、吴华:《对我国行政诉讼类型的反思与重构》,《政法论坛》2001年第5期;刘东亮:《行政诉讼类型问题研究》,《上海师范大学学报(哲学社会科学版)》2005年第5期;王丹红:《诉讼类型在〈日本行政诉讼法〉中的地位和作用——以我国〈行政诉讼法〉的修改为观察视角》,《法律科学(西北政法学院学报)》2006年第3期;李广宇、王振宇:《行政诉讼类型化:完善行政诉讼制度的新思路》,《法律适用》2012年第2期;林俊盛:《论行政诉讼起诉期限的适用范围——以行政诉讼类型化为视角》,《甘肃行政学院学报》2012年第6期。

讼的启动主体赋予检察机关，检察机关提起行政公益诉讼既是职权也是义务，任何权力都有滥用和怠于行使的可能性，检察机关的行政公益诉讼启动权也同样存在这一问题，而在行政公益诉讼研究方面著述等身的学者林莉红曾提出的关于行政公益诉讼三元启动模式的建设性思考并没有得到充分的吸收和考虑，这不能不说是2014年修订中的一大结构性缺陷。[①]

第二节 行政诉讼基本原则的再思考

行政诉讼制度的基本原则是行政诉讼法起草和修改过程中众说纷纭的问题。争论不仅涉及行政诉讼与民事诉讼、刑事诉讼共有基本原则包含哪些及如何确立的问题，尤其对行政诉讼制度具有哪些特殊原则争议较大，而且这种争议自20世纪80年代以来一直存在，因此有必要被重新审视和思考。

从我国各项法律制度相关法律文本确立基本原则的一般规律来看，基本原则往往体现在法律文本的总则部分。我国《行政诉讼法》（2014年修订）的总则部分共计八个条文规定了行政诉讼的原则，既包含了与民事诉讼、刑事诉讼基本相同的审判权独立行使原则，"以事实为根据、以法律为准绳"原则，辩论原则；还规定了能够真正体现行政诉讼制度特性和对该制度具有普遍指导意义的基本原则，笔者认为，这包括合法性审查原则和当事人诉讼法律地位平等原则两项。

一、合法性审查原则

（一）合法性审查原则的内涵与体现

行政诉讼的合法性审查原则，就是人民法院审理行政案件时，依法具有并仅对行政行为是否合法进行审查并作出相应裁判的原则。该原则本质上是行政诉讼法赋予法院司法审查权的体现，包含了行政审判权以及审查内容与标准的内容。行政诉讼法确立合法性审查原则不仅从法律上明确了法院对行政主体作出的被诉行政行为具有司法审查权的依据，是行政诉讼制度"民告官"属性的体现；而且明确了法院对行政行为审查的主要内容与标准，是法院司法审查权行使的尺度。

合法性审查原则在《行政诉讼法》（2014年修订）中的体现主要为：第

[①] 林莉红、马立群：《作为客观诉讼的行政公益诉讼》，《行政法学研究》2011年第4期。

一，合法性审查原则的具体规定。《行政诉讼法》（2014年修订）第六条规定："人民法院审理行政案件，对具体行政行为是否合法进行审查。"通常认为，这是行政诉讼法确立行政诉讼合法性审查原则的条文体现。第二，合法性审查原则的具体制度体现。例如，在受案范围方面主要体现为《行政诉讼法》（2014年修订）第二条关于行政诉讼受案范围的概括性规定，而在合法性审查标准方面主要体现为该法第七十条关于六项行政行为是否合法的判断标准的规定，而在判决类型方面主要体现为该法第七十条关于撤销判决及第七十四条关于确认违法判决等的规定。

（二）合法性审查原则的内容

合法性审查原则贯穿于行政诉讼制度的各个环节，其内容集中体现在两个方面。

1. 审查范围一般只包含具体行政行为，而不包含抽象行政行为。行政诉讼合法性审查原则的审查范围一般只包含具体行政行为，而不包含抽象行政行为。这主要是基于行政诉讼制度对人民法院司法审查权的具体规定而得出的判断。"完整意义的司法审查权包括受理、审理和裁判的权力。"① 根据我国《行政诉讼法》（2014年修订）的规定，仅对具体行政行为具有完整的司法审查权，即包含对具体行政行为的受理、审理并作出裁判的权力，对抽象行政行为仅具有适用时的一定程度上的审查权，并不具有审理并作出相应裁判的权力。这主要体现为该法不仅规定了法院可以在受理公民、法人或者其他组织对行政行为提起的行政诉讼时，一并受理对作为行政行为依据的国务院部门和地方人民政府及其部门制定的规范性文件（不包含规章）进行审查的请求；而且规定了法院在法律适用时可以审查规章及其以下的规范性文件是否能够适用并作为裁判的参考，但同时又在第六十四条规定了法院认为当事人附带审查的规范性文件不合法的不能作出直接处理，只能不将其作为认定行政行为合法的依据并向制定机关提出处理建议，即不具有对抽象行政行为的裁判处理权。

2. 审查的标准一般只涉及是否合法，而不考虑是否合理。根据现行行政诉讼法的规定，行政诉讼合法性审查原则在审查标准上一般只审查行政行为是否合法，而通常不审查行政行为的合理性问题。对此，有学者指出，行政诉讼中法院只审查合法性而不涉及适当性的主要原因在于，一方面法院审查

---

① 林莉红：《行政诉讼法学》（第4版），武汉大学出版社2015年版，第45页。

行政行为的合法性符合行政诉讼的特征，另一方面行政行为的适当性问题交由行政主体来解决更为合适。①《行政诉讼法》（2014年修订）明确规定了行政行为不合法的审查标准，包含六个方面：一是主要证据不足的；二是适用法律、法规错误的；三是违反法定程序的；四是超越职权的；五是滥用职权的；六是明显不当的。相较于1989年《行政诉讼法》规定的行政行为合法性的审查标准，新法增加了"明显不当的"违法判断标准，但目前针对这一标准的具体含义还难以确定，相应的立法和司法解释也需要在丰富的实践中逐步积累确立。

（三）合法性审查原则的发展趋向

合法性审查作为全方位反映行政诉讼制度特性的原则，随着行政诉讼法学理论研究的深入和实践的丰富积累，其表现出较为突出的发展趋向。

1. 审查的范围日益扩展。行政诉讼合法性审查原则在审查行政行为的范围方面呈现出日益扩展的发展态势，这主要反映在行政诉讼法本身在受案范围方面将越来越多的行政行为纳入司法审查范围，如行政协议、行政征收与行政征用及其补偿行为等。而且这一原则在行政行为涉及的合法权益内容上也呈现出日益扩宽的发展趋向。

2. 审查的强度逐渐深入。在审查强度上，行政诉讼的合法性审查原则也逐渐展现出了逐渐深入的发展趋势。例如，《行政诉讼法》（2014年修订）在通常仅审查行政行为合法性的同时，新增加了判定行政行为违法的"明显不当的"标准，这实际上将那些严重违背合理性或者妥当性的行政行为也纳入了违反法定授权的范畴，进而归入了"违法行政行为"的范围。这无疑显示了这一原则反映出的审查强度加大的发展方向。此外，随着比例原则理论研究的深入和在实务界取得的认同，司法审查中适用比例原则来审查行政行为的实践也越来越丰富，这在一定程度上反映了行政诉讼合法性审查原则在审查强度上日渐深入的特征。②

二、当事人诉讼法律地位平等原则

在行政实体法律关系中，行政主体根据法律授权居于管理者和服务提供

---

① 林莉红：《行政诉讼法学》（第4版），武汉大学出版社2015年版，第48页。
② 典型的案例如王丽萍诉河南省中牟县交通局交通行政赔偿案和陈宁诉辽宁省庄河市公安局不予行政赔偿决定案，详见中华人民共和国最高人民法院行政审判庭编：《中国行政审判指导案例》第1卷，中国法制出版社2010年版，第89—98页。

者（往往也扮演主导角色）的地位，享有法律赋予的具有强制性的公权力，而行政相对人往往处于被管理或者接受服务的地位，二者地位明显不平等。一旦行政主体与行政相对人或者利害关系人之间产生的可诉行政争议被法院受理，原告、被告同法院之间的诉讼法律关系的形成就要求当事人之间法律地位必须平等，这就是行政诉讼制度的当事人诉讼法律地位平等原则。这一原则体现和贯穿于行政诉讼的各个程序环节和方面，彰显了行政诉讼法律与行政实体法律关系之间多面向的差异。

（一）当事人诉讼法律地位平等原则的内涵与意义

行政诉讼的当事人诉讼法律地位平等原则，就是指在行政实体法律关系中处于不平等地位的行政主体和行政相对人或利害关系人，其在行政诉讼中作为当事人平等地行使诉讼权利，法院保障当事人的诉讼地位平等，不允许任何一方诉讼地位高于另一方，也不允许任何一方享有超越诉讼法规定的特权。这一原则体现为《行政诉讼法》（2014年修订）第八条"当事人在行政诉讼中的法律地位平等"的规定。

行政诉讼制度确立当事人诉讼法律地位平等原则，不仅是行政诉讼制度充分考虑行政实体法律关系中行政主体与行政相对人法律地位不平等因素的体现，而且是对人民法院通过行政诉讼法审查具有行政职权的行政主体所作行政行为的合法性来解决行政争议、维护公民合法权益的制度属性规律的遵循。对此，有学者指出，"行政诉讼法规定当事人双方诉讼地位平等原则，对于人民法院依法审批行政案件和当事人依法行使诉讼权利，保证行政诉讼的顺利进行，使行政案件得到正确、及时的处理，具有重要意义"①。

（二）当事人诉讼法律地位平等原则的内容与体现

行政实体法律关系中行政主体与行政相对人之间法律地位的不平等和行政诉讼的制度属性决定了当事人诉讼法律地位平等原则主要包含以下基本内容。

1. 当事人在行政诉讼中的法律地位平等。当事人在行政诉讼中的法律地位平等意味着，在行政实体法律关系中，行政主体具有管理权和强制权，而行政相对人处于被管理者、服务接受者的不平等法律地位状态得到彻底改变。一旦行政争议被法院受理，双方当事人都与法院形成行政诉讼法律关系后，行政主体和行政相对人将成为行政诉讼中的被告和原告，法院居于原告

---

① 林莉红：《行政诉讼法学》（第4版），武汉大学出版社2015年版，第50页。

和被告地位之上居中裁判，原告和被告均服从法院的司法管辖，原告和被告的法律地位平等。

2. 当事人在诉讼中应享有平等的诉讼权利、履行平等的诉讼义务。这实质上是诉讼武器平等程序精神的体现和要求，即在行政实体法律关系中处于不平等地位的行政主体和行政相对人将在行政诉讼中接受法院的审理，统一服从法律的程序安排和指引，任何一方都不享有超出诉讼法规定的特权，任何一方也不能对诉讼活动施加干预或影响。例如，在行政诉讼中，原告向法院提交行政起诉状和相关证据而提起行政诉讼后，法院受理后会向被告发送起诉状副本，原告起诉时诉状中一般明确了起诉的事实、根据和理由，被告收到副本后对原告的"武器"已经知晓，那么原告如何才能平等地取得"攻击"被告的"武器"？尽管《行政诉讼法》（2014 年修订）第六十七条第二款规定："被告不提出答辩状的，不影响人民法院审理。"但该条规定实质上违反了原被告攻击武器平等原则。事实上，无论是原中央全面深化改革领导小组 2015 年 10 月通过的《关于加强和改进行政应诉工作的意见》，还是 2016 年 6 月国务院办公厅发布的《关于加强和改进行政应诉工作的意见》，还是 2016 年 8 月最高人民法院印发的《关于行政诉讼应诉若干问题的通知》，均提出了行政机关应当"认真做好答辩举证工作，依法履行出庭应诉职责"的要求。这实质上是当事人在诉讼中享有平等诉讼权利、履行平等诉讼义务的体现，也是诉讼武器平等的要求。

3. 人民法院应当依法保障当事人双方平等地参与诉讼。在行政诉讼中，人民法院作为行政案件审理的指挥者和引导者，应当充分保障当事人双方平等地参与诉讼、平等地行使诉讼权利。具体体现为：第一，人民法院应告知双方当事人享有的在诉讼中的各项权利。第二，人民法院应当依法行使诉讼指挥权，保障双方当事人的证据调查取证权、辩论权。第三，人民法院应当全面、客观、公正地审查当事人双方的主张及其提交的相应证据，且不受外界干扰地根据事实、依照法律规定作出裁判。例如，《行政诉讼法》（2014 年修订）第五章证据部分在确立行政诉讼被告承担举证原则和举证期限的基础上，还在第三十六条作了如下规定：被告在作出行政行为时已经收集了证据但因不可抗力等正当事由不能提供的，经人民法院准许可以延期提供；原告或者第三人提出了其在行政处理程序中没有提出的理由或者证据的，经人民法院准许，被告可以补充证据。这些规定通过对被告举证原则的细化和补充来充分保障被告在诉讼中的举证权利。

(三）当事人诉讼法律地位平等原则的发展趋向

当事人诉讼法律地位平等原则不仅出于当事人在行政实体法律关系中的不平等地位的特性，而且是行政诉讼法律关系的必然要求和行政诉讼制度监督行政属性的体现。随着行政诉讼法学理论的丰富和深入，行政诉讼制度愈来愈呈现出根据行政实体法中行政行为的特性而设计相应诉讼程序制度的发展趋向，这也在一定程度上体现在当事人诉讼法律地位平等原则方面。例如，随着行政协议、行政补偿被纳入行政诉讼受案范围，行政诉讼制度不仅因应这一行政行为的特性确立了行政案件的有限调解制度，而且在判决方面增加了继续履行和采取补救措施或者赔偿损失以及补偿等判决种类。这将使得当事人诉讼法律地位平等原则在包括行政赔偿、行政补偿以及行政协议相关案件的审理中体现得更为充分。

第三节 行政法院设立之辨

一、设立行政法院：问题的提出

行政法院制度是行政法治比较发达的法国、德国等大陆法系国家在公法领域的重要制度创制，其以具有较强独立性和专业性、司法审查效果突出等优势和功能而在世界范围内享有盛誉，并成为很多法治国家学习借鉴的对象。其中，以有"行政法母国"之称的法国的行政法院制度最为典型和富有影响力。对此，有学者指出，"联合国的行政裁判机构、欧洲法院及比利时、荷兰、意大利、德国、希腊等国家，事实上还有许多的国家或地区，如东亚的日本（1946年以前）、中国台湾地区，它们都借鉴了法国行政法，尤其是建构了行政法院制度"[①]。

我国在20世纪80年代初期行政诉讼制度正式确立之前就开始有学者开始关注和翻译介绍法国的行政法院制度，并提出要学习法国的经验在中国设立行政法院。[②] 1989年我国行政诉讼制度正式确立后，采用了与民事、刑事

[①] 〔英〕L. 赖维乐·布朗、〔英〕约翰·S. 贝尔著，高秦伟、王锴译：《法国行政法》（第5版），中国人民大学出版社2006年版，译序第2页。

[②] 比较有代表性的论述有〔法〕莫里斯·拉朗热著，张鑫译：《法国行政法院》，《环球法律评论》1980年第1期；乃宽：《外国行政法和行政诉讼制度简介》，《现代法学》1981年第1期；〔荷〕威廉·B. 西蒙斯著，孙晓民译：《波兰最高行政法院法》，《国外法学》1984年第6期；郑传坤、张明成：《我国应当设立行政法院》，《现代法学》1986年第2期。

诉讼制度相同的审判体制，即在各级人民法院内部设立行政审判庭来专门审理行政案件的思路，未采用大陆法系的行政法院模式。此后，随着行政诉讼制度在实践运行中遭遇各种困难和问题，学习和探索中国设立行政法院的理论思考和建议一直伴随着行政审判制度的发展过程，设立行政法院的呼声不仅来自理论学者，还而来自实务界人士、新闻媒体及人大代表。① 设立行政法院的主张在 2014 年我国修订行政诉讼法前后依然有大量的体现，尽管一直有学者对这种制度设想持不同看法。②

方案总是以问题为导向的，我国自制定行政诉讼法以来之所以有无数专家学者提出设立行政法院行政审判体制的设想和建议，应当说是积极回应和解决我国行政审判制度长期存在的独立性不够、受干扰和受外部影响较大的客观现实问题的体现。对此，无论是我国建立行政诉讼制度之初由龚祥瑞领衔的课题组针对行政诉讼法实施状况的实证研究，还是 2011 年由林莉红带领的课题组就行政诉讼法实施以来状况的研究成果，都表明我国行政审判独立性不够、遭受多方面干预的客观问题。③ 此外，大量关于我国行政诉讼面临"立案难、审理难和执行难"三难问题的媒体报道和理论文章以及 2014 年《行

---

① 自 20 世纪 90 年代以来，关于在我国设立行政法院的呼声日益高涨，比较有代表性的论说有陈有西：《我国行政法院设置及相关问题探讨》，《中国法学》1995 年第 1 期；马怀德、解志勇：《行政诉讼案件执行难的现状及对策——兼论建立行政法院的必要性与可行性》，《法商研究（中南政法学院学报）》1999 年第 6 期；段书臣、杨成：《试论我国行政法院制度建构》，《广东行政学院学报》2003 年第 6 期；王敬波、孙丽：《法国行政法院裁决评价之诉的基本原则及其借鉴》，《国家行政学院学报》2005 年第 5 期；陈默、张彪：《人大代表袁承东建议修订行政诉讼法、设行政法》，《21世纪经济报道》2007 年 3 月 14 日；周宇：《行政诉讼新思路：设立行政法院》，《民主与法制时报》2007 年 9 月 10 日；解志勇：《行政法院：行政诉讼困境的破局之策》，《政法论坛》2014 年第 1 期。

② 比较有代表性的论述参见耿宝建：《再谈中国是否应当设立行政法院》，《上海政法学院学报（法治论丛）》2013 年第 3 期；江必新：《中国行政审判体制改革研究——兼论我国行政法院体系构建的基础、依据及构想》，《行政法学研究》2013 年第 4 期；梁凤云：《关于对中国特色行政法院体系的基本设想》，《行政法学研究》2015 年第 1 期；程琥：《国家治理现代化与我国行政法院设置问题研究》，《法律适用》2015 年第 2 期。对我国设立行政法院主张提出质疑或者反对意见的论述可参见万永海、姜福先：《我国不宜单设行政法院——兼论我国行政审判解困之出路》，《法律适用》2003 年第 6 期；尹华容：《设置行政法院：行政诉讼突围中的重大误区》，《甘肃政法学院学报》2006 年第 1 期；包鸾：《行政法院在中国的不可行性分析》，《湖北师范学院学报（哲学社会科学版）》2008 年第 4 期；汪厚冬、黄学贤：《设立行政法院热的冷思考》，《中州学刊》2015 年第 2 期；刘海蓉：《我国建立行政法院体制的观点质疑》，《理论与改革》2015 年第 7 期。

③ 具体讨论和研究结论参见龚祥瑞主编：《法治的理想与现实——〈中华人民共和国行政诉讼法〉实施现状与发展方向调查研究报告》，中国政法大学出版社 1993 年版；林莉红主编：《行政法治的理想与现实——行政诉讼法实施状况实证研究报告》，北京大学出版社 2014 年版。

政诉讼法》修订前后由全国人大常委会组织的立法调研也都反映了我国行政诉讼制度面临审判深受干扰和影响、行政审判权独立性不足的难题和现实。①

那么,针对我国行政审判自行政诉讼制度诞生以来就存在的独立性不足等问题,我们到底应该选择怎样的解决途径?我们是否应当以及在多大程度上学习借鉴大陆法系的行政法院制度?因此,我国是否应当以及怎样建构行政法院制度就值得在理论上进行再度思考。

二、我国设立行政法院的必要性之辨

法国行政法院制度是大陆法系国家中比较典型也极具特色的以行政法院为主体的行政诉讼制度,这一制度不但让大陆法系国家纷纷效仿,就连美国学者也十分关注行政法院的建构,甚至也提出过设立类似机构的设想,可见这一制度所凸显的价值和优势。我国作为晚近才确立行政诉讼制度的国家,能否学习和借鉴这一世界性的制度文明,首先就要回答必要性的问题。

我国学界在 20 世纪 80 年代就对法国行政法院制度表现出了较大的关注,在翻译相关文献的同时,逐步开始对引入这一制度进行探索。总体来看,学界对我国设立行政法院制度呈现出两种截然相反的观点。

一种观点是赞成说。持有赞成说的学者一般认为,设立独立的行政法院专门管辖和审理裁判行政案件,能够突破我国长久以来沿袭的司法审判区域与行政管理区域高度重合的传统,解决这种传统司法体制产生的法院的人财物受地方行政机关的制约进而审判权遭受干扰、独立性难以保障等问题,而且能够提高行政审判和行政争议解决的专业性、技术性。这种观点自 20 世纪 80 年代就开始产生并一直伴随着行政诉讼制度的产生发展过程。例如,有学者针对 2014 年《行政诉讼法》的修订指出,行政审判体制改革问题是该次修订的首要问题,它既是无法回避的重大决策,也是修法成效性的重要标尺,建立一个独立公正的专门行政法院已经逐渐成为学术界的共识。② 总体来看,持赞成说的学者们的理由主要包括:第一,设立行政法院能够破除地方对法院人财物的制约,实现法院独立审判和保障行政审判中官民平等。

---

① 王旭东:《解决行政诉讼"三难" 推进行政机关依法行政》,《人民公安报》2014 年 11 月 5 日;辜胜阻、庄芹芹、方浪:《破解行政诉讼顽疾关键在于体制改革》,《社会科学家》2014 年第 3 期;全国人大常委会法制工作委员会行政法室编:《行政诉讼法立法背景与观点全集》,法律出版社 2015 年版,第 4、84、277 页。

② 梁凤云:《关于对中国特色行政法院体系的基本设想》,《行政法学研究》2015 年第 1 期。

第二，设立行政法院能够破除地方对行政审判的非法干预，破解司法地方化和行政化问题，有助于加强对行政权力的制约和监督，为国家治理现代化提供有效的权力运行机制。第三，行政法院有助于有效解决行政争议，实现案结事了，为国家治理现代化提供安全稳定的社会环境。第四，设立行政法院有利于统一行政裁判标准尺度，有助于维护国家法制统一，为国家治理现代化提供法治保障。① 当然，持赞成说的学者们并非主张全面借鉴大陆法系行政法院的制度模式，而大都提出了根据我国国情设立具有中国特点的行政法院制度的制度设计原则。②

另一种观点是反对说。尽管反对和质疑我国建立行政法院的观点不是理论界和实务界的普遍看法，但这种观点及其所立论的依据依然值得关注。总体来看，持反对说的学者们核心的观点是，在我国建立行政法院来解决行政审判遭遇的各种难题和尴尬，其根本原因在于政治体制有缺陷、法院司法体制不健全等体制问题，寄希望于行政法院并不是解决行政诉讼困境的根本出路。具体来说，持反对说的学者们的理由主要体现为：第一，设立行政法院的法律依据不足且涉及修宪的复杂程序，实现难度大。第二，设立行政法院仍然不能解决法院整体独立和法官内部独立等司法独立的核心问题。第三，设立行政法院必然耗费大量改革成本，也会增加公民诉讼难度。第四，从实证角度看，行政诉讼的普通法院或者行政法院两种体制模式都不乏成功经验，且我国行政审判机构只要能够实现公正、独立即可解决现有问题。③

---

① 具体观点参见郑传坤、张明成：《我国应当设立行政法院》，《现代法学》1986年第2期；陈有西：《我国行政法院设置及相关问题探讨》，《中国法学》1995年第1期；马怀德、解志勇：《行政诉讼案件执行难的现状及对策——兼论建立行政法院的必要性与可行性》，《法商研究（中南政法学院学报）》1999年第6期；段书臣、杨成：《试论我国行政法院制度建构》，《广东行政学院学报》2003年第6期；王敬波、孙丽：《法国行政法院裁决评价之诉的基本原则及其借鉴》，《国家行政学院学报》2005年第5期；宋智敏：《我国行政法院制度模式选择——基于法、德行政法院模式之比较》，《湘潭大学学报（哲学社会科学版）》2010年第2期；解志勇：《行政法院：行政诉讼困境的破局之策》，《政法论坛》2014年第1期；梁凤云：《关于对中国特色行政法院体系的基本设想》，《行政法学研究》2015年第1期；程琥：《国家治理现代化与我国行政法院设置问题研究》，《法律适用》2015年第2期。
② 王诚：《我国行政法院设置的模式选择和制度设计》，《江西社会科学》2014年第1期。
③ 万永海、姜福先：《我国不宜单设行政法院——兼论我国行政审判解困之出路》，《法律适用》2003年第6期；尹华容：《设置行政法院：行政诉讼突围中的重大误区》，《甘肃政法学院学报》2006年第1期；包鸾：《行政法院在中国的不可行性分析》，《湖北师范学院学报（哲学社会科学版）》2008年第4期；汪厚冬、黄学贤：《设立行政法院热的冷思考》，《中州学刊》2015年第2期；刘海蓉：《我国建立行政法院体制的观点质疑》，《理论与改革》2015年第7期。

尽管学界围绕我国是否应当设立行政法院问题进行了长达30年的争论，学界主流观点所主张的设立行政法院的观点没有在《行政诉讼法》2014年的修订中予以采纳，但这并不影响也没有否认我国设立行政法院的正当性和必要性。事实上，我国《行政诉讼法》在2014年的修订中充分考虑和吸收了学界关于设立行政法院的观点的核心理念，对相应制度进行了改进并预留了进一步改革的空间。对此，有学者就指出，"《行政诉讼法》修订之后，虽然没有明确规定行政法院体制，但是为行政审判体制改革留下足够的空间"①。对此，笔者认为，无论是从我国行政诉讼制度产生发展的历史及其所处的起步阶段特征来看，还是从大陆法系国家行政法院制度晚近的发展和英美法系国家对行政法院制度予以吸收的经验与趋势来看，抑或从我国学界围绕行政法院制度进行的长期的理论探索和积累而言，充分吸收大陆法系行政法院制度的精髓和经验，设立符合我国国情的行政法院制度符合行政诉讼制度发展的世界性规律和趋向，符合我国治理能力和治理体系现代化发展的需要，依然是未来我国行政诉讼制度发展的首要改革方向。对此，有学者也指出，"要使人民法院依法独立公正审理行政案件得到更为彻底的保障，下一步应当考量的或许是设立行政法院"②。此外，党的十八届四中全会作出的《中共中央关于全面推进依法治国若干重大问题的决定》明确提出"最高人民法院设立巡回法庭，审理跨行政区域重大行政和民商事案件。探索设立跨行政区划的人民法院和人民检察院，办理跨地区案件"的改革要求，其为行政案件管辖改革所作的指引，在一定程度上可以看作未来行政法院设立的探索性尝试。

三、我国设立行政法院的可行性思考

学界关于我国设立行政法院是否具有可行性仍存争议，对此，笔者认为，作为未来行政诉讼制度发展的重要趋向——设立行政法院制度，在我国具有可行性，这至少体现在以下方面。

我国自行政诉讼制度确立来，经过长期大量行政审判实践的积累，目前已经具备了设立行政法院的以下基础条件。

第一，独立公正审判理念基本普及。公正是法治的生命线，更是司法的

---

① 梁凤云：《关于对中国特色行政法院体系的基本设想》，《行政法学研究》2015年第1期。
② 姜明安主编：《行政法与行政诉讼法》（第6版），北京大学出版社、高等教育出版社2015年版，第445页。

灵魂。公正司法意味着具有审判权的法院和法官必须能够依法独立审理裁判案件。对此，我国不仅在宪法第一百二十六条规定了"人民法院依照法律规定独立行使审判权，不受行政机关、社会团体和个人的干涉"的原则，而且在《中华人民共和国人民法院组织法》（2018年修订）及民事、行政和刑事诉讼程序法中都明确规定了独立公正审判的司法原则和相应的保障制度。随着我国司法制度的发展进步，无论是法官、检察官等法律职业人员，还是普通民众，对法院应依法独立审判的理念都有了普遍的认知，并反映在具体的司法实务和法治诉求方面。例如，2011年学者林莉红带领的课题组就我国行政诉讼法实施现状的大型实证研究，有调查结果显示，就作为调查对象的行政庭法官们对行政审判难原因的认识而言，分别有78.2%和83.3%的受访者认为"审判没有真正独立"和"法官保障制度不完善"是行政审判难的原因，此外，有55.5%的受访者认为我国实施行政诉讼制度有必要"建立行政法院"。① 可见，我国行政审判法院对行政审判应当和需要恪守依法独立公正的原则具有普遍的认识和追求，同时期望通过建立行政法院来实现这一目标。

同时，从中国共产党对中国特色社会主义法治事业的领导理念来看，从其第十八次全国代表大会报告、十八届三中全会《中共中央关于全面深化改革若干重大问题的决定》，尤其是十八届四中全会《中共中央关于全面推进依法治国若干重大问题的决定》就政治体制改革和司法体制改革的部署可以看出，推动公正司法的体制和机制正在改进，凸显独立公正审判理念的制度也必将日益完善。党的十九大提出"深化司法体制综合配套改革，全面落实司法责任制，努力让人民群众在每一个司法案件中感受到公平正义"的要求，必将有助于进一步提高行政审判独立性和公正性。

第二，行政诉讼制度实践日益丰富，精细化步伐加快。自1990年我国行政诉讼制度正式实施以来，尽管每年行政案件数量一直在全国法院受理所有案件数量中的比例未超过2%，但却一直呈现出日益增加的趋势，尤其是2015年《行政诉讼法》（2014年修订）实施后，行政案件数量呈现快速增加的特征。最高人民法院根据统计通报，实施立案登记制改革当月（5月1日至5月31日），全国各级法院共登记立案113.27万件，与去年同期的87.4

---

① 林莉红、宋国涛：《中国行政审判法官的知与行——〈行政诉讼法〉实施状况调查报告·法官卷》，《行政法学研究》2013年第2期。

万件相比,增长29%,当场登记立案率达90%。①也有学者指出,"2015年5月1日至9月30日,共登记初审案件(一审案件)620万余件,同比增长31.9%,其中行政案件同比增长75.8%。新行政诉讼法和相关司法解释实施后首个工作日,全国各级法院行政一审共登记立案2000多件,是2014年同比3倍左右"②。行政案件数量的增加在一定程度上为行政审判制度积累了丰富的经验,也为行政诉讼制度的发展提出了要求、提供了改进的动力。随着2014年我国《行政诉讼法》实行20余年来的首次修订,行政诉讼受案范围、原告条件、判决类型以及简易程序等程序制度的完善,加之近年来指导性案例制度的逐步推行,行政诉讼制度的精细化步伐逐步加快,这些都为行政法院体制的确立提供了基础和条件。

第三,行政诉讼制度专业化趋向已经展现。近年来,随着我国诉讼制度发展步伐的加快,行政诉讼制度的专业化趋势也日益明朗。针对知识产权案件数量增加且专业化要求较高,2014年8月31日十二届全国人大常委会第十次会议表决通过了全国人大常委会《关于在北京、上海、广州设立知识产权法院的决定》,《最高人民法院关于北京、上海、广州知识产权法院案件管辖的规定》明确了各地知识产权法院受理相应的行政案件,必将强化知识产权行政案件的专业化趋势。同时,自2002年以来我国地方法院成立环境保护法庭实践的推进,环保行政案件的专业化发展步伐也日益加快。此外,随着各地对行政审判在法治国家建设中重要性认识的加深,各地法院注重强化将具有行政法理论和丰富实践经验的人员配备到行政审判庭,而且注重就行政审判中的专业性问题与行政机关等加强沟通,这也是行政审判专业化发展的一大体现。

第四,设立行政法院具有法律依据。在我国,建立独立的行政法院具有法律上的依据。我国宪法第一百二十九条第一款规定:"中华人民共和国设立最高人民法院、地方各级人民法院和军事法院等专门人民法院。"《中华人民共和国人民法院组织法》第二条规定:"中华人民共和国的审判权由下列人民法院行使:(一)地方各级人民法院;(二)军事法院等专门人民法院;……"《行政诉讼法》(2014年修订)第十八条第二款也规定:"经最高人民法院批准,高级人民法院可以根据审判工作的实际情况,确定若干人

---

① 李华斌、孙若丰:《最高人民法院通报实施立案登记制改革首月情况 立案数过百万当场立案率超九成》,《中国审判》2015年第12期。
② 马怀德:《新行政诉讼法实施一年:变化与问题》,《学习时报》2016年5月12日。

民法院跨行政区域管辖行政案件。"可见，在我国可以根据上述规定设立专门人民法院。同时，作为中国共产党就中国特色社会主义法治发展作出的纲领性文件，《中共中央关于全面推进依法治国若干重大问题的决定》明确提出"完善确保依法独立公正行使审判权和检察权的制度""建立健全司法人员履行法定职责保护机制""改革司法机关人财物管理体制，探索实行法院、检察院司法行政事务管理权和审判权、检察权相分离"及"探索设立跨行政区划的人民法院和人民检察院，办理跨地区案件。完善行政诉讼体制机制，合理调整行政诉讼案件管辖制度"等改革部署，这些都为未来行政法院的确立奠定了制度基础并预留了改革空间。

第九章
行政诉讼制度(二)

第一节 行政案件跨行政区域管辖改革及其法治意义

一、问题的提出：从行政诉讼"三难"看行政诉讼管辖制度

行政诉讼的管辖制度是指在人民法院系统内部，各级与各地人民法院之间具体受理、审理和裁判行政案件的权限与分工。它是我国行政诉讼制度的一项基础制度，解决的是由法院解决的行政争议具体由哪个地方和哪级法院管辖的问题。根据《行政诉讼法》等法律规定，我国实行四级两审诉讼制度，每个行政案件都需要从横向（不同地区法院）和纵向（不同层级法院）两个角度来确定具体的管辖法院，即分别是地域管辖和级别管辖。

受20世纪80年代我国改革开放的推动和思想解放大潮的影响，1989年我国首部《行政诉讼法》得以颁布，行政诉讼制度得以正式确立。但行政诉讼制度自实施以来，就一直萦绕着实施"困难"甚至"艰难"的发展态势[1]，甚至有学者将行政诉讼长期以来的这种困境现象称为"困顿"的行政诉讼[2]。针对我国行政诉讼制度实施过程中存在的困境，理论界和实务界一般将之总

---

[1] 自1990年《行政诉讼法》实行以来，行政诉讼制度实施中的各种困难现象层出不穷，有学者将其总结为"立案难、审理难和执行难"三难，有关讨论参见龚祥瑞主编：《法治的理想与现实——〈中华人民共和国行政诉讼法〉实施现状与发展方向调查研究报告》，中国政法大学出版社1993年版，第5—249页；杨凤成、李刚、高晓冬：《行政诉讼过程中的"三难"现象及对策》，《行政与法》1997年第2期；何海波：《行政诉讼撤诉考》，《中外法学》2001年第2期；孔繁华：《我国行政诉讼功能之实证分析》，《江苏行政学院学报》2009年第1期；包万超：《行政诉讼法的实施状况与改革思考——基于〈中国法律年鉴〉（1991—2012）的分析》，《中国行政管理》2013年第4期；解志勇：《行政法院：行政诉讼困境的破局之策》，《政法论坛》2014年第1期。

[2] 何海波：《困顿的行政诉讼》，《华东政法大学学报》2012年第2期。

结为"立案难、审理难和执行难"三难现象。深入分析行政诉讼凸显的"三难"问题的各种表现就不难发现，行政诉讼制度存在的困境都和管辖制度存在关联，即法院在行政案件受理上受干扰无法依法独立审查决定而引发"立案难"现象突出，法院在行政案件审理中因遭受地方党政部门及新闻媒体的不当干预而难以公正审判进而产生"审理难"的问题，法院依法作出的行政裁判文书生效后因被执行人往往为各级政府及其职能部门而难以依法顺利执行继进而又产生"执行难"的问题，这些问题最终都归结为管辖行政案件的法院往往处在被告的行政管辖区域，司法管辖区域和行政管理区域的高度一致性导致法院在立案、审理和裁判执行上都深受地方党政部门的违法干预或影响。这种法院审理行政案例遭受干扰或不当影响的现象从行政诉讼制度实施之初就存在着，而且表现尤为突出。例如，1991年由龚祥瑞组织开展的关于行政诉讼法实施状况的实证研究结果显示，受访法官在回答"您觉得法院的行政审判权通常是否受到干扰"问题时，仅有32.4%的受访法官回答是"一般不受干扰"，也就是说有将近70%的人受到了干扰，其中"受党的部门干扰"的比例达8.4%，"受政府部门干扰"的达26.2%，受案外人干扰的有29.1%。[1] 这应当也是《中共中央关于全面推进依法治国若干重大问题的决定》明确提出"任何党政机关和领导干部都不得让司法机关做违反法定职责、有碍司法公正的事情，任何司法机关都不得执行党政机关和领导干部违法干预司法活动的要求。对干预司法机关办案的，给予党纪政纪处分；造成冤假错案或者其他严重后果的，依法追究刑事责任"要求的重要原因。

行政诉讼"三难"现象及其背后的行政诉讼管辖制度凸显的管辖体制问题，是困扰行政诉讼制度有效实施的最大绊脚石，其不仅违反了法院对行政案件依法独立公正行使审判权的宪法和诉讼法原则，而且导致行政诉讼制度所具有的保障人权、监督行政等功能大打折扣，侵蚀民众对行政诉讼制度寄予的希望和信心。于是，在理论界和实务界完善行政诉讼制度的改革呼声中，行政诉讼管辖制度也产生了制度改进的诉求和要求。

二、行政案件跨行政区域管辖制度：从探索到确立

行政诉讼制度实施中萦绕的"三难"问题凸显了如下这一点：行政诉讼管辖制度必须破除在受理、审理和执行方面受不当干扰的痼疾。在我国司法

---

[1] 龚祥瑞主编：《法治的理想与现实——〈中华人民共和国行政诉讼法〉实施现状与发展方向调查研究报告》，中国政法大学出版社1993年版，第33页。

体制尚没有"动大手术"之前,如何才能解决这一问题,成为理论界和实务界面临的共同课题。

公民对司法公正的诉求一直存在,民众对蕴含着保障公民权益和监督行政美好预期的行政诉讼制度的期待一直没有消减,因此国家必须完善行政诉讼管辖制度乃至于改革司法体制。在不彻底改变现有司法体制的前提下,直面司法制度现状和当事人强烈诉求之间矛盾的法院首先给开出了解决问题的"药方",以尝试解决行政诉讼"三难"问题。江苏省宿迁市中级人民法院2003年10月开始对涉及县(区)政府的行政案件实行提级管辖,对阻力比较大的涉及乡、镇、局行政机关的行政案件实行交叉管辖,并每季度进行考核通报,使行政案件收案数逐月上升。该法院推行了指令立案、指定(交叉)管辖和提级管辖并行的制度来保护当事人的诉权。① 随后理论界围绕行政案件提级管辖和交叉管辖的研究日益深入,实务界也开始效仿宿迁市法院做法解决现有管辖制度下行政案件审判受违法干扰的问题。②

在理论界主张的推动下,在各地管辖制度探索实践经验积累的基础上,最高人民法院于2007年12月17日正式发布司法解释《最高人民法院关于行政案件管辖若干问题的规定》(法释〔2008〕1号),确认和吸收了理论界的建议和各地实践的经验,对提级管辖和指定管辖制度进行了重点制度安排,明确规定被告为县级以上政府的案件由中级人民法院一审,加强案件交叉管辖、异地审理的力度。尽管最高人民法院从强化提级管辖和指定管辖入手来解决行政案件受理和审理中受地方干扰的问题,并于2009年专门发布《关于依法保护行政诉讼当事人诉权的意见》(法发〔2009〕54号)的司法政策来要求各地法院依法保护当事人诉讼权利,也具有排除地方干扰和保障诉权的功能,但行政案件数量快速增加导致中级法院以上各级法院一审案件负担过重,且各地法院通过各种形式指定管辖将案件尽量"控制"在本辖区内处理的变通做法,使得最高人民法院极力推行的提级和异地管辖制度实效下降,甚至收效甚微。

旧的问题未能彻底解决,新的问题却开始发酵。于是改革管辖制度的诉求在学界关于修改《行政诉讼法》的呼声中也日益强烈,学界的理论研究也

---

① 笑梅、祥龙:《宿迁行政案件上升信访率下降》,《人民法院报》2004年4月6日。
② 郑春燕、陈崇冠:《关于行政案件异地交叉审判模式的思考》,《浙江工商大学学报》2005年第1期;殷勇:《行政诉讼中的异地交叉管辖制度》,《人民司法》2006年第10期;章再亮、陈佳:《"异地交叉管辖"破解行政诉讼难》,《民主与法制时报》2007年4月2日。

第九章 行政诉讼制度（二）

一直持续跟进，在理论引导下各地开始探索行政案件的集中管辖制度。①2013年最高人民法院发布《关于开展行政案件相对集中管辖试点工作的通知》（法〔2013〕3号），正式认可并选择部分中级人民法院开展行政案件集中管辖制度试点，再次探索解决行政审判受地方干扰的难题。该司法政策所试点的行政案件相对集中管辖，就是将部分基层人民法院管辖的一审行政案件，通过上级人民法院统一指定的方式，交由其他基层人民法院集中管辖。这一试点主要侧重于以行政案件管辖制度改革为突破口，在现行法律框架下尽可能实现司法审判区域与行政管理区域的有限分离，以确保实现如下改革目标：人民法院依法独立公正行使行政审判权，充分保护公民、法人和其他组织的合法权益，维护司法权威。

2014年10月23日中国共产党第十八届中央委员会第四次全体会议通过的《中共中央关于全面推进依法治国若干重大问题的决定》，提出"探索设立跨行政区划的人民法院和人民检察院，办理跨地区案件。完善行政诉讼体制机制，合理调整行政诉讼案件管辖制度，切实解决行政诉讼立案难、审理难、执行难等突出问题"的改革目标。2014年11月1日第十二届全国人民代表大会常务委员会第十一次会议通过的《全国人民代表大会常务委员会关于修改〈中华人民共和国行政诉讼法〉的决定》严格贯彻和落实了上述改革部署，不仅吸收了以往各地法院试点的经验将提级管辖进行立法确认，而且规定移转管辖只能上移不能下移，更为重要的是其正式确立了法院跨行政区域管辖行政案件制度，为行政诉讼管辖制度的改革明确了依据，这体现在《行政诉讼法》（2014年修订）第十八条第二款"经最高人民法院批准，高级人民法院可以根据审判工作的实际情况，确定若干人民法院跨行政区域管辖行政案件"的规定中。

在新的《行政诉讼法》对法院跨行政区域管辖行政案件制度作出原则规定的基础上，各地高级人民法院纷纷经过最高人民法院的批准探索实施各种具体落实方案，推动行政案件跨区域管辖制度的落地生根。各地的落实方案并不完全相同，而是呈现出了因地制宜、体现特色的特征，具体有以下几种模式。

---

① 有关讨论参见李荣珍、潘娜：《论我国行政诉讼管辖制度的改革与完善》，《海南大学学报（人文社会科学版）》2009年第2期；石文龙：《增强审判工作的抗干扰力——以"史上最牛公函"等热点案件为分析依据》，《东方法学》2010年第6期；黄学贤、杨红：《论行政诉讼管辖困境之形成及其突破》，《法学评论》2013年第6期；章志远：《行政案件相对集中管辖制度之省思》，《法治研究》2013年第10期。

第一，普通法院跨区域管辖行政案件模式。例如，经报请最高人民法院批准，天津市高级人民法院于 2015 年 9 月 30 日发布《关于指定部分行政案件施行跨行政区域管辖的通知》，决定从 2015 年 10 月 8 日起，天津法院三类一审行政案件实行跨行政区域管辖。①

第二，依托改革后划归地方法院系统的铁路运输法院集中跨区域管辖行政案件模式。② 例如，2015 年 6 月兰州铁路运输两级法院被最高人民法院批准为首批在省、自治区层面跨行政区划集中管辖行政案件的九个试点法院之一。自同年 12 月 1 日起兰州铁路运输法院集中管辖原由兰州市、白银市、定西市所辖的 20 个县（区）基层法院和兰州新区法院管辖的一审行政诉讼案件，而兰州铁路运输中级人民法院管辖上述二审行政诉讼案件和兰州市范围内县处级以上行政机关为被告的一审行政诉讼案件。兰州铁路运输法院试点跨区域管辖行政案件改革一年多时间，两级铁路运输法院共受理行政案件 1250 件，审结 1065 件，结案率达 85.2%，法定审限内结案率 100%。总体来看，跨行政区划集中管辖行政案件试点改革在司法环境、行政相对人合法权益保护以及助推法治政府建设方面取得了初步成效。③ 采用这种模式的还有南京铁路运输法院，根据最高人民法院的批复和省市两级法院的工作部署，南京铁路运输法院从 2016 年 4 月 1 日起集中管辖原由南京市各基层人民法院管辖的一审行政案件。④

第三，普通法院跨区域管辖行政案件和铁路运输法院集中跨区域管辖行政案件并行模式。采用这种并行模式的地方既在普通法院之间实行跨区域管辖行政案件制度，同时利用铁路运输法院集中跨区域管辖行政案件，实现区

---

① 张晓敏：《天津三类一审行政案件跨行政区域管辖》，《人民法院报》2015 年 10 月 10 日。
② 在我国，2009 年 7 月 8 日，中央机构编制委员会办公室（下称中编办）发布了《关于铁路公检法管理体制改革和核定政法机关编制的通知》，开启了铁路公检法脱离铁路企业，进入国家公职序列的帷幕。铁路法院和检察院的改制从 2010 年底才正式启动。2010 年 12 月 7 日，中编办、最高人民法院、最高人民检察院、财政部、人力资源和社会保障部、铁道部联合发布《关于铁路法院检察院管理体制改革若干问题的意见》（铁政法〔2010〕238 号）。该文件要求铁路法院和铁路检察院与铁路运输企业全部分离，一次性整体纳入国家司法管理体系。截至 2012 年 10 月底，全国铁路运输法院全部完成签署移交地方管理的协议，17 个铁路运输中级法院、58 个铁路运输基层法院与铁路企业正式分离，3700 余名铁路法院干警转变隶属关系。
③ 潘静、虎文心：《"三难"变"双赢"——甘肃跨行政区划集中管辖行政案件试点成效显著》，《人民法院报》2017 年 3 月 27 日。
④ 《江苏省高级人民法院关于南京市中级人民法院、徐州市中级人民法院开展行政案件集中管辖试点工作的批复》（苏高法〔2015〕249 号）和南京市中级人民法院《关于指定南京铁路运输法院集中管辖一审行政诉讼案件的通知》（宁中法〔2016〕64 号）。

域内所有行政案件的跨区域管辖。例如，2016年4月20日《山西省高级人民法院关于跨行政区域集中管辖行政案件的公告》发布，决定自2016年5月1日起在山西省范围内实行行政案件跨行政区域集中管辖，确立了包括"各中级人民法院实行一审案件相对交叉管辖""太原铁路运输中级法院管辖对全省各中院生效的行政案件不服的再审申请和申诉案件"及"基层法院实行相对集中管辖"在内的跨区域管辖规则。① 采用这种模式的还有河南省、陕西省、云南省等高级人民法院。

各地实行的行政案件跨行政区域管辖的三种改革推行模式虽做法不一，在试点范围上也存在着局部试点与全面试点的差异，但大都体现了因地制宜，充分利用现有部门、条件等优势开展，普遍取得了较好的实际效果。

三、行政案件跨行政区域管辖制度的法治价值

根据《行政诉讼法》（2014年修订）第十八条第二款规定而在各地实行的行政案件跨行政区域管辖制度显现出了两个突出的特点和优势，即一方面充分贯彻上述规定的立法本意，强调通过跨行政区域管辖行政案件改革来破除地方法院受理审理行政案件中被不当干扰和影响的核心问题，增强行政审判的独立性、公正性和法院的权威性、公信力。另一方面，新的管辖改革在强化跨行政区域管辖的同时还注重从各地方法院案件的数量、案件的专业性及审判人员的配置等因素入手实现集中管辖，以优化司法资源配置和强化行政审判的专业化品质。从实施效果来看，各地普遍反映效果突出，不仅行政案件数量大幅增加，公民"不敢告""不愿告"的心理顾虑有所降低，而且行政审判被不当干预或影响的情况也大量减少，公正审判的结果赢得了社会的认可，同时行政诉讼监督行政机关依法行政、促进法治政府建设的功能得到了较好发挥。② 《行政诉讼法》（2014年修订）有关行政案件跨行政区域管辖制度实施以来，总体上顺应了司法改革的趋势和要求，积极回应了公民、法人和其他组织对依法独立公正审判的期待和诉求，体现了便民与经济的原则，具有丰富的法治价值。

---

① 《山西省高级人民法院关于跨行政区域集中管辖行政案件的公告》，《山西日报》2016年4月20日。
② 有关报道和分析参见李光明、范天娇：《安徽探索跨行政区域管辖行政案件》，《法制日报》2015年2月2日；沈开举、方涧：《行政诉讼异地管辖制度实证研究——以河南模式为样本》，《河南财经政法大学学报》2016年第2期；程琥：《行政案件跨行政区域集中管辖与行政审判体制改革》，《法律适用》2016年第8期。

（一）管辖体制的有限突破增强了司法权的独立性

行政诉讼制度是我国兼具解决行政争议、保障公民合法权益和监督依法行政等多重功能的诉讼制度，是我国国家治理体系的重要组成部分，也是反映国家法治化水平和治理能力现代化水平的重要晴雨表。自20世纪90年代实行以来，行政诉讼制度发挥了解决行政纠纷、保障人权和监督行政机关依法行政等多重作用，但由于我国长期存在司法管辖区域与行政管理区域高度重合的传统司法体制，管辖行政主体被诉行政行为的法院在人财物等方面受制于其所处的地方党政机关，行政审判普遍存在着地方保护和地方干预问题，致使法院难以依法受理、审理和执行行政案件，长期积累便形成了理论界和实务界普遍认同的"三难"现象。

根据《行政诉讼法》（2014年修订）第十八条第二款的授权规定，各地法院普遍推行的法院跨行政区划管辖行政案件制度得以广泛实施，并日益规范化、制度化。这种跨行政区划管辖行政案件制度在有限突破现有司法管辖区域与行政管理区域高度一致体制的基础上，通过跨区域管辖和集中管辖行政案件，为法院依法独立公正审理行政案件提供了体制性基础和制度性保障，有利于法院排除地方保护和地方干扰，真正做到依法受理、审理行政案件并依法执行生效行政裁判决定。有学者也指出，"行政案件跨行政区划集中管辖，是完善行政审判体制机制的关键环节"①。

（二）是解决行政诉讼"三难"问题和保障人权的重要制度设计

行政诉讼制度在我国运行30年的实践表明，《行政诉讼法》总体上是一部良法，但在体制等多重因素的制约下逐渐积累形成的"立案难、审理难和执行难"问题让这部重要的以保障人权为核心功能的法律实施效果受到影响，民众对该部法律的期待以及对司法权威的信心需要得到提振，因此这种态势必须得到及时的扭转。2014年修订的《行政诉讼法》以消除行政诉讼"三难"现象为明确的问题导向和立法重点，通过完善受案范围等进行制度升级。其中，以跨行政区划管辖行政案件为主要内容的行政诉讼管辖制度改革无疑是此次修订的重要组成部分，其重点立足于解决行政诉讼"三难"问题，积极回应当事人对独立公正的行政审判的诉求，保障行政诉讼制度真正发挥保障人权的核心功能。对此，有学者指出，"行政案件跨行政区划集中管辖是解决当前行政案件'立案难''审理难''执行难'等突出问题，让人

---

① 程琥：《行政案件跨行政区划集中管辖的法治意义》，《人民法院报》2015年5月20日。

民群众对司法改革有更多的获得感的必然选择,也是落实'四个全面'战略布局的重要举措"①。

(三) 有利于促进依法行政和法治政府建设功能的发挥

法院跨行政区划管辖行政案件制度的广泛推行和实施,为人民法院依法独立公正地受理和审理行政案件并执行生效行政裁判文书提供了可靠的体制基础和制度保障,能够保证法院真正摆脱如下这一点:地方党政机关在人财物上的制约转化为行政审判中无形的干预和影响。由此增强司法的独立性、公正性和公信力,法院得以真正发挥依法审查被诉行政行为合法性进而促进依法行政和建设法治政府的功能。这一功能的发挥不仅是行政诉讼制度本身的题中之义,而且是推进国家治理体系和治理能力现代化的重要途径。

总体来看,依据《行政诉讼法》(2014 年修订)第十八条第二款的授权规定所推行的普通法院跨行政区划集中管辖行政案件的制度革新凸显了增强法院行政审判独立性、公正性的改革指导思想,有助于解决行政诉讼中长期存在的"立案难、审理难和执行难"痼疾,是有限突破现有司法体制的重要改革举措。但现有改革在深度和规范性上还有待加强,未来仍应当以增强行政审判的独立性和专业性为改革趋向,并最终建立符合我国国情的行政法院体制,才能从根本上解决行政诉讼独立性和公正性不够、作用发挥有限的问题。

第二节 行政诉讼构造:"主观诉讼"抑或"客观诉讼"

行政诉讼制度在构造上是倾向于主观诉讼还是客观诉讼,抑或是主观诉讼与客观诉讼并举共存,不仅体现我国行政诉讼制度顺应行政诉讼类型化发展趋势的情况,而且决定着我国行政诉讼制度对公民权益提供救济体系的严密程度。行政诉讼构造问题是行政诉讼制度发展中不可回避的基本问题。

一、主客观诉讼类型及其意义

(一) 主客观诉讼类型的划分

行政诉讼类型化是 20 世纪以来行政诉讼制度在世界范围内的重要发展趋势,尽管有学者对此提出了不同看法或者表示担忧②,但仍无法回避行政

---

① 程琥:《行政案件跨行政区划集中管辖的法治意义》,《人民法院报》2015 年 5 月 20 日。
② 有关行政诉讼类型化消极作用的分析可参见刘东亮:《行政诉讼目的研究:立法目的与诉讼制度的耦合与差异》,中国法制出版社 2011 年版,第 118 页。

诉讼类型化的强劲发展态势。在行政诉讼类型的划分中，根据行政诉讼所维护利益性质的区别，行政诉讼被划分为主观诉讼与客观诉讼两种类型。其中，主观诉讼指的是以救济公民权利或利益即主观公权利为主要目的的诉讼类型，其诉讼对象往往表现为法律上的权利义务争议；客观诉讼则以保障行政合法、维护公共利益和客观法秩序为主要目的，其诉讼对象通常不是法律上的争议，而往往只是单行法律的特殊规定。①

主客观诉讼的类型划分属于学理上的分类观点，并不是各国实定法上明确的类型界分，这种分类最早由法国波尔多大学教授莱昂·狄骥在1911年提出。在这一学说提出之前，传统的类型分类是19世纪爱德华·拉弗里埃尔在其学术著作《行政裁判概论》中提出的四分法，分类主要是从法官审案的角度进行的，将法官可能受理的诉讼归纳在四个大标题之下，每个标题之下就是一类诉讼。②四分法的类型划分理论随着时代的变迁和实践的发展，其科学性和合理性不断受到批判。于是，法国学者狄骥又提出了行政诉讼类型的二分法，即将行政诉讼划分为主观诉讼和客观诉讼两个类型。德国行政诉讼制度受其维护"人的尊严"宪法理念的主导的影响，行政诉讼类型以保护公民权利的主观诉讼为核心，区别于法国行政诉讼制度既注重保护个人权益，同时也强调对公共利益的维护。但第二次世界大战之后，德国的行政诉讼制度逐渐在审判实践中形成了规范审查之诉和机构之诉的新类型，都强调解决公法上的争议，并以维护公共利益为主要制度去向，这也在一定程度上体现出和法国相同的主客观诉讼并行的类型特征。

（二）主客观诉讼类型的意义

将行政诉讼划分为主观诉讼和客观诉讼，并以此为视角来思考行政诉讼制度的发展，具有重要意义。

1. 这是顺应行政诉讼类型化发展趋向的体现。如上所述，行政诉讼类型化是20世纪以来世界范围内的行政诉讼制度的一大发展趋势，这种趋势直接影响和改变着现代法治国家的行政诉讼相关制度并取得了普遍成功。尽管在法律传统、社会背景和诉讼体制等方面存在差异性，但是，现代国家比较趋向一致的是在其行政诉讼法、行政案件诉讼法或行政法院法中明确规定行政诉讼的类型。可以说，行政诉讼的类型化是现代各国行政诉讼制度发展的

---

① 江利红：《日本行政诉讼法》，知识产权出版社2008年版，第117—130页。
② 〔法〕让·里韦罗、〔法〕让·瓦利纳著，鲁仁译：《法国行政法》，商务印书馆2008年版，第782—783页。

共同趋势之一。① 我国行政诉讼制度的产生相对较晚,发展历程也比较短暂,因此,应在完善的过程中积极放眼和吸收世界范围内行政诉讼制度发展的重要取向和经验,以推动我国行政诉讼制度的与时俱进。因此,积极借鉴大陆法系和英美法系行政诉讼制度普遍的主客观诉讼并举的诉讼类型构造,是顺应行政诉讼类型化发展趋向的体现。

2. 这是形成完整无遗漏的权益保障机制的途径。从世界范围来看,行政诉讼制度自产生以来经历了从注重保护公民权益开始,到逐步在侧重保护个人权利的同时也强化维护公共利益的发展历程。现代法治发达国家的行政诉讼制度普遍形成了同时为个人权益和公共利益提供完整无遗漏的权益保障机制的制度格局。我国1989年颁布的《行政诉讼法》在立法目的方面将保护公民权益与维护、监督行政机关依法行使行政职权并列确立,司法实践中虽然整体上强调保护公民权益,但各地实践的差别普遍存在,有时侧重于保障公民权益,有时则强调监督行政,有时法院针对个案就实现的目的方面举棋不定,甚至无所适从。2014年修订《行政诉讼法》的过程虽然体现了主客观诉讼并举的理念,且2017年6月27日第十二届全国人民代表大会常务委员会第二十八次会议通过的《关于修改〈中华人民共和国民事诉讼法〉和〈中华人民共和国行政诉讼法〉的决定》首次规定了检察机关提起行政公益诉讼的制度,但总体上未采纳学界提出的诉讼类型的主张,未在主客观诉讼的基础上系统构建相应的程序制度。这种制度设计必然会引致司法实践在个案处理中指导思想的混乱,出现不同级别、不同地域的法院在个案裁判上的不统一,也极易损害司法权威。对此,有学者指出,"当前,我国以主观诉讼为中心的功能定位的局限性在实践中越来越明显,实践中又呈现出'主观诉讼、客观裁判'的现象。以'民告官'为形式仅对具体行政行为进行审查的一元诉讼模式,不仅缺失了行政诉讼在维护公法秩序方面的制度价值,而且落后于行政诉讼类型化、标准化的发展趋势"②。因此,吸收主客观诉讼并举的诉讼类型构造规律,并为个人权益和公共利益均提供相应的制度保障,是我国形成完整无遗漏的权益保障机制的途径。

3. 这有利于提高行政诉讼制度的独立性品质和科学性。主观诉讼和客观

---

① 杨建顺:《行政诉讼的类型与我国行政诉讼制度改革的视角》,《河南省政法管理干部学院学报》2005年第4期。
② 伍旸:《从行政诉讼功能定位看类型化发展——以主观诉讼、客观诉讼为分析视角》,《湖北警官学院学报》2013年第12期。

诉讼的诉讼类型划分不仅具有理论价值，而且是提高行政诉讼程序制度科学化的重要路径。主观诉讼与客观诉讼在诉讼的出发点、审理的内容上存在区别，主观诉讼更多地体现了权利救济的目的，而客观诉讼更加注重监督行政。① 正是二者的这种差别，意味着实现其各自侧重目标的程序制度将需要从目的出发来针对性地设计和构建，只有如此才能实现行政诉讼制度的独立性品质和科学性。对此，有学者指出，"我国行政诉讼在结构上呈现出'内错裂'状态，这种'内错裂'使得我国行政诉讼既不是完整意义上的主观诉讼，也不是完整意义上的客观诉讼。诉讼构造上的这种扭曲导致我国行政诉讼既不能有效地回应相对人的诉讼请求，也不能充分地保障客观公法秩序。修改《行政诉讼法》，应从理顺行政诉讼构造入手，依据主观诉讼与客观诉讼的不同特质，构建与之相匹配的诉讼规则"②。因此，在行政诉讼类型化的背景下，根据行政诉讼类型的不同分别设定相应的原告资格、管辖规则、审理原则与程序、裁判方式及判决效力等也成为诉讼类型化带来的程序类型化的发展趋向，同样也有利于提高行政诉讼制度的独立性品质和科学性。

二、行政诉讼的构造：主观诉讼与客观诉讼的争论

源于我国 1989 年《行政诉讼法》第一条的模糊规定，学者们关于行政诉讼法立法目的的争论一直存在着，而对保障公民权益或者监督行政机关依法行政的不同看法，也必然影响到实现上述不同目的的诉讼类型设计方面，因此学界就我国行政诉讼的构造到底是主观诉讼还是客观诉讼的论题，也存在着多种看法。③ 总结起来，学者们根据我国现有的行政诉讼法律规范，也对我国行政诉讼在主观诉讼和客观诉讼上的归属问题进行了讨论，主要有主观诉讼说、客观诉讼说以及既非主观诉讼亦非客观诉讼说。

第一，主观诉讼说。认为我国行政诉讼制度属于主观诉讼的学者一般主张，我国现行行政诉讼制度主要体现的是以保障个人权益为宗旨的主观诉讼，缺少以维护公共利益为目的的公益诉讼或客观诉讼。例如，有学者指出，我国行政诉讼制度是以保护行政相对人权利的撤销诉讼即主观诉讼为中

---

① 马立群：《主观诉讼与客观诉讼辨析——以法国、日本行政诉讼为中心的考察》，《中山大学法律评论》2010 年第 8 卷第 2 辑。
② 薛刚凌、杨欣：《论我国行政诉讼构造："主观诉讼"抑或"客观诉讼"？》，《行政法学研究》2013 年第 4 期。
③ 2014 年修订后的《行政诉讼法》对行政诉讼法的立法目的进行了个别文字的调整，但从根本上来说并没有完全消除学界所存在的关于这一主题的理论争议。

心建立起来的,《行政诉讼法》虽然将监督行政作为立法目的之一,但这种功能的发挥是以行政相对人的主观权利遭受侵害为前提的,其是只有通过公民提起主观诉讼才能产生的宏观作用,行政诉讼制度本身并未设立专门以维护公共利益和客观法律秩序为目的的诉讼制度,而我国现行的行政诉讼程序也都是围绕主观诉讼来设计的。① 此外,学者马立群在讨论行政诉讼相关问题时也持相同的观点。②

第二,客观诉讼说。持客观诉讼说的学者通常认为,我国行政诉讼制度确立的是一种维护客观法秩序和公共利益的客观诉讼,其主要目的是监督行政机关依法行使职权。例如,兼具学者和法官双重身份的梁凤云认为,从总体上讲,我国行政诉讼法所确立的是一种客观诉讼制度,其是以监督行政机关公权力行为为主要意旨的诉讼类型,而主张将来的行政诉讼在宗旨上应表现为维护公民基本权益和体现客观法律价值的两相结合。③ 此外,同样具有法官和学者双重身份的江必新在讨论行政诉讼制度的目标模式时也指出,"近几十年来,各国行政诉讼模式的选择有逐渐由权利模式向法律模式转化的趋势",我国选择的是法律模式。④ 这里的法律模式从诉讼目的的角度来说实际上就是以监督行政机关依法行政、保障客观法秩序和公共利益得以实现为目标,而从诉讼类型的维度看就意味着他认为我国行政诉讼主要选择的是客观诉讼,这也与其"监督行政机关依法行使职权是行政诉讼的根本属性,也是行政审判权的根本性质所在"的主张相吻合。⑤

第三,既非主观诉讼亦非客观诉讼说。一些学者认为,我国行政诉讼制度的规定凸显的是既非主观诉讼亦非客观诉讼的诉讼类型设置。他们主张我国现行行政诉讼制度既不是纯粹的主观诉讼,又不是一种完整意义上的客观诉讼,现行行政诉讼法律规定呈现的是杂糅式的诉讼类型构造,其不属于主客观诉讼中的任何一种。例如,有学者认为,"我国行政诉讼在结构上呈现出'内错裂'状态,这种'内错裂'使得我国行政诉讼既不是完整意义上的

---

① 林莉红、马立群:《作为客观诉讼的行政公益诉讼》,《行政法学研究》2011年第4期。
② 马立群:《论客观诉讼与我国行政审判权的界限》,《甘肃社会科学》2011年第1期;马立群:《论行政诉权的构成要件与审查规则——行政诉权保障的路径及发展趋势》,《南京大学法律评论》2013年第1期。
③ 梁凤云:《行政诉讼法修改的若干理论前提——从客观诉讼和主观诉讼的角度》,《法律适用》2006年第5期。
④ 江必新:《行政诉讼问题研究》,中国人民公安大学出版社1989年版,第20页。
⑤ 江必新:《行政诉讼问题研究》,中国人民公安大学出版社1989年版,第14页。

主观诉讼,也不是完整意义上的客观诉讼。诉讼构造上的这种扭曲导致我国行政诉讼既不能有效地回应相对人的诉讼请求,也不能充分地保障客观公法秩序"①。

总体来看,我国学者从不同的角度,根据现行行政诉讼的法律规范进行了法解释学的分析,分别提出了关于我国行政诉讼的主客观诉讼类型划分的观点,都有一定的合理之处和规范依据。但笔者认为,我国现行行政诉讼制度并未对诉讼类型进行明确的规定,诉讼程序规则也不是在统一的诉讼类型划分基础上进行设计的。

三、我国行政诉讼构造的应然选择:主客观诉讼并举

在20世纪开始呈现的行政诉讼制度类型化的趋势中,主客观诉讼逐渐从理论学说转变为世界各国尤其是大陆法系法治发达国家的制度现实成为这一趋势的重要体现,而且凸显了主客观诉讼并存发展的重大特征。因此,笔者认为,我国行政诉讼制度产生较晚,尚处于起步阶段,我们应当积极学习借鉴这种诉讼类型化科学制度设计,积极顺应主客观诉讼并存发展的普遍趋势,加快我国行政诉讼制度的完善进度。

(一)坚持主客观诉讼共存并举原则

我国《行政诉讼法》关于立法目的的模糊规定,加之行政诉讼类型设置的缺失,使得司法机关在具体行政案件的裁判中往往陷入更注重保障公民权益还是更强调监督行政机关依法行政和维护公共利益的艰难选择中。行政诉讼具体的程序制度也不是完全建立在主客观诉讼相区分的基础上,致使在实现个人权益保护和公共利益维护上的程序制度冲突无法协调,不仅不利于个人权益的保障,而且也难以实现维护公共利益的目标。

就学界的一般看法而言,我国行政诉讼制度总体上是以主观诉讼为主并以此为基础形成的程序制度体系,更加强调对个人权益的保障。但随着市场经济的发展、经济社会的转型,在市场凸显出的公共利益受侵害问题多发频发和社会对公共利益的关注日益强劲的背景下,我们必须顺应时代发展的要求及时确立和完善以维护公共利益为制度旨向的客观诉讼制度。此外,我国现行法律法规中有关维护公共利益的原则性条款并不少见,但总体上来看大都缺乏具体的落实制度,而诉讼制度具有被动性、规范性和常态化的特征,

---

① 薛刚凌、杨欣:《论我国行政诉讼构造:"主观诉讼"抑或"客观诉讼"?》,《行政法学研究》2013年第4期。

是在不导致社会关系大的波动的前提下调整个人利益与公共利益、维护公共利益比较适宜的解决方式，以此方式来强化利益协调和维护公共利益符合社会治理体系和治理能力现代化的标准。

2017年6月27日第十二届全国人民代表大会常务委员会第二十八次会议通过《关于修改〈中华人民共和国民事诉讼法〉和〈中华人民共和国行政诉讼法〉的决定》，首次明确规定检察机关提起行政公益诉讼的制度，弥补了我国客观诉讼的制度缺失，强化了对公共利益的保护，健全了公共利益维护程序制度，体现了主客观诉讼并举共存的制度建构原则。但学界早已提出并经过长期讨论的、旨在专门解决国家行政主体之间权限争议的机关诉讼制度还未涉及，未来有必要在修改法律时对其予以考虑。

（二）区分主客观诉讼类型并设置相应的程序保障制度

无论是从保障公民权益、维护公共利益的诉讼制度应体现的角度，还是从顺应行政诉讼类型化的趋势来看，完善行政诉讼的主客观诉讼类型在根本上需要反映在实现这些诉讼类型的背后所维护的不同性质的利益，即在制度上依赖的是具体的、与其实现目标相一致的程序制度。因此，根据主客观诉讼类型分别设置相应的程序制度、诉讼模式和判决类型等，才是制度完善的重点和核心。

第十章
国家赔偿

第一节　行政赔偿中的"违法"概念辨析[①]

我国宪法第四十一条明确规定:"中华人民共和国公民对于任何国家机关和国家工作人员,有提出批评和建议的权利;对于任何国家机关和国家工作人员的违法失职行为,有向有关国家机关提出申诉、控告或者检举的权利,但是不得捏造或者歪曲事实进行诬告陷害。对于公民的申诉、控告或者检举,有关国家机关必须查清事实,负责处理。任何人不得压制和打击报复。由于国家机关和国家工作人员侵犯公民权利而受到损失的人,有依照法律规定取得赔偿的权利。""当作是具体化宪法的行政法"[②],国家的行政立法必然有所体现,即1994年制定及2010年修定的《中华人民共和国国家赔偿法》(以下简称《国家赔偿法》)。修定的《国家赔偿法》最显著的特点体现在第二条的规定中,"国家机关和国家机关工作人员行使职权,有本法规定的侵犯公民、法人和其他组织合法权益的情形,造成损害的,受害人有依照本法取得国家赔偿的权利"[③]。这表明《国家赔偿法》从原来的违法归责原则向多元归责原则转变,也就是说,我国国家赔偿归责原则有了拓展的空间,包括违法归责原则、过错归责原则、无过错归责原则、结果责任原则、公平负担原则等。例如,有学者就指出违法作为国家赔偿要件并不准确,认为把违法与违反对于他人的义务联系在一起,是为了让违法的概念能够进入侵权

[①] 本文原载于《甘肃行政学院学报》2018年第1期。
[②] 陈新民:《公法学札记》,中国政法大学出版社2001年版,第4页。
[③] 1994年《国家赔偿法》第二条规定,国家机关和国家机关工作人员违法行使职权侵犯公民、法人和其他组织的合法权益造成损害的,受害人有依照本法取得国家赔偿的权利。

法的领域,因为违反对于他人的义务,就是侵犯他人享有的权利,国家机关及其工作人员如果违反这种公法义务,即构成对人民公权利的侵犯,用"侵权损害赔偿"比"违法损害赔偿"更符合旨在填补当事人权益损失的本意。①

虽然国家赔偿与补偿要件之间有趋同化的趋势,但是,违法性与合法性依然是区别赔偿与补偿的主要标准。只有当国家机关及其工作人员行使职权违法侵害了行政相对人的合法权益时,国家才可能产生对行政相对人的赔偿责任。单就行政赔偿而言,违法性是行政赔偿成立的核心要件之一。

按照《国家赔偿法》第三条和第四条行政赔偿范围的规定以及第五条国家不承担赔偿责任的规定,我们可以得出如下认识:行政赔偿归责原则是违法归责原则,以行使职权违法性为核心标准。② 国家为人民而存在,国家必须根据体现人民意志的宪法与法律履行自己的义务,如果不履行法定义务,就得承担相应的法律责任。"法律责任(responsibility, liability)是与法律义务相关的概念。一个人在法律上要对一定的行为负责,或者他为此承担法律责任,意思就是,他作相反行为时,他应受制裁"③,同样,国家也不例外,国家承担行政赔偿责任与国家机关及其工作人员违反履行职务义务的要求有关,即国家机关及其工作人员不履行法定义务形成客观上的违法性而造成国家承担赔偿责任。

一、违法与不法的关系

对于行政赔偿中违法行为与不法行为的含义是否相同,学界看法不一。不法是否等同于违法?④ 在学说上有所谓的同义说与异义说。同义说与异义说是建立在对国家赔偿法律性质认识的基础上的。同义说认为《国家赔偿法》的法律性质属于私法性质,不法与违法之意义相同,均属于侵害权利的一种表征;异义说则认为《国家赔偿法》的法律性质属于公法,认为不法为民法之用语,违法是公法术语,两者意义不同,主要表现为:民法上的不法

---

① 王锴:《我国国家公法责任体系的构建》,《清华法学》2015年第3期。
② 《国家赔偿法》第三条、第四条的九项中,直接出现"违法"字眼的就有八项,第三条第三项所列的是事实行为,其非法性直接就可以判断;结合第二条的规定,按照历史解释、体系解释的方法,行政赔偿归责原则应为违法归责原则。
③ 〔奥〕凯尔森著,沈宗灵译:《法与国家的一般理论》,中国大百科全书出版社1996年版,第73页。
④ 这里的违法与不法,并不是所谓的真正定义(echte definition),即只是名词使用方法的约定,无真假可言,而是拟似定义(pseudo—definition)中的事物说明——可依据其指述事态存在与否来判断真假。参见杨日然:《法理学》,三民书局2005年版,第42—46页。

行为是从阻却违法角度而言的，凡无阻却不法的事由，而侵害他人权利者，即为不法，将不法的意义认定为权利侵害的表征；公法上的违法行为是建立在国家立于优越的地位行使公权力使得人民权利受到损害，不得擅自如民法一样把行使公权力侵害人民权利的行为认定为违法，仍然应看该行为是否违反法规范，如未违反法规范者，即为合法。①

另外，从同属公法领域的刑法部门角度看，如果要建构违法性概念，并能以阻却违法事由，作为违法性判断的工具，区分"违法"与"不法"这两个概念还是很有意义的。违法只是表示行为与法律规范之间在价值判断上的对立冲突的事实，行为与整体法规范的价值观不是对立冲突，就是相符合；不法则指经由行为而显现为客观可见，而就为法律规范所否定的非价本身而言——具有违法性的行为本身，本质上不法为一种层升概念，即不法存有程度轻重不等的现象。②

不过，从实定法的角度观察，无论违法还是不法，都建立在一定的法规范基础之上，即"人的行为只有在实在法律规范对这一作为条件的行为，赋予作为后果的制裁时，才能被认为是不法行为"③。从我国的行政赔偿案件由人民法院的行政审判庭审理来看，似持异义说较为合理，即主张违法与不法行为含义应当有一定的差别。④

总之，在行政赔偿中，作为建构概念的工具，"违法"要比"不法"更好一些。

二、何为违法

（一）行政赔偿违法性的概念

"所谓的违法性（Rechtswidrigkeit）系指行为对于法律规范具有对立否定的本质"⑤，行政赔偿的违法性就体现为公权力行为的行使是对公法规范的违反、抵触、冲突。所谓的行政赔偿违法性是指国家机关及其工作人员在履行职务时违反了法定义务。国家机关及其工作人员违反法定义务给行政相对

---

① 翁岳生编：《行政法》下册，中国法制出版社2009年版，第1650—1651页。
② 林山田：《刑法通论》，北京大学出版社2012年版，第188—189页。
③ 〔奥〕凯尔森著，沈宗灵译：《法与国家的一般理论》，中国大百科全书出版社1996年版，第57页。
④ 《行政诉讼法》第四条规定，人民法院设行政审判庭，审理行政案件。第七十六条规定，人民法院判决确认违法或者无效的，可以同时判决责令被告采取补救措施；给原告造成损失的，依法判决被告承担赔偿责任。
⑤ 转引自林山田：《刑法通论》，北京大学出版社2012年版，第188页。

人造成了损害，就产生了赔偿责任。从域外经验观之，也有类似的看法，例如，英国的传统观点认为，行政机关只要违背了法律规定的义务而侵害公民权利，就应负赔偿责任。这个观点在1842年上议院对费格森诉基诺尔案件判决中有所体现，"当一个人有重要义务需要履行时，他必须履行义务。如果他忽略或拒绝履行义务，其他人因此受到损害时，受害人对其所受损害有权起诉要求赔偿"①。我国行政赔偿中采用的是违法归责原则。所谓的违法归责原则，是指行政赔偿以执行职务的违法作为客观判断标准，不以主观价值判断——实施侵权行为的公务员是否有过错——作为国家承担赔偿责任的依据。行政赔偿实行违法归责原则优势明显，主要体现在：与《中华人民共和国宪法》《行政复议法》《行政诉讼法》的规定相协调，与法治原则、依法行政原则相一致；简单明了，易于接受，可操作性强；避免了行政相对人证明公务员主观过错的举证责任难度；有效区分了行政赔偿与行政补偿责任。②因此，只要赔偿请求人能够对行政行为造成的损害提供证据，如果行政机关无法证明自己的职务行为合法，就可能承担相应的赔偿责任。

关于违法的解释，有狭义说、广义说、最广义说之分：狭义说从依法行政的原理出发，认为违法就是指违反明文的成文法规；广义说认为违法是指行为欠缺客观上的正当性，不以成文法规为限，尚包括不成文法法源，如法律原则、判例等，但是不包含裁量行为的不当；最广义说的见解原则上与广义说相同，但是认为不当的裁量行为也属于欠缺客观上的正当性的行为，主要着眼于《国家赔偿法》以单纯的损害填补、公平负担损害为目的。③ 我国台湾地区学者通常认为不仅指违反法律或命令，举凡客观上欠缺正当性有背公序良俗者均属于违法，甚至包括违反行政机关内部规则，如违反机关内部工作的流程或时限等。④ 这也是对违法范围的解释作广义的理解。违法在我国赔偿理论中有两种不同的解释，一种解释认为"违法"应当是指国家机关及其工作人员行使职权作出的行为违反了法律、法规的明文性规定；另一种解释认为"违法"应当作广义的理解，即"违法"不仅包括实体法也包括程序法，既包括成文法也包括法的基本原则和精神，既包括积极的作为性违法

---

① 王名扬：《英国行政法》，北京大学出版社2017年版，第171页。
② 姜明安主编：《行政法与行政诉讼法》，北京大学出版社、高等教育出版社2007年版，第656—658页。
③ 翁岳生编：《行政法》下册，中国法制出版社2009年版，第1652—1653页。
④ 刘春堂：《国家赔偿法》，三民书局2001年版，第27—28页。

也包括消极的不作为违法,既包括法律行为违法也包括事实行为违法。① 总体来说,从保障赔偿请求人的权利并促进国家机关依法行使职权的角度看,对行政赔偿的违法性应作整体性的判断,这种判断不仅要发挥实定法的规范功能,而且要接受超越实定法的价值检验,因此,对"违法"作广义的理解更能保护赔偿请求人的合法权益。

(二) 行政赔偿违法性的判断标准

赔偿请求人无论是先向赔偿义务机关提出赔偿,还是在申请行政复议或者提起行政诉讼时一并提出赔偿,都必须由赔偿义务机关或者人民法院判断国家机关及其工作人员履行职务是否违法,只有违法,才能给予相应的赔偿。在行政赔偿中,判断是否违法就是要判断国家机关及其工作人员是否实施了职务违法行为,因此,得明确违法的标准。

关于违法的标准,有所谓的结果违法说与行为违法说。② 结果违法说认为,公权力行为所产生的结果系法规所不容许者,均属违法,并不论该行为本身是否有法规依据——只要有损害发生,即可推定该行为的不法性,结果违法性具有举证责任转换的效果;行为违法说则以公权力行为本身作为判断该行为是否违法的基础——该行为需违反一定的法律义务,包括违反具体的法律规定及一般的行政法原则,如比例原则、平等原则、诚信原则、公序良俗原则等。③ 事实上,基于法治国家维持秩序需要的法安定性原则,行政机关作出的行政行为,在没有被确认违法之前,原则上应当具有存续力(确定力)。也就是说,"如果承认行政行为亦属于社会的整体规范体系,出于维护人们对稳定秩序的依赖和需求,行政行为就应具备与实定法、司法判决同样的存续性"④。如果按照结果违法说,只要出现损害,就推定其违法,这样不仅不利于社会关系的稳定,而且使得行政效能低下,损害行政机关的公信力,对公共利益有重大影响。因此,行为违法说较具有可采性。

另外,在行政赔偿中,违法性的认定同时还需要结合职务行为。这是因为,如果行政机关工作人员行使的是与职权无关的个人行为,那么即使该行为违法,国家也不承担赔偿责任。如何认定国家机关及其工作人员是否履行

① 姜明安主编:《行政法与行政诉讼法》,北京大学出版社、高等教育出版社2007年版,第658页。
② 在刑事法领域中,也有类似的分类,如将违法性判断分为形式的违法与实质的违法。详细分析参见林山田:《刑法通论》,北京大学出版社2012年版,第192—195页。
③ 李惠宗:《行政法要义》,元照出版有限公司2007年版,第653—654页;翁岳生编:《行政法》下册,中国法制出版社2009年版,第1651—1652页。
④ 赵宏:《法治国下的行政行为存续力》,法律出版社2007年版,第3页。

了职务行为？通常有两种观点，第一是实质论——狭义说，认为执行职务必须是实质上所执行，或者欲执行的职务是法定职务，即执行职务的行为必须与执掌的公务始终表里如一，针对的是职务本身行为。第二是形式论——广义说，认为造成侵权的职务行为，只须以"形式"上认定就可以，即只需要在"外观上"及"社会一般观念或者认知上"认为在执行职务足矣，不必探查实质上该行政机关及工作人员是否在执行职务，换而言之，就是涉及执行遂行职务的手段行为或执行与职务内容有密切关联的行为也属于之，这包括国家机关工作人员在主观上认为自己在执行职务以及在外在观念上也认为其在执行勤务。① 国家赔偿立法目的是保障公民、法人和其他组织享有依法取得国家赔偿的权利，形式论应该更有利于保护赔偿请求人的权利。只要国家机关及其工作人员的行为属于社会一般观念执行职务的表现，我们就足以认定国家机关及其工作人员履行的是职务行为。

（三）行政赔偿违法性的类型

行政赔偿违法性的确认有两个关键点，一个是行为自身的违法性；另一个是该行为属于职务行为。以违背职务为标准，行政赔偿违法性可分为积极的违背职务、消极的违背职务——怠于执行职务、裁量行为违背职务。所谓的积极的违背职务是指公务员必须遵守各项与其职务有关的法规及法律原则，除不得违反与特定职务有关的各项个别规定外，也不得违背一般的职务义务，尤其不得有侵权行为，主要包括无法令依据的干涉行为、违背对第三人应执行的义务；消极的违背义务是指公务员对第三人有应作为的义务而不作为，或者未依限为之；裁量行为违背职务，则指逾越权限或者滥用权力实施违背职务义务的违法行为。② 但是裁量行为违背职务这个类型实际上可以并入积极的违背职务、消极的违背职务。因此，最佳的方式可以直接以行为为标准，分为行政作为违法与行政不作为违法。

"所谓行为，系指受意思支配、有意识之人的活动"③，在行政赔偿中，就是指国家机关及其工作人员履行职务的相关活动。无论是行政作为还是行政不作为违法，其本质都是违反了法定的职务义务。在行政赔偿中，该职务义务的履行，不仅是维护公共利益的需要，而且是保护行政相对人的需要。

---

① 陈新民：《中国行政法学原理》，中国政法大学出版社2002年版，第254—255页；翁岳生编：《行政法》下册，中国法制出版社2009年版，第1638—1639页。
② 陈敏：《行政法学总论》，新学林出版股份有限公司2005年版，第1118—1124页。
③ 王泽鉴：《侵权行为法》，北京大学出版社2009年版，第88页。

从比较法的角度观察，德国通过对违反第三人的应尽职务来判断行为的违法性：通常要求公务人员必须已经违反某个义务——公务人员违反产生于职务关系的对国家（所属行政主体Dienstherr）的义务（＝职务）；该职务针对受害人——关键在于是否及何种范围内保护受害人权益。① 因此，行政作为或者行政不作为的违法也可以以违反对第三人利益保护的职务义务作为判断的依据。

1. 行政作为违法。

在民法领域中，"作为指有所而为，可由外部认识之，如为人手术、出版刊物、与人通奸、驾车撞人、绑架孩童、制造毒奶使之流入市场等"②。同样，在行政法领域中，作为的含义大体也是如此，只不过行为的主体不同。按照职务义务之第三人关联（Drittbezogenheit der Amtsoflicht）理论，公务员所违背的职务，须在于保护第三人（人民）的利益，或除公共利益外，至少也有第三人的利益的存在。③ 赔偿请求人请求行政赔偿，除了有损害的事实外，还需要该损害事实的形成是由国家机关及其工作人员违法执行职务活动引起的。因此，所谓的行政作为违法，是指国家机关及其工作人员实施了违反对第三人利益保护的职务义务的侵害活动。

2. 行政不作为违法。

不作为指"有所不为，如见亲友遭绑架，坐视不报警；孩童溺水，不加援手等"④。在民法领域中，一般认为不作为构成侵权是建立在有作为义务的基础上的，此种义务有基于契约——因契约而负担作为义务而不为，有基于法律，还有基于公序良俗而有作为义务者等。⑤ 在行政法领域中，不作为也表现为消极的有所不为的形态——怠于履行职务。行政不作为构成违法也是建立在有作为义务的基础上的。此种作为义务可依法规规定内容及其解释、机关内部之行政规则，透过一般法律原则的运用、公序良俗或法理导出。⑥ 因此，所谓的行政不作为违法是指国家机关及其工作人员怠于履行对第三人利益保护的职务义务而侵犯了公民、法人和其他组织合法权益的情形。此种行政

---

① 〔德〕哈特穆特·毛雷尔著，高家伟译：《行政法学总论》，元照出版有限公司2002年版，第596—598页。
② 王泽鉴：《侵权行为法》，北京大学出版社2009年版，第89页。
③ 陈敏：《行政法学总论》，新学林出版股份有限公司2005年版，第1116—1117页。
④ 王泽鉴：《侵权行为法》，北京大学出版社2009年版，第89页。
⑤ 王泽鉴：《侵权行为法》，北京大学出版社2009年版，第92—93页。
⑥ 翁岳生编：《行政法》下册，中国法制出版社2009年版，第1661—1663页。

不作为违法有如下前提：国家机关及其工作人员怠于履行的职务，必须在于保护第三人利益，或者在达成公共利益外，也要至少为第三人的利益而存在；如果该职务只是维持公共利益或者行政内部秩序，人民因其执行而受有反射利益者，则其怠于执行尚不足以构成违法。① 换而言之，行政机关由实定法规范而产生的义务，并不一定由此推断出公民、法人和其他组织就拥有相应的权利。

如何判断国家机关及其工作人员怠于履行职务只是单纯地损害公共利益还是同时兼有侵犯公民、法人和其他组织的合法权益的问题？公法学者一般认为，应从法规的保障目的观察，即所谓保障规范说，又称保障目的说。该学说认为：只要有强行性法规的存在，使得国家或其他公法人等行政主体负有行为义务；该强行性法规不仅以实现公共利益为目的，而且更以保障个人利益为目的；依据该强行性法规，人民可以要求行政主体履行负担的义务来保护其合法权益。② 因此，从保护行政相对人的合法权益的角度看，判断国家机关及其工作人员怠于履行法定职务是反射利益还是涉及第三人的合法权益，主要看规定该职务的法规范：只要规定该职务的法规范兼有保护个人利益的目的，就可以推定行为涉及第三人的利益，该不履行职务行为的违法性成立。

第二节　精神损害赔偿范围的确立③

我国 2010 年修订的《国家赔偿法》第三十五条明确规定，"有本法第三条或者第十七条规定情形之一，致人精神损害的，应当在侵权行为影响的范围内，为受害人消除影响，恢复名誉，赔礼道歉；造成严重后果的，应当支付相应的精神损害抚慰金"。这表明我国在国家赔偿领域中正式确立了精神损害赔偿制度。其后，经过几年国家赔偿中精神损害赔偿案件的审理，最高人民法院在总结司法实践的基础上，于 2014 年 7 月 29 日公布了《最高人民法院关于人民法院赔偿委员会审理国家赔偿案件适用精神损害赔偿若干问题的意见》，使得国家赔偿领域中对精神损害赔偿案件的处理逐步完善。上述的努力，体现了国家尊重与保护人权的宪法理念，体现了法治的公平与正

---

① 陈敏：《行政法学总论》，新学林出版股份有限公司 2005 年版，第 1120—1122 页。
② 转引自林锡尧：《行政法要义》，三民书局 2000 年版，第 103 页。
③ 本文原载于《行政与法》2018 年第 2 期。

义,努力实现习近平所说的"努力让人民群众在每一个司法案件中都感受到公平正义"①。

一、精神损害赔偿范围的发展历程

精神损害赔偿制度在国家赔偿中的确立是一个历史的发展过程,即"任何变迁的过程必定是一种综合体,那就是:他过去的经验、他对目前形势的了解以及他对未来结果的期望"②。

（一）私法领域中精神损害赔偿制度之演进

精神损害赔偿制度的确立,在私法领域中,早在罗马法中就出现了。例如,在古罗马,如果行为人实施了"侵辱"这一私犯形式,则受害人可以运用裁判官法中的诉讼手段要求违法行为人支付固定金额的罚金,该支付的罚金款项通常并不意味着一般意义上的赔偿,而更多意味着对受害人的感情或尊严的抚慰。③ 与罗马法一脉相承的大陆法系,也规定了精神损害赔偿制度。例如,1907年瑞士民法第二十八条规定,当出现姓名权受侵害、违反婚约、离婚、确认生父之诉等情形时,受害人可以请求慰抚金④;德国民法第八百四十七条规定,"侵害身体或健康,或侵夺自由之情形,被害人对非财产上之损害,亦得请求赔偿相当之金额"⑤;法国民法典第一千三百八十二条规定,"任何行为致他人受损害时,因其过失致行为发生者,应该对他人负担赔偿之责任"⑥,这里的赔偿责任包括财产与非财产损害赔偿。我国在民法领域中,也规定了精神损害赔偿制度。《中华人民共和国侵权责任法》第二十二条就明确规定,"侵害他人人身权益,造成他人严重精神损害的,被侵权人可以请求精神损害赔偿"。《中华人民共和国民法总则》第一百七十九条及第一百八十五条也规定,"承担民事责任的方式主要有:……（八）赔偿损失；（九）支付违约金；（十）消除影响、恢复名誉；（十一）赔礼道歉。法律规定惩罚性赔偿的,依照其规定。本条规定的承担民事责任的方式,可以单独适用,也可以合并适用；侵害英雄烈士等的姓名、肖像、名誉、荣誉,损害社会公共利益的,应当承担民事责任"。

---

① 2013年2月23日习近平在十八届中央政治局第四次集体学习时明确提出上述观点。
② 费孝通:《江村经济——中国农民的生活》,商务印书馆2001年版,第21页。
③ [英]巴里·尼古拉斯著,黄风译:《罗马法概论》,法律出版社2000年版,第225—227页。
④ 王泽鉴:《民法学说与判例研究》第1册,中国政法大学出版社2005年版,第44—45页。
⑤ 王泽鉴:《民法学说与判例研究》第2册,中国政法大学出版社2005年版,第224页。
⑥ 郑正忠、朱一平、黄秋田译:《法国民法》,五南图书出版股份有限公司2002年版,第389页。

（二）公法领域中精神损害赔偿制度之变迁

与此相对应的是，在公法领域中，精神损害赔偿制度的确立，各个国家却不尽相同。

1. 英美法系中精神损害赔偿制度之演变。在英美法系中，没有所谓的公法与私法之分，国家赔偿适用于私人承担赔偿责任要件的要求。在英国，英王在行政上的赔偿责任是由 1947 年的王权诉讼法（The Crown Proceeding Act）所规定的，在这一法律实施之前，英王在法律上不负责任或只有英王同意以后才负责任，因为，在实体法上，封建时代有一个原则是国王不能为非（The King do no wrong），既然英王不能为非，英王也就不能授权英王的公仆实施侵权行为，一切侵权行为的责任只能由行为人自己负担。① 在 1947 年的王权诉讼法实施后，"王室就'像一个已到法律年龄和资格的个人一样'对民事侵权负有相同的责任"②，英国行政上赔偿责任的范围适用于私人赔偿责任的范围，私人有关精神损害赔偿的原则、范围、标准等也同等适用于行政上的赔偿。例如，在 Phelps v Hillingdon LBC（〔2001〕2 AC 619）案中，三名请求人出现了严重的教育困难，地方当局将他们交给一名教育心理学专家诊治，但该专家认为请求人不存在阅读障碍；三名请求人以该专家的误诊使得自己出现了教育无任何进展、被剥夺了社会关系、造成了精神损害为由提起诉讼，上议院予以支持。在 W v Essex CC（〔2000〕3 WLR 776）案中，上议院判决认为，此案属违法适用直接驳回起诉程序，受到被照顾儿童性虐待的未成年人及其父母有权起诉地方当局要求精神损害赔偿。③ 在美国，由于没有所谓的英王，其政府的侵权赔偿责任建立在放弃主权豁免原则的基础上。为此，国会于 1946 年制定了联邦侵权赔偿法（Federal Tort Claims Act）。该法对于由联邦官员执行职务的过失或违法的行为或不行为而产生的损害，几乎全都能适用，赔偿数额也不限制。④ 只不过，美国是联邦制国家，按照联邦侵权赔偿法的规定，关于财产损害、人身损害和死亡的具体内容和责任范围，由州法律决定。由于州法律各不相同，对于相同的损

---

① 王名扬：《英国行政法》，北京大学出版社 2007 年版，第 179—181 页。
② 〔英〕威廉·韦德著，徐炳、潘世强等译：《行政法》，中国大百科全书出版社 1997 年版，第 518 页。
③ 〔英〕彼得·莱兰、〔英〕戈登·安东尼著，杨伟东译：《英国行政法教科书》（第 5 版），北京大学出版社 2007 年版，第 573—574 页。
④ 王名扬：《美国行政法》，中国法制出版社 2005 年版，第 726—736 页。

害，可能国家赔偿的范围不一样①，但是，精神损害赔偿制度都包括在内。

2. 大陆法系中精神损害赔偿制度之演变。在大陆法系国家中，法国在1873年2月8日的布朗戈案件中，确认了国家赔偿责任与民法的关系是一种独立的制度，在法律没有规定时，国家的赔偿责任不适用私人赔偿责任的普通规则，而适用国家赔偿的特别规则。在早期，行政法院最初只对能以金钱计算的物质损害，判决行政主体赔偿。对精神损害，如对名誉、感情等的侵害，不能用金钱计算，行政主体不负赔偿责任。但是，自最高行政法院于1964年11月24日在公共工程部长诉Letisserand家属案件中，开始判决赔偿死者近亲感情上的损害。该判决认可，"对一个父亲来说，即便未遭受任何物质损害，儿子夭折带来的精神痛苦本身足以构成应予补偿的损害"②。自此以后，行政主体对包括物质损害与全部精神损害在内的一切损害，都负赔偿责任。③这些情况表明，法国国家赔偿的范围逐渐扩大，从单纯地赔偿物质损害发展到精神损害也给予相应的赔偿。

德国关于职务责任请求的最大特色是由普通民事法院作为管辖法院。德国1981年制定的国家责任法因违反宪法而无效，因此，目前针对国家赔偿责任的法规范依据主要是德国民法典第八百三十九条和基本法第三十四条。在公法行为领域，国家责任的基础以及由此产生的技术意义上的请求权基础是《民法典》第八百三十九条，按照该条的规定，对于作出行为的官员，由雇佣团体为之承担责任。④"德国的国家责任法与中国的国家赔偿法的一个基本区别是：国家责任法所针对的不仅仅包含了'国家的不法（hoheitliches Unrecht oder staatliches Unrecht）'行为在内，而且还包括国家合法的公法行为在内。"⑤ 也就是说，在德国，国家赔偿与补偿的区别并不大，只是承担责任的要件、范围、原则、内容等方面有所差异。例如，针对非财产权利的侵害，有所谓的牺牲责任（Aufopferung）——特别牺牲请求权给予补偿，限于对那些可用金钱计算的损害给予赔偿，不包括对非物质性（非金钱）的损害——心理痛苦给以赔偿，即民法典第八百四十七条规定的支付抚慰金在

---

① 王名扬：《美国行政法》，中国法制出版社2005年版，第767—768页。
② 〔法〕让·里韦罗、〔法〕让·瓦利纳著，鲁仁译：《法国行政法》，商务印书馆2008年版，第601页。
③ 王名扬：《法国行政法》，北京大学出版社2007年版，第563—567页。
④ 〔德〕埃贝哈德·施密特-阿斯曼等著，于安等译：《德国行政法读本》，高等教育出版社2006年版，第356—357页。
⑤ 刘飞：《德国公法权利救济制度》，北京大学出版社2009年版，第127页。

这里并不适用。① 不过，德国立法机关还是对非物质性损害提供了公平补偿，如《联邦国界保护法》第五十二条第二款。② 特别是在警察法和秩序法上的违法赔偿责任，在特定条件下，在造成身体伤害时，给付精神赔偿。③ 需要注意的是，在职务责任请求权中，赔偿请求人在健康、人格或类似的权利受到损害时，按照民法典第八百三十九条向民事法院提起诉讼，请求权内容包括了对损害的弥补和赔偿金。④ 这里的弥补和赔偿金就包括了精神损害赔偿。也就是说，这里的赔偿请求权包括了民法典第八百四十七条规定的针对非物质损害的抚慰金，这尤其适用于错误的官方声明侵害一般人格权的情况⑤，即有关国家赔偿中精神损害赔偿的内容适用于德国民法典。

在亚洲，日本的国家赔偿法主要包括因公权力的行使造成损害的赔偿与因公共营造物设置管理的瑕疵造成损害的赔偿，其中因公权力的行使造成损害的赔偿的"损害"含财产性损害与精神性损害。⑥ 按照日本国家赔偿法第四条、第五条的规定，关于国家赔偿责任，只要国家赔偿法及其他法律没有特别规定的，就适用民法，例如，日本民法第七百一十条（对精神性损害的慰问费）、第七百一十一条（对生命侵害的慰问费），都可以适用于国家赔偿法。⑦ 韩国国家赔偿法也分为由公务员的违法职务行为引起的损害赔偿以及由营造物的设置、管理上的瑕疵引起的损害赔偿，在赔偿责任上，已对所有损害规定了赔偿标准，这当然也包括了精神损害赔偿。⑧

3. 我国国家赔偿中精神损害赔偿的发展。与上述国家相比较，我国《国家赔偿法》的最大特色是在行政赔偿与刑事赔偿的范围内，明确规定，只要行政机关及其工作人员，行使侦查、检察、审判职权的机关及看守所、监狱

---

① 〔印度〕M.P.赛夫著，周伟译：《德国行政法——普通法的分析》，山东人民出版社2006年版，第264—266页。
② 〔德〕哈特穆特·毛雷尔著，高家伟译：《行政法学总论》，元照出版有限公司2002年版，第701页。
③ 〔德〕哈特穆特·毛雷尔著，高家伟译：《行政法学总论》，元照出版有限公司2002年版，第680页。
④ 刘飞：《德国公法权利救济制度》，北京大学出版社2009年版，第148页。
⑤ 〔德〕汉斯·J.沃尔夫、〔德〕奥托·巴霍夫、〔德〕罗尔斯·施托贝尔著，高家伟译：《行政法》第2卷，商务印书馆2002年版，第373页。
⑥ 〔日〕南博方著，杨建顺译：《行政法》第6版，中国人民大学出版社2009年版，第144—149页；〔日〕滕田宇宙靖著，杨桐译：《日本行政法入门》，中国法制出版社2012年版，第178—195页。
⑦ 〔日〕盐野宏著，杨建顺译：《行政救济法》，北京大学出版社2008年版，第239页。
⑧ 〔韩〕金东熙著，赵峰译：《行政法Ⅰ》，中国人民大学出版社2008年版，第376—392页。

管理机关及其工作人员侵犯了人身权,如果造成人精神损害有严重后果的,就应当支付相应的精神损害抚慰金。

总而言之,我国《国家赔偿法》对精神损害赔偿范围的确立,"吸收了多年来理论及实践探索与发展的成果,在责任范围和责任方式等方面对精神损害赔偿进行了完善和发展,有效提升了对公民人身权益的保护水平"①。

二、国家赔偿中精神损害赔偿确立的相关内容

党的十八届四中全会明确提出,实现建设中国特色社会主义法治体系,建设社会主义法治国家总目标,要坚持从中国实际出发,即必须从我国基本国情出发,同改革开放不断深化相适应,总结和运用党领导人民实行法治的成功经验,围绕社会主义法治建设重大理论和实践问题……汲取中华法律文化精华,借鉴国外法治有益经验,但决不照搬外国法治理念和模式。《中华人民共和国立法法》第六条也规定,立法应当从实际出发,适应经济社会发展和全面深化改革的要求,科学合理地规定公民、法人和其他组织的权利与义务,国家机关的权力与责任。我国《国家赔偿法》就是在总结国家赔偿工作中成败得失的经验基础上,吸收借鉴了其他国家、地区关于精神损害赔偿有益的制度、原理、理论,确立了具有中国特色的精神损害赔偿制度。

(一)精神损害赔偿的概念界定

损害,简单来说,是指权利或法益遭受侵害所生之损失,通常可分为财产上的损害和非财产上的损害;非财产上的损害系等于精神上的痛苦,其基本特点在于没有价额可以计算,不仅包括精神上的痛苦而且包括肉体上的痛苦。②在英美侵权法中,"精神损害"这一术语包括范围广泛的心理伤害,具体而言,包括:意外事件发生时的害怕和震惊(如汽车沿着山路歪斜地直奔原告驶来);(由于与众不同的外貌或残疾等而被)羞辱;由不能继续往常的工作、生活等引起的沮丧和不愉快;对未来的忧虑(如可能出现的生理缺陷或癌症);愤怒(如因生活不公平而自问"为什么倒霉事偏偏发生在我身上")。法律上认为,上述精神损害事实上对人们的生活品质产生不利影响,应当得到赔偿。③也就

---

① 《最高人民法院关于人民法院赔偿委员会审理国家赔偿案件适用精神损害赔偿若干问题的意见》,2014年7月29日。
② 王泽鉴:《民法学说与判例研究》第2册,中国政法大学出版社2005年版,第212—213页。
③ 〔美〕文森特·R.约翰逊著,赵秀文、杨智杰译:《英美侵权法》,五南图书出版股份有限公司2006年版,第29—30页。

是说，精神损害实质上就是行为人自身遭受的心理伤害，这种心理伤害是无法单纯地用金钱来衡量的。

精神损害，通常指人的心灵上受到痛苦（mental distress）、心理上受到折磨所生的损失。这种在人的精神上造成的伤害，就是非财产上的损害，不能用经济价值来计算。在我国民法领域中，"精神损害赔偿是以残疾赔偿金、死亡赔偿金、精神抚慰金的形式赔偿受害人精神上的损害"①。实际上，在现行实定法中，精神损害赔偿必须以法律明文规定为前提，即非财产上的损害赔偿具有法定性。因此，在国家赔偿领域中，我国精神损害赔偿概念可以界定为：国家机关及其工作人员侵犯了受害人的人身权，造成了受害人精神上的痛苦且产生了严重的后果，对此，受害人有取得相应赔偿的权利。

（二）精神损害赔偿的范围

就私法中精神损害赔偿的范围，从比较法的视野观察，我们会发现各国对精神损害赔偿的范围有不同程度的限制。例如，德国民法第二百五十三条规定，非财产上的损害，以法律有规定者为限，得请求赔偿相当金额；瑞士民法第二十八条规定，关于非财产的损害，仅于法律设有规定时，始得请求。我国台湾地区规定，人格权受损害时，以法律有特别规定者为限，得请求抚慰金，主要包括生命权、健康权、名誉权、自由权、信用权、隐私权、贞操权、其他人格法益等。② 在我国民法领域中，精神损害的赔偿范围也有法律限制，主要适用于自然人的人格权利、隐私权与人格利益、亲子关系或者近亲属间的亲属关系、婚姻关系等受到了不法侵害且产生了严重后果的情形。具体内容包括：不法侵害生命权、健康权、身体权、姓名权、肖像权、名誉权、荣誉权、人格尊严权、人身自由权；违反社会公共利益、社会公德，侵害他人隐私或者其他人格利益；非法使被监护人脱离监护，导致亲子关系或者近亲属间的亲属关系遭受严重损害；以侮辱、诽谤、贬损、丑化或者违反社会公共利益、社会公德的其他方式，侵害死者姓名、肖像、名誉、荣誉；非法披露、利用死者隐私，或者以违反社会公共利益、社会公德的其他方式侵害死者隐私；非法利用、损害遗体、遗骨，或者以违反社会公共利益、社会公德的其他方式侵害遗体、遗骨；具有人格象征意义的特定纪念物品，因侵权行为而永久性灭失或者毁损；一方实施重婚、有配偶者与他人同

---

① 王利明：《民法》，中国人民大学出版社2008年版，第698页。
② 王泽鉴：《民法学说与判例研究》第2册，中国政法大学出版社2005年版，第215页；王泽鉴：《侵权行为法》，北京大学出版社2009年版，第98—101页。

居、实施家庭暴力、虐待或遗弃家庭成员等行为导致离婚；等等。① 并且，"法人或者其他组织以人格权利遭受侵害为由，向人民法院起诉请求赔偿精神损害的，人民法院不予受理"②。赔偿请求人能够提起精神损害赔偿，必须有实定法及司法解释上的明确依据，即只有侵害的权利属于实定法及司法解释规定的范围，才得以主张精神损害抚慰金。

在公法领域中，精神损害赔偿的范围也是建立在法律规定的赔偿范围内的，超出法定范围的，国家不予给付精神损害抚慰金。根据我国《国家赔偿法》的相关规定，国家赔偿中的精神损害赔偿范围分为行政赔偿中精神损害赔偿范围与刑事赔偿中精神损害赔偿范围。

第一，行政赔偿中精神损害赔偿范围主要包括：违法拘留或者违法采取限制公民人身自由的行政强制措施的；非法拘禁或者以其他方法非法剥夺公民人身自由的；以殴打、虐待等行为或者唆使、放纵他人以殴打、虐待等行为造成公民身体伤害或者死亡的；违法使用武器、警械造成公民身体伤害或者死亡的；造成公民身体伤害或者死亡的其他违法行为。

第二，刑事赔偿中精神损害赔偿范围主要包括：违反刑事诉讼法的规定对公民采取拘留措施的，或者依照刑事诉讼法规定的条件和程序对公民采取拘留措施，但是拘留时间超过刑事诉讼法规定的时限，其后决定撤销案件、不起诉或者判决宣告无罪终止追究刑事责任的；对公民采取逮捕措施后，决定撤销案件、不起诉或者判决宣告无罪终止追究刑事责任的；依照审判监督程序再审改判无罪，原判刑罚已经执行的；刑讯逼供或者以殴打、虐待等行为或者唆使、放纵他人以殴打、虐待等行为造成公民身体伤害或者死亡的；违法使用武器、警械造成公民身体伤害或者死亡的；人民法院在民事诉讼、行政诉讼过程中，违法采取对妨害诉讼的强制措施、保全措施或者对判决、裁定及其他生效法律文书执行错误，造成损害的。

---

① 参见《最高人民法院关于确定民事侵权精神损害赔偿责任若干问题的解释》第一、二、三、四条。我国婚姻法第四十六条：有下列情形之一，导致离婚的，无过错方有权请求损害赔偿：（一）重婚的；（二）有配偶者与他人同居的；（三）实施家庭暴力的；（四）虐待、遗弃家庭成员的。《婚姻法》司法解释一第二十八条：婚姻法第四十六条规定的"损害赔偿"，包括物质损害赔偿和精神损害赔偿。涉及精神损害赔偿的，适用最高人民法院《关于确定民事侵权精神损害赔偿责任若干问题的解释》的有关规定。

② 《最高人民法院关于确定民事侵权精神损害赔偿责任若干问题的解释》第五条。

另外，还值得注意的是，从实定法的角度看，我国国家赔偿与民事侵权精神损害赔偿范围最大的区别，就是国家赔偿的精神损害抚慰金范围远小于民事侵权精神损害抚慰金范围。按照《最高人民法院关于确定民事侵权精神损害赔偿责任若干问题的解释》第九条的规定，"精神损害抚慰金包括以下方式：（一）致人残疾的，为残疾赔偿金；（二）致人死亡的，为死亡赔偿金；（三）其他损害情形的精神抚慰金"。《国家赔偿法》第三十四条明确指出，只有致人精神损害且造成严重后果的，应当支付相应的精神损害抚慰金，这里的精神损害抚慰金是否包括残疾赔偿金、死亡赔偿金，值得讨论。笔者认为从文义解释看，《国家赔偿法》第三十四条指的是国家机关及其工作人员侵害了受害人的人身权，使得受害人精神损害且造成严重后果，国家才给予精神损害抚慰金，该抚慰金只是针对受害人精神损害的补偿，在这里不包括残疾赔偿金、死亡赔偿金。因为，按照《国家赔偿法》第三十三条、第三十四条的规定①，侵犯公民人身自由、生命健康权的，国家给予赔偿金。实际上，这里的赔偿金是针对公民的直接财产损失而计算的，并不是以对公民的精神损害——非财产损失为计算依据的。

（三）精神损害赔偿适用的原则

按照《国家赔偿法》《最高人民法院关于人民法院赔偿委员会审理国家赔偿案件适用精神损害赔偿若干问题的意见》②等法律、司法解释的规定，我国国家赔偿中精神损害赔偿适用的原则是：依法赔偿原则、综合裁量原则、合理平衡原则。

1. 依法赔偿原则。所谓的依法赔偿原则，是指严格依照国家赔偿法的规

---

① 参见《国家赔偿法》第三十三条：侵犯公民人身自由的，每日赔偿金按照国家上年度职工日平均工资计算；第三十四条：侵犯公民生命健康权的，赔偿金按照下列规定计算：（一）造成身体伤害的，应当支付医疗费、护理费，以及赔偿因误工减少的收入。减少的收入每日的赔偿金按照国家上年度职工日平均工资计算，最高额为国家上年度职工年平均工资的五倍；（二）造成部分或者全部丧失劳动能力的，应当支付医疗费、护理费、残疾生活辅助具费、康复费等因残疾而增加的必要支出和继续治疗所必需的费用，以及残疾赔偿金。残疾赔偿金根据丧失劳动能力的程度，按照国家规定的伤残等级确定，最高不超过国家上年度职工年平均工资的二十倍。造成全部丧失劳动能力的，对其扶养的无劳动能力的人，还应当支付生活费；（三）造成死亡的，应当支付死亡赔偿金、丧葬费，总额为国家上年度职工年平均工资的二十倍。对死者生前扶养的无劳动能力的人，还应当支付生活费。前款第二项、第三项规定的生活费的发放标准，参照当地最低生活保障标准执行。被扶养的人是未成年人的，生活费给付至十八周岁止；其他无劳动能力的人，生活费给付至死亡时止。
② 参见《最高人民法院关于人民法院赔偿委员会审理国家赔偿案件适用精神损害赔偿若干问题的意见》中提到的第二点，即"严格遵循精神损害赔偿的适用原则"。

定，不得扩大或者缩小精神损害赔偿的适用范围，不得增加或者减少其适用条件，即赔偿法定。也就是说，只有符合《国家赔偿法》第三条、第三十八条规定的涉及侵犯人身权范围的国家赔偿案件以及人民法院办理涉及侵犯人身权的自赔案件，造成严重后果的，才可以对受害人适用精神损害赔偿条款。国家赔偿中精神损害赔偿适用依法赔偿原则，主要原因有：精神损害作为非财产损害，涉及被害人的主观感情，其范围如何，客观上难以判断，故选择重要损害类型加以规定，否则被害人动辄请求金钱赔偿，加害人诚有不堪负担之虞；对个人而言，其利害关系不若财产上损害严重，纵不予金钱赔偿，也被认为无大碍；广泛承诺抚慰金，难免会贬低人格价值，使其趋于商业化。①

2. 综合裁量原则。综合裁量原则，是指综合考虑个案中侵权行为的致害情况，侵权机关及其工作人员的违法、过错程度等相关因素，准确认定精神损害赔偿责任。在民事领域中，精神损害赔偿责任的认定也是适用综合裁量原则的。例如，在美国，故意或者重大过失致人精神损害赔偿之诉（intentional or reckless inflicton of severe emotional distress）中，原告就减少精神安宁要求赔偿，首先要考量的是原告诉讼请求的真实性，而原告的精神活动外在表现因素有多种形式，其中被告行为的恶劣程度决定了原告精神损害的真实性，因为只有"极端和无法容忍的"（extreme and outrageous）行为才能成为这类诉讼的依据和理由。② 与此相对应的是，在国家赔偿中，认定精神损害赔偿责任，也需要综合考虑多种因素：一是在个案中，国家机关及其工作人员侵犯受害人的人身权，给受害人造成伤害的具体情形，比如，是造成了身体伤害还是死亡，身体伤害有无导致劳动能力丧失等；二是国家机关及其工作人员主观是故意还是过失，实施的违法行为是否是与行使职权无关的个人行为等；三是受害人自己有无过错，是否是自己的行为致使损害发生，如自己故意作虚伪供述，或者伪造其他有罪证据而导致自己被羁押或者被判处刑罚；四是其他与确定精神损害赔偿责任相关的因素。

3. 合理平衡原则。合理平衡原则，是指坚持同等情况同等对待，不同情况区别处理，适当考虑个案及地区差异，兼顾社会发展整体水平和当地居民

---

① 王泽鉴：《民法学说与判例研究》第 2 册，中国政法大学出版社 2005 年版，第 216—217 页。
② 〔美〕文森特·R. 约翰逊著，赵秀文、杨智杰译：《英美侵权法》，五南图书出版股份有限公司 2006 年版，第 198 页。

生活水平。由于我国是"全国各族人民共同缔造的统一的多民族国家"①，地区发展不平衡，各地方的财政经济状况各不相同，"不可能一把尺子量百样衣"，因此，在国家赔偿中适用精神损害赔偿制度，必须坚持一切从实际出发，实事求是，考虑个案及不同地区的合理差异，作出既遵循国家法治统一的大政方针又符合当地具体省情、市情、县情的精神损害赔偿的方式。

（四）精神损害赔偿成立的前提条件和构成要件

1. 精神损害赔偿成立的前提条件。我国国家赔偿中，精神损害赔偿适用的原则之一就是依法赔偿原则。根据《国家赔偿法》第三条、第十七条、第三十五条的规定，我们可以得出精神损害赔偿成立的前提要件是以公民的人身权益遭受侵犯为前提条件。这里的人身权益主要包括人身自由权、生命健康权等，至于姓名权、肖像权、名誉权、荣誉权、人格尊严权、隐私权等如果要想主张精神损害赔偿，必须建立在人身自由权、生命健康权受到伤害的基础之上，单纯的姓名权、肖像权、名誉权、荣誉权、人格尊严权、隐私权等是无法获得救济的，即精神损害赔偿必须附随人身权遭受损害。那么，我国国家赔偿中精神损害赔偿成立的前提条件认定的范围能否适用民法领域中确立精神损害赔偿的范围？例如，公民的隐私权遭受国家机关及其工作人员的非法侵害，能否主张精神损害赔偿？

从目前的实定法来观察，在我国国家赔偿制度中是不能适用的。但是，如果从应然的角度——保护受害人的合法权益来看，可以类推适用民法的类似规定。②笔者认为从我国的司法实践中来探究，最佳的方式是在《国家赔偿法》的再次修改中或者通过最高人民法院的司法解释来逐步扩充精神损害赔偿成立的前提条件，即对公民的人身权益作扩大解释，不仅包括人身自由权、生命健康权等，而且包括姓名权、肖像权、名誉权、荣誉权、人格尊严权、隐私权等具体的人格权利及一般人格权。另外，从比较法的角度看，在英美法系中，精神损害请求在早期被认为不能独立提出，而必须附属于身体损害请求，因为精神上的损害不易客观证明，只有受害人受有身体上的实质损害时才可以附随提出精神损害赔偿请求。但是，近年来，美国法院逐渐放宽了对单独以精神痛苦提起诉讼者的态度。例如，美国法律整编侵权行为法

---

① 1982年《中华人民共和国宪法》序言。
② 规范与现实、应然与实然、当为（sollen）与存在（sein）是有冲突的，关键问题是到底是规范让位于现实，还是规范引领现实。详细分析参见杨日然：《法理学》，三民书局股份有限公司2005年版，第64—69页。

第二版第四十六条规定，只要行为人以法律所不允许的方式意图造成被害人精神上严重恐惧且确实造成了精神上或实体上的实质损害，受害人即可请求损害赔偿。此种转变出现的原因是：法院承认免于遭受心灵上的干扰已经充分形成值得法律保护的法益；故意以违反善良风俗的方式造成他人心灵上的伤害，是一种法律应加以惩罚的侵权行为；就损害结果而言，有时心灵上的痛苦比身体上的损害还严重，更应该设法加以保护；就社会效用的经济分析来看，故意造成他人精神损害的行为不具有社会价值，基本上是一种反社会行为，应当加以制止；故意造成他人精神损害的行为，找不到任何值得加以保护的理由。①

2. 精神损害赔偿成立的构成要件。一般而言，精神损害赔偿成立的构成要件与通常侵权行为构成要件基本上相同，即行为（作为或不作为）、侵害他人的权利（人身权益）、造成一定的损害（非财产损害）、行为与损害之间有因果关系（通说：相当因果关系）。② 在美国，关于精神损害赔偿案件表面证据的要件包括：故意或重大过失引起精神上的损害；极端的和伤害性的行为；因果关系；造成巨大的精神损害。③ 这与我国《侵权责任法》关于认定成立精神损害赔偿的构成要件内容大致相同。按照我国《侵权责任法》第二十二条的规定，"侵害他人人身权益，造成他人严重精神损害的，被侵权人可以请求精神损害赔偿"。该条指出构成精神损害赔偿的核心要件，包括两个方面：第一，侵害人身权益；第二，严重的精神损害。

国家赔偿在我国虽然是属于公法范畴，但是实质上，《国家赔偿法》与《侵权责任法》之间的关系可以说是特别法与普通法的关系，《国家赔偿法》没有规定的，就可以参照民法领域中的《侵权责任法》及相关的司法解释。④ 例如，按照《最高人民法院关于确定民事侵权精神损害赔偿责任若干问题的解释》第五条的规定，"法人或者其他组织以人格权利遭受侵害为由，向人

---

① 林超骏、潘维大、成永裕等：《英美法常用名词解析》第1册，新学林出版股份有限公司2008年版，第76—77页。
② 王泽鉴：《侵权行为法》，北京大学出版社2009年版，第87—88页。
③ 〔美〕文森特·R.约翰逊著，赵秀文、杨智杰译：《英美侵权法》，五南图书出版股份有限公司2006年版，第30—31页。
④ 对于行政法是否可以类推适用（analogie）民法的规定，早期奥拓·迈耶持反对态度。但是，因为事实上的需要，多数行政法学者均持肯定态度。对于私法规范在行政法中的补充适用，通常有两种方式：直接适用；类推适用。详细分析参见〔德〕哈特穆特·毛雷尔著，高家伟译：《行政法学总论》，元照出版公司2002年版，第49—51页；吴庚：《行政法之理论与实用》（增订八版），中国人民大学出版社2005年版，第23—25页。

民法院起诉请求赔偿精神损害的，人民法院不予受理"。该条表明法人或者其他组织在民事侵权中，不享有精神损害赔偿请求权，这同样适用于国家赔偿领域。因此，我国国家赔偿中精神损害赔偿成立的责任构成要件包括：行使侦查、检察、审判职权的机关以及看守所、监狱管理机关及其工作人员在行使职权时有《国家赔偿法》第十七条规定的侵权行为；侵害公民的人身权益；致人精神损害；侵权行为与精神损害事实及后果之间存在因果关系。在司法实践中，人民法院赔偿委员会适用精神损害赔偿条款，应当严格依法认定侵权行为是否"致人精神损害"及是否"造成严重后果"：依法认定侵权行为是否致人精神损害以及是否造成严重后果，一般情形下，应当综合考虑受害人人身自由、生命健康受到侵害的情况，精神受损情况，日常生活、工作学习、家庭关系、社会评价受到影响的情况，并考量社会伦理道德、日常生活经验等因素；受害人因侵权行为而死亡、残疾（含精神残疾）或者所受伤害经有合法资质的机构鉴定为重伤或者诊断、鉴定为严重精神障碍的，人民法院赔偿委员会应当认定侵权行为致人精神损害并且造成严重后果。①

（五）精神损害赔偿的责任方式

精神损害赔偿的责任方式，在公法与私法领域中，大体上相同②，都以侵权造成精神损害是否有严重后果为标准，分成两种责任方式：一是停止侵害、恢复名誉、消除影响、赔礼道歉；二是给付精神损害抚慰金。

在民事侵权中，侵权致人精神损害，未造成严重后果的，法院可以根据情形判令侵权人停止侵害、恢复名誉、消除影响、赔礼道歉，但是原则上不支持判决侵权人给付精神损害抚慰金；造成严重后果的，人民法院除判令侵权人承担停止侵害、恢复名誉、消除影响、赔礼道歉等民事责任外，可以根据受害人一方的请求判令侵权人赔偿相应的精神损害抚慰金③，即有无严重

---

① 参见《最高人民法院关于人民法院赔偿委员会审理国家赔偿案件适用精神损害赔偿若干问题的意见》中提到的第四点，即"依法认定'致人精神损害'和'造成严重后果'"。
② 通过对《民法总则》第一百七十九条、《侵权责任法》第十五、《国家赔偿法》第三十二条规定的比较，我们可以看出，总体来说，民事侵权行为的赔偿方式是以恢复原状为原则，而国家赔偿的赔偿方式是以金钱赔偿为原则，以返还财产或者恢复原状为例外。这是因为，国家机关及其工作人员行使职权是为了公共利益，金钱赔偿快捷且便于履行，不至于因恢复原状使得行政主体畏难而不敢履行职责；且恢复原状，既浪费大量的人力、财力、物力，不合经济之道，还可能影响赔偿义务机关的正常的职务履行以及导致行政效率低下。详细分析参见吴庚：《行政法之理论与实用》（增订八版），中国人民大学出版社 2005 年版，第 34 页；刘春堂：《国家赔偿法》，三民书局 2001 年版，第 66—67 页。
③ 参见《最高人民法院关于确定民事侵权精神损害赔偿责任若干问题的解释》第八条。

后果，是侵权人是否给付精神损害抚慰金的标准。

在国家赔偿领域中，同样也是如此。以侵权行为致人精神损害有无造成严重后果为标准，未造成严重后果的，人民法院赔偿委员会应当根据案件具体情况决定由赔偿义务机关为受害人消除影响、恢复名誉或者向其赔礼道歉；造成严重后果的，人民法院赔偿委员会除依照前述规定决定由赔偿义务机关为受害人消除影响、恢复名誉或者向其赔礼道歉外，还应当决定由赔偿义务机关支付相应的精神损害抚慰金。①也就是说，有无严重后果是决定赔偿义务机关是否支付精神损害抚慰金的标准。

1. 责任方式之一：适用消除影响，恢复名誉，赔礼道歉。在司法实践中，人民法院赔偿委员会要注意，"消除影响、恢复名誉"与"赔礼道歉"作为非财产责任方式，既可以单独适用，也可以合并适用。其中，消除影响、恢复名誉应当公开进行。

人民法院赔偿委员会可以根据赔偿义务机关与赔偿请求人协商的情况，或者根据侵权行为直接影响所及、受害人住所地和经常居住地等因素确定履行范围，决定由赔偿义务机关以适当方式公开为受害人消除影响、恢复名誉。人民法院赔偿委员会决定由赔偿义务机关公开赔礼道歉的，参照前述规定执行。

赔偿义务机关在案件审理终结前已经履行消除影响、恢复名誉或者赔礼道歉义务，人民法院赔偿委员会可以在国家赔偿决定书中予以说明，而不再写入决定主文。人民法院赔偿委员会决定由赔偿义务机关为受害人消除影响、恢复名誉或者向其赔礼道歉的，赔偿义务机关应当自收到人民法院赔偿委员会国家赔偿决定书之日起30日内主动履行消除影响、恢复名誉或者赔礼道歉义务。赔偿义务机关逾期未履行的，赔偿请求人可以向作出生效国家赔偿决定的赔偿委员会所在法院申请强制执行。强制执行产生的费用由赔偿义务机关负担。②

2. 责任方式之二：支付精神损害抚慰金。由于无论是在国家赔偿领域还是在民事侵权领域，精神损害抚慰金都是"一种特殊损害赔偿，兼具二种功能：一为填补损害，一为慰抚被害人因法益遭受侵害所受之痛苦"③，但

---

① 参见《最高人民法院关于人民法院赔偿委员会审理国家赔偿案件适用精神损害赔偿若干问题的意见》中提到的第五点，即"妥善处理两种责任方式的内在关系"。
② 参见《最高人民法院关于人民法院赔偿委员会审理国家赔偿案件适用精神损害赔偿若干问题的意见》中提到的第六点，即"正确适用'消除影响，恢复名誉，赔礼道歉'责任方式"。
③ 王泽鉴：《民法学说与判例研究》第2册，中国政法大学出版社2005年版，第222页。

是，还是有一定的区别，主要体现为在支付精神损害抚慰金的数额上有差别。

在民事侵权领域中，精神损害的赔偿数额根据以下因素确定：侵权人的过错程度，法律另有规定的除外；侵害的手段、场合、行为方式等具体情节；侵权行为造成的后果；侵权人的获利情况；侵权人承担责任的经济能力；受诉法院所在地平均生活水平；法律、行政法规对残疾赔偿金、死亡赔偿金等有明确规定的，适用法律、行政法规的规定。① 也就是说，民事侵权中精神损害赔偿的数额没有明确的上限与下限，是由法官在具体个案中运用司法裁量权对影响精神损害的因素进行分析、判断、权衡，得出的精神损害抚慰金的数额。②

在国家赔偿领域，应当综合考虑以下因素确定精神损害抚慰金的具体数额：精神损害事实和严重后果的具体情况；侵权机关及其工作人员的违法、过错程度；侵权的手段、方式等具体情节；罪名、刑罚的轻重；纠错的环节及过程；赔偿请求人住所地或者经常居住地平均生活水平；赔偿义务机关所在地平均生活水平；其他应当考虑的因素。同时，为了防止精神损害赔偿的数额计算差距过大，解决所谓的"同命不同价"问题③，需要使精神损害抚慰金计算尽量客观化；原则上不超过依照《国家赔偿法》第三十三条、第三十四条所确定的人身自由赔偿金、生命健康赔偿金总额的百分之三十五，最低不少于一千元，即有上限和下限之分。④

---

① 参见《最高人民法院关于确定民事侵权精神损害赔偿责任若干问题的解释》第十条。
② 为了控制法官司法裁量权，尽量避免法官个人主观价值判断介入其间，在德国，有学者建议考虑慰抚金表格化，依一定的标准，决定慰抚金的数额；日本关于交通事故的人身损害，学者也提倡慰抚金（慰谢科）的定额化。关于慰抚金算定之客观化的分析，可参见王泽鉴：《民法学说与判例研究》第 2 册，中国政法大学出版社 2005 年版，第 234—235 页。
③ 例如，2013 年，浙江张氏叔侄冤案，张氏叔侄在获得 131 万元人身自由赔偿金的同时，还获得了高达 90 万元的精神损害抚慰金；同一年，河北赵艳锦蒙冤入狱 10 年，获得的精神损害抚慰金是 10 万元；2014 年，湖南省耒阳市 65 岁的伍毅喜经历了 10 个月的牢狱后，获得精神损害抚慰金 3000 元。
④ 参见《最高人民法院关于人民法院赔偿委员会审理国家赔偿案件适用精神损害赔偿若干问题的意见》中提到的第七点，即"综合酌定'精神损害抚慰金'的具体数额"。韩国的国家赔偿法对损害赔偿额有所谓的基准额说和限定额说：基准额说就是指损害赔偿标准是单纯的基础，可依据具体的案件增减赔偿金额；限定额说是指规定了损害赔偿金的上限的限制规定。我国精神损害抚慰金的具体数额的确定可以说结合了基准额说和限定额说，只不过是对最低额进行限制。有关损害赔偿额的基准额说和限定额说具体分析，参见〔韩〕金东熙著，赵峰译：《行政法Ⅰ》，北京大学出版社 2008 年版，第 385—386 页。

第三节　公私协力所生之国家赔偿责任[1]

现代国家的理念充满了积极进取的精神，传统"夜警"式的维持秩序的行政已经满足不了当代的需要，因此，行政权的运行不但要维持秩序、维护公共安全、保护公共利益，更重要的在于通过多种手段促进人的自由的全面发展。但是，现代社会行政任务日趋复杂，社会关系交织繁复，特别是大量不可预测风险出现，而风险的出现往往意味着危险，"危险的一次证实就将意味着无可挽回的自我毁灭，而这就是积极地将预期中的威胁转化为具体的威胁的理由"[2]，所有这一切挑战单凭国家公权力已经难以因应，需要全社会以至每个人都来参与。因此，行政权的运作往往需要私人的配合与协助，方能完成行政任务，达成行政目标。行政权与私人配合、协作以期实现行政目的，被称为"公私协力"（public private partnerships）。在公私协力的情况下，行政机关与私人违法行使职权侵犯公民、法人和其他组织合法权益并造成损害的，应当如何认定国家赔偿责任，值得细致分析，深入探讨。

一、公私协力所生国家赔偿责任的概念

党的十八届四中全会明确提出："坚持人民主体地位。人民是依法治国的主体和力量源泉，人民代表大会制度是保证人民当家作主的根本政治制度。必须坚持法治建设为了人民、依靠人民、造福人民、保护人民，以保障人民根本权益为出发点和落脚点，保证人民依法享有广泛的权利和自由、承担应尽的义务，维护社会公平正义，促进共同富裕。"从人民与国家之间的法律关系来看，人民不是单纯的统治客体，而是国家的主人，国家本质上是为人民而存在的，国家有义务实现我国宪法上所规定的"中华人民共和国的一切权力属于人民""人民依照法律规定，通过各种途径和形式，管理国家事务，管理经济和文化事业，管理社会事务"。在具体的行政事务领域中，国家通过多种方式让人民群众参与到具体的执法过程中，这就是人民当家作主的体现，同时也是行政民主化的必然趋势。

习近平指出："我们要健全权力运行制约和监督体系，有权必有责，用

---

[1] 本文原为中国公共管理博士后论坛论文，2017年。
[2] 〔德〕乌尔里希·贝克著，何博闻译：《风险社会》，译林出版社2004年版，第60页。

权受监督,失职要问责,违法要追究,保证人民赋予的权力始终用来为人民谋利益。"① 为了逃避在具体行政执法中由于违法所承担的国家赔偿责任,行政机关常会采取诸如委托、委任、委办、协助等方式,让公民、法人、其他组织实施公权力,此种表现可被称为"公法遁入私法"(Flucht in das Privatrecht)。② 因此,我们必须准确界定公私协力所生之国家赔偿责任的概念。

"蒙惠者虽知其然,而未必知其所以然也。"③ 欲准确界定公私协力所生之国家赔偿责任,我们先来探讨公私协力的国家责任。

在大陆法系中,公私协力所生之国家责任可分为公私协力所生之国家公法责任与公私协力所生之国家私法责任。就与人民所处的法律关系地位而言国家是处于高权法律地位还是与私人处于同一法律地位,针对这一问题我们可以认为:当国家处于统治权地位时行使公权力,公私协力所生之国家责任为公法责任;当国家与私人处于同一法律地位时,公私协力所生之国家责任为私法责任。此一判断分类标准,从比较法的观点来观察,早已有之。虽然在早期的专制时代,人们认为国家在行使公共权力时不可能犯错——国王不会做错(King can do no wrong),即主张所谓的国家无责任说④,但是,为了使国家作为平等主体在民事法律关系中给私人造成损害时能够承担民事责任,德国提出了赋予国家民事法律地位的国库理论(Fiskustheorie)。德国在17世纪至18世纪绝对国家时期的行政中,为了使代表国家的行政机关可以因此负担起民事的责任,提出了所谓的国库理论,将国家看作一个财产权的法人,即在主权措施之外君主被视为独立的私法法人——国库。⑤ 通过赋予国家在不同法律关系中的不同法律地位,我们来解决国家的公法责任与私法责任的区分问题。

因此,国家居于高权法律地位时违法行使公权力所形成的责任是公法责

---

① 习近平:《在首都各界纪念现行宪法公布施行30周年大会上的讲话》,人民出版社2012年版,第12页。
② 翁岳生编:《行政法》上册,中国法制出版社2009年版,第29页;陈新民:《中国行政法学原理》,中国政法大学出版社2002年版,第20页。
③ 朱熹:《朱文公文集》卷七九《建宁府建阳县长滩社仓记》,国家图书馆出版社2006年版,第577页。
④ 李惠宗:《行政法要义》,元照出版公司2007年版,第642页。
⑤ 〔德〕哈特穆特·毛雷尔著,高家伟译:《行政法学总论》,元照出版公司2002年版,第14—15页;陈新民:《中国行政法学原理》,中国政法大学出版社2002年版,第2—3页。

任，与之相对应的是，公私协力所生国家赔偿责任也为公法责任。公私协力的国家赔偿责任在我国主要是指违法行使职权造成损害的赔偿责任，不包括公有公共设施设置或管理欠缺所造成损害的赔偿责任。① 我国的现行实定法关于公有公共设施设置或管理欠缺所造成损害的赔偿责任认定为民事赔偿责任。②

综上所述，所谓的公私协力所生之国家赔偿责任是指行政机关、法律、法规、规章授权的组织及其工作人员与公民、法人、其他组织共同行使行政职权，或者公民、法人、其他组织受委托行使行政职权时，违法侵犯公民、法人和其他组织合法权益，造成损害的，受害人有取得国家赔偿的权利。

二、公私协力所生国家赔偿责任的类型

公私协力的分类，可以根据行政权的运作类型进行划分。例如，学者刘宗德认为，我国台湾地区行政机关行使公权力之形态，与公私协力法制间较有关系者，似为"委托行使公权力""行政助手"及"专业判断"。③ 按照我国《国家赔偿法》第二条、第七条的规定并结合行政权的运作类型的划分，公私协力所生国家赔偿责任中的"公私协力"似可分为：其一，国家机关与公民、法人、其他组织共同行使行政权；其二，国家机关委托公民、法人、其他组织行使行政权。由此，我们可以得出公私协力所生国家赔偿责任的类型：国家机关与公民、法人、其他组织共同行使行政权所生的国家赔偿责任；国家机关委托公民、法人、其他组织行使行政权所生的国家赔偿责任。

---

① 日本的国家赔偿法包括因公权力行使所造成损害的国家或者公共团体的赔偿责任以及因公共营造物设置管理的瑕疵所造成损害的国家或者公共团体的赔偿责任。详细分析参见〔日〕南博方著，杨建顺译：《行政法》（第六版），中国人民大学出版社2009年版，第14—15页；刘春堂：《国家赔偿法》，三民书局2001年版，第17—59页。
② 例如，《侵权责任法》第九十一条规定，在公共场所或者道路上挖坑、修缮安装地下设施等，没有设置明显标志和采取安全措施造成他人损害的，施工人应当承担侵权责任；《民法通则》第一百二十六条规定，建筑物或者其他设施以及建筑物上的搁置物、悬挂物发生倒塌、脱落、坠落造成他人损害的，它的所有人或者管理人应当承担民事责任，但能够证明自己没有过错的除外；《最高人民法院关于审理人身损害赔偿案件适用法律若干问题的解释》第十六条规定，下列情形，适用《民法通则》第一百二十六条的规定，由所有人或者管理人承担赔偿责任，但能够证明自己没有过错的除外：（一）道路、桥梁、隧道等人工建造的构筑物因维护、管理瑕疵致人损害的。
③ 刘宗德：《公私协力所生国家赔偿责任归属之研究》，《行政法学研究》2015年第1期。

（一）国家机关与公民、法人、其他组织共同行使行政权所生的国家赔偿责任

国家机关为实定法概念，在学理上，又称为行政主体。一般认为，行政主体的特点是，享有行政职权，能以自己的名义行使行政职权，并能独立承担由此而产生的责任。① 在我国，国家机关主要包括行政机关以及法律、法规、规章的授权组织。

国家机关与公民、法人、其他组织共同行使行政权所生的国家赔偿责任，笔者认为可以借助民法上的共同侵权行为来理解。在民法领域中，共同侵权行为包括共同侵害行为与共同危险行为，其中共同侵害行为又分为狭义共同侵权行为（共同行为人）与恶意及帮助（视为共同侵权行为人）。② 国家机关与公民、法人、其他组织共同行使行政权所生的国家赔偿与民法中的狭义共同侵权行为相类似。民法中的狭义共同侵权行为又可以称为共同加害行为，是指数人共同不法侵害他人的权利，这里的"共同"不以共同侵权人之间有无意思联络为必要，数人因过失不法侵害他人的权利，如各行为人的过失行为均为其所损害的共同原因，即所谓行为关连共同，也成立共同侵权行为。③

进一步言之，国家机关与公民、法人、其他组织共同行使行政权所生的国家赔偿责任就是指国家机关在履行行政职责的过程中与公民、法人、其他组织因共同违法侵害行政相对人的权利所应当承担的公法责任，这里的"共同"也不以意思联络为必要。例如，按照《国家赔偿法》第三条第三项规定，行政机关及其工作人员在行使行政职权时，唆使、放纵他人以殴打、虐待等行为侵犯人身权，造成公民身体伤害或者死亡的，受害人有取得赔偿的权利。在这里，行政机关及其工作人员行使行政职权包括作为与不作为，无论"他人"是受行政机关及其工作人员唆使（有意思联络）还是放纵（无意思联络），均成立国家机关与公民、法人、其他组织共同行使行政权所生的国家赔偿责任。

（二）国家机关委托公民、法人、其他组织行使行政权所生的国家赔偿责任

在行政民主化的浪潮推动下，公民不仅参与国家法律与政策的制定，而

---

① 张树义：《行政法学》，北京大学出版社2005年版，第80页。
② 王泽鉴：《侵权行为法》，北京大学出版社2009年版，第351页。
③ 王泽鉴：《民法概要》，中国政法大学出版社2003年版，第215—216页。

且参与国家法律与政策的执行。"公民不被视为可能会妨碍'正确的'执行的角色,他们也不被当作降低成本的工具。相反,公民参与被视为民主政体中政策执行恰当且必要的组成部分。"① 国家机关委托公民、法人、其他组织行使行政权,既解决了国家机关应对复杂行政任务能力不足的问题,又提高了行政效能,同时也是对行政民主化的一种有力的回答。②

国家机关委托公民、法人、其他组织行使行政权在学理上又称为行政委托,是指行政机关将某项行政职权委托给公民、法人、其他组织行使的法律行为。③ 行政委托在秩序行政(干预行政)与给付行政(服务行政)中,对受委托人的资格要求并不相同。秩序行政主要以创造良好的公共秩序为目的,通常采取干预人民的权利、限制人民的财产或自由的做法,或课以人民义务、负担来达成行政目的。④ 在秩序行政中,对受委托人行使公权力的资格要求较严格,有的甚至明确规定了不得委托。例如,按照我国《行政处罚法》第十八条、第十九条的规定,国家机关只能根据法律、法规或者规章的规定在法定权限内委托依法成立的管理公共事务的事业组织实施行政处罚⑤;《行政许可法》第二十四条明确规定,行政机关依照法律、法规、规章的规定在其法定职权范围内,可以委托其他行政机关实施行政许可;《行政强制法》第十七条则规定,"行政强制措施由法律、法规规定的行政机关在法定职权范围内实施。行政强制措施权不得委托"。在给付行政(服务行政)中,由于提供给人民生存照顾的物质条件或者其他利益,故对受委托人行使公权力的资格要求相对宽松。但是,在行政实践中,无论是秩序行政与给付行政领域,国家机关委托行使行政权并不限于依法成立的管理公共事务的事业组

---

① 〔美〕珍妮特·V.登哈特、〔美〕罗伯特·B.登哈特著,丁煌译:《新公共服务:服务,而不是掌舵》,中国人民大学出版社2010年版,第83页。
② 党的十八届四中全会明确提出,必须保证人民在党的领导下,依照法律规定,通过各种途径和形式管理国家事务,管理经济文化事业,管理社会事务。国家机关委托公民、法人、其他组织行使行政权也是实现人民对国家事务、经济文化事业、社会事务的管理一种有效形式。
③ 张树义:《行政法学》,北京大学出版社2005年版,第89页。
④ 李震山:《行政法导论》,三民书局2007年版,第5页。
⑤ 《行政处罚法》第十八条规定,行政机关依照法律、法规或者规章的规定,可以在其法定权限内委托符合本法第十九条规定条件的组织实施行政处罚。行政机关不得委托其他组织或者个人实施行政处罚。第十九条规定,受委托组织必须符合以下条件:(一)依法成立的管理公共事务的事业组织;(二)具有熟悉有关法律、法规、规章和业务的工作人员;(三)对违法行为需要进行技术检查或者技术鉴定的,应当有条件组织进行相应的技术检查或者技术鉴定。

织，还包括公民、法人、其他组织。①

另外，我们还需要注意区分行政委托与行政助手、行政判断。行政助手，又称为行政辅助人，通常指公民、法人、其他组织在行政机关的指挥下，没有独立的决定权限，只是单纯协助行政机关处理行政事务。② 行政助手可被认为是"行政机关胳臂的延伸"，不承担国家赔偿责任。例如，交警委托拖车公司拖车，由此造成的车辆损害的赔偿责任，应当由交警承担，此拖车公司就是行政助手。③ 行政判断就是行政机关委托公民、法人、其他组织对相关事实问题作出相应的解释、分析，如针对不确定法律概念、考试成绩、考绩评价、专业技术标准的认定等。④ 这种行政判断常作为行政程序、行政复议、行政诉讼中的证据使用，并不涉及国家赔偿责任。

综上所述，国家机关委托公民、法人、其他组织行使行政权所生的国家赔偿责任，是指公民、法人、其他组织行使受委托的行政权侵犯行政相对人的合法权益而造成损害时，国家机关与受委托的公民、法人、其他组织所应当承担的公法责任。

三、公私协力所生国家赔偿责任的认定方式

公私协力所生国家赔偿责任类型可以分为：国家机关与公民、法人、其他组织共同行使行政权所生的国家赔偿责任；国家机关委托公民、法人、其他组织行使行政权所生的国家赔偿责任。我们可以根据上述类型，对公私协力所生国家赔偿责任的归属进行判定。

（一）国家机关与公民、法人、其他组织共同行使行政权所生的国家赔偿的责任认定

在民法领域中，狭义共同侵权行为的构成要件为加害行为的"共同性"、主观共同加害行为、客观行为关联共同加害行为，各个行为人应当承担连带

---

① 单纯从公私协力的角度看，笔者认为委托行使行政权中的法人应当不包括委托机关法人——行政机关与法律法规规章授权组织，因为，国家机关委托行政机关与法律法规规章授权组织行使行政权，应当为行政职务协助关系。当然，国家机关之间还可以构成委托关系与联合关系，但是，这两种关系并不符合公私协力的本质。详细分析参见李震山：《行政法导论》，三民书局2007年版，第99—104页。
② 翁岳生编：《行政法》上册，中国法制出版社2009年版，第314—315页。
③ 类似的例子颇多，如行政机关委托第三人对查封的场所、设施或者财物进行保管；行政机关委托没有利害关系的第三人代履行等。
④ 李震山：《行政法导论》，三民书局2007年版，第471页。

责任。① 例如，我国《侵权责任法》第八条规定，二人以上共同实施侵权行为，造成他人损害的，应当承担连带责任。有学者认为，公务员与他人，有为共同加害行为、共同危险行为或造意及帮助者，应当负连带责任。② 但是，笔者认为，从保护受害人权利实现实效性的角度看，先由国家机关全部承担赔偿责任，然后保留采取追究共同侵权者责任的方式更为妥当些，即对于国家机关在履行行政职责的过程中与公民、法人、其他组织共同违法侵害行政相对人权利所生的国家赔偿应当直接认定为国家机关承担赔偿责任。进一步说，就是国家机关与公民、法人、其他组织共同行使行政权时，如果发生违法侵害行政相对人合法权益并造成损害的，这时应该直接认定为国家机关承担公法赔偿责任。③ 国家机关在赔偿行政相对人的损失后，根据公民、法人、其他组织在配合或者协助国家机关违法行使行政职权过程中的作用、地位、过错程度等，可以要求该公民、法人、其他组织共同分担部分或者全部赔偿费用。

（二）国家机关委托公民、法人、其他组织行使行政权所生的国家赔偿的责任认定

原则上，国家权力的行使应由国家及其公务员自行为之，非有法定依据不得任意交由私人行使，尤其是涉及公权力行使中的强制力部分，国家委托私人行使公权力受到功能保留原则、国家责任不轻易转嫁原则、强制力由国家行使原则的拘束，这主要是为了防止国家不当转嫁责任，保障人民的权益。④ 但是，在行政实践中，国家权力的行使常面临行政任务繁杂、专业性技术不够、人手不足等多方面困境，"纵使三头六臂，也难面面俱到"，故国家机关不得不委托社会组织或者个人行使行政权。当私人受托行使公权力时，违法侵害他人合法权益造成损害的，应当如何认定国家赔偿责任？

在民法领域中有所谓的代理人制度，代理人在代理权限内，以本人名义所为的意思表示或所受的意思表示直接对本人发生效力，在理论上采取代理

---

① 王泽鉴：《侵权行为法》，北京大学出版社2009年版，第352—364页。
② 刘春堂：《国家赔偿法》，三民书局2001年版，第40页。
③ 国家赔偿责任理论经历了从国家无责任论（18、19世纪）、国家代位责任论（19世纪末）到国家自己责任论（20世纪）的发展，事实上，国家行使职权与私人共同违法侵害第三人造成损害的，无论私人是有意还是无意，国家都有义务对自己本身的行为负责，这是人民主权说的必然要求。详细分析参见陈志华：《行政法概要》，三民书局2007年版，第417—419页。
④ 李震山：《行政法导论》，三民书局2007年版，第84—86页。

行为说，即认为代理行为是代理人的行为，仅行为效果归属于本人。① 同样，在公法领域中，受委托的组织或个人，是以委托的国家机关的名义实施行政行为，由此产生的法律责任由委托的国家机关承担。因为，"将公权力交由私人行使，可能产生监督不易之问题，特别是受国家机关之委托或授权，以自己名义独立行使公权力，而完成一定之国家任务者，受托个人或团体若非专业或信誉卓著者，不宜任其完全独立行使职权，避免监督困难。但不论如何，受托人有受委托人监督之义务"②，既然受托人有受委托人监督的义务，委托人就有监督受托人的权力，按照有权必有责、用权受监督的原则，那么，委托人必然需要对受托人的行为承担相应的责任。③

我国《国家赔偿法》第七条第四款规定："受行政机关委托的组织或者个人在行使受委托的行政权力时侵犯公民、法人和其他组织的合法权益造成损害的，委托的行政机关为赔偿义务机关。"根据该条规定，国家机关委托公民、法人、其他组织行使行政权所生的国家赔偿责任应当由委托的国家机关承担。国家机关在赔偿损失后，应当责令有故意或重大过失的工作人员或者受委托的组织或个人承担部分或者全部赔偿费用。④

---

① 王泽鉴：《民法概要》，中国政法大学出版社2003年版，第131页。
② 李震山：《行政法导论》，三民书局2007年版，第86—87页。
③ 例如，《行政处罚法》第十八条规定，委托行政机关对受委托组织实施行政处罚的行为应当负责监督，并对该行为的后果承担法律责任。受委托组织在委托范围内，以委托行政机关名义实施行政处罚；不得再委托其他任何组织或者个人实施行政处罚。《行政许可法》第二十四条规定，行政机关在其法定职权范围内，依照法律、法规、规章的规定，可以委托其他行政机关实施行政许可。委托机关应当将受委托行政机关和受委托实施行政许可的内容予以公告。委托行政机关对受委托行政机关实施行政许可的行为应当负责监督，并对该行为的后果承担法律责任。受委托行政机关在委托范围内，以委托行政机关名义实施行政许可；不得再委托其他组织或者个人实施行政许可。
④ 《国家赔偿法》第十六条规定，赔偿义务机关赔偿损失后，应当责令有故意或者重大过失的工作人员或者受委托的组织或个人承担部分或者全部赔偿费用。对有故意或重大过失的责任人员，有关机关应当依法给予处分；构成犯罪的，应当依法追究刑事责任。

后　记

本书由中共中央党校（国家行政学院）政治和法律教研部王勇教授、金成波副教授组织党校系统的部分骨干教师编纂而成，主要用作研究生学习教材。本书按照宪法与行政法学的学科体系和框架展开，但是并不拘泥于整个学科各部分内容的面面俱到，而是聚焦于学科的前沿问题，具有较强的理论性和前沿性。全书分为宪法篇与行政法篇，各十章，每一章都结合全书的安排以及作者的研究专长，分为两个至四个不等的专题，探讨相关的前沿问题，力图通过这样几个深入探讨的"点"来带动整章内容研究和思考的"面"。全书的作者以全国各级党校的教师为主，都是所在单位的教学科研骨干，具体分工如下。

绪　论：王　勇，中共中央党校（国家行政学院）政治和法律教研部宪法教研室主任，教授

宪法篇

第一章：王　勇，中共中央党校（国家行政学院）政治和法律教研部宪法教研室主任，教授

第二章：陈建科，江苏省委党校（江苏省行政学院）公共管理教研部讲师，政府研究所研究员

第三章：蔡书芳，西安市委党校（西安市行政学院　西安社会主义学院）法学教研部副教授

第四章：李少文，中共中央党校（国家行政学院）政治和法律教研部副教授

第五章：刘东升，辽宁省委党校（辽宁行政学院　辽宁省社会主义

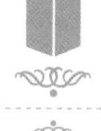

学院）法学教研部教授

第六章：郑齐猛，北京市大兴区委党校（北京市大兴区行政学院 北京市大兴区社会主义学院）校委委员，教研室主任，教授

第七章：李少文，中共中央党校（国家行政学院）政治和法律教研部副教授

第八章：傅大鹏，吉林省委党校（吉林省行政学院）法学教研部主任，副教授；宋湘琦，吉林省委党校（吉林省行政学院）法学教研部讲师

第九章：傅大鹏，吉林省委党校（吉林省行政学院）法学教研部主任，副教授；宋湘琦，吉林省委党校（吉林省行政学院）法学教研部讲师

第十章：姜小川，中共中央党校（国家行政学院）政治和法律教研部教授

行政法篇

第一章：陈晓勤，福建省委党校（福建行政学院）法学教研部副教授

第二章：胡业勋，四川省委党校（四川行政学院）法学教研部副主任，教授

第三章：陈晓勤，福建省委党校（福建行政学院）法学教研部副教授

第四章：邱曼丽，交通运输部党校副教授

第五章：徐福山，长春市委党校（长春市行政学院）法学教研部主任，教授

第六章：林美锋，北京市丰台区委党校教研处讲师

第七章：金成波，中共中央党校（国家行政学院）政治和法律教研部副教授

第八章：宋国涛，河南省委党校（河南行政学院）决策咨询部讲师

第九章：宋国涛，河南省委党校（河南行政学院）决策咨询部讲师

第十章：孙　峰，北京市石景山区委党校讲师

本书的出版得到了中共中央党校出版社的大力支持，在此深表感谢！

2020 年 11 月 16 日